《申报》辛亥革命史料选辑

戴圆 编

北京印刷学院马克思主义理论学科建设专项资助

中国出版集团
研究出版社

图书在版编目（CIP）数据

《申报》辛亥革命史料选辑 / 戴圆编. -- 北京：研究出版社，2022.4

ISBN 978-7-5199-1104-1

Ⅰ.①申… Ⅱ.①戴… Ⅲ.①辛亥革命-史料 Ⅳ.①K257.06

中国版本图书馆CIP数据核字（2021）第245166号

出 品 人：赵卜慧

出版统筹：张高里　丁　波

责任编辑：安玉霞

《申报》辛亥革命史料选辑

《SHENBAO》XINHAIGEMING SHILIAO XUANJI

戴　圆　编

研究出版社　出版发行

（100006　北京市东城区灯市口大街100号华腾商务楼）

北京云浩印刷有限责任公司　新华书店经销

2022年4月第1版　2022年4月第1次印刷

开本：787毫米×1092毫米　1/16　印张：31.25

字数：606千字

ISBN 978-7-5199-1104-1　定价：98.00元

电话（010）64217619　64217612（发行部）

凡　例

1. 错别字或衍字，在［］内加正字以订正。
2. 知其误无可纠正者，加注脚以说明。
3. 原文为了避嫌或其他原因隐去的文字，用方格表示，“□”；
   原文看不清楚的文字，用圆圈表示，“○”。
4. 像“规画”“画一”“豫备”“日昨”等与现下有差别的时代用语，读者自能理解，故不做改动。

序　言

即使在这个时代，我们依然依靠着外部的消息来了解这个世界——虽然消息的发布者从较有公信力的权威媒介转移到了各种自媒体。

《申报》是中国近代最重要的报纸之一，是当时国内发行量最大的大型报刊之一，它的影响力不仅仅限于所在的长三角地区。它的报道未必为真（下文有另有分析），但对于那个时代的读者来说，来自《申报》的消息就是他们所知道的“真实”。这些“真相”构成了他们对辛亥革命前后所了解的国内外动态。

巧合的是，《申报》在 1909 年进行了改组，其产权从外国人转于席子佩等华人手中，且席子佩于 1911 年 8 月对人事和报章风格进行了改组，“聘请张叔通，协助张默撰写评论，以改进和加强评论。……并在北京等城市聘请特别访员以广见闻”。冥冥之中，似乎为此后数月翻天覆地的变化预先做了准备。有研究者认为“《申报》为了及时报道武昌起义的详情，投入大量人力、物力，形成报道高潮，其规模之大，篇幅之多、持续时间之长，为《申报》前所未有”。

从有关内容看，在辛亥革命的过程中，《申报》采编人员较为积极，一边是迅速跟进，多方面报道；另一方面还针对上海本地的情况，设立了专栏“鄂乱影响”，专门报道本地在武昌起义后的上海各种变化和士绅、官方的各种应对手段。从具体的报道来看，《申报》于革命党的态度在上海光复前后有一个变化的过程，此前在九月底虽大抵已对四川的反赵尔丰的士绅抱以同情，但对革命党引发的各种事件以“哗变”“鄂乱”“失守”等名词加以报道——虽然期间也不乏表达对革命党军纪、政治取向的认同。例如在 10 月 30 日报道了一个革命军士兵：

> 刘家庙之役，革军有兵一人为敌枪伤，由汉口之伦敦医院诊治无效而死。医者检视其身，见有藏书两卷：一为中国历史述古人之丰功伟业，已为枪弹洞穿；一为地图，详载各省入京之路。以一普通兵士而竟储此两物，恐欧美之兵未必如此。革军人物于此可见一斑。

到了 11 月 1 日，则借着评论直接说，“天下之士，闻北军胜则忧，闻革命军胜则喜也”。到了 11 月 5 日上海光复后，口气再变，用了“起事”“光复”“占领”等明显偏向的词语来报道革命过程。到了 12 月革命形势更加明朗，连“上谕”也被改为“清旨”，明显已与清政府撇开了关系。这是他们的自保之策，也是革命形势转变之后的表态。某种程度上，报纸的这种表态也代表了其读者群的取向，而报纸本身到1912年被史量才等人购买，也许也代表了其不够鲜明的态度已不为时人所满意。

《申报》中的某些记载是颇为珍贵的。例如，学界对瑞澂从武昌出逃后的行踪难以确定，而《申报》在10月25日记载了瑞澂逃到上海的情况：23日左右抵达上海，经某旗人劝说，仍不肯上前线或到北京认罪——清代的惯例，有守土之责的官员若丢失领地，会被重处甚至杀头。此后他又去了九江。27日，因九江被革命军占据，又再次逃回上海。28日晚，再次出逃：携带小妾和妾生幼子逃往了日本。这些资料无疑可以弥补《清史稿》瑞澂传记中的不足。

各地的民军机构以及清政府各级衙署里反复提及“保卫治安”“严防匪徒”等字样，此前的诸多研究者都将其指向民间的反抗，而《申报》至少为我们指出了另一个面向的问题：当时的社会治安实属堪忧——至少在部分地区是这样。例如在11月20日和12月5日都报道了苏北地区存在巨大的匪患，以致革命党的北伐军不得不先派往各处剿匪。如果说苏北一直存在巨大隐患，似乎不能算作普遍性的个案，那么我们还可以看到连杭州省城附近也出现了匪徒，迫使新起义的民军在11月15日夜间向其开炮攻击。

《申报》中还提及研究者因为该事未发生而忘却的一个重要问题：对外国人干涉的恐惧。几乎所有民军与清政府都在各种文告中表达对外国人的优待，表示对自己控制范围内洋人的保护。从后来的事态进展来看，列强最终也没有向中国大规模派兵，更没有在此期间进行政治、军事扩张（对列强通过海关税款控制财政已有很多研究），所以国内的学者较少探讨辛亥革命时期的外交以及外交对革命过程的影响。但在《申报》中我们可以看到列强对事件表态连篇累牍的报道，对列强调兵情况的详细描述。而在民军方面，则着重表示自己的“文明”，表示对外国人生命财产的保护，甚至努力将此间外国人受到的损伤归结于清军或乱民，进而暗示列强对民军的亲善和偏袒。这种社会心理的状态，同样值得我们关注。

武昌起义后，各地新政权之间的关系其实也颇值得我们注意，如果说在12月之前各省起义军之间是同气连枝的互相扶持和援助关系，那么到了12月，所谓各省都督府的“公电”在某种程度上也暗示了彼此之间的一种新型关系：彼此独立，在所谓“民主”的旗帜下，共同拥护革命。在编者看来，这是在开此后十余年间国内“联省自治”思潮的滥觞。

在阅读过程中，编者常常发现很多近代史研究者在政治史的研究中喜欢引用报刊资料，而在编者的理解中，报刊固然会揭示一些正史、档案中所未载的秘辛，或者提供另类的线索，但其间鱼目混珠，需要仔细鉴别——至少将报刊所载当作信史并不保险。例如袁世凯被刺的表述中，认为革命党在各条路线上均有刺杀人手布置，这个说法不仅无法得到其他证明，且远远超出了革命党的动员能力。关于不准确性，笔者于此谨就《申报》所载的几件上谕与《宣统朝上谕档》做一点初步的校勘。例如11月2日的第一条上谕中“动佛舆论”，原文为“动违舆论”。12月2日引十月初九日上谕的“昨据军报”，原文为“昨接军报”；“惨痛情形”，原文为“惨痛情状”；在“哀我国民”后遗漏了“横遭荼毒”；“急派多员”，原文为“遴派多员”。如果说，这些尚且是文字上的小错误，于原意没有大幅篡改，那么关于宣统三年十二月十六日上谕，原文与报道之间的差别就非常大了，原文是：

奉旨：朕钦奉隆裕皇太后懿旨，前据岑春煊、袁树勋等暨出使大臣陆徵祥等、统兵大员段祺瑞等电，请速定共和国体，以免生灵涂炭等语。现在时局阽危，四民失业，朝廷亦何忍因一姓之尊荣，贻万民以实祸。惟是宗庙、陵寝关系重要，以及皇室之优礼、皇族之安全、八旗之生计、蒙古回藏之待遇，均应豫先筹画。着授袁以全权，研究一切办法，先行迅速与民军商酌条件，奏明请旨。钦此。

宣统三年十二月十六日

内阁总理大臣臣袁

二十五日由

堂发下补缮

而2月11日的报道则是：

旧历（宣统三年）十六日，清廷开御前会议后，清太后即有承认退政之意。会议既散，袁内阁奉到清太后懿旨，略谓迭据岑春煊、袁树勋、驻外国公使汪大燮等以及各路军队代表段祺瑞等联衔，电请朝廷俯顺舆情，承认共和政体等语。足见人心所向一致从同，朝廷决不忍为一家一姓之尊荣而使天下涂炭。着派袁世凯为全权大臣，应将所有开列各条件即与民军详细磋商，俟民军认可之后，朝廷立即降旨颁布天下云云。惟此旨系由清廷交谕内阁，故并未明发云。

两相比较，无论是涉及人物还是内容均有很大的差别。

最后想要说的是，在最初选编的过程中，编者还曾辑录了大量社会经济史的资料，尤其注意革命状态下各地的物价与金融波动以及社会动态。但限于篇幅，我们只能忍痛割爱，主要留下政治方面的内容。

目　录

1912 年

1911年

9月20日

上谕

七月二十七日内阁奉旨：翰林院侍讲学士，着文华补授。钦此。

旨：诚全着调补正黄旗满洲副都统；样［所］遗正蓝旗满洲副都统，着讷钦泰调补；递遗正蓝旗汉军副都统，着伊克坦补授。钦此。

旨：镶蓝旗护军统领，着希璋补授。钦此。

旨：良乡县等五处官兵事务，着派英信管理。钦此。监国摄政王钤章，奕劻、那桐、徐世昌署名。

二十七日召见内阁总协理大臣伦贝子、泽公。

《申报》1911年9月20日第13872号第3版

评论：岑春煊入川（无名）

川事，夫人而知为棘手也。徇政府意，则拂民情；徇人民意，则拂政府。两者中无相商之余地，亦无转圜之枢机。国有既定为政策，而商办又不可反汗［讦］；政策即可变，而借款既已成立，何以答四国？商办即可捐弃，而死者不能复生，何以对死者？是又两无向后之退步。故曰：川事之难，夫人而知之也。

趋利避害，中国近日官吏之同情也。四国借款之成立，铁道干路之国有，郑孝胥所主张之者也，盛宣怀所成立之者也，端方所奉命而行之者也。然而川乱事起，盛宣怀欲端方赴川，端方不至，假以朝命，而后可。端方欲郑孝胥同赴川，郑孝胥不肯，而反至反唇相讥。借款有利，督办铁路有利，故群趋之；赴川有害，故群避之。故曰：趋利避害，中国近日官吏之同情也。

岑春煊者，铁路借款既非所与，铁路办理又非所闻。平日投闲置散，又非政府重视之人。及至川乱事起，他人所不愿赴者，而岑独立应命，束装促行。其赴川后之设施，是贤是否，虽不可知，而其临难无苟免之气骨，足以风近世之大世而有余矣。

特有一说，愿为岑春煊告者。政府之命岑，曰“为剿抚事宜”。是剿是抚不能并举，岑心宜早定也。川事定后，不恋大官，依然退归沪上。勿为测，为热中［衷］者所中，是又记者所深望也。

《申报》1911年9月20日第13872号第3版

专电

昨日御前会议，川粤等省风潮，皆以借款办路为借口，不如将铁路借款加入币制大借款内，充作鼓铸金币之用。一面再向四国添借若干，不用铁路名义，由部出面收回官办，以执人民之口。监国然之，刻正向四国代表磋商办法。如其允认，俟川路风潮稍平，即当宣布。

端方有电致政府，甚为秘密。惟闻内有数语，谓："蜀中兵民均变，势难速平。方径直前进，恐尤疑虑。俟到宜昌后，暂行停驻，相机而行。"

鄂督电致内阁，谓："迭接端督办来电，川军不服调遣，实不可靠。已派鄂军星夜入川。惟川鄂接壤，亟宜防堵，拟调邻军填驻。"

东督赵尔巽电奏："川事急迫，臣弟尔丰不能镇慑，恳赐罢职以安人心。为救急计，请简锡良督川解乱，或简岑春煊接替，亦必可望敉平。"

内阁电致江督，谓："岑春煊奉旨赴川，事机急迫，应速饬沪关拨款应用。"

岑春煊奏调广东龙济光带步队两营，入川平乱，饷由度支部给发。已邀俞允。

内阁电寄粤督，澳门驻军由民筹饷，深堪嘉尚。现正严重交涉，澳门划界员责任重大，应饬妥慎办理，并约束军民，毋得躁动，酿成意外。

新简俄使陆徵祥奏：俟交代清楚，即觐见俄皇并密陈修约事宜。奉旨着外务部核议。

东督赵尔巽电奏，借外债五百万，分二十年归还，并派某道赴邮部密陈办法。(以上北京)

成都解围，乱势渐松。总督以下各官均无恙，惟提法司已遇害，统制、协统均自戕。(重庆)

广东受川事影响，乱象已成，各处戒严。

粤督接端方自沙市来电，谓：川省民乱尚可解劝，惟陆军弁兵已大半离心，不能用命。方身入险境固不足惜，如大局何？(以上广东)

瑞督派文案黄某（系川人）至武昌府署陪伴发交看管之川绅萧湘。其余无论何人，一概不准探视。

鄂督昨夜（二十六）又接端督办急电，谓："川省陆军经派多员探悉，实情确已十变八九。方过沙市时，已电请速调鄂军，乞速酌定。"(以上武昌)

《申报》1911 年 9 月 20 日第 13872 号第 3 版

译电

四川大局渐有进步，成都英领事威金生君二十二、十三两日发出电音，均谓西人皆平安无恙，自十六日起城内未见战。

《申报》1911 年 9 月 20 日第 13872 号第 3 版

川路滴滴血（一）[①]

川省乱事起后，电线忽断绝不通，政府对于此事异常焦急。盖以外人当川路风潮初起之时，即拟遣派兵轮驶往重庆等处，嗣经政府力任保护之责，此议始寝。今电线不通、消息隔断，外交团纷纷疑惧，屡向外部诘问。兹闻，自昨日起，已经绕道可通，惟自北京通成都须两日之久云。

十二日辰，川省赵季帅有电到鄂，略谓川民争路风潮，以附省之州县为尤甚。现计三十余邑罢市、罢课，日益蔓延，难免匪徒不乘间暴动。川疆宽广，道路崎岖，一有大变，坐困边隅，调应匪易，请即派兵一协（计三千人）星夜开到成都，以资救援等情。鄂督得电，即派六协三十一标全标兵士立时整队开往成都。该标统带曾广大于上午十时奉命后，立即督同各管带赶速准备，不过三点钟即束装齐，全由文昌门外出发。每兵发子弹五排、毡子一床、军装共四套。其命令之速，为从来所未有也。

川省罢课、罢市业已兼旬，风潮日见激烈。兹闻成都省城仍旧被围，匪徒内外响应，势甚汹汹。川鄂电线已断，至今消息不能直达。鄂省大吏以边防关系紧要，派兵调舰日不暇给。其已开之三十二标一营三营暨二十九标三营，日内已先后抵宜昌。兹以宜昌为该省咽喉，水陆巡防均关紧要，而楚同、楚泰、江清等舰均经出差，鄂渚鲇鱼套现在仅有南洋之建威一号寄碇，恐不足以资防卫。日昨，咨请南洋大臣张安帅，酌派兵舰一二艘迅速驶鄂，以备缓急。一面并派湖鹗雷艇林霆亮管带、湖隼雷艇林振镛管带先行开赴宜昌驻防。

鄂省派往川边之兵队，计陆军八镇已开未开者，其派出七营。兹三十一标全标又已奉派直抵成都，于二十二日之夜二十三日之晨陆续出发，取道宜昌起旱，计旬余可抵该省。现督提两宪以鄂省地方素多伏莽，防备关系紧要，所余十五协、步队五营尚有枝队出差在外，甚形薄弱，已饬兵备处电请陆军部，饬下保定六镇于十一、十二两协之中迅派一标来鄂，以防意外。

铁路督办端大臣于十七日之夜由鄂附坐商轮上驶，途次并无躭搁，过沙市镇时由荆宜道督率府县迎迓。该大臣并未登岸，停轮约一时，即命展轮上驶。闻日昨鄂省官场接金守电，谓使节已于二十三日上午安抵宜昌。果尔，则被刺之说或不确也。

又闻端方昨有急电到京，密陈四川反对路事风潮愈形激烈，请速宣示办法。内阁接电，即招盛宣怀共商处置之策。盛仍主张派兵弹压，如不服弹压，惟有恪遵前旨格杀勿论，并闻谕旨业已拟就，后因内阁总协理大臣不肯署名，遂不果行。

---

① “川路滴滴血”汇集了四川保路运动情况的重要史料，但在1911年9月20、21、22三日的《申报》里，只有标题，并无一二三的标注，序号是本选辑后加的。

前两广总督岑春煊自卸任后，久住沪西舢板厂桥东。兹奉谕旨入川平乱，官、绅、商、学各界咸往晋谒，商议川事，几至应接不暇。兹闻，邮部已密电催促，速即赴川，而岑云帅初拟克期赴鄂，先与瑞督晤商机宜，嗣因旧有幕僚早已星散，招致不及，暂缓起节。刻已密委干员，先赴武汉探听一切矣。并闻旅沪川帮日来亦屡诣行辕面陈委曲，并请万勿带队入川，以免愈激愈厉。当蒙云帅婉谕，悉主和平妥筹解决，川人心志为之稍定。

驻沪法副领事兼公堂陪审西官顾宝君近奉法政府命令，升调四川成都领事，已将一切公牍移交新任副领事白鼎业君接收。旋因川中有事，骤难赴任，故于前日至内地各处游历，俟返沪后探听消息，再定行止。

寓沪川商致重庆商会电，云："径电悉。路事危急各情，已面求岑帅解决。据云，不日即行入川，先有电出告示蜀父老子弟文，言之恳挚详尽，谅渝已悉，祈转咨各界乡人，幸勿疑虑暴动，静候岑帅至川和平办理，斯为幸甚。蜀商公所等同叩沁。"

昨日午前十时，蜀商公所董事陈润夫、朱成之、刘相羲、葛纯武、童子钧、贾应泉、秦薇卿等同诣岑宫保行辕，面陈意见，谓："宫保德望，向为川人所钦佩。今得节麾重莅，无限欢迎。但现在省城糜烂已达极点，若再蔓延，商务大局势将不可收拾。务望宫保早日起行，救万民于水火。且自流井与省城相逼甚近，该处莠民众多，假使出而谣惑，盐场工人势必轰起附和。敢请速定方针，川人幸甚。"宫保答云："煊自奉命以来，无时不以川事为念。煊久闻诸君为川帮之巨商，今日光临，不胜荣幸。现在川事紧急，煊本拟即日起行，但旧时文武员弁早已星散，一时召集颇非易易。且朝廷虽已降旨，命煊往川，而一切办事权限均未宣示。故今日已电致内阁，吁请明白宣示。一俟复电到来，如可奉准，自当束装起程，以慰诸君之望。"陈君等乃欢谢而退。

《申报》1911年9月20日第13872号第4—5版

9月21日

评论：论川路之乱原（无名）

川省此次之乱事，无论政府得胜与人民得胜，均为至可痛心之事。余于曩者，已悉评论之。然其乱原，则一切均由政府造成，实无可以稍恕之道。试略述之。

借债造路，非不可也；商路未成，由官收办，以期统一，亦非不可也。然今既为预备立宪时代，而北京已有资政院，四川已有咨议局，如此重大之事，如此与四川有密切关系之事，而独不交资政院与咨议局议，是政府心目中无四川人民也。政府心目中无四川人民，而四川人民心目中亦遂不认有政府，是川省之乱发原于政府者，其罪一。

四国借款，干路国有。发表以后，时川人仅有言论之反对，而政府即以格杀勿论之谕恐吓之。是此次之杀机，实起自政府。而况十五日之变，其原实为端方带兵入川之故，然当时虽有多人围绕督署，而其意亦不过欲请阻止端方入川。而官吏即命拿人，官兵即先放枪杀毙多人，于是人民始有毁署之举。是戕杀之道，其先亦起政府之命令，其继又起官吏之实行。终至商榷自保，宣告独立，亦出于万不得已。是川省之乱发原于政府者，其罪二。

政府有此二罪，尚不自责，而乃嚣嚣然曰："乱民！乱民！"呜呼！民固未乱，所以乱者，政府与官吏耳。

《申报》1911 年 9 月 21 日第 13873 号第 3 版

专电

岑云帅接川电，成都围解，大局粗定。电内阁代奏，力辞蜀行，恳收回成命。（北京）

叙州府有乱民，邀结盐民数万人，扑攻城垣。城内官兵死力固拒，幸未失守，惟情形异常危迫。

川省前调藏边官军二千名，二十三日驰抵城外，将民党击退，成都城围始解。惟城门仍坚闭不开，城内民团尚固结不散。（以上重庆）

闻阁臣昨有电致岑宫保，宣告川事可望转机，并有暂缓赴川亦属无妨等语。

内阁接川督电奏，成都前日解围，乱党已无固志。惟本省兵力单薄，恐有革党煽惑复图起事，仍请饬调邻省兵队，迅速赴援。

京师接资州电，成都城围已解，人心大定，赵督亦无恙。

御史团以前劾邮部无效，昨日会议拟搜集实据，合力攻击，冀达陈璧第二目的。

内阁交谕民政部，增派探员侦察外省来京客民，京汉站尤关紧要，宜加意侦查。

皇太后面谕摄政王，电饬苏浙二省：将织造贡货经费核实裁减，限一月内妥定办法；电知度支部以备列入皇室经费。

廷寄甘督长庚：西宁民教失和，应速镇压，并即饬派武员续统精旅，驰往剿办。

理藩部核议新抚袁大化奏土广民希，请辟地利一折。奉旨：着照所请，责成袁大化认真筹划，妥议章程，奏明办理。

科布多大臣电奏军费奇绌，资政院核减数目实难遵办，并胪举旧治，遥制室

碍甚多。（以上北京）

《申报》1911 年 9 月 21 日第 13873 号第 3 版

译电

云贵总督今日（二十七日）电告政府，谓：接叙州府报告，乱民曾攻击府衙，后经击退。今日复接川督二十三日电音，谓大局可保无碍。

据四川来电，战事今犹未已，惟大局似有转机。贵州及四川东部均派军驰往援救。邮传部已命在简州设立电报局，此后传递电音当可稍速。（以上北京）

据《每日电报》载称，中国总税务司赫德在买洛住宅患病甚剧。又电云，赫德现患肺炎及其他杂症，颇为可虑。今已请哇斯纳医学博士诊治。（以上伦敦）

《申报》1911 年 9 月 21 日第 13873 号第 3—4 版

川路滴滴血（二）

赵尔丰前有电奏参劾盛宣怀。盛于前日电赵尔巽，谓："此次川人反抗，我本应自请罢斥，令弟季帅参我，我不能怨。现下全仗令弟将风潮压服，一俟事平，我必退位，以谢天下。乞转告令弟"等语。次帅得电，曲徇情面，甚怪乃弟卤莽。此次参劾乃弟，即以谢盛宣怀也。

赵尔巽电参其弟赵尔丰之措词，略谓：铁路国有，国家既定为政策，便当竭力赞助，勿任反抗。乃骛虚名，竟参劾盛宣怀，以致惹起暴动，咎无可辞，请立予罢斥等语。其预占地步，谬托大义灭亲，用心可谓巧矣。

二十三日，川督致各省督抚暨本省各地方官加急电报，云："城外匪团均经官兵击散，省城商学照常安业。"又资州局二十五日传出电信，谓成都四门会党均退，城内尚安各等语。观此情形，川事业有转机之望。

川乱起后，成都电报阻绝不通。兹接资州来电，知成都之电已可专差投送，并已于资阳县添设报房，接转川省往来各电矣。

川省风潮至今未已，电报中断数日，以致传闻异辞，京师亦无实在确信。惟据各处电信参观，大致咨议局长蒲等之死尚非确实，成都亦有解围之望。然乱势实已蔓延四处，此事固由盛宣怀借款酿成，亦由赵尔丰操切张皇，激成此变。川民何辜，遭此涂炭。浙人闻之，同声悲愤。现在咨议局议长、议员等，均以赵尔丰事前既不善为劝解，临事又仓皇激变，即照本朝列祖列宗处置贻误军情成例，亦应治该督以应得之罪，庶足以谢川人，而平川难。闻已提出议案，俟协议会通过，即当电请资政院代奏云。

岑云阶宫保奉命平川，一时文武官员之诣辕投效者，实繁有徒。惟宫保以行期匆促，毋须多带随员，以故一概谢绝，谕：候赴汉入川如须臂助，再行分别咨调。旅沪川商现因该省乱事，大受影响，大宗商货业已暂停营运。且以风鹤频传，深恐未能确实。兹已集议，拟举干练同乡速回梓里，详察情形，随时布告，以定人心。

岑宫保原定八月初一起行。日来，在沪上行辕接见旅沪川商，筹议解散之策，日必数起。惟拟调李绅平书充为随员，虽经李绅力辞，宫保仍有非公莫属之意。且闻四川旅沪同乡会中人对于此举亦共表同情，力劝李绅随同宫保赴川，襄赞一切，庶几诸事可以平和办理。兹李绅以众情难却，未便再辞，业已应允随节起行矣。

东京通函云：日政府自闻四川有反对铁路之举动，外务省特发表命令，为保护居留民起见，与海军省交涉，特派川岛少将率领第三舰队伏见炮舰前往成都，以备不虞。并令第三舰队配置如下：秋津洲、伏见、隅田、宇治、对马。

《申报》1911 年 9 月 21 日第 13873 号第 4—5 版

9 月 22 日

上谕

七月二十八日内阁奉上谕：赵尔丰电奏，自十五日乱民围攻督署之后，是夜即有大面铺、牛市口民团数千人佣集城下。连日又到有温江、郫县、崇庆州、灌县、成都、华阳、双流、新津、邛州、蒲江、大邑十余州县民团，每县数起，每起数千人或至万人，所到之处抢掠烧劫，无所不为，附近居民纷纷逃徙。当经调派陆军及巡防军、卫队迎剿，乃各该团恃其势众，分四路围城，并放枪炮伤亡兵士。迨经回击，犹敢抵死抗拒，及势难支，始行败退。嗣有大股匪团数千人，盘踞距省城五十里之龙泉驿山顶，扼守险要，密列炮械，扬言进攻省城。迨官军驰往剿击，匪即开炮轰打。经军队于黑夜猛扑山上，占据山顶，夺获大炮数十具，枪弹、刀械无算，匪遂下山纷窜。而西路犀浦、中和场等处匪徒，亦经击退。匪复分股围攻双流县城，焚烧关厢街寺，官军与之相持一昼夜，城围始稍松解。窜扰犀浦、中和场并续窜唐家寺之匪亦先后败退。自十六日至今，连战七日，擒斩甚多，夺获刀矛旗帜约二千余件。各路电线悉被砍断，驿递文件皆被截阻搜杀。现在各处仍复警报频闻，拟俟城守稍固，即抽队迎剿。先后阵擒被胁愚民，均开导宽免等语。办理尚合机宜。该匪等先期散有调兵木签，足见谋逆已非一日。及至逆谋败露，立时四处响应，胆敢围城抗拒，肆行焚掠，扰害良民。俾闾阎不得安堵，又复扼险固守，截断声援，并有砍断各路电线、截阻驿递文件及搜杀情事，实属有意作乱。似此悖逆情形，业已众目昭彰，岂容任其糜烂！亟宜早图廓清。现在鄂军已经行抵川境，黔省援军亦经开拔。仍着赵尔丰严饬各军，分路剿办，迅速击散，毋令匪焰日张。仍分别良莠，剿抚兼施，凡有被胁愚民悉从宽宥，遍行晓谕，妥筹安抚，以免株连而释疑惧。仍将办下情形随时电奏，至所奏设立筹防局，办理筹饷各事宜一节，着度支部知道。钦此。监国摄政王钤章，奕劻、那桐、徐世昌署名。

《申报》1911年9月22日第13874号第3版

宫门抄

七月二十九日召见内阁总协理大臣。

《申报》1911年9月22日第13874号第3版

专电

京师得重庆电，成都城围虽解，离城数十里仍聚集乱民数万，汹汹欲动。

鄂督电告内阁，叙州府属乱势愈炽，各县蔓延殆遍。

川督电致军咨府，川省新军全不足恃，绿防营连日激战，精力已疲。边军一千分驻城内外，不敷防守之用。民团散而复聚。仍请迅饬邻省，速派得力军队援救。

盛尚书宅上月二十四日突有口操川音、装假辫人求见，拒之不允。经巡警用强力驱去。盛恐有意外，传令宅内佣役，一律发给腰牌，稽查出入。

粤督电奏，李准伤病未痊，省中全恃龙军防驻，未便调离他往。

驻京日使以奉天新民府、长春等处胡匪扰乱，其势日烈，闻外务部要求派兵助剿。那桐力阻，一面急电赵督，赶派得力军队，会同驻队严剿，以免借口。

外务部以长江一带灾重地广，恐有匪民乘机为乱，电饬宁苏两省，速于各要隘严布兵轮巡缉，以免外舰干涉滋扰。

库伦大臣三多电奏，库张铁路开工伊迩，俄人时思干涉。线长事杂，遥制为难，于军事关系颇巨，请饬陆军协助办理。奉旨，陆军部即会同三多，妥慎筹办。

内务府密陈：财政由奎、继两大臣分管，岁出岁入凡系供奉御用特款，毋庸列入皇室经费，并运动某邸阻止泽公派员清查，以免揭出积弊。（以上北京）

今日（二十九）杭嘉湖乡民二万余人到城报荒，分住府县各庙宇。增抚闻报，密令各文武分投镇摄，人心尚安。（杭州）

《申报》1911年9月22日第13874号第3—4版

川路滴滴血（三）

川乱起后，声势日甚，直至昨日始闻城围稍得松解之谕。然前数日，风鹤频惊，种种消息均为注意川事者所乐闻。兹将上月二十二、二十三、二十四日访函排录于下：

二十二日访函。川督前数日连次电奏，大致谓：川事竭尽心力，欲以和平解散而讫无效。近来风潮日益嚣动，其为首数人显露逆谋。现在散布《自保商榷书》，并纠合匪徒，约期起事，谬希独立。其宗旨非复前日保路之可比，似此情形，非用严厉办法，将为首数人付之法典，不足以销逆谋而扶危局。朝廷接到电后，深为震骇。然总协理大臣仍不欲以操切从事，泽大臣则谓：祸乱已至如此，若再攸［优］容，后祸何堪设想？监国动容，乃有二十日之上谕。当拟旨时，徐相谓：此事虽不能再予攸［优］容，然非得有谋逆之确据，仍万不可轻于杀戮。所以，上谕中有相机分别剿办，及将倡乱匪徒及时扑灭之语。而不云尽法惩治、明正典刑者，盖此旨甚有伸缩之余地也。

又一说，谓：二十日之上谕异常严厉，其直接主持者固属盛宣怀，其间接原动力实为郑孝胥。当川潮激烈时，上下交责盛氏，盛已栗栗自危不知所措。因商于郑氏，郑乃主张强权，实行格杀勿论主义，谓：非此不足以保路。且逆料川人之无能为，故初次拟稿措词尚较此为严。嗣不得总、协理之同意，始量为改轻云。

此次川路事起，端督办即电参赵季鹤办理不善、贻误大局。闻端与赵本系通家，此次破除情面，严词劾赵，实以瑞莘儒曾有此言，端恐瑞先发此电，将来势必派往查办，不如自己先占地步，必不能以原参之人又去查办，可以避蜀道之艰难。初不料仍奉查办之命也。

昨，内阁王大臣在政事堂大开会议，闻拟请以督办大臣端方署理四川总督，并保赵尔丰为驻藏大臣。其现任驻藏大臣联豫，则调充理藩部副大臣。

十九日，川路代表刘声元发递时有一交片，甚为严厉，似不专为刘一人而发。文云：现在四川乱党藉争路为名，煽惑商民罢市、罢课。近且传布《自保商榷书》意图自立，并有攻扑督署，肆行烧杀情事。已经电谕赵尔丰，分别良莠，剿抚兼施。乃旅京绅商学界屡次开会，聚集多人，投递呈词。是不知该省匪徒构乱情形，暨朝廷绥靖地方深意，徒滋扰乱。京畿重地，亟应保卫治安，尤须严加防范。着学部严饬各学堂管理各员，认真约束学生，照常上课，不准随意出堂干预外事。并着民政部、步军统领衙门严行禁止聚众开会，多派兵警，加意弹压。如仍有开会演说、纷递呈词者，立即劝阻解散。倘或不遵，即行分别拿办。并将自称四川代表刘声元严密查拿，押解回籍，交地方官严加管束。各该衙门务当实力奉行，毋稍疏忽。钦此。

二十三日访函。川督十六日所发电，二十日始到；十九日所发电，二十二日始到。故都中谓六日不得川电，此十九日电未到以前之说也。十九日电系通电各督抚，亦由资州发，其词尚不十分凶险。惟言先已解散，后又围攻。深恐川中兵力薄弱，不能扑止，仍乞各省援助。

端午帅自沙市电致京友，颇言其入蜀之非计，以为渠系原参之人，又督办路事。此去，川民必以为压制而来，因激起其反抗之力。川官又以为将取而代之，感情大恶，必无良策。并言为朝廷计，宜派一与路事无关系之人，乃为得策云云。政府见端如此，益忧危，莫知所出。

议起用西林时，政府颇筹及应否带兵。其始以为乱象已成，争路与作乱不可分晓，非兵无以压制暴动，保护良民。且外国纷纷调舰入川，我亦宜占先着，故各大臣多主张带兵。旋以明降谕旨，用兵恐滋惊恐，故谕旨不言兵。俟西林就道，然后斟酌行之。

前报四川署提法使周善培被戕一节。兹闻，周原系赞成保路同志会者，对于铁道国有政策深不以为然。其接见川绅时，亦颇有激烈之语。故此次风潮，周颇有力，并闻前护督王人文严参邮传大臣盛宣怀之奏稿，亦出其手。现被瑞莘儒电参，又见乱事已起，自知不免，故于日前竟用手枪打死一人（亦官场中有势力之人），然后自戕，并非死于乱民之手。

川乱风潮全由赵尔丰一人激成，其兄次帅日前论其内幕铭某，代为修函训斥乃弟，内有“头衔虽末，而川省比邻英法，万一乘乱纷来，则吾弟将为西南边域之罪人”等语。此函系与电参稿同日发递者。

驻京英使借口保护商旅、教堂，向外部要求增兵驻蜀。庆邸坚持不允，已极力拒驳。而署外相邹嘉来独谓，民多兵薄，脱有排外匪类乘机劫杀洋人，中国难任保护。不如许之，免酿庚子之祸云云。异哉！斯为我国之外相。

成都之乱，电线中阻，颇不能得真相。而十五之役，有端瑞二帅致程雪帅一电，所述情节甚明。此电系雪帅转同乡京官者，文云：“顷接端午帅、瑞莘帅诜电开，川民传檄自保，澂方初闻斯耗，亦疑为疆臣恫喝之词。近接成都余道大鸿元电，称罢市后，除饮食店照常外，余亦密售。省外灌、崇、郫等县局所均毁，兵警多助同志会，巡防稍可用。现调来省人民抗税，已决议实行解省之款有被阻者。学生密议回籍办团，其以语言煽惑者以铁路学堂为最。正绅意在避祸，颇附和。该会有地方官数员，愿以争路罢官。该会最激烈者惟罗纶，若颜张等为其利用等语。又接季帅咸电，称保路同志会传檄徒党，乘机图进。不仅争路之人为其牢笼，欲抗粮、抗捐、不完厘税，竟刊有四川自保传单，开载“自收租税、自办民团，定期十六扑攻督署”。幸十五日十点钟前后先将首要设法诱擒，午间猝有各协会匪徒数千冲破街口，马步各军拥至督院前门，砍伤兵弁多人，直冲入头二门，将上大堂。环列者均挟有炸具，并分扑廊房兵队，开枪毙十数人，始行败退。又扑攻后门，幸又击退。既又各街鸣锣聚众，与兵队互攻。乱民到处蜂起，如自流井纯羌井灶徒，省外聚众数十万人，现亦罢市停工，抗纳关税。深恐处处响应，兵力弱薄，务望贵大臣多派得力兵队，迅速起程等语。又据成都英人致汉口领事电，称成都罢市，新军难恃。总署业擒首要，并出示劝谕开市。英人多避至重庆、宜昌。重庆现甚平靖，惟绥定、叙州、嘉定均已罢市等语。据此数电，乱局已成。方已登舟，并致电季帅，鄂兵随方前进。现成都、资州电信业经中阻，确实消息探悉益难云。

二十四日访函。自蒲罗诸人被逮后，政府接川督两电皆不复，盖不知其所以复也。言严办，则恐滋变；言不办，又未知乱情究竟如何。惟内阁日昨又接川督电告，谓已经拿获为首之蒲殿俊、罗伦、颜楷、邓孝可、胡嵘五人，俱有官职，应如何惩治之处，请示祇遵等语。观此，则蒲等固未杀也。

昨日，瑞督电告内阁，谓接川督电，十六日拿获多名，均系职官。并谓连日有剪发少年向川进发，恐系革党乘机举事，已饬一律截留，不准前往。

盛宣怀以川事决裂，时论均集矢于其身，欲自请罢斥，早占地步。前日举以告庆邸，庆谓：此时风潮正烈，大臣万不能轻动，以长嚣张之气。朝廷当不致有他意。盛归，乃稍宽怀，故见人时尚为镇定。

某京卿接重庆来电，谓：乱民围攻督署时，赵督遣其眷属从署后便门逃走。行至小巷，被乱民冲散，并无下落。或谓，已被杀害。其说不确，惟督署确已被焚，全成焦土。赵督移住兵备处，提法使、巡警道两衙门亦被延及，新军已有数营同时起事，队官中受伤者甚多。朱文樵系死于兵士之手，并非自杀。

李御史熙前日呈递封奏一件，闻系纠参川督赵尔丰措置失宜。盖李御史乃川人，故能言之详尽也。

又二十六日鄂省访函云，此间接有消息，谓：川省陆军早已传有入保路会情事。赵季帅虑其同谋为乱，令将炮枪要紧机件拆下，派绿防营兵在军械库看守。十五夜哄攻督署时，赵帅调新军入卫，各军人均不肯行。朱协统泣求，乃去。讵到署后袖手旁观，不肯听令。迨匪人围攻省城，新军扬言我辈处于中立，既不助官，复不助民。赵督知其不可用，因令防营守城，以御外匪。绿营在街巷弹压，以防内变。朱协统见大局如斯危迫，且恐将来不免贻误戎机之罪，爰即拔刀在军前自尽云。

四川叙州府属山林丛密，素为盗贼渊薮。此次川省变作，该盗匪亦揭竿而起。闻已占据某某两县城（或云一系筠连县），胁从至二三万人，其势甚为汹汹。此外，各属起事者甚多，只以消息阻隔，未能探悉云。

又本埠访函云，岑云帅奉旨入川前，以名位不立，权限不定，故行止未定。嗣经云帅电商，政府昨日得复：如所请，专管军务，并招集两粤旧部，赶练亲军，概归节制。及赵督专理地方政治，端帅主持路事各节，自应各专责成，无所瞻顾等语。故云帅又有即日起程之说。大致川乱尚未大定，收成命之请，政府未必允从也。

《申报》1911 年 9 月 22 日第 13874 号第 4—6 版

9月23日

评论：论川乱之将来（无名）

川乱，今日有克复秩叙［序］之奏报：乱民已退，电信已通，城门已开。佥谓大局已定矣。余昨论之，谓其本无所乱，安得谓平？然而电奏煌煌，一若曾遇大敌，历举杀伐攻战之功者，疆吏自为卸责邀功之地，无足深咎；语多不实，亦属意中之事。然若谓自此川乱即平，无复再动，则又有大不然者。

夫此次川民之暴动，以形迹论，只有聚人拥众，喧扰毁物，略有争斗而止，决无所谓军火也；所谓交战攻城也，即有一二手持兵械，或则旧劣不堪以用，或则军士遗留之物，决不坚利，亦决无多少，此可断然言之也；然以川之民心论，则实有愤激不堪，跃跃欲动者，徒以限于力量，不能如心所欲耳。

是故，以形迹言，可决其前次之决无大乱；以民心言，又可决其此后之不能即平。何则？民心不平，则一遇急激之端，即因之而触发。而况今日兵心未尽用命，兵力未必大优于人民，则此伏彼起，此窜彼攻之事，必迁延不绝，直至大兵到时肆行大杀，或引起别种大乱，均未可知。呜呼！川省之官，虽今日而色喜；川省之民，其痛心岂有穷期哉！或曰朝意，端管路事、赵理民政、岑任军情，然则政府之起岑，即为杀平川人之刽子手耳。呜呼！

《申报》1911年9月23日第13875号第3版

专电

赵尔丰连电内阁，力主严剿，以期一鼓荡平。总、协理不谓然，拟请旨饬其妥慎办理，一面仍催西林迅速赴川，相机镇抚。

川京官以赵尔丰电奏语涉张皇，且混合民、匪，一律剿办，未免玉石不分。议公呈都察院，请饬凛遵朝旨，分别良莠，剿抚兼施，以保良善。

端方自宜昌电致内阁，谓：川乱渐有转机，岑已奉派入川，仍请专办路事，暂勿往川。闻已有旨，允其所请。

此间接资州信，有鄂军一队行抵成都城外，故民党已渐渐解散。惟城内粮食甚缺，各州县乱状仍炽。

某御史奏，某省乱事旷日持久，牵动全局，拟呈办法六条。折上，留中。

粤督电奏，东莞县因捐闹局，已由该县劝散，拘惩首事者三人。一面仍饬县绅随时劝导。

鲁抚孙宝琦沥陈才力短绌，吁请开缺。奉朱批：仍遵前旨，尽心办事，勉为其难，毋得渎请。

鲁抚电奏，某庄垫款索还甚急。奉旨：饬李经楚速理。

内阁电黔抚，速选军三□赴援川乱。

摄政王遴选今上陪读员，已选定肃邸九世子宪将军一人，年十三岁。

驻藏大臣联豫电奏，班禅喇嘛与已革达赖喇嘛互争甚剧，达赖密遣心腹挟巨资晋京运动。

赣抚冯汝骙奏请陛见。奉旨：毋庸来京。

某御史奏参豫抚宝棻。内容尚未详悉。

余肇康奉旨开复。（以上北京）

《申报》1911 年 9 月 23 日第 13875 号第 3 版

川路滴滴血（四）

成都解围系上月二十三日事，惟因电线阻断，赵督电奏至二十六日始行到京。二十四日下午四钟，内阁接岑宫保来电，谓：病躯未痊，难胜艰巨，务恳代奏收回成命等语。其时京中尚未接川乱松动之信，当将原电封送总协理大臣，由那、徐赴庆邸面商。随即覆电西林，勖以朝廷倚重，不宜固辞，并力劝即日奉诏赴川，俾乱事速底敉平。

闻四川同乡京官因该省咨议局正副议长无端被拘，官场压力大非寻常可比拟，电告各省咨议局：九月资政院开院时，民选议员宜一体辞职，或各将咨议局解散，以伸民气。

又九月初一为资政院开院之期，现在应先颁谕，召集议员。闻阁臣因四川乱事未靖，恐一降旨召集，反生别项阻碍，故有暂缓颁布之说。

此次岑春煊奉旨入川，当日内阁即有密电寄岑，指示机宜，并饬陕西、湖北两省各拨军队一标，归岑春煊节制。此事不便明发上谕，故日前谕旨中并未道及一字。

督办大臣端方自奉朝旨入川，屡次设法摆脱，朝廷未允所请。闻前日电致内阁，谓现乘坐之中国兵舰机器损坏，不能驶行。并谓鄂军亦不足恃，拟请改乘英轮兵舰前往等语。庆邸得电甚怒，当即传旨申斥，不允所请。

日来邮传大臣盛宣怀因川路风潮日烈，不知何所底止，屡次接见川京官，详询情形，并许将从前川路倒亏之款由部担认，发给股票，以示挽回之意。

东督赵尔巽日昨电致内阁，除参劾乃弟赵尔丰外，并条陈川省军队情形，谓某协统、某管带、某队官可用，皆开具姓名一一，如数家珍。业经政府采用。

政府对付川人办法，暗中画策者实主张铁路国有首祸之郑孝胥，至京以来，议官制之日少，至盛宣怀宅之日多。旅京川人洞见其奸，因要求电致端方，保全邓孝可、蒲殿俊等。闻郑概允其请，确已发电，而端方回电亦极表同情。惟其骨子里之主张，则适成一反比例云。

又一京友函述川乱情形，云：重庆现尚安静，先亦有人鼓吹罢市，商民不从乃止。故重庆未至于乱。

十五以前，川人既罢市，游民愈聚愈众。有顶戴德宗景皇帝神牌游行于路者，神牌之两旁各书六字，若对联然：一曰“庶政公诸舆论”；一曰“川路准归商办”。某日，适有首县乘轿出，众拥之，使不行，且叱之曰：“汝见先帝神牌乎？奈何不出轿行礼？”县令出拜，一路皆神牌，则一路拜拜不已，遂逃归，不敢复出。此得之都人传语者。

叙州府乱事甚炽，闻已烧府署并戕官矣。叙州在省治南六百五十里，可见人心思动。州郡响应，易发难收，势所必然。

剑阁为川省奇险，闻现已有兵把守，但是否官兵抑为民党，不得而知。

重庆乃川中商埠繁盛之区，仅罢市一日，即照常开市，现已安靖。官场当布军事侦探驻守梭巡，凡行人均须检查，始准前行。如稍可疑，即留不放扣［扣留不放］。

宜昌居湖北之上游，由水道入川，必经此地。巫山、巫峡乃宜昌辖地，巴东与川省夔州交界之地，目下已经戒严，凡属川人，一概禁止反［返］省，且搜检甚严。

又外交团消息，嘉定已有开仗之说，沿江一带亦有不稳之状。成都城上官吏，与城外人民攻击多日，城内粮食欠缺，恐生内变。

川省全地哥老会甚多，每县至少亦有哥老会两堂。闻近来攻城，哥老会为最力，剑阁一带已有哥老会出没，道阻不行。

川督赵尔丰电奏中有川人散布《自保商榷书》，意图独立，并约期起事。幸先期侦悉，擒获要犯等语。查本月十五日，川电尚通。据川人接成都来电，则谓川人因闻端方带兵入蜀，群情汹汹，商榷自保。乃公举邓孝可至督署，要求赵督电阻端弗带兵入蜀。邓赴督署，川人援其后者数千。其时，赵督方自外归，邓即拦舆陈述阻端之事。赵谓：端系来川查办者，我系被查办者，我何能阻其弗来。邓谓：端若带兵前来，则川人必益疑惧，恐生大变。情词愤激，并有伤赵之语。赵谓：邓不应聚众侮辱官长。即将邓拘留署中，并以为川人乌合，拘其首要则余众必散。于是又诱数绅士入署拘之，署外数千人大哄。蒲殿俊知之，并亲往督署询问，赵督亦即拘留。川人因此愈愤，遂激成大举。此当日确实情形也。乃赵督电奏，谓先期侦悉，诬枉太甚矣。

署法使周善培自戕一节。闻周与赵尔丰有隙，乱事既起，赵即欲诬周为乱党主谋，暗中使人刺周。而周则因此次事起全系赵用压力激成，力阻标统朱子樵勿轻用兵伤民。朱非其说，周遂以为无可挽回，用手枪将朱击杀，随即自戕。昨报谓周先毙一人者，即朱标统也。

外间盛传川路代表刘声元在永定河桥投河一节，闻系误传。盖刘递解时锁在车中，实不易脱身也。

又鄂友访函云，鄂省官场昨接沪电，知云帅即日抵鄂，并请随带第八镇全军入川。故张统制已派炳昌、王桂荣、刘国梁等七员为前站军需委员，带同兵夫沿途采买粮食，并预备扎营驻宿处所，以免临时措办不及。

四川议局副议长萧湘被拘后，凡往会晤者，非首府赵毓楠承认，不准接见，来往信件，亦须拆阅。萧上禀辩白，并询问拘留理由。鄂督均置不理。川商联名禀保，亦未批准。兹忽于二十五晚，由赵将萧请至签押房，温慰一番，并置酒请宦鄂川籍诸道府陪宴，以肩舆送之出署。闻其得释，系京官等三十余人公电之力也。

端方由湖北启行之时，系包汉口日商大吉轮船一艘，其表面上所带军队确只就三十二标中挑出三百余人，实则已请瑞督加派鄂军第二十九标及三十二标全队，分别驰往施南、郧阳等处，扼要驻扎，以备随时调遣。并闻，三十二标二、三两营已先由陆路赶赴成都矣。

《申报》1911 年 9 月 23 日第 13875 号第 4—5 版

9 月 24 日

交旨

七月二十六日钦奉谕旨：阿穆尔灵圭等奏，两翼、前锋、八旗、护军营预算窒碍难行，据实陈明一折。着仍照向章支领。该部知道。钦此。监国摄政王钤章，奕劻、那桐、徐世昌署名。

《申报》1911 年 9 月 24 日第 13876 号第 3 版

评论：论今日乱机之多（无名）

今日乱机之多，为近数年来所未有。四川之乱，糜烂半月矣。上下、中外之耳目，于是悉注于四川。不知四川之乱，特已发表于外形者耳。若论其机，则可以乱者其地正多，固不必其四川也。

有若湖北，有若湖南，固与四川同一借债造路，收商办为国有者也。四川可乱，湖北、湖南安得不可乱？有若广东，又与四川同一借债收路而又有革命党之常图窃发者也。四川可乱，广东更何尝不可乱？有若江苏、浙江、安徽、湖南，凡有水灾凶荒等处，闹荒抢米，书不胜书。苟有乱事，一触即发。有若澳门，为葡人交涉故；有若云南，为片马交涉故；有若东三省，为日俄交涉故。办理一不当，人民郁抑之气即发，乱事即成。

有若东省之胡匪，有若广东、广西之剧盗，有若河南之王天从［纵］，有若巴番，有若陶什陶，有若各地之哥老会、三点会等，各有凭借，已非一朝一夕之故。如有可乘之机，乱即因之立至。有若被裁之防军，有若退伍之新军，有若失业无业之游民，有若为官府冤抑之亡命，又无日不思乘机猝发，以救其性命、报其怨恨者。

然则中国之为中国，可危甚矣。而况又有大官之倾轧，如仇无知之党派无数。财政既穷，外患又亟，而欲望此衮衮诸公之维持平安也，盖亦难矣。

《申报》1911 年 9 月 24 日第 13876 号第 3 版

专电

成都消息渐佳。城内民党均守秩序行事，城外有边兵镇慑，各民团亦多陆续解散。

资州电线二十三日修复，二十五日又被民党割断，现已修理完整。成都文报皆由此地专差递送。

夔州、叙州一带乱状最剧，重庆以下各州县尚安静。

内阁接岑宫保电：奉谕悚感，准今日（初二）部署起行。应否随带军队，俟抵鄂后，与瑞督妥商办理。

庆邸奏：内阁留调各员尚有缺额，应向各部署续调人员，以备任使。

湘抚余寿平奏，筹办边防一切安堵，并陈布置情形。保张其锽智略忠勇、才堪大用。奉旨：张其锽交内阁存记。（以上北京）

《申报》1911 年 9 月 24 日第 13876 号第 3 版

译电

成都所来之消息已渐可靠，现城门均开，电线亦派人修理，城外驻军今渐集于城内。

《申报》1911 年 9 月 24 日第 13876 号第 3 版

川路滴滴血（五）

内阁昨日又接东督赵次帅电，奏密陈川乱办法，大致谓：川省股匪甲于他省，均伏处山窟。若此次专为路事反抗，不过少数之愚民，成都军力指日敉平。惟推测现在情势，必有匪党煽动。所虑者不在省城之坚持，而在各属之响应。万一各股匪乘隙蠢动，不但军力薄弱，支绌堪虞，且山路绮岖，连绵数百里，殊为全蜀大患。请于各要隘严加防范，昼夜梭巡，遏其救援之路，并先将收路办法宣示人民，使匪党无从借口，庶或有济。当拟有办法十余条。奉监国谕：饬总、协理，将该折抄交各该大臣，会商筹划，请旨定夺。

邮尚盛宣怀见各报记载川乱，半由官界中传播。若任听各处通电，难免荧惑听闻，惹生意外。前日札饬电报总分各局，如遇有关涉川省乱事之电报，无论何人，一概扣留。倘有徇情私发，立即撤差严惩。并密请某大臣通饬总厅，禁止各报登载川事。某大臣谓，各报所记虽未必尽系确凿，然电线阻梗，人心惊惶，未便再行压制，致滋摇惑。嗣经盛苦求不已，某大臣暂允，俟与政府熟商，再行办理。

重庆税司昨致安总税司电，云：据成都邮政司电，四川省城内情形，现在赵督办理甚为得手。城内邮局中外员役，按日照常办事，城外乱党被官兵击退，死伤甚众。并云，有老练之藏兵二千，业已抵川。

昨纪端督办请勿入川一节。兹悉原电长约六百余字，略谓：电传上谕，派岑春煊办理四川事宜。现在路事紧急万分，川事所关固重，而路事亦所关匪轻。可否即由岑春煊专任川事，所带兵队即拨归岑春煊节制，方即日返归武汉，筹画路事？末后，又条陈关于川乱善后之办法，及现在一切之布置。外间传闻已有旨，允其所请。但据武昌来电，谓：端现在宜昌，并拟再从湖北增调兵队。前日且有电报，催邀郑孝胥到川。以此证之，则已允其所请之说恐有未确。

又闻政府以川省风云日变，深恐大局糜烂，已派湖广、陕西、贵州三省军队分三路入川弹压，以维大局。又一说，谓：此三路军队不即入川，惟于入川之要路屯扎，专备岑西林入川后，随时调遣之用。

陆军部昨日分饬各镇协，申明纪律。凡军官、军士等，不得无故告假，及妄谈川事，以致摇惑军心。倘有知情故纵，致滋事端，定惟该管长官是问。

又川函云，成都电线久已割断，内外通电只能以资州为限。兹得有间接完全之消息，拉杂录下：

> 成都川人以政府谅其保路保国之心调兵剿办，人心愈为愤激。闻已推定金某为首领，传檄各属，征招军队。成都十六州县，每县万人；嘉叙等十六府，每府万人，赶紧训练，以备抵抗大军。一面派人赴贵州一带联络土司，以为声援。惟从前外间喧传，攻围甚急者，大抵皆非正式之攻城，故城门尚能启闭。盖城内城外游民甚多，一聚即数万人，闭门拒之于外，则有类攻城耳。
>
> 叙州府被乱党攻破，城烧毁大半。知府已被杀，乱党所到之各州县，官吏皆不免于难。乱党即择各该州县之富绅，摄治政事。
>
> 嘉定城亦被乱党攻破，并出示安民，现在尚无他种消息。
>
> 万县、夔州两处，近闻亦有罢市之说。
>
> 重庆闻有首领所派四人，在该处招兵，每名每月给银八两，应招者甚多。并闻嘉定府之乱党，已被候补道余大鸿击败，自重庆以下现尚平静如常。

川咨议局副议长萧湘被释，已纪昨报。兹据川路董事沈立陈君面述，当日捕拿情形颇足以资谈助，补纪如下。十六晚，鄂督派巡捕委员，协同巡警至凤台宾馆逮萧。适萧出访汤化龙于鄂咨议局，故未获。翌晨八时，复有委员、戈什及警界数人至宾馆，出莘帅名片示萧，并云大帅请立去，有要事相商。萧答云：“余与大帅从未谋面，有何相商？”迟疑欲不去，委员等强之，似将动蛮。萧知不可理喻，允随去。时有川路董事某在坐，愿与同往。委员等云：“大帅命我等请萧大人，则萧大人去足矣。”因不许某君随去。于是，委员偕萧先行，戈什、巡警等立将萧君行李搬去。至夏口厅，出瑞督逮捕公文。又云，经巡警道面回大帅，始改片请等语。萧诘以犯何罪案，应该逮捕？厅官但云，系川督奏请拿办者。旋又云：“闻公等到鄂，意在收领大宗款子，接济川乱匪党军火，然乎？”萧大愕，盖川乱决裂，萧尚不知。至此，始悟官场之有意为难。随即至武昌府，任其看管云。

《申报》1911 年 9 月 24 日第 13876 号第 4—5 版

岑西林起节矣

岑云阶宫保已于昨晚乘某兵轮启行赴川。前任浦左二区巡官游太守原籍四川，已由云帅调赴川省差遣，随节动身，其余随员尚未详悉。闻云帅此行护从甚简云。

《申报》1911 年 9 月 24 日第 13876 号第 18 版

9 月 25 日

上谕

八月初二内阁奉上谕：总税务司赫德于咸丰年间来华，由粤海关副税务司荐升总税务司，迭受先朝恩遇，历经赏加按察使衔、布政使衔、花翎头品顶戴并双龙二等第一宝星三代，正一品封典，太子少保衔。前因病请假回国，复赏加尚书衔。该总税务司供职中国所有通商各口，设关征税事宜均由其经手创办，以及办理船厅、设同文馆、赴各国赛会、设立邮政，经始规划、悉臻妥协。遇有交涉，时备咨询。在中国宣力五十余年，深资赞助。兹据税务处呈递出使英国大臣刘玉麟来电，遽闻溘逝，轸惜殊深。加恩着赏加太子太保衔，伊子赫承先着赏换双龙二等第三宝星，以示优异。钦此。

上谕：增韫奏在籍提法使因修墓呈请开缺等语。云南提法使沈曾桐，着准其开缺。钦此。

上谕：云南提法使，着龚心湛补授。钦此。监国摄政王钤章，奕劻、那桐、徐世昌署名。

初三内阁奉上谕：云南临安开广道员缺，着荣凯补授。钦此。监国摄政王钤章，奕劻、那桐、徐世昌署名。

八月初二召见内阁总协理大臣唐景崇。

《申报》1911 年 9 月 25 日第 13877 号第 2 版

交旨

七月二十七日钦奉谕旨：南书房片奏，阅看学部七品小京官李滋然呈进书籍四种，综观所著各书，于经学研究颇深，堪备乙览，应否加以褒奖等语。李滋然着赏给主事衔。钦此。

谕旨：御史忠浩奏币制重要，宜再详定收换办法，以防流弊一折。着度支部议奏。钦此。

《申报》1911 年 9 月 25 日第 13877 号第 2 版

评论：呜呼赫德死矣（平子）

呜呼！赫德死矣。赫德死而总税司一职何如？赫德死而与我国之关系何如？且与欧洲列国之关系又何如？

溯自赫德任总税司以来，各口设关通商，而税司一职，英伦之势力实左右之。虽曰事关商务之盛衰，固不得不以英伦司其牛耳者矣。然朝廷恒时懔履霜坚冰，若瞻顾楚材晋用之非计，思欲援东方先进国聘用客卿，成例汲汲焉而为储材收回之地者，抑独何耶？

顾记者于此，又有不能已于言者。同光以来，外交之变迁亦屡屡矣，此五十余年中，每遇中外交涉事件，赫税司辄以客卿之资格居间调停，游说于王公大臣之门。而尽其客卿之天职者于英然，于他国亦然。今日者盖棺论定，有大足以系人怀思者矣。

不特此也。赫税司于中国老成望重，朝右倾心。每遇举行各项新政，无不咨诹访度，以折衷一是。而赫税司亦感激驰驱，知无不言。乘间以纾其蕴畜于中国焉。以是，欧西一般东渡家每艳羡之。此后赫德往矣，而继赫德之后者，又为何人？吾知欧西人于此必有耽耽其逐鹿者，此则于吾国外势之倾向大有关系者耳。

抑吾窃闻之，赫税司者，英挚沈［沉］毅人也。其于中国以税司之职，兼顾问之官，五十余年之扬历，德懋懋官，功懋懋赏，宜若大有可为者，然顾不闻有赫赫之名权倾于人主者。此固朝右任贤之得宜然，亦足以见赫税司之心乎中国者矣。若是者丝纶褒宠，锡及苗裔，膺天语之轸惜，沐外臣之殊荣，幸耳，亦分耳。

虽然此亦关乎国势之问题，而不止为个人之问题也。吾思赫税司，吾更思赫税司继任之人不置。

《申报》1911 年 9 月 25 日第 13877 号第 2 版

专电

内阁前电袁项城，请其出山。昨得覆庆邸电，谓：病体不支，难膺重任，并陈川省乱事，请从根本解决。

闻内阁接岑宫保电，准初五起程赴川，不再延缓，以纾朝廷西顾之忧。

御史团以盛宣怀借款收路激成巨变，公议陆续上折参劾，务达去害目的。昨路士桓已先上折，惟原折仍留中未发。

驻英公使刘玉麟密电政府，称索回威海卫交涉困难，英政府须索相当之权利以为报酬，并偿建筑军港费若干始可成议。请饬外务、海军两部妥筹办理。

肃邸面商阁臣，藏事日棘宜速改治，当呈治标六策以固民心为根本，先派知兵大员前往专司训练新军，并会商联豫切实进行。

度支部密呈币制专章：（一）禁用生银；（二）严惩私铸；（三）划一兑换。请交阁臣察核以备送交资政院集议。

考试游学毕业生，旨派唐景崇、宝熙为监试官，张德彝、胡惟德、林年、朱益藩为主考。

《申报》1911 年 9 月 25 日第 13877 号第 3 版

川路滴滴血（六）

赵督电奏，西报谓为张大其词。今证以川友函述情形。该奏措词诚有不免张皇之处，函云："外间风传谋图独立及戕杀官吏各节。川省之乱，并无如是之甚。十五日，赵督拿绅士四人。当时众情汹汹，遂致鼓噪，并于城外聚有二万余人，要求释放绅士。乃赵督即饬闭城。于是，众不得人，绕城不散者数日。赵督又不善处置，致有围城之说。其实川民之所争者，仍系川路问题，并无图谋独立之事。观其《自保商榷书》有'协助政府'"等语。其情亦可见矣。

又京函云：川省自近年以来，吏治窳败，民生凋敝，物穷财尽，盗贼满山。通都大市，至有人持百余钱白昼被劫者。其他外乡之匪寇，更难缕述。通计川省游民、土匪、饥民、盗贼，十余府总数在百万以上。此次争路风潮起后，尚未蠢动。嗣闻端方率兵入蜀，蜀人乃大惊，不知政府用意所在。一时传闻成都、重庆、叙州等府皆愤怨失色。保路会各团体乃行紧急会议，推邓孝可等率同志数千人赴督辕陈诉，遽遭轰击，邓亦被拘。蜀人大愤，所击毙者皆系保路会人，并非土匪。至此次盐工与各商贩，亦同声相应者，因闭市以来，商贩、工人歇业无聊，饥困交迫，遂亦随同保路会赴辕探听善后办法，不意遽遭枪击。于是与官军大为冲突，乃致有日前之变。昨日，京内川省人士在全蜀会馆紧急会议。闻其议决办法，大致一面通电李准、骆成骧、程德全单衔陈奏实在情形，一面托京官与盛宣怀商议善后办法，以保川者弭乱于现在，以议路者救济于将来。并向政府要求，不得再以惊迫手段威吓。川民现皆认可，已分途办理矣。

又函云，某京官接家信，谓：成都督署确被围，惟人民始终未与官军接仗，因人民皆徒手号召，并未持械伤人。其所以相持多日者，因人民所要求皆未解决。至外间盛传官吏自杀、被戕各节，官场亦未接有确实之报告。其拘留之四绅士，赵督当因城外有数万人鼓噪，即解交将军衙门管押，并由将军调停，当众宣言，谓数人如有不测，惟我是问。但众人如有暴动情形，则我不能保。故能相持无事，未至十分大乱。

又监国日昨退朝后，于西苑门休息所特召内阁诸相筹议川乱办法。监国谓："川事赵尔丰电奏情形殊多支离，究竟有无别项隐情，未可逆料。"那相请派员密赴川境暗察一切，并保荐某君（其名不便宣布）堪胜此任。监国允诺，现已饬该员星夜赴川。果尔，则监国亦知赵督电奏不免失实也。

上月二十七日，川京官接苏抚电，云：全蜀会馆同鉴，有电敬悉。已转达岑宫保处，全昨已致电岑公。文曰："闻公奉命莅川，为桑梓额手，想荩筹密，勿旧地重来，拨雾见天，当在今日。但剿抚必分良莠，谕旨甚明。鄙意，因路事争执而后有附和之乱民；既有乱民，必不获已而后出于剿；既剿之后，设路事仍少方针，则隐患依然潜伏。故，应剿者必系暴动之乱民，决非争持之绅士。并为一谈，群情愈激。目前尤要者，则当以剿匪必分良莠为一事，宣示路事方针为一事。历年各省争持路议，虽于朝廷办事苦衷容有未喻，然人民忠爱之忱，亦未可尽没。川省事同一律，似未可尽诬为匪。我公治蜀夙誉神明，今乱象初萌，正需援手。德全久暌乡里，寄居云阳，距省尤遥。在省士绅，均非素识。虽经迭电议局及同乡京官，设法劝导，迄未少效，负疚方深。公启节度在目前，敢抒臆忱，藉资流壤，并祈指示吁谟，俾资接洽，曷胜翘企"等语。并闻。德全宥印。

又旅京某君接重庆函，云：该处乡人张姓处有川缄并檄文一道，约千余言。文中皆引《钦定宪法大纲》，证明政府之非是，札首署"大统领金"四字。闻金家资百万，盖商会议董也。

日昨瑞澂电致内阁，称川省匪势蔓延，派兵往剿，拟分三段，水陆兼程并进。由武昌至宜昌为一段；由宜昌至万县为一段；由万县至成都为一段，冀速达川。且谓，鄂军系张文襄夙练之兵，必能忠勇愤发，迅奏肤功云云。呜呼！瑞督亦将以血泪染一黄马褂耶?!

前陆军部因川事紧要，电调陕西新军数营前往防剿。闻日昨长庚覆电，称秦省兵力单弱，仅能自为防卫，万难调赴川省，乞另筹办法。

顺直咨议局致湖北咨议局电，云："报载川议长被逮，萧君亦监禁武昌。是否属实，贵局闻见较切。内情何如，应如何办理？望示。"又覆江宁咨议局电，云："贵局预算成立，诸公就职。敬贺！闻川正副议长被逮，内情如何，贵局对此有何卓见？望示。"

资州电报已通。昨日邮传部、外务部，皆接得成都转到各电甚多，大致谓：士民因要求放出被捕诸人，围聚城外，并无攻扑情事。故每日仍开城买取食物，城内已经开市。

四川万县邮政总局近致邮部电，云：成都与万县现在邮便不通，投递邮件只及顺清而止。彭山、新繁、郫县、濯［灌］县等处官衙，悉被匪徒劫掠一空。又泸州电报局报称，该局接到资州电音，谓：东门外麇聚之乱民，已被马队逐散，退去。惟简州南门外，乱民甚众，因而交通阻碍。已派兵护送某国领事出境，前往简州。又端督办来电，云：接泸州道报，称该处乱民未见蔓延，铜梁、大足两县现甚安静，驻蜀东路军队五营已派一营前往成都援助。贵州巡抚亦已分拨两营赴蜀。又某商家接到成都来电，云：省城城门每日只开一点钟，城内平静，商号照常营业。已开仓分给粮米，以济民食。城外乱民，凡关官事公文必加搜查，惟商民函件始准递送。又川督电，云：据叙州府报称，昨有乱民围攻府署，当经开枪击退，现已平复。资州、泸州亦均如常安静。据此观之，则省外乱事亦将次第平定矣。

《申报》1911年9月25日第13877号第3—4版

川督张皇入告之真相

赵尔丰电请内阁代奏川事渐定情形，于上月二十七日到京。当奉宣布明谕已见前报。兹照录其原稿如下：

十五日，遵旨拿获首要，随将围攻督署乱民击退，曾于咸电具陈在案。是日，分段派兵弹压，民兵仍多冲突，直至三更，城内始稍静息。而城外大面铺、牛市口民团数千人夤夜已到城下，称系由同志会调令，十六日进城始知逆谋，凶狠实非一朝一夕之故。连日已到各团计：西有温江、郫县、崇庆州、灌县，南有成都、华阳、双流、新津及邛州、蒲江、大邑等十余州县，一县之中又多分数起，民匪混杂，每股均不下数千人，或至万人。所到之处抢掠烧劫，无所不为，附省居民纷纷逃徙。阵获之人讯供，或称系赴同志会召集，有称系罗董等大人调来保路者。十四日即已暗中齐团，亦有沿江得有同志会散布调兵木签，来保护罗蒲诸人者，今知渠等被擒，特来救援。要求从此不纳粮税，不准则围城攻打。当经调派陆军及巡防军、卫队，一面谨严城守，将各国驻省领事暨教堂教士等加意保护；一面分路迎剿，仍先将该逆绅等谋叛情形分头晓谕解散，免致愚民无知，误犯兵民。接战时，官弁等亦必先行劝解，乃各该团恃其人众势强，分四路围城并放枪炮伤亡兵士。迨官军开枪回击，犹敢抵死抗拒，至势难支持，始各纷纷散退。嗣有大股匪团数千人，盘踞距省五十里之龙泉驿山顶，扼守险要，密列炮械，扬言进攻省城。官军驰往剿击，匪即开炮，轰打官军。于黑夜猛扑上山，占据山顶，夺获大炮数十具，枪弹、刀矛无算，匪遂下山纷窜。盖龙泉驿为东路要害，该匪等意在扼险固守，截断省城声援。幸经立时攻夺，不致为其所制。而西路犀浦、中和场等处，复有数各匪徒聚集，纵横于郫县、双流之间，后经派兵防剿，当即败退。讵该匪旋又分股围攻双流县城，放火焚毁关厢街寺，势甚危迫。官军跟踪往援，与匪接仗数次，均获胜利，相持一昼夜，城围始稍松解。其窜扰犀浦、中和场并续窜唐家寺之匪，亦先后败退。刻据探报，金堂、什邡、汉州等处，又复纷纷告警，犹须分兵往救。查官军自十六日至今，连战七日，防内攻外，东驰西击，刻无暇晷。尔丰随时激以忠义，犒以重赏，各将士均尚用命。虽所当披靡，擒斩甚多，夺获枪炮、刀矛、旗帜约二千余件，而民匪散而复合，前去后来竟成燎原之势。自十六日，各路电杆悉被砍断，驿递文报皆被截阻搜杀，各处匪徒日益麇集，迹其设伏守险，图扼东西要道，陷我于坐困之地，必有枭桀诡谲之徒主谋指使，而西充、汉州等处匪徒犹有分路来省之说。兵数有限，备多力分，恐仓卒未易歼除，拟俟城守稍固，即抽队迎剿，以图廊［廓］清。其先后阵擒各犯中，有被胁愚民均用善言开导，悉予宽免省释，饬其劝告乡里，勿致误蹈罪戾，为妥筹解散之计。惟闻彼党已密派多人运动各省咨议局及京外官绅，意图混乱黑白。尔丰一面通电各省督抚，宣布其罪，以免人民误会。或有牵动至现在筹办防守，所有筹划饷需预备供给及赏犒救济巡查地面各事宜，自不能无总汇机关以资督率，其临时需用各款，亦为预算所不及。刻已于藩署饬设筹防局，妥为办理，俾资综核。再，各路电报久已不通，因前日将简州匪股击退，始专马赍稿至资州电局发递，是以具报稍迟。合并声明，谨请代奏。

《申报》1911 年 9 月 25 日第 13877 号第 10 版

9 月 26 日

宫门抄

八月初四召见内阁总协理大臣涛贝勒、朗贝勒、陆钟琦、杨枢、荣凯。

《申报》1911 年 9 月 26 日第 13878 号第 3 版

评论：世界近时最大事件（无名）

世界近时之最大事件，除中国四川之乱事外，英国则有罢工事件，法国、德国则有摩洛哥事件，西班牙国则有工党事件，德法比瑞诸国亦有食贵与工党事件，俄国则有刺杀首相事件，日本亦有社会党入军队事件。各国之人民，多为富豪权力所迫，渐至不能忍受，而有反决之势。夫岂近时以来，各国人民均喜扰乱治安反对政府哉？亦以大势所趋，不得已之故耳。

大势维何？生计与知识二者是也。生计不迫，则心知其非而身犹得以苟且容忍；知识未备，则身虽受苦而心犹得以旦夕偷安。若至身心俱困，而犹不知群起求改革者，此盖必无之事也。方今世界，生齿日繁，教育又日渐发达，供给人生之所需不能大增于昔日。而在上处置国事之徒，尚欲以昔日之法驱遣之。是使人民身处不能不反对之地，遂以横决而不可收拾也。夫四川之乱，争股本为生计，争权利为知识。各国罢工之事，迫于生计者半，不平资本家与政府之压迫，出于知识者亦半。暗杀之事，表面实为国政之不平，全出于知识，而里面实因国政不平，影响及于人民之财产，故又出于生计也。是故袁项城对于川乱之条陈，有须从本根［根本］上解决。而罗斯福对于罢工事，亦有开会研究之说。其主意已中棨肯［肯綮］。特未知所谓本根［根本］，所谓研究者，何如耳？

《申报》1911 年 9 月 26 日第 13878 号第 3 版

专电

成都离城五六里地方，民团仍聚结未散，不与官军接仗，官兵亦不开枪，只禁阻其扑近城垣。

成都城围有复合之说，因边军已入城防守，城外空虚之故。

川民探得赵督电奏，语多诬枉，人心愈愤。罢课、罢市风潮，简州、叙州等十数州县蔓延殆遍，且多自练民团，以防官军干涉，势甚岌岌。（以上重庆）

法制院参议林炳章迎合盛宣怀意旨，新编《邮部收回四省铁路始末记》，内述张文襄原订合同如何失利，邮尚争回如何尽力，且谓部臣签押出于奉旨，不能毁约，系顾外交，语多附会。盛大悦，已赶印二千部，用匿名法分送中外各报馆及四省同乡官，以为卸罪之计。

永平秋操，以那王充慰劳大臣。定八月二十五日起节，前赴操地。

政府议决：内务府改皇族院；宗人府仿日本制度，改宫内省。设正副大臣各一员，另设正副乌布各一百缺。（以上北京）

《申报》1911 年 9 月 26 日第 13878 号第 3 版

川路滴滴血（七）

此次川省乱事，全由赵督激成，早已众口一词。兹据川友函示，赵督十五日通电各属原文。其时川乱犹未显著，而电中已有拿获首要，军法从事等语。则川中乱事，谓为赵督激成，已有确证。兹将电文照录于下，以告天下同胞。

镇道府厅州县，各防营统领鉴：省城保路同志会借口保路，图谋不轨。本督部堂业将各首要按名拿获，其余胁从均予免罪自新。现在省城地方一律安堵，为此电仰各该地方官遵照，晓谕各属人民，罢市者一律开市，罢课者一律开课，一体照常，安分守业。如敢再行聚众开会，抗粮抗捐，借口保路，希图不轨，即予严拿究办。倘敢抗拒，准照军法从事。并闻，有学生回县欲练民团。如有此事，并将该学生拿办，所有办事得力兵警、员绅，均准给予优赏。仍将遵照情形，电复。至于路事，本督部堂必予电请朝廷，俯顺舆情，必不使川人稍受损失。并即晓谕其不通电之处，由该管府厅州县，将此电专差驰寄。督咸。

京函云，二十五日，政府有密电致各直省督抚、将军及各边藩办事参赞大臣。兹探悉其内容，略谓：四川乱党宣布独立，叛迹显然，且有推举统领，连合苗民，布散逆书，煽惑各省乘机起事之风说。殊属骇人听闻，着即严饬所属，一体查缉，并出示晓谕军民，不得误信谣言，自取诛戮。

前日，鄂督瑞莘儒又有电致内阁，谓：现在资州至成都道路已通，虽电线一时不能修理完竣，信差已日日通行。惟资州一带糖工，仍聚众未散，数在万人以上，幸无暴动情事。成都城围已解，乱民四散，防营尚称得力，省城可保无虑。

又重庆来电，谓：赵督眷属于十六日由署旁小门潜逃，虽经乱民冲散，现已觅出下落，并非全眷殉难。所有居留成都等处之外人，亦并无受害情事。

又闻叙州府地方平时即为盗贼出没之地。此次乱事一起，山盗与土匪乘机起事，意欲占据城池。幸防守甚严，城池至今未破。惟各匪现尚屯聚城外，势甚危迫。故外间有失守之谣。

又闻成都城内自二十三日即平靖无事，各城门由官兵把守，省城各官署照旧办公，沿街黏贴告示，剿匪安民。保路同志会事务所已经由警道封闭，派人把守。

邮部接二十五日川电，谓：川省东南一带尚无乱耗。二十六日川电，谓：省城围已解，平静如常。二十七日，驻京英公使接成都英人由资州来电，谓：赵尔丰调来边防军二千名，即日开仗，毙人民甚多。现已解围，城内照常开市。前因兵力太单，只敷防守，不能出城决战。边防军到后，方出接仗云。

端方奉命入川前，请借用英国兵轮，以便迅速起行。奉旨申饬。闻端早知朝旨必不允行，不过藉此以为不能迅速到川之话柄耳。现尚在宜昌，其行程日期表订于九月初二到川。庆总理、那协理闻之，颇滋不悦，并谓其实系有意规避云。

岑云帅调龙济光一说，已志前报。兹闻其原奏，系请饬龙济光选拨精壮，编成两营，乘坐江轮速赴宜昌驻扎。俟臣到川后，查看情形，再行分别调用。并谓，如龙济光一时暂难离粤，即请饬碣石镇总兵吴达祥妥为带领。至粮饷军需应用若干，尚难预定。惟有恳请饬下度部，源源接济云云。此奏已抄交度部核议。

又粤函云，岑前督此次赴川，电调潮州府陈召棠、知州朱纮、知府褚光宗及文武等十余员。电由张督转，饬速行束装来沪。惟各员现署优缺及优差者甚多，未悉能否前往。并闻张督以现充督署总稽核田骏丰系岑旧部，素为岑所倚重，办事亦极精能。特派田骏丰立速往沪，并挑选得力差官二十人，随同前往听候遣用，已于上月廿八日启行。尚有卸任巡警李道原籍滇南，而乃父若母均寓四川重庆。现李道因接家电，知城都［成都］失守，重庆戒严，故交卸后赶即遄回四川寄籍。惟李道系岑前督最赏识之人，此番回籍，谅必能有所赞助也。

又鄂函云，成都东门已被赵督派马队冲开，城内尚平靖，每日开门运水进城两次。惟西、南、北三门尚有多人，围守未散。

又南湖炮队因川省风潮甚为激烈，鄂省步马军队奉调过半，而炮队尚无出防真耗。外间传闻，有谓炮队将开一队者，有谓将开一营者。以是，各营队官日内筹划操练，无一不是研究行军事宜，其意似恐出防谕下，未能应选者然。且闻二营中队队官柳柏顺，上月二十六日传集各棚正自会谈，谓此次出防，各棚正副目兵有不愿前往者，可条陈留守。及条陈时，竟无一人不愿前往，几无留守之人。湖北军队有如此精神，甚为可喜。惟国家养兵，乃为戕杀同胞之用，亦可哀耳。

又陆军三十二标护送端午帅入川，直抵夔关。该关路甚险隘，大部队伍前进颇形困难。日昨，董管带卓泉致电该标标统，略谓：川人齐集夔关，阻住我军前进，惟并无暴动情形。

又陆军八镇入川标营行至宜昌，探得先期入川三十二标消息：沿途罢市，米粮殊属难买。各营管带拟派妥员至湖南办米，搬运入川，以便源源接济。

三十一标曾统带广大由宜昌致张军门电，云：该标于二十四日抵沙市，换轮上驶。二十五日下午六时，抵宜昌起岸。二十六日，雇搭民船西上。舟子皆以滩凶石恶，水浩流急为辞，不肯装载。仅雇得行划卅七只输运接济，故各官兵均由陆路进发。然山高岭峻，崎岖难行，每日行程不过三十里，须历二月之久方抵成都。古云“蜀道难”，信然。

又闻川省争路风潮虽已相持半月，而人民坚强之气并未稍减。现在成都府属十余州县及叙资绵三厅州属，俱有土匪乘机滋事。其安分良民恐将来大军一至玉石俱焚，抛家逃难者已不一而足。鄂垣各宪迭接警报，恐已派之数营兵力不足，又令三十标整备，一俟保定军抵鄂，即拔队起程云。

《申报》1911 年 9 月 26 日第 13878 号第 4—5 版

粤路电书一束

密查保路会内容。日昨张督接政府密电，川事紧急，恐粤响应，饬令密防。张督接电深恐香港保路会藉端响应，特派员前往密查，知确与川省联同一气。当一面派员往港密查内容，一面电京请示办法。旋准复电，以川事业已谕派岑春煊督兵搜办，粤省自应预为密防，严拿为首之人惩办，仍不得过事张皇，致滋纷扰。

解散路事集会。粤督张鸣岐昨特密电政府，以川路风潮影响已及粤省，调查各团体颇有联合鼓动之意，严密防范无济于事，请示办法。阁臣交邮部知道后，又密电来粤，大略以川事紧急，诚恐各省响应，则大局不可收拾。粤省人心浮动，盗贼素多，更恐革党从中煽惑，乘机而起，亟应预早防范以备不虞。如有因路事集会者，应即速行解散，免酿事端。

商量收路办法。四川因收路闹事，邮部深恐影响及粤，二次电询，并饬严密防范。昨张督以细察粤路股东，虽有一三［二］措阻，而明白宣谕、因势利导，断不致有剧烈风潮。苟能照足十成股票妥速收还，自可消融于无形之间云云。闻端大臣昨亦为粤路收股事致张督电，云四川乱事已成，现正督兵入川剿抚，收股办法若因延待日久，恐生枝节。应请督饬劝业道议拟办法，随时密电本大臣及邮传部磋商办理，总期无亏商股资本，不致激动风潮为主脑［旨］，方副朝谕收股之本意。

《申报》1911 年 9 月 26 日第 13878 号第 10 版

9 月 27 日

评论：川乱之根本解决（无名）

欲已川乱，不能不从根本上解决，此一定不易之论也。欲从根本上，不能不求所以川乱之故，此亦一定不易之论也。夫川乱之所由起，为川路也。川路本许商办，而收归国有；川路之款本为民集，而借外债；政府既与外人订约，未与川人相商，而遽欲祛川人于商办铁路之外。此川人之所以愤懑也。政府既与外人订约，势不能以川人不允之故遽而中变，此政府所以出死力以压抑川人也。然则，此次川乱之关键，在借款收路而已。而借款收路之中，苟不借款，必不能收路，故尤重在借款。故欲以根本解决川乱，非废去借款之约，其余皆枝节也。

虽然中国政府之与外人订约而废者，亦数见不鲜矣：以前粤汉之美国借款，既废之矣；沪杭甬之英国借款，既废之矣；山西之矿约，既废之矣；云南之矿约，既废之矣。废，固未尝不能者，唯赔偿损失，空掷穷苦之金钱耳。唯借约之所以欲废，以其有损中国利权欤。夫借款之后，增我人民之负担，而供在事者之浪费耳。若借款，亦非绝对不能行之事也，而况以中国之外势内清［情］度之，亦有不借款而不得之势。故若止争废约，今日人民争废此约，而明日政府又订彼约，是所争者终无已时。而外国之资本家，诚者视中国为无信之国，而巧者且于其中收订约废约之实利，而中国以后之事更无可为矣。故今日川人之争，宜认定政府借款何以不商我民？我民未经允许，所以不认有此约。以后政府而不商于民而订约者，我民悉不能认。既断政府妄行订约之机，自无屡订屡废之纷扰矣。苟经民许，实力遵行，亦无失信外人之讥。此盖解决川乱根本中之根本也，亦即解决中国前途之根本也。我中国上下，其有意听我斯言乎？

《申报》1911 年 9 月 27 日第 13879 第 3 版

专电

前日成都城围复合，仍被边军、防军出城击退，民团散去大半。

成都城门照常启闭，文报已通。惟南北两路匪势仍炽，东路余匪稍平，靖川、南川北援兵不日可到。（以上重庆）

廷寄各蒙边办事大臣，蒙古关系边藩甚巨，从前蒙古王公私与外国订立垦矿各约，着限年内一律取销。嗣后如有再与外国擅订合同情事，惟该大臣等是问。

驻藏大臣电奏，乱事敉平，惟已革达赖喇嘛恃有外援，行踪诡秘，殊难处置。请示办法。

学部议决军国民教育案，暂缓画稿，俟各省民变风潮稍息，再行会同阁臣入奏。

内阁集各国务大臣在政事堂会议，给还川粤两路股款办法，决议呈请监国定夺再行宣布。又筹议对付议员质问。资政院改章一事，未能议决而散。

库伦大臣三多电奏，垦局成立已勘丈八千亩，征收经费以一半拨归各蒙王支用，故现助开垦费者甚为踊跃。

晋抚陆钟琦昨日请训，奉摄政王面谕，该省印土现已禁止入口，仍宜随时严防，毋得稍懈，以重烟禁。

某御呼奏请设立感化院。奉旨：法部知道。（以上北京）

日本内务省土木技师原田已奉命赴清国，监督汉口日本租界护岸改修工事。（东京）

《申报》1911 年 9 月 27 日第 13879 第 3 版

译电

初四日下午，英国教堂开会追悼已故总税务司赫德。中外官员到者甚众。（北京）

《申报》1911 年 9 月 27 日第 13879 第 3 版

9 月 28 日

专电

内阁电致岑春煊：除国有政策断难更变外，余皆准其相机办理，便宜行事。

粤督电告阁臣：粤省保路会持论激烈，邮部前议先还股款六成，余分十年摊还，民情愈愤，恐滋变故。恳饬该部按照湘鄂办法，概发十成现银，藉安大局而息谣传。

川省民选议员一律辞职。昨日资政院密电赵尔丰，速行复选。

度支大臣密陈，川省设立筹防局，事急暂可照准，惟库款支绌无从接济，应准提用预算金作正开销。当日寄谕川督：一切用款须核实支发，毋得冒滥。乱事稍定，即将该局裁撤，以节糜费。

摄政王谕饬阁臣：将关于参劾川省乱事之折电，一律呈阅。

御史谢远涵奏劾邮尚盛宣怀恣睢跋扈共八款，全折约千言。留中未发。

外部电致驻俄、驻日公使，两国同盟内情迅速详探密告。

东督赵尔巽电奏：本省灾重粮匮，采运米石未至，而外来饥民陆续到奉，深恐劫掠生事，已饬奉天府邀截遣散。并恳电饬湘鄂江皖督抚，严禁难民出境，以防贻患。

宗人府决改皇族院，拟简礼亲王为正大臣，睿亲王为副大臣。

闽督松寿电请开缺。内阁覆电，慰留切劝，勿萌退志。

师传陆润庠奏，曲阜新设大学，请饬学部另订章程。奉旨：学部知遵。（以上北京）

南昌县大窝里拳匪起事，人民避难者甚众。（南昌）

《申报》1911 年 9 月 28 日第 13880 号第 3—4 版

川路滴滴血（八）

前纪督办大臣端方请勿入川，专办路事一节，兹探得其原电（上月二十七日发）系以路事重，于乱事立说措词甚为得体。大致谓：方自抵宜昌后，知川乱益烈，即将所带之军队指授方略，令其不分昼夜兼程入川。惟念川乱虽甚凶险，而宜昌路务更关紧要。宜昌工人甚伙，设防范稍疏，忽生变故，则川省腹背受敌，非但鄂省大受影响，更恐长江一带亦被摇动。现惟有暂驻宜昌，藉资镇慑。连日迭与李稷勋妥筹一切办法。其川省乱事均系乌合之众，志向不一，人心涣散，既无军械，又乏粮糈，万难久持。恳恩电饬岑春萱，趱程前进，必能剿抚得宜，削平大乱。又历陈光绪二十四年余蛮子之骚扰，不三月首要歼除。二十八年红灯照匪起事，蔓延几被全省，而该大臣（岑时为川督）指挥裕如，戡定妖氛。若使早日抵川，此乱不足平也。末又陈宜昌路务种种困难情形。该处为川汉咽喉重地，自川乱后草木皆兵，除筹昼路务外，所有防堵在在均关紧要。臣虽为慎重宜昌路工起见，并可为该大臣之后劲云。

自川乱发现后，政府异常焦虑，除电鄂、陕、湘饬引军赴援外，昨晚又电贵州巡抚，着挑选得力军旅四营兼程入川。缘某邸密奏，成都居四川之中心，各省援军均有鞭长莫及之患。鄂军至万县十日，由万县至成都至快须十四日；陕至成都计十八站；湘亦如之。惟黔省离成者［都］仅十四站，十一日程即可抵川省城。并请电饬岑西林，着其会商瑞，即日赶赴西川，妥筹剿抚。所有调集各军队，准其节制。

闻岑此次电调文武知兵大员各一，均属旧部。其一为王孝言，现直隶候补道，办理张家口矿务，已电令其先赴宜昌会合。该员素称能军，且果毅勇敢。一龙济光，惟政府曾接张督电称，粤省迭遭变故，各属灾患频来，蠢动可虑。李提病未痊可，省中军力单薄。龙提所统新编之九营专恃保卫，万难抽调他往等语。政府已将此电转电该大臣查核矣。

上月桂抚沈秉堃为川省乱事曾电陈意见，请内阁代奏，略谓：臣官川有年，深知川人纯朴易治。此次之变，实官吏激成之，非川人之本心也。当川路招股时，臣曾在场，备悉其股款之所出，不分贫富，一律踊跃认输，咸以为利权所在，不肯稍任放弃。今政府未与协议，一旦收归国有，富者无端失此大利，心已不甘；路股七百余万金，政府又攘为己有。贫民减衣缩食之所积，遽归乌有之乡，痛在切肤，情何能忍？于是倡议争路，而官吏阻之，遂不得已罢市、罢课，以为要求之手续。此祸乱之所由来也。先事既不与协商，临时复临之以兵，其不铤而走险者几希矣！今日之事，莫若先停入川之兵，一面由大清银行筹还路股，以平贫民之愤，则乱可立平也。奏上，阁臣均韪之。惟因误信赵尔丰一面之词，谓川乱甚盛，朝廷派兵骑虎难下，故沈策未见实行。

又岑西林奉命后曾有电致内阁代奏，谓：此次四川因路事肇乱，由于上下感情未洽，激而成之。其所以致乱者，又由于京外官绅多有误解，而地方官又误指保路会绅民为匪，以致不可收拾。为今之计，只有将川省路股一律发还，不使人民小有损失云云。其措词与沈略同，闻已交邮传部议奏。

又有自泸州来信者，其人系一留学成都之学生，于十九日由省垣动身赴泸。信谓：十五之役，民团跪督署求释蒲邓诸人，为卫队枪伤数人，即散。嗣后亦绝无暴动情事。城外聚众甚多，故闭城。然城门虽闭，仍时开放城内人出城，民团绝不干犯。城开，民团亦不涌进。故城内绝无事故，惟城外山上曾驻有民团，为官兵枪毙甚众。现东、西、南三面城围已解，只北门尚有民团未散。此皆信中语。其人至十九始离成都，去十五已四日。而所言如是，则赵季帅二十三日之电奏，所谓连战七日，擒杀甚多云云，不能不疑其太过也。

又重庆府电，云：现在省城已开市如常，城门每日启闭数次。惟城外尚有数万人围城，与守城兵相持，要求释放被拘诸人，并无剧烈之战事，只附近州县略有抢劫而已。

又据旅京川人家电，云：叙州、嘉定城已破，川人公选民团长金某，刻已招兵买马，节节驻防，势甚蔓延。又邮部得川北官电局来电，亦与此同。然赵督前日电奏竟未提及，殊不可解。

闻内阁日前电饬川督赵尔丰，略谓：从前各省遇有乱事，本省大吏非极力铺张，即一味朦蔽，以为邀功卸过地步，致令中央政府莫由得其真相，措施失宜。此次川省酿乱，关系最为紧要，务须随时据实电报，勿稍隐饰，以免误会。

东督赵次珊昨又有电来京，谓：此次川省肇乱，由于保路。然保路者皆系士绅，倡乱者必为匪众，未可概一而论。又谓：咨议局议长、副议长皆系由人民公举，既无逆迹，自应及早释放，以安人心。若指该绅等为逆党首要，则是以保路、倡乱混为一谈，断乎不可云云。玩其语意，亦不以赵尔丰之电奏为可信也。

内阁昨日分电各省督抚，谓：川省乱党有派人运动各省咨议局消息，务须向咨议局各议员反复劝导，以免被其煽惑，并随时注意各议员举动。

成都电局昨又电致邮传部，称屡次派人送电至资州、泸州两局发递，沿途均遭匪党搜获，不能前进。所派巡丁有为匪党擒获支解者，故途中仍属梗塞。

又泸州电局称，有自成都发电北京赵侍御者，语甚激烈，攻击赵督甚力，现已不为其发递。

成都既有不纳租税之议，于是金堂县人遂将经征局打毁，新繁县人亦附和其说。县令拘拿首要，居民遂于城外纵火，乘县令出城护救，即闭之城外，要求立释被拘诸人，否则不听入城。县令无奈，卒允其请。此十五以前事也。

某京官接重庆私电，云：接到泸州电称，泸州道现将所属兵队概行派往成都调遣。并闻黔抚派赴成都之兵队经已进发泸州，刻下甚为平静。现有端大臣带领之兵数营驻扎该处。

端督办自途中致电郑苏戡，云：得二十一日缄，所论与鄙见正合。此次乱党自当别有渠魁，咨议局诸人必当设法保全，以系人望。请公速达赵侍御，并转告川省京官，以防意在息事安人。凡有可从宽之处，必不稍从苛刻也。方二十九日曹家坂。

《申报》1911 年 9 月 28 日第 13880 号第 4—6 版

9 月 29 日

专电

成都城外又有小战，官军仍得手。民团已无固志，将陆续散尽。

乐犍（嘉定府首县）前数日亦罢市，近已安静，大势无虑。（以上重庆）

粤省争路股东会代表汪伯坚到京。因鉴于川路代表刘声元之被罪，未敢叩阍，先谒同乡官密商办法。

东督赵尔巽电奏：“六道沟为东省要隘，日人私自勘划，意在久占。除由巽严重交涉外，请饬外部坚拒毋让。”

内阁叙官局又挖档舞弊。阁臣自行检举，现正严密检查，禁止泄漏。

禁卫军奖案，内阁核议照准，不日入奏。（以上北京）

水提李准由省移驻虎门养疴，退志甚坚，拟即日上奏续请。

《申报》1911 年 9 月 29 日第 13881 号第 3—4 版

译电

上海英国与外国圣经会均接成都平安消息。该会副代理人某君初四由成都来电，云川督已能镇压大局，不患复乱。乱民已散，交通已复。但美国浸会堂接重庆电，称：由成都战退之匪民，现仍蔓延作乱。

《申报》1911 年 9 月 29 日第 13881 号第 4 版

川路滴滴血（九）

川省京官已将川督电奏一一辨驳，拟即具折纠参。文中指斥川督，最荒谬之处有如龙泉驿，既为险要，匪徒运大炮上山，殊属不易。官兵何竟夺炮至数十具之多？且川省处丛山峻岭之中，交通梗塞，非如粤省有香港之可运枪炮，川民若干大炮，试问从何而来？又谓四川民团素有矛帜，几于无家不有，若要搜获，则每日可集至数十万件。川督所谓枪弹旗帜若干者，或即指此。何能以此为反叛之据？并闻此外辨驳川督电奏荒谬之处尚多。

上月二十八日，内阁官报发表赵尔丰川事电奏一道。次日，京师各报均录于新闻栏内，惟《帝国日报》标其题目曰：“赵尔丰一面之词”。初一，外城总厅传该报发行人，诘以用此题目，是何用意？发行人云，此件系录自内阁官报，非杜撰，更非捏造，亦非褒贬。该电系赵尔丰所奏，自是彼一人一面之词。本报记载，并未犯法，请依律办理可矣。警厅以其答词激烈，遂交拘留司暂行看押，听候办理。初二，经各报会议，先将被拘人具禀保出，再筹办法。现此案已移交地方审判厅矣。

邮传大臣盛宣怀，当川乱起时亦甚惊慌。嗣得郑孝胥暗中划策，遂决意主剿。其第二之密参军事计划者，为李伯行侍郎。近来，李在盛宅五日未出。闻其所筹进兵方略：鄂军扼守剑阁，不放川中乱党出境，以免牵动大局；湘军为鄂军后援，分驻荆宜；黔军直接入川兜剿；陕甘兵虽单弱，仍须酌拨，前往助战。

调遣军队，无论何国皆属军咨处（即参谋本部）之特权。此次川乱，发现邮相盛宣怀纷电各督抚，派兵助剿；不惟不与军咨府、陆军部协商，对总、协理大臣言，军咨府、陆军部殊不可靠。涛邸闻之大愤。昨与盛宣怀遇于朝房，因诘问之。闻盛一辞不答，若有老谋胜算者然。涛竟无如之何。

自川乱起后，各省议绅不闻出一言、建一策，为弭乱救民计者，已为舆论界所诽议。现访悉直省联合会员杨寿镬，因资政院驻京议员虽谒见达副议长，欲谋挽救，然政府主剿者多，恐无效力，故日来联合同志，决意组织蜀滇黔粤四省协会，以谋川事之解救方法。俟下次开联合会时，即作为议案，妥商一切。

又闻资政院议员某某等，以川督诬枉咨议局议长等为匪事件，虽经两次谒见议长，请其禀呈内阁，勿信赵督一面之词，而迄今未得下文。现拟联合川议员及各省同志之议员，即开一大会，并联合实进会、宪友会、辛亥俱乐部，以及个人之关心此事者，共同筹议对付川乱办法。

岑西林自奉派入川后，当日即有电致政府，要求三事，已志前报。兹闻西林所要求者：一、抵川后须与赵督划清权限；二、入川须与以调兵特权，并准其征集旧部；三、指定拨饷处。所闻三事，均经政府电允，故岑始成行。

据宜昌盐局电，称：日内川事无甚变动，讹言渐息，官中亦不闻有要电往来。惟自流井并未罢工等语。按：该处盐丁二十余万人，皆贫苦小民，一日罢工则一日不得食，其祸益不堪设想。今云并未罢工，幸也。

川函云：成都商民因哀求赵督致被枪击，奔走于龙泉驿大路，以便逃避。有老幼不堪奔走者，行至该处，天色已晚，不能再为行动。于是在该山顶栖息，官军疑为占据要隘，率队掠杀，时有哥老会匪乘机宣言，为诸老幼担任保护，遂与官军接仗，而战事乃成。

又云：赵督自击退各商民后，即纷纷派队镇压。城内已安静如平时，惟乡民不知内情，犹自远道奔赴，哀求赵督放回议长，不下万人。不知赵督竟以枪为对待之具，故夤夜而来，及至城外始知其事。当时号呼叫苦，其声甚惨。现已次第分散矣。据此二则观之，赵督所谓连战七日，奋勇克捷者，不惟张大其辞，实残民以逞也。呜呼！

又鄂函云：鄂督于前日接到由湘中转来川电，云成都城外乱民已经黔军会合川军击退，纷向各属逃窜。自二十七日以后，省城日开两门，派兵轮守，行人由外入城均须盘查，出城者则领路票，限时而归。玉将军、赵制军、田提军以下各官皆无恙，惟署提法使周善培确已自戕。城中教士西人皆未被害，城外有某国教堂二处被毁。

又一消息：川中主谋独立者确为省城巨富金某。缘金雄于财，投资路股甚巨，故反对路事甚力。其门下食客颇众，当赵季帅拘拿各巨绅时，金恐及己，遂谋为乱，众推其为大统领。登高一呼，四方响应，即自流井一处盐工投其部下者已有二三万，故难作之后，声势极为浩大。

川省乱势虽戢，省外各处仍多扰乱。电线之被毁者约千余里，不惟省城不能通电，即附近各州县亦一律不通消息。乱党既分作数股，四处扑攻；军队亦应分派往剿。川军现守省城，黔鄂援军有限，尚恐不敷分布，势必续调鄂军。昨鄂军步队十五协统王得胜已命所部准备听候调遣。

鄂军之赴川者计有步兵四营、工兵一队。昨又在马队第八标二营中挑选得力精壮马兵百二十骑，由队官袁占胜率领赴川。盖因张统制接入川之邓协统承拔来电，谓蜀道崎岖，接仗时必须骑兵侦探，故派袁队官率军赶往也。

端督办近在夔州被乱民所阻，闻其事甚确。午帅中途得信，即在距夔关二百余里之鳌山驻扎，直俟邓协统所部之兵到夔，始合为一军而进。乱民见军容甚盛，遂一哄而散。此系前日夔州官电，所叙事必确实。然，如此足见川民并不抗拒官兵，若得人善为抚循，自易解散，何劳数省之师，如临大敌哉！

又端午帅在途中电致内阁、军咨府，谓：乱党蔓延日众，西鄙泸州九姓土司逼近强邻，诚恐土民滋事，外人藉端干涉。请迅速饬川藏边务大臣防备，以杜隐患。

又重庆函云：上五属颇扰乱，维尚无扰害洋人等事。查川省各属之西人教士等约有三四百人，来渝已到者四十余人。因渝地食物恐不敷供给，故均拟至宜昌、汉口等处。然寓渝西人安堵如常，毫无惊慌走避之意。

川东道朱伯年与所属人民感情极好。此次不动声色，调兵进城，异常镇静。现兵力颇厚，又兼重庆府钮元伯办事活泼，故川东一带亦甚安静云。

《申报》1911 年 9 月 29 日第 13881 号第 4—5 版

湘人争路之复活

川路风潮发现后，湘人复继之而起，大有声求气应，东西鸣应之势。兹特备纪如下：

风潮之缘起。湘省争路士绅以此次川路风潮之手续与前次湘省会议决定抵制国有之法适相吻合，以首先倡议之省反不如川人之能毅然实行，诚为可赧。于是集合士绅开秘密会议，到者千余人，决拟实行罢市、停课、抗缴粮税以为抵制之策，务恳收回国有成命乃已。

学界之会议。省城各学生于日昨会议后，皆坚持前次议定办法为主义，并拟印刷传单到处发布。事经余抚查悉，特飞饬学司，转行各学堂监督、堂长，务各严加管束，不准出外干预路事。如有学生在外开会演说，一经查出，定惟该监督、堂长是问。

绅民之激。前晚湘路余总理家忽来多人，要求总理电部争持，言词甚为激烈。余尧衢总理见来势汹涌，随用电话禀明抚院。余中丞闻信随派妥员前往，向各绅民婉劝，始行解散。次日，各团体复拟电文一道致北京资政院，语极激烈，由长善选举事务所易君亲至电局，备费请发电。局以从前奉有邮部电谕，凡关于路事电文，非盖有地方行政长官印信即不得代为拍发，又以电中言语过于激昂，遂藉此婉辞不肯照发。易君与之辩论良久，电局卒未允准，乃悻悻而去。

军队之调动。昨有常备军两队由省开往岳州。闻系抚院恐湘省果再起风潮，难免无外省匪徒乘机潜入湘省，通同作乱，故特派往驻扎，以资镇慑。余抚此举，外间则多有不以为然者。

议长之避匿。咨议局副议长胡璧近因各界邀同开会，议商抵制铁路国有方法。胡君欲顺舆论，则川省正副议长因此牵连被拘可为前鉴；欲置之不理，则为众矢之的，必至受其斥辱。进退维谷，莫可如何。于是藉端他适，以为避匿之计。闻已于日昨离省矣。

长官之防范。湘抚余寿平中丞深恐各界演出激烈风潮，有妨大局。爰一面严饬各司道，不准民间开会集社，以及各学生干预外事等情；一面电告鄂督，磋商办法，并饬各军队严行戒备，如有疏忽，定惟该区官、监督、统领是问。

民间之恐慌。近日湘省纷纷传言，谓川省提法司及防营统领均遭戕害，恐川中恶剧复演于湘垣，互相传说，慌恐异常。在好事者甚或故甚其说，以致民间之惶恐更倍于前。

《申报》1911 年 9 月 29 日第 13881 号第 10 版

9 月 30 日

评论：川乱解决说（无名）

呜呼，川乱平矣！川乱平矣！城围解，电报通，遂得谓之平乎？大兵集，民团退，遂得谓之平乎？官吏逞其杀戮，人民屈于刀锯，遂得谓之平乎？收商办，归国有，悉从政府之策，不顾人民之言，遂得谓之平乎？呜呼！是适增乱而已，平乱云乎哉？夫乱事之起也，起于人心。故乱之平也，必须先平其人心。以杀戮为平乱之具，此乃未开化之时代行之，不能行于今日者也。若于今日，则愈杀戮而人心愈愤，其不平之心愈增。虽或屈于一时之威力，外形稍示镇静，然而心中之谋报复计，为乱之心则日动而未已。一至可乘之机，其发之也必更甚，而更难收拾。故此次川乱，只此用兵杀乱之策，而别无他法，则川民思乱之心必更切，而其余各省之人闻川事而思乱之心，亦必更切。所谓增乱者一也。

中国之政府，以前虽腐败，而未敢凶狠也。若此次川乱之平，由于杀戮，则政府以杀戮为能事，而启政府残酷之心。政府既以残酷为心，则自后无论如何拂民之事，以为有杀戮可以达最后之目的，而悍然倒行逆施而不顾。是人民思乱之心既切，而又加以激乱之具也。所谓增乱者二也。

呜呼！川乱苟平，而中国之乱局成矣。可勿惧哉。

《申报》1911 年 9 月 30 日第 13881 号[①]第 3 版

---

① 《申报》的编号有混乱之处。如 1911 年 9 月 29 日、9 月 30 日都编为 13881 号。这样的情况在此后还有，如 1911 年 12 月 7 日是 13949 号，12 月 8 日却是 13942 号。为了尊重原文，本文不作改动，以原文为准。

专电

资政院密陈川省民选议员辞职并拟善后办法。奉摄政王谕，交阁臣拟旨。当经徐协理拟定，惟因庆邸请假，暂缓颁布。

外官制草案昨已送交内阁核议：用两级制，一督抚，一府厅州县。总、协理大臣阅毕，即呈请摄政王宸览。

库伦大臣三多电致内阁：俄国突增军队千人，并煽诱蒙民阻办各项新政。请示办法，以弭边患。

岑云帅电奏，请即宣布川路股款一律给还办法，以安民心。摄政王谕饬内阁：会同邮传部核议，速覆。

弼德院长荣庆面奏，院务纷繁，建筑需费甚急，度支部原拨万两，所短尚巨。恳饬续拨万两。

陆军部奏，鄂督瑞澂请设巡防机关，恐于布置调人，易紊事权而碍统一，应毋庸议。奉旨：依议。（以上北京）

岑云帅已于今日（初八）抵汉（汉口）。

《申报》1911 年 9 月 30 日第 13881 号第 3 版

译电

庆王近致电袁世凯，谓曾奏保其接充内阁总理大臣，其材［才］能资格最为相当，且可免皇族内阁之舆论攻击云。并闻有人曾在摄政王前举袁赴川治乱。后以探问袁氏，袁氏不允，遂简岑往。（北京）

《申报》1911 年 9 月 30 日第 13881 号第 3—4 版

川路滴滴血（十）

湖北陆军第八镇步队三十二标一营系于十八日起程，随午帅入川，刻已行抵夔州附近。闻前路探马报告，夔关地方某山每日有大批乱党，为数约数千人，聚集阻塞驿道，声言袭击鄂省援军，阻拒端帅前进。且均持有枪炮，势甚汹汹。午帅以该处山高岭峻，崎岖难行，随从兵力既单，且不熟悉道路，深恐为匪所困，爰饬该营管带董作泉暂行停驻某县城，差捷足至某处发电，分致鄂省瑞制军、张统制、宜昌府金守、归州王牧，探询鄂省续派入川之十六协协统邓承拔等率兵已至何地，转催兼程而进，俾乱党见大部队伍不战而溃。其分电宜守、归牧者，盖以邓协统现必率军行经宜归一带，可由该守牧等就近转知也。又闻午帅自入川境，所遇镇市均先有谣言，云鄂军前来剿洗，所带皆毒烟炮，闻其气味必死。以故商民一概停市闭门，军中持钱无处购买食物。幸喜带有干粮甚多，尚不至于枵腹。昨日宜昌行军军需局接到随卫午帅之董管带来电，当即据情转电张统制，以后续开军队务须多带粮秣云。

成都一带电线前已被毁，近日闻重庆附近电报亦多不通，亟须架设军用电信，以灵消息而传军机。昨鄂督特饬张统制派工程第八营，编成电信队一队，由后队队官方定国率领，即日起程入川，并雇夫役三十名，搬运电信材料，随同邓协统所部之兵前进，沿途遇有需通电之处，即设法架设。闻鄂督并径电宜昌电报局总办黄道以霖，饬所属各报房支局报生、工匠协助。又电致邮部，通饬四川各电局一律相助，俾官电、军电互通声气，联络如一，庶免消息阻滞。

岑春煊入川之命下，赵督恐其攘夺己任。上月二十九日，曾电致某邸，力阻岑行，并有“岑不来，蜀犹可。若岑前来，恐无宁日”之语。故日前又有电奏川乱将已之事，其实皆赵抗岑入川之诡谋。闻某邸已觇其意，昨密电赵督，谓岑此行系仿巡边大臣之例，尚望勉力和衷，底乱于平云云。

岑西林电陈维持川事办法，中分三端：一系发还商股；二释放蒲殿俊等（已见本报）；兹悉其中尚有最要之一端，为恳请朝廷下诏罪己，以收人心。惟盛宣怀反对斯说甚力，谓朝廷若照此办法，于体制甚有妨害云。

又闻昨日有成都官场某君致北京家属电，云现川乱已日归平靖，省城始终并无变乱。外间谣言四起，以讹传讹，所有省城失守等说尽皆不确。惟乡民围城一节，则实有其事。刻下四门之围俱解，仍推举绅耆要，请释放议长诸人，大吏未允，大约须俟岑、端两大臣到川之后，方有办法。据此以观，则赵督电奏之虑，实可想而知矣。

川督于二十八日布告各省制台、抚台电，云：川省事变猝起，十数日来，自成都至资州之电线砍断，声息不通。上烦宵旰之忧，远劳诸公之念，皆尔丰无术所致，深自惭疚。十五日，乱党退后，黎明即有匪团迫临城下，意在开城时闯入。幸首要已擒，预为戒备。自十六至廿二日，外县各团分四路扑城，声言应同志会之召，或言来救首要诸人。解散不从，竟持枪炮猛攻，均经先后击退。惟龙泉驿、犀浦之匪各万余人，竟将东西两路阻塞，断绝行人。去城才数十里，因急饬新旧军分路进剿。陆军黑夜夺山，奋攻龙泉驿，毙匪甚众，阵获数十人并大炮、抬枪、刀矛极多，余匪奔溃，资州之路始通。犀浦之匪亦为防军击败，连破七卡，追至陴县，夺获同志会旗帜、枪械共约一千数百余件，西路亦静定。现今成都府六属及邛蒲等州县尚未大靖，皆著名悍匪与乡团联合，日益麇集。迭经出示晓谕：解散胁从，如能散团拿匪，许以重赏；即系匪徒而能改过敛迹，悉予宽免。川省会匪素多，盗踪遍地。此次同志会煽惑人民，勾结匪党，以致民匪混合，互相倚伏。匪败则散而为民，兵去则聚而为匪，此拿彼起，肃清恐需时日。犹幸川东尚未扰及，已一再飞饬各属，严密防范。省中照常开市，人心略定。此近日大概情形，择要奉闻，以释厪廑念。尔丰俭印。

宜昌为川楚交通咽喉。近日川人士逃避兵祸者多移家至宜，闻宜昌府金世和查悉，郡城内外自七月念五日以后三日，骤增川籍客民万人，旅馆为之拥塞，房租因之倍涨，一切日用食物价值无不飞腾。金守以川人涌到，其中良莠不齐，恐有匪人混迹。除移行驻宜陆军四十一标一营戴管带、后路防营崇统领及巡警局长暨各关卡一律注意侦察巡缉外，并据情电禀鄂督，深以兵单为虑。鄂督以该埠本有川路工人数万，兹又加以大批客民，一有事端，为患堪虞。然以省军派出已多，故只电饬该地文武，加意防范，勿得疏忽干咎。又宜郡食米全恃川运接济，今川河封禁，米绝来源，又加以川民源源而来，需要益多。金守为预防恐慌起见，已商之商会，筹款赴湘贩米，以济民食。但宜埠本川中商务之外府，操商权者皆系蜀人。现在影响所及，钱庄、银号停止外放者十居八九，金融停滞，电川汇兑一概不通。转瞬中秋节至，周转不灵，因而牵倒者在所不免。昨宜商会已电商沙市分会、汉口总会，祈设法维持。闻汉商会主张联合电求度邮二部，饬大清、交通两行放款接济，以免鄂中各商埠为川乱而受牵累。

又接重庆七月二十六日来信，云路事风潮仍盛，只因成都电线早断，邮局亦鲜通往来，故未有确切消息。惟沿河遍浮木板，均有“急救成都”字样。并闻省城米贵如珠，每石需钱二三十千。如川督再用压力，与民为仇，则真正乱党必更乘机揭竿而起，大局将不堪设想矣。

《申报》1911年9月30日第13881号第4—5版

炮标一营兵士哗变详情

鄂省陆军八镇炮标第一营管带杨齐凤少不更事，惟以苛虐兵士为能，其下无不衔怨。本月朔放饷后，杨奉该标统龚光明谕，将所属兵士之老弱、充役已满三年者淘汰另募。杨遂以私意将其平日所恶之兵，一并开除多人，饬令退伍归籍。内中以什伍长（即正副目）占多数，该目兵等早日与各兵感情甚厚。初三左队之全体兵士公同置酒饯之。杨管带不允，谓现值川乱，预备开差，军中应严禁饮酒。各兵力求，亦不准。是日下午二点半钟，各兵午餐，仍请各退伍者饯行猜拳行令，毫无顾忌。杨管带即饬该管队官等往禁，与各兵争辩良久。该队官愤呼护兵，将某正目拘去。正拟刑责，各兵大怒，立在兵棚中取出马枪四十八支，复至军装房抢出操演之空弹（有药无子不能伤人），连放排枪数次，大声鼓噪，复涌至军装房，欲劫真弹。幸军需长早已闭门抵住，而杨管带闻变，即督队护卫军装房各处，一面以电话向镇司令部各标营告急。马队喻标统之部，扎在该处附近，首派马队前来弹压。当场拿获叛兵八名，余二十余人夺门而逃。嗣张统制闻信，亦至该标查办。当将已获之各兵带交陆军审判厅审办，并派兵弁及知照各区巡警查拿已逃各兵，勿任漏网，以凭尽法惩治。又一访函报告，云此次炮标鼓噪原因，系正目汪锡九、兵士梅青夫退伍回籍，该队目兵当于是日八点钟备办酒肴，群起饯别于饭厅，猜拳畅饮。适为排长刘步云闻知，谓其扰害军纪，即予斥骂，并将其杯盘打毁数具。各目兵以饯别不得，目为扰害军纪，至于不应猜拳，系曾奉前管带杨玉玺谕准（因杨管带时曾有目兵告退准其饯别猜拳之传谕），亦不为过。于是大抱不平，仗着酒兴，一哄而散。全队目兵亦相率大忿，欲饱刘以老拳。刘于是时其强硬愈甚，且曰“定即禀请管带，处以哄官之罪”。目兵益怒，因之风潮大起。刘排长惧甚，乃禀求该管带杨起凤核办。杨管带据情，即于是日正午传集该队兵正目八名，大加申斥，谓：正目为兵士之表率，今若此实，属目无纪律，不安秩序。即命护兵各责数百以儆。而各目兵一闻此言，极形反抗，遂起暴动云。闻当兵哄时，有目兵二三十人各持马枪，奔赴标署军装库，毁开库门，盘踞其中，满装枪弹，向该营哄［轰］击，全标官兵莫之敢近。各目兵屡次发炮未燃，遂群取干草堆，置火药库前，意将纵火。管带等跪地哀求（他队兵有枪无弹，以乱兵有药弹，不敢向前拘拿）。正在争持之际，值他队发号午餐，乱兵误为出队之号，忽然惊散，得免暴发，否则不堪设想已。

《申报》1911 年 9 月 30 日第 13881 号第 10 版

10 月 1 日

上谕

八月初八，内阁奉上谕：庆亲王奕劻奏，为职任重要，精力难胜，恳恩开去差缺一折。该亲王虽年逾七旬，精力尚健，值此时会艰难，百端待理，又当宪政进行之际，正赖老成硕望翊赞新猷。该亲王夙著公忠，亦断不能忘怀时局也。所请开去内阁总理大臣、管理外务部差缺，着毋庸议。钦此。监国摄政王钤章，奕劻（假）、那桐、徐世昌署名。

八月初九内阁奉上谕：世续奏，假期又满，病仍未痊，恳请开缺一折。大学士世续着再赏假一个月，安心调理，毋庸开缺。钦此。监国摄政王钤章，奕劻、那桐、徐世昌署名。

《申报》1911 年 10 月 1 日第 13882 号第 3 版

川路滴滴血（十一）

初一，内阁总协理于循例侍议时，奉监国谕询云：“此次川乱匪党，虽经官军击退，然余党勾煽，在所难免。应如何妥筹清源杜患之策，颁示赵督，以期净绝根株，可各抒所见以对。”当经庆邸奏称：“岑春煊刻下尚未抵省，如欲预防匪党鼓惑，只可仍施以强制之策，厚集兵力，迅速兜剿，惟民匪不可混一，剿抚必宜兼施，俟岑到川之后，届时必能会同赵督妥筹办法，以慰宸廑”云云。监国然之，当谕庆邸电寄黔抚，着令多派黔军，飞速抵省，会同川军协力防守，一面并电致赵督：“如果援军不敷，可再商黔抚增调兵队若干。”闻是日下午一时即已寄发矣。

端督办密遣心服［腹］来京运动暂勿入川，曾记前报。昨日端又分致庆盛二大臣，及其亲信某君各一电。闻致亲信之电，系探问运动某邸有无效果。其致庆盛之电，则由庆邸带回邸第阅看，随召盛大臣来邸会商，情形殊为秘密，故内容无从探悉。但闻盛谓陶斋，此电所论办法殊难办到，盖此系理想上之见解，非确实可做之事等语。大致系论处置川路情形也。

又闻端此次赴川，确派高某先行晋省，予以代拆代行之权，以免身蹈危境，故端之行程，每日仅行一二里或三数里不等。此系据其在京好友所言者，谅不诬也。

上次阁电滇督相机酌拨滇军兜剿川匪。去后，旋接李督覆电，略云：奉饬相机协剿川匪，自当遵谕起队，驰往援助。惟滇省自七府争矿及英占片马两项，风潮事起，匪党不无借口勾结，阴谋起事，全恃军队防查，用弭乱萌。且滇粤等省匪党素伙，川省既已起事，滇省难保不闻风而起。是故滇省防务亦甚吃紧，军队出发殊为可虑。查黔省距川较近，匪患尚鲜，不如酌调黔军赴川助剿，庶与川滇大局均有裨益。此改调黔军之所由来也。

一般川人对于岑春煊入川一事，感情颇不一致。该省京官、外官中，有数人主张联络西林，以期保全川省之善果，故迭电该大臣，历叙川人苦楚，及此次起事出于不得已之种种情形。而各界多数人大不赞成此议。顷据川人某君谈及日来川中电报，及旅居各省同乡之通函，多半以西林手段刚狠，兹奉剿办之命入川，又电陈用兵计书，是与川人宣战也。川人命运绝续之交，何堪再罹荼毒！拟共谋完全方法，挽此浩劫云。

《申报》1911 年 10 月 1 日第 13882 号第 4—5 版

新军定期秋操

滇省新军自宣统元年二月成镇以来，迄未举行秋操，即各种兵连合演习，亦仅于去冬在归化寺附近演习一次。其他仅讲武堂学员毕业时，借镇属步马炮若干营队，演习三四日小支队运用而已。现闻督练处指定于本年十一月间，在宜良县一带补行秋操，各种队伍及粮食纵列、弹药纵列、兵站野战、病院卫生队、大小接济等项机关，概依战时编制。刻正在计划中，并已派测地局地形、三角两科班员，前往豫定演习地测绘矣。

《申报》1911 年 10 月 1 日第 13882 号第 12 版

10月2日

交旨

八月初五，钦奉谕旨：陆润庠奏，曲阜新设学堂饬部另订章程一折。着学部议奏。钦此。

又奉谕旨：弼德院奏，秘书厅先后酌调人员缮单呈览一折。着依议。钦此。监国摄政王钤章，奕劻、那桐、徐世昌署名。

《申报》1911年10月2日第13883号第3版

川路滴滴血（十二）

川事大致已平靖，惟前日邮传部又得川电，谓距省城三十里，尚有大股匪徒，屯聚约三四万人，省中官兵往剿未能得手。查昨日本报专电载，双流、平津［新津］又有变乱云云。此系川督电告政府者。双流距省城四十里，想是一事，惟为民为匪两说稍有不同。总之，屯聚不散则必有攻击，攻击则必有杀伤，而非匪亦匪矣。是可叹也。

又某京官接重庆专电，谓成都城内现有各军队镇抚，虽尚平静，然双流、新津、崇庆等城先后失陷，地方官吏均被囚禁，成都府十六属州县警报频至，官军颇有应接不暇之势。

又闻川督昨亦有电到京，所言乱象大概与前相同，并请各州县添募防军，以资剿抚。

成都来电云：季帅督兵剿抚，该处现已平静，惟平山［屏山］、上津[①]两县仍被乱民占据。前由贵州调往之兵须候两星期方能到川，刻赵督已在就近地方招募新兵，以应急用。兵力闻亦雄厚云。

又一电云：省中高等学堂、师范学堂、中等学堂等五处，已于初一照常上课，惟人数尚未到齐，学司牌示，限于初十各学堂生一律到堂上课，逾期扣除云云。其余学堂现亦纷纷预备开课。观此则各属虽有变乱。而省城确已平静矣。

赵季鹤二十三日电奏之后，二十日一电，二十九日一电，皆言乱事渐次平静，并谓以前所拘留之绅士，已用好言安慰，并分别释放，令其赴各处劝导解散。盖已一变从前严属之声色，而渐进和平矣。

---

① 清代的叙州府有屏山县，其左近地方无上津之地名者。最近地区名“上津”者在湖北郧阳府郧西县之上津堡。不知记者所指为何处。

闻政府对于川事亦极慎重，二十六日、二十九日两次去电，皆言民匪宜分析，不可草率行事。

给事中陈田等联参赵尔丰张皇入奏，已纪前报。兹悉此折于初三入奏，原折略谓：川事各绅宗旨确系保路，甚有秩序。其后邓孝可要求川督电阻端方入蜀，因争辩激烈，为川督所拘，川人愤甚，故有围署求释邓绅之事。各府州县人民闻此事，亦络绎来省营救，川督恐多人入城滋事，遂命闭城。于是城外人愈集愈多，而围攻省城之谣亦从此起。其实所谓围署、围城者，皆聚众之自然情况，而非谋逆之举动，乃赵尔丰遽行枪击，如临大敌，此所以激成变乱也。又川督电奏中谓，抢获匪徒大炮若干，此尤荒谬。川省交通素不便利，大炮从何处运入？至谓彼党已派人运动京内各大员与各省咨议局等语，试问川督自谓事前侦获首要，而邮政电报及一切交通又皆中断，彼党从何处派人出外运动？并闻该折最要之主张，谓朝廷前命岑春煊入蜀时，谕中有会同赵尔丰之语，即恳朝廷再降一旨，将岑春煊会办名义改为查办名义，以便将川乱实情澈［彻］底查究云云。此折已由政府于日昨密电西林查办矣。

又闻全台谏均愤赵尔丰张皇战功，锻练［炼］周内，故此次奏参不期而联衔者十二人。此外如温肃、范之杰、萧昺炎三人，则前日已专折奏参，故此次未重行列衔。

资政院议员十余人，前日又往谒李总裁，一如前日见达副总裁之意。李为述政府皆主持平办理之旨，并云日前已有廷寄及内阁私电，谆嘱赵督不可妄事诛戮等语。盖李自泰山回，已与政府接洽也。

大学堂监督刘廷琛前日亦上封奏，揭参赵尔丰，措词甚厉，其首句谓："人心已失，不可复收，请严办误国疆臣，以谢天下。"并谓赵尔丰前有意纵容，视川人若骄子，及事栈决裂，又视川人如寇仇。不意刘廷琛乃有此等文字。

滇督李仲帅又致电内阁，谓："川民争路，激于义愤，其心可原，至匪徒乘机滋闹，自是两事。闻川督拘拿议绅尚未释出，事关全局，伏乞钧轴主持，妥定分晰［析］办法，良莠既分，川乱不足平矣。"

又某京官接家函，谓：赵督自逮捕议长，杀退商民以后，川人无敢以路事告者，于是扬扬得意，谓其左右曰"端方谓吾无能，吾岂无能者，盖不张大其威，则朝廷不假吾以剿抚之权，吾于今将大用手段，做给他们看看"等语。噫嘻！斯真屠户威风矣。

又川函云：赵尔丰拘罗蒲后，人民忿激，情势汹汹。法国教士某恐生大变，不利于己，于十七日入谒尔丰，意求保护。尔丰云："首要罗蒲二人已擒，不足为虑，并当明正典刑，以儆效尤。"教士惊起曰："罗蒲者，非贵国咨议局之正副议长乎？议长为人民代表，若竟杀之，恐失全川民心。为公计，不但不可杀，且当从速释放，以定民心，否则瓦解可立待也。"尔丰闻言，始稍有忌，杀罗蒲之心乃寝。

鄂函云：端督办行经夔州府城时，有绅耆乡老数百人执香遮道跪伏，泣求勿带鄂军深入。午帅谕以铁道国有已定为政策，川民何苦争执。开导再三，该绅民仍要求将借款合同损失之处改订，并求代奏惩办擅行开枪击毙绅民之官弁，抚恤无辜被戕之家属，释放被拿之正副两议长。午帅均随意允之，始得安然而行。闻陕抚亦派有援军两营，取道白河入川，是时与鄂军同抵夔州，即由午帅节制调遣。并闻午帅已设行营，营务处系委袁项城之弟袁世彤（指分湖北试用道）为总办云。

又本埠有接七月二十四日川函者，谓：十五日清晨，川督派人邀同志会罗绅等九人进辕，以请看所拟争路奏稿为词，绅等信之。及入内，川督即诘以抗粮不纳税厘，犯大清律何条。绅等知有变，乃面面相觑，不敢赘一词。讵川督即令兵丁将九人拿下，一面命兵将同志会围绕，并将各街严加把守，四门一律封闭。及下午，外间始有得信者，于是聚集多人，各捧先帝神位，赴辕求赦。才至走马街口，即被官兵拦阻，众不听兵，即开枪打死数十人，众始抱头鼠窜而去。然至此人心愈愤。十六日早，四乡民人陆续而至，见城门已闭不得入，乃绕城不去。官兵疑为攻城也，出城迎剿。一昼夜间人民死者无算。二十三日城围解，二十四日一律开市。据此以观川乱之成，谁成之，而犹贾祸于人民耶？噫嘻！

《申报》1911 年 10 月 2 日第 13883 号第 4—5 版

鄂军哗变续闻

湖北炮标兵士被营官激成哗变，详情已纪前报。兹悉激变之兵，实系三营中队，而杨齐凤乃该标一营管带，是日充值日官者。此次激变原由退伍兵士汪锡九、梅青芙等十三人在营多年，各队兵士均醵资饯行。初三轮至中队，该队排长刘步云闻猜拳行令声，即出而干涉，斥谓扰害军纪，各兵以冷言嘲之曰："如将来排长出营，我等亦应有此一乐，以志纪念。"刘平日最恶撤差二字，闻此语大怒，立以足将四席桌几杯盘踢翻，遍地皆是酒馔。众兵均有酒兴，与之争辩索赔。刘强硬益盛，众兵怒欲殴之。刘即奔至管带处，捏词报告。姜管带不问情由，即传该队正副目八人至，斥其不堪表率，不守秩序，喝令护兵各予棍责二百。各兵得信，齐往环求，护兵亦延展不肯用刑。该管带遂自执马棒抽击，各兵大怒，群起将该管带掀翻在地，殴打成伤，并有三十余人各持马枪哄成一片。该管带经各官佐救起，逃至二营，强令前队兵士持械出擒滋事诸人。各闹事者见前队出，即放马枪向之轰击。前队兵摇手曰："不要放，我们不管尔事。"诸乱兵业已放出一排枪，然无铅弹不能伤人。枪声一响，全标之兵均闻而鼓噪，诸乱兵以为将来捕捉，遂奔赴标署军装库，毁开库门，拖出五生七快炮三尊及真弹，向营署及各官长室施放。仓卒间未安底火，连发二炮未响。督队官某与一营杨管带皆徒手奔至解劝。又有某某三军官因平素颇得众心，将炮身抱住，对众哀告曰：

"兄弟们要打可先打死某等。"时电话机线已毁，别营兵士虽未同叛，皆袖手旁观，惟此数官与众乱兵周旋。众兵以炮不便放，即架茅柴，欲焚烧药库。势正危急，幸该标某执事官策马告急于邻近之马标，请该标统喻化龙立派一营兵士，或乘马，或徒步，飞驰而至。沿途马蹄得得，号声呜呜，其声直传入炮标营内。众乱兵闻援军且至，本标各营队又不同变，知势孤莫敌，呼啸一声，持枪夺门而逃。诸官弁见乱兵奔出，随从尾追，正与马队相遇，遂获八人，皆手未持械者。其携枪逃走诸人，枪中均实有子弹，众官不敢追缉，而马兵又不愿同类相残，致被逸去二十余人之多。该标统带龚光明，为陆军部调赴近畿各镇大操，充暂编炮队协统，业已晋京。此事出后，该营姜管带与值日杨管带，借马标电话，禀知张统制等。时张与铁参议、刘参谋官锡祺等，及协标统各官，正在抱冰堂商议蜀事，闻信悚然，即饬刘参谋先同其子张学龄（混成协参谋官）前往查勘。张、铁旋亦陆续到营。张先到，见各官房兵棚、库房什物毁坏甚多，枪随地皆是，当传军需官申斥，令速收拾，其意似欲掩迹，不使铁知也。姜管带身受多伤，见张跪地痛哭云："中队全叛，别队亦欲附和。"张顿足骂之曰："此皆汝等平日失士心所致，今如此，夫何说。"当传全营站队点名，除已获者解送交执法官外，其在营诸人无论附和与否，宽免不咎。张并亲自善言抚慰，一面传令炮马两标分派弁兵，四处追缉逃人，并禀请督院，饬巡警道防营统领，通饬各营泛警区协拿。至初四辰刻，经汉口巡警协同宪兵，在汉口太古码头某轮上拿获六名。当即押解渡江，送镇司令处，发陆军审判厅讯究。闻鄂督悉此事后，极为震怒，以官激兵变，该营各官均不能辞咎，已命将刘排长先行管押，其营官等人将来亦难免处分。惟张统制以辎营兵抢喻标统一案，已有言官纠参其治军不严，今又出此重案，负咎益重，故尤惶惑失措云。

《申报》1911年10月2日第13883号第10—11版

10月3日

上谕

八月十一日，内阁奉上谕：朱家宝奏，总兵大员在籍患病，恳请开缺一折。广西左江镇总兵李永芳着准其开缺。钦此。

上谕：广西左江镇总兵员缺，着龙觐光补授。钦此。监国摄政王钤章，奕劻、那桐、徐世昌署名。

八月十一日，召见内阁总协理大臣。

《申报》1911年10月3日第13884号第2版

专电

某大臣以此次路事风潮，圣眷渐衰，颇为退休后拥资自卫之计，乃假振［赈］款机会，暗解私款四百万回南。

御前会议拟揭参邮政大臣，并定川路商股，先还六成，其余分两年拨还。未还之前，照给六厘利息。

双流、新津两县闻已失守，川西各州县皆戒严。阁臣电饬岑春煊赶速前进，责成一律敉平。

闻重庆电局昨电邮部，成都电线又不通，各属乱象愈炽。

阁臣以澳门交涉延时已久，准八月内必与葡官议结。外部搜集各项证据，及应用案卷，均已检齐送阁，专候粤督所集之证据文件递送至京，即可开议。

东督赵尔巽电奏：庄河厅等处乱事，已由兵队剿平。惟某国仍驻兵近界，其意难测，请饬外部迅商该驻使撤退。

军咨府官制订妥，呈览监国。特召涛朗两邸入见，历时四十分钟，闻于原案略有删改。（以上北京）

《申报》1911年10月3日第13884号第2版

川路滴滴血（十三）

此次川乱详情，因交通阻断，不免传闻异辞，兹有友人由成都来沪，述其目睹情形，自必确实可信，亟录于下。

川人自收路之旨下，绅学商界无日不研究此事，然举动极有秩序。迨十五日赵督拿去议长、议员等九人，各界乃大忿，齐集数万人，拥至督署，要求释放。赵督命新军管带开枪御之。管带以此等均非乱民，不肯开枪。赵督怒，将以军法处之。该管带旋即回营，以不开枪则上违宪命，开枪则无以对川人，不得已用手枪自戕（按：当是江标统）。新军闻之，亦大愤，几至哗变。上官闻警，急发命令，谓尔等既不能听官指挥，如愿散者，可速缴回枪械，当发恩饷二月，至皇城内（按：此系旧城）领取，俾得遄返乡里。新军闻之，不约而同者三千余人，群至军械库缴还兵器，随奔至皇城领饷。讵赵督早有命令，着守城者俟其拥入，即将城门紧闭，不放新军出城。时城外未缴兵器之新军，尚有四五千人，闻之一哄而散，并至督署声明：此次溃散实出大义，所有器械暂时借用，以资守卫。至十八日，藩司偕劝业道步行街市，劝谕商民开市，谓议长等九人当请督宪释放。商民信以为真。十九晨，已大半开市，讵待至午后，仍不见九人放出，又至藩署询问。据署中人谓，此是督宪大权，与本署无涉。于是人民知官场专以欺诈相待，遂又相约闭门，而官场恐有变动，亦将城门一律封闭矣。其时各乡民团陆续而至，团团将城围住。二十二日，城内忽派马队四十人，闯出南门。此门有彭县土人把守，勇气甚盛，马队不能敌，被土人砍死三十九人，仅留一人。嘱其至城内寄语，官界不可伤害城中百姓，否则必与官界为难。现在城内白米，每升须五百文，城外则五百文可买一斗，此亦可见城内情形之紧迫矣。惟侨寓西人均由民团保护，且极周到，文件等亦代为递送，以是西人均称道人民举动之文明云。（按：此友系二十二日由成都启行者，故二十三日赵督大举杀人，解散城围之事，尚未有所知也。）

邮传部盛大臣以川乱已演成不堪收拾之景，近日复据邮政司禀呈，四川邮电不通，谣传省中匪党四出，煽惑甚为可虑，兼接南省来电，有匪党潜行来京情事。故于日前密札京汉、京奉两铁路局稽查员及巡警等，凡有乘车之客，无论何色人等，皆当注意查察，所有携带之包裹，尤须详细查明有无可疑情形，毋任朦混。

学务大臣因川路风潮，曾奉严旨，不准学生预会议事，诚恐以后各省仍有此项事情。闻已拟定限制学生赴会议事专章，通饬各学堂在堂各生，一律不准干预外事。

湖北襄、郧、宜、施四府，界连秦蜀，民俗强悍，其地古系苗蛮，良莠杂处，本朝康乾之世，始改土归流。所以绿营旧制，于谷城驻扎提督标营，宜郧两郡城设两总兵，而于近接川边之施南府城、竹山县城，复设两副将，当时约有七千人，分布设防。本年裁汰绿营，犹遣散三千人之多。现在川省乱党虽散，而外州县风声尚紧，鄂督虽派步队三营，马队一营，分成四郡，然地广兵单，布置实难周密，加以逼近鄂边之夔州、酉阳、黔江一带谣言蜂起，乱党聚散莫定，故鄂督又饬交卸之郧阳裁缺总兵邓正峰，仍留郧郡节制派防各新军。刻邓镇欲乘机恢复其兵柄，上一条陈，谓："新军力薄，请召回已遣散之绿营兵丁，改为练勇，俾资筹办临时防务，事后再行裁撤。"闻已经鄂督批准，并饬施宜两府，亦由其一体筹防。邓遂铺张扬厉，招募曾充旧军者千五百人，克日编练成队，名曰练勇，分驻各县城及各要隘，其饷章皆照绿营旧制，军械服装亦概系绿营故物。不图已死之绿营，尚有此回光返照之机会也。

川省之乱，宜昌戒严，凡行旅过宜者，无不加意盘查。闻日前该埠巡警在南门外连升栈，查有冒充京官之某甲，形迹可疑，当经搜查箱中有信札二百余封，已一并解交府县讯办，究不识其为何许人也。

长江巡防舰队湖鹗、湖凖两雷艇，前因川乱剧烈，随同楚泰、楚有各巡舰赴宜昌停泊防守。兹因川中乱事渐平，两雷艇已先行开回武昌江岸矣。

铁路大臣端午帅致鄂电云：川路风潮平息大半，所有未全平息者，无非各学堂学生不肯上课而已。不肯上课之原因，众生恐倡首罢堂者被有处分，众议若系全堂无过，大家依然照常上课，不准追问。季帅已允所请，传谕一律免议，不日即可办事矣。

十六协统领邓承拔协戎在夔关致张军门电，略谓：该协三十一标全军奉饬入川，于初二行抵夔关。沿途均属平静，益州现已开城，照常贸易，当无大变。惟夔关以上一带，滩凶石恶，悬崖峭壁，险峻异常，各营兵士每日仅行二十余里，约须九月初旬方能抵境。

《申报》1911年10月3日第13884号第4—5版

江西：添练游营剿匪

大庾、南康等县与广东仁化等境毗连，赣抚冯中丞现在迭据刘统领等禀称："仁化所属地方匪徒聚集三四百人或百余人，到处抢劫，并与官兵抗拒，互有损伤，难保不窜越邻境滋扰。后路虽有巡防六营，均系扼要分扎，前饬左路袁统领将第四营移扎赣州，归后路调遣，尚虑不敷分布，且转瞬冬防即届，防务尤为吃紧，亟应添编一营，以为游击之师。本督办拟即责成刘统领，就赣标应裁之先锋，及南宁所属各营内挑选，照巡防营章制编订，名曰'巡防后路副营'，归后路统领节制。所需枪弹即以赣库所需九响毛瑟枪拨用，薪饷则由藩司在裁节绿营俸饷项下支给，所有管带一差，札委前路巡防第五营管带颜云贵，迅速赴赣，将编练事宜禀承刘统领妥速办理，并将成营日期具报查考。"

《申报》1911年10月3日第13884号第12版

镇江：统制注意野操

驻镇南洋陆军十八协杜淮川协统，昨奉南洋陆军第九镇徐固响统制札开，以历年秋季野外演习均在省城附近，及高资一带举行，地形既熟，一切指挥动作往往轻易出之，于实战情形尤为隔阂。本年秋季演习拟编江宁十七镇、江十八两混成协对抗，更加入长途行军、铁道输送等事，一以练官长临机之处置，一以验目兵耐苦之精神。特先行通饬所属，认真训练，并将关于人马、卫生、物品整理等项豫先妥为筹备，俾免临时张皇云云。协统当即转饬遵照矣。

《申报》1911年10月3日第13884号第12版

现任议员及将来议员阅之

本邑县自治新议员于前日，假城自治公所内开谈话会，预请沈信卿、吴畹九两先生，演说议事会、参事会责任权限之大要，兹概录于后。

府厅州县自治职之职任权限：

普通注意之要点：一、议事会、参事会皆为议决机关，执行之权在长官；一、注意章程第三条、第二十一条、第四十五条及第五章各条，其第八十八条尤宜注意；一、须知参事员、议员立于同等之地位，并无高下之分；一、须知团体与个人之界限；一、提议各案必先调查事实，拟有办法并附理由；一、多预备，勤到会；

议事会注意之要点：一、议员系代表全县人民，非代表城镇乡；一、议长应主持大体，维持秩序，无意必固我之见，然亦不可漫无把握；一、议决事件应规画大纲，不宜苛细，以留参事会执行方法之余地；一、全县与城镇乡之权限，应融洽分明；一、留意执行方法与议决案有无抵触；

参事会注意之要点：一、参议员代表议会，即代表人民，非代表官长；一、协助官长预备提议各案；一、对于议事会议决事件，须详议执行方法及其次第，不可草草通过，致执行时或生障碍；一、如遇疑难问题，易生争议者，应于议会开会时，到会陈述意见，可免种种之误会，否则议决后或难执行，势必到交复议，易生恶感；一、调和官绅；一、各守官治与自治之权限；一、留意执行方法之是否实行；

附开应阅各书：本章程、咨议局章程、城镇乡地方自治章程（以上最要）、内阁官报、法院编制法、大清违警律、现行刑律、新刑律总则、宪法大纲、资政院章程。

《申报》1911 年 10 月 3 日第 13884 号第 18 版

10 月 4 日

专电

闻川督急电政府：省中乱事渐平，惟雅州、简州、叙州、新津、双流、温江、崇阳等属乱象大炽。民团势众，官军力薄，恐有不支。请饬邻省迅速加派援军协助，并准各属临时招募军队以资救急。

岑宫保现驻节武昌，昨又电致内阁，称病辞差。有旨，赏假调理，病痊仍即入川。

度支部暂管预算，编制已竣，开单呈请钦定。奉旨：依议。

浙江咨议局派副议长沈钧儒，赴京师联合会协争川事。准明日行。（杭州）

《申报》1911 年 10 月 4 日第 13885 号第 3 版

川路滴滴血（十四）

京函云：四川乱事，惟省城确已渐归平靖。兹又据成都来电，谓省中学堂自初五前后，一律开课，城禁已弛，所有乱民俱皆四散。岑云帅告示贴出之后，人心更较安稳。蒲罗诸人仍在军署，确皆平安无恙。

川省乱事萌动以来，各京官或上条陈，或递参折，已有十余件，然皆留中未发。闻其原因，系为内阁协理大臣那中堂主张镇静办理，各当道皆然其议，故原折一概留中。近因乱事渐静，此项折件未便一笔抹煞，已于前日开议对付关于川乱被参各员及善后办法。惟究竟如何处置，刻尚秘密不宣云。

闻初四晚川督有电至京，谓乱事未已。并有川京官接私电者亦言省外乱事复炽。果尔则川事尚未了也。

又闻内阁首座者尝对人云：川事已如此，岑云阶未必了得，恐终当用袁慰廷耳。

岑、赵、端三人位相埒，成都一隅而集三大臣，足见政府之张皇无序。岑与端本不洽，海内皆知之。端新劾赵，赵与端之恶可知也。岑与赵素无嫌，近赵以岑为蔑己，亦颇心慊之矣。闻此意已见之电牍，不知政府将何以善其后。

昨又得重庆电，云新津失守，命提督往剿。查新津距成都九十里，据此则蜀中稍安静者只省垣一隅耳。

浙函云：此次川路风潮发现，交通阻截，言人人殊，各省川商异常惶骇，嗣闻岑制军带兵入蜀，心愈恐。旅浙药商李君首先发起，联合各界同乡，公电云帅，哀求和平解散，保全良懦。不料奔走多日，官界一方面借口嫌疑，拒不与谋。李君愤甚，业于云帅起节之前，一日单衔电禀，措词异常激烈，未蒙答复。近因风闻成都民团被官兵剿逐，群逃聚于新津、双流各属，而旅浙工商大半藉隶该处，众情更形惶遽。前日李君又邀约各同乡，在西湖秘密协议，公决再电岑制军，请其和平挽救，当场签名者闻有四十余人。

《申报》1911 年 10 月 4 日第 13885 号第 4 版

总副税务司之顶补人

总税务司赫德投效中土历数十年，深为我政府倚重。当其告假归国时，外人颇垂涎其地位。嗣政府依赫氏之意，卒以副税司安格联署理。现赫氏出缺，闻税务处那、胡两大臣以总税务司一席前与英人有约，万难中变，拟即以安格连升简，递遗副税司一缺，即以德璀琳请补。

《申报》1911 年 10 月 4 日第 13885 号第 5 版

油税拨归自治经费

干州厅筹办自治，一切经费缺乏异常。该厅李司马承翊前据该厅油商公禀，来厅历陈该商等贩运油斤，须由辰州完税之苦，以后请将桐油落地税之向归辰州厘局抽收者，概行拨归本厅，作为自治经费，以恤商艰而资接济。司马以所禀各节确系实在情形，既便商民，复济自治经费，自应准予照办。闻已通禀省吏，请示只遵。

10 月 5 日

上谕

八月十二日内阁奉上谕：张人骏奏，提督因病恳请开缺一折。江南提督刘光才着准其开缺，加恩赏食全俸。钦此。

上谕：江南提督着张勋调补，张怀芹［芝］着补授甘肃提督。钦此。监国摄政王钤章，奕劻、那桐、徐世昌署名。

八月十二日，召见内阁总协理大臣劳乃宣。

《申报》1911 年 10 月 5 日第 13886 号第 2 版

专电

新内官制，监国披览后，谕交阁臣及各国务大臣签注，再行颁布其内容。部设正副大臣各一人，下设丞局长签事等缺，惟外、度两部设副大臣二人。其各厅局额缺及细则，着限各部于颁谕后三个月内，妥订就绪。

内阁议交资政院议案。邮部盛宣怀以第二期借款未能即交，正在为难，而各省路事又多借口要挟，若交资政院集议，恐更纷扰，故极力反对此议。

盛宣怀愤端方、岑春煊逗遛鄂境，观望不前，致川乱蔓延愈广，面请阁臣电促兼程前进，严行剿治。惟庆邸未允。

监国面奏皇太后，皇室经费不敷一百八十六万。奉皇太后谕，命宗人、内务两府会同度支部将岁出项下宫内用款力求节减。

资政院奏补选议员溥善、德启、彦德、王季烈、程明超五人。（以上北京）

《申报》1911 年 10 月 5 日第 13886 号第 3 版

谢侍御三大折片

月初，谢侍御呈递封奏一件。其正折系条陈亲贵内阁种种非宜，恳请宸断，另简明干汉员组织，以维大局而符宪制；并谓长此不变，非但党派竞争，各立门户，设遇指摘，更失皇室尊严；且援引各国限制亲贵内阁之利，措辞异常慨慷。其片奏系劾盛宣怀误国误路，对于川乱措置更多失宜，以致酿成不可收拾之局，其罪实浮于赵尔丰；并历数盛居邮部种种恣肆跋扈，欺蔽朝廷，流毒天下。洋洋千余言，异常严厉。监国览奏，默然久之，随谕阁臣，将附片抄交盛宣怀阅看，并密交岑云帅查阅。惟原折仍留中未发。

初五日，该御史又递封奏一件。其内容系因各省督抚，近来动辄募集外债，流弊甚多，故具折参之。折中略谓，各省督抚每因行政经费，或特别经费支绌之故，募借外债，迨一省创行而各省纷纷援例，若国际上之所谓利益均沾者。然查其借债各省，不尽出于必不可已，若不严加限制，后祸何堪设想。且各省大吏迁调无常，彼因一时困窘而借债，可以纾目前之急，及至偿债期至，彼多不在原任。是彼借债而直接负偿债之责者，为后任，间接受剥削之害者，为人民。彼何乐而不借债云云。至如以何种事故及经如何之手续，而始能借债，折中亦言之甚详，故此三折外间莫不传诵云。

《申报》1911 年 10 月 5 日第 13886 号第 3—4 版

庆邸辞职之真相

此次庆邸辞职，原因复杂，外间颇多猜拟之辞。兹悉其原因，实为谢侍御奏请，另简汉员组织内阁后，庆邸见监国有默然许可之意，以是颇不自安。又以近日迭接川电，知川省乱势甚炽，双流、新津均已失陷，而各处援军又有鞭长莫及之势，将来不知如何收局。至路股一层，盛又未肯和平，专主严厉，不知者群责阁臣之专恣，将来阁臣势必代人受过。当此内外交困，指摘频来，几为众矢之的，若再恋栈，恐演出意外剧象，故退志甚坚。初五日华阁丞拟呈慰留。

《申报》1911 年 10 月 5 日第 13886 号第 4 版

川路滴滴血（十五）

双流、新津失守，屡记前报专电。兹有京友接得重庆商界来电，谓新津于初五日失守，县官携印潜逃，乱民踞城之后，即占踞仓廪，势颇凶獗。并闻内阁亦得城都［成都］官电，谓双流、新津两县同时失守，土匪势焰日炽，现已派兵前往剿办。又川京官某接家电云，崇庆州、新津、双流确已失守，县官有携印潜逃者，有被匪囚禁者，川南一带屯结尤多。闻此股匪党已与黔匪勾结，约有数万人，永宁、兴文、人怀［仁怀］、南六各县伏莽尤多。昨日内阁已电鄂督瑞澂，就近探报情形，从速电覆矣。

川省各团体，于初七致同乡京官电云：咸电悉城内粗安，顷得云帅电札及劝告川民文，已由官绅印刷多张，分送各州县各公局。此时东北路闻已无警，南路屯结尚多，至先后一切情节，俟钦宪到后查明，自得真相。城门启闭无常，函电各有阻滞，余不罄陈。

此次川乱，外间喧传统制朱子樵已及于难。平日与朱友善者，在津闻信急电讯问。初二日接其覆电，系由资阳报房于上月二十九日拍发者，电云：川民因路谋为不轨，宣告独立。于十五将首要禁院，封报馆四家，一时匪民蜂起。劝击并用，省垣内现已平静，惟各属匪徒明目张胆，旋击旋散。现我军集中痛剿，不日可平。乞告各友放怀为荷。樵印。

日昨学部叶丞对人言及川事，谓据私家消息，现在川民会议，拟俟湖北等处兵队到时，决不反抗，并须恭迎王师。又拟俟岑西林到时，仍须要求代奏，请将盛、端、赵三人处罚，以谢川人。目前市面照常开市，学堂照常上课，至外间谓川乱仍未息者，想指双流一隅而言耳。

御史赵熙（川人）以川民哭临先帝。赵尔丰遽行枪击，不但滥杀无辜，亦且侮辱先帝。如此逆迹昭彰，若不处以极刑，不惟无以收拾人心，且何以见先帝于地下？闻参折已拟就，不日即当入奏。

《申报》1911 年 10 月 5 日第 13886 号第 4 版

新官制中之新旧官

新外官制之大纲，既略志前报。兹复将其每省应设各官汇表于下，俾阅者得以考焉。总督或巡抚特简或简任；司使（督抚参佐）简任；巡警厅长（设于省会）简任；监察道（距省会远者设之）简任；知府知州知县奏任；秘书官（归督抚直辖）奏任；庶务官（归督抚直辖）奏任；各司科长（分隶各司）奏任；各司科员（分隶各司）委任；府州县科员委任；庶务员（归府州县直辖）委任；警长（设于府州县治）委任；译员（辖土司蒙回者设之）委任。

内阁初四会议外官制，某国务大臣建议，各省提法使形同赘疣，内有法部总揽司法上行政，外有各级审判厅独立司法，而提法使转成闲散矣。又将来高等以上各学堂，归学部直辖；中学以下各学堂，官立者由府、厅、州县监督，私立、公立者归地方自治团体监督，提学使亦可以不设。各国务大臣皆然其议，故提学、提法二司有决计裁撤之消息。

裁撤各省将军，亦外官制中一重要之问题，集议至十数次，始于初六解决。其内容之详细，虽不得尽知，闻其结果名目，不但不裁而权利较旧时反扩张数倍，日内即行入告云。

《申报》1911 年 10 月 5 日第 13886 号第 4 版

炮营兵士哗变之后闻

鄂军炮队八标第三营兵士劫械图变，携枪逃脱，详情已两志本报。顷悉，又在武昌县弋获逃兵刘宪臣、曾照文、李正则三名，计前后共获十七名，尚有汪锡九等十六名未获，鄂督催捕甚严。张统制已令该标营悬赏购线，有获犯一名者，赏洋五十元；报信者，二十五元。其已获各犯，当道疑有革党煽惑，故迭在陆军审判厅提讯，皆隔别独审，禁止旁听，除该管营官外，队官排长一概回避。闻秘密原因，盖由当日劫军械库时，真子弹之箱未开（假弹箱压于真弹箱上，一时不易搬动），而乱兵手中忽得真弹，系从何来？现各犯兵供认，系在逃之王保经所私藏，共有百余颗，分给每人五颗。查王保经虽系鄂人，曾在粤军多年，近始投入炮标，私携枪弹何意？又以广东乃革党出产地，故极疑王系革党巨魁，有意混入军中煽乱。现已觅得其相片，晒就多张，饬各军警留意侦察。至防营卫兵司令官及守库弁兵等人，一则放其逃出营门，一则药库被其占据，均属有误职守，故并发看守所收管，听候照军律处议。其余兵士，是日附和乱兵者甚多，张统制初意本不欲深究，奈鄂督甚为认真，不能不澈［彻］查明白。现在各兵闻信，大为恐慌，每夜有人团聚秘议，且将其衣物搬移出营（此事不独三营如此，即全标之兵亦多有此举动）。该管官长现虽防范甚严，禁止请假，然私逃者已有数人。代理标统卓门标见全标军心如此，爰将炮机要件拆卸，连同真假各弹，一并运至城内军械总局慎敬库收藏，以免意外。并闻外间竟有流言，谓如将该犯兵等处死，全标军人定必同叛。谣言四起，官民均为心惊。又闻炮标全标官长，每日在营出入巡查，均各携日本大阪炮兵工厂购来之七米突口径手枪，藏于袖内，以为护身之用，其他标营官长，亦密为戒备，为自鄂军成立以来，未有之恐慌。又闻辎重第八营派出缉捕炮队逃兵之弁目，昨在京口弋获身着紫花布衣裤之汤某一名，解回送往炮营验看。经炮标查阅全标目兵清册，并无此人，亦无人认识，当即释之他去。

《申报》1911 年 10 月 5 日第 13886 号第 11 版

鄂军出防郧阳

湖北郧阳府属竹山、竹溪两邑，与川省毗连。当川人围攻成都之初，鄂督即派陆军二十九标第三营张管带楚材率兵驰往防堵。昨闻该管带已经抵郧，特将沿途情形电禀该标统带张景良，略云：该营于七月二十日拔队乘轮抵仙桃镇。次日因风，民船不能行。二十二日，雇船三十只上驶，夜泊柳关。念三日之夜，抵棘树嘴，全营兵士起岸宿营。二十四日，连夜赶至襄阳。二十五日，抵老河口，即向谷城进发。本月朔抵郧，会商伍守铨萃，将前队一排驻城内，二、三排驻西乡文家桥，后队全驻凤凰岭；左队第三排驻云市，而一、二排与右队分扎竹山、竹溪两县以成犄角之势。

《申报》1911 年 10 月 5 日第 13886 号第 12 版

10 月 6 日

上谕

八月十三日内阁奉上谕：典礼院会奏，遵旨编制国乐专章一折。声音之道与政相通，前因国乐未有专章，谕令礼部各衙门妥慎编制。兹据典礼院会同各该衙门，将编制专章缮单呈览。声词尚属壮美，节奏颇为叶和，着即定为国乐，一体遵行。余着照所议办理。钦此。监国摄政王钤章，奕劻、那桐、徐世昌署名。

《申报》1911 年 10 月 6 日第 13887 号第 3 版

评论：论官府蔑视议政机关之非（无名）

或问：何谓立宪与专制？曰：观于此次川省之乱事，而立宪、专制之精神见焉。此次川民之闹事，官府强加之曰“匪徒”，而普通之民，则皆谓之为“争铁路国有”之故。而不知川人之争路，川人固已言之矣。此次之借外款，此次之收归国有，苟经资政院与四川之咨议局议准者，则川人决无异言。今既有资政院与咨议局，乃于如此重大事件而不交议，听由部臣擅专自为，是与以前宪政公诸舆论之议，大相反背者也。故川人之争路，实为中国人争立宪实在之权舆，而非可以一般争路者同视也。是故苟为中国人而热心宪政者，皆当赞成川人之说而无可訾也。

然而官府之意，则适与之相反。虽有资政院、咨议局之名，然每当重要事件，则均思力争其不交议，深恐议之而不赞成者。即如此次借款之事，事前既未开临时会而公决之于国人，然尚有至开会时，提出追加之说。今闻以川乱之故，邮传大臣又思反对提议，是欲将资政院与咨议局所以设立之精神全行消灭，而仍归完全专制之国而已。则亦何必多所纷扰，妄费许多预备立宪之经费，仅以空名市诸我民哉?!

《申报》1911年10月6日第13887号第3版

专电

某相面奏监国，谓川乱蔓延，民力凋敝，请将川省税课酌减，以收人心。奉谕密寄赵尔丰，俟岑春煊、端方到后，认真会勘，分别轻重酌减，并先详细电陈，请旨办理。

内阁饬陆军部速派部员四人，往川密侦军民对抗情形，随时电告。

粤督又电内阁：粤路股款并无亏耗，非他省可比。现在民情愤激，恳饬邮部仍还十成现银，并速宣示办法，以维危局。

达副议长以资政院上届开会速记错误，贻讥中外，昨饬秘书厅慎重选择，先期预备。

江督电陈参预外官制管见四条旨，交内阁核议。（以上北京）

《申报》1911年10月6日第13887号第3版

川路滴滴血（十六）

川友函述十五日目睹情形，云：是日公司定于九钟开股东会，时犹未届，督院开列名单，来传会长及同志会部长等十九人到院，谓北京来电，有好消息立待磋商。当时上院者有张表坊、罗梓青、江绪伦、邓慕鲁、叶炳成［叶秉诚］五人。于是公司中人不得开会，专候回音。至午后一点钟，突派巡防兵队到公司，将大门柞闭。众人惊惶，不知所以，问之队官，称“由督院派来保护公司，因外间打金街失火，人心骚扰，恐有匪徒藉此抢劫”等语。问伊何故关门，答系奉大帅朱谕，因街上危险，各街口均站有兵丁，命公司中人勿得出去。于是人心愈疑，请伊将门略开，派人出街探听。果见各街口扎有巡兵，南院司道衙门尤有多兵围守，四城门已闭，出入堵绝。制台告示严厉异常，有“此次所拿首要，均系煽乱之人”等语。又一告示则谓：“只拿首要，不问平民。首要诸人业已就擒，会既解散，谣言休听。拥挤上院，格杀勿论”云云。是时，满街圣牌，均被巡兵拆毁。至是人心大愤，鬼哭神号。东大街、总府街、科甲巷、南京街、走马街等各铺家住户，勿论老幼妇孺，均头顶先皇纸条，奔往南院请罪，被巡兵阻止不听，巡兵竟放枪击毙商民数人。而人心犹不畏死，直投南院，又被制台亲兵及巡兵击毙约十余人。受伤者较多，然众人必一见罗先生，虽死无憾（外间传言罗梓青已就刑矣）。是时公司尚未散会，蒲伯英同颜雍齐二君尚在家中，又被巡兵逮捕到院。一面又派兵官至公司传谕，谓：“大帅扣留各代表并无恶意，诸君可请散会。”众谓：“大帅此举居心叵测，非再举代表，到院问个明白。报告散会，不可。”于是又举曾总理、王小舟上院质问扣留各代表理由。迨曾、王返公司云：“见大帅时，大帅先谕：‘今日此举并无恶意，不过我此次来川，非对不住川人，而你们反疑虑我。昨见《商榷书》，竟欲暗谋不轨，宣告独立。现在祸机四伏，防范无从，你们要保各代表，必先保四川。且各代表在署内，我仍以礼相待，并可随时见面。’王小舟闻此言后力辩：‘《商榷书》非股东提出意见，亦非同志会撰稿。且书中文义不通，宗旨悖谬，本无价值之谈，但书中并无谋反、叛逆意思（《商榷书》第一条即是保护官长）。大帅既是生疑，不能不调查确实。’而川督始终疑是蒲伯英所著，不肯释放。”是日，先有将军到院出保，未允，商会取保亦未允。是晚约九时，又逮捕蒙功甫到营务公所看管，逮捕胡雪生到督练公所看管。此外尚有列名单内而未被逮者，为程伯皋、潘江、张子敬、周茂章等数人。同时又封闭西顾、启智各报馆，抄毁昌福公司，阻绝邮政电报各机关，兵逼商家开市。一时人心惨淡，不知所为。然官府虽如此蛮横，而城内各团体及商民仍未暴动，惟闭门号哭呼天而已。此十五日省城之实在情形也。

十六日清晨，检查蒲伯英及邓慕鲁、罗梓青、颜雍齐等家中之信件。省城各印刷处一律封闭，又逮捕昌福公司印刷工人数人。是日，官兵仍逼商人开市，商家均坚持未开，而四城门仍紧闭。各州县闻此凶耗，率团练来城下，被官兵击毙者约百余人（均系巡防兵，新军未调）。城外居民、妇女遭难投河者无数。

十七日，商人仍未开市，城门仍闭，团练虽散，而附近各州县闻已起事矣。本日开东门半小时，进出人信件均搜检。

十八日，川督又出告示，其大意谓此次所拿获首要，均系藉争路为名，其实潜谋不轨，尔商民等均为之煽惑，现在证据已得，不难办理云云。其故入人罪如此（按：此信尚系十八日自成都城内发，故十八以后事未详）。

此次川乱为赵督所激成，早已无可隐饰，惟因交通阻绝，一切情形莫能得其真相。兹始接各方面来函，历述种种官逼民变情形，闻之真堪发指。函云：十五日巡防兵开枪时，百姓虽无力抗拒，仍坚抱先皇帝神牌，向督署哀求，但见炮则跪哭俯受，毫无暴动情形。督宪所调防守各街口之新军，见巡防军以炮击民，民惟跪受，亦为下泪。时省城电报、邮政均不通信，民以木牌书近状，从水沟流出各路。附近州县始得消息，咸起民团来省为诸人求释。及至省城，闭不得入，遂沿城驻扎不去。讵督宪误为围城，又命马队出城驱逐，民团被轰毙者甚众，惟民心甚为固结，兵至则散，兵去又聚，尚不知如何收局云。

又四川《自保商榷书》各报俱已登载。现又得一消息，谓川人并未作此书，更无从散布。此书乃系川中官场伪作，诡称川人所为，以期贾祸于民者。此说恐未必确，果尔则川中官吏真千古奸慝之尤矣。

自十五日成都乱事发现后，叙州旋亦罢市，知府罗述祎强民开市，同志会因出传单，略谓：朝廷夺民路股，大家须始终坚持，务达目的云云。罗守见之大怒，遂捕拿散布传单者六人，交宜宾县下狱。大众不服，拥至府署求释。罗守督令巡勇开枪，登时轰死四十余人，内有中学堂学生十余人，并有富顺县学生熊姓被巡勇认于死后，拖进二堂，将发辫割去，其意以为截发者必革党也。时罗守见大堂辕门一带俱是死尸，立命从人拖去安埋。次日即自将衙门焚毁，以为罗织之计。呜呼酷矣！

又闻川乱蔓延，迤东一带纷纷而起，殊为可虑。

又闻川人某君云：昨接重庆绅界电报，省城乱象已渐平靖，乃各属商民因端方带兵入川，疑惧愤懑，谣言四起，遂又有初一、二等日之暴动。省城至重庆一路电线又断，陷重围者十余州县，势甚岌岌。现端方暂留夔州，不敢前进。

日前内阁会议岑春煊、沈秉堃奏议时，各国务大臣均主持平。惟邮尚大不谓然，谓："川乱渐平，正可趁机坚持，人民岂能再起反抗?"庆邸怫然曰："公有把握耶?"盛默然。因此庆邸不悦而去，翌日即有奏恳开去差缺之举。

岑春煊、沈秉堃前上电奏，除陈述川省路股办法外，并请释蒲殿俊、罗纶等七人，以慰众望。庆邸意甚韪之。盛宣怀独谓："川中并无甚事，不必先释罗蒲，即路股办法，亦可仍照从前奏定者办理。"庆邸不悦，曰："请贵大臣拟旨。"盛亦默然。遂奉旨将两奏交邮部议覆，然盛氏仍只议路股办法，而不及蒲罗事。已于初八覆奏奉旨依议矣。

鄂函云：四川咨议局副议长萧湘，前月由京来汉，被鄂督饬传发武昌府看管。嗣经川籍旅鄂官商联名公保，名虽释出，实则仍交同乡官看守。顷闻官场传言，川督自得鄂督扣留萧之密电后，即委黄令际虞来鄂迎提。昨该员已行抵鄂省，未识提解回川系何用意也。

《申报》1911 年 10 月 6 日第 13887 号第 4—5 版

内阁总理大臣庆亲王奏职任重要精力难胜恳恩开去差缺折

奏为职任重要，精力难胜，恳恩开去内阁总理大臣、管理外务部差缺，俾免贻误，据实沥陈，恭折仰祈圣鉴事。窃本年四月间，蒙恩简授内阁总理大臣，并着仍管理外务部。奉命之下，当将总理大臣断难胜任情形据实沥陈，一再具折恳辞，未邀圣明俯鉴愚衷，准如所请，并复迭被温谕，慰勉有加，期其筹划试办，不可再行固辞。臣渥荷优容，实为逾分，惟有益深感激图报之忱，何敢偏执己私，致蹈偷安之咎。是以勉自策励，遵旨到阁办事。数月以来，上有宸谟之秉承，下赖同僚之佐理，凡属内阁开办事宜，现虽粗具规模，惟草创经营，正当切实筹办，力求进步，方能渐臻完备。倘臣精力果尚有余，断不敢图卸仔肩，致负委任。无如入秋以来，偶患腹泻，调治虽即就痊，而身体顿形疲困。有时事务丛集，则神思更为烦扰。每念职任重要，贻误堪虞，倍深焦灼，因之心气不宁，遂致肝阳上越，头目动辄眩晕，虑事稍多，则彻夜不能安寐。似此种种衰象，皆由气血已亏，不可再行耗用，故休养将息，实为刻不容缓之图。伏念现在内政外交艰难，危迫日甚一日，臣仰荷先朝付托之重，我皇上监国摄政王倚畀之隆，一息尚存，万无自外生成、苟觞安逸之理。惟是精力有限，而事务重要，断非勉强支持所能胜任，使竟尸位素餐，何以慰薄海望治之殷。日夜焦思，非仅孱躯竭蹶，良以为忧，正恐大局贻误，何堪设想。为此罔避冒渎之愆，用敢据实沥陈，吁恳大恩格外体恤，准予开去内阁总理大臣、管理外务部差缺，不胜感激，屏营之至。抑臣更有言者。臣受恩深重，夙叨眷遇垂数十年，况与国家休戚相关，尽瘁竭忠，义不容已。倘蒙圣明，刍荛不弃，遇有咨询，仍当勉效愚庸，力图报称。此则区区微忱，所可自信自矢，以期上答高厚鸿慈于万一者也。所有职任重要，精力难胜，恳恩开去差缺缘由，谨恭折据实沥陈，伏乞皇上圣鉴，谨奏。宣统三年八月初八内阁奉上谕已录。

《申报》1911 年 10 月 6 日第 13887 号第 26 版

10 月 7 日

专电

伦贝子面奏：宪法草案编竣，请先呈阅，后交内阁集议决定，再行缮正。

伦贝子又奏：皇室经费出入数目关系御用，未敢臆定。奉谕：须俟皇太后御览后亲自核定。

岑春煊电奏：川省匪势稍杀，煊旧病复发，恳准给假调理，毋再入蜀。奉旨：着赏假一个月，暂缓赴川，俟假满后察看情势，再行请旨定夺。（按：岑大臣赏假调理，前日汉口曾有来电，略纪报首，兹因京电较详，复录之。）

外部和会、考功、榷算、庶务四司改并两司，由邹尚书商妥，庆邸定十一日甄别司员。

民政部新定地方自治经费撙节动支规条十九条，通饬各省府厅州县遵守实行。

内阁电寄滇督：各属或水或旱，待振［赈］甚殷，准在京饷项拨银十万两，妥筹振［赈］抚，并即通行出示蠲免粮赋，以示体恤。

都察院代递朱福诜等为徐用仪请建专祠公呈。奉旨：准在原籍建立。（以上北京）

《申报》1911年10月7日第13888号第3版

川路滴滴血（十七）

初七日廷寄钦差大臣岑云帅电谕一道，探其内容，系为政府迭接云贵督抚密告，川中乱党已潜逃至滇黔一带，现在滇黔边境甚为不靖，本地土匪亦有阴谋蠢动之举，势极危迫。故特饬岑大臣将该两省有无匪乱，着其就近侦查，相机办理，并予以便宜行事之权。

闻川京官因川中乱事虽已渐平，而种种善后办法必须妥筹，且川人《自保商榷书》并不反对朝廷，只因川督有意罗织，遂致官民大起恶感。现拟将川人撰此《商榷书》之意见，并该书之真象，详细申叙，公呈政府，以为沟通上下，解释猜疑之计，并胪陈善后办法若干条，请政府电饬川督，会同端、岑两大臣妥商办理，以免再有操切激变。刻下各京官连日会议，皆以此举为然，并闻已举定起草员，此呈不日即可脱稿。

《字林报》云：自川乱发现以后，西人之由成都抵沪者，以樊尔君夫妇为最先。樊尔君为中国内地教会之教士，于成都地方情形颇为熟悉。今径由该地来此，其所述川乱之真相，当为读者所乐闻焉。

樊尔君谓，保路之人不足为患，彼等禁止一切暴动，且戒侮辱官场，并劝切勿干涉教士、外人及外人之产业。惟该处华字各报，曾以激烈之语痛诋北京官场如盛宫保等诸人，既而复载极严厉之排外计划。樊尔君之意，川民必不致有大举，一因目下有乱之处，均为川省收成最丰之地；次因罢市之处，未及全省之半，凡商务兴盛之处，均未罢市，不过具保路之空名耳。第［三］川民因困于捐税之苛重、政治之腐败，心怨政府，事诚有之，然并不豫备同心起事也。目下之患不在民变，而在抢匪之充斥、革命党之阴谋、秘密会之密布，假使三党之人果聚而作乱，则地方上真不免受累矣。闻各党人近尝图与保路之人联合起事，未遂所志。盖保路之人多系富绅，深知须以有秩序之方法，始能达其目的，且知联合此辈，有害无益也。樊尔君之意，此次乱事谈者，不免张大其词，现自端方入川调停，风声所播，已有佳果，而岑春煊简用以后，乱机为之顿熄云。

樊尔君并谓，革命党尝以巧计煽动四乡人民，其计系书字于木片，文曰“成都官吏均被害，官军现来剿灭，川民速备兵拒敌”云云，投木河中，顺流而下。村民间有捞获者，大为震骇。愚民无知，以为此信来自成都，不知此皆于数英里之上投水者也。

《申报》1911年10月7日第13888号第4—5版

湘省巡防队不准另设机关

鄂督瑞制军、湘抚余中丞日前以湘省地居川、粤、桂、黔、赣、鄂之中，会匪、革党所在，咸有陆军，虽已成协，训练未熟，遇有警事，全赖巡防之力。今督练公所改设军事参议官，筹划陆军一切，恐已旰夕不遑，所有巡防队似宜遴选知兵之员，另设机关，赞助巡抚，专司布置调遣事宜会衔具奏等因。当奉旨，交陆军部议奏在案。兹接该部覆奏，略称："查奏定督练公所官制纲要原折，内开督练公所办理各该省一切军政，其原设新旧营之各项局所，概行裁改归并。又清单内开'督练公所督办以各该省原官之将军、都统、督抚兼充；设军事参议官一员，禀承督办，督率科局，佐理该省新旧各军一切事宜'等语。所以一事权，节糜费也。督练公所既为新旧军政总汇之区，巡防队自在范围以内，一切布置调遣，该公所责有专归，督办措置得宜，则职守既专，机宜自捷，异日布新除旧，尤易收整齐画一之功。况现在湘省新军，仅有混成一协，筹维规画，断不致兼顾不遑。兹湖广督臣、湖南抚臣会同奏请，拟于督练公所之外，专为巡防队另设机关，调员赞助各节。臣等详加拟议，审慎筹商，深恐机关杂出，头绪分歧，不特有紊事权，徒滋糜费，抑且与章制相背，揆诸军事统一进行之序，阻碍实多。该督抚臣拟于巡防队另设机关之处，应请毋庸置议。"八月初一日奉旨："依议。钦此。"

《申报》1911 年 10 月 7 日第 13888 号第 10 版

鄂军亡羊补牢新政策

鄂督八镇陆军，自炮队三营鼓噪图变后，访闻军中有匪人鼓扇［煽］，拟约于某日起事。除饬各协标营将枪炮、机关、各种子弹一律缴呈镇部，收藏于省垣军械总局敬慎储藏外，并饬各军官严为防备，将各该营队素不安分之兵立时革除，遣解回籍。一面饬巡警道、宪兵队管带，辕下特别警察队管带、督带，巡防营统领各官，率同军警加意巡查，所有城门不俟天黑即行锁闭，若遇夜深，虽有对牌，亦不开放，戒备之严，从来未有。乃昨日鄂督密派亲信人员，至各营巡查，营中自排长以上各官，均不留营驻宿，设遇事故，势必措手不及。爰立刻札饬镇协统，转饬标统以上各官，均夜宿司令部；管带以下各官，一律宿营，不准擅离。略谓：古来名将，多与士卒同甘苦，从无养尊处优，自安暇豫者。鄂省陆军改练最早，教练操课尚称完善，惟管理之法不甚讲求。闻陆军镇协各营，自管带以上，夜间向不驻营，管带以下各官长，亦复上行下效，各归寓所。是一营之中，夜间责任仅恃正目，积习相沿，殊属不成事体。因之兵不服官目官长，为〇闲〇之人，自视为最苦最卑之役，因郁生怨，因怨生愤，辄出不逊之言，而作无益之事。官长处之又不甚和平，驾驭稍严，便演出种种恶剧。在兵士，既经违犯教令，自当执法惩处，以肃军规。然平日声气不和，下情不达，试问出柙毁椟，过究谁先？本督院待人最恕，执法素严，既不容兵士骄纵偷闲，亦不准军官优游尸位，应即严申命令。自文到之日，责令标统以上均夜宿司令部，管带以下一律住宿本营，不得擅离职守。万一有紧急事故，必须请假离营者，以蒙高等之长官批准为据，其离营之夕，每月不得过四日，一营之中各级官，尤不准同日请假至二人以上。本督院不时轮赴各营，躬亲调查，倘违此命令，即按章重惩。如留学出身之军官，以东西各国官长向不驻营为比例，可由镇协统谕以鄂省军营现尚无各国程度，不得享各国利益，如有不愿遵守者，尽可自行声明，开去差使。本督院当咨明陆军部，通行各省军营，概不录用，以遂其永远安逸之私。至于驭兵之道，务以宽严得中，不激不随，庶名誉可以常保，而一切条教号令相守相维。本督院不惮谆谆诰诫，其各凛遵勿忽。

《申报》1911 年 10 月 7 日第 13888 号第 10—11 版

10 月 8 日

交旨

八月十一日钦奉谕旨：度支部会奏，度支部暂管预算，编订完竣，缮具表册，恭候钦定一折。着依议。钦此。

《申报》1911 年 10 月 8 日第 13889 号第 3 版

专电

闻苏抚程德全现被御史参劾多款，内有任用私人，故违宪纲等语，系指单衔委用某捕营统领洪某而言（此差向由苏浙抚会委），已有旨交江督查办。

岑宫保此次辞差，系为电请阁臣指拨兵饷二十万。得覆：着与瑞澂商拨三四万余，俟抵川后，请川督筹付。岑以办事无款，故负气不行。

廷寄湘抚：现又有人秘密集会，借口争路，恐有愚民被其煽惑，着即严行弹压，剀切晓谕，随时电奏。（以上北京）

闻四川乱民已占据川省西南之数城，今日（十六日）官场派军前往迎剿。（北京）

《申报》1911 年 10 月 8 日第 13889 号第 3 版

川路滴滴血（十八）

川乱真相，已据川友函述目睹情形，登载前报，以为川民并未谋变之一证。兹闻初八旅京四川同乡，亦接川南同乡来函一件，叙川事情形与川督赵尔丰所奏者大不相同，即与川中官绅来电亦有互异之处。函云：同乡诸先生公鉴：恭读近日谕旨，一则曰“剿办乱党”，再则曰“剿抚四川匪徒”。京蜀遥隔，诸公未必详悉。兹特据实哭陈，恳祈设法。查路事风潮，虽激十五日，犹守秩序。赵屠户恣其凶横奴性，伪请蒲、罗、颜、张、邓、胡等七人到署阅电①。诸君甫入，赵即命人张贴告示，谓已将首要拿获，胁从宽贷云云。伍崧生先生公服到辕，哭请勿杀七人，免激大变。赵竟悍然不顾，反将伍老扣留。各绅商闻此噩耗，皆头顶景皇帝灵牌，跪求释放。赵残酷已极，胆放大炮，伤毙数十人。众愈骇泣，复命马队四出，践死、挤死、跌死者约二百人。幸绅民深明大义，毫勿暴动。赵捏奏数千人凶扑督署，肆行烧杀，并伤兵弁。诸公试思真欤？否欤？。近省各州县绅士纷纷赴省，要求释放。东路则驻到简州，西北则屯积三四百里。以意揣之，人数当在百万以上。乃二十三谕旨，谓匪党攻城，不知是何依据。同乡等非不知朝廷仁爱，但川人无辜遭此冤屈，稍有人心，断难隐忍。盖咨议局议长、议员，系由各州县投票公举代表，此而曰匪，是全川七千万人皆匪也；股东会会长，系租股、购股、货股数千万股东所举之代表，此而可杀，是全川七千万人皆可杀也（朝廷谓与路事无涉，乃根据赵督之言）；伍崧生先生乃天下士林之先辈师表，此而可辱，是天下士人皆可辱也。果伍与七人不道，犹可说也。赵尚未拿首要之先，即通电全省，诬为图谋不轨，并捏造《自保商榷书》，诬为意存独立。嗟夫！赵尔丰何恨我川人如此其甚乎！诸先生关怀桑梓，恳速向各当道哭诉，并速电端、岑，请其平和，川人幸甚，大局幸甚。川南士农工商泣叩。

又本埠有接成都商号上月十九日来函者，节录于下。十六早，天忽大雨，至今两日未晴。督宪又出示谕云：“此次所拿首要，乃系煽乱之人。至于四川路事，已为设法奏陈，不使川民受损，大众其各安心，切勿听谣误会，自取害及其身。”出示后，学商两界纷纷解散。下午各店开门，片时即闭。是夜，南门驻有民团二千余人，东门四五千人。十七早，南门民团被巡防军击走。午后，拿住东门民团十余人到院，并打死民团十数人。是时，布政、巡警、劝业各员，在总商会传集各帮会开会，由多数取决开市。于是开市者约有十分之三，午后五六钟仍闭。十九日，各界解散者甚多，惟闻灌县又被民团围住，未知确否。又闻东门外北药厂并新厂，被民团抢去军火不少。其说不一，亦难凭信。因城门紧闭，信息不通。值此时势，甚属凄惨，城门一日不开，谣风一日不息。所幸十七日后，各商店开市者渐多，或能从此平静，则生民之福也。据此以观，川人自十七八起，已陆续解散。而川督二十三日电奏，犹谓乱民反抗，不其冤耶？

归州函云：月前归州河畔有人拾得木板一块，首书“求救水电”四大字，即系成都变后，川民由沟流出者。经水冲行数千里，字迹已不甚清楚，然犹约略可

---

① 此处仅列六姓，与七人之数不符，对比前报，似漏抄一“叶”姓。

辨文云："凡我川人，惨极惨极。路权一事，而今已矣。虐待川民，枪打炮击。死者数十，生擒其七。既夺我财，又夺我气。凡我兄弟，快来救急。省内同胞，危在旦夕。快来快来，迟则无及。洋人百姓，莫扰莫殛。严守秩序，始终如一。以理相争，方有效力。呼天不应，叩地无穴。用此血书，告急告急。"末书"成都城内数十万人泣叩"。

叙州函云：叙州乱时，有川绅凌东甫之子，亦在轰死之列。现叙人以罗守既割下死尸熊学生之发辫，又自焚府署，宪欲坐叙人以勾串革党、焚攻府署之罪。于是大众不服，皆欲得罗守而甘心。刻罗守已潜逃至在籍知府川绅邱淮家避难，不知能否侥幸无事也。

重庆函云：川东匪势日炽，重庆岌岌可危。匪之发源，皆在自流井。该处驻兵仅二百名，万难防守。川东南各州县所在响应，蔓延日广。现由重庆道府飞禀省宪，速派大兵援剿，深恐缓不济急。黔鄂兵亦尚未到。

泸州函云：自省城乱事发现后，保路会中有况姓者，提倡不纳捐输，因众人不肯认可其议，遂寝。惟泸州亦曾罢市二日，经绅首劝解，尚称平静。讵州牧郭某妄将绅士况某收禁，人民痛忿，大有不可遏抑之势。现各学堂已同时解散，结局如何，尚未可知。

《申报》1911 年 10 月 8 日第 13889 号第 4—5 版

皇室经费入不敷出

皇室经费预算表册，在皇室经费未定以前，由度支部暂行管理，前已奏明有案。故宣统四年皇室经费预算册表，于前日由度支部会同总协理大臣呈递，奏请钦定。其内容数目，以本年预算为比较，实加增银二百四十四万余两。盖本年岁出为七百八十万一千余两，明年岁出为一千零二十四万六千余两，以岁入相抵，实不敷银一百八十六万三千余两。并谓事关皇室用度，非阁部所敢擅拟，惟有敬谨缮具册表，进呈御览，伏候钦定施行。（此节略，见前报专电）

《申报》1911 年 10 月 8 日第 13889 号第 5 版

宗人府之权利思想

宗人府因各衙门纷纷将笔帖式改为录事，宗室人员亦无区别，殊失优待贵胄之本意。昨特专折奏请，每部添设宗室七品小京官二缺，以为升阶。其旧日各部郎中、员外、主事之宗室专缺，并请仍行复设，以为扩张权利之计。不知新内官制能不因此摇动否。

《申报》1911 年 10 月 8 日第 13889 号第 5 版

邮部处分川路新手续

邮传部自沈秉堃、岑春煊电奏川省路股办法，奉旨交议后，当于日前遵旨议覆。略称：“川粤汉为东南一大干线，朝廷为大局起见，收归国有，但求速成，并无排除民股之见，故仍准附股，并听自愿。今若悉照沈秉堃电奏，散还零星民股，岑春煊电奏，一律给还现银各办法，款项纠葛，固可一旦廓清，但于与民同利之旨，既有未符。且按之王世琪、黄瑞麒、甘大璋、陈善同等先后陈奏，为各该省人民要求附股之意，亦有未合。筹维至再，惟有将办法酌量变通，格外体恤，务使整齐画一，俾附股者固有红利可分，领银者亦有常利可得。一经换给国票之后，不特本项无一文之失，即利项亦无一日之停，以昭大信。查各省商办筹款，其途有二：如湖南之米捐、盐捐，湖北之振［赈］粜捐，四川之土药、盐、茶、灯捐十厘，系量假官力筹措而得者；如四省之商股，及四川、湖南之租股，系由商民集合而成者。两项性质既殊，办法即应区别。今拟凡各省抽捐所得项下，悉遵七月二十日谕旨，特从湘绅所请，一律换给有利股票，专留为各该省办理公益实业之需。查护川督王人文五月二十日来电：‘实收租股九百五十余万，官民购股二百六十余万，土药、盐、茶商一百二十余万两。且收支之中，尚有重复纠葛，非合各处帐［账］册档卷互证参稽，断难确定’等语。粤督张鸣歧［岐］七月二十日来电：‘公司账目至五月底总共收银一千六百四十七万余两。前电只结报股款一千四百十万两，实已剔除杂收二百三十七万余两。所有虚糜各项，以剔除之款弥补。然六成现银亦须八百四十万。其余四成五百六十万，尚可分年抽还’等语。湘抚杨文鼎来咨：‘除米捐、盐捐之外，实收商股一百五十万两，租股九十余万两。湘京官会奏，已请准作为私股，愿领国路股票。’湘抚余诚格来电：‘湘路房股、租股，自应遵十七日谕旨，换给股票。惟商股一百五十万未曾揭明，如湘商执五月二十一日谕旨，有湘路商股照本发还两语，明知路事有利，愿退股者必不多，然不能不储款以待，以免借口’等语。鄂督瑞澂来电：‘应领国票现款各若干，数日内即可奏报。’四省合计实收股银三千万两左右，必有各公司股票根簿为凭。除川省现存之款七百余万两，前已奉旨，愿否入股，或归本省兴办实业，仍听其便，今当悉听川督、川绅将其现银自行理处，部不过问，而要以如数销缴公司股票为断。其余四省私股计银二千数百万两，即当以督抚报告实收股本之总数，并当覆按其收股根簿为据，毋庸再查支款详细数目，以免烦琐。如有情愿附股者，仍遵谕旨，按照湘股给发国家铁路股票，一律分红分利。如不愿附股者，仍遵谕旨，悉照粤股一律实发六成现银。其余四成另给国家印票，分作两年，每年给还二成，或归两年后一气全还。其未还以前，仍给发六厘利息。所有各该省公司实收之股本，国家既全数认还，则其虚糜及倒帐［账］之款业已包括在内，在股东毫无损失矣。至于发还股本，以股东执有原公司股票，核对根簿，无讹为凭，将来或换票，或还银，俟详细条目议定，再照办理。惟各该省商办股票散之于外府州县，粤省股票且多散之于南洋各岛，辗转查核，挂号分别，往返需时。拟俟会商定夺，请旨核准后，即由臣部咨明各该省督抚会同督办大臣出示晓谕，凡持有商办股票者，准赴各省路股清理股票处挂号，计核对票根，汇齐票数，均须数月方能竣事，俟届时到局支取现银，或换领国路股票。如此变通酌剂，实与历次准商附股，听其自愿，以及给还股本，总不使有丝毫亏损，以失信吾民之谕旨，均属相符。各股东当益晓然于朝廷公溥之用心，不复以歧视为借口。再此次本遵旨议覆［复］川路，适张鸣岐等有电来商，因即将川粤汉各路所拟办法一并附陈。”八月初八奉旨：依议。

《申报》1911年10月8日第13889号第10版

给事中陈田等联名揭参川督折

奏为路事酿祸，关系大局，请特旨责成岑春煊秉公查办，以释疑惧而遏乱萌，恭折仰祈圣鉴事。窃自四国借款合同发表，川人全力反对，风潮激烈，浸至罢学罢市，相持日久，必酿祸端，识者固已忧之。及七月二十日钦奉上谕，始知四川督臣赵尔丰已以“川人约期起事，先期擒获首要”等语具奏。伏读上谕：“惟恐有匪徒从中煽诱，别滋事端，于路事已不相涉，电饬赵尔丰相机分别剿办等因。钦此。”圣虑周详，明见万里，凡在吾民，莫不钦仰。盖川绅保路为一事，匪徒乘乱为一事，不得以时日之接近，遂坐为事机之混同也。乃七月二十一日，内阁官报所载川督电奏内，有阵获之人讯供，咸称系赴同志会召集，有称系罗蒲等调来保路者，并奏称该会逆谋已非一朝一夕之故等语。逖听之下，骇诧莫名。臣等据该督原电，反复寻绎，并证以近日所闻，及报章所登电文，觉该督电奏各节有不实不尽者。盖赴省之众，既该督称系民团，所有刀矛旗帜，本为各团公置，以备警急之用。该督张大其词，不过为事后邀功地步。况据重庆电称，此次起衅，因十五日妄拿全省人民代表数人，万众赴辕恳恩，巡防队枪毙多人，枪伤者亦复不少，各属闻风奔往恳求者甚众，城门遂闭。则以因捕拿绅士，人心激刺，而后众人始奔赴乞恩，因枪毙多命，巨案酿成，而后该督始仓皇告变。则该督所称，川人约期起事，先期侦悉等语，难保非事后掩饰之词。观于该督七月初五日请内阁代奏电文，犹曰保守秩序，未见暴动。及二十七日电奏，则竟以蒲罗诸人为谋叛。前后矛盾，情节可疑。至于调兵木签何时所造，该督乌从知之，但凭匪徒一面之捏词，即为诸绅谋逆之确证。揆诸公理，讵得谓平。其尤可怪者，则谓彼党已密派多人运动各省咨议局，及京外官绅，意图淆乱黑白等语。夫围城既数日，电报不通，此等消息从何而至？则其有意锻炼周内，欲尽箝天下之口，尤为彰明较着矣。该督即不能绥靖众志，遏乱象于临时，乃敢于欺蒙朝廷，图脱卸于事后，诬罔之罪，实为难辞。总之，此次川路风潮，其所争者不过二端：一谓邮部原约有失国权，且签字之先未交院议，似于宪法大纲不无违背；二谓川省路款，未可援各省通例，由部缴还。此二者或关于国体之尊严，或关于本省之权利，议绅有所建白，原非越俎，过于愚直，容或有之。不幸川省人口繁赜，生计艰窘，游民乐祸，乘机作乱，溃败决裂，遂至于此。非惟朝廷所不及料，即争路诸人创议之初，亦梦想所不到者也。若其形迹涉于嫌疑，办理稍滋冤滥，则无以服川人，无以服天下。方今强邻环伺，时局阽危，正宜君民一心，力图振作。议局士绅以一身当上下之冲，责任既重，应付尤难，自宜深加保护，以昭激劝。若以匪徒交讧之故，遽指为祸首，科以叛逆，则自此以往，自好者将高举远引之不暇，谁复敢奋身国事，力任艰虞。舆论之萌芽，由此而折；宪政之基础，由此而摧。其关系大局，实非浅鲜。现蒙特派岑春煊前往会办。该大臣勇于任事，诚如圣谕。惟会办事权不专，恐不免有所牵掣。可否仰恳天恩，即以此事责成该大臣查办，迅行入川，详究川事之起因，分别川人之良莠，庶情罪无难立见，而正人得以保全大局。幸甚。是否有当，伏乞皇上圣鉴。谨奏。

《申报》1911年10月8日第13889号第26版

10月9日

上谕

八月十六日阁奉上谕：内阁会奏，遵旨整顿国税，拟设京外盐政专官，酌订官制缮单呈览一折。前因各省盐务疲敝，特派大臣督办，以资整顿。惟事体重大，头绪纷繁，非设立专官，无以收挈领提纲之效。着即将盐政院官制颁布，以盐政处改为盐政院，全国盐务均归管理，以一事权而重责成。另片奏，两广盐政公所暂行酌留，山西省北盐局、淮南扬子总栈均暂仍其旧，陕甘花马池等处盐务，委任该省藩司或统捐局暂行兼办等语。着依议。钦此。监国摄政王钤章，奕劻、那桐、徐世昌、邹嘉来、桂春、载泽（假）、唐景崇、荫昌、载洵、绍昌、溥伦、盛宣怀（假）、善耆署名。

上谕：度支大臣载泽，着兼任盐政院盐政大臣。钦此。监国摄政王钤章，奕劻、那桐、徐世昌署名。

《申报》1911年10月9日第13890号第2版

评论：敬告资政院与咨议局议员（无名）

中央资政院，与各省咨议局议员，不久均将开会。各议员试思，去年会场所议之结果，今年政府之奉行何如？今年以来政府与各省长官所行之政，以视去年之资政院与咨议局未议者何如？此为中国议院之基础，亦为中国以后能否立宪之机关。在会诸议员不可不深长思也。

其一借外债事件。不可不于今年会场解决者也。外债为摇动一国根本之端，虽有时万不得已，势不能出于不借。然借之而不得其当或借之而入于非人之手，则其害实无可比。一省亦然。且一借外债，则本年所议决之预算案全无效力，而所以设立资政院与咨议局之精神全失。故借债一事，资政院与咨议局决不能弃其责任者也。必当要求以后有借债之事，非先交资政院与咨议局议准不可。自后追认之说，万不可允也。

其二妄人杀民事件。不可不于今年会场根究者也。此次川乱，川民果有反背之形迹否？川议长之被拘，果为乱首否？如此绝大冤狱，仅听官场一面之处置，或拿或释、或杀或抚，人民竟无一语之反抗。不特拿杀为立宪国人民所难受，即释之、抚之，亦仍为专制之淫威，而不可不澈［彻］究。胡涂而死，与胡涂而生，固同为无人格者也。我各议员其敬听之。

《申报》1911 年 10 月 9 日第 13890 号第 2 版

专电

赵尔丰密电阁臣：川省乱势日益蔓延，岑春煊请假观望，恳准予以特权，并请降旨温慰，促其前进。迟恐全局糜烂，事更棘手。又端方因畏乱事难办，延不前进，请令其专办路事。

龙参议电告邮部：粤人争路激烈，民情惶骇。恳速解大宗的款，宣示给还商股期限，以弭祸患。邮部随商度部拨款，泽以库绌需巨，未允。

廷寄粤督张鸣岐、湘抚余寿平：湘粤仅隔一岭，恐有匪民结合，藉路煽惑。着督饬各文武严加防范，剀切晓谕，毋使滋变。

川绅闻有电致同乡京官，请其代奏，辩明《自保商榷书》确非被捕之罗蒲等七人所为。

监国面谕民部大臣桂春：川事日急，谣言蜂起，所有来京各色人等，应随时密侦，以防潜图勾煽。且资政院开院伊迩，各会纷纷集议，有无不正当之举动，尤宜勤加探访。

达副总裁面商庆邸：此次资政院开幕，拟请监国亲临，行开院式，以重其事。

豫抚宝棻电奏：黄河关系四省利害，请定修费二百万两，由四省合力共治，无分畛域。并请简专员，择要驻扎，总揽一切。奉旨：着将原折抄交直督、鲁抚，并案通筹。

内阁奏：协议宣统四年全国预算案。奉旨：依议。（以上北京）

《申报》1911 年 10 月 9 日第 13890 号第 2—3 版

川路滴滴血（十九）

方川乱剧烈时，陆军部曾有紧要文件，派差飞递川省。旋据传闻，递差已于途中被匪伤害，公文亦已失去。时川中交通阻断，莫之详也。刻因交通已复，致电赵督，询问确情。昨得赵督电覆云：“此项公文并未接到，该差役亦无下落，想已被匪戕害。已通饬各属彻查。惟此项文件既关重要，拟请迅速补覆，以凭遵办。”

川督初八日通电各省报捷云：“各省制台、抚台鉴：现在省城附近乱事已平，各属屡经晓谕，民众颇能省悟，俱已解散。惟西南路盗匪群起，到处勾结，极［集］众抢掳，烧杀良民，迁徙流离，不胜其扰。现派军队驰剿，一败匪于省西之温江，直追至崇庆州城外而散；一败匪于省南之中兴场、秦皇沙一带，均毙匪甚多。其围攻双流之匪，亦先经我军力战击退。新津前为匪据，刻正拟规复，期就廓清。此次川军击匪极形奋勇，故能以少胜多，迭获胜利，亦备极艰辛矣。知注以闻。丰齐印。”

又某京官得重庆电云：“川东一带初五、初六两日，兵民鏖战甚剧，杀伤相当。端午帅闻报，纷纷调兵为援。”

前纪邮部擅调各省军队，不咨商军咨府一节。兹闻各省接电，惟滇督李仲帅驳拒，此议当有电报。内阁庆总理因不知此事原委，面询涛邸，亦不知。适盛宣怀在座，庆邸面诘：“何以如此擅专？”盛色变，答以并非调兵，不过报告川省军情。涛邸谓：“军情岂邮部所当报告者？即本爵调遣军队，亦非商由军咨府禀承庙谟不可！”盛乃默然而返。

岑西林此次辞差，一方面因与政府所商各节未能全部承认，恐将来到川诸多困难，故于辞差之先，曾有密电到京，请与端赵划分权限。盖西林之意，以为赵系川督，呼调灵捷，而端系办路，自有专责，惟已则无一定之名义，恐将来到川，无权力可以削平川乱也。一方面则因所调军队恐不敷用，故抵鄂时即电粤督，嘱其代催龙济光速行赴汉，以便同往，并令其由粤省代募十营，速行成军，随同赴川调用。嗣因粤省未能照办，商之瑞督。瑞谓：“湖北兵亦可。”岑云：“鄂军一人不要。”因此二人大起枘凿，而政府适有命岑向端商拨兵饷之电，岑恐被其牵掣，故愈不愿入川云。

《申报》1911 年 10 月 9 日第 13890 号第 3—4 版

秋操预备记（二）

秋操阅兵在臣之行辕，系借通永镇署暂用。其中央审判官公所、综理处公所、警务处公所及陆军警察两队，皆附属于行辕之内。至通永镇镇台，则已移往开平镇市暂驻。

外宾接待处系借开平矿务局之房屋，构造甚佳，陈设亦颇精致。

京内参观员接待处，其房屋陈设，虽不如外宾接待处之美备，然较之京外参观员之接待处，则已较为周至。盖接待处之设备，以京外参观员为最劣也。前以谋赴秋操之便利，特于开平矿局至开平车站间修筑军用铁路一条，长约六七里，现已完工。将来阅兵大臣及参观员，皆可径至开平矿局下车。军咨大臣朗贝勒已于初十赴开平巡视操地，准备一切。随行者有冯国璋、冯耿光、丁士源、张昆、陆观、唐宝锷、唐宝潮、程经邦、杨以德、许引芝、吴纪盛、文志、祺昌、冯福长、周家树、徐有德等。

禁卫军前赴永平会操。初，涛大臣之训令以军人资格须艰苦耐劳，特命由南苑步行前往，以资历练。嗣因入秋以来，雨水过多，经行之地均积潦没胫，实有奉行不得之势，乃改令乘火车进发。现定十四、十五两日分队启程，至开平后再行沿途操演。此次秋操，执事人员鉴于某报载参谋官旅行不谙马术一事，为涛邸所见，该参谋大受申斥，故此次出发在即，急约同各军官，先期在禁卫军马队所更番练习马术，每日约二三小时云。

《申报》1911 年 10 月 9 日第 13890 号第 5 版

鄂人又以革党相惊矣

鄂省自炮队八标三营鼓噪后，谣言日恶，当道严行戒备。现在督署内日调巡防营巡警、消防队、特别警察队轮番驻守，严阵以待。署中巡捕、戈什、差弁均携手枪，挂开口刀，预备厮杀，人心大为震动。闻其原因，系粤督有密电来鄂，革命党首领黄兴已率大批党羽来鄂，勾结新军起事云云。恐其首先扑攻督署，并劫军装库。故初十夜，张虎臣统制、王得胜协统等率集镇协部参谋执事各官，并督练公所军械局长及各科长，在军械火药库驻守，陈列快炮，以备不虞。直至天已大明，方分道而归。其军械局长李克果，则率弁兵昼夜不离。昨闻张统制已密商瑞督，拟将枪炮弹子各利器，分别迁至督练公所、镇司令部警务公所暂储矣。

炮队三营酿成事变之刘排长步云已经禁锢，其管带官、督队官、队官、军需长等，均须严为惩罚。故炮标一二营官长亦恐激成兵变，对于兵士全用柔软手段，一闻稍有争闹，即往抚慰，绝无压抑。兵士有不下操场者，官长莫敢过问，内务之松懈，历来未有。盖该官长等闻谣言，炮标已联合革党，深恐其藉端发难也。又闻初十晚张统制亲守火药库，系有人告密炮标将变之故。是夜曾派出步兵两营，驻扎炮标营附近，守候一夜，寸步放哨，如防大敌。炮营兵见之大为诧异，又逃脱正副目数人。刻下军心惶惑，人民骇惧，甚至有迁徙暂避者。

中秋节，军营例应停操放假。刻二十一混成协统领黎元洪，以是日假出目兵众多，茶前酒后，易酿事端，特传谕所属各标营，将中秋提前一日，于十四日置办酒肴过节，在营休息，无家室者不准请号外出，以防不虞，十五日仍照常开操上课。至第八镇节期是否仿照办理，抑改迟一日，未见明文。

八镇因炮标有图变之信，军械早已缴出机纽。连日派出巡查者，皆系混成协军士。闻每夜六句钟以后，黎协统即开单，轮派各官长督队外出巡缉，于街头巷尾要道，亟派老诚兵士五名，全身武装，鹄立岗警。附近之地，至十点钟以后，若遇往来通衢手不执灯者，即被拦阻盘诘。而栈房旅馆，由巡警查察，尤为严紧。旅客往来信函，均由栈主汇存，待巡官查阅，方交受信人云。

《申报》1911 年 10 月 9 日第 13890 号第 10 版

鄂督取缔混淆权限之自治

鄂督以各属创办城镇乡自治，议长、议员多不谙自治法规。有应行兴革之事，而干涉国家行政者；有因与自治事宜微有关系，又不免侵入司法范围者；再或一面呈请地方官，一面又直禀督院核办；甚或议事会议决事务，并不送交董事会，辄自为执行。混淆权限，种种不免，殊非办理自治之意。刻已通饬各州县照章严行取缔，以杜流弊。

《申报》1911 年 10 月 9 日第 13890 号第 10 版

赣抚痛责抽捐苛扰之自治

赣省兴国县，因城自治议事会呈请提拨庙产租税，充当自治经费，呈院核示一案，奉冯中丞批云：查核县城议事会前请抽收茶馆、包席馆、酒馆、煤油等捐，业经批饬该令体察情形，分别准驳，禀候核夺。当时谆谆以不扰民为戒，竟未禀复只字，玩忽已极。兹据来申，该令于前项议抽各捐外，复以提拨治平观花生落地税，及卖物摊庄税、火神庙糯谷薯豆等项落地税、仙娘宫地租为请。该令未经禀准，先行出示抽收，搜索苛细，几于无微不入。该令但知迫于少数议董职员之请，以为人民代表公同议决，亦知大多数人民心理不以为然，必将积忿而生事耶？且所以停止迎神赛会，系为禁止淫戏起见，并无沙汰庙宇宫岩之明文。今该会甚至将戏台下之摊庄观音岩每年四元之地租，亦一网打尽。究竟该会自治成立以来，有益于地方者何事，人民已否信用，负担能否均平？若仅执定附捐特捐条文，不办事而先抽捐，不于先朝上谕惠爱闾阎，官民共济之意大相违背耶？所有该城议董两会每年经常用费共需若干，未据列表具报，数请抽捐，核与定章第三节预算决算办法显有不符。查阅该会宣统二年收支细数内载开局酒席、差役、茶点、年节赏犒、馈送礼物种种滥支，曾经筹办处批饬，不准作正开销，逐一删除在案。足见该会不恤民艰，诸多滥费，因有滥费，遂思苛捐。是有自治机关，人民更增一层烦苦。兴国地瘠民贫，该议董等岂有不知？留有余不尽于地方，未始非和平之幸福。本抚院批牍至此，为之愤然，仰即查照前令批指各节，通盘筹划，量入为出，详细列表，呈候核办。所有苛抽捐款，一概取消，并转饬该令遵照毋违。

《申报》1911 年 10 月 9 日第 13890 号第 10—11 版

浙东发见区咨议局之奇闻

浙抚增中丞前据咨议局呈转，准绍属新昌县附贡沈汝梅陈请，略称：该生前在县城价买郑姓楼屋三间，忽有邑绅沈春辉敲诈不遂，伪称祖遗，捐助咨议局充公。当时县批有该职愿将祖遗楼屋，捐入西上区咨议局，热心公益，洵堪嘉尚等谕。该生以指鹿为马，情节离奇，迭赴县署伸［申］诉。复有绅士丁儁宣等出头扛帮，蒋令堂断勒罚钱二百千，拨充咨议局公用。因该生不服，竟敢朱标差役多人，盘踞诈扰。查新昌弹丸小邑，并无设立咨议局明文。乃该邑官绅一则曰咨议局，再则曰咨议局，甚至官厅批牍将咨议局三字大书特书，假咨议局名义勒罚偏断，确为官绅谬妄违法，骇人听闻。即以调查选举经费论，亦已列入宣统四年预算。官厅谬妄，固不待言，流弊更属可虑，应请议云云。则新昌竟有西上区咨议局在，似此摇惑众听，关系甚重，决议迅请查办等情。即由中丞特札藩司，遴派知县马建勋大令驰往该邑澈查。兹闻马令已回省禀复，所查各节证据确凿，惟西上区咨议局实系初选投票区域，名义迄未取消。而对于官绅扶同索诈，颇多恕词，现受害人业已具控，高等审判厅徇隐有所不能，业由方伯核议，蒋令嘉淦先记大过二次，余案悉归高等审判厅讯断，据情详复。抚院札行咨议局查照矣。

《申报》1911 年 10 月 9 日第 13890 号第 11 版

10 月 10 日

专电

萨荫图电奏：科布多密迩强邻，此时若不急起直追，日久恐为他人所制。现臣拟有联合各蒙旗及抵制强邻办法四端，以事宜秘密，请准入京陛见面陈，并与外部密商一切。当日奉旨允行。

内务府遵旨裁汰司员，已经定议画稿，计裁去十分之四。

赵尔丰密电内阁：省城安静，可保无虞。惟各属乱势蔓延，到处响应。城中兵力既单，且恐鞭长莫及，请饬鄂省迅速催兵入川，会同剿抚。

阁臣以赵岑颇有意见，拟俟岑假满后，准其勿再入川之请。惟某大臣主张令岑进驻宜昌，如果假满，乱尚未平，即命专办剿匪事宜。

邮部又有秘密借债之说，闻系预备给还川粤路股款及建筑某路所用。

张瑞荫奏：各学堂讲经、修身两门，宜添设师位，俾教者坐讲，以示尊崇。奉旨：学部知道。（以上北京）

《申报》1911 年 10 月 10 日第 13891 号第 2—3 版

宣统四年预算谈

宣统四年预算，前经度支部按照宣统二年资政院议决岁出之数，作为根据，列册送内阁。其意以为，分配之平均当由阁议定之也。送阁之后，阁置之，阅两月，屡催不应。及闰六月十五日，始开阁议，仍将原册交还度部，再由度部催令各部造送预算册，以便交院，则距原定限期仅十余日矣。

各部预算册，原定闰月底一律送齐。嗣以阁议躭延，至今尚有未送者。闻阁议时并未分配，惟各部大臣各摘录其本部岁出入之数携归，以备记忆而已。各部之岁出，以上年资政院议决之数为根据，以此岁出之总额，除全国岁入之总额，大概可以收支适合。又以各部上年院议岁出之数，指定的款，为其岁入之数，使就岁入范围内自行分配明年岁出之数，是为实做量入为出之预算。然上年则并量入为出而不能，上年资政院议决预算往往破坏，而明年预算之标准，仍根据于上年因果起伏，不可思议如此。

各部今年鉴于上年浮开硬索之无效，又明知度支部真无款可以应各部之需，于是一反其所为，皆各自节减，以就国库之力之所能支者。故今年预算较去年为近情，即如陆海军二项，亦复平易近人，不复似从前之横溢矣。

今年预算分正册、附册。正册可冀收支适合，附册四千万则分文无着。盖正册以上年院议为根据，皆为有着之款，故能收支适合。其附册则为宣统四年扩张事业，未有新岁入相抵，故分文无着也。

正册之中，各部不敷之数恒不过数十万，而以学部、民政部为最多。然综计之，尚不足三百余万，筹抵之法，度部尚可为力。至附册四千余万则为数太巨，假令资政院议决认可筹抵，正自为难，不识度支部又何以了此一段公案也。

《申报》1911 年 10 月 10 日第 13891 号第 4 版

川路滴滴血（二十）

顷得蜀函：成都大局已定。惟叙州、夔州两处民党繁盛，连日与官军抗战，互有损伤；双流、新津两县尚未克复。现在民党聚议，俟各省官军到齐，即宣告停战，惟始终不纳租税，以俟朝廷之后命，如政府必欲弃川，则川人再另筹对付之法。又闻，川人以李稷勋甘为盛宣怀作走狗，丧心病狂，罔顾大局，已将李之祖墓概行掘起，并没其川籍，以为犯奸者戒。

另函云：川东近日之乱，确系山贼土匪合伙起事，与争路问题已截然不相关涉。所有各处保路会首领，皆系本地富绅，自见严谕之后，皆惴惴自危，各图回避。故现在各处之乱，争路各士绅确不知情。

又据川人云：川东各州县向有匪患，地遥山险，剿办甚难。此次匪乱之起，皆在川东。现在该处防营甚少，匪焰日张，川东大局岌岌可虑。

又川京官接川电云：川民因赵尔丰捏奏罗织，叙府罗守枪毙学生，泸州郭牧监禁况绅，群情益愤。川南、川东一带现在均有变事。

此次川变，固由赵尔丰操切所致，然从旁怂恿者，实王棪与余大鸿二人。王余自知不能辞咎，四处发电，谓系周善培鼓动而成。盖恐周烛其奸谋，故设此先发制人之计。

黔滇本系边省，巨匪时聚时散，无时无之。近以川变发生，各该匪已由滇之正雄州、黔之毕节县乘机侵入，意图大举。

日前端督办有电来京，略谓："川乱日益剧烈，蜀中兵力单薄，非调重兵不可，并筹划一切剿抚办法，拟与政府协商之后到川，即将施行。"闻内阁总协理甚嘉纳其言。惟关于调兵一节，内阁与军咨府已屡次协议，迄今尚未决定，故内阁及军咨府对于各省皆未发电调兵云。

川鄂两省于此次川乱所有防务军饷，藉用费甚巨为词，将大开报销，屡电请度支部准其截留京款，以资应用。度部均已驳覆，令其自行垫付，俟将来商请邮传部，准其作正开销。

山西咨议局近致内阁电云："北京内阁王爷中堂钧鉴：川人有哀求无暴动争路，经将军总督等奏明，举国皆知。蒲罗诸人既系争路代表，自与匪乱无涉。乃赵督电奏，竟指为首要逆绅，前后自相予盾。幸朝廷仁明，谕令分别良莠，剿抚兼施，固已洞察其隐。惟赵督多方罗织，群相惊骇，深恐牵动大局。伏乞奏饬岑春煊确实查办，以警欺罔而靖人心。无任惶悚。山西咨议局叩。"

《申报》1911 年 10 月 10 日第 13891 号第 4—5 版

苏州：请拨选举调查费

明年三月为咨议局重选议员之期，前经行饬各州县查造选举人名册。长、元、吴三县奉文后，即移委城镇乡自治公所，调查造册，各在案。现闻，城自治董事会，以此项调查造册，手续既繁，需费甚巨，所中经费本〇异常竭蹶，拟向县署酌拨调查费洋三百元，以资开办。未识能否照拨也。

《申报》1911 年 10 月 10 日第 13891 号第 12 版

10 月 11 日

上谕

八月十九日内阁奉上谕："端方等奏，湖北境内粤汉、川汉铁路遵旨收归国有，取销商办公司，并议定接收股款办法一折。前因铁路收归国有，曾经谕令督办粤汉、川汉铁路大臣，会同各该省督抚，将所有收款遵照五月二十一日谕旨分别办理。兹据奏称：'鄂路股款约分四项：官招粤汉商股、川汉商股，皆系实银，应即钦遵谕旨，一律发给国家铁路股票，不愿附股者发还现银；其川汉彩票股与普通彩票不同，早经按户换给股票，逐次付息，拟恳一并按照商股办法，给与分利、分红股票；至商招商股一项，系零星劝招，股东散处，无从遍询。拟由该省铁路协会绅士自行清理，先将股本一律退还，其有愿附股者，再行缴银领票，以清界限。此外，尚有赈粜捐一款，拟援湖省成案，拨作地方公股，官绅会商意见相同，业于八月初六接收完竣'等语。该大臣等办理接收事宜暨所有办法，均尚妥协；湖广总督瑞澂办事明敏，于此次路事尤能尽心筹划，不负委任；该省士绅复能仰体朝廷德意，率先遵办，洵属深明大义，着传旨嘉奖。该大臣等迅即会同度支部、邮传部，按照筹拟各节，分别清理，克期开工，以重交通要政。余均照所议办理。该部知道。钦此。监国摄政王钤章，奕劻、那桐、徐世昌署名。"

十九日，召见内阁总协理大臣。

《申报》1911年10月11日第13892号第2版

专电

阁臣拟进监国临资政院训词，其勉励议员处有解释内阁责任之语，希缄各议员口，以避参劾。

今日（十九），资政院议内阁法制院各大臣临院席次，〇定阁臣就军机位，酌为宽展，法制院使就宪政馆位，酌为缩进，以备监国临院。

遵旨改订之法律案于初八日送阁核议。

驻某国公使密呈亚东协会秘密章程三十七条，谓该会专侦察军事外交之秘密，其意务使亚东各地尽入范围，并另订有电报密码，以通消息，请饬外部严重交涉。

《申报》1911年10月11日第13892号第2版

阁议四大政要

内阁总协理前日召集各国务大臣，在政事堂大开会议，除泽公未到外，余皆纷纷列席，由庆邸首先提议前日分送各议案、议题。一，关于各部应即决定之件。为资政院开院伊迩，除各部前经定议应行送阁之法律各案外，各部衙门有无特交之要政，即请发表政见，以便开议时另交核议。闻各大臣以内阁提出此项议题，于前日分送各堂时，距会议时限已迫，故于应行特交之件，均未能预备。旋由庆邸核定有无特交之件，限于五日内具覆到阁，各大臣均唯唯遵办。其次，又议某御史条陈，请将江北提督移驻一折。当经庆邸与各大臣磋商，庆邸谓此举虽为保持治安之计，但刻下外官制尚未核定，该提督是否应行移驻及另行建之处，似宜暂时从缓，俟外官制定稿时，再行核议定夺，以免纷更。各大臣亦以移驻一事非属轻易之举，且所移地点是否适宜，尚须切实调查，自当从缓再议。惟那相建议此事关系重大，可先电致各省征集意见，即于官制案内一并商订，似更妥善。庆邸然之。其三为奉旨特交之件，即系川乱事宜。惟各大臣对于此事皆无一定之主张，故其会议情形从略。其四系整顿蒙藩问题，当经庆邸向肃邸面商。闻肃邸以朝廷向来对待藩僧最为隆重，然必须驻藩官吏优待民众，善为教化，庶可坚其内向之心，绝其外附之念；拟请除特旨钦简之达喇、班禅，及由部奏简之达喇嘛、副达喇嘛（驼蒙古俗呼为小活佛）外，其由外咨补，归部核准之；格思贵、格隆班第两项喇嘛（其阶级在达喇嘛、副达喇嘛以下，其职务与堪布略同）亦一律加以优待；缘该喇嘛等之职分虽小，而与蒙民交接甚为密切，若能诱之向化，转以化导蒙民，则有裨藩政，实非浅鲜；且蒙人之所以不易感化者，因其智识尚多幼稚，并拟请饬藩大臣变通教化，无论僧俗，一律劝令入学肄业，以开通其智识；而刻下尚未实行僧俗并教之前，则于选补格思贵及格隆班第时，须特加慎重，严限资格品行，以期使之力任化导蒙民之责。至以上办法，尤须通饬各路大臣，先由外蒙古着手施行，由外及内施行较易云云。庆邸大赞赏之，允即日分饬办理。

《申报》1911 年 10 月 11 日第 13892 号第 3—4 版

川路滴滴血（二十一）

十一日，内阁总协理于承旨署名后，蒙监国另起召询川乱善后办法。闻监国谓："此次川乱据京外臣工之条奏，确因争路一事而起，并无他故。现在岑春煊及沈秉堃所奏给还商股办法，业由邮部奏奉俞允，并已发交该大臣等查照办理。朝廷曲体民隐，固已无微不至。川人具有天良，乱事当可平静。惟此项办法既由岑春煊主张，将来如何给还之处，应即由岑春煊妥定详细办法，会同端方执行。但岑春煊据奏，病体未痊，届时未知能否销假。川民对于该大臣此次入川，其感情如何，均应详细询明，以便饬交办理。"庆邸唯唯称是，随即会同两协理拟妥电谕草稿，呈由监国鉴定，即命承宣厅电致该大臣钦遵查照。

端方仍在夔州，欲进则恐遇险，欲退则政府不允。现惟日将探报情形电报政府，暂为迁延之计。近复有电到京，据报著名革党已有多人入川，请派大兵进剿。又谓，夔府近境人民不甚安靖，恐有乱党勾结，难免将来起非常之变动云云。其张皇亦可见矣。

川督赵尔丰自奉到岑春煊赴川消息，大为不快，屡思设法以阻其行，未得效果。近岑有专电到川，请释放议长、议员及绅士等。赵尔丰竟置之不理，且将其电告蜀中父老文亦延迟不发，并将电报局一切来往电文严行禁阻。以是内外情形皆不能达。其能达者，惟官电中经赵督所派之查验员认可之电报而已。

《申报》1911 年 10 月 11 日第 13892 号第 4 版

鄂渚中秋之杯弓蛇影

督署之戒严。鄂省近防备革党煽惑军人作乱，戒严亟周为密。昨闻巡警道又奉鄂督密谕，革党概系手持洋伞（伞柄藏有利刃）及皮包（包内储有炸弹），其服装与平民无异，惟内核［衬］短装，分青白二色。若辈已十九剪发，装戴假辫。当即密饬各区各城门巡警注意，如有可疑之人，即行搜检。以故连日持洋伞提皮包者，常被巡警盘诘搜查，人心大为震动。中秋前一日，督署愈为戒严，除调宪兵队、特别警察队、消防队、巡警军、巡防队分布督辕内外，又调第八镇步兵一队、马兵一队、工兵一队，驻扎辕外。闻瑞制军本疑陆军已与匪联合，原不欲用。因张统制力请，谓督辕既调他种兵守卫，而不用陆军，各军人良莠不齐，未必人人俱入革党，今明示疑贰，军心益为惶惑，匪人愈易煽动，不若择其笃实者派来守卫，以安众心。制军允之。故在此三种兵中挑选三队到辕驻扎。闻所选各兵皆由队官排长保荐，如有他变，惟该队官等是问。据官场宣言，此次戒严系因粤督、外务部、民政部均有电来言，革党巨魁黄兴已率其党来鄂，定于中秋之夕起事。而外务部电系根据北京英公使照会，及驻日出使大臣密电，以东京香港等处革党均改装内渡，闻将有事于武昌云云。查黄兴系迭次在粤〇乱之首领，诡谲多谋。鄂军为川乱开差出省者已逾其半，留防者又有炮营之变，设被煽惑，军界倡乱为祸，曷堪设想？以故此次非常戒严云。

军士之取缔。新军既有与革党同变之谣言，张统制特密饬各营管带，将所部各士平时喜阅新书，好作大言，及不守营规，爱广交游者，一查明开除军籍，勒令退伍。即由该管官搜其行箧一遍，按其籍贯派弁押送回里，不准在省逗留。于是各营连日退伍者纷纷，而空额亦暂不招补，以防党人混入。至镇协各营官长兵丁，连日均禁请假外出。至中秋日，各营军人只准有家眷在省者请号四小时。是夜六时起，各营管带均亲至营门前守卫舍坐守，以防军人私出。其性情驯良之兵，每营挑选一排，由队官排长督率巡街。长街一带，终夜队伍呜呜之声不绝。至十六早晨，天晨甫曙，忽降大雨，而乱事犹未发作，官军商民之心遂为稍安。

居民之惊惶。督署围墙以外，均系商店公馆杂居。现见辕前拥重兵、列巨炮，深恐一旦变起，军匪交战，互以火器攻击，难免不殃及池鱼，于是有迁徙暂避者，有将老幼寄居亲友家者。至中秋之夕，人心尤为恐慌。该处房屋多半空洞无人，即路上行人亦甚寥落。各种商业因之大受影响，萧条之状较之早日尤有过之，并无佳节景况云。

当日之防维。十五之夜，王协统得胜率军官多人亲守军械火药库，黎协统元洪则渡汉驻扎兵工厂，又调来巡江舰队之楚同、楚谦、湖鹗、湖凖各舰艇，及本省之楚材、楚安、江清、江泰各兵轮，分泊武汉江面。该兵舰均生足火力，听候命令，以备非常。巡警公所侦探及各科员均易服在外巡查，茶楼戏园客栈咸见若辈踪迹。并令巡警注意，无论何等人家，凡有多人出入者，即留意侦察，若形迹可疑，立时报明。侦探长前往复查，闻长江下游各埠及往来各轮船上均派有侦探。京汉铁路一带，亦派探弁数十人，密探匪踪，随时电禀情形，以昭慎重。闻十六日鄂督仍饬司道镇协各文武督率军警，照旧戒严，勿稍疏懈。盖以十五之变事机先泄，虽未能成，然党首在鄂未获，难免不别有阴谋。如见防务稍弛，彼必乘机爆发。各文武均唯唯称是。并悬五千元巨赏，以为捕获党首之花红云。

炮标之现状。炮标自第三营闹事后，营中各兵纷纷潜将衣箱等项外运。该营官长初尚不生他疑，嗣闻有党人煽惑为乱，遂疑该兵等搬运出外箱箧，藏有谋逆之物，于是严为禁止，并下令搜查。据外间传言，曾搜获与革党同照之相片多张，该管官恐负处分，不敢举发。又传言，炮标自搜得相片，全标兵士震动，有于初十、十五两日倡乱之谣。张统制焦急殊甚，会同铁参议每日至该标演说，谆谆诰诫，激以忠义。又于初十、十五日两夜，调派某标步兵出队，至炮标附近操演终夜，以防其变。炮标之兵大为疑惧，私逃者不可胜数。其在营者，见官长以叛徒视之，亦愤恨不已。至炮标鼓噪生事一案，张统制已报明陆军部。闻部中以该营正目张建勋等携去马匹逃脱，该管官长何以不于滋闹时，立将该正目等拿获究办，任令结伙携械逃逸，实非寻常疏忽可比，爰电饬张统制，传谕该标各本管长官，一体勒限严缉到案，照章审办，勿任漏网。至已获诸犯兵，鄂督本拟即行奏明正法，因连日革党戒严，军中有如“将诸兵处死刑，定一律变叛”之谣，故暂从缓决云。

《申报》1911年10月11日第13892号第10—11版

浙江：咨议局常会交议案大纲

浙省咨议局现届第三次常会，业由抚院查照章程，于八月初一先行召集，一面将应行交议各案开单送局，俾便录副通知各议员计甲乙丙三项：（甲）案八件，系本年临时会交议未议者，计通用龙元修正案、改良钱江义渡局案、因利局章程案、修正城镇乡地方自治章程施行案、本省地方行政经费支出规则案、筹备改办认捐方法案、统一全省民团办法案、筹备全省民食议案，以上共八条；（乙）两案，系本届抚院加以修正，重行交议之件，修正房租规则法律案、修正租用寺院章程法律案；（丙）系本届常会提出交议者，共三件：修正统筹全省师范教育议案、整顿房捐办法议案、府厅州县地方自治章程施行细则法律案，以上三件另有说明书。

《申报》1911年10月11日第13892号第12版

10月12日

上谕

八月二十内阁奉旨：瑞澂电奏，探知革党潜匿武昌，定期十九日夜间起事。

正饬防拿，旋据齐耀珊电称，于汉口拿获要匪刘耀照一名，起获伪印、伪示、伪照会等多件，遂与统制张彪等督派弁兵，在省城内先后拿获匪目、匪党共三十二名，并起获军火炸弹多件。内有刘汝夔开枪拒捕，杨宏胜私藏军械，彭楚藩语尤狂悖，当将该三犯讯明政［正］法等语。该革匪在鄂创乱，意图大举，实属目无法纪。该督弭患初萌，定乱俄顷，办理尚属迅速，在事文武亦皆奋勇可嘉。除刘汝夔三犯业经政［正］法外，其余已获各匪即着严行研鞫，尽法惩治。一面督饬地方文武，严密资拿在逃各匪，务获究办；一面出示晓谕，如有被胁勉从者，准其改悔自新。失察之巡警及地方文武，既经随同协拿出力，均从宽免其置○，在事出力各员并准择尤［优］酌保，毋许冒滥。余着照所议办理。钦此。监国摄政王钤章，徐世昌署名。

《申报》1911 年 10 月 12 日第 13893 号第 2 版

专电

武昌失守

鄂垣节前即传革党起事，初定十六日，因严防未得逞，旋改十八日，又为密探侦悉，捕获革党二十余人，起出炸药数十箱。党人知事败，十九日即约同新军，仓卒起事，城中兵单，遂失守。

昨日（十九）武昌革党起事，总督以下各衙门全被轰毁，电报局各营房亦毁。瑞督逃入兵舰。张彪带队出衙，为兵士倒戈戕毙。

十八日，汉口俄租界内革党藏挟之炸弹，忽堕地而裂，被侦探拿去革党二人。余党于十九日秘密渡江，围攻督署，抛掷炸弹甚猛，督逃署毁。

鄂省城内新军全行叛变。前日调防督署之马步、工兵各一队，于轰攻督署时倒戈而起，与署内防兵力战，旋将防兵击逃，署亦焚毁。

传闻，鄂督瑞澂已被革党邀刺。

闻扰乱时，文武大员被戕者四人。鄂督眷属逃入某兵舰，即起椗来沪避难。

革党轰攻各署，传系黄兴为首。各党人均猛勇力前，虽死弗却。

武昌城外，官兵与革党交战未息。岑帅无恙，其遣回之粤省龙军，已饬留沪，暂候应调。（以上汉口）

内阁、军咨处均接鄂省急电：新军叛，武昌失，提督张彪遇难。（以上北京）

《申报》1911 年 10 月 12 日第 13893 号第 2—3 版

译电

汉口俄国租界，忽有炸弹于无意中炸裂，遂因以发见革党之密谋。武昌亦拘获革党三十名，内有三名业已正法。据谓，武昌总督衙门有人抛掷炸弹三枚。（大德和，十九日汉口电）

武昌四处火起，军队现驻扎城外，正在交战。汉口安静。（大德和，二十日汉口电）

十九日，武昌有革命性质之乱事发现。据谓，有革命党数人，身衣军服，于前一夜被拘，当即正法。于是党人遂图戕害总督，随以炸弹轰击督署，并轰毁电局。总督乃急调兵出战。汉埠终日闻枪声，可知乱事必极剧烈。闻总督已离武昌，惟至何地则无从探悉。

续电云：传闻革命党已在武昌得手，总督逃至汉口，教士及欧人均避于寺院之内。

又电云：武昌革党起事，督署及其他衙门均被焚。总督逃失踪迹，现料其必避于中国炮艇之内。军队已将营房焚毁，提督张彪被戕。目下仍在交战，大局异常危急。幸汉口尚安静，惟团练队业已出防。此次乱事并非仇洋。港内现泊有外国炮艇五艘。（以上《文汇报》二十日汉口电）

《申报》1911 年 10 月 12 日第 13893 号第 3 版

记本埠惊闻武昌失守情形

武昌近有革党潜入，图谋起事，在节前已早有所闻，故瑞督纷纷调兵遣将，始督署、军工厂等处莫不派兵防守，因此人心皇皇，谣言蜂起，其情形具见前数日本报。及昨日十一钟，忽接鄂省访员由洋电局来电，系“武昌失守”四字。本馆因近日川东乱象甚炽，恐系宜昌或他处之误，未敢遽行表及。二句钟时，本埠纷纷传说此事情形，甚为惶遽。四句钟后，各团体及友人由电话向本馆探问消息者，络绎不绝。本馆以此事关系甚巨，因拟电致访友询问详情。讵汉口商电已禁阻不通，电局不肯拍发，爰又分派人员四出探访。据闻，本地银行家亦接有电报，谓武昌确已被乱党所据。又某轮船局亦于午刻接到警电，谓“武昌新军叛变，据城焚署”等语。直至晚间，始又接鄂省访友由洋电局发来电报数则（见专电栏），历述鄂垣祸起仓卒，种种危迫情形，则已十二句钟矣。呜呼！川乱未已，鄂乱又起，何今日祸变之多耶！夫春间粤乱犹在沿海，此次川乱偏于西隅，今则革党势力已蔓延于长江流域矣。其情形之危，更非川粤乱可比。因纪昨日本埠纷扰情形于此。愿当道者速有以敉平之也。

《申报》1911 年 10 月 12 日第 13893 号第 3 版

川路滴滴血（二十二）

川乱情形业已数日，无详确之报告，惟一言蔽之，则成都尚称安静，各属日益骚乱而已。兹据涪州来函云：四川省所谓哥老会、成会、孝义会等见赵尔丰专横如此，人心愈愤，已向各处勾结，乘机起事，声称以杀赵屠户为唯一目的，并不与国家为难。如川东之重庆、江津、白沙，川南之嘉定、叙府、犍为等处，已为该会党布满。故近日各城每到下午，均一律关闭。

岑西林此次请假原因，外间传说不一。兹接鄂友访函云：云帅于初八抵汉。莘帅为设行辕于八旗会馆，并派兵队过江往迓，情意甚挚，惟后谈及川事，稍有意见，然岑犹未决，思告退也。嗣因探察中枢，其意终未释然。盖赵督电奏明发之旨，绝不提岑、端，岑、端皆不能无疑。旋端请罢川中之行，留办路事，而朝旨仍促之行。岑益不能无疑。未数日，赵督有电致阁，意颇咎岑，阁意又不可知，而于是请假之计决矣。

又京函云：近数日来，西林连次致电内阁，谓川事渐平，毋庸派员前往，且自述病情难胜繁剧，恳请内阁代奏，收回成命。枢府接电后即开会议，总、协理谓岑既力辞，若始终强其前往，事与心违，措置必不尽善，似不如准其所请。当时心否此说者，虽亦有人，然不敢直吐所怀，似别有畏葸之隐衷。故十三日竟奉旨令其留鄂调治，暂弗入川。说者谓，岑此次之进退，其内容无甚关于政治，别有暗阋者在，后事尚难言也。又闻当道中有谓，岑素夸嚣，辄至偾事，不料摧挫数年，犹如前态云云。夫发此言者，因岑前日电请下诏罪己，及数次致电川省，并请给还商股等事，大有面折廷诤之态，故极厌恶其为人也。

又函云：岑西林请假，不第与川鄂督有意见，即与端方亦不无介介。盖端方原系奉命查办赵尔丰之人，其责重在查探乱事真相，乃亦发布告示，一则曰带来的兵队是弹压匪徒的，再则曰只好照匪徒一律重办。种种措词，凡西林权责内所应办之事，均经伊代为肩负。西林以权限不分，办事无从着手，因托病弗进，电请内阁辞差。又据政界中人谓，此中尚含有他种关系，则不可知矣。

《申报》1911 年 10 月 12 日第 13893 号第 3—4 版

民政部拟定府厅州县地方自治经费收支规则

第一条：府厅州县自治经费之收入、支出，除府厅州县地方自治章程规定外，均按照本规则办理；

第二条：府厅州县议事会、参事会成立后，应即查明该府厅州县原有公款、公产，分别造册，报由府厅州县长官，详报监督官府存案。前项公款、公产在未接收以前，如有交替不清者，由府厅州县长官查明勒追；

第三条：府厅州县地方自治章程第七十八条所规定之负担，遇有必要情形，应改正其征收方法者，须经议事会议决其申请，核准之程叙［序］各依成案办理；

第四条：自治经费之收入如系现银，应存储于该地方分库。前项地方分库未设立以前，得存储于该地方之殷实商号，但须经参事会议决；

第五条：自治经费所有收支细账，须随时登记于印簿，前项印簿须于骑缝处钤印；

第六条：收支细账应置簿籍如下：

（甲）基本财产类：一、公款登记簿；二、公产登记簿（田地及房屋回附属物品各为一簿）。

（乙）收入类：一、租息登记簿；二、地方税项下特征各款登记簿（每种收入各为一簿）；三、地方税项下附征各款登记簿（每种收入各为一簿）；四、公费收入登记簿；五、使用费收入登记簿；六、公债募集登记簿；七、杂项收入登记簿；八、上年度预算额余存登记簿；九、补助费收入登记簿。

（丙）支出类：一、会议费登记簿；二、薪公费登记簿；三、教育费登记簿；四、卫生费登记簿；五、营缮费登记簿；六、劝业费登记簿；七、善举费登记簿；八、公共营业费登记簿；九、公债费登记簿；十、杂项支出登记簿。

第七条：前条所列各簿，除逐款随时登设外，应于每月终，将自治经费收支总数制成收支对照表，报告于府厅州县长官；

第八条：收入支出也须制定印票，填给该发款人或收款人。前项印票除合用费不能记名者，另给小票为凭外，其余均须编号存根于骑缝处钤印；

第九条：府厅州县自治之收入，应以本年度为限，不得以其他年度收入充之；

第十条：本年度之收入超过预算正额时，应编入翌年度之收入；

第十一条：府厅州县自治之支出，应按照预算案内所列各款办理，预算案之缓制，除府厅州县地方自治章程规定外，应照本则第十三、第十四等条规定办理；

第十二条：预备费之支出，须经议事会认定后，随时支出之；

第十三条：本年度之支出不达预算正额时，应以盈余编入翌年度之收入；

第十四条：府厅州县自治经费收入支出事务，自会计年度经过后五个月以内，应即办理完竣；

第十五条：收入支出预算程序，应分经常、临时两种，更于每种区分款项，其款项细目程序，另以表定之；

第十六条：按照府厅州县地方自治章程第九十条所设之特别会计，由府厅州县长官提交议决后，须查照自治章程第八十九条办理；

第十七条：凡预算案自会计年度经过后，即不得再行追加或加以更正；

第十八条：预算案所定各款之金额，不得彼此通用，但遇有必要情形，应行通用者，须经议事会之议决；

第十九条：自治委员经理公款、公产，及关于收支之一切簿或现银，府厅州县长官每年应派检查员，会同议员一人以上，检查二次。前项自治委员撤差时，府厅州县长官应即派检查员，会同议员一人以上，行临时检查。

《申报》1911 年 10 月 12 日第 13893 号第 26—27 版

10月13日

专电

汉阳又失守，汉阳府逃失无踪。

革命军今晨（二十一日）围攻汉阳兵工厂，随占据之，获来福枪二万枝，并获野战炮、过山炮甚多。守厂兵士皆与革党表同情，故未甚抗拒。商办汉阳铁厂平安无扰。

革命军已到汉口，惟不仇外人，不扰商务。汉关道逃。

武汉两埠中国银行钞票已不能通用，革命军发军用钞票代之。

革党以咨议局为军司令部。闻该部已与外人相约，决不干犯外国官商，外人亦严守中立，不干涉该党之事。

鄂督瑞澂现驻汉，电内阁，有愿牺牲一身，不恢复不瞑目之语。

协统黎元洪现为革命军大统领，已在武昌内外遍贴告示：一不许私匿官员；一不许伤及外人；一不许侵害商务；一不许攻击外国义勇队；一不许滥杀同胞。违者论死。又能搜献口人，及接济饷械，保护外人财产生命者，均有赏。

新军炮队一协、马队二队、步队二协、工程队一营同时变叛，此时只余步兵四营可用。

鄂督仍驻楚谦兵轮，汉口尚安静。

张彪受伤未死，已逃登鄂督移驻之兵舰。

今日（二十一）此间有外国兵船八艘：英二、日二、美三、德一。

岑西林在鄂也险，日内即回沪。（以上汉口）

廷寄岑春煊：鄂省近有党警，川匪闻风复起，着即销假，迅速赴川。

瑞督十八日电奏，谓：会抄获革党文件多种，内有拟以湖北为行军根据地，继由该省进图湖南暨扬子江流域各省等语。并请即派天津第一镇陆军赴汉。

鄂乱报到，京师大震。陆军一、二两镇二十夜乘专车赴汉，荫昌奉命亲往调度，明日（廿二）出京。萨镇冰、程永和亦奉命率江师全队赴鄂。鄂督瑞澂先行革职，许其带罪立功。

姜桂题、吴禄贞奉调统军来京防卫。（以上北京）

江督电致沪道，命粤军暂驻新昌轮船（即由鄂装运粤军者），不必登岸，听候调遣。（南京）

广州因鄂乱亦受影响，大吏已调兵严防，并电沪道，催黎天才所统入川一营

迅速回粤。惟此军现为鄂中电留，已由粤督再商政府设法。（广东）

《申报》1911 年 10 月 13 日第 13894 号第 2—3 版

译电

今夜（二十日）据汉口美领事葛林电告，云美副领事琼生会赴武昌，欲将各教士载至汉口，党军阻其登岸，谓各教士现均安居城中，请勿过虑。华官请各领事派舰梭巡江面，阻遏叛兵过江。各领事答称，外国兵船只能保护租界。不允所请。（《大陆报》，二十日北京电）

据最近消息，汉阳铁厂已为革党所占夺，汉阳府及汉关道均逃。现革党已至汉口，惟颇以文明之礼遇待外人。中国银行已不允付款。（《字林报》，二十一日汉口电）

十九日下午，有炮兵队步兵一队、工兵一营，在武昌起事据城。总督逃至中国炮艇，张彪逃至汉口。目下正在猛攻督署。闻有革党一枝［支］，已赴汉阳，大局危极。寓此各国人民已组织义勇队，日本炮艇隅田已赴武昌。现恐汉口亦将波及。（《文汇报》，二十日汉口电）

武昌仍在战斗，惟目下大都从事搜寻满人。革党领袖已颁发告示，其主要之款以驱逐满人为宗旨。革党政府担任保护外人及各国租界，违者论死。昨传张彪死信尚不确实。中国炮艇现正豫备战事。（《文汇报》，二十日汉口电）

革党已发新纸币，从前通行之纸币，汉口华界不复通用。革党自今晨起，自管理一中国国家银行。瑞督仍在炮舰。张彪现居日本租界。协统黎元洪现充革命军领袖，指挥武昌军队。（《文汇报》，二十日汉口电）

汉阳已为革党占据，华人现纷向外国银行提款，上海各银行已允汇款协助。（《文汇报》，二十日汉口电）

武昌革党已张揭告示，大旨谓：凡有藏匿官员，或伤害外人，或欺侮商民，或阻碍商务，或屠杀人民，或焚击汉口外国义勇队者，均须枭首；凡有接济革党粮食、军火，或保护汉口外国租界及外国教堂，或以敌人行动报告革党者，均有酬赏。下署“黄帝四千六百零九年八月某日张贴”。革党业已编制民兵。现有中国兵船三艘、鱼雷艇两艘，在武昌附近游弋。该舰等显尚忠顺政府，瑞督亦在舰上。武昌城门已闭，一切人等不准入城。教士有离城者。（大德和，二十日汉口电）

北京政界极注意鄂事，各处均增防兵，摄政王及各亲贵之府邸尤甚。现议如各省情形益坏，则北京全境将颁行军律。（大德和，二十一日北京电）

汉阳兵工厂已为革党占据。

据逃出之某日人言：武昌革党有步队二协、炮队一协、工程队一营，而政府所有惟马队一协耳。革党先占军械局，军火充足，全城遂入革党之手。是晨，革

党设炮于山上，轰击督署，下午移击藩署。（以上日领署，二十日、二十一日汉口电）

《申报》1911 年 10 月 13 日第 13894 号第 3—4 版

川路滴滴血（二十三）

十四日，四川旅京学生接到家电云：川东、川南甚危，黔滇巨匪侵入，重庆、泸州尤可虑。

岑西林此次辞差，本已决计不再赴川，闻其原电中不但力辞助剿之任，并请准其来京面商要事。据此以观，则其辞差确为权限问题而起。惟阁臣以川事正资其力，若中途而返，恐川中人心愈形惶惑，大局必至不可收拾，故但许其赏假调理，并未准其来京之请。并闻，刻已有电，劝其假满迅即入川，勿存退志。

端方至今仍留滞巴东，不敢前进。风闻川人以此乱之起，实由端方带兵酿成，恨欲得端而甘心。端方大有戒心。近因接得岑春煊赏假之电，恐其不再入川为己臂助，故已有电致岑，劝其刻日销假，带兵赴川，会同剿办。一面并电请政府，促岑前往，勿任告退云云。惟闻岑已有电却之矣。

川省乱事，各属蔓延愈甚，久已传播中外。乃前日端方电告粤督，谓方准期十二日由夔州起程，直往成都，沿途不见乱事云云。（按：其措词与川督近日奏报如出一辙，不知何故。）

鄂省派赴援川之陆军协统邓承拔、三十一标标统曾广大近有电禀瑞督、张提云：该标装运辎重船只行经巫山峡江中，因水势急流，将运船激翻二只。幸邻船援救得力，仅淹毙兵士刘鸿钧等数人，损失军装器械不少。闻张提已有复电，饬该统领等嗣后务须认真督率，好为驾驶，如再有疏虞，定惟押运之官弁是问。

《申报》1911 年 10 月 13 日第 13894 号第 5 版

典礼院会奏遵旨编制国乐专章折

奏为遵旨编制国乐专章，伏候钦定颁行，恭折会陈，仰祈圣鉴事。本年六月二十日，前礼部等衙门会奏，谨拟国乐办法一折。原奏内称："所有应定国乐，拟请由臣等延聘通才及谙习音乐人员，参酌古今中外乐制，详慎审订，编制专章，奏请钦定颁行"等语。奉旨："依议。钦此。"臣等遵即遴委禁卫军军咨官、不入八分辅国公衔镇国将军溥侗、海军部参谋官海军协都统衔严复，同任编制事宜。当经钦遵《御制律吕正义后编》乐制，旁考各国乐章，详慎编订，协比声律，交由禁卫军乐队演习娴熟。复经臣等会同研考修正，声词尚属壮美，节奏颇为叶和，堪以昭示来兹，仰副盛典，谨另缮清单恭呈御览，伏候钦定颁行。拟请明降谕旨，饬由典礼院通行，一体钦遵，并由军咨府、陆军部、海军部通饬陆海军乐队，遵照演习。其从前各项乐章，即不得再行沿用，俾免分歧。臣等并咨行外务部，转咨出使各国大臣，凡外交公宴，均改用新定国乐专章，以表尊崇而敦睦谊。所有遵旨编制国乐缘由，理合恭折会陈，伏乞皇上圣鉴，训示施行。谨奏。宣统三年八月十三日内阁奉上谕。（已录）

国乐乐章：巩金瓯，承天帱，民物欣凫藻，喜战友，清时幸遭，真熙皞，帝国苍穹保，天高高，海滔滔。

《申报》1911 年 10 月 13 日第 13894 号第 26 版

10 月 14 日

上谕

八月二十一日内阁奉上谕：瑞澂电奏，十八夜革匪创乱，拿获各匪正在提讯核办，革匪余党勾结工程营、辎重营，突于十九夜八钟响应。工程营则猛扑楚望台军械局；辎重营就营纵火，斩关而入。瑞澂督同张彪、铁忠、王履康分派军警，随时布置，并亲率警察队抵御。无如匪分数路来攻，其党极众，其势极猛。瑞澂退登楚豫兵轮，移往汉口。已电调湘豫巡防队来鄂会剿，并请派大员多带劲旅，赴鄂剿办等语。览奏殊深骇异。此次兵匪勾通，蓄谋已久，乃瑞澂毫无防范，预为布置，竟至祸机猝发，省城失陷，实属辜恩溺职，罪无可逭。湖广总督瑞澂着即行革职，带罪图功，仍着暂署湖广总督，以观后效。即责成该署督迅即将省城克期克复，毋稍推迟。倘日久无功，定将该署督从重治罪。并着军咨府、陆军部迅派陆军两镇，陆续开拔，赴鄂剿办。一面由海军部加派兵轮，饬萨镇冰督率前进，并饬程允和率长江水师，即日赴援陆军。大臣荫昌着督兵迅速前往，所有湖北各军及赴援军队均归节制调遣。并着瑞澂会同妥速筹办，务须及早扑灭，毋令匪势蔓延。钦此。监国摄政王钤章，奕劻、那桐、徐世昌署名。

《申报》1911 年 10 月 14 日第 13895 号第 2 版

交旨

八月十六日钦奉谕旨：内阁会奏，协议宣统四年全国预算一折。着依议。钦此。奕劻、那桐、徐世昌、邹嘉来、桂春、载泽（假）、唐景崇、荫昌、载洵、绍昌、溥伦、盛宣怀（假）、善耆署名。

八月十七日钦奉谕旨：御史张瑞荫片奏，各学堂讲经、修身诸门，添设师位等语。着学部知道。钦此。奕劻、那桐、徐世昌署名。

《申报》1911 年 10 月 14 日第 13895 号第 2 版

专电

革党运出炸药甚多，拟轰炸京汉铁道黄河大桥，藉阻北军来路。京汉轨道却未毁。

北洋陆军将至，革党派二千人扼守汉口车站，并调党军陆续渡江，预备开战。

革党架炮于太平山顶，轰击中国兵舰。舰兵回击之弹堕入武昌城。

传闻中国兵舰三艘，其船员兵士已与革党通气，投书愿降。

荆州闻亦失守。

闻湘省亦有革党起事，长沙已不守，岳州亦被困，派来鄂省之湘军在中途调回。长沙电报不通。

革党设立军政府，担任保护商民，故武昌各商店已一律开市。

汉口造币厂、汉阳钢药厂皆为革党所据。

昨晚（二十一），汉口华界匪徒乘机纵火，延烧甚炽。革党帮同救熄，随将华界占据，并即出示安民，有藉防乱匪扰害治安等语。

汉口防军尽行投降革党，汴军两营抵鄂，北洋陆军来一万二千人。（以上汉口）

邮陆两部会商，驻马店以南之京汉铁路，暂由官军管理，防阻革党密往毁坏，以便行军。

昨有电旨往保定，调涛邸于夜半四点钟回京，五点钟御前会议鄂乱事宜，因鄂军大半投降革党，谕派禁卫军汉军两营，今日（二十二）赴汉助剿。

监国面谕荫昌，此次赴鄂，命各军严守纪律，剿抚兼施，以收人心。荫奏陈克复鄂城六策，允其照行。

领袖公使照会外部，谓川鄂乱势不定，仍当增兵保护外人。

阁臣谏阻监国，勿再亲临资政院。监昨未回邸，其邸第加派警军百名，昼夜严卫。

近传天津兵变、保定失守之说不确。（以上北京）

川乱愈剧。革党由鄂潜上勾结，叙州、嘉定皆失守。

重庆、宜昌亦有失守之耗。（以上资州）

岑云帅、瑞督眷属今晨（二十二）乘“太猷”轮下驶。江提程允和乘“江亨”舰未刻上驶，芜湖戒严。（芜湖）

皖抚朱家宝因鄂省兵变，传知各界赶办民团，以防不测。今晚（二十二）已成立。（安庆）

《申报》1911 年 10 月 14 日第 13895 号第 3 版

译电

武昌、汉阳、汉口均为革党占据，惟担任保护外人。汉阳兵工厂及火药厂亦入革党之手。今日下午，有革命军数百人过汉口外国租界，防守火车站。闻京汉铁路之各桥梁均为革党所毁，以阻北军抵汉。武昌仍有火起。汉阳、汉口现皆安静。

大局仍无变动。中国未叛之炮艇游弋江中，为汉阳之革军开炮攻击，各炮艇亦开炮轰击武昌。据中国消息，京汉铁路已在离汉四十里之处为革党拆毁。

昨日革党已将武昌占据，惟城中被焚之处甚多。未叛之兵约有两营，归张彪统带，今晨已离武昌，在日本租界下首登岸。前赴沙市、宜昌之兵五百人，已乘“大吉丸”赶回汉口，惟该军系革党领袖黎元洪旧部。谣传长沙已为革党所据，惟长沙与汉口电线已断，故未接确报。

汉口华界现有大火。

汴军一千已由开封抵此。北京之军明日可到。湖北官钱局钞票，每圆仅值钱六百文。(以上《文汇报》，二十一日汉口电)

铁路未断，已有快车开往。北京、汉口诸皆安静。革命党占据之三处，其组织极有条理。武昌各店业已开市，由革命军保护。北洋陆军已到，与革党开战。据传，荫昌所统之军共有一万二千名。金融市面大为紊乱。(《文汇报》，二十二日汉口电)

据北京电称，中国革党势力大张，汉口防军五百名业已变志。闻满人被杀者共有三百名。四川革党已占据嘉定、夔州中间之各城，昨日又占据叙府。(《文汇报》，二十二日伦敦电)

武昌有革党多人，至汉口占据大智门，现正在毁坏铁路江岸车站。未叛之官军现候汴军驰抵，将与革党在大智门、江岸车站中间开战。日人已组织义勇队，与各国之人合力防护。(日清轮船公司，二十一日汉口电)

此间各方面对于武昌之变甚为惊惶。内阁于今日下午开特别会议，政府已遭极困难之事，稍一疏虞，生死命运将悬于此。荫昌奉命赴汉口督军，现驻北京北面之第六、第四两镇，将由快车载运赴南。军队行动现严守秘密，以防革党或有毁坏铁路之举。由驻马店以南之铁路已由军员管理，阻止寻常车来往，惟革党或将以炸弹轰毁黄河桥梁，阻止交通。传闻四川现复骚乱，足见革党蔓延之广。中国各大员均恐广州复将起乱。北京非常戒严，今日挑选特别警兵执枪保护皇宫。二十五日之大操恐将停止。摄政王已停止召见各小官，似恐有革党混迹在内。现外交团极注意鄂乱，多赴外务部询问详情，知武汉外人现皆平安。

现有未确之消息，政府将长沙之兵一队收回军械。该兵于是投入革党。党军乃占据岳州。鄂督电称，此次系由下级士官倡乱，高级士官并未在内。中国官场现将汉口之变掩饰至小，外交界则信此为太平天国作乱后中国最大之乱事。闻革党已占据四川嘉定府，涛贝勒已带禁卫军由操地赶回北京。(以上大陆路，二十一日北京电)

《申报》1911年10月14日第13895号第3—4版

川路滴滴血（二十四）

川省旅京某君接川东长寿县八月初二日来信云："重庆乱事尚炽，屡经官军攻扑，幸未失守，惟杀伤民人无数。该处兵力单薄，恐不能久保无虞。"又某君昨接成都来电："省城已安静如常。"惟某君由成都汇来北京之款，北京银行不肯汇兑，则川事十分平静之说恐不可靠。

又重庆来函云：双流、新津两县闻已恢复，官军乘机杀害乡民甚多。

又闻午帅已行抵万县，成都东南又有拆毁电线之事。

又前日重庆商会及各商号致泽公电内，有"云帅入蜀，群情欢跃，否则愈激愈乱，不堪设想"等语。盖川人所望于泽公者甚切，而不知吾国之所谓政府，至为复杂，徒责望于泽公，无益也。

又某京官得重庆电云：省城以外，西南各府县学堂均未上课，民团气势日盛。初八日晨，成都府南境新津县、温江县、双流县，眉州北境之彭山县，西出百丈驿至雅州府城，及芦山、各山［名山］等县，均相继失守。现民兵分集大塘铺（在邛州）及南安场（在嘉定府），结团誓众，约期再薄省城。官兵仅至双流境，无敢南下者。观于此，则川事真有愈激愈乱之势。可叹也。

四川代表李君新琪，广东代表梁君楚三、刘君少云，已同行到京，闻于日内将探访湖北、湖南代表，共商进行。据李、梁、刘三君言，此次目的，于政府则求将收路借债事交资政院议其可否；于资政院则具呈说明此中详悉理由及其委屈，以供议员之研究。务期政府改易政策，长保治安。至四川代表李君犹有呈请代奏，或叩阍之举，系为此次赵尔丰所惨戮之绅民求昭雪云。

此次起用西林主持者，实出盛宣怀。以西林向持猛烈手段，若到川必能压服川乱，以便其铁道国有之政策也。闻其意，并拟保荐西林专办铁路，以免各省再起反对路事风潮。不意西林奉命后，竟大反其从前手段，力主和平。其驰檄巴蜀，通电阁部，均极言川乱之不可压服。而其到汉时，亲兵之号衣亦均署"钦命四川抚民大臣"字样，以示力主平和之意。盛宣怀对于此等主张大不谓然。而政府中如庆邸等，本反对西林者。故西林请假之电到京，即奉中旨允许云。

《申报》1911 年 10 月 14 日第 13895 号第 5 版

10 月 15 日

上谕

八月二十二日内阁奉上谕：瑞澂两次电奏，兵匪构变始末情形各等语。张彪督练鄂军已历多年，竟至兵匪勾结，省城不守。可见其平日训练无方，而事前既毫无防范，临时复漫无节制，不能因结军心，竟敢仓皇弃营逃出，实属大干纪律，罪无可逭。统制官提督张彪，着即行革职。并着瑞澂，责令迅速痛剿逆匪，克复省城，所有被胁兵士如非甘心从逆，即行设法收抚，倘再畏葸观望，定当加等治罪。现在荫昌所带兵队，已于今日专车陆续进发。到鄂后，即着瑞澂会同筹划，迅赴事机。所请饬部筹拨饷项一节，着度支部迅速筹拨。钦此。

上谕：此次验放陆军游学毕业，考列上等之杨言昌，着赏给陆军协军校。钦此。

上谕：据贝勒载涛奏称："本年秋操所调各项军队之军镇协自行演习，业经办竣，现在抽调军队赴鄂，所有大操可否停办"等议。本年大操着即停办。钦此。监国摄政王钤章，奕劻、那桐、徐世昌署名。

八月二十三日，召见内阁总协理大臣、涛贝勒、朗贝勒、泽公、荫昌。

《申报》1911 年 10 月 15 日第 13896 号第 2 版

专电

闻革命军已将中国兵舰一艘击沉，余舰遁下游。

兵舰本已开炮攻城。革军架炮山上，回击甚猛。恐瑞督在舰有失，且恐波及租界，故又停炮不发。

革军待外人极优，常诣城内各教士家，询问有无粮食接济。

汉口火炽时，大清、交通两银行均被焚抢。

匪徒在汉纵火抢掠，经革命军捕获，均即正法。

革命军统领向各领事宣言，军政府愿承认中国从前与各国订立之条约及借款赔款，不使稍失权利，惟要求外人始终不能干涉党事。如果协助官兵，一切权利皆当作废。

武昌现多行用革命军发出之一元、五元军用手票。

革党预画一武昌地图，详注起事后应占据之地位，及分兵防战之区域，计划甚细。

革命军并无号衣，惟身上皆悬徽章，以为记认。

汉口电报局为革命军占据，洋文电报许其收发，华字电报一概扣留，故私家电信现均改用洋文字码。

有旨：起用袁世凯为两湖总督，以岑春煊为四川总督，均着即行赴任，迅速剿灭乱事。（按：岑云帅已于昨晚乘"泰生"轮抵沪，闻病未痊愈，一时恐难赴川。）

电寄豫抚宝棻：速选劲旅，驰赴京汉铁路黄河大桥驻扎，并由陆军部派陆军第三镇前往，合力防堵，以阻革党北窥。

电寄湘、晋两抚：速选新军二营，赴鄂省边境屯扎，以截革命军分扰，并俟荫昌到鄂，调遣会剿。

湘抚余寿平密电内阁：湘省民心惶惶，自卫不周，实难分兵援救鄂乱。

昨晚（二十二）监国又召涛、朗、泽、荫四大臣会议援鄂办法，奉谕：荫昌往鄂须推诚布公，激厉将士，并将剿办情形随时电陈。

驻汉各国领事电致驻京公使，请示对付鄂乱办法。得覆：姑候本国政府训令，现须严守中立。

荫昌今日（二十三）随带陆军第一镇起行。

有饬姜桂题亲统毅军助剿鄂乱消息。

某御史严劾疆臣畏葸，坐失险要，请加严惩，以肃法纪，并请征召知兵大员，以为荫昌后劲。

瑞澂自汉电奏：官军粮尽，请饬速行拨济。（以上北京）

新军五标两营，共五千人，今日（二十三）用兵轮运赴九江备调。（南昌）

粤城戒严，前派赴澳之兵舰一律调回防守。（广东）

江督派浦口巡防军赴鄂援剿，现恐省城不靖，暂不出发。（南京）

天津保定均安谧如常。荫帅明日南下迎剿。（保定）

《申报》1911 年 10 月 15 日第 13896 号第 3—4 版

革命军起事记

本报鄂省访员，二十一日自武昌逃出后，特寄快信，述乱事情形，云：十九夕八句钟后，将革党一律收禁模范监狱。（十八日及十九日午后，捕诛革党情形，另载后幅）其租住革党之小朝街等处房屋，经巡警道发封。闻抄出之名册，多系军学界中人。当道恐激巨变，原不欲深究，然以风声如此吃紧，不能不严为戒备。张统制以二十九、三十两标兵丁大半籍隶荆州驻防，谅不至变，爰于十九夕将该两标枪机子弹发下（各标枪机子弹前已缴库）。讵有工程第八营兵士闻悉此事，大为愤激，谓当道授旗籍兵以枪械，是明以备敌我等也。该营兵入革党者本多，于是一倡百和，倡言革命，即由各棚正目充作代表，往见排长，逼其同变。排长见众已负枪治装，知难婉劝，即往队官管带各处，拥之出营，不待号令，列队而行。各官兵手膀上各束白巾一方，肩章等项均已拆去。首至十五协前，呼召一声，内中群起响应。于是二十九标之第一、第二两营，三十标之第二营，齐排队出。有三十标第三营兵，皆驻防旗人，不愿附和。众叛军遂开枪向其轰击，由十句半钟战至十一句余钟，旗兵死者狼藉，余遂溃逃。而二十一混成协之各营，亦一律同叛。

督署守卫之炮马兵约二百余人，遥闻十五协枪声作，即各以白布缠袖，在头门前开枪，向内轰击。署中内外值班之特别警察队（即卫队）、消防队当分据大堂及升官楼上，还击抵敌。忽然署侧王府口正街火起，电话传音不息。张统制于弹雨中冲入，泣告瑞督曰："兵已全变，顷即来攻，大帅非速避不可。"瑞督当命眷属改扮男装，瑞则装作贫民，立刻撞开后园墙，由巡捕、戈什、武员、镖手等保出。此时正十一句钟，炮马两标叛军已由保安、望山两门冲入，沿途喊杀连天，火光熊熊。制军携带印信，欲向别署暂避，然无兵可以抵敌，乃命眷属先随众逃难，男妇出城，上某兵轮，自带数十人，拟步行至王臣街右路防营统领陈得龙宅中，途与陈遇。陈带有防营约二百人，当下骑让制军乘，力劝速避出城。十五协统王得胜亦带亲信武弁数十人寻至，遂拥护制军出文昌门。行不数武，见有一营兵士排队拦住大路。制军甚为惊惶，命人询之，始悉系辎重第八营。该营得管带萧国安之力，并未同叛，即保护至江岸，乘小轮驶至距省二十余里下新河红砖官厂内暂避。文武各官闻信赶至者人数颇多。

署前之火愈烧愈广，沿途叛兵见警即殴，或遽枪毙，所有警棚全行拆毁。各警士皆将制服、制帽脱下，弃于道旁而遁。警区中空无一人。警务公所内原寄藏有军械，各叛兵拥入，劫掠一空。科员等皆已逃散。警道王履康业已微服出城，众搜寻不得即走，眷属人等均未受其蹂躏。其督署附近之火无人扑救，沿烧约百余家。署中各兵闻制军已逃，又见叛兵愈集愈多，知难抵敌，有投降者，有越墙逃者，有被枪伤及殒命者。计相持至三点钟之久，众叛兵方拥进上房，大肆搜寻，只见旗装仆妇数人，一概枪毙。其幕僚厅、督练公所、宪政会议厅各处人员，凡操京音者，俱被枪毙。又遍觅参议官铁忠无着，乃重至头二门，满浇洋油放火。幸时已天明，乱兵去后，即经巡防队救熄，只焚去头二门一带房屋数十间。而王府口一带之火，至二十日辰刻亦经扑息［熄］。

十九夜各营齐变后，即分数股。有一股围绕藩署，申言只找藩司连甲及诸旗人。藩署只卫队六十名及巡防队两棚，彼此开枪对敌。卒之，卫队不敌，退守广储银库一隅，而连藩亦改装越墙而遁。守库卫兵力战至二十日上午十句钟时，火药将尽，突有修筑度支公所之土木工匠与署中人力车夫结队扑入，将库占据，各携元宝而逸。各叛兵则在署内遍寻连藩及其眷属，俱已不见，闻有连藩之公子一人被戕。至卫队队长各官弁及兵役人等枪毙于署中者，约二三十人。其余司道各官，因非满员，其衙署均安然无恙。惟江夏县署因被模范监狱牵连，大堂以外悉被毁坏。至模范监所禁，十八夜拿获各革党及新旧人犯，暨分监看守所、拘留所各犯，俱被释出。

二十日辰，城中各署已无一官。其未逃出城者，俱匿于公馆、民房之内。城门由革命军把守，一律锁闭，惟文昌门曾开关过兵两次，每次百姓乘势挤出者颇多，有老弱男女百余人挤毙。自十九夜至二十一晨，枪炮之声不绝于耳，闻系未变之某营及巡防队与革命军在通湘门、千家街、阅马厂等处接仗，沿途枪弹误毙之平民触目皆是。各铺户皆关门，惟持现银铜元者仍可购物，钞票已不行用，日食各物一日间遽涨一倍。幸革党尚以保护人民为宗旨，并不至民房中骚扰。

二十日午间，各处遍贴有中华国民军政府鄂军都督黎所出告示，宣布革命宗旨。闻众兵已推混成协统黎元洪为都督，各军官有不从者，俱被杀害。现江中已停有兵舰五艘，并有岑云帅所调入川之桂军两营在船上，未登岸。闻已有电奏调南北洋两省之兵，日内可到。城中人恐外军炮开，向内攻击，惶惧已极。又闻汉口江心有各国兵舰已挂白旗，恐不确也。

又有游君者，十八日自开封至汉，于二十晚由汉乘江宽船下驶，昨已到沪。记者亲往访之，询以目见乱事情形，所述稍有异同，并录于下：十八日，汉埠俄租界某屋内忽有炸裂声，甚厉。邻屋闻声往视，则人已逃逸。由俄捕报知华官前往检视，知系炸弹爆裂，必为革党巢穴。因起出炸药数十箱，党人名册文件多种，并铜木质大元帅、都督、协督及大小官衔之关防数十个，内有一最大者，其文曰："中华国民军政府印。"正扰攘间，忽来二人，意欲入内，当被警兵拘解往武昌讯实，随将一人在督署前正法。时署前扎有新军两营，见状颇惴惴自危，盖搜获之名册半皆系新军名氏。是晚，城门关闭甚早，内外毫无动静。至十九日午后四时，瑞督忽下令闭城，大索党人，并由张统制选派两营，给以枪械，帮同搜拿。于是各军士愈加疑虑，以为瑞督必将按照名册拿人，与其束手待毙，毋宁先发制人，而署前两营先倒戈起矣。两营既变，各营随之，其未叛者只马队两队耳。闻兵变后，协统黎元洪往见瑞督，告之曰："余已为革命军统领，此时尔欲调兵，亦已无处可调。今有两策在此，尔如愿死，则请即死；倘不愿死而欲走，则我与尔数年交谊，愿担保护之任。"瑞督谢之。于是瑞督及瀛眷皆由革命军保护出城，毫无干犯，直待其上轮始去。惟瑞督既走，督署即行焚毁。未几，藩署亦毁，巡防军与革军巷战，枪声彻夜未息。至二十日晨，而武昌全城皆入革党之手矣。是日，武昌各城门皆未启，惟文昌门于二点钟后开一小时，难民出城者颇多。革军告以尔等即在城中，亦必不加伤害，如欲他去，则可保护尔行。故逃难之妇孺皆由革党护送至江边始返。傍晚武昌城外有大火，遥见汉阳亦火光熊熊然。（按：游君系二十晚行，故以后事未详，且事在隔江，有得诸同船逃难人之口者，自不免稍有同异也。）

《申报》1911年10月15日第13896号第4—6版

鄂省革命军起事前破获详情

鄂督瑞莘帅于十八日夜九点钟时，接汉口江汉关电，已禀在汉口俄租界捉获革命军二名，并探得革命约于夜半武、汉同时起事。瑞督当即电饬巡防队陈统领得龙，迅率兵队渡江，一面电请张统制、连方伯、王协统、王警道、铁参议，迅速到署会议，并电饬各率兵警到署防护。九句半钟时，王协统率兵两队先到。巡警道王月庄即电饬省垣各警区，转饬各城门一律紧闭，有人出入遍体严搜；并即派差遣队、消防队、巡警教练所肄业生，各到督署防御；并在附近福善堂内抬水龙两架入督署，以防不测。十二句半钟时，前区巡警一队在保安门内小朝街安徽会馆旁，瞥见宪兵一名，偕同一人耳语。巡警以情形可疑，向前直追。该宪兵反手连抛炸弹四个，并开枪两响，幸未受伤。时附近巡逻兵警及前后各〇闻声赶至，随该警一路追去。而该宪兵及所同〇要跑至安徽会馆后，将欲翻越吴公馆后墙。众巡警赶前捆绑，搜出炸弹、子弹多枚，并将吴姓一妇三男一并捉住，解至前区研讯。督宪特派武承启、陆采之率特别警察六十名、戈什三十名，至前区往提解入督署。该宪兵供称，系一队宪兵，名彭泽藩，直认起事情节不讳。张统制得报，即率兵飞奔安徽会馆，将吴公馆围住，箱柜衣物一并抬至督署。二点钟时，又由某密探得小朝街瓦窑巷口襄阳学社内，概系革命军，旋又禀由督宪派武承启、陆采之，带戈什二十名、特别警察一百名前往，捉获十六名，一名年四十，两名年二十，余均年不满二十，并已剪发，一并解入督署。督宪于二点半时即委铁参议，并饬陈树屏、双寿两太守至署会审。铁参议首提宪兵彭泽藩研讯。彭即大言不讳，自认革命军，讯定后即捆出东辕门口正法。次即提讯与该宪兵偕同之一人，由交涉司、提法司、武昌府先后到督署会审，良久讯定，又发令捆出东辕门外正法。旋即照首级相片各一张。七点半钟时，有一穿灰棉袍、年三十余岁者，乘人力车至瓦窑巷该学社门口下车。巡警诘之。乘车者即云："入此学社会客。"巡警遂将车夫一并径解督署候审。早五点钟时，巡警又在吴公馆抄出炸药一箱，亦即径解督署，城门紧闭。九点钟时，督宪又讯定一人，确供，即发大令，绑出东辕门外正法。九点半钟时，又由城外上区区长骆文蔚，在搭板桥捉获形迹最可疑者四人，类似军人，并捉获一妇，均于是时解入督署候审。时远近到督院外观望者，不下万余人，附近早市颇不畅旺云。

又云，当十八晚九点钟，王月庄观察上院时即密告，顷据警察前区区长面禀，该区小朝街第八十五号洋房聚集革党五十余人，请示办法。莘帅即由电话传陆军警察队果管带，率带警兵一棚，会同特别警察队兵前往围拿。该革军见势不敌，即跳在晒台放枪，伤毙宪兵陈善一名。各军警目兵始开实弹，计击伤革军吴□□（有辫）一犯，余均拿获，计二十八犯，并获药弹两钱柜（内分类以洋铁盒装之）、洋枪多枝，暨信札名册共一皮箱，并押解督院，由学务公所总务科长陈守树屏、武汉硝磺局总办双守寿、军事参议官铁忠，在督院大堂提讯云。至汉口拿获革党情形，由该镇俄租界宝善里内某号屋中，向住无发辫者四人。十八日十二点钟时，该屋内忽有爆烈之声，火燃窗棂。邻居某姓妇适在楼上晒衣，见之骇极坠下。经俄捕房十号华捕所闻，即报知俄捕头。在该屋内抄出炸弹二枚、手枪十枝、尖角号旗数百方、文件数百纸，当由俄捕房电告洋务公所吴晓订大令莅场查验。吴大令尚未至时，忽有口操襄音二［两］人（一有辫，一无辫）适来叩门，被吴大令撞见，一并拿获解回洋务公所。后大令当即面禀江汉关道，由齐观察电禀瑞督矣。

《申报》1911 年 10 月 15 日第 13896 号第 10 版

资政院开会之预备

资政院第二届又将开会，各议员先于十六日在石桥别墅开谈话会，到者约八十人，钦选占多数。首由李议长报告本日开会宗旨。牟琳提议："修改院章系一种法律案，须经资政院通过主张，先期由同人公推起草员预备开会，通过即行上奏。"邵羲谓："当然认作法律，若请旨认作法律，是多此一番手续，假使院章亦是命令，则咨议局章自治章程无非命令，是中国为无法之国也。"某钦选议员主张："此上奏案应出以郑重，不宜此日提出。"陈命官云："若今日只可谈风月，又何必多此一会?"李文熙解释："本日提出，纯系预备，将来仍须大会通过，当然无妨。"李议长谓："交议是一种办法，追认是一种办法，请公决。"李文熙谓："应请交议。就法律一方言，关系本院权限。就事实一方言，则现章之内容修改最要者有二：一为先议政府提出议案，欲变更议事日表，非得政府同意不可，使政府日以法律案相束缚，则议员提案无议决之机会；一为关系本省事宜，本省议员得退出会场。上年章程规定是否实行，今年章程已将核办事件一项划归内阁办理，当然一并删去。使仍然存在，则关于一省者，一省议员不能发言，关于数省者，数省议员不能发言，再推之钦选或特派员，关于某部事件，某部人亦将不言乎?"邵羲谓："议会有独立性质，编定议事日表，又为议长特权，设如此规定，不惟政府侵议会之权，并且侵议长之权。"陆宗舆、长福、李增、汪龙光各有议论。随讨论关系议事进行数事。五钟散会。

闻本年资政院开会后，即附出一种日报，将当日开议及审查事件，由速记生笔记，撮其大要，次日出版，名曰《资政院速记报》。现已聘定海军部某司官总理一切。惟某司官以该会散会，均在下午五六时以后，而纂编、刷印须在夜间，恐不能担任。覆函尚未即行允许云。

《申报》1911 年 10 月 15 日第 13896 号第 11—12 版

鄂乱影响一

闸北巡警总局总办吴观察，近闻鄂省防务戒严，拟在沪北从严防备匪党潜踪，惟虑军械不敷派用，是以会同沪道刘观察面商机宜。已函请江南机器制造局总办张京卿，拨给新式毛瑟枪二百支，并子弹二万颗，皮袋等各种应用之件一并配齐。昨已委派某课长赴局领运矣。

鄂乱影响二

江南机器制造局总办张京卿，因日来鄂省警信频闻，连日急筹防范，因局中关系军械，不得不极意防获［范］。旋于前晚奉江督张制军飞电沪道衙门，转饬该局，迅速严防，恐有匪党乘隙图谋不轨，大局所系，未能玩忽等因。京卿接到电饬，星夜传同炮队营帮带张雨春守戎，及本局巡警处帮带李万有千戎等，各率兵警分投防备；并以龙华镇子药厂更为紧要之处，着即添拨兵士，督带赴彼，加意防堵，认真稽守，须各荷持枪械，随带子药，以备急用；如有警信，着即飞禀传报，俾期临时筹备，毋得因循玩视。至浦中本有驻防兵舰守获［护］局厂，现俱分别调遣，亟应防护，故已禀商海军提督萨镇冰军门，赶紧拨调兵舰，来局护防。

鄂乱影响三

沪道昨日出有示谕云：照得上海为商贾辐辏之区，华洋互市，商业最为繁盛。虽频年有事，时局孔艰，而中外官商无不合力维持，保公安而全市面，当为我商民所共晓。昨因鄂省乱作，本埠遽起谣言，业经本道示谕禁止。要知沪埠为中外商业机关所系，必无他虞。尔商民自应按照向章，各业如常贸易，保持中外信用，不必稍有惊疑，自生障碍，庶几沪市无恙，则各埠商务亦能一气贯通，实为大局之幸。但不准高抬洋拆，妨碍金融，尤为大市要点。今已与商会全体议董公同议定，传知商界一体遵守，合再出示晓谕，仰诸色人等一体知悉。自示之后，如有私将洋拆抬高，把持垄断，一经查实，或被告发，定予提案，严惩不贷。勿谓言之不预也。切切特示。

《申报》1911 年 10 月 15 日第 13896 号第 18 版

沪道安定人心之告示

为出示晓谕事。照得鄂军兵变，武昌失守，业奉谕旨，饬派陆军两镇及加派兵轮，并长江水师，迅速赴鄂剿办。转瞬大兵云集，指日平定。此外各省、各埠曾经本道分电确询，实系如常安静。本埠华洋各界，又经本道通饬营警，暨照会领袖总领事、法总领事，分谕捕房，一律认真防范，可保无虞。万不可轻听谣言，互相摇惑。本道如得外埠确信，必随时登报宣布，以安众心。合亟出示晓谕，仰诸色人等一体知悉，务望各安生业，不必稍有惊疑，是为至要。

《申报》1911 年 10 月 15 日第 13896 号第 18 版

10 月 16 日

上谕

八月二十三日内阁奉上谕：湖广总督着袁世凯补授并督办剿抚事宜，四川总督着岑春煊补授并督办剿抚事宜，均着迅速赴任，毋庸来京陛见。该督等世受国恩，当此事机紧迫，自当力顾大局，勉任其难，毋得因辞，以副委任。俟袁世凯、岑春煊到任后，瑞澂、赵尔丰再行交卸。钦此。

上谕：袁世凯现简授湖广总督，所有该省军队暨各路援军，均归该督节制调遣。荫昌、萨镇冰所带水陆各军，并着袁世凯会同调遣，迅赴事机，以期早日戡定。钦此。

上谕：岑春煊现简授四川总督，所有该省军队暨各路援军，均归该督节制调遣。钦此。

旨：翰林院侍讲，着阿联补授。钦此。监国摄政王钤章，奕劻、那桐、徐世昌署名。

《申报》1911 年 10 月 16 日第 13897 号第 2 版

专电

革命军派兵一万五千人，至信阳州驻马店屯扎，预备在此迎击北军。

闻京汉铁路已被革党拆毁至河南边境为止，故京车南下者只能达信阳州。

革命军派兵占据武胜关（在驻马店以南），阻北军入鄂。（按：武胜关系京汉铁路之隧道，如被占据，则北军须历两日程方能踰山而过。）

武、汉两处捐税，现由革命军临时政府管理。革党所举之总督汤化龙，昨已出示宣告，此项捐税将作为赏还借款及扩张铁路、轮船之用。

汉口中国兵船一艘确被革命军击沉，两艘亦受伤。瑞澂自楚豫兵轮致电内阁：昨日（二十三）午后与革党开战，因有不便处，被击沉大兵舰一艘，后队两艘亦被击受伤。澂自揣无能，请饬荫昌迅速来鄂，以免蔓延。兵民投降革党者已达三万余人，即从前逃散之兵士亦纷纷来归。故革命军中大半受过军事教育之人。

革命军统领照会各国领事，谓政府派舰来汉，彼此必有战事，届时租界治安不能担任保护。闻领事已有覆文，嘱其画定战斗区域，而以租界及江面为中立地。故楚豫开炮攻城，美舰阻之。

革命军旗帜现用“新汉”二字。

新军倒戈原因，实为十八晚拿获革党已在督署讯实。瑞督卒问：“本省新军有无汝党在内?”革党大声曰：“请汝自问!”新军闻之恐不免，遂大变。

闻岑云帅出走时，恐为革命军注目，去须易服，始免于难。

通商银行有现洋四百箱，计一百万元，由招商局金陵轮船自沪运汉济急。南京亦运到现洋一火车，连日向大清银行提款者甚多。

长沙亦有革命军起事，惟是否失守，因电线久断，仍无确耗。

革命军统领黎元洪派员，密赴川湘等处采办粮食及军用要需。

内阁接岑督电：鄂事变起仓猝，煊又为该党注目之人，不得已于二十晚孑身离城。现旧病复发，在沪就医。督川旨下，惶悚万分。煊年老久病，断不能胜此重任，务请收回成命，另简贤员以维大局。

廷寄：袁世凯、岑春煊着其迅速赴任，责成一手平乱，并允予以便宜行事之特权。

荫昌因京师谣言甚盛，暂不出京，故昨日（二十三）并未动身。陆军第一镇已先发。

荫昌面奏：鄂省匪势日张，恳简知兵大员为一、二两镇后劲。

驻汉英使接汉口领事电告："武汉江面开战，租界将处炮火线内，应饬萨军门谨慎从事。"昨英使已至外务部声明此事。

京师各署例行公事皆已停办，现专办鄂乱一事，验看亦停止。皇宫及监国府第均撤去警兵，另选旗兵护卫。

高、温、史、忠四御史先后奏参川鄂军务，请将文武大员分别严惩。民政部饬警厅，禁止各报登载鄂省乱事。

闻保定未至失守，惟骚乱情形甚剧。（以上北京）

（按：此事外间传说甚盛，而本馆续询郎军门之覆电至今未到。至沪道宣布之官电，则又谓其安静，姑志于此，以待后闻。）

端方已率军抵成都，宜昌、重庆无恙。（成都）

粤督电复：留沪粤军统带黎天才，着遵邮部来电，留申候调。（广东）

新铭船装大清银行银二十万两，来沪买保险。（天津）

革命军政府现已组织完全。欧人生命财产均无恙。新军数十名已投入革命军。店铺一律开市。现正组织红十字会。革命军停止军前正法之令，一切罪犯均先由咨议局研讯，然后定罪。革命军先用太极图之旗号，刻已废用，一切旗帜悉有"新汉"字样。谣传长沙、沙市昨已起事，今日宜昌亦响应。

各领事照会妇孺即日离汉，特雇轮船两艘，于今日载之赴沪。英领事将领事署公文要件，送至英国炮艇。电局已为革命军占据，铁路停止开车。

汉口快车已于今夜到京，据搭客声称，全路颇为安静，各车站均有官兵防守，除见多数之防兵外，并无特别现象。昨日所传北方陆军有军士被拘，疑为革命党之说，实属不确。公使团今日集议讨论，汉口各领事电请照会中政府，谕萨军门轰击武昌时，勿波累租界事宜。据传，派往南方军数已达三千余名。

武昌、汉口、汉阳三处今日除有革党搜杀满人外，尚觉安静。革党士官下严谕，凡有掠抢者应即斩首。武昌城中各街道死尸纵横，闻被杀者共八百余人，街中行人为之绝迹。革命军新募兵士数百人，分布各营房。黎总统声言，自昨日起入党者已有二万人，现革命军共有二万五千六百六十人。

袁世凯简为湖广总督，外间豫料袁必受职，因未发上谕之前，曾向探问意旨也。

北京美公使署接汉口美领事葛林来电，谓各国领事皆接革党大统领正式照会，请其承认革命军临时政府；革党则承认中国与各国所订之条约，并担任保护外人，所有一切赔款债项均皆照付。惟此后北京政府与各国订立之条约，临时政府概不承认。倘有外国扶助北京政府者，临时政府将视为仇敌，其供给政府之物一律充公。

东京之中国官费学生二千名、自费学生一千名，闻鄂乱消息，大为欢忭。

革党首领康为（想系康有为，然康并非革党领袖）现在苏买（神户附近），曾谓人曰，现即有人请彼回国，彼亦不愿。且痛诋荫昌谓，只一平常之武士，稍具德国陆军学识之皮毛而已。且谓荫昌平乱，必不胜任。

美国国务部接驻京代理公使电报，谓汉口华界被焚，官军一万五千名已投入革党。

美国政府以武昌乱事极为重大，已令菲列宾群岛预备远征队，以便一接号令，即能出发。惟非遇必须保护美人生命财产之时，决不轻动，因美政府极欲免去干涉中国内务之态度也。（以上西字报电）

《申报》1911年10月16日第13897号第2—3版

革命军起事纪（二）

武昌革命军起事，已据访友快信及游君面述情形，撮载昨报。兹又有人由江宽船来沪，告记者以目睹之状，颇有为昨报所未及者，再纪如下：

汉埠二十日即盛传长沙失守之信，有某商家急电往询，则长沙电线已断，不可复通，故是否确实，莫得而知之矣。

十九日在俄租界革党巢穴内，搜获横滨某银行支票簿一本，页数甚多。据传，革党存在该银行之现款共有二百万两，惟捕获之党人身上只搜出支票二千两。并闻党人一姓刘名宗耀，襄阳人；一姓邱，枣阳人。

又搜获地图一页，上载武昌为革命军根据地，其蛇山、龟山等处均须添建炮台，架炮驻守，以便射击江中兵舰。此外，如田家镇湖口，以及某镇某村凡属要害之地，皆用红点标出，以便派兵屯守。其计划甚为精细。尚有调查簿一册，则凡武汉各署秘密之件，胪载无遗，如督署驻兵若干，道库、藩库、官钱局存银若干，均详载其数目。可见该党画谋［谋划］已非一日矣。

此次兵变，惟马队不预。故革命军占据武昌后，即趋赴马队营房挑战，马队不能敌，四散营溃。革党乃掷炸弹，将其营房一律烧毁。此时在汉各人，但闻轰然一声，震耳摇魄而已。

革命军既据城，以司令部尚无地安设，拟借咨议局为暂设司令部，特邀副议长汤化龙及议员夏寿康、张国溶诸人，暨提法使马吉樟、江夏县李曾麟到局商议。诸人初不肯来。党人言，不来将杀之。众乃惧，陆续到局。党人即提借用局所之议。众允之。党人又言：“革命军此次据城，断不妄杀无辜，亦不损害商业。惟诸君既为全省代表，本军如有缺管粮饷之时，须由诸君担任劝助。”众以无此权力却之。党人亦不相强，即送诸人出局而去。惟会议时，马法使、刘县令皆战战兢兢，不敢发一言。现闻汤化龙已被举为湖广总督，高松如（劝业道）则被举为度支使，专理民政。

革命军入官钱局，见有遗存钞票，一律焚毁，其散放在外者，则出示禁止行用，另发军用新钞票代之。其票淡红色，上绘双龙，下刊“中华银行通用，准完一切税厘”字样。闻革党初议，旧式银元、铜币皆不准用。嗣以党中并无新铸银铜币带来，恐市面不便，故暂准行使云。

二十二日晨，革命军发出示谕，并使人鸣锣示众，谓商人商业极力保护，速即开市，违干查问云云。故是，下午起各店一律开市交易，市间果无被抢者。

又据访友抄示革命军之告示文云：“中华国民军鄂军都督黎示：本都督驱逐□□，恢复汉族，凡我同胞，皆宜谨守秩序，勿违军法。所有刑赏各条，开列于后：藏匿□□者斩，藏匿侦探者斩，买卖不公者斩，伤害外人者斩，扰乱商务者斩，奸掳烧杀者斩，邀约罢市者斩，违抗义师者斩；乐输粮饷者赏，接济军火者赏，保护租界者赏，守卫教堂者赏，率众投降者赏，劝导乡民者赏，报告敌情者赏，维持商务者赏。黄帝纪元四千六百零九年八月某日。”

革命军之入会愿书文云：中华国民湖北某府某县某名，今蒙□□□介绍，得悉军政府以“驱逐□□，恢复汉族，建立民国，平均人权”为目的，愿入鄂部总会效力，听从派遣，所有一切规则永远遵守，不敢违背，倘有违犯，听公罚办。谨祈本会参谋长宋教仁，保送本会总理长刘公承认。本部特别员谭人凤申报，介绍人□□□，入会人□□□，通信处由□□□。黄帝纪元四千六百零九年八月某日

《申报》1911 年 10 月 16 日第 13897 号第 4—5 版

鄂乱影响

武汉革命军起事以来，埠银洋拆日见增高，沪道昨已示禁，不得高抬，已志昨报。兹闻刘观察以私抬洋拆，最与市面大局有碍，恐奸商故意垄断，除饬县廨密查严禁外，并又移请商会谕饬钱业各商，勿将洋拆再行高抬，以维市面。沪道面谕沪军营管带洪遹声，添派防兵到辕驻守，以防不测。洪令遵谕，已饬左哨邹文彪派兵一棚，业于昨日到辕禀知驻扎矣。沪道刘观察接奉江督张制军来电，因目下防务加严之际，赶需军械，饬制造局张京乡迅将局厂现存枪械若干，预为造报，并着赶造新毛瑟枪及子药等，以备军需。京卿接电后，立饬洋枪楼匠目及龙华子药厂委员，加派工匠，分别督造，日夜工作，以待早日报竣，运赴防次云。

驻沪英总领事特派美捕房二号三道西捕，率同西探朋山等三名，带领印捕八十名，乘轮赴汉，保卫驻汉英署。

《申报》1911 年 10 月 16 日第 13897 号第 18 版

武昌革命军总统黎元洪历史

黎元洪，号宋卿，湖北黄陂县人，北洋水师学堂头班学生，初充镇远船炮弁。甲午之败，元洪浮海遇救，旋赴湖北投张文襄。文襄喜其刚毅强忍，有不挠之气概，命与张彪、钱恂等筹办新军。自南洋自强军成立后，鄂中队伍不过护军一营，工程营六队耳。张彪虽日在文襄左右，不过好占面子，其一切军事擘划皆元洪为之主谋。二十年来，进步神速，由护军工程营一改而为左旗、右旗，再改而为陆军第一、第二两镇。嗣以练兵处统编天下军镇，湖北随列为第八镇并二十一协混成协。第八镇归张彪统制，而元洪随［遂］为二十一混成协协统。当庚子以前，出洋留学之风未开，元洪率湖北将弁二十余人赴日本联队实地练习，业满回鄂，即劝文襄多派学生往日留学。至今军界、学界人才如此之盛，皆当日元洪一言之力也。文襄在鄂时，旧部宿将有吴元恺，而新军各事张彪着着争先，元洪始终不能出一头地。即瑞制军如此明察，而迷于张彪之财货，仍不能破格用人。元洪仍郁郁居张彪下，其革命思想皆历任督宪私袒，张彪有以逼成之也。元洪治军宽严适中，爱兵怜才。凡湖北军界稍有才气者，无不被张彪挤之使去，而元洪则能留者留之，不能留者尽力助之。至今鄂中军界无不心佩黎元洪者，则其人之气概可知矣。

《申报》1911 年 10 月 16 日第 13897 号第 26 版

10 月 17 日

上谕

八月二十四日内阁奉上谕：王人文着撤去侍郎衔，开去川滇边务大臣。赵尔丰着仍充川滇边务大臣。四川总督岑春煊未到任以前，所有川中剿抚事宜仍着赵尔丰懔遵迭次谕旨，督饬各军迅速办理，不得意存诿卸，致误事机。钦此。

上谕：贵州铜仁府知府员缺，着饶芝祥补授。钦此。

上谕：广东惠州府知府员缺紧要，着该督于通省知府内拣员调补，所遗员缺着文增补授。钦此。监国摄政王钤章，奕劻、那桐、徐世昌署名。

八月二十四日，召见内阁总协理大臣。

《申报》1911 年 10 月 17 日第 13898 号第 2 版

专电

闻北兵行抵信阳州，被革命军截住。有驻扎沿路之汴军三千名，已投入革军。

革命军杀满人八百人，见者惨目。

革命军派人管理兵工厂，日夜赶造枪弹，每日可造二万余枚，供给军用。

党首黄兴已离武昌，或谓入川，或谓赴湘，其行踪甚秘密。

闻革命党确已派人秘密入川，至嘉定府一带勾结民党起事，期分政府兵力。

革命军击毁之兵轮系江元炮舰，仅受一弹即炸。或谓该船管带与革党通，故一击即自沉。（按：本报二十日晚即按有兵舰与革党暗通声气之电，今观此事或不诬也。）

江面现泊中国大小兵舰十三艘，昨有炮艇、鱼雷艇一队，轰击汉阳。革命军仍架炮山上回击。两舰小损，旋即停止。

汴省援军到汉，已有半数投降革党，余兵亦不与党军开战。

革党统领至汉，向各富商劝募军饷，被收去现款甚多，皆已散给新募之军士，故汉埠现银愈缺。

美领事亲入武昌，接各教士回汉。革党统领黎元洪极诚欢待，并派兵队护送上船。

革命军既据汉电局，连日通电各省埠，遍求同志联合响应，惟各局均未为转递。

汉口电局拟移设租界与旧局隔离，总办现留九江，处分移局事宜。现官电只通至黄州。

长沙电通，失守之说不确。（以上汉口）

荫昌仍须赴汉，俟保卫京师之姜军布置妥帖，即行出京。闻随带兵五千人，并有军用汽球四架。

电寄宁、皖、赣、湘督抚：现值乱事蜂起，速选得力军队，镇守边界要隘，并着该军官等认真训练，严加防备，毋使滋扰。

盛宫保有私款三百万两，存于湖北官钱局及某某银行，已派人潜往提取，惟闻此款大半已为革党所有。

保定陆续过兵一千五百人。闻此三日内可有兵七千人赴汉。

袁世凯督鄂系庆、涛、徐力保，请监国向皇太后面求，始下是命。

电报局奉邮传大臣命令，私家电信如关鄂省乱事，一概不准发递。

民政部示谕：中国各银行纸币一律通用，如有抗违，从重究办。

京汉北京车站添派警探侦察党人，凡旅客行李稍多，皆须严搜。

京师渐见镇静。学部严禁各学堂学生请假出京。

监国传谕伦、泽两大臣，赶速编纂宪法，以慰人望。

滇督急电内阁：片马交涉久延不定，决裂在迩，恳速另简能员，以维危局。再迟，羲难任咎。

庆、涛两邸愤盛宣怀擅调军队，侵夺军权，在政事堂当面严斥。故盛决计乞

休，迄今仍未入署。（以上北京）

传闻孙汶已挟巨资内渡，接济革命，华侨集美金二十万元助之。广州并无不靖，惟人心皇皇，督谕各军队一律戒严。（以上广州）

今日官场及商界领袖已在会议维持市面金融办法，允拨库款协济。

闻某某两大员已遣其眷属，潜乘火车赴沪。沪宁火车甚拥挤。（按：苏垣本甚安静，庸人自扰殊属无谓。值兹人心不定之时，各大员尤宜出以镇静，不可先自恫扰也。）（以上苏州）

昨夜接路透电称，路透特别访员于上星期六至武昌，见各处皆有满人死尸，计满人被杀者八百人，现革命军仍在搜杀满人。该访员乃往拜会革军统领黎元洪及民政总长（译意与总督相似）汤化龙，黎、汤现竭意交好外人。革命军今共有二万六千名，军费颇足。旅美华侨集革命经费美金洋二十万元（约墨洋五十万元），系逸仙已令于明日开会庆祝革军得手。

此间接有消息，谓胡匪领袖已与革军领袖秘密议妥，如南方得手，则即在北方起事响应。袁世凯之起用为自然之举动，预料袁出盛必开缺。《朝日新闻》谓，日政府勿背维持中国完全主义，以为英日联盟及俄日协约之基础。日本公法家谓，革命军于政府注意川乱之际，乘机起事，其手段甚为敏捷，且信鄂乱实川乱有以促成之。驻泊旅顺口及横须贺之日本鱼雷炮艇两艘，将加入日本之中国南方水师队，现已预备出发。

据圣彼得堡电称，俄国炮艇“满特巨”号已由海参威启椗赴汉。据保定府确实消息，中国官场谓第六镇陆军已赴武昌，实属不确，只有五百名耳。欧洲各报谓此次革党之乱，较太平天国之乱更为危险。外务大臣梁敦彦宣言，现未叛之新军足能战胜革命军，且可保与外人无碍。

据北京电称，北京检查报稿极严，致人民于南方之乱事罕有所知，因之异常警惶，连日纷纷向中国各银地提款，移存外国银行。扎营汉口镇北之汴军三千名，已降革军。汉阳兵工厂日夜工作，每日出枪弹二万五千枚，现已预备野战炮一百四十尊。革命军仍竭力保护教堂，并发护照与各教士。北京戏园均已停演。禁卫军全镇悉数回京。

昨有火车一辆，由京载马队出发，行至保定府之南而止。复有步队一千五百名，二十五日可以抵汉。二十六、二十七两日，拟由京续发步队五千名。

北京政界皆信袁世凯此次必将出山，因已授以大权。且袁氏为革党最嫉恨之人，设不受任，亦必亲受危险也。

据确实消息，萨昌将于二十五、二十六日率第三镇第十五协、第四镇第八协军，携带散弹炮及军用汽球，由丰台赴汉。

据上海某行接二十三日北京电：宫廷现有精兵三千名，严为保护。姜桂题率大军于二十四日抵京。京中外象尚安。

上海美领事接前星期五日重庆电云：重庆目下平安，惟革党已运动向重庆西南进行，并向嘉定蔓延。（以上译西报电）

《申报》1911 年 10 月 17 日第 13898 号第 2—4 版

革命军起事纪（三）

昨日本埠因由汉来沪避难者人数骤增，各客栈皆涨价牟利，小车推运行李，亦加价至五六倍。兹将得诸避难人之口述者，撮纪于下。其情形与前载访函稍有异同，读者参观之可也。

十九日下午，工程队、炮队及三十一标兵弁等忽传站队，向督署齐发。瑞督得有消息，即令张彪督队出御。仓卒之际，子弹未及装枪，张意督队即可将其吓退。讵叛兵飞弹如雨，而张军并无一弹还击。兵士死者甚众，张军立退。各叛兵遂分途夺取火药枪械等，各营一律哗变。瑞督见势不佳，改装率警察兵百余名出署，直趋文昌门，大呼："快杀革命党！有功不惜重赏！"一路狂喊不绝，迨抵江边，即登楚豫小兵轮，过江至汉口，赴各领事署报告："敝国不幸革党起事，请勿惊慌。"而叛兵遂将武昌占据。省中消息，一江之隔竟不能通。

瑞督在汉，是日连发电九次，至内阁及军咨府请兵，一面通电各省告急。现尚未有如何之布置，而各国驻汉口之兵轮均已起椗，泊近武昌江岸，预备保护商务。各领事并纷纷发电至上海、福州等处，添调兵轮，兼程驶至。并闻有洋码密电，报告该国政府。刻下革命军在武昌宣布军律，整理民政，秩序井然。

革党起事后，其首领即照会驻汉外交团，请守中立，所有外人生命、财产，力任保护。各领事以外人寓省城者甚众，瑞督又已弃城逃走，若不权为允许，恐启意外之变，故一律诺之。

又闻此次之乱，由于新军借口克减军饷，倡乱戕官。当由张彪禀请瑞督，调集防兵会剿。而城内革党与学生忽倡乱响应，新军中之炮队、辎重队同日轰发，于是声势大振。

又有一奇异之说，谓制造局铁厂等于倡乱时，均被学生占据。现厂中工作仍由彼辈督工不令逃逸，似据为己有，以为抵拒官兵之需。并闻军械局系由法政学生占领云。

有某西人近从汉口来沪，据谓停泊汉口之中国炮艇，虽发炮轰击武昌，然鲜有中者，其击射法之劣可想而知。尤可笑者，某炮艇正发炮时，忽为武昌回炮击中，当即开驶逃避，其懦怯如此。查革党待人颇忠厚，起事之际，仅有一棉花厂波及被毁，余俱无恙，且饬他厂工人照常工作，并允加付薪资，安慰备至，谓："战争吾辈事，与尔无关，何畏为？"惟效忠政府者不免为其所仇视。至西人则平安无虑，如能不干涉该党之事，革党决不加害，即有不愿附从革党者，亦任其逃往汉口，不〇留也。革党初亦炮击江上炮艇，后徇外人之请，遂止，然有少数船只已遭殃及。此次乘隆和船来沪者凡千余人，所带贵重物件当值一百万元。（按：此系《太晤士报》所纪［记］载，并加以按语云：某君之言如此。如确系实情，则革党大事之成，可为预决深愿，其始终如一，指日收功也。）

某西报接汉口二十二日快信，谓革命军于是日渡江抵汉，即邀绅商会议维持秩序事宜。现绅商已允，按日供给五百名之饷糈。革命军纪律严明，大为外人崇敬，今已改称革命党为宪政党，意谓彼等起事专为改良政治，以图国民之幸福，非仅欲推翻政府，求一党之胜利，如墨西哥革命而已也。故无识华人咸惊而迁徙，而西人则除妇孺外，绝少离去者。惟此间谣言颇盛，昨传扬子江各省均已被焚。继又接消息，谓两署确于星期二日焚毁，且谓镇江、苏州闻亦兵变。甚至谓江南制造局亦为革命军占据云云。皆无稽之谈也。

沪汉电报自前日下午后，业已中断，故鄂事消息较少。闻电线断于芜湖、九江中间之杨家汇地方，当经派人前往修理，故目下电报惟能发至芜湖，由小火轮送往九江。至汉口电报局则已为革命军占领，准发电生照常办公，惟只准发浅明之英文电，华文电音一概不收。日前发电生四十名忽惊而逃逸，留者仅二三人，一时颇为不便，惟夜间各生仍复回局照常办公。

星期五日夜间，上海美总领事接汉口电音：革军极守秩序，中国炮艇四艘已抵汉口，尚有五艘不日将抵。中国炮艇曾与武昌革军交轰片刻。革军显已占地至七里河，该河在日本租界之下四五英里。

星期六日，汉口美国总领事过江，欲将武昌之各教士接回汉口，大为革命军礼迎，即与商妥，邀集各外人同时离城，毫未受有惊扰。

闻革命军已占据汉口以北铁路若干里，惟此事及荫昌未离保定之说，今尚未有确报。

怡和公司隆和轮船于前晚由汉抵沪，载有避难人千名。据该船搭客言，抵九江时有貌如瑞澂之大员一人，由亲兵一小队护送下船，不知究系何人。

闻沪上近日军械生意颇为兴旺，均属秘密交易云。

苏抚昨致上海道电云：上海刘道台接赣、豫电，地方安静，铁道无恙。汴军早到汉，荫军昨已出发。抚院敬印。

《申报》1911 年 10 月 17 日第 13898 号第 4—5 版

京师对于鄂乱之惊慌情形

二十日巳刻，外务部接汉关道加急密电一件，谓武昌于二十日子时失守，瑞督携印出避汉口，文武员弁存亡未知，城中火光澈［彻］夜不息，请内阁代奏，速筹救援云云。外务部得此急电，即饬某司员飞赴西苑。时已过午，总协理均已散值，遂送至庆王府中，庆邸得电惊惶失措。未几，那、徐两协理亦赶至，即由电话邀荫大臣、外务各大臣及军咨府各员至，筹尽办法。当时有主张征召袁世凯，统毅军三四营星夜援剿者；亦有谓岑春煊声望夙著，若加以特权，饬其挑选两江新军，并招集往日旧部驰剿，方可得力者；并有请简用锡良入蜀，调回端方者；或又谓现在鄂垣失陷，关系甚巨，请饬京汉车停止交通，杜匪北窜者。议论纷杂，毫无把握。嗣有某大臣请先电致汉口，询问失守后实在情形、各军究竟是否悉降革党，驻汉军队如未他调，饬其速将上下游要隘严密堵截；一面急电长江水提，派船昼夜梭巡，以防窜扰。庆邸然之，除分电外，又转知各国务大臣，明晨齐集六部公所公开会议。其时已将六钟，庆邸即派亲信先该电密呈监国，又与某大臣密商良久，大骂盛宣怀误国之罪，擢发难数，言次跌足，痛恨不置。

是晚内外厅丞特颁紧急训令，通饬各区巡警一律遵守，其大略如下：一、各区巡警一律带枪守望，应用枪子有无缺少，随时禀请领给；一、各区添设马巡，严密梭缉；一、各区界内王大臣府第，添设守卫；一、各府第出入随从均须悬挂腰牌，巡警得以随时稽查；一、遇非常集之时，各区巡警随时听调；一、添派马巡，应给薪水一律加倍。瑞督十九日电奏捕诛革党情形后（原奏载后幅），是晚十二钟又发一电至京，谓："武昌城内外同时兵变，省城业失守。现未叛之营亦多观望，不应调遣。瀓随身只有巡警兵一百余名，拟一面招募民团，一面请速派北洋劲旅赴鄂援救。"

二十日，瑞督又有急电到京，云："武昌现已失守，乱党遍布。瀓暂驻○○泊近汉口，省城文武各员不知下落。瀓本应与城俱亡，但牺牲一身无益于国，故暂行逃出，再行调兵剿灭赎罪愆，非至克复城池，死不瞑目"等语。又闻是日鄂中共有九次急电到京，分致内阁、军咨府暨陆军、邮传各部。

各国领事亦纷纷致电驻京公使，大致谓瑞督已逃出省垣，省城官署均被焚毁，藩司、盐道均被杀，或云自刎，统制张彪或云阵亡，或云被革党炸弹轰毙。大约张彪此时尚未逃至汉口，故传闻异辞也。

又闻二十一日京汉南下之火车只开至郑州为止。闻将在郑运汴兵赴鄂。

河南巡抚宝棻电致邮部，谓鄂督电调豫军赴鄂助剿，现已决派步兵一营，请饬京汉路局为设专车。邮部允之，已发急电，命郑州车站及汉口京汉局遵办。又二十日晚政界纷传，京汉火车暂停搭客南下之议。

又民政部照会邮传部云：本部现加派侦探，在火车往来之处巡查，俱有执照。如有登车盘查搭客情事，请毋干预，并希转谕各路局遵照。

《申报》1911 年 10 月 17 日第 13898 号第 5—6 版

革党又有入川消息矣

川中乱事愈炽，其雅州府失守消息，系京师教会中所得西人来电，而嘉定府失守，则系蜀中官电，似已确然无疑。并闻，各处乱党皆不伤害百姓，亦不妨害外人，似此举动则又不可以寻常乱党目之。日前闻，革党黄兴已率同党三千人，分两路入川，一由云南，一由汉中。雅州失守即革党所为，证以乱党之举动，则此说不为无因也。嘉定本有积匪，其渠魁甚桀黠，此次失守即系该匪所据。

又都中接四川官场电云：“叙州业已失守，泸州亦有不靖消息。”（按，叙州距省城六百五十里，嘉定距省城三百九十里，雅州距省城三百三十里，泸州距省城七百五十里，皆在省之西南，则川西南之乱象盖不堪设想矣。）又外交团传来消息：“此次乱耗确系匪党缘川事相持日久，革党从而生心，遂四出煽惑民团，相继起事。现除嘉定新津失守外，西南一带如资州、简州、眉州、龙安等属，势更形猖獗。各处电线又大半砍断，民心惊惶，乱象甚剧。赵督已饬各路巡防军赶紧集合搜剿，并电催端办及鄂军速行前进。”

《申报》1911 年 10 月 17 日第 13898 号第 6 版

瑞督出走前之电奏报功

已革湖广总督瑞澂，于十九日武昌未失事前，因拿获革党，讯明正法后，即电致内阁、军咨府、陆军部，请代奏，云：“窃瑞澂于本月初旬即探闻，有革命党匪多人潜匿武昌、汉口地方，意图乘隙起事。当即严饬军警密为防缉。虽时传有扑攻督署之谣，瑞澂不动声色，一意以镇定处之。所辖地方则密派侦探，不敢一刻稍懈。昨夜七点钟据侦探报称，本夜十二钟匪准定在武昌为变，并探知该匪潜匿各地。正饬防拿，复据江汉关齐耀珊电称：‘于汉口俄租界宝兴里查获匪巢，并拿获要匪刘耀璋一名，起获伪印、伪示、伪照会等件，及银行支簿伪用钞票，并查有制造炸药形迹。当派荆襄水师巡防队往提来署审讯。’遂与统制张彪、军事参议官铁忠、巡警道王履康督派弁勇警兵，前往城内大朝街、保安门等处，查明该匪潜匿之地，先后拿获匪目匪党计共三十二名，并起获军火炸弹多件。内有刘汝夔开枪拒捕，抛掷炸弹，杨宏胜私藏军械，并有演试炸弹，面部受伤确据。当即派员提讯，内有彭楚藩一名，语尤狂悖，直供不讳。查彭楚藩系已革宪兵，杨宏胜曾充炮队及三二标兵目，甘心从逆，与刘汝夔之狂悍均属法无可贷，如不即显诛，无以彰国宪而昭炯戒。当将该三犯讯供确凿，恭请王命，即行正法。其余已获在讯之匪，一俟研鞫得实，当分别重轻定罪，果情节重大，应请即行立正典刑。在逃各匪仍饬军警及各属地方文武一体严密查拿，务获究办。一面剀切示晓谕，如有被胁勉从者，准其首悔，予以自○。此次革匪在鄂创乱，意图大举，将以鄂为根据，沿江各省皆将伺隙而动，湘省尤为注意。且党羽纷布，私藏军械炸药甚伙，所幸发觉在先，得以即时扑灭。当逮捕之时，悍匪抛掷炸弹，亦未经触烈。张彪、铁忠、王履康、齐耀珊各员，以及员弁警兵，无不忠诚奋发，迅赴事机，俾得弭患于初萌，定乱于俄顷。驻汉俄总领事于租界拿匪，极为协助，用得先破匪巢，以寒匪胆。此皆仰赖朝廷威德所致，瑞澂藉免陨越，惭幸交并。现在武昌、汉口地方一律安谧，商民并无惊扰，租界教堂均已严饬保护，堪以上慰宸廑。此案破获尚早，地方并未受害。所有失察之巡警及地方文武，均经随同协拿出力，应请宽免置议。在事异常出力员弁，容照例择尤请奖，以示鼓励。俄总领事处，已由瑞澂先行致函申谢。除善后情形随时续奏外，谨摘要电陈，乞代奏。瑞澂叩。”

《申报》1911 年 10 月 17 日第 13898 号第 10 版

镇江：镇市亦受鄂乱影响

鄂省革党起事，该处各银行因商民纷纷提款，需用现洋济急。故镇郡钱业装运现洋十余万元赴鄂，以致连日洋价涨至七钱二分五厘，银拆涨至六钱，银根亦异常紧迫，市面大受影响。二十四日，各商民持钱票，向裕宁官银分局兑洋者，络绎不绝。

《申报》1911 年 10 月 17 日第 13898 号第 12 版

八旗请领快枪

京口副都统载统制穆自莅任以来，训练旗兵不遗余力。兹因马步两军所用旧式枪枝不甚灵便，一旦有事，殊难得力，因禀请江宁将军铁留守咨商江督张制军，转饬军械所，发给日本新式快枪二百五十枝，以资整顿。

冬防提前开办

镇道观察以武昌革党起事，恐窜邻省，防范亟宜加严，爰将冬防一切事宜提前举办。自二十二日起，观察每晚亲率小队出城，至大街洋马路等处巡察一周。此外，丹徒县警察局文武巡查各员，亦莫不黾勉从公，彻夜巡逻。诚保卫地方之善政也。

《申报》1911 年 10 月 17 日第 13898 号第 12 版

鄂乱影响

鄂乱后，沪上金融大受影响。日来银拆洋厘飞涨，铜元每洋只兑一百十余枚。昨日居民纷纷往华洋各银行兑换钞票，提取现银，幸各银行均有预备，措置裕如，众皆快慰而去。英捕房深恐人众滋扰，特派探捕分往各银行照料。至昨报所载，南京有现银一百万两运沪一则，兹悉此项现银均系新造之一两银币，现储交通银行。闻续到者尚有现银三百万两左右云。

武汉人士避乱东下者，长江各轮船竟无余隙可容，沪北各大旅馆均为之塞。惟见旗人妇女均易汉装，绝似淮扬人物。轮埠挑夫乘机要索，每件需挑力一千文。租界内某某等中客栈，亦任意涨价，对于避乱来沪者，每间房金须五六十元一月云。

苏垣官绅亦有先事恐慌，迁避来沪者。昨日沪宁火车之开至上海者，极为拥挤，乘客大半站立不得坐，行李之多，为从来所未见。有谓某某两大宪之宝眷，亦已于昨日来沪云。

《申报》1911年10月17日第13898号第18版

督办粤汉、川汉铁路大臣端方等奏，鄂境铁路收归国有，并议接收办法折

奏为湖北境内粤汉、川汉铁路遵旨收归国有，取销商办公司，并议定接收股款办法，恭折仰祈圣鉴事。窃宣统三年五月二十一日内阁奉上谕："度支部会奏，筹划川粤汉干路收回详细办法各折片。着督办粤汉、川汉铁路大臣迅速前往，会同各该省督抚遵照所拟办法，实力奉行等因。钦此。"仰见朝廷开诚布公，勤恤民隐之至意。臣端方行抵湖北，迭次与臣瑞澂会商，以鄂省士绅本多明达，而主官路事诸绅尤能力持大体，其于国有政策，必能仰体宸谟，率先遵办。当即檄委前湖北布政使武长、铁路局总办高凌霨、湖北劝业道高松如，办理接收商办公司事宜。经该司道等邀绅会议，现已协商就绪，遵照奏案接收，谨将办理情形为我皇上缕晰陈之。湖北办路诸绅自创立公司以来，办事极有斟酌，以筹集股款为主要，不汲汲于工程，集股虽渐有可观，犹未敢轻言兴作。兹际改归国有，不难于取销公司名义，而重在分别股款性质，妥筹换票还银各办法，俾民间感颂皇仁，庶政策益臻稳固。查鄂路股款约分四项：一曰官招粤汉商股；一曰官招川汉商股；一曰官办川汉彩票股；一曰商招商股。内官招粤汉商股共收银四十七万二千五百九十七元，官局经理，均属真正商股，所收皆系实银，应即钦遵谕旨，凡仍愿附股者，一律发给国家铁路股票，给息分红；不愿附股者，发还现银。其川汉彩票股，经邮传部奏请，发给无利股票，俟路成获利之日，准在余利项下分十年摊还。揣部臣之意，殆因彩票早成废纸，还本已属从优。实则此项川汉彩票与普通彩票截然不同，购票者如不得彩而作为股本，是以设彩甚轻而购票踊跃，名虽等于签捐，意实同于劝股。计发行三次，除折半给彩外，实得股款五十九万七千六百六十二元五角。当时极力劝派，正与湘省之房股、租股办法略同。且早经官钱局按户换给股票，逐次付息，未便因路归国有，遽令向隅。拟恳一并按照商股办法，给与分利分红股票，以昭信用。至商招商股一项，系湖北商办铁路公司暨铁路协会经招，计两年以来，实招得股本及收入息银，共银元九十七万四千八百零九元五角四分七厘；共支出公司协会常年经费及勘路发息等项，银元六万零三百八十二元二角八分；实存银元九十一万四千四百二十七元二角六分七厘。此项股本，该司道与铁路协会会长刘心源等往复筹商，以公司所招股款，多由各州县乡镇零星劝集，股东散处，是否愿领现银，抑愿附股，一时无从徧询。拟由该绅等自行设立清理股款处，先将股本一律退还，其有愿附股者，由各股东再行缴银领票，以清界限。至业经支用之六万余元，现据该公司造送简明清册，由该司道等详加稽核，委系正当支出，并无虚糜。惟商招股款既概行退还，此项支款公司

势难赔垫。如由官发给股票，则多数股东应由何人承领，殊觉分配为难。拟恳天恩，准予发还现银，并免其造销，以示格外体恤。此官商招集各项股款，分别处置之情形也。四项股款之外，尚有赈粜捐一项，原系两湖公共之米捐，湘鄂各得其半。鄂省此项捐款，经前督臣张之洞奏明，拨充偿还赎路借款及铁路局经费。现查湘省赈粜捐拨充造路经费，业经湖南京官署大理院少卿王世琪等奏，奉谕旨作为地方公股，以充本省备荒及地方公共事业之用。鄂省赈粜捐虽向由官局经管，绅不过问，惟同系地方公款，湘省已沐恩施，应请援照办理，以广圣泽。以上各股款捐款，官绅会商拟定办法后，复由臣等与邮传大臣往返电商，意见相同。现据该商办铁路公司及铁路协会，于八月初六日将各项牌号图记一律撤销，该司道等接收商路，即于是日竣事，堪以上慰宸廑。伏念非常之原，黎民所惧，当干路国有命下之日，各省绅民怀疑，设会争议纷纭。湘省自奉明谕，众情悦服，而接收事宜亦甫经议办。鄂省士绅深明君民一体之义，众论翕然，臣等遂得宣布圣慈，于接收事宜首先办竣。该公陈及协会办事诸绅，尊君亲上之真诚，与趋事赴功之定识，诚有加人一等者。敬恳明降谕旨，特予褒嘉。其官绅所招商股暨川汉彩票股赈粜捐款，并恳特旨，准其一体发给国家铁路股票，分息分红，群沾乐利。鄂省人民感荷鸿慈，永无既极。所有取销［消］鄂路商办公司，拟定接收股款办法缘由，除分咨度支部、邮传部查核外，谨合词恭折具陈，伏乞皇上圣鉴训示。谨奏。宣统三年八月十九日奉朱批：另有旨。钦此。

《申报》1911 年 10 月 17 日第 13898 号第 26—27 版

资政院开院规则

资政院前经钦奉上谕：“九月初一日为资政院第二次开会之期，着仍于八月二十日召集等因。钦此。”业已咨行京外各衙门，转知各议员钦遵在案。兹届召集之期，所有当日各议员应行注意事项，开列如下：一、本月二十日上午九点钟，齐集资政院（暂借宣武门内法律学堂为议场）；一、常服（应挂珠者挂珠）；一、议员到院时，先至议员注到所（在第十号股员室），于所备议员簿上自行注到，其由各省咨议局补选之议员，应携带执照，交该所查验后，再行注到；一、议员议到后，各领坐位图一纸，改订院章一本，章程规则汇览一本，其新到议员应补领徽章一件；一、议员所携带衣物等件，可交置物处代为收存，由该处发给凭记，其跟役人等，应令在仆从室听候传唤；一、议员休息室，暂照第一次会期议场坐位图之次序，排列坐位，另以公报标明在第几号室，俟分股后再行照股列坐；一、议员到院满半数以上时，摇铃为号，各议员一闻号铃，请到议场按照坐位图列坐；一、总裁、副总裁、议员、秘书长、秘书官行相见礼一揖；一、抽签分总议员为六股；一、抽签分股已毕，各议员应到所属各股议员室，互推投长及互选理事；一、互推互选已毕，应即将股长及理事姓名遵章报告。

《申报》1911 年 10 月 17 日第 13898 号第 27 版

10 月 18 日

交旨

八月十八日钦奉谕旨：贝勒载洵奏，遵旨前往西陵履勘行椿地亩，陈报起程日期，并酌带随员一折。着依议。钦此。

又奉谕旨：邮传部会奏，遵议西潼铁路收归官办一折。着依议。钦此。

又奉谕旨：盛宣怀奏，各省官绅报效灾赈巨款，恳准照前案优奖一折。周忻等二十三名均照所请奖励。又片奏，同知衔王绵孙，为伊母王汤氏捐助赈款一千两，请予建坊等语。着依议。钦此。

八月十九日钦奉谕旨：内阁奏，法制院留用调用人员请予留阁，缮单呈览一折。着依议。钦此。

又奉谕旨：理藩部奏，清厘积弊以恤藩情一折。着依议。钦此。

《申报》1911 年 10 月 18 日第 13899 号第 2 版

本报特别启事

川鄂事起，瞬息万变。本报特于京汉各埠广订特别访友，随时发电，每日不下数十通，因此繁费颇巨。二十七日起加价一分，每份售大洋三分，藉资补助。区区之忱，尚祈鉴亮。本馆谨启。

《申报》1911 年 10 月 18 日第 13899 号第 2 版

专电

北军前队闻已行抵汴鄂交界，与革命军小战。

革命军在武昌、汉阳两处设防愈密，凡可瞭见江面之山上，皆添架巨炮，预备与海军大舰大别山架炮尤多。

萨镇冰于二十四日半夜率舰十余艘抵汉，各舰皆熄灭灯火，以防革军袭击。

江面现泊中国大小兵舰，约计三十艘，惟皆不与革命军开战。

闻萨镇冰已照会各领事，将于明日驶离汉埠，近处开炮攻城，不至累及租界。

汴抚急电内阁：汴省兵力单薄，恐不足敷防路之用。旋奉加急廷寄：尽力防护，毋得稍懈。黄河桥、武胜关二处尤关重要，宜用重兵驻守。

逃至汉口之西教士复商准革党保护进武昌城，检取所遗物件。

外国各银行连日由沪运来现洋，又达五百万圆。

九江电仍通，并未失守。

汉口电局仍由革党管理，华文电报不易通达，私家电信均专人至九江拍发。（以上九江）

袁世凯电奏：臣在野数载，遽出治兵，殊形艰困。请准调集旧部，赴鄂援剿。有旨：准如所请，着即迅速前往，毋得稍延。

新鄂督袁世凯已允出山，定二十七日起程往鄂。

陆军部因战费无着，向外国银行借款五百万，议定即日交付。

军队行动异常秘密，荫昌确已于二十五晨偕吴禄贞率队离京。闻北军定于信阳州集合，然后进攻汉阳。

滇督电陈克复武汉十策中，有“杀某大员，以收人心；戒伪立宪，以固国本”等语。

京汉铁路因赶运兵队，明日停止搭客赴津，惟并不为天津乱事。

今日（二十五）又开御前会议，筹商鄂事，旋颁训袁督，仍宜剿抚兼施。

泽公传谕：大清银行为国库基础，所有纸币统付全数现银。

邮部密奏，前借外债尚不敷用，恳准续借一千万。奉谕饬与度尚熟商。惟泽公以鉴于川路前事，决计力驳。

阁臣与资政院总裁密商：此次开院各界陈请书必多，应多派专员，分别详审，再行交议。至议员干预外债及抗争改章二事，尤须预筹办，以便对付。（以上北京）

闻孙汶与黄兴同主义而不同党。现孙亦秘密来华，与革命军联合大举。

旅美华会馆又集美国金洋三十万元，接济革党用款。

外洋中国公债券大跌价，自二十一磅跌至二磅。（以上卢州）

连日警报迭传，或谓北军业已变叛，或谓摄政王及宫廷业已出亡，然罕有确实消息。北军接续向南方进发，官场于军队之行动严守秘密，惟闻大军拟在汉口之北数英里会集。此间人士皆料，必须过一星期始有大战。荫昌及参谋各员已于昨日启程，军威颇盛。闻荫昌尝谓，政府如能接济巨款，则彼必可镇伏革军云。外交团现皆注意于袁世凯之举动。据外务部某员声称，彼闻袁意，如畀以要求之大权，则定可赴任。意国公使馆卫队，明日将有一小队启程赴沪，如大局紧急，则将赴汉保护该处意人之利益。此间未闻天津有乱之说，京汉铁路因须运兵，明日停开客车。有日本巡洋舰两艘、灭鱼雷艇两艘，已奉命赴津。闻端方仅行抵重庆，未抵成都。

《顺天时报》为日人之机关报，因不遵警谕，登载鄂乱不确之消息，外务部特向日使抗议，并将该报违律之举照会各使。（北京）

据《泰晤士报》北京访事电称：荫昌今午率队南下。星期二日有大军二万四千人，分载二十四车，启程赴汉。

中国革命党领袖孙逸仙抱共和总统之希望，已于今日由丹佛启程，赴太平洋滨筹捐，以助革命军。旧金山中国会馆，已捐集美金洋三十万圆。孙逸仙谓，大约彼将赴离中国最近之处，以候机会而入革命军。并谓，寓于海外之华人，如美国、坎拿大、新加坡、菲列滨等处，皆为热心之革命党，时与中国革命党通信。又谓，革党起事，筹划极慎，新军悉抱革命思想，一俟相遇，即将入党；凡受外国教育之官员，候有机会，亦将入党。

钮［纽］约维新会宣称：接汉口私电，谓广东、广西、湖南、福建各省业已响应。并谓革党在武昌之地位，实难攻击。钮约皆谓，孙逸仙为革命中无价值之人物。（钮约）

日本外务部因中国乱事，特于今日开重要会议。现信已决定行军试验之计划，惟尚未宣布，但闻政府已豫备对付方法。

汉口大局危急，两军交战在即。官场已请南昌外人离埠，华人纷纷迁徙，市面大坏，余均安静。

中国度支大臣，已发现银一百万两，救济京师市面。

米价已增十成之二。意大利最速之巡洋舰三艘，已奉命预备开往中国。北京半官报隐谓，武昌之变实由日本主动。（伦敦）

武昌、汉阳、汉口皆为革党占据，设法规复秩序，并招募健者，预备与官兵开战。前从武昌逃出之日人，现由革党保护，于念四日复往武昌，收拾前所遗下之物件。目下各方面颇安靖，惟革党仍搜杀满人。（汉口）

官军三千名于本月二十四日，由宝庆（译音）拔队赴汉，十日之内可抵汉口。（汉口）

荫昌昨午已向汉口进发，拟离汉口二百里扎营。据官场宣称，袁世凯电致徐世昌，允受湖广总督之任，故政府甚为欣喜。官场谓，袁之声望已足惊人。中国禁卫军全队已抵北京。（北京）

此次乱事，日本商业恐其受损甚巨。中国实业团赴日游历之举因乱作罢，日人颇为惋惜。东京某报将革命党在东京印刷之军用钞票摄影登报，上有孙汶所签之花押。据日本传称，革党已举定外交人员，以便与各国交涉。（东京）（以上译西报）

《申报》1911 年 10 月 18 日第 13899 号第 3 版

革命军起事纪（四）

革命军因闻荫昌所统之军业由保定分队南下，故已将交战计划筹定。闻昨已据守某段铁路，且拟设法使载运军队之火车一律出轨。此事恐将于吉潼山实行，因该处之铁路介于两山岭之间，若火车出轨，则北军不能前进，而革命军可据势两面夹攻也。

招商局新济轮船于二十二日夜间十一点钟离汉，载有避难人二千名。据云，二十一日有中国巡洋舰两艘，游弋英租界之前，开炮轰击武昌炮台，炮台回炮击之，内有数弹落于俄租界之内。英国炮艇西塞尔号之司令官乃往谒见日本川岛少将，命阻止中国巡洋舰在租界附近开战。中国巡洋舰因驶近革军炮台，开炮数响，旋即驶向下游避去。

二十一日，有官军五百名由京乘火车驰抵七里河，携有马匹及野战炮数尊。革命军首领黄兴自称为国民军元帅，传令该军止进，该军继即投降革军。

昨南京轮船船员告人谓：革命军共有子弹二百余万颗，连日筹划省城防务，甚为忙碌；且武昌早经官场处处设防，故其地位殊为巩固。据一避难西人云：官军断不能将武汉之革党逐出，盖革党之军皆新军中之矫矫者，军械既极充足，而又占极好之地位也。

又据避难之某西人云："革军极为文明，颇有秩序。吾等所以欲迁徙者，因恐官军南下骚扰耳。"当革军抵汉时，西人皆至江边遥望，极形安静。假使官军一至，势必开炮乱轰，不知是时将作若何怪状也。

汉口自二十日起，已一律罢市。迨革军既占汉口，即竭力维持秩序，并劝商民照常开市，以革军颁行之军用手票交易。凡见抢掠者，及形迹可疑者，皆拘送军前，研究定罪。一日间共拘五十余人，已择尤枭首示众。

二十二日，革命军领袖曾致书中国兵舰，令其降服，惟闻是日未曾接到覆音。其时驻汉之兵船，计有炮艇两艘、巡洋舰一艘、鱼雷艇四艘。

革命军对于外人极有礼貌，其统领操英语极熟，凡往拜会者，必亲出相见，握手为礼。

革命军已在武汉设立度支所，即助捐铜圆一枚者，亦给收据为凭。

沪汉电报昨仍未通，惟由北京转达，始可达到。其九江至上海之电，闻已通达。惟九江至汉口之电，现仍阻断。

革命军统领黎元洪，日前面告汉口电局洋文管理员兰巨培克君，谓革命军并不干涉发电一事，或用浅明英文，或用华文，悉听人便；惟华文电报须由革命军官员盖印之后，始能代发；至密码之电，惟外国政府官员所发，始可收接。现武汉电线业已接通矣。

又闻沪汉电线之断，与鄂乱无关，日内即可修竣。惟汉口至北京之电，已由革命军占据，将使荫昌不得与南方通信也。（按：沪电发至九江，由该处用小轮送往汉口，须三十小时始能得覆。）

闻政府已与招商局商妥，借用公平、新济、泰兴三轮，即日开往秦皇岛，运兵赴汉。

汉口美国总领事乘炮艇海里那号过江，泊于炮台之下，与炮艇司令官一同登岸，与革军统领面商，拟将武昌各教士接回汉口。统领允之。未几，有小轮一艘，高悬美旗，尚有二艘高悬英旗，载各教士及中国女学生一百四十人，安抵汉口，毫未受有惊扰。西人因此大赞党人之文明。（以上汉口通信）

赣抚冯中丞因迭接武昌警电，而鄂督又连电请兵赴援，当派巡防前路，改编新军五十五标一、二两营，委标统庄守忠督带赴鄂，相机剿办；并饬由劝业道传观察封备民船一百多号，雇赣岸公司祥霖、祥云、康济、升顺轮船四号，于二十一日午后三时，拖带赴鄂；并留飞渡轮船停泊德外铜元厂标部，以备二十二日黎明接续拖往。

冯中丞因新军两营业已开差省垣，只有协部马炮工辎队，及新编三标三营，未免空虚。其分防袁州五十四标，及驻浔五十三标，现当有事之秋，又万难调回；库存军火，殊觉可虑。已谕派新营添扎军装库，不分昼夜，轮班巡守，以备不虞。（以上南昌通信）

皖抚自闻鄂省革党肇衅，连日与各司道在督练公所会议筹防事宜。惟皖省财政奇绌，筹款甚艰，当即电请截留饷○，并奏请部筹的款八十万，以五十万为招募巡防五营预备军装粮饷之需，以三十万为维持市面之用。闻已奉部核准，由交通银行照拨。

省城绅商学界诸君，亦连日齐集六邑公所会议，拟开会筹办绅富捐，分别举办商团、民团，以资自卫。闻已成立矣。

此次乱耗，虽经朱中丞极力镇静，奈人心惶惶，城乡绅商仍多纷纷迁徙，市面不无恐慌，尚望各当道晓谕禁止，以镇人心，则大局之幸也。（以上安庆通信）

杭垣近日亦颇骚扰，纷纷向各银行、钱庄提现。幸资本家极力维持，故已一律平静。惟无知识者，仍复纷购金饰、金叶，以为预备避难之计。昨日杭沪火车开行，竟有某宪眷及巨绅某某等数户，各携重金迁赴上海租界，或有挈眷乡居者，殊无谓也。

昨晚两句钟，抚署突奉内阁加紧电谕，立召司道及督练参议袁道，秘商三小时之久。复调驻扎花牌楼之武林巡防队入署，若有非常巨变也者。故军队路过各街时，商民愈加惊疑。因之，今日谣言愈甚，有传安庆失守者，有谓金陵被围者，全属无稽之语，殊不足信。（以上杭州通信）

日前有华人投书日本报馆，谓“闻贵国政府不欲承认湖北新汉文明之军队，竟视为作乱之徒。如果确实，殊伤两国友好之感情，且将逼令吾人以文明举动抵制贵国。特此豫告”云云。是亦无意识之举动也。

自川鄂肇乱后，沪上居民之至各银行提取现银者，尤形拥挤。而各银行以接济汉埠之故，目下现银不免缺少。日昨某银行门前贴有字条，略谓：“川鄂乱事影响颇剧，目下现银缺少，如提储蓄存款者，五十元以上，先付三成，一俟现银运到，即行照数付给。”又某某等数银行，亦有字条通告存户及持票换银者，谓“华商各银行公议，暂缓一礼拜，调齐现银，一律照给，决不使稍有亏损”等语。如此办法，不过稍迟数日，各种款项固已切实可恃，无知者何必自取纷扰耶。

又日昨各钱庄与商务总会总协理、各银行买办，会议维持市面办法，决定凡

有被挤各庄、各银行，当力为接济，以解金融机关之困难。如此则市面更可平稳也。（以上本埠通信）

《申报》1911年10月18日第13899号第4—5版

度部编订皇室预算之政见

度支部奏称："查本年正月间臣部奏，主管预算衙门所事管项清单内开，关于皇室事务，在皇室经费未奏奉钦定以前，一切预算事项，应暂由度支部承管等因在案。嗣经臣部将宣统四年岁入预算之数，列表分配，咨送内阁协议。查度支部暂管预算事项，比照会议政务处奏定宣统三年预算案分配，应列银七百八十万余两。惟皇室事务至为隆重，现在皇室经费尚未厘定，宣统四年预算自应宽为筹备，计岁入分配之数共列库银八百三十八万三千五十七两，较三年预算案实增列银五十八万余两。查日本预算案首列王室经费，但有总数，不列细数，国会不得置议。泰西各君主立宪国预算，亦大率类此，所以保王室之尊严，表人民之翊戴，意至深也。本年试办宣统四年全国预算，自应仿照办理。现由臣部将京外衙门造送暂管预算表册汇总编订，计经常、临时岁出共库平银一千零二十四万六千九百七十四两，较宣统三年预算案共增银二百四十四万余两，以岁入分配之数相抵，尚不敷银一百八十六万三千九百十七两。此项预算均关皇室事务，非臣等所敢擅议削减。谨按原报数目，考其性质，敬谨厘订，缮具总册暨比较总表，恭呈御览，伏候钦定。即由臣部将总数列入预算案，不再分列细数，以崇体制。"八月十一日奉旨："依议。"

《申报》1911年10月18日第13899号第10版

鄂乱影响

武昌革党起事以来，沪道之防范颇为戒严，除浦东杨思桥已饬淞沪四营派兵二棚前往防护外，尤以浦东洋泾东西沟及三林塘严家桥各处，均系乡僻之区，更应慎加防范。如设有警察者，由闸北警局加派巡士往驻。其无警察之处，则由淞沪巡防营派兵前赴驻防，以保治安。昨经移行巡警总局淞沪巡防营查照办理矣。

沪南信成银行，日来兑现提存者，颇形挤轧。昨由华商信成、四明、兴业等发起筹议，以银行为流通市面最要之机关，今若纷纷支动，诚恐变生意外。故自昨日起暂行闭市七天，以待香港汇到现银，再行定夺，以安人心而便支持。其所发公启如后："启者：鄂变起后，人心惶惶，沪市首受其害。金融阻塞，各不流通，钞票存款纷纷取提，市上现洋搜括殆尽，将何以应付。在持票提款之人，不过因一时之变乱，致起恐慌。而各银行受此影响，受累实非浅鲜。爰公议换票提存，暂停七天，现已电向香港购现洋来申应付，决不有误。务念时艰，静心稍待，本银行等以信用为重，断不使稍有吃亏也。上海华商各银行公启。"

江南机器制造局总办张京卿，前日电禀海军提督萨镇冰军门，请即拨派兵轮来沪，驻泊局前，从严保护。兹接军门回电云：“查巡洋舰海圻号适于今夏护送振贝子赴英国，贺英皇加冕礼，后即游弋美国，尚未归国。业已电致该舰管带程璧光，迅速驶回祖国，即可拨派驻防。”至海琛号兵舰，刻奉军门在沪调赴汉口，随时拨防云。

江督张安帅，前日电致沪道谓：“上海制造局之龙华子药厂，系为存储火药重地，虽有炮队营驻防，尤恐兵力单薄，防护难周。着再饬派沪防营弁兵一二哨，迅往该药厂防护。如果沪防各营不敷派调，可请江南刘提督酌派营兵驰往防范。”

沪南各花行自昨日起，因市面呆滞，现洋缺乏，以故公议暂缓收花，一俟市情稍定，再行收买。因而各乡贩之携花到沪欲得售卖者，莫不仰屋兴嗟，忧形于色。油豆饼市亦复跌价，市面因之大受影响。

《申报》1911 年 10 月 18 日第 13899 号第 18 版

10 月 19 日

专电

昨晨（二十七）七点钟，革命军与湘省援军（非荫昌之军）于江岸车站中间开战。江中兵舰并未开炮助击。

革命军统领现与各国兵舰总统川岛会议，维持租界办法，允于开战时格外谨慎，不使租界受害。

两军哨兵相距只四千码，官军军队延长至跑马场，革军则据英租界之后背。

革党近与官军有文书往来，闻系通知交战日期。

革命军二千人携大炮八尊渡江，向襄河上游而去，行踪甚秘，有潜入湘境之说。

萨军门率兵舰九艘停泊江心，须俟北军到齐，水陆会合进攻。

革命军在汉设立军政分府。湘军陆续投降者将达千人。

革命军举詹大悲任汉口军政分府，李亚东任汉阳府。

汉阳兵工厂日夜开工，造出机关枪炮甚多，子弹亦有数千万枚，均由革党运往军前应用。

湖北官兵多投降革军，张彪亲兵亦有逸去入党者。

张彪扎营之处，时有革军排队经过其前。张兵视若无睹，并不出击。

革命军临时政府下令，武汉军民定九月初一日一律剪发，违者有罪。

武昌城门已一律开放，惟革命军稽查出入甚严。

北军现有数队屯扎刘家庙，俟荫昌大队到后会合前进。

二十六晚，汉埠又火，延烧海关轮船局，经革命军极力扑熄，并搜获匪徒，斩首示儆。

汉沪电报昨日上午已通，下午复阻。（以上汉口）

黄州府兵变失守，电局毁，田家镇炮台陷。（九江）（按：二十六日本馆接田家镇炮台失守之电，即已揭示门首。一面电询九江访友，是否确实。昨始得复，录之如下。）

袁世凯电军咨府，拟在北洋军队中挑选劲旅，带鄂助剿。

萨镇冰电请，借用外国兵力助剿。军咨府尚未电复。

有旨，命荫昌过豫时往晤袁世凯，先行商定平乱之策，然后进剿。

内阁总协理昨奉摄政王谕，通电各督抚：目下军事倥偬，人心不靖，着将每日情形电奏，以慰圣廑。

内阁通电各省：大势日急，宜速振刷精神，督饬训练各军慎加防卫，如有意外，惟该督抚是问。

四国借款代表以各路迭起风潮，开工无期，第一期款不允照付。经邮部严重交涉，仍坚持未允。

度支部先拨五十万，续拨一百万散放市面，故京市渐安。

萧御史奏：银行信用亟宜维持，陈四策请采用，并请禁止京米运津，以安人心。

赵尔丰电奏：新津县已克复，惟邛州又陷。

岑西林电奏："病势增剧，仍请迅调能员入川。"奉旨："着勉为其难，赶速前往，以纾朝廷忧廑。"是日，并电寄袁项城，语意亦同。

乔树枬等奏：川事糜烂，大股悍匪陷城日多。恳催岑春煊兼程前进，并速释放蒲罗等，收拾人心。（以上北京）

传闻：安庆沿江炮台均已悬挂白旗。（安庆）

闻旅欧革党近在比国广印传单，分寄各华侨阅看，内多激烈反对政府之语。

粤督电致内阁："粤受鄂乱影响，警耗频闻。京师近状奚似?"得覆："京中安静，请专注意粤防。"（以上广州）

北军奉派赴鄂者号称三万人，将于十日内陆续南下。（保定）

昨有三人播散革命传单，被捕正法。（以上奉天）

探得长沙无恙，惟湘汉轮电均阻不通。

宁垣无变动，惟市面甚紧迫。镇江亦安。（以上南京）

现有大军一万名，由保定府赴南。昨晚所发京津铁路停止搭客之谕，已于今晨取消。但目下每日只开火车一次。通州旧军已抵北京。现北京禁止运米出口。外务部发出公文，谓萨镇冰军门确已抵汉，且谓东北两处兵队旦夕可到，只需数

日，即可克复武昌、汉阳云云。（北京）

日本以革命军统领致汉口领事之照会，作为私函，并不答复，谓此次乱事仍为内乱。有人预料官军与革军开战最早须在九月初四日。查两方面各有军队一镇半临阵，而革命军所占胜利多一汉阳兵工厂。《东京日日新闻》谓："德国旦夕将有举动。"有公法家数人预料："荫昌终必借助于德国。"但官场则谓："各国当合谋中国之完全，不致有瓜分之祸。"东京《朝日新闻》谓："此次鄂乱，实由中政府对于立宪主义首鼠两端，有以促成之。今非政府开诚布公，则此次乱事虽平，必有他乱续起。"《日日新报》北京访员谓："中国现向四国公司商借战时用款，已由四国拒绝之。"

据外务部声称，袁世凯无切实之覆音，大约或将辞职，或欲要求特别之大权。齐书之人旦夕可到，京师谣言渐息，自鄂乱之后以今日最为安静。南京、长沙、广州、安庆、奉天、开封、天津、福州，均有官电报告地方安静。据汉口法国领事报称，汉口革军现静候北军之到，据谓尽将投入革党政府，已备机器炮四十尊保护宫廷。（北京）

革军谓，袁世凯赴鄂必不抵抗。革军并谓，萨军门亦不致与彼等开战。英国居民之一部分，因革党在英租界击毙满人一名，颇为忿怒。有革军一千五百名欲过外国租界，未经许可，随［遂］穿城至张彪扎营附近之处而去。张彪目下统带官军约三千名及水师一千名。汉口之北数英里之铁路为官军所占，已预备出战，并保护南下之火车。（汉口）

英法报纸多谓："北京政府所处之地位，已无生机之望。"惟德国报界之言论颇形镇靖，谓："袁世凯之督湖广，与荫昌之率官军南下，足征北京政府颇知大局之危险，并望革命举动终不至大碍商业。"据汉口电称："各国兵舰登岸之水兵，现与土匪巷战，各项贸易已皆停止。"中国外务大臣梁敦彦谓柏林报界代表曰："政府终必战胜革军，北方各镇兵队极服从袁世凯。"又谓："深望此次乱事，不至牵动中国与各国之交涉。"中国革党在比利时卢的克地方印就反对清政府之传单，现已传遍欧洲。俄京半官报宣称："俄国绝无利用中国衰败之心，外间之言不确。"柏林中国公债券价值稍落。（柏林）

北间大局无其更动。闻官兵与革党不难磋商和平解决之法，但无确实可恃之信息。

革军极有秩序，共有步军六标、炮兵两标，其数日增，人民无不表同情于革党者。此间只有官军八百人，系湖南陆军。尚有湖南北绿营兵四百名，现驻扎江岸车站。北方大军尚未抵汉。（汉口）

官军六千名已离北京，尚有大军陆续赴南。保定革命军起事之说实属不确。度支大臣因兵费不足，现向四国财政团商借银二百五十万两。（北京）

萨镇冰舰队泊于汉口下游，尚未行动。（汉口）

北京米价大贵。袁世凯是否赴任，尚未决定。（北京）

南京人民恐慌殊甚，纷纷迁徙，或赴江北，或赴上海。（镇江）

北军之一部分已抵汉口之上之江岸，大军抵汉尚有数日。官军毫无战胜革军之希望。（汉口）（以上译西报）

《申报》1911年10月19日第13900号第3—5版

革命军起事纪（五）

鄂省军界联合组织国民军已非一日，风声所播，致十八日有破获俄界粮台之事。闻该党原定八月二十九日各省同日大举，因事机已露，迫不及待，故十九日夜演成此象。今就通信员所亲见亲闻者，胪列如下，以见此事真相。

革党原约十九日夜三点钟起事，以火炮为号，行杀三十标某营旗兵（该营旗人大半），然后进攻督署、藩署。讵时尚未至，武胜门外四马路某民家忽然失慎，城外炮马辎重各营疑为号火，先由辎重队枪毙督队官，整队而出，炮马队继之破城而进，城内各营即占据火药库、军械所。二十九标汉人与三十标旗兵两相轰，互有死伤。嗣炮队进城夹攻，旗兵大溃，死亡枕籍。旋即，围攻督署炮队，以大机关炮七尊据蛇山直轰，附近一带均成灰烬。各兵均左手挽白布，口号为“同心协力”四字。此十九夜之真相也。迨二十日黎明，国民军代表相聚于咨议局，黎宋卿（协统）亦到，咨议局议长、议员均军服赴会，局外高悬义旗，到会者不下数万人，阅马厂空地为满。公举黎宋卿为鄂军都督，汤议长化龙为正参议，出示“安民、不排外、不扰民，违者杀勿赦”。其示文三通与前报大同小异。外人教堂书院无恙，均有国民军保护。外人出入城门，均以礼迎送。市面半开半闭，惟愚民恐惶较甚，纷纷坠城迁避。据云，湖南已有来电，业经起义。安徽亦然。四川早已通信。此外长江上下游无虑。闻将联合直向京都，撤毁黄河铁路，俟各省义军会聚，共图进行。安民示文已至汉口。刻正召［招］募新军，一二日间已得数千人，各学堂学生亦有投笔起者。此近日见闻之一切真相也。

汤议长既被举为正参议，在总司令处阶前当众演说云：“本局为国民代表，原有兴复责任，既承诸君踊跃，事已成局，自当尽死报命。成则共图勋名，败则城中数十万生灵同归于尽。但宜紧严秩序，不可自相残害，方为义师。”众人鼓掌，刻正印刷示文，刊刻铃［钤］记，部署约已大定。

鄂军十九日、二十日情形已详志前报。兹将二十日下午八钟，中华军政府鄂军大都督黎传齐各营军官分配布置事宜录下：

（一）改换暗号。军队巡哨以暗号为基础，黎都督最注意于此事，时刻更换。无论何项人等，出入志门，如暗号问答不符，实时开枪轰击。现问答不符被击毙者，莫可枚举。

（二）共举参议。国民军草创成立，只有战胜攻取之人，而无运筹帷幄之人。黎都督特传齐各军官，公举咨议局正参议官汤化龙为军事总参谋，兼管粮饷事。

（三）出示安民。黎都督以省垣住户人民惶恐迁移，大有罢市之举，日前特商汤参议，斟酌出示晓谕满汉大义，令商民各安执业，以便通商有无。

（四）搜杀旗人。国民军表明兴汉为宗旨，黎都督特传谕各军，无论省城内外，旗人屋宇多半烧杀。

（五）保护商民。黎都督以国民军宗旨正大，凡属同胞汉种，一律不准抄杀。其于省垣内外商铺，尤加注意保护，以期欢迎义军而备饷项之输用。

（六）黄帝纪念。黎都督以国民军既得武昌，即为异日恢复汉土之根本地，故不用从前旗号，另换黄帝纪元旗号，以为黄族复起之纪念日。

二十日晚十一点钟，革军兵士至汤议长公馆，请往咨议局与鄂军都督黎元洪协同办公，并推为鄂军总参议官。汤君允许，当命传骑出城送信，至中和门外陆军第三中学堂，该堂学生随即全数站队，鼓号入门，至咨议局。未几，黎都督发号，传各军官会议。正会议间，局后蛇山岭突有枪声。旋有骑兵侦探报告，旗兵在岭放枪。都督当命步兵追击，众旗兵始散。据兵士云，逃散之旗兵约有二百余人。十二点半钟，革军至藩署攻击。防守藩库之管带郜翔宸见势不敌，率兵出忠孝门而去。革军追击，杀毙甚多。省垣无知识之人民见外藩库无人防守，群相毁库，入内抢掠。幸内藩库尚无损失，现由革命军守护。三点钟时，都督据骑兵侦探报告，保安门及望山门外王惠桥一带，似有多数兵士。都督即命众射击，未放三四响，即有人呼，谓系行路汉人，都督乃令停放。四点半钟，督辕东首民房突然火起，直至二十一日上午始行救熄，计焚去二十五六家。同日，王府口街又焚去十余家，武胜门外恺字营附近亦焚去七八家。中和门内楚望台军械局火药库，原系工程第八营左队队官吴兆龄督队防守。二十日晚，黎都督始传吴队官至咨议局襄办公务，所有楚望台防守事务，则改用工程第八营左队一排排长邝世杰督办。

二十一日清晨，无知人民将文昌门外织布局抢掠一空，沿途所遗之线与布甚多，老幼男妇向城外搬迁者络绎不绝。革命军再三开导，仍归无效。九点钟时，武昌甲栈前获旗民二人，立即杀毙。十点钟，革军寻抄旗籍公馆，故银元局街札公馆（札曾任鄂臬）、审判厅附近宝公馆（即前三十标标统宝瑛之公馆）均被抄毁，闻眷属亦被杀。军事参议官铁忠暨陆军小学总办宝英，均被杀于巡警道署之前。十一点钟，黎都督因城内商民大半闭市，当命军士鸣锣喊，谓："同胞不必惶恐，有我等保护，赶快开市，官票可以仍旧兑用。"十一点半钟，都督命陆军一大队荷枪至造币厂驻扎。陆军统制张彪反对革命军，现在汉阳龟山禹王宫外竖有龙旗一面，身旁只有兵两队，恃有巡防营统领陈得龙带兵六营（共一千一百余名）附和之故，尚未逃匿。（以上武昌函）

二十二日下午，革军出有保商示谕，文云："告尔各地商民，切勿徒自虚惊。本军此番举动，专出久虐生民。同胞各自努力，共灭□类仇人。各商照常贸易，纸币官票通行。保商第一宗旨，昼夜派队逻巡。倘有无知流民，藉端滋扰街邻，一经本军查获，就地格杀勿论。"

是日晨，国民军驻汉代表胡，在四官殿将二十一晚放火之一人斩首，挂在电灯杆上示众，随邀请汉口商务总协理，商议保商之手续：（一）各商家一律开市。（二）所有台票、洋钱票仍照常通行。（三）各段保安会派员巡街，遇有放火劫抢之流民，送往居仁门该营处决（国民军营驻是处）。（四）各团体操员任其领枪械巡街，不愿者听。（五）国民军驻歆生街余庆里一百六十人，驻四官殿六十人，驻智仁门六百余人，驻沈家庙二十人，其伙食俱归商会供给。

花楼正街熊家巷口"福生恒"，因兑票争执，被匪放火，延烧十八九家（晋大钱庄、"福生恒"钱店、"裕生"钱店、"同生祥"杂货店、"干山堂"药局、"晋丰"油行、"永利昌"酒馆等），烧至"恒庆"当铺为止。其时抢匪沿街塞满，后经革军驱散。

汉埠商界通函武昌国民军，要求派兵来汉保商，情愿筹款接济，并供给该兵火食。二十二日，商会总协理，接武昌国民军办公处来函道谢，内有"请暂借三千串，当即归赵"等语。该会总协理议员，及各团联合会会长马刚侯，随即亲自解钱渡江，并与筹商善后办法。

汉口电局仍照常办事，所有电报毫无阻滞，惟华文电报须经国民军检查，允准始发。闻水师舢板已有服从革军者，并由该都督札委统带，仍沿江巡查。二十二日，闻有反对该都督之侦探被该军拿获，在余庆里斩首。抢劫花楼正街商家，被英租界巡捕拿获之数十人及货物等，俱解入捕房。二十二日，英领事至商会，请其办理。总协理以无国民军命令，不敢收受，仍交英捕暂押。现已在四官殿与该军驻汉代表商妥：收解后湖；如其中有善良者，准其请出商家保释；流氓则用枪击毙。是日午后，有流氓一群，约集抢劫"裕隆"当铺。经国民军派兵往拿一二人处决，并留兵数人在该当铺前守护。汉口商界体育会闻已向该军请领枪械，各团保安会亦将请领，以备保商。

黄陂街湖北官钱局，近因省城阻隔，市上谣言官钱票现在无用，纷纷向局兑钱。日昨竟有匪徒在该局行抢，并敢由后门撞进纵火。经保安会驰往灌息［熄］，并定于是日二点钟，在沈家庙照兑。自国民军起事，夏口厅之拘留所所押人犯，均有蠢蠢欲动之势。二十一日，夏口厅监卡委员唐志伊早已避匿，其押犯百余人打开牢门，一拥而出。守卫兵无法禁○，只枪伤二人。汉口地方初级审判厅民刑庭推事，均已纷纷逃走。日昨，看守所中所押人犯均已一律放出，现在只有司法警察数名居住其中而已。汉口谣言四起，一夕数惊，致有匪众行抢情事，殊于商务大有妨碍。二十一日下午三钟，各商店又一律闭市。黎都督特派兵士，在各街

市劝谕商民，于二十二日务须一律开市，如违抗不遵，定即处以相当之罪。故又陆续照常交易矣。（以上汉口函）

《申报》1911 年 10 月 19 日第 13900 号第 5—7 版

鄂垣革军之影响种种

苏州。苏垣钱市恐慌各情，已记前报。兹悉此事由鄂警后上海银根奇紧所致。苏城各富户若不提取存款，尚不致摇动市面。乃有阊门某绅富，欲在各庄提取存款二十一万，致各庄无以应付。齐集公所会议，遂议定凡提款及往来，均以四五百元为限。而各户提款者均须现洋，致各庄亦不收钞票，以是城中各业皆不用钞票。其裕苏局钞票发出者尚不甚多，近日赴该分局取洋者不多，尚可应付。裕宁钞票在市面者过多，连日该局被挤不堪，几有用武之事。幸由警局派巡警照看，未致闹事。各典当亦因此搁浅，凡当钱至数两以上者，即被却不当。连日人心惶惶，大有不可终日之势。日昨商会总理尤先甲、总理吴理杲，同典业董事潘祖谦，均起抚辕谒见程中丞，面陈市面危急情形，可否商请拨借官款，维持市面。中丞已允许由藩库借给现洋四十万元，发各典当具领应用，并拨借现洋十万元给裕宁分局，以资流通，均由商会担保。一面已札由苏藩司巡警道出示晓谕：各项钞票一律通用，勿得阻碍。并为电商督院拨款接济，以资维持。昨日，各典铺中有长春巷某典铺，午后二时即行闭门止当。苏府何太守暨三县深恐贫民慌乱，将滋事端，亲到商会，会同典业董事商议维持办法，转饬各典照常开市，如有闭门停市，摇惑人心者，应即指名查报，回明上宪究办。至银楼饰铺，争向兑买赤金者接踵而至。二十四五两日，由六十换飞涨至六十四换。有中市著名某药铺之店主，一日间收买金条五百余两。各银楼底货空缺，难以应付，现在限制买客，五两以外概不兑付云。

扬州。两淮增都转得武昌警信后，深为焦灼。昨日，传见扬州府嵩太守，并江甘桂禹两大令入署密商，并饬各门增添兵士。署外站岗卫队亦加拨四人，而防守运库尤十分严紧。闻江督日内迭有电致各衙署，惟此中电文近日未易探悉。

松江。昨日，松江城内外盛传杭州乱事，几同目睹。实因杭班火车迟到一句钟，遂起恐慌。而市面银根连日紧急，二十七日各大钱庄更暂止出入。因是人心惶惑，深恐牵动全市。

杭州。浙省自鄂乱发现后，惊惧情形业已迭志本报。连日纷接政府加紧密电，漏夜召集司道秘密协议，飞调前左中三路巡防队全军，限期来省，听候布置外，对于驻省新军尤形注意。初拟饬令一律缴械，以防不测。嗣因萧统制一再抗争，迟疑未决。又经某道献议，改为提前退伍。（按：新军第一、二两标扣至本年九月，已届期满，应退伍者计共三营。）奈司道各库一贫如洗，饷需无从挪借，致前后密议七次，仍无确当办法。现探闻于昨日下午决定，藉词海防紧要，饬令现驻镇海之八十四标第一、二两营调赴温州，而以驻省之八十二、三两标精旅三营，一律开赴镇海。特于二十五日下午电饬八十四标标统张载阳，于本日到杭会筹新军出防诸事，大约三日内即行宣布。闻增帅已密商将军德留守，除原有八旗巡防队，即日发给子弹，预备应调外，再于全营马甲内挑选一营，限一星期成立。所有饷械子弹，已派某道特别筹备解送矣。

《申报》1911年10月19日第13900号第11版

10月20日

上谕

八月二十八日内阁奉上谕：盐政院盐政丞着晏安澜补授；总务厅厅长着张茂炯署理；参议着周蕴华署理；南盐厅厅长着吴晋夔署理；北盐厅厅长着雷多寿署理。钦此。

上谕：前广西兵备处总办蔡锽，着派充陆军第三十七协统领官；陆军步队第七十四标统带官曲同丰，着派充陆军第三十八协统领官；并均赏给陆军协都统衔。钦此。

上谕：顺天府奏，援案请赏米石各折片。现在节近寒令，近几一带贫民生计维艰，所有朝阳、安定、西直等门外三处粥厂，共恩赏粟米一千二百石；蓝靛厂粥厂恩赏粟米三百石；资善堂暖厂恩赏粟米三百石；同仁粥厂恩赏粟米三百石；广仁堂恩赏粟米三百石；敬节会善堂恩赏粟米一百五十石；均着加恩赏给，由顺天府具［俱］领，发交各该局员绅妥为散放，仍着俟各处教养局开办后，另行变通办理。王恕园等处粥厂，业已改设教养局习艺所，所有米石仍着照案赏给，以惠穷黎。钦此。监国摄政王钤章，奕劻、那桐、徐世昌署名。

《申报》1911年10月20日第13901号第2版

专电

昨晨七时革军进攻官军在跑马场对面大战。初革军得手，至正午革军因子弹不足向汉口退走，下午三时汉阳子弹解到复行进攻战，至垂暮未分胜负。晚间日本租界之下江边有大火，似起于官军营内。

据日清轮船公司电报，昨日大战，革军获胜。

二十七日晨，驻扎刘家庙车站之官军，为革军一大队围攻，官军未退。

两军酣战时，中国兵舰水兵亦登岸协助，掎革军之背面，革军分兵拒之，并开大炮轰击兵舰。

昨日大战，革军取攻势，江中兵舰亦开炮助官军，革军力战不却，流弹无数飞入租界。

两军自朝至暮，共战十小时，互有胜负，约各伤亡一千余人。

第二批北军续由火车抵汉，预料明日（廿九）必更有大战。

闻萨军门、黎都统，刻用公文磋商和平休战办法。

革军分兵渡江，袭击张彪营垒，故襄河旁亦有小战。

汉沪电报须由北京转达。现京汉电归荫昌管理，故战事真消息甚不易达。

革军有在川湘各地急调援兵之说。

闻革军统领以公文往江西调兵二千。昨得秘密电复，军行已抵九江，须候兵轮往接。

九江省城又有失守之耗。

九江有中国商轮一艘，守候载兵赴鄂。现各兵均不肯行，轮已他驶。

荫昌驻军信阳州，并未亲临前敌。

张彪之子闻已渡至武昌，投降革军。张彪亦投书愿降。

大智门车站现归革军管理，不卖北京票。

革军悬赏：探报瑞澂下落者，赏银千两；因而觅获者，十倍赏。（以上汉口）

政府现悬赏：格得黎元洪首级者，赏二万两。

袁宫保昨日启行，以不及刊刻关防，用图章发印电。

邮部昨日午前电招商局："海陆军胜，此时可不用船装兵，惟各轮仍须预备，以便奉命即可开驶。"岑西林奉三次电旨，并内阁急电，催促入川。今日仍以病辞，电请另简。（以上北京）

荫昌头队兵士三千人自北来汉时，革命军坐于草地休息唱歌，见火车到埠，开炮轰击，毙火车上官兵约千人。

革军参谋胡瑛亲骑迎战，得胜后将所获军粮颁犒军士，军威大振。（法新报二十七日汉口电）

荫昌率军南下，昨夜抵信阳州。（按：信阳州在河南之南，距汉口约一百五十英里。）

现两方面停战休息，胜负未定。（二十七晚汉口电）

北京使署接汉口电谓：昨夜革命军出武昌，向汉江上流进发，拟兜击驻扎租界左近张彪之兵。今晨，革党已与官兵及炮舰开战，结果未详。汉口外人妇女现已奉命离汉。（二十七日北京电）

奉天戒严，已预备被困时防堵之法，各处颇不安靖。

吉林满汉混合兵一镇，及奉天之步兵二队、炮兵一队，刻已奉命开赴湖北，由秦皇岛遵上海而往汉口。孙汶抵美国芝加哥埠后，念四日开欢贺革命大会，提议接济之法。

横滨某党人谓：黎元洪于中日战后游学日本时即入革党。此次发贴之告示，尚系四年前所拟就者。（廿七日东京电）

大智门车站今日下午已为革军占据，并派人在彼巡逻，意似急欲袭击赴北之铁路者。今日有自长沙开来官军八百名，在武昌上流登岸。汉阳地方有游民拾石抛掷西人。官军与革军曾在汉江小战。（二十七日北京电）

今晨余（访事自称）往视，张彪所统官军之营垒屯扎于汉口十英里之下，一切秩序尚为完全，营中有官军三千名静候战斗，惟张彪因病未能见客。

革军总统黎元洪现正踊跃佣战；闻荫昌所率北洋陆军一万三千名已在途中；而革军则谓：袁世凯已宣言赞成革命，官军心志不一，必不可恃。

九江开来官军六百名，今日抵此即降革军。

临时政府颁发告示，望国民维持和平秩序，接济陆军，勿伤外人。

革军政府现悬赏银一千两，求瑞督踪迹。

今日上海解到现洋三十万圆，市面已稍安定，墨洋价值跌至七钱三分。（二十七日汉口电）

中国巡洋舰（九江）在某处搁浅，舰上水师悉降革军。

袁世凯允赴湖广新任，今日经外务部宣布，据谓彼初有辞任之意，后与荫昌长谈，其意乃变（荫昌特往卫辉谒之），现直赴汉口，并不赴京谢恩。

南京美领事电告驻京公使，谓革军旦夕将攻南京，请即派炮艇一艘保护。美使接电，即派炮艇一艘开往该处。

旧金山某公司，现为革命军政府刷印纸币洋二百万圆。美国东亚水师提督末杜克将乘钮哇兰斯巡洋舰赴华，统带美国扬子江水师。（二十七日钮约电）

革命军在九江城外，要求该城降伏。（二十七日伦敦电）

二十六日清晨，有革军约一万二千名，抄租界之背，进攻刘家庙车站之官军，胜负未悉，但官军似已败退，顷间未闻枪声。此间日人已从川岛少将之劝，豫备离汉。续闻革军因子弹不足，已向武昌渐退。（二十七日上午十一时汉口电）

二十七日清晨，两军在江岸车站开战，革军暂退。（二十七日下午一时汉口电）

官军共四千名，由萨军门舰队开炮协助，与革军开战。（二十七日上午九时汉口电）

昨晨革军一千五百名，与官军开战相持三小时，既而退走。军官追之未远即止。有流弹飞入日本租界之内。（二十七日汉口电）

昨晨，官军与革军开战，相持十小时，闻革军获胜。（二十八日汉口电）

今晨，官军与革军开战，未久即停，外国租界安静。（二十七日汉口电）

据最确消息，昨夕革军因子弹不足，故乃稍退。今日下午复行开战，胜负未悉。通至北京之电线，已由荫昌管理。（二十七日汉口电）

北军南下者为第三混成协、第十一混成协及第四镇，二十四日离京，二十七日抵汉。此外尚有两队，二十日自开封出发，现亦到汉。（二十七日北京电）

二十七日孔圣辰诞，香港各商举行庆祝，然无一悬龙旗者，但闻路人高呼："龙旗与满人偕亡!"

汉口电称："昨日两军开战，七里河一带枪炮之声隆隆不绝。汉口路透特派记者乘舟驶入战线，靠近荫军门坐舰，见有官兵二千、革党一万互战。荫军门饬水军登岸助击，革党亦分兵抵敌，并开炮攻击军舰，舰兵亦以炮回击之。各国兵舰亦派水兵登岸。此役互有胜负，革党初将官兵逐退，旋以子弹不足，乃向武昌而退。闻萨军门与黎都统刻在磋议要务。识者谓：'革党行动未能活泼，恐误革命之机会。'英国海陆军随员现赴汉口。革命风潮传布于九江、杭州、孝感等处。"（二十七日伦敦电）

昨日下午四时，汉口来电谓：汉镇之后，枪炮乱发不已。闻革党死伤者约二三千人，官军则较少。革军似失秩序，刻正渡河。党人多抱热肠者，应憾调度之不得其人。现又有火车，满载北军到汉。（廿八日伦敦电）

《申报》1911 年 10 月 20 日第 13901 号第 3—5 版

京师之鄂乱谈

二十一日晚十钟，内阁又接汉口急电，内开：革党训令，备极严肃。武昌安静如常，商店照常开市。如有乘乱行抢者，按军令治罪。商民争财产者，按民法处理。所有州县及供差局厂各官吏等，如仍愿为官者，即以原任委之；如不愿为官，则将该官吏护送出境，不加伤害。人民颇有顺附之势，显为希图大举。瀓带罪图功，蒙恩高厚，虽死无惜，但事机危迫，不敢稍朦，特此告急，务乞圣明独断，早定良策，以保大局。

阁臣接到此电即奏明监国，召各大臣开御前会议。监国以该党如此行为，希图大举，已可概见。现大军进发时，尤当于紧急中加以慎重，为收拾人心之计，否则人心一去，大局溃败，不堪设想云云。言时唏嘘不置，左右诸臣亦皆相顾失色。

传闻：武、汉两处搜获之革党印文、札付、照会多件，均系"大将军王"字样。政府以为，王大将军即前署川督王人文云。

闻革党起事时，曾密电海外党首孙汶，请其回国。孙覆电略谓："努力为之。文在海外乘机筹策，暂缓东渡。"

又闻：革党于十九夜起事时，先至武昌电局强停电机，不准官商电传达。半夜后，始知该局设有两盘电机，遂一并看守，而瑞督之电奏已传达北京。

又一消息云：是夜，尚有长江水师提督程允和电奏一通，约二千余言，报告乱事极为详细，或云是即代瑞督电奏之件。盖瑞于彼时已逃入楚豫兵舰，不能发电矣。

又闻：政府于二十一日接芜湖电报，该处就有匪党蠢动之事。

荫昌以军统资格，忽奉命出征，外间咸不解其故。闻系军咨府及阁臣会议时，以鄂省系新军肇祸，必须有新军界负有威望之人始前与交敌，足以慑其凶焰。百计物色，非荫大臣不可，遂有是命。惟荫大臣颇不愿往，以迫于朝命，不敢有违，故迟至二十六始出京云。

巡警总厅于二十一日，特派警官李某等二人，乘火车赴汉，专司侦探，每日电报确实消息。

驻汉外交团报告北京各公使云："官军与革党接战，炮弹飞落租界，毁物甚巨。当由日英驻汉司令官出而抗议：'革党与官军若不将交战地迁移，实系有意侵害中立国租界主权'等语。现革党已迁往大别山，外交团仍守中立。"

北京外交团得汉口消息：革党占据军械厂，已得机关炮一百零八尊，而官军只有五十四尊，彼此轰击，官军甚为危急云。

本日午前十钟，政界消息：荆州有失守之耗。

又午后政界消息：安庆亦甚危急，其"祥昌"银号已被乱匪抢劫。

又得消息：九江亦有革党滋事，并有独立之耗。

军咨府、陆军部会下堂谕，云：此次鄂乱，关于调兵一切设施及军事秘密，如查有泄露者，照军法从重惩办。

又闻民政部日内下谕：京中各政事结社及政党结会，暂行禁止。

外城总厅传谕各报馆，云本月二十二日，奉民政部札开："准陆军部咨开，查鄂省近有匪徒聚众滋事，意图倡乱，现已派兵剿办。京师五方杂处，诚恐无知愚民散布谣言，希冀煽惑。应即严加防范，以镇人心。相应咨行查照，预为防范。并希传知在京各报馆，关于此次鄂省匪徒倡乱情事，暂缓登载等因"。为此谕知各该报馆，仰即遵照暂缓登载可也。

《申报》1911 年 10 月 20 日第 13901 号第 5—6 版

革命军起事纪（六）

革军占领汉口后，即组织机关报一种，名曰《中华民国公报》，已于二十五日出版。兹将其简章摘要录下：（一）本报暂为本军政府参谋部附设机关，故定名《中华民国公报》。（一）本报之宗旨，即以军政府之宗旨为宗旨，大要以颠覆现今之□□政府，改建共和民国为主义。（一）本报之言论，专以说明现今世界大事，陈述精密学理，暨凡关于军策、治安、民情、敌势，除本军政府秘密要政外，皆得登载。（一）本报发行部，除武汉三镇专人派送外，其各府各省皆由交通部递给。

又有一种名《大汉报》，其宗旨与公报略同，惟查其内容，似非军政府所组织。前日有由汉逃沪之人，以拾得两纸见示。大致《公报》专为革军宣布文告命令之用；《汉报》则多杂载新闻也。

革军政府以滥杀满人，恐不免有怀挟私嫌、累及汉人之弊，军政府已发临时命令取缔之。凡在外面拿获旗人，须请执法处详细审判。如果确系旗人，方可枭首示众。不得任意乱杀，以失人心。

二十三日，革军广招武汉三镇新兵。至申刻时，已有二万二千名。此项新兵月饷八两四钱，有识字者十二两六钱。昨晚计算，共集步兵十八营、炮兵三营、马兵两营。其余如辎重营等加入新召［招］之兵，统计为数已属不鲜。

汉口地方初级审检各官，自二十一日后即纷纷逃避，不知何往。昨闻，梅厅丞光羲业已返归，咨议局仍以该厅丞组织司法一部分之事。

十九夜，有江元兵轮高悬红旗，以示欲战之势，驶至二马头江心，即向龟山放一炮。山上远望，亦悬红旗，向该轮开炮直放。该轮当即避往日本兵轮后面而去。

商会二十日解军饷二十万，陆续运渡武昌交纳。柯逢时亦认军饷三十万，以资接济。

当起事时，瑞督逃至某兵轮，复向某国借兵舰，○背城一战，某国不允，○须得有贵国皇帝正式文书，然后可商，此时不能轻启兵端。

闻军政府接有外电，谓黄州已破，军队已派炮队驻田家镇。

荆州旗人闻有无辜残害民人者。革军政府已电前三十标统曾广大就地进攻。

田家镇所置大炮可达六千米达，系革军从前购自外洋者。并闻，已派人购到鱼雷数具。

二十二日，有骑兵数百人，胥属旗兵，各荷枪跨马，直至黄陂县行劫。闻劫得城外数家，欲再入城，居民急闭城力拒，始逡巡他去。

刘家庙一带驻兵甚伙，略足一万余名。闻皆系向各省征调之援兵，至鄂即投入革党。现驻扎分为二起：湖南与河南之兵为一起；天津与湖北之兵为一起。

二十三日，有民人周忠，至咨议局司令处报称，乐输军粮五千六百余石。即由黎都督饬军需处收储，出示鼓劝，并注册存记，俟予爵赏。

传闻，瑞督已于前夜，以五千金雇吉安轮往沪。该轮原走长沙，已载客满舱。瑞向某领事哀求，始允卸去长沙之客，将瑞及旗员七八十人载上。有见瑞者，谓其须已剃去云。

日前外间纷传，民国军政府已占领汴垣，举袁世凯为都督。此说甚奇，恐未必确。

近日因官票不甚通行，市面甚觉恐慌。刻国民军特出示担负兑换责任，并饬铜币局日夜赶铸大批铜币分运各处照兑，以是省垣市面较汉口稍觉安静。

闻前调往四川之鄂军四十一标等营，行至中途，闻民国军起事，该标官长即令军中悬挂白旗，率队返鄂，以资〇助。现驻扎荆州。并闻，连日围城攻击甚猛。

前夕，咨议局门首连斩旗人三十余名，老小男女俱有，首受害者即宝英。闻宝英初本不拟诛戮，黎都督亦曾出有毋得乱杀告示在外。因闻旗人在荆州有滥杀民人之事，鄂军均大哭流涕，故仍推出斩首。

汉阳县既被据，即由黎都督札李亚东，权汉阳府篆。其汉阳县仍以前张令权篆。传闻：长江水师亦有归降者；兵工厂连夜赶造机关枪甚多；标统宋锡周办事极有条理；武汉三镇以汉阳为最安静。

汉镇京汉铁路南局会办施省之，二十三日接得军政府照会，令其将收支处一切账目款项，预备呈交，并嘱将现款弗能挪动分毫，以备交代让路。

二十三日下午，有兵六百名由九江来到汉后，即悬白旗归降。内有一名为首，狂呼曰："吾们均系汉人，则同胞也！何故轻启兵端，以性命为儿戏乎?!"

汉口商团以前日大火，得革军保护之力，二十四日特在商会集议："此次党军既以助饷为请，拟既助以饷糈一百六十万两。"各商未有反对者，并闻已缴五十万云。

二十日，中国炮艇轰击武昌炮台时，泊于租界之前，显欲使炮台不敢回击。而炮台仍开炮回击，一弹中某巡洋舰之尾，登时火起；一弹飞过灭鱼雷艇之桥。于是日本川岛少将乃以"爱［哀］的美敦书"致中国兵舰，谓如不开往远处，则外国军舰亦将开炮击之。中国巡洋舰仅有四寸口径之炮，毫无效力。而炮台则装九寸二分口径之大炮，为中国第二等之大炮。跨江之炮台当时并未开炮，惟向租界之尾之炮台曾开炮轰击中国兵船。

《大陆报》云，日前有著名实业家，由扬子江游历抵沪。据云：九江确已在革党之掌握；南京、镇江所以不即起事者，因革党候官军既赴汉口，始乘机而起耳；今有兵若干，将由津浦铁路转赴汉口；革党或将在下流起事，官军将处狼狈之地位。又谓：扬子江一带已布满革党，一遇机会，即将占据该地；铁良已率兵至浦口，闻候北军抵后，一齐赴汉；镇江第三十五、第三十六两标陆军奉命赴宁，惟各兵均不愿往。

《申报》1911年10月20日第13901号第6—7版

10月21日

上谕

八月二十九日，内阁奉上谕：两月以来，四川、湖北相继肇乱，均系匪党潜谋不轨，扰害治安。朝廷向来政尚宽大，凡属国民，无不一视同仁，从无格外苛求之举。此次逆匪无端构煽，据城抗拒，蹂躏地方，以致无辜良民横遭涂炭。其为首作乱之人，实属罪大恶极，自为法所不容。惟念迫于不得已之被胁兵民，类皆情有可原，不能不网开一面。其有为匪所逼、身被裹胁者，如早自拔来归，无论兵民，均准予以自新，不咎既往。如有杀贼立功、擒缚匪党以献者，并加以不次之赏。如搜获逆党名册，立即销毁，毋得稍事株连，致滋扰累。川鄂两省被扰，地方猝遭此变，固已荼毒不堪。即贼匪未到之处，亦不免风鹤频惊，致有迁避流离之苦。着荫昌、袁世凯、岑春煊、端方，仰体朝廷德意，沿途宣布，妥为抚辑；并剀切晓喻军民人等，勿为邪说所诱，随声附和，勿为谣言所惑，徒事张皇。经此次申谕之后，尔军民人等，当共晓然于是非之所在，即利害之所关，务当各安本分，以副朕靖乱爱民之意。钦此。

上谕：袁世凯现已补授湖广总督，所有长江一带水师各军，均着暂归该督节制妥调遣，会同沿江各省督抚，妥筹办理。钦此。

上谕：陆军部会奏，遵议各省绿营巡防队，拟请一律暂缓裁减一折。据称，裁减绿营巡防队，系顾全财政起见。惟当此时局艰危，绿营巡防队可以辅陆军巡警所不及等语。所有宣统三年预算案内，各省奏明碍难裁减之绿营巡防队，均着免其裁减。并四年预算，除直隶、江、赣等省仍照奏准各案办理外，余着一律暂免裁减。钦此。

《申报》1911 年 10 月 21 日第 13902 号第 2 版

专电

昨晨（二十八）八钟，两军复战，革命军获胜，官军退守七里河，兵舰驶避下游。

革军昨日进据官军扎营之地三十里。

萨提督舰队七艘已退驶九江。

二十日只小战，昨日（二十八）战斗剧烈，两军死亡甚众，官军较多。

汉口外国兵船十六艘，皆在战斗线外观战，颇赞革军行动之敏活，并称许萨军谨慎不伤租界。

闻革军已分派营队，由间道潜往汴境，袭攻守护黄河铁桥之汴军。

革命军以战局方开，派人四出说降军队。闻出防岳州、沔阳、郧阳、宜昌、施南、襄阳之马步各军，及前后左右四路巡防队，改换革军旗帜者甚多。

武昌邮政局已改用大汉邮政戳记，其各银楼及糖食店招牌上“满汉首饰”“满汉果品”之“满”字，均改用“兴”字。

鄂绅多由革军举充军咨部办事员。闻已电致北京内阁，宣告湖北独立，并数瑞督苛虐横暴之罪。

荆州驻防威武军，因闻札凤池（前署臬司）、濮玉（前督中协）、宝瑛（陆军学总办）均荆州驻防，全家被杀，大愤出队，至荆州沙市，逢人便杀，大屠两日。革统黎元洪闻信，立派步兵二营、炮兵一队驰往援救。（以上各电，均由汉口专差至九江拍发。）

九江未失守。（按：本报昨得九江失守之耗，即急电访友询问。今得覆电如下，亟录之以定人心。）

宜昌失守。

长沙电报仍不通，惟闻消息甚紧急。（以上九江）

政府将组织三大军，为赴鄂北军后援。第一军并归荫昌统带；第二军归冯国璋统带；第三军归涛贝勒统带。

电寄袁世凯：沿扬子江各省水师兵队，均归节制调遣。并着与荫昌及各督抚妥商会合进剿事宜。

又寄谕袁世凯、荫昌：变叛兵民自应痛加剿洗，此外胁从附和之人勿遽杀戮，许其悔过投诚，以收人心。

电寄长江提督程允和：迅饬师船严巡上下游，以防革党窜扰。

直督电内阁：直省防务紧要，且须保护铁路，无兵可调，只有淮军可酌调数营赴鄂。

某御史奏劾阁臣张皇自扰，措置乖方，宜出以镇定，并陈治标六策。

江督、皖抚电奏："现用防营旧制招募新军，惟饷械需款甚巨，恳准在五百万借款内分拨一半应用。事在急迫，此项借款并请毋庸再交咨议局议决。"奉旨："依议。"

粤督电请：停办不急新政，抽款专练防军，以固大局。奉旨：所奏颇有见地，准将各项新政暂缓举办。

姜军自昨日起，与警兵参列站冈［岗］，以资守卫。

滇督电奏：迤西毗连川境，军力簿弱，窜扰堪虞。请添募防军四营，并恳饬部拨款二十万济用。有旨：着度支部速核具奏。（以上北京）

日本著名各报纸评论武汉事件，谓日本第一义务在保护外国租界。盖日本所处地位，能以最迅速之效力，保持外国租界之秩序，及其交通机关与各国居留民。又谓，日本之态度最公平无私。今外间谣传，日本与革命军通气。又谓，日本认革命军为土匪。皆属不确。其捏造此说者，盖欲中国仇视日本耳。（东京电）

本埠英领事署二十八日下午四时，接九江转来汉口正午所发之无线电音：官军退守七里河车站；革军宣布昨日大胜官军；海军各舰驶向下游避去；租界安靖并未受扰。

《字林报》接廿八日下午十二点四十分钟九江电，云：革军昨日占据距汉口十基洛米达（约六英里余）之地点；官军败走；中国炮艇已退至九江；此次革军行动，可为军队模范；此间已颁行军律。

政府豫备，如革军续行蔓延，则拟组织三大军：第一军以第二镇及第三、第四镇之一部分合成，由荫昌统带；第二军以第四、第五两镇合成，由冯国璋统带；第三军以禁卫军及第二十镇合成，由载涛统带。（二十八日北京电）

闻粤省大吏近已运入大宗军械子药，藉防不测。（二十八日北京电）

环球各国皆切实声明中立，不干预中国乱事，惟严守保护各国侨民之范围。（二十八日柏林电）

日本炮舰千早号已由吴军港驶出，满载军需向汉口进发，徇北京外交团之请也。（二十八日东京电）

“恶战，革军胜。”此为昨夜八点半钟，泊于浦江之英国兵船克里哇号所接无线电音。其文极简，此后并无详电，且不知何时由汉发出。本埠昨日所接电音多相矛盾。一曰：“大战二次，革军走。”此电为将午时所接。同时日清轮船公司亦接电音，文曰：“大战十时，革军胜。”此电系昨晨十一点三十分钟，由九江发出。某领事馆接北京电音云：“扬子江各省安静，官军在川得手，汉战结果未悉。”某日本洋行昨接当日下午十二点十五分钟，北京所发电音云：“铁路被毁未悉，尚待续报。目下运送官军，未见有阻。官军驻顺德车站者，将随袁世凯赴南。”该行于星期三日夜间九点四十分钟，曾接电音云：“铁路被毁四十里。官军驻顺德车站。革军内部有要事，故精神稍减。袁世凯已受任。”昨晚本埠谣言四起，谓德国船纳尔堡号接无线电，该电本拟发与英国船克里哇号者，文内谓：“汉口革军佯退，将官军引入跑马场，四面围攻，官军全军覆没。”旋有人询德国兵船，据谓并未接战事电音，惟接电谓两军已预备开战耳。

开战之先，官军败走，后因革军军火不足，乃即停战。革死伤者共三十人，官军损失之数未明，但外间皆信数必多于革军。现胜负未决，今午恐将复战。

荫昌今日下午又有急电到北京求救。（以上二十八日汉口电）

汉口电信交通刻归陆军管辖，使馆亦受影响。

廿七日汉口战事胜负未分。京汉电线自晚六时起阻隔不通。群谓如官兵果获胜利，则政府必早有正式之宣告。日后北电复通时，恐往来电稿必受异常严密之检查。

北京官报谓，革军抵抗终日，终为官兵击败。北军分五次乘车南下，现均到汉。

南京美领事报告，该处诸皆安静，显无乱患。

袁世凯受任湖广总督之前，要求准其选带精兵一万名，及予以兵饷三百万两，始允出山。政府已准其所请。

闻袁世凯定于明日赴汉。

瑞澂、张彪皆忠于政府者，然皆革职。黎元洪为革军首领，则未有革职之明文。京人以为异事。（二十八日北京电）

欧洲报界对于中国乱事之态度，颇为持重，然表同情于革党者颇多。盖以非乱事不足以促政府之改革，起用袁世凯是一证也。各报咸主张，如不伤外人，不侵犯条约权利，则各国不得干预之主义。英外务部特告路透访员，谓英国在中国之举动，不出保护英人之范围。昨日革军之在战线内者，约二千人。（二十八日伦敦电）

革党领袖连日在此开会，与中国革党各会时通消息。彼等已恳求美政府严守中立。

孙逸仙现在芝加哥，欲筹捐美金洋五百万圆，接济革军。（二十八日纽约电）

昨晚，上海英总领事接九江英领事，于当日下午三时所发电音云：汉口避难之人，抵九江者甚多。据谓该处并未大受骚扰，九江现颇安静。

汉口英文《楚报》代表往游河南官军营垒。该营离汉有十基洛米突之远，中约有兵一千名，内有服戎装甚整齐者，有衣旧式军服者。代表会该询军士，具何宗旨？据谓，已投降革军。（以上译西报电）

《申报》1911 年 10 月 21 日第 13902 号第 3—5 版

革命军起事纪（七）

鄂省革军自据省城，即于各城门要隘遍架巨炮。各营革兵、退伍兵、绿营裁兵，以及各学堂学生暨杂色人等，每日投效者必有二三千人。现暂编为步兵四协、炮兵二标、马兵一标一营、工程二营、辎重一营一队、音乐一队。其管带以上之官，系公举；管带以下之官，则委任前充军官各员。现在营者约十之七八。已撤差之各废员，亦纷来投效。如前已撤炮队标统杜长荣、步队二十九标标统李襄麟，刻均复任标统。其原非军界之革党，现握军权者甚少，多居参谋部之职。绅士一部分则多居军咨部之职。

藩库查有现银四十余万、铜元二十余万、制钱二万串，现已移至咨议局及楚望台军械库。

官钱局系劝业道高松如总办，其眷属即住局内，见外间兵叛，立刻闭门防堵。革军在外攻击良久，因其墙垣甚固，拖大炮至，意图轰毁。局中人大惧，急开门跪地迎降。坐办委员朱守文学且头顶香盘，匍匐阶下，革军以足踢之，亦笑柄也。

自二十二日以后，革军示禁军人擅放枪炮，羁滞武汉各人惊恐之心为之稍减。然以北洋兵将到，深恐两军交战，难免玉石俱焚，故仍寝馈难安。闻汉口领袖英领事已与两军相约，要求须离汉六十里开战；否则须将各国洋商财产估值，由两军收买，以便洋商各自归去。有此牵制，或不致于扰累也。

革军首领孙汶现尚在香港，黄兴亦未来鄂。现革党以前混成协统领黎元洪为都督，可知党中大有人在。闻黎平日行为颇纯谨，今以学问优长，素得众心，致被众临时拥戴。此亦刘先主所谓，孤不得已者耶？

八镇统制张彪，于二十日逃至汉口某领事署中藏匿。现经革党往说再三，劝其归附。张见在城未逃之提法司马吉樟、盐道黄祖徽、首府赵毓楠、首县李曾麟，均安然无恙，如不归附，又恐不容于北京政府。传闻已于二十四日来省，至总司令署投到。如何位置，现尚未闻。果尔，则昨纪通函愿降之说，或不诬也。

汉阳兵工、钢药两厂，原系四十一标某营驻守，现仍以该营驻防。厂库所存枪械子弹，皆已陆续运省，闻足供三镇军队两月战守之用。刻该两厂仍在赶工制造。

革军起事时，系就原穿黄色军服，袖缠白布为号。第三日即经改换库存从前所着青色军服，以便辨别，缘各省陆军军服皆黄色也。

第三十标某营前出防湘省，现已回鄂，闻亦归附革命军，已改换革军所用旗帜。

革军于咨议局对面模范小学堂内，设有招贤馆。凡有谋略奇策者，可携条陈往谒招待员。如果其策可用，即授以相当之职。

武昌各商民现奉军令，组织保安会，每十家派二人巡夜，以防匪人纵火行劫。革军总署亦派陆军中学堂学生荷枪巡逻，并另派弁骑马，率兵查街，遇有行劫者，立即枪毙，或擒至执法部讯明，就地正法。

各旗人家眷被杀已尽，惟男人则多冒名系奉、直、鲁之人，期免于难。现在执法部尚拘囚二三百操北音之人，俟查明是否旗籍，再行处置。

在城革军新委各官，出入只着便衣，乘二人轿，亦不带护兵。前武昌府赵毓楠刻仍联任，且为出劝商店开市，其广告上且盖原有之印信。此事殊奇特可异也。

革党占据汉阳兵工厂，其计甚奇。先有军士乘小舟至厂，谓门者曰："我等乃革军占据武昌时逃出之官军，请许容纳。"门者不察，将门大启。军士即冲进，束白带于臂。盖所谓官军者，乃革军耳。于是，未开一炮而得兵工厂矣。夜间革军于山上，每距离二十五码路，置二寸半口径之野战炮一尊。工人依旧工作甚繁。

有中国鱼雷艇一艘，似甚勇敢，拟驶往汉阳，与革军开战。武昌发炮极准，炮弹洞穿该炮艇之甲板。该艇急驶避，始免。

汉阳知府衙门被焚，知府满人先已逃去。县署在府署之南，相距不远，为革军所据。知县降，党人仍使其治县事。（以上汉口函）

《申报》1911年10月21日第13902号第5—6版

邮部取缔发电新章

邮部自川乱事起，即不欲人发电宣露真相。此次鄂省事作，取缔愈严。今已复位新章，由电颁布各局遵守。此后欲传秘要消息，恐益难矣。

（一）明码密码之电，惟各大臣及外国领事可以收发。

（二）外人发电，须书明白之英文，若谈军事之电，无论如何不得代发。

（三）中国私电，电文明白者，可为代发；密码官电，发交各衙门者，可为代发；如发与私宅者，须由电局总办斟酌办理。

（四）密码急电或私电，均不得代发。

（五）目下各电，均须由电局查阅。

（六）中外官电，须有发电者之印押，否则不能代发。

（七）各电如不能递到，电局不担责任。

《申报》1911 年 10 月 21 日第 13902 号第 7 版

湖南：黄镇军之贤能

湘绅黄泽生镇军忠浩，夙负时望，曾以优贡生统领防营，早为张文襄公暨现今各当道所特赏，历办湖南、广西、湖北、四川等省军务。今年五月，由川返湘，即经本省学界举充教育总会正会长，又经绅商各界举充派赴日本之实业观光团。七月间，又奉督办粤汉、川汉铁路。端大臣派充湘省铁路总绅。其时，镇军以实业团须于八月启行赴日，在接收铁路之前，因电致鄂省端大臣行辕，请将镇路总绅之职准予辞卸。旋奉电复，加意慰留。本月中，又经湘抚余中丞派充中路巡防队统领，亦以未便辞卸，即于十六日到差。此外，如贫民习艺所明德学堂监督，以及各公益事件，兼理甚多，故终日极形忙碌，惟日本之行即须作罢。由是观之，镇军之贤劳盖可想见矣。

《申报》1911 年 10 月 21 日第 13902 号第 12 版

江西：赣议员争选结果

赣省咨议局当选资政院议员巫寿春、王明德等，以副议长黄大埙不应倒补资政院议员，显系营私背章，禀控阁院部督，维持选举。现奉抚批："来禀阅悉。《各省咨议局互选资政院议员章程》，监督有复加选定之条文，即令有审查资格，慎重选举之意义。即如来禀，援引宪政编查馆覆福州制台电文：'监督覆选之时，加查原列第一名，实系不合议员资格者，无庸充选，依次推至第二名，余仿此'等语。此之所谓不合，系指虽合咨议局议员资格，不合资政院议员资格而言，故监督有覆加选定之权也。本抚院对于互选资政院议员，恪遵定章办理。来禀及谓以长官之命令，更改钦定之法律，措词失当，殊属误会。现值时局艰难，人心嚣竞，议员等身为民选代表，当先尽国民之义务，勿徒争个人之权利。既据通禀，仍候阁院部督各衙门批示。此复。"

《申报》1911 年 10 月 21 日第 13902 号第 12 版

10月22日

专电

沿路线（离汉约一百二十里）今日（三十日）复有战事，官军又败，革军乘胜追击，将进据武胜关。

二十八日，革军以三千人攻张彪营，官军望风而溃，追三十里乃止，获军火六大车。

二十八日，革军发号，进攻北军。前队汉兵即向后退，后队旗兵见有异，开枪击之，汉兵反身回击。于是革军乘势拥进，北军大败。汉兵投降革军者约二千人，阵亡者约四千人。

闻萨提督舰队兵心甚不可恃。开战时，大炮皆向天轰放，革军无一伤者，故舰队已退泊下游。

有小炮舰一艘，兵士尽降革军。该舰现泊九江相近，因无人驾驶，不能他往。

先数日，革命军政府照会北京外交团及税务处，请派员往观战事。闻其照会外加黄匣，上刊篆字。文中系用军事参谋官名义，大致即汤化龙手笔。

黎元洪照会各领事，如革军与官军开战，当于二十四点钟前通告，以免危险。

荆州确已失守，由曾广大军（前三十标标统）占据。（按：以上各电，仍由汉口专差往九江拍发。）

昨开御前秘密会议，旋即密寄陕抚，将西安各事妥为布置。

袁世凯电奏：准初二日率兵前进，以段芝贵为前队统领，并陈平乱六策。奉旨嘉奖：着即迅速前进，以慰朝廷忧廑。

某御史奏请：予袁、岑特权，专办剿抚；端方专办路事；荫昌调镇京师。

又奏：势急饷巨，库款支绌，请颁内帑以励军心。

湖北藩司连甲、学司王寿彭闻已微服到京，潜谒各国务大臣，面述遭乱情状。

刘廷琛奏请，治瑞澂以弃城而逃之罪；历陈发匪乱时，失机各臣莫不治罪伏辜；有“设再遇此等事，朝廷何以处之”等语。旋奉廷寄：着袁世凯、荫昌相机妥办。（按：瑞督应否加罪，朝廷自有权衡，何必命袁、荫相机妥办？意者瑞匿某国兵轮，已有国际性质耶?）

某御史奏劾：部员辜恩，纷纷逃避出京。请饬各该部查取职名，从严惩处。

（以上北京）

闻孙汶向欧州某国购定战舰十八艘，暂不付价，已将契约订妥。（广州）

绅民在师范学堂会议，招练民团二千人，款由公家筹拨。

今日专车运到现洋三十万，请抚院出示，墨元、龙元通用，商市稍安。（以上杭州）

美国倡议谓：湖北革军得手，势将蔓延他省，战事非一时可了。且恐革军蔓延之后，其首领或不能约束周到，则将酿成排外之势，与寓华外人生命财产关碍殊多。现全世界对于此次革命，皆料必能推翻政府，逐出满人。如果有此一步，值此中国与各国外交未定之时代，若非各国豫先商定共一之政策及应变之方法，届时必起万国争端。美国发起此事，盖欲保全中国及外人之利益。美国不独无干涉之心，且欲杜绝各国妄起干涉。如一国不得已而干涉，亦非经各国公允不可。（二十九日华盛顿电）

京汉铁路汉口一面四十英里一带，闻有小战。政府接有消息，谓两军开战二次，颇为剧烈。政府禁止收发密码电报，致各银行不能得金银。市面之消息极为忿怒，拟请各公使向中国外务部抗议。驻镇江美孚火油公司代理人电告美使，谓该处情形危险，请派美国炮艇保护利益。（二十九日北京电）

沪汉电信仍未通。昨夜武昌忽能与沪通电，惜仅有数分钟，电线复断，故未曾得有实在之消息。九江至汉原有两线：一在江之北岸；一在江之南岸。昨夜既通而复断者，为南岸线。今两线皆不通，以致今日几无确实可恃之电信。（二十九日九江电）

俄国报纸谓：俄国视湖北革命为中国内事，决不干涉。（二十九日柏林电）

革党与官兵于二十七日，在汉口下江岸互战。官兵旋沿铁路北退。萨军门亦退往下流。汉口居民极与革党欢洽。租界与铁道之间，现有大火数起，或为革党用军之计。在大智门之德商嘉利洋行货栈，已经焚毁。（二十九日汉口电）

德国巡舰队长克罗锡率炮舰一艘、鱼雷艇一艘抵汉。（二十九日汉口电）

昨晚本埠日本领署接二十八日汉口电，谓革军三千人攻击官军，各租界皆安静。

汉口匪徒蠢动，欲肆抢劫。革军举动可钦，已布告军律。

今日战后北兵投降革军者，约有二千余人，死者约有四千人。（二十九日子时汉口电）

大智门有革命军政府招兵旗帜，应募者甚多，有操北方音者亦不少。

荫昌前阵军队为汉兵，后阵为旗兵。汉兵枪头均向下，不与革军接战。后队旗兵距革军数十里之远，已开枪放炮，前队汉军枪头旋向后队旗兵攻击。闻后队旗兵死者颇多。（二十九日汉口电）

星期四日，本埠某商接九江消息：革军与官军交战时，扬子江水师保护官军左翼，即先开炮轰击革军侧面，为时极久。忽武昌之下江之南边，有大炮猛轰炮艇及巡洋舰。官军大惊，盖绝不料革军于该一方面驻有军队也。于时，水师自知处于危境，乃向九江而退。惟巡洋舰一艘、鱼雷艇一艘，高悬革命军旗号，向武昌而进。

萨军门统带炮舰下驶之故，因念六日某炮舰驶降革党，军心不足恃也。今接可恃消息谓：中国水兵多降革党。当轰击武昌时，某炮舰忽然沉陷，实由自沉，并非为武昌炮台击沉也。该舰管带有弟现充革命军官员，故自轰沉，以助革军之威。于是，中国舰队乃少一炮舰矣。

北京接汉口最后之电，谓：武昌革军发兵接应，前队与官兵接战，车站终为革军所夺。

北京虑浙省乱事将作。

云南府英领事告云：南军饷逾期不付，致有兵士将叛之谣。闻相率不肯开赴四川，李制军已饬将陆军子弹收回。

北京公使团知美政府已请各国公认，如中国革命军声势增大，则公守保护寓华外人生命财产之主义。闻此事中政府尚无所知。美国国务部发起此事之宗旨，并未全行揭布，惟信其意则在担保中国土地之完全，及行政之自治权。美国欲各国公认此事者，盖志在阻止各国非先照会各国，不得在中国有重要之举动，凡有措施，须由各国合谋。

此间各公使今日开会议决，公请中国政府以洋四百万元，借与上海中国各银行，由江督存储上海，以保市面，惟须得有极大之抵押物。闻东方汇理银行已以一百万元借与大清银行，其一半将在上海交付。

北京今日未接汉口消息，群料官军必为革军击败，否则不当如是寂寞。闻信阳州已开战，革军据武胜关。

汉口军事，京中全无消息，外间大起猜疑。电报交通似已阻断。荫昌报告，已在信阳州设立司令处，拟将陆军内容组织完全，并请各统带赞成其意，一俟事毕，即拟赴汉。其军医队、司法队等及官军大队，已由信阳州出发。中政府谓该军数日之内可抵汉口，可操必胜之权。荫昌军报之中，除谓官军在铁路附近小战获胜外，并未述及他事。

袁世凯已开用湖广总督之关防，竭力召集旧部各员，以为臂助。而投书自荐者颇多，政府深为欣慰。皇太后已发私帑二十万两付袁世凯，用以周济因乱事受累之人民。

北京各使署因政府不准传递上海发来密码电报，特照会政府，抗议此举。（以上二十九日北京电）

旧金山中国革党禀请美总统及国务大臣，严守中立。

东京某报谓，袁世凯或与革党联合。

东京有中国新闻记者谓：革党前在粤省起事时，曾电请袁世凯统带革军，为共和政府之总统。袁电覆有“时机尚未至”之语。

闻革军现有现银一千五百万两。日本在中国海面之兵船，共有十七艘，内有战舰一艘、巡洋舰三艘。（以上二十九日东京电）

此间华人闻革军胜耗，大为欢忭，即捐集革命经费美金洋三百万元。（二十九日纽约电）

闻环球各埠华侨咸发庆贺革命之电。上海电局检查严密，不为传递，故贺电未达武昌。

《申报》1911 年 10 月 22 日第 13903 号第 3—5 版

汉口战报（三）

汉口来函，谓革军与官军初次（二十七日）交战，革军稍获胜利，嗣以军需不足，乃退回。然已夺得官军梅格森大炮一尊，送至司令处矣。此役革军伤者二十六人，均送至伦敦会医院医治。战前各领署并未下离埠之命，惟英人议定——若英租界工部局警钟乱鸣，则英人悉集江干，以便乘轮他去。

江新轮船二十七日，由汉启碇，已于昨日下午抵埠。据该船大副韦恩君谈述是日战事云：革军扎营于跑马场，故陆地炮火之声，船中并无所闻。下午两钟，中国水师开炮轰击，船上始闻炮声。萨军门共有巡洋舰七艘、鱼雷艇四艘。炮声至垂暮六时而止。革军曾否回击，无从得悉。闻该军亦有野战炮数尊。是日之战，两军各有三千人，惟于遥远之处，见革军在汉阳山上，用望远镜瞭望，并有兵工厂工人数千名，照常工作，虽在战事不稍休息。该船启程之前，英领事署发出传单，谓诸妇孺以离租界为妥。船中有外国搭客，谓曾经过中国城中，见一切颇为安静；迨过九江时，见有双烟囱之中国炮艇一艘，艇上并无兵士；闻全艇之人已逃降革军，所余者仅六人耳。据汉口之人声称，萨军门曾接革军统领私函两通，请其投降云。

南阳丸轮船船主云：二十六日清晨，有革军一千名，由武昌渡河至汉口华界，携带野战小炮数尊，向官军扎营处而进；革军皆衣新式军服，状如洋兵，惟服色尚黑，自帽至靴，上下一新，颇为壮观；当晚有官军多人，弃其军服，乘夜逃降革军者；汉口之人皆言，中国水师各舰军火已断。

武昌革军首领倡议组织红十字会，已于二十五日告成。当时到会者七十余人，皆武昌知名之士。公推曼克维里君博士为会长；裴脱生博士及湖北教育会会长某君为副会长；柯逢时君为名誉会长。各会员讨论详章颇久，并推举各办事部。内有一部，实时办公，从事掩埋武昌尸首。是日捐款者颇多，首先认捐者，为某外人。柯逢时君亦捐洋一千元。闻教会医士及看护妇，皆愿入会，帮尽义务云。

《申报》1911 年 10 月 22 日第 13903 号第 5—6 版

京师之鄂乱谈

度相泽公上月二十六日盘查库款，共存一千四百余万两。除拨付大清银行四百万两、京师商会五十万两以维持京师市面外，余皆储为鄂事军费。昨已拨付汉口五十万。又一电致各省：速将应解部中之款，以半数兑交鄂省，余解京部。

军界消息：陆军一镇调鄂之兵，大都半途溃散。司令官见势甚急，擒获遁兵十三人，军前正法，始一律前进。

军咨府廿四日电饬山西，派拨军队三营，赴河南边境助剿。

涛贝勒等日来专筹京畿防卫事宜。至鄂省军务，则责成哈汉章一人策画。

京城金融界异常扰乱。闻二十三日晚，某邸由大清银行拨出银圆十万元，交信成银行，于二十四日照旧开发。其大清银行，亦由度支部拨银一百二十万，预备开发。

外交团消息：汉口外交团有电到京——革党在汉口行使军用手票，信用甚大，列国不得不暂行承认。

吴禄贞此次赴鄂，系自告奋勇。二十五日，国务大臣会议，以该统制虽系新军人才，恐不可靠，拟勒令该统制自行请假回京。

昨日有人奏参瑞澂，封疆大员，弃城逃走，种种辜恩溺职约十余款。监国览奏大怒，发交庆邸阅看如何办理。现拟俟袁督到任后，将瑞澂押解进京，交部治罪。

瑞澂昨又电，催恳速汇银二百万，以资应付军饷要需。并言汉口自被匪党占据，各机关均失作用云云。政府接电后，即与度支部筹商，先拨五十万济用。

瑞督前日又电陈鄂乱情形，谓此次乱党掠夺枪炮、药弹甚为丰足；其乱党拥戴之伪首领黎元洪，为张文襄督鄂时重用之武弁；鄂军编成第八镇后，黎即升补协统，旋升标统，故能深知军情。又云张文襄督鄂时，经营十数年，糜帑数百万，不料今日皆为匪用。其意似欲归罪于文襄。后又奏劾张彪，谓黎元洪在其部下如此之久，平日何以不能察觉其匪情，临乱又复脱逃云云。瑞澂可谓明于责人，昧于责己也。

又闻：二十日连甲曾发电到京，弹劾瑞澂弃城而走。瑞不知连甲已有此电，二十二日亦电参连甲逃亡。可谓笑谈。

党人占领电局后，京中乃于二十四日忽接汉电，并有请款等事，且称谓亦不能如例，因审为伪托。现经各衙署觉察，概置之不理。

《申报》1911 年 10 月 22 日第 13903 号第 6 版

革命军起事纪（八）

革命军承认各国条约、借款，曾纪前电。兹闻此项对外宣言书，系于上月二十三日送致驻汉各领。各领曾开私议一次，惟并未发表，亦未回复。盍一经答复，即系承认正式文件，此时似有未便也。今将原书大略录下："中国，黄帝建国之地也。国民，黄帝之子孙也。我等为国家主权，为国民安宁，屡次图国土之恢复，徒以时机未到，不能达其目的。此次因四川宣言独立，得其动机，兹得遂其目的之一部。我辈之主旨，原在计国民之幸福。故保护一切军民及居留外国人民，自不待言。即所有关系条约及借款契约，一切遵守担负，无有变易。只望驻在各国，严守局外中立，万勿援助清朝。若有接济军械粮食等项援助清国，查出后不得不执相当之手段。我辈与外国原无仇隙，各外国人其谅此意，勿使我等与无仇之外国纠葛也。特此宣言。"

近数日间，革军预备战事，声势甚大。汉阳、汉口遍地竖立白旗，大别山高张旗帜，书"司令部长"四字。战线界内，竖大都督黎大旗数面。所有街市及人烟众多之处，均派人安慰弹压，命勿惊恐。

闻京汉路轨确已毁去四十里，系革军预备与官军开仗，作为战地者。

武汉陷后，调查损失之数，计楚望台储藏之新毛瑟枪四万余杆、子弹一千七百余万、机关炮二十八尊、火药二百余桶（每桶五十磅）、藩库现银六十余万、盐库现银四十余万、未解赔款现银三十余万、新币八十万元、预备造币现银一百三十余万两。

闻汉口大清银行所存现银百余万暨其钞票均已先期搬入汉口租界，故匪徒焚抢时，未致大受损失。

又闻：瑞督逃至楚豫兵轮后，目睹兵变情形，疑楚豫亦不可恃，遂要求英国领事保护，避入英国兵轮。惟当时英领与瑞督约定，只能保护性命，不能干预兵事。该督唯唯。兹闻，确已渡登他轮，逃避沪上矣。

革命军政府前日特出赏格，略云：炮队敢死兵士深资得力，本都督甚为嘉许，业经特别奖赏，以示奖励在案。嗣后凡有能同心协力，将敌攻破，或夺获敌之兵舰主将者，各赏洋五百元；拿获口贼瑞澂及汉奸张彪者，各赏洋一千元；如阵前战亡者，可将籍贯、履历开具，每人赏洋一千元，以安家属，决不食言。

又出示云：湖北官钱局发行之钱票、银元票，又户部、通商、交通等银行之钞票，乃为便民而设，凡本军政府所领之处，仍旧一律通行。近闻有不法之徒，藉端阻扰，所有商民受害不浅。为此出示晓谕，凡属湖北官钱票及户部、通商、交通等银行之钱票、钞票，仍准一律照常使用。倘有刁商胥吏，借故阻扰，一经本分府查出，立即严办不贷。尔商民人等各有身家，万勿以身试法。

革命军都督已在阅马厂筑坛，祭告天地、宗庙、社稷，文云："维皇帝纪元四千六百零九年秋八月朔越二十有一日，代表鄂军都督黎元洪率同全军人，谨以大牢元酒之仪，恭奠于先黄帝在天之灵。伏以黄帝接中华文明之国，演神明奕稷之祚，祸衍［繁衍］至今，越四千余载，达四百兆人。圣神功德，丕着环球，崇报盼飨，自表同情。惟是□□□□横侵政权二百年来，我族痛心疾首，久思光复故物，克缵先烈，卧薪尝胆，匪伊朝夕。兹幸义旗一举，不崇朝而克复全鄂；邻疆响应，不旬日而抵定东南。众志一心，务以歼除□□，恢复神州为目的。元洪德薄智浅，仰托先皇灵爽之凭，依赖同志进行之锐，誓必达到目的而后已。循序布宪，足与寰球各国并驾齐驱，使我五千年文明古国，历史上发异常光彩，子子孙孙，永保幸福。维我先皇帝实式鉴之。尚飨!”

《申报》1911 年 10 月 22 日第 13903 号第 6—7 版

10 月 23 日

上谕

八月二十八日，内阁奉上谕：监国摄政王面奉隆裕皇太后懿旨。近来南省迭被水灾，今年湖北又有匪党作乱。俯念饥民、难民流离荡析，深为悯恻，亟加恩赈抚。现将孝钦显皇后所遗宫中内帑内拨银二十万两，由内务府发交袁世凯，派委妥员，在湖北一带核实赈济，以惠灾民。钦此。

上谕：松寿电奏，据漳州道府等电禀，本月初八日大雨连宵达旦，至十二早，龙溪、南靖两县河水陡涨，冲决堤岸，淤塞河道，坍塌房屋，淹毙人口，灾情奇重，民食维艰等语。览奏殊深悯恻，加恩着赏给帑银二万两，由度支部给发该督，迅派妥员，核实散放，毋令失所。余着照所议办理，该部知道。钦此。

奉旨：荆州左翼副都督，着崇龄署理。钦此。

上谕：度支部奏，请简山西清理财政正监理官一折。福建候补知府谢启华，着赏加四品卿衔，充山西清理财政正监理官。钦此。

电旨：奉旨，荫昌电奏，督队南下，二十六日夜行抵信阳。步队第二十二标已由统带马继增于二十四日抵汉口江岸，遇匪徒两次来攻，均经击退，拿获三名，夺获马匹服装等件。混成第三协已由统领王占元于本日统率，全抵滠口。刻据探报，逃匪仍据武汉，尚无大股纷窜。武昌城内叛兵溃散颇多，已刊布告示，令其缴械免罪，以期解散。□营现暂驻信阳，俟混成第四镇经过，即督率克日前进等语。布置尚合机宜，均照所拟办理。仍着该大臣妥慎筹划，相机剿抚，以期扫荡匪氛。钦此。监国摄政王钤章，奕劻、那桐、徐世昌署名。

《申报》1911 年 10 月 23 日第 13904 号第 2 版

专电

三十日又战，革军只二千余人，官军约万五千人。闻其结果，有官军三千人投降革军。

二十七日仅小战，初革军小挫，后革军获胜。二十八日大战，革军都督黎元洪戎服乘马，亲自督战，革军大获胜仗，追逐一百余里，获军械粮饷无数。二十九日复战，北军援兵大至，抄间道袭汉阳，革军半途袭击之。革军人少，鏖战十余时，两军死伤山积，薄暮始各收队，胜负不分。

又二十九日，革党分军三千人，携炮八尊，力攻江岸车站。官军还击，势弱。舰队先已上驶，开炮助之。战五小时，官军仍败，四散而逃，故死伤不多，惟车站营地卒被革军所夺。

革军发炮极准，约五炮中必有一炮命中，故兵舰多驶避战线以外。

舰队助战甚不得力，发百余炮，皆未中。闻水兵确有异志。

二十八日之战，有兵舰一艘受伤，二艘降敌，水师兵气大沮。

革军分队至信阳州，迎击荫昌大军，已获胜，追北五十余里，乘势据武胜关，在隧道口安置大炮四尊，阻截援军南下。

革民军临时政府已设政事处，为行政总机关，内分七部：（一）内务（二）外交（三）财政（四）交通（五）编制（六）司法（七）文书。每部设部长、副部长各一，其下设一、二等科员。

张彪闻已饮弹阵亡。

革军由武昌电局通电各省，报告城内安静。

传闻：河南兵队亦革军通气，有某营队官，已有投降书寄呈革军都督。（以上北京）

荫昌有电到京：近攻汉口，匪败退。

鄂京官公电袁世凯，乞勿惨杀生灵，请示起程日期。袁覆电应允，并谓军事紧迫，即日就道。

涛、洵、泽三大臣拟请监国奏皇太后，续颁太皇太后遗帑，扩充军费。某御史奏：鄂事仅及一隅，蜀省乱势更巨。今用全力向鄂，似属非计。并请饬端方严防勾结，致酿大患。当日电寄袁世凯、端方阅看。

度支部奏：饷急库绌，请电各省督抚，将不急各务一律停办，腾作饷项。

军咨府为鄂乱开临时讨论会，昨饬各员陈递说帖。

豫抚电阁：豫省迭遭水灾，粮食久乏，已电晋鲁两省采购粮米十万石，藉供鄂军粮台之用。

密交民政部多派侦探，搜缉匿名揭帖，获到即行焚毁，以免摇［谣］惑。

赵尔巽电：已派奉军九营入关，拱卫京畿。奉省兵力太单，应速补募七营，请准作正开销。

鲁抚电奏：事机急迫，请准息借巨款，办理防务。度支部拟准。

念九日早晨，革军击退官兵，夺其营垒。官兵溃散，有避入炮艇者。外国兵舰咸驶出战线之外。闻官兵死伤者三人。

汉阳枪炮子弹运出极多，现城内革军寥寥。

官场谓：北京将有援兵至汉助战。然铁路线现为革军所据，北军未必能来。中国炮舰确是摇动，革军谓舰队终必归降。

廿九日之战，毁坏电线甚多，大约非数日不能修好。

今日张彪脚为枪弹所伤。

红十字会现已组织完善，实行医救受伤军士。其总会设立在邮政局内。闻今日革军将行经租界。（以上二十九日汉口电）

官兵弃营，向北退走，并未与革军抵抗。中国兵舰退至下流。汉口今日安静。

重庆美领事现在宜昌电称：宜昌现为革军所据，未遇抗敌。所虑者现银缺少，有铁路工人一万五千人未付工资，恐其暴动滋扰。

驻京各国公使徇商家之请，特向政府反对邮传部取缔电报新章。政府已允通融办理，凡商家密码电信，如由公使或领事阅过，准为照发。

此间今日接革命军蔓延消息，大为惊愕，群谓革军规模远大与政府，将有不利大局，从无如今日之危。汉口一切举动殊无详报，惟觉官军与革军无论何时开战，官军必难得利。兹又闻海军将士亦有异心，令人益为震惊。而政府仍谓鄂乱不日可以敉平。据烟台美领事报告，山东海滨一带，近有海盗为患，烟台某银行业已倒闭。

长沙情形亦属危险，黄州已入革军之手。

川省新军大有变动，西南一带闻亦多有兴汉旗帜、愿投入革军者。官吏大半弃城而走。（三十日重庆电）

昨日上午十时，本埠官场接无线电音云：二十七日汉口之战，官军纷乱，沿铁路而退，在租界以下，所占之地位已为革军所占。萨镇冰所统各舰，于二十八日奉命开往下游。现中国之人无不赞革军者。

传闻：云南省城兵变，现亦失守，官吏潜逃，李督亦不知去向。（三十日香港电）

今日上午，革军与官军又战，革军二千余人，官兵一万五千人，后闻有官兵三千余人投入革军。

今日萨镇冰往晤革军黎都部，会商保护汉口人民及商务事宜。（三十日汉口电）

北京日钦使谓：星期三汉口之役，有德国水兵一人为流弹击伤。革军与战者三千人，伤亡者三百人。中国炮舰并未与闻战事。（以上译西字报）

《申报》1911 年 10 月 23 日第 13904 号第 3—5 版

汉口战报（二）

二十七日之战。是日战事，中西各报所载情形，不无歧异。兹得确实消息，当日与革军开战之兵，系张彪、陈得龙所辖未叛之鄂军，与豫省派来之未叛之汴兵，混合为一，非荫军也。其战地在离汉镇二十里之刘家庙。当日，两军原约午前十钟开战。官军先发制人，七钟乘革军尚未列陈，开枪轰击，革军急还击。力战约二小时，官军渐向后退，并竖白旗。革军以为降也，即停枪站队以进，藉表欢迎，不意已中官军之计。两军相近，官军复迎面开枪痛击。革军伤亡颇多，急向后退，以避其锋。时观战西人，以官军违背战约，颇不直之。有某国人，由革军阵左连发二炮，阻止官军袭击。闻轰毙官军多人，于是革军复整队迎击。官军且战且走，至傍晚时，死者不可胜计。除少数投降外，余均逃散。惟事后某国人并不承认有开炮之事，谓系革军预置于此者，不知孰是。

另函云：二十七早晨，革命军率马步兵约千余人，又快炮四尊，到刘家庙，与张彪、陈得龙所统之兵，及永平前来之官兵鏖战。是日黎明，革命军即布开战线，先放空枪示警，官军以实弹还击，两军遂互相轰击。革命军就地面蛇行而前，愈行愈近，炮兵亦同时射击。官兵不支，乃渐渐引退。革命军追之，相距不及一里。官兵纷纷避入火车飞驶，革命军追之不及，官兵就火车中还击。革军受伤者甚多，且军火已将告罄，于是陆续向后而退，此时官军甚为得手。不意午刻，有某铁厂之工人，将铁路拆断十丈余。官兵所乘之火车飞驶而来，不及觉察，顿时翻倒。革命军伏兵见之，乘势力击。官兵逃避不遑，死伤无数。革命军又开炮轰击，毙官兵数百，官兵大败而奔。时革命军又从武昌调来援兵一枝[支]，尽力追击。官兵愈不支，即停战。及午后三钟，革军又进攻。官兵散扎平地，革命军屯据山上，地势较优，故不及二小时，官军又败，退走三十余里，死千数百人，伤者无算。革命军死二三百人，伤百余人。

又一函云：是日午后，官军据火车而战。汉口车站为京汉之终点，本有路线十余条，且距离甚长，火车往来飞驶，官军乘此开枪乱击，甚为得势。而革军所发之枪，以其飞驶不定，颇难命中。其时，革军伤亡甚多，急急向后引退。不意阵左忽发二炮，将官军所用之车头击毁，于是官军不复能动。革军乘势反身进攻，官军伤亡亦伙，革军遂大获胜仗。或谓此二炮系某国守护租界之兵所放，因官军不守战约，故发炮阻之云。并闻战时有一兵舰在江心，飞炮击革命军，借此掩护官军左翼。讵革命军早在江边设伏，亦开炮击之。该舰颇受重伤，未几即行沉没。而余舰无一开炮者，其事甚奇。

二十八日之战。是日上午十一点半钟，两军复行恶战。官军占下游江滨之地，革军斜向官军缓进，图由侧兜攻官军。官军炮火并无效力，其炮弹大半落于水中及村庄之中。革军步兵进行，颇有秩序，并携有三寸口径之野战炮。是日，观战西人只有二人。据《大陆报》访员云：此次战事颇有可观。革军开炮攻击，而官军并不还击，仅向革军阵前而进，作半圆式，以让出地位俾革军趋近。此后两军距离渐近，官军乃发炮猛战，中国兵舰亦发炮助战。革军不支，已向后退走。适后面援兵大至，合力反攻，竟得转败为胜。闻萨军门原定开战时袭取武昌，讵临战水兵皆不听命，不肯发炮，并有欲驶离战地者，以致萨之战略不能实行。现在战事暂停，两方面皆急急预备。且据革军统领黎元洪照会各领事，自初五后，不复担保租界之安宁。据此以观，在此数日以内，必更有一番大战也。

《申报》1911 年 10 月 23 日第 13904 号第 5—6 版

革命军起事纪（九）

鄂事初起，邮电两局均由革军监守。刻闻黎元洪因秩序已复，机关一部最为重要，昨饬交通部遴派熟悉电码人员，并机器工师，移入电报局，修理一切电线，日内即可灵通矣。又暂定邮政规则四条：（一）总分局中外员司均仍其旧。（二）遵照万国邮政公会章程，由军政府派员稽查来往信。（三）包裹衣件暂时停止邮寄。（四）新闻纸类照旧办理。闻已由该部督，照会邮政司，查照施行。又闻，电话公总电报业经拆断，昨由该公司派令机匠往都督府安设电箱。城内外新军镇协标营一律灵通，惟局署商户修理，尚须时日。

革军占据财政局后，局务皆归军政府统辖。前日，黎元洪、汤化龙等磋商统一办法。藩库、监库、官钱局、造币厂四处，为全省财政总机关，业已派员清理，将有头绪，特咨行该四处，专任新军饷需。其军政府则一意筹划军事进行，参谋处则一意筹划编制改革事宜。

黄州巡防营系陈得龙所统辖，刻闻该队饷需日久未发，颇有携发潜逃，沿途劫掠者。革命军见其军心已涣，由黎元洪遴委李犹龙、黄楚关二人，同赴该府招抚，以厚军力。闻该二人已于二十五日领取川资，起程驰往。

宜昌巡防队统领崇欢，自武昌陷后，即连夜乘长龙炮船开往荆州，图联合旗防，为恢复之计。兹闻已被第二营炮目（系驾驶班学生）私行刺杀，其队由宜昌府金守世和接统。果尔，则宜昌失守之说确矣。

闻鹦鹉洲湘省木商帮首，现筹集饷项二百余万，暂行存储，预备接济革军之用。并闻已函告黎部督，如需用时，可先饬知，以便办送。又保安门外金寿木帮，前日土匪抢劫，由革军驰往弹压，竟获无恙。故该帮亦愿每年助饷八万串左右，已于二十四日告明四十一标萧管带，转告黎都督批奖矣。

革民军参谋部已将新军歌拟定，词曰："地发杀机，中原大陆蛟龙起。好男儿濯手整乾坤，拔剑斫胡云。复我皇汉，还我自由，家国两尊荣。乐利蒸蒸，世界大和，双肩肩此任。"

武昌十城门，均有大队义军保守，各置机关大炮，凡出入均问明来历。城门书有"高声说话"四字，以审查声音。小贸人等均得出入，颇称便利。

鄂军起事后，对于满人多所杀戮。近武昌城内各善堂，以各街巷尸骸枕藉，恐酿疫疠之灾，组机一红十字会，专行检埋尸骸，渍洁街道。近各善堂皆已张挂十字旗，又有在壁上粘贴十字者，是亦善举也。

《申报》1911年10月23日第13904号第6版

鄂乱影响

沪道刘观察，前日函致新关税司，查禁装载银洋出口，俾救本埠现洋之缺乏。兹悉，税司墨君昨接香港电称："将于日内有百万现银、现洋运沪接济"等语。昨已函致沪道，请移商会传谕各商知照矣。

本县田大令以川鄂事起，本埠人心惶惶，所有改过局及自新、待质两所，押犯人类过多，势甚拥挤，恐有滋闹情事，特于前日检齐各犯案卷，察阅一周，遂即分别轻重，或收紧脚镣，或酌予保释。查有朱廷贵、王凤山、僧真修、僧和一、徐仲鲁、沈哭宝、陈大本、薛木全、王阿三、魏家宏等，共三十名命盗各重犯，饬令严紧收镣。所有将次期满之改过局犯：汤根全、沈宝容、张清云、蔡阿桃、陆金堂、王阿堂、陈小九、王阿宝、张得胜、毛阿金、吴炳生、姜金眼十二人，则于昨日饬提到案，训勉一番，即行开释。

《申报》1911年10月23日第13904号第18版

廉泉与良赉臣统制书

前属代递上监国两书：一曰宽以录党人，一曰严以驭大臣。武昌卒变，情势稍异。然而，泉谓积玩之后，震之以猛，振饬纪纲，以起衰敝，严之一字，故是救时良剂。此次变端殊大，非平时意料所及。然而民不畏死，剬志革命者，什一而已。其余皆军人之夙不快意于其将军者也。瑞澂、张彪受国家重任，拥高牙，建大纛，控制千里，带甲数万，不屑以国家干城之寄，谬引非才以酬昏夜之叩。平日克军自肥，黄金横带而驰。聘平队衢之间，军心久异，瞑瞑［茕茕］狼顾，彼昏不知。一夫夜呼，乱者四应。又不能效死勿去，以报夙昔豢养之恩。仓皇东出，雄郡大藩弃之如遗，以震惊海内，可为痛心。处今日之势，不可不有以大慰民志。下哀痛之诏，明谕瑞张二人激变军人之咎。戮死军前，未尝不可。稍纾叛军悻然不服之心，以促其反顺之意。本月二十七日，泉在里返申，购二等车票不得，诘其故，曰："江宁将军铁良全包头二等客座，搬移宪眷赴沪，故不得也。"噫异矣！该将军为国世仆，休戚与共，际兹事势不靖之秋，正当勉示镇静，约束所部旗卒，恪守纪律，不得扰害汉人，于汉人善加绥抚，泯具畛域之见，以靖元元，杜宵小，弭患未形，岂宜先行徙避，以为民望。平居养尊处优，糜国家厚禄。一旦有事，即预为徙家避难之计，以摇荡人心，不顾地方利害，君国其何赖焉。尤不可不严惩一二，以为大臣张皇酿变者戒。诸葛治蜀，政刑颇峻刑。乱国用重典，仍不外严以驭大臣之一说也。来日大难，执事受朝廷，殊知感激奋发，必有嘉谋硕猷，可以挽既倒之狂澜，奠国家于盘石者，其何以教我。

《申报》1911 年 10 月 23 日第 13904 号第 26 版

纪言：孙逸仙之言

鄙人往年提倡民族主义，应而和之者特会党耳。至于中流社会以上之人，实为寥寥。乃曾几何时，思想进步，民族主义大有一日千里之势，充布于各种社会之中，殆无不认革命为必要者。虽以鄙人之愚，以其曾从事于民族主义为诸君所欢迎，此诚足为我国贺也。顾诸君之来日本也，在吸取其文明也。然而日本之文明，非其所固有者。前则取之于中国，后则师资于泰西。若中国以其固有之文明，转而用之，突驾日本无疑也。

中国不仅足以突驾日本也。鄙人此次由美而英而德法，古时所谓文明之中心点，如埃及、希腊、罗马等，皆已不可复睹。近日阿利安民族之文明，特发达于数百年前耳。而中国之文明，已著于五千年前，此为西人所不及，但中间倾于保守，故让西人独步。然近今十年，思想之变迁，有异常之速度。以此速度推之，十年、二十年之后，不难举西人之文明而尽有之，即或胜之焉，亦非不可能之事也。盖各国无不由旧而新。英国伦敦先无电车，惟用马车，日本亦然。鄙人去日本未二年耳，再来而回如隔世，前之马车今已悉改为电车矣。谓数年后之中国，而仍如今日之中国，有是理乎？中国土地、人口为各国所不及，吾侪生在中国，实为幸福。各国贤豪欲得如中国之舞台者，利用之而不可得。吾侪既据此大舞台，而反谓无所藉手，蹉跎岁月，寸功不展，使此绝好河山，仍为异族所据，至今无有能光复之而建一共大和国，以表白于世界者，岂非可羞之极者乎？西人知我不能利用此土地也，乃始狡焉思逞中国。见情事日迫，不胜危惧。然苟我发愤自雄，西人将见好于我不暇，遑敢图我？不思自立，惟以惧人为事，岂计之得者耶？

所以鄙人无他，惟愿诸君将振兴中国之责任，置之于自身之肩上。昔日本维新之初，亦不过数志士为之原动耳，仅三十余年而跻于六大强国之一。以吾侪今日为之，独不能事半功倍乎？

有谓：中国今日无一不在幼稚时代，殊难望其速效此。甚不然。各国发明机器者，皆积数十百年始能成一物，仿而造之者，岁月之功已足。中国之情况亦犹是耳。

又有谓：各国由野蛮而专制，由专制而君主立宪，由君主立宪而始共和，次序井然，断难躐等；中国今日亦只可为君主立宪，不能躐等而为共和。此说亦谬，于修筑铁路可以知之矣。铁路之汽车，始极粗恶，继渐改良。中国而修铁路也，将用其最初粗恶之汽车乎？抑用其最近改良之汽车乎？于此可知，躐等之说必不然矣。且夫菲律宾之人，土番也，而能拒西班牙、美利坚二大国，以独立而建共和；北美之黑人，前此皆蠢如鹿豕，今皆得为自由民言。中国不可共和，是诬中国人曾非律宾人、美黑奴之不若也。乌乎［呜呼］可？

所以，吾侪不可谓中国不能共和。如谓不能，是反夫进化之公理也！是不知文明之真价也！且世界立宪，亦必以流血得之，方能称为真立宪。同一流血，何不为直截正当之共和，而为此不完不备之立宪乎？语曰：取法于上，仅得其中。择其中而取法之，是岂智者所为耶？鄙人顾诸君于是等谬想，淘汰洁尽，从最上之改革着手，则同胞幸甚！中国幸甚！

《申报》1911年10月23日第13904号第26—27版

10月24日

上谕

九月初二，内阁奉上谕：朕寅绍丕基，于今三载，励求治理，夙夜兢兢。兹届资政院第二次开院之期，尔议员等其敬听朕命。方今世界文明，宪政尤为当务之急。自上年十月，仰体先朝与民更新之意，俯顺内外臣工之请，特降谕旨，缩改宣统五年开设议院，并修改筹备事宜清单。期限则年近一年，筹划乃日繁一日。该院负国民之重望，持协议之权舆。前者已略具规模，今兹当更有进步。所有应议事项，急宜集众思以广益，求一是以折衷，以期渐有端倪，日臻完备。除上年该院未经议竣各案应接议外，朕特命国务大臣，将各项案件陆续筹拟，照章交议。尔议员等洞观国势，熟审舆情，其各体念时艰，发摅忠爱。总使法立而民不扰，论定而事可行。用以巩固邦基，弼成郅治。朕有厚望焉，将此特谕知之。钦此。监国摄政王钤章，奕劻、那桐、徐世昌署名。

《申报》1911年10月24日第13905号第2版

专电

革军组织敢死团，成立三大队现已出发。或云一赴北京，一赴卫辉，尚有一队赴湘。

中国兵舰原在汉口江面者，铁甲船三艘、炮舰十五艘、鱼雷艇八艘，现均退避下游。

传闻：革军已分队进攻南昌，现方开战。

驻扎信阳州之荫军，派出斥堠兵一大队，意欲南下试探敌情，在广水驿（川汉铁路改线后之起点处）与革军遇，开枪互击，鏖战一小时，官军四散而溃。

汉口革军第三次（三十日）与官军战，官军又败。

二十八日之战，革军之捕获品有大炮八尊、火车头三辆、客车十辆、军火六大车，粮食无算。

汉口造币厂遗存铜数千磅，革军雇工尽力鼓铸，以之接济市面，敌已告罄。念八日之战，该厂竟为炮火轰毁。

宜昌失守之信已确，惟并未用兵。革军士官向民团及兵士等演说宗旨，极为激昂。各兵民即纷纷解械入党，城上遍插白旗，官吏尽逃，衙署被据。

长沙失守亦确，革军但以武力逼胁官吏交出印札。衙署电局均被占据，驻兵或降或逃，市民并未惊扰。

荆州失守，宝缘旗兵屠杀无辜，绅民潜报革军求救。革军立派大队前往，将城夺据。旗兵越城遁走者甚多。（以上汉口电由九江转）

内阁密电荫昌、袁世凯：探闻革军善于埋伏地雷，须格外慎防。

萨军门电内阁：炮舰六艘，因煤粮缺乏，不得已驶避九江，一俟后队兵至，仍当开赴战地。

邮传部电饬京汉各车站，沿途速设兵站，听候应用。

度支部续拨鄂省军费五十万，已于昨日汇出。

泽公面奏：鄂军用费浩烦［繁］，库储不给，请准临时借款，否则须拨内帑接济。

资政院初一日开院，监国未临，命礼邸代行开幕式。城衢密布军警岗位，严防意外。议员到者百数十人。（以上北京）

浙人会议，赶办全省民团，举汤寿潜为总理，陈黻如副之。同日商团亦决议成立。（杭州）

星期四，即廿八日，中国巡洋舰炮艇及鱼雷艇，由萨军门统带，驶往下流。翌晨七时，各兵轮复驶回。午刻，革军步兵约三千人，携大炮八尊，轰击驻扎七里河之官兵。萨军门饬兵轮开炮助战，然未发数炮，急即驶退，不见踪迹，似受武昌炮击者。然官兵既失水师之助力，遂不能抵敌，四散而奔。江干小船逃避几满，惟大队仍沿铁道退走。午后两时，革军占据车站，派精兵一队，带炮四尊，追逐败兵。此后，两军交绥，地点稍远，汉口当不为危境矣。（三十日汉口电）

有中国兵轮六艘、鱼雷艇一艘，在九江装煤。并有英国兵轮三艘、美兵轮一艘，停泊于此。英兵轮以无线电传递消息。（初一日九江电）

二十八日晨，革军围攻官军。官军溃散，其营垒、蓬帐、军火、枪枝、服装，及梅格森大炮八尊、车头三辆、客车十辆，全为革军所得。官军退走七里河，已无秩序，革军追逐于后。是晚，七里河左近之造币厂，为革军轰毁。（三十日汉口电）

初一日夜间，上海英领事署复接电音，谓汉口诸皆安静，革军、官军均未扰及租界。

昨晨，上海接有官场消息：镇江外人急待保护；旗下营一带居民异常惊惶；城中饥民颇众，殊易起事；新兵军械已一律收回；旗兵不满千人。

本埠某日商接初一日由九江转来汉口电云：据沙市电称，宜昌城已于二十八日为革军占据，未开一枪，当即恢复秩序；沙市情形极危；据传四川各处现亦纷纷响应；长沙革党要求地方官交出印信；汉口各领事已宣布严守中立。

又接初一日芜湖电云：安庆已闭城二三日，出入者稽查极严；教习、学生大为震惊，居民亦皆惶惶；闻有革党数人在芜湖招兵，饥民皆将投入；现芜湖自治局已决议招人百名，组织商团，以保治安。

资政院于今日午后开院，监国未来。至将近开院时，始派礼亲王前来，恭代监国致院词，极言政府有实行立宪之志愿，并深望资政院各议员，将平日所研究之学识，协议实行，以图国家之幸福，而达人民之希望。

北京接领事电，报告长沙、宜昌失陷之确信，并星期四汉口官军败绩之耗。（初一日北京电）

昨日，上海英总领事接汉口英总领事由九江转来电音，谓：长沙、宜昌已为革军占据；闻宜昌地面颇靖，惟暗中甚为危险；盖有工人一万五千名，未付工资，恐将为乱；该处西人已请派外国军舰前往保护。

据香港电称：外国各银行已装现银及英币，前往北清。

北京公使团已集议，中国对于外国之经济义务问题。中政府已请各国，准其缓解庚子赔款，现并设法筹借外债。

京津大局可危，北京各使馆已预防一切。

据传，袁世凯要求节制荫昌之军，始允出山。

据奉天电称：赵尔巽已请政府准向日本借洋五百万元，以充满洲派兵经费，此款应作正开销。

日本外务省之大员二人，已奉命至华，在九江设立机关处，通报消息。（初一日东京电）

济南府安静如常，并无乱象。陆军已开赴北方。（初一日济南府电）

北京接有消息，谓有官军一协已在广水之北，为革军击败，逐回信阳州。

据三十日汉口电称：目下地面安静；共和党颇为活泼；周围山上均置大炮无数；革军严为设防，其地位极为巩固；今日将有小战。（初一日伦敦电）

皖抚调兵，前往武昌，兵士皆不从命。

革军与官军交绥时，官军炮弹堕入德租界者颇多，曾经人拾起检视，竟系木制之弹，惟外貌极似钢弹耳。此事令人想及中日之役，彼时某大员曾与某商家定议，以钢弹之价而买木弹，彼此均公其利。

革军二十八日大战之后，外人观战者皆盛赞革军，并评论其纪律之严明。

萨军门所统各舰，已由九江退往下游。

荫昌所统之北军，已为革军击退。官军后队闻革军大炮，群相逃亡，投降革军者颇多。（以上译西报）

《申报》1911年10月24日第13905号第2—5版

京师之鄂乱谈

上月二十三日，内阁致荫大臣、萨军门廷寄各一道，文云：武汉逆匪势极披猖，剿抚事宜，存亡所系，朝廷宵旰焦瘁，急盼早日克复武汉，以安大局。前湖广总督瑞澂，懦弱无才，更乏治乱之策，以致大局糜烂，上贻君父之忧，下累斯民涂炭之苦。故特起用袁世凯总督湖广，责成督办剿抚事宜，兼会同调遣陆海各军，以资策应，庶足大振军威，收早日敉平之效。卿等同为钦差剿逆大臣，无非因地制宜，各当仰体朝意，鼓励从事，务须和衷共济，协谋除逆，毋生歧见，致误事机。卿等公忠保国，为朝廷素所信任，必能早安大局，慰朕廑念也。

又闻：监国颁此电谕，实由庆邸所建议。庆邸以荫昌为陆军大臣，萨镇冰为海军提督、统制舰队大臣，此次会同剿逆，均为奉旨钦简，且荫昌之职权，较之督臣，有过无不及，而刻下复简袁世凯为督办剿抚大臣，荫、萨所部军队均准会同调遣，诚恐荫、萨各生意见，于会剿时政见不合，势必贻误事机。况此次革党志不在小，大局隆替，在此一举。倘将帅意见稍有不合，逆党乘机煽惑，大局将不堪设想。故将此情力陈于监国之前，急颁此谕，以勉荫、萨云。

又闻：庆邸是日尚奏陈监国，请于袁、荫、萨会剿时，恭代陆海军大元帅，不时颁发训谕，勉励将帅，促其早日敉平，庶可速奏全功。监国韪之，即日亦将照办。

又闻：袁项城此次起用，原因实缘涛贝勒奉电回京时，向监国力请，以军咨大臣恭代大元帅赴汉亲征，以励军心。监国以其无战事阅历，不允所请。次日召见，涛又坚请照行。监国仍不许，即转询各王大臣有何意见。各王大臣以武汉事机愈急，实非声望夙著之大员，必不能胜此任，遂合词力保袁世凯前往。监国然之。故袁奉命后，朝廷竟破除成见，予以大权，盖实含有恭代大元帅亲征之意味也。

《顺天时报》因登载不实，至行文日使交涉，可见政府对于此次乱事之慎重。兹闻，此事实奉皇太后懿旨。其承宣厅分行外务、民政两部，原文略谓："川鄂乱事，饬禁各报登载，自当一律遵照。兹奉皇太后懿旨：'据进读报纸太监述对，谓京师《顺天时报》所登新闻，有南京等处一并失守等语，实与事实未符。虽刻因川鄂乱事，警电纷来，粤皖等省确有匪党滋扰，图谋起事。但与数省失守，实属大相悬殊。如此骇人闻听，人心将愈恐慌。查《顺天时报》为日本人所设，着即照会日使，转致该馆，酌为更正，以安人心'等因。特此分行遵照，迅即办理。"

自川鄂事起，外省入京之电，几如雪片而来。闻廿二、廿三两日，内阁接到各省关于革党潜谋起事之警电，计二十二日二十八道、二十三日二十一道，而在此两日内发出者，则计二十四道云。

《申报》1911年10月24日第13905号第5—6版

革命军起事纪（十）

革军起事后，整理武汉民政异常认真。兹闻武汉三镇之新官制，业已分配就绪：（一）武昌设民政长官，江夏县仍旧。（一）汉口设市长，夏口厅仍旧。（一）汉阳裁知府，汉阳县仍旧。（一）武汉三镇于知县外，另辟佐治官辅助行政。（一）武汉三镇以原有之审判厅为裁判衙署，但关于军事者，归军法会议所管辖。（一）暂行官制及暂行各项法律，如民法、商法等，均在编制，不日公布。

革军为安定人心起见，对于武汉三镇，尤以保护治安为先。其现在之计划，已着有成效者：（一）武昌设立保安社，汉口就原有之商团编练成队，均领有枪弹，分段站岗，以防宵小窃发。（一）武汉三镇均设临时警察筹办处，已由军政府遴委妥人，筹议进行。（一）目下军队皆已归伍，然夜间仍有马队数十，分街巡逻，以防意外。而日间则街上不见一兵，故居民安静如常。（一）租界附近均有重兵把守。

《申报》1911年10月24日第13905号第6版

要闻：监国痛恨鄂乱之祸首

监国日昨召见泽公，垂询日来金融界状况，及市面已否静安情形。泽公云："自二十三四日以来，民间谣诼纷传，市面因而动摇，遂致酿成银根紧迫、粮食暴涨之现象。大清、交通两银行，一时大受拥挤。当由臣部饬内外两厅，严加防护，并出示严禁粮店涨价及不用国币等事。同时，由臣部拨款，接济大清银行，先后二次，共拨款百五十万两。现在市面已恢复原状，可无他虑。所可虑者，此次剿乱军队需款甚巨，鄂省故有之款皆为乱党夺去，所有一切用费皆仰给臣部筹拨。昨已拨出五十万两，作为军饷。嗣又准军咨府咨军费浩繁，须再筹百万接济，亦已由臣部预备完全。惟军用无穷，国帑有限，若不豫为筹划，诚恐将来有应接不暇之虑。拟电饬各省，将应解部各款提前筹解，以备要需"云云。监国当谕云："此次鄂省兵变，文武各员皆弃城先逃，致酿成巨乱。辜恩溺职，殊堪痛恨。惟望卿等竭忠尽力，速平大乱。"言毕泣下。

《申报》1911年10月24日第13905号第10版

粤督张敬陈管见折（续）

一、亲贵不宜总理内阁也。立宪国之原则，皇族不掌政权。故世界立宪之国，皆无皇族总理内阁之成例。是非薄侍［待］皇族，不使得与阁臣之列也。更非谓皇族之人才，皆不足〇总理之任也。夫责任内阁，常立于国会监督之下。苟有过举，议院必行弹劾，迫令引退，而易置其人。此立宪之常例，所谓推翻内阁也。若夫皇族，则与君主之关系至亲。君主既立于神圣不可侵犯之地位，则其关系至亲之皇族，亦必当保有特别之尊严。今以皇族总理内阁，不能必其无过举也。苟有过举，其弹劾而推翻之乎？《礼》：齿君之路马，有诛。为其嫌于偪君。况以皇族之贵，而受政敌之攻，岂不亵君主之威严，而更嫌其偪？其将隐忍而不推翻之乎？则国会不能举监督之实，尽失立宪政治之精神，立宪政体因之而破坏。二者无一而可。信乎！皇族内阁与立宪政体，其实必不能相容矣。我国新建内阁，而皇族实为总理。在朝廷以军机处旧人谙练朝政，仍而用之，未及另简，仅出一时之权宜，非可视为成制。然以皇族之懿亲，置之政事之枢纽，日当政敌之冲，身为众矢之的，倘有弹劾，已损尊严。且百姓愚蒙，易惑难晓。使喁喁望治之人民，谓改设内阁之初期，已违反宪政之原则，仰望之心变为疑阻，政府之信用浸堕，他日之措施弥艰，失固结之人心，阻宪政之进步，不可谓为得计也。臣窃为朝廷惜之。且我朝旧制，不许亲王入直军机。嘉庆初年，成亲王入直数月，仁宗睿皇帝谓：与国家定制不符，令无庸在军机处行走。祖宗立法，用意至为深远。今内阁新立，其责任之重要，视昔之军机处且将百十。上念祖宗之经制，远鉴立宪之通例，岂可但计一时之权宜，不为子孙立久远之善制哉？臣虑远忧深，所以欲缄默而不能自已也。一、宜罢不急之新政也。我国政务废堕，甚矣。大纲小纪，弛而不张。举凡国家所当执行之职务，类皆废而不举。万事丛脞，势必不足以图存。朝廷发愤自强，预备立宪，于是有九年筹备之案。百十要政，克期程功。并举兼营，日不暇给。督责之文书，急如星火。奏报之章疏，错于道途。是亦可谓百废具举矣。然举一政也，必有莫大之政费。政费又非天降地出也，必不能不取之于民。是以计臣持筹，百方罗掘。缗算酷榷，利析秋毫。竭泽而渔，极力搜括。当事者岂不知负担过重，小民将不堪命哉？然以程督方严，不敢贻误，取盈于民，一意进趋。百姓有限之脂膏，岂能供此无艺之诛索。力所不任，怨讟繁兴。甚或闾里骚然，迫而走险。是多举一新政，不啻多增一乱源也。然使尽民力，以举一新政，果能成绩昭彰，民被其泽，犹之可也。然而今日举国征兵矣，而国防之危脆如故也。举国兴学矣，而人才之窳劣如故也。举国办警察矣，而地方之扰乱如故也。举国兴实业矣，而生计之窘涸如故也。凡百庶政，罔不类是。犹且枝枝节节，纷然并举。各部责成于疆臣，疆臣责成于州县，州县以事关考成，无所逃命。然罗掘已穷，力所不逮。虽有干吏，终不能百务兼筹，则亦为粉饰具文，敷衍塞责。在上者亦知无米之炊，必不能以空文相督责，则亦坐视其粉饰敷衍，而莫可如何。夫今日所举之新政，固行之东西诸国，民利国福而大效昭著者也。乃移而施之我国，其结果之所得，则仅多一具文，增一乱源。事之可痛可愤，孰有过于此者。夫以我国今日事变之急，百废待兴，自非狂愚，孰敢谓新政之不当速举。然以今日国民负担之力，与现在国库收入之款，欲取今日当举之政务而悉举之，势必有所不逮。此不待智者而后知也。为今之计，莫若统筹全国之政务，熟权其轻重缓急之宜。孰者宜先，孰者宜后，孰者宜罢，孰者宜行，详细比较，审虑慎思。然后斟酌于施政缓急之程度，以为政费分酌增减之权衡。择其重且急者，并力起之，务使举一事即收一事之效。其形式之法令、繁碎之科条，一切罢之。虽或重大之图，而揆之今日国势，非必要而急需者，亦皆暂罢勿举。但求得尺得寸之实效，不必骛百废具举之美名。如是则闾阎之民力可纾，而财政之基础可立。此虽消极之政策，不可谓非救弊之要图也。凡此数端，虽微臣狂瞽之见，实根本致治之谋也。臣非敢诿疆臣之责，而但责难于朝廷也。窃以为国本之所系，系于人心。人心已去，则国虽〇事，可以鱼烂而亡。人心未离，则国虽积衰，尚有苞桑之固。我皇上励精图治，节俭爱民。未尝有一息之安，偷暇以自逸也。未尝有无名之费，滥取以虞民也。然而发一令而动多杆格［干戈］，行一政而动且惊疑，何也？则以日言立宪，而立宪最要之制度，如责任内阁者，仍有其名而无其实。加以政费错杂，诛求无艺，成效未睹，民力已殚。举国之人，进有民穷财尽之忧，退有亡国灭种之惧。以望治最殷之心，成迫不及待之象。于是举素之所仰望于朝廷者，转而冀逞于孤注之一掷。此少年激烈之徒所为，甘蹈危机，倡言革命而不悔也。皇上诚采用臣言，确定内阁之责任，不以政权私之懿亲之手，而予总理大臣以辅弼实权，使之总揽政纲，统筹全局，功罪皆无傍［旁］贷，举国人民咸晓然于我皇上无私天下之心，则凡有所责难于我皇上者，皆将移而集于内阁。更举不急之政，一切罢免，节省政费，与民休息。如是而谓海内人士有不耸然改观回心向化者，臣敢必其无是理也。伏望独奋宸断，毅然施行天下，幸甚。至于微臣西膺重寄，不能奉宣德化，销乱未萌，致使祸变猝发，贻朝廷以南顾之忧，溺职辜恩，踧踖无地，朝廷不加斥责，不足以整饬纪纲。惟有仰恳朝廷，严治臣罪，以为阘冗不职者戒。不胜悚惶待命之至。所有时局艰危，敬陈管见缘由，理合恭折具陈。伏乞皇上圣鉴训示。谨奏。

《申报》1911 年 10 月 24 日第 13905 号第 26 版

10 月 25 日

上谕：

九月初一，内阁奉上谕：段祺瑞现在有差，江北提督着杨慕时护理。未到任以前，着奭良暂行兼署。钦此。

上谕：云南普洱镇总兵员缺，着孔庆塘补授。钦此。

上谕：大理院奏，讯明学生横遭诬陷，形迹并无可疑，请予开释各折片。此案既据明全系子虚，解树强着即开释，准其一体验放。该学生无辜受累，定系有人诬陷。着民政部、江苏巡抚，按照该院所陈各节，严切究办，毋稍含混。嗣后京外各衙门如有讦发之案，务当研讯虚实。至投递匿名信函，尤应根究来历，固不可过事张皇，亦不可少涉疏懈，仍当随时侦察，认真办理，以重法律而安善良。钦此。监国摄政王钤章，奕劻（假）、那桐、徐世昌署名。

八月三十日，召见内阁协理大臣、泽公、刘作猷。

九月初一日，召见内阁协理大臣、礼王、伦贝子、泽公、张英麟、陈名侃、朱益藩、郑孝胥。

《申报》1911 年 10 月 25 日第 13906 号第 2 版

专电

昨夜（初二）九江失守，道署被焚甚烈，电信不通。

九江对河之湖口镇，同时失守，电局被据。

萨军门有兵船七艘，停泊九江装煤。现因该处失守，又退驶下游十余里。

安庆某陆军学堂举代表至武昌，议与革军联合，并携有某标统带誓书。黎都督命其暂缓勿动。因军略上计划，安庆与武昌之间，尚有阻隔，若占安庆，布置需人，兼须筹兵、筹饷，故命其静待。须俟初四与北军大战，武汉实力充足，再图江皖。

三十日之战，有北军在阵前投降者六十余人，被革命军侦出，内有北军队官四人，并有易乃谦之侄一人，乔装军人，意将刺探内情。现改派为武昌巡街警察，不使阑入军队。

昨日（初二）离汉二百里之某地，复有小战，官军仍败。

革命军选精锐二万人，由黎元洪亲自统率，北上迎击荫昌大军。

荫昌统师万五千人，誓与黎元洪决一死战，如再不胜，当调后队二万人来南合战。

革军政府拟发行新公债票，分五两、十两、五十两、一百两。已在武昌印成一百万张，将于三日内，派人潜往各埠散售。闻有某某三国人，已定购五十万两之数。购者每两只须付洋一元。

初一日，有革军数人诣汉口招商局见总办施子卿，请其改挂星旗（即革命军旗），撤去龙旗，否则，须将来汉各船扣留。施谓："容电总局商办，明日即可得覆。"革军信之，乃去。施嘱江孚连夜驶出，一面电告总局："汉口一埠暂勿开行。"现江轮仅至九江为止。施总办已行，船局遂为革党所据。

河南郑州又有失守之耗。

长沙三十日失守，实系湘军兵变，暗通革党，故于数小时内，即被占据。湘抚未逃，现被拘禁。其余藩臬各官，不知下落。

革军得长沙后，即派军两队，兼程前进，直往川境。闻有一队将至成都，专攻端方。

上月中旬，在香港之党人，闻有一部由广西绕道，限三十日抵长沙。是晚，长沙即报失守。现主持内政者，以湘人唐党为首。

汉沪电报已通，惟有时不能必达。（以上汉口）

京师谣言甚盛，大有皇帝移跸、监国留京办事之说。

涛邸传谕贵胄、陆军法政学堂世爵学员：各回本旗，听候命令。

庆王骤病，甚危。

外交团通告外务部：如满三礼拜后，政府不能剿平鄂乱，则各国将认革命党为交战团体，与之正式公文来往。

政府向四国银公司借款一千二百万两，充作战费现银。公司因列强已宣布中立，未便允许，却之。

袁世凯电奏：北洋退伍各兵多系劲旅，操练精熟，足资效用。请饬度部拨银四百万两，俾得迅速招练。奉旨：着照所请。

上月二十七日，萨镇冰、瑞澂会电京师乞援，内有“舰队煤粮俱无，坐以待毙，请速饬荫昌大队来汉”等语。并谓陆军死伤过多，兵力单弱，故车站得而复失；官军与革党短兵相接，距离不远，故炮舰未便开炮，致伤官兵云云。

荫昌电请，续派援兵赴鄂。

内阁电寄各督抚：现在大兵已经抵鄂，要在各强臣始终如一，严加防御，不使匪乱踵起，鄂党自可早日克平。

泽公召见，又陈饷巨库绌，筹划维艰，非借国债，无从接济；并请电饬各省速办印花税。

泽公因鄂军需饷甚巨，拟将各部人员秋俸减半发给，腾充军实。

沪道电致度部，请拨银五十万两，垫解赔款。泽公因已向各公使商请缓解，俟得覆再定，准驳。

禁卫军将有数营抽调赴鄂，已募兵五百余名，插入训练，以免京师空虚。

某御史奏：民心惶惑，全由各大员提现移眷，致滋纷扰，请查明严惩。

闻云南情形甚危，滇京官三电督院询问，均未得覆。（以上北京）

今日（初三），商会邀绅学界议办团练，无端妄争，大闹哄散。现商会决初五日自办，民间安静。（杭州）

革命风潮，蔓延极速。今晨接到九江失守消息，午时又得革军占据湖口之电，似两处皆于昨晚失陷。九江道署则于昨晚十一半钟时被焚，电报局于半夜时被占，电信遂不通。湖口距九江约二三十英里，适在鄱阳湖口。来电谓发电时，革军已近电局，情形甚危。

上海电信仅达芜湖。今沪局宣告，谓洋行密码电报，如盖有该官领事官印者，可以收发。

上海有两国领事接到长沙失守之电：一电仅云长沙失守；一电谓长沙为革军所占，湘抚逃去，官场颇有遇害者，并请速派兵舰前往。

中国币制借款英金一百万磅，现因鄂警，暂缓画约。

汉口安静如常。长沙已于八月三十日为革军所占，未遇战争。湘抚余诚格不肯逃避，大约现为革军拘禁，未加杀害。萍乡现尚安静，然现银缺少，情形终觉可危。

上海美总领事接长沙电谓：长沙入革军之手，请速派轮保护；湘抚不知去向；官场多被杀。又有一电谓：长沙人民欢呼，迎接革军首领；无流血事；湘抚不愿逃脱，致被监禁。

闻南昌虽未失守，情形极险。

昨日（初一日），汉口附近之处，有官军二万余人，革军八千余人。官军毫无秩序，不敢向前与革军交战。后闻革军枪声，官军亦不与革军抵抗，即弃营向北而走。水师亦退往下游。

长沙抵汉之教士谓，该城确为革军所占。

此间接有消息：袁世凯尚未行抵官军大本营；荫昌之军在孝感会集，距汉约四十英里；革军已用严厉之计划，防止奸细。

闻张彪已于今日在孝感附近为革军所擒，押至武昌。此信由火车之搭客传来。

荫昌已抵孝感。此间咸谓：彼必不亲自搏战。且传，袁世凯明日将与官军会合。官军目下似集于距汉十五英里之滠口，豫料当有一万五千人。

官军从十计罗米达退至六十四计罗米达，盖欲与大队联合。

四川革军已入沙市，目下情形极危。（初二汉口电）

宜昌确于二十七夜为革军所得，安静如常。（初一汉口电）

北京官报谓：瑞瀓带炮船三只，在九江装运煤粮。

长沙失守，关系极重，其消息已十分确实。政府中人以为武昌、宜昌、长沙之变不相联络，而他人则皆觉其同一组织，危险日甚。

荫昌近日电奏内阁，谓：萨镇冰现有异志，水军殊不足恃。

荫昌已抵孝感，豫料一二日内，必大攻革军。如不能获胜，则政府将发第二批大军二万人。

袁世凯现正招集天津旧部数百名，以为卫队，一俟招齐，即拟南行。

福开森在京组织红十字会，日内将率中外医生启程赴汉。闻兵士受伤者已达千人。

京城谣传，庆亲王已暴卒，或谓业已病笃。今日谕准告假调理。

政府欲借外债银一千二百万两，卒未如愿。

政府接豫抚电奏，谓星期四日之战，官军死四十人，革军死数百人。

日来谣言颇多，有谓天津旦夕亦将有变。（初一北京电）

河南革党首领范均昌（译音），现已派人至武昌黎元洪处报告：河南有革党七千人，刻已预备联合起事。

河南铁路工人一万六千名，亦欲投入革党。

四川西南一带府县，均已入革军之手。

北京英使署接领事报告，谓：荫昌如不能于数日内大获全胜，革命风潮必遍及扬子江流域。（初二日伦敦电）

《申报》1911 年 10 月 25 日第 13906 号第 3—6 版

汉口战报（三）

二十八日战事，已略载前报。兹又得一详函云：是日黎明，革军已预备一切，向跑马场之北开掘沟道，侦探队传递军报，直至正午始行开炮轰击。初意官军必隐于铁路线之后，嗣知其已于先一日离营，向南散布，接近江边。巡洋舰先于晨间开往下游，适近官军之营，至是乃开炮助战，惟炮准极劣，无一能中，大半落于远处。其结果仅烧及右边与北边远处之草房。

此火颇有益于革军，盖为浓烟所蔽，可以匍匐前进，不致为官军所见。当时见革军士官派主力军，由距跑马场四十五度之角上，向敌军前进，成一直线。其余之兵则成圆径而进，将近官军，然后两面一齐开炮。官军势不能支，乃即溃散。此阵布置极有计算，将战之际，将卒极为活泼，军士亦变阵极速。当圆径之兵向北进时，未动之军即开炮轰击官军。官军亦回击之。未几，官军炮声忽停，全军败退。革军大呼而起，开枪追之，遂占据官军营垒，并获军需甚多。官军尽力逃出枪火之外，即登岸之海军亦尽力逃上巡洋舰，开往下游。官军死者百余人，伤者倍之。革军未死一人，伤者不满二十人。

二十八日之战虽非大胜，而全军军威为之大振。自黎部督下至士卒，皆信必能达其目的，建立共和政府。而官军则早一日犹雄心勃勃，至此胆皆寒矣。其原因甚多：一、官军自认大炮未到；二、共和党能得民心；三、海军有异志。晨间各舰退往下游，闻因有某炮艇不肯开炮，欲离战地之故。

又据金陵轮船避难西人云：二十八日官军为革军击败，退守七里河。二十九日复为革军所攻，七里河遂为革军占据。查二十八日之战，由武昌派来精兵二千名，协助新募之兵抵敌官军；其官军一方面，则有萨军门舰队开炮助战。惟革军能从左右抄攻官军，外人观战者颇为嘉赞。革军既抄击官军之左右翼，乃驱官军于铁路线之下，获军火粮食一火车、营账［帐］数架、野战炮数尊，直追至七里河而止。至是，官军、革军小战后，复沿铁路而退。现两方面均豫备于星期六日再行大战。

黎都督出示不得滥杀满人、劫抢平民后，革军现已实行，故汉口秩序已完全恢复。西国妇女已购金陵轮船票者，均纷纷退票，决议仍留汉口。即外人游阅战地者，亦毫不受扰。

革军咸以红布扎于枪刺，以示获胜。现各兵士颇望续战，其受伤送至医院者，亦求看护妇从速疗之，以便可再临阵。计医院中受伤之革军兵士，共五十人。

红十字会已在武昌设立总事务所，有西妇多人充当看护妇。二十七日、二十八日两战，革军死伤者约五十余人，官军闻死三百人，其受伤者已请外国医生前往疗治。

黎都督已准收容投降之官军，编作新军。

萨军门于二十七日轰击革军后，已率炮艇三艘、鱼雷艇两艘，退处下游十五英里。闻有巡洋舰五艘，因乏军火煤斤，且水兵大半由舰逃脱，故已不能复图进攻。

金陵轮船过九江时，见中国兵船七艘，芜湖亦有一艘，炮位均以油布掩盖，足见并未从事战斗。

汉阳兵工厂昼夜制造军火。革军募兵处招募新兵，异常忙碌。新兵先付一月饷洋十五元，其曾经操练者，先付两月饷洋三十元。

据谓：武昌之大炮，如中国兵舰欲向上游开驶，则足以毁之。惟炮火将轰入租界，故外国官员已戒萨军门不可扰累。

闻官军并无野战炮。据目睹者云：二十八日之战，革军夺获官军快炮七八尊，行囊、军火、粮食及各种军需品甚多。

革军步队第四协张统领，于国民军大捷后，即布告商民云："照得我军起义，原为驱除满奴。凡我大汉人民，各宜谊同手足。现有豫师小丑，甘为□贼心腹。来驻刘家庙地，公然不知退缩。昨与我军对垒，被我大军驱逐。追北七十余里，我军尚未止足。再不度德量力，定必寝皮食肉。加以北洋兵舰，大小十有余只。见○○○○○，业已归顺我师。只因为民请命，故尔克捷如斯。敬告同胞昆弟，切勿鹤唳风嘶。仍宜照常贸易，各守安宁秩序。我军极力保护，不准骚扰一时。自兹布告以后，遵守不必差池。"

军政分府谢汉口商会犒军函云："日昨连次告捷，将敌人追剿几尽。虽军官兵士等勇敢所致，亦深蒙贵会维持接济之力也。旋又收到犒赏军士经费五千、馒头数万，足见爱我同胞，无微不至，大功成就在指顾间，曷胜庆幸。惟以战事之故，致商家搬运停歇，大受亏累。虽屡次出示，晓谕地方，不用惊布。而智识短雉诸人，仍存旧日捻匪一切观念，无法刻心相示，私怀歉○。因转祈贵会一面协助军需事件，一面解晓商蜀中人，务使我武汉最杂地方平靖安宁，照常贸易。政府幸甚！同胞幸甚！"

《申报》1911 年 10 月 25 日第 13906 号第 6—7 版

京师之鄂乱谈

自武汉失陷，风声鹤唳，大有草木皆兵之势。各国驻京公使，均赴盛宫保宅，筹商一切，藉探消息。闻该大臣密商某使，拟欲借其兵力保护铁路。而该使本有干涉乱事之心，遂逞此极力运动。并有某银行暗托该国某机关报，多方谣惑，并张大其辞，藉可实行干涉。幸各国使臣烛破其奸，同赴某邸及泽公处密陈："某国将藉保护为名，干涉内事，居心实属叵测，幸勿堕其术中，惟贵国某大臣反欲求其相助，何昏瞶若此。"某邸等闻言，均再三称谢。日昨适该大臣同在政事堂会议，遂在受申饬云。

长江水陆各军，统归袁世凯节制调遣，已见明谕。兹探得此谕之由来，实由项城自具密折奏请。原折要求八款，如蒙俞允，方能赴鄂：（一）全权大臣，便宜行事；（二）另刊关防；（三）长江水陆各军统归节制，荫昌须受其调遣；（四）调用旧员二十一人（内有段芝贵、赵秉钧、倪嗣冲、雷震春四人，余未详）；（五）关于财政，不准度部留难制肘。以上五款经监国会同总协理大臣集议一次，含糊允之。其余三款未经发表，无从探悉。

又闻项城并有电奏，陈述戡定鄂乱之政见，主张先用文告，解散胁从，首要罪犯亦许其自新，不加显戮；一面照会外交团，请暂勿派员观战，以杀革党之势。至其如何调度兵队，则未便宣布。

《申报》1911 年 10 月 25 日第 13906 号第 7 版

海上闲谈

瑞督前日潜来本埠，寓某花园。旗籍属员某君往谒曰："吾不意大帅之来此，为大帅计，只有亲临前敌，规复武汉，以报国家崇厚之恩，以吐满人之气。倘让他人成功，天下将论大帅为何如人？夙承知爱，敢以直告，兹非大帅之所宜居也，盍速往？"瑞督曰："我既逸矣，则奈何。"某君曰："儿女情长，英雄气短，大帅不宜蹈此覆辙也，盍速往？"瑞督低头无语，仍潜往九江。

记者曰："名城失守而逍遥若此，诤友直言而低头无语，曷怪革军之得手耶？噫嘻！"

或谓上海县帮审承厚已于昨日挈眷出后门潜逃，恐为革命党所害也。余谓不然，承明府办事素有肝胆，上海现甚平安，断不为此胆小如鼠之事。况平日审讯犯人，一以宽厚为主。恩德府不过偶携宝眷出外游览，及时行乐耳。乃田大令竟信为逃，欲令厨房停止开饭。呜呼！吃饭乃官场本分，何可不开？

鄂乱中逃来之难民，囊资既罄，致妻求佣而子求鬻。此情抑何惨也。乃田大令则谕令回籍。夫苟原籍可居，何致逃避来沪，苟有再回原籍之盘费亦何致佣妻鬻子？此所谓南话者非耶。

《申报》1911 年 10 月 25 日第 13906 号第 20 版

10月26日

专电

西安新军变，遂失守。

陕西西安昨夜（初三）革命军起事，新军全变，文武皆逃，城即被据。（以上潼关）（按：此电系另一访员所发。）

广州将军凤山乘宝璧兵轮莅任，方登岸，过南门，有人连掷炸弹两枚，凤立毙，并死卫队十人。

传闻旅港粤绅主张如再有二三省会投降革军，则粤省亦将宣告独立。（以上广州）

昨日（初四）战役，革军计有五千人。黎元洪统中军在跑马场十里以外调度。

昨日，两军自晨八点钟开战，至午刻酣战愈剧，胜负不分。后革军有援队，自武昌前来接应，始收队罢战。

革军预备与官军大战。闻其计划，拟将北军逐出滠口至双坌湾，然后分右翼之兵力进逼郑州。

初二日，有革命军六千名，自湖北起程，谓将前往攻击南昌。

闻革军赴川军队报告军政府，二日之内可包围端方于夔州。

初二日，革军于汉口东南十基罗迈达，建筑炮台一座，以防北兵袭击。

闻初一日，党人派武员二人赍书与袁世凯。袁受书未复，幕友杨某出，言袁有疾，不见客。犒武员银五百两。武员不受。据传，此事已为荫军侦悉，恐将入告。

昨日，革军由武昌电局通电各省新军，劝其同仇协力，速奏肤功。

长沙都督焦达峰通电各省咨议局，速起义兵，共扶大局。

长沙东南一带土匪蜂起，大肆骚扰。革统黎元洪已招巡警千余人前往，保护居民及商务事宜。

革军昨派陈釆赴黄州，设立粮台、转运、文报等部，以通长沙、武昌间军情。

招商局快利轮船已为革军扣留，充作运兵之用。（按：本报昨日曾载“革军请撤龙旗”之电，大约此事即为此而起。又按，快利系走宜昌、汉口间者。）

据革军言，河南某州亦宣告独立。（以上汉口）

京师盛传庆王扈驾西巡之说。其实庆王连日请假，系赴彰德亲访袁世凯，劝其出山。

荫昌电，请速催袁世凯起程。内阁已派张永成，往彰德谒袁婉催。

袁世凯奏调江北提督段祺瑞，助剿鄂乱。

副都御史陈名侃面奏："瑞澂、张彪，万难宽恕，恳即明正典刑；并请宣布军情，以息谣诼。"

粤督张鸣岐电复内阁："长沙失陷，恳饬荫昌分兵往援；粤省谣风愈剧，有蠢动之象；自卫尚难，无兵可调。"

资政院李总裁密商各议员：赵尔丰违法激变，已得跋扈确据，决计弹劾。

某御史奏："川乱日张，蔓延甚速。"监国以与军报大异，显有欺饰，随密谕庆、朗两邸，电寄赵尔丰，"务须从实奏报，如再隐饰，定加严惩；并饬军咨府，速派亲信人员驰往，探察虚实。"（以上北京）

革党据长沙后，已宣告独立，并照会外人，谓："果严守中立，必极力保护。"闻日总领事此时尚在城中，其余西人均平安。（长沙电）

广东电称：将军凤山自炮艇登岸后，过南门时，有人以炸弹掷击；凤山未伤，卫兵死十人。后又接一电，谓广东将军凤山已为炸弹轰毙。（香港电）

北京电称：西安府已经失守，未有抵抗；政府以西安为险要之地，今闻警信，大为惊惶。（伦敦电）

此间第三镇陆军所携军械，入夜均须缴入，军械由哨兵严守。（长春电）

《申报》1911 年 10 月 26 日第 13907 号第 2—4 版

汉口战报（四）

二十九日下午三钟，有小轮一艘，悬日本国旗，驶过车站十基洛米达，为江滨革军所见，即举号令止，并向之放空枪一响。该轮随即靠岸，轮中满载煤斤。据谓革党恐该轮以煤接济附近之中国炮艇，故特止之。又亚细亚火油公司拖船，开至汉口时，亦为革军所阻，惟旋即准其开行。

二十九夜间，有革军马兵一队，由滠口向汉，过歆生路。据谓革军已占据滠口，而官军则被逐往他处，并遗下野战炮数尊，由北方新运到者，亦为革军所得。此事想必不虚，方革军告人时，见其状极欢悦也。

"江宽"轮船前午由汉抵埠，据某西人云：三十日，有官军七千人，行抵汉口附近，初二将有战事。闻此番官军离开汉口铁路，系由远路绕至中国及外国跑马场之中间扎营（即二十九日开战之地）。是日下午，复有火车一辆，载官军八百名，行至中国跑马场附近，尚未下车，即为革军所攻。轨道之中，有路革军先于该处安置大炮两尊。火车过时，即开炮轰之，车不敢进。革军遂一拥而上，所有官军八百名尽为俘囚，随由革军用他车押送汉口监禁。是役，又获粮食军装无算。此事为某西人所目睹，当时该西人曾卧地，以免被击云。

革军所制之军服，业已用罄。而应募之新兵，络绎不绝。现在日夜制造，犹不暇给。

前三日战败之官军，现均不知何往。大致有逃避他处者，亦有投降革军者。故七里河一带颇为安静。

武昌革军已至汉口，分队驻扎各路，以防敌军侵入。汉阳铁厂亦由革军严加防卫。

今晨，上海大谣“日兵一万已抵奉天”，不知何意？并传，此举系由中政府乞助于日本云云。惟日本官员不信此事，如果派万人至奉，水陆装运必早有人注意，断不能如此秘密。此种谣言，想因日本常备兵大操而起。午后，《文汇报》记者专谒日总领事，询及此事。日领事谓，日本已宣告中立，安得再有派兵至奉之事，此乃无稽之谈。现各领事已发电各处探询，惟尚未接征实之覆电。

《申报》1911 年 10 月 26 日第 13907 号第 4—5 版

度部请停不急之务

度部因鄂省军务事起，仓卒调兵发饷，供亿浩繁；且鄂为省财赋〇区，摊认洋款赔款及京协各饷，为数甚巨，兵事一起，均难照解；川省风潮未定，解款亦不能应期；此外东南各省筹防吃紧，饷项当亦同一支绌；部库存款无多，而来源易涸，自不能无缓急轻重之分。以目前论，除军饷洋款实力筹措外，其余部库可缓之款，只能分别暂行停放，专顾要需。并电各督抚，凡一切不急之务，均应酌量停办，以备不虞。现已具折奏闻，奉旨依议矣。

《申报》1911 年 10 月 26 日第 13907 号第 10 版

鄂乱影响

江督张安帅，以鄂省革军扰乱以来，警耗频传，各处人心惶惑，市面大为震动，诚恐妨碍治安，曾经派员赴鄂观探军情。迭据电复，谓此等乌合之众，北军大兵到日，不难立时解散。乃访闻近日有等无知识之辈，信口雌黄，任意造谣，以致民心更为惊疑，殊与治安有碍。而沪上为通商大埠，商民荟萃之区，深恐遽行听信浮言。亟应查拿造谣之人，严行惩办，以息浮言而定人心。爰于昨日电饬沪道查禁。兹闻刘观察除饬上海县及各警局遵办外，并又照会租界领袖，转饬捕房，传谕中西侦探，随时查拿造谣之人，严行惩办。

《申报》1911 年 10 月 26 日第 13907 号第 18 版

10 月 27 日

上谕

九月初四，内阁抄奉上谕：出使法国大臣刘式训，着留任。钦此。

上谕：出使美墨秘古大臣，着施肇基补授。钦此。

上谕：外务部左丞，着周自齐署理。钦此。

上谕：志森着开缺来京，另候简用；山东布政使，着赵滨彦补授。钦此。监国摄政王钤章，奕劻、那桐、徐世昌署名。

九月初四日，召见内阁总协理大臣涛贝勒、朗贝勒、泽公。

《申报》1911 年 10 月 27 日第 13908 号第 2 版

专电

陕西潼关失守，协镇无下落。（开封）

岳州失守。

闻福州新军变，与防军战三小时，即失守。（南台）

安庆亦有失守之耗，朱抚在城未出。（以上苏湖）

贵州亦报兵变，省城岌岌可危。（常德）

闻有革军代表，谒告驻津外交团：天津即日起事，担任保护外人。

荫昌遇刺，现严缉凶手，陆军大乱。

萨镇冰之水师兵亦变，有数舰已扯白旗。

驻鄂北军万余人，全行变叛，纷纷投入革命军。

初四晨，两军斥候队在刘家庙相遇。革军先开枪，互击十五分钟即收队，革军伤小队长一员。闻北军以子弹不足，不肯临敌，然在此两日内，必有大战。

荫军驻扎孝感，为革军所攻，并未还击，即陆续退往信阳州。

革军已觅得军用无线电机，与各处传递消息，归标统喻兆蕃管理。

长沙城内军粮甚多，皆为革军所得，惟现银颇缺乏。军政府已拨军用手票一百万、现银三十万、新铸银元五十万，前往接济。（以上汉口电）

广东绅商开会，决议不得派兵筹饷，协助政府。并闻咨议局议决，即日宣布独立。

广州现已有革命军一万五千余人，惟枪炮子弹极少，恐不敷用，已急电黎元洪，请速运军火接济。

粤督电告政府：广州已现危险之象，新兵皆不足恃，而旧军所用之毛瑟枪口径不一，子弹亦不足。

凤山被刺后，省城大火，自十三铺至十八铺，焚去一千余家。或云旗营开炮，或云匪党放火。（以上广州）

杭州新军宣言，不与革军对敌，以免自残同种，故现象甚紧迫。（杭州）

九江府初二夜失守，湖口初三日午后失守，知府璞良遇害，九江道保恒初四日乘隆和轮船下逃。

张检因九江失守，于初四日逃回南昌。居民闻信迁避者愈多。新军枪弹已一

律收去，兵队尚安。（以上九江）

京师谣言愈甚，人心愈乱。据传皇太后、皇上将西狩热河，现暂驻跸天津博爱医院。

泽公面奏：乱亟饷巨，部库仅剩二百万。现日人允借巨款，惟须以某地作抵。监国默然。

内阁通电江皖各省：速催瑞澂回鄂，接济袁军，毋轻离汉。

又电江西、安庆、江宁、九江、芜湖、清江各大吏：迅速会选重兵，严密布置，倘有疏忽，惟该督抚是问。

豫抚宝棻电奏：黄河铁桥南北守兵单薄，恳拨直军协助。内阁即电陈夔龙，选调得力军队四协，会同防守。

资政院议员昨日议决，弹劾盛宣怀，要求政府将其革职。闻政府已将盛开缺，以慰人民之意。

某御史奏：鄂乱宜出以镇定，不可自扰，大局一去难收，请速颁罪己诏，以收人心。并请以鄂事责成袁世凯办理，荫昌管理全国，军务宜速撤回，镇守京师。

洵贝勒偕曹厅长，为筹接济海军事，前日赴津。（以上北京）

袁世凯电皖抚，托在皖北招募兵队。

皖抚通电各属，速办民团以资自卫。（以上安庆）

长沙革军电告黎都督，已于初一日占据全城。闻滠口二三日内，将有大战。（初二汉口电）

武昌外人已乘大吉丸轮船离汉。官军现拟由西进兵，攻击汉阳。革军亦派兵向西迎敌。岳州已为革军占据。（初三日汉口电，由芜湖转）

据北京电称，革军力戒轻举，凡表同情之城，须候内力充足，能管辖周到，始敢取之。其目的盖欲成一不流血之革命也。

昨有官军五千名，由京乘车赴汉。据无线电音：汉口之北昨有战事；革军进至七里河，与官军小战多时；革军稍退。（以上初五日伦敦电）

广州将军凤山，昨为炸弹轰毙，当场拘获凶手一人。是役，凤山外，死者共三十人。城中安静。（初五日香港电）

此间谣传，广州、南昌均已失守。（初五日北京电）

冯国璋已率第二批陆军，于初一日由京赴汉。冯此次所统之军，系以第五镇及第二十镇之一协合成。袁世凯现正在招集旧部，故不能即行。（初四日北京电）

革党代表谒天津各领事，谓不数日内，革军将据天津，外人请勿惊虑。（初四日天津电）

据杭州电称：兵士已向抚台声明，皆愿维持秩序，如革军，发现则不愿攻击，盖彼此皆属弟兄云。

据镇江电称：旗兵将作乱，各领事已请外国妇孺离境。

今日谣传，南京失守。晚间，沪宁铁路公司接南京复电，谓：安静无事，惟新军已奉调过江。

广州电称：广州将军凤山，由炮艇登陆过南门时，为革党以炸弹轰毙，并毙卫队十人。闻总督张鸣岐亦被害，惟尚未接确报。（初四日香港电）

据政界消息：初四晨，两军又在七里河左近开战，两面均用炮击，胜负不分。

汉口领事团严守中立，英国炮艇今日开赴长沙。

汉口邮局税关并无更动，商务已有活动气象。革军黎都统与各领事极和睦。

革军都督黎元洪，恐日本暗助政府，近日已有照会至日本政府，请其确守中立，以敦睦谊。

端方现在重庆。（以上初四日汉口电）

政府拟向四国财政团借债十兆两，或十二兆两，惟详细条未经呈出。各团代表已会集讨论此事，并通告中政府，对于所需数目及抵押物，当提出特别之意见。此事尚未照行，各代表已报告各本国政府，候接训示，再行办理。闻日本各银行由日政府辅助，现愿承借此款。惟乱事未平之前，未必能将全数借出。并闻，日银行此举为政治主义，非全为经济主义云。

资政院全体，今日赞成弹劾邮传大臣盛宣怀议案。是政府已处极困难之地位，如盛果去位，则政府已屈服舆论，势力将弱，而其他之要求必纷纷继之；若不允资政院之请，则革命舆情必且加甚。或谓，盛去位后，内阁亦将瓦解。无论此见是否确实，然盛之去位，即可作为内阁退任，因其地位颇高也。今日院中会议，极有声势，各议员坚意要求，应即将盛革职。邮部某代表宣读意见书，各员皆不愿听。该代表请邀盛亲自至院，宣述一切，众亦不允。某议员并要求立刻具奏，请明日切实答复。尚有某员谓，当令即行答复，否则资政院可即休议。大约该折明晨即将入递。旋又决议，盛宣怀之种种政策，确由上谕批准，故政府诸大臣不能辞责。且谓，武汉革命实由铁路政策酿成。资政院议员又开秘密会，议决奏请明年开设国会，内阁负完全责任；凡亲王无才识者，宜一律罢职；内阁总理宜用汉臣（总理一席多属意于袁世凯）；康梁诸人宜赦归；瑞澂、赵尔丰宜严惩。

荫昌电告政府：革军有炮四百尊，请速于大军起程之前，速派炮兵，并拨巨款，以充兵饷。

闻西安革党现拟与甘肃回民联合。（以上初四日北京电）

闻革军都督黎元洪，近日函致南京各教士及各学堂，请其速即离城，因该处恐有战事，防遭波累。（初四日南京电）

闻孙汶仍在美国，惟黄兴已抵长沙。（初四日东京电）

瑞澂由九江乘隆和轮船来沪，今晨（初五）可抵埠，九江保道亦在船内。此信由隆和船之搭客，在南京登岸，乘火车抵沪者传来。据该客云："瑞督结伴十余人，同行登船，衣平人服色，时时掩匿其面，余因曾与同宴，故认识之。惟彼佯作不识，余欲与谈，彼仍寂然。彼与九江道皆坐官舱，曾至舱面散步。瑞督则尚携一子同行。"据京汉消息，政府及革军皆悬赏求捕瑞督云。

招商局昨日议决：今晚江宽开往芜湖为止，此后长江船只暂缓开行。（以上译西字报）

《申报》1911年10月27日第13908号第3—5版

九江失守时安静之状态

初三，《文汇报》接九江函云：九江于初二夜，有新兵约千五百人起事，秩序极佳，巡行街市，开放空枪，焚去道署，保护教会，无抵抗，无流血，而九江全城及城外各地，已入革军之手矣。当时租界中人未经扰及，毫无惊恐。有直至初三日晨，而始知夜间失守之事者。租界英捕亦寥寥无几，并未添人巡逻。华人来往办事，无异平时，若视革命事为数见不鲜，无足怪异者。惟各学堂学生因谣言甚盛，已于一星期前解散。教会妇女刻皆移寓租界海关。其从汉口逃出之中国炮艇六艘，已停泊九江数日，今日忽皆驶去，仅有一艘在此，龙旗尚未换去。传闻南昌已先为革军所据，亦于昨日宣告独立矣。此处布置妥善，异常镇静。吾深愿他处之欲脱离满人羁轭者，其手续亦如是之宁静也。此间无识之徒，惊惶迁徙者，殊不乏人，即拍电生亦皆逃匿，然大概秩序丝毫未尝扰乱云。

又上海英领事署，今日（初五）十二点三刻，接汉口无线电信云：汉口安静无变动，革军大增。未几，复接一电谓：星期六日，两军在七里河小战。革军沿河筑沟，甚形巩固。九江炮台已为革军所有，秩序井然。九江原泊有中国炮舰一艘，后闻革军占据炮台，遂于次晨驶往上流，沿江干而进，不肯稍近炮台，以免轰击。据官场传述，萨军门未至九江，现在汉口下流二十英里，停泊有战舰两艘，随行招商局快利船已为革军扣留，载兵往来武汉间。

赣抚冯汝骙前数日曾电江西驻沪官银号，筹办枪弹一百万。该号商之各洋行以各国业已宣告中立，不允代办，复转商制造局，当为照数办就。惟外国商船严守中立，皆不肯代装，招商局船亦不敢装载。现闻九江已经失守，故此项军火亦不复运往矣。

《申报》1911年10月27日第13908号第5版

汉口战报（五）

今日有人由汉口抵沪，据述二十七日、二十八日两日开战情形，颇有为各报所未载者，亟录之。二十八日官军在丹水，仍作横线，更出断队，包抄革军后面。不意被革军探悉，遂用炮队直向轰击，步队则张两翼卷攻，官军乃大败，纷纷藏入民间空屋。革军纵火焚之，官军四溃。刘家庙营账［帐］器具，俱为革军所有。且被革军捕去军官三人，又击毙管带一名，余皆逃散。事后查悉，官军实足五千，为第六镇二十二标与第四镇十五协之兵。革军归时，沿途居民击掌欢呼，爆竹声如雷震，各国洋商亦皆举冠贺之。

又云，二十七日上午，革军战捷后，三句钟，官军又到两营，在刘家庙向革军猛扑。酣战约二小时，未分胜负。因官军皆在棚户内躲藏，凿孔开枪轰击。而革军为保护民房，不忍还击，故官军甚形得手。后革军开一大炮击之，官军遂溃。迨炮火引燃棚户，官军秩序愈乱。革军后出奇兵，四面围攻，伤官军一千数百人。革军乘势追至滠口，天色已昏，始奏凯而还。复调二十标一二营，至祈家湾驻扎，以绝北军归路。闻是役乃系张彪所统八镇中逃出之旗兵，及河南之某标二三营兵，然张彪本无军事上之智识，加之军无后援，粮无接济，宜其败也。

又某轮舟洋人云：二十七日下午，亲至刘家庙观战时，同行者共有数国洋人，见国民军踊跃争先，皆拍掌叫绝。后官军败北，革军力追至谌家矶，将近之，某处官军见避入一空屋中，一时不能觅见。忽有小童指而相告，革军乃飞炮击之，官军死者约三百人。观战之华人大喜，齐向军呼“好！好！好！”不止。

又闻：楚太、楚谦、楚有等兵船六艘，原泊租界下首。革军黎都督特派炮队一营，在青山上架炮瞰击，并派敢死队一百余人，掩护炮兵，以为夺取敌舰之准备。甫黎明，即开炮击之。兵船卒不及备，惟吹奏号音，高张白旗。并闻已皆开泊武昌，听候调用。姑纪之以待续探。

军政府据探报：有北军零落三五人，在各租界施放枪弹，意存扰乱。当经黎都督照会各国领事，请其驱逐出境，否则酿出损失情事，本军政府决不负此责任。

《申报》1911 年 10 月 27 日第 13908 号第 5—6 版

京师之鄂乱谈

前日荫午帅致军咨府、内阁密电各一道。探悉内容，系密报大军布置妥协，已于二十九日与匪大战；并陈是日击匪之策略，系分三路兜击，自统中军，督率援应。

又据鄂京官接私电云：此次南征之军，二十九日一战，其下级兵士，率多弃装逃避云。

京师自闻鄂耗，除将禁卫军布置九城内外，并调毅军两营驻扎东西华门，及皇墙四周，复于内城安设机关炮十余尊，派吴禄贞为专统。后某大臣密告某亲贵，谓该统制系张文襄所保之人，曾投身革党，似此重任且系内廷，似宜慎防云云。某亲贵然之，业于前日改派冯国璋督率矣。

连日三四品京堂及台谏诸人，对于鄂事先后陈奏，不下二三十封，而尤以全台联名参劾瑞澂、张彪为最痛快。略谓：瑞澂总制两湖，责任何等慎重，乃事前既毫无布置，一闻惊耗，即偕二三私人追城逃避，尚复成何事体。张彪统领全军，当肇变时，绝不闻督饬抵御，惟仓皇出奔，置阖城生灵于不顾。似此辜恩溺职，畏死偷生，律以失机之罪，亦当悬首国门。况并未一战，不啻将武昌拱手让于该党。事后，尚敢以种种饰辞欺蔽朝廷，就使立正典刑，尚不足以蔽其辜。并历引发匪时，如何桂清、青麟、崇纶等于陷城后，均正法军前，从未宽减。现大局阽危，匪党充斥，时有蠢动之虞。虽各省文武大吏鉴于鄂省，定当振刷精神，严密防范，断不至再蹈覆辙。然而事势变迁，终难逆料，万一变生不测，亦将援该革督以匪党甚众，来势甚猛等辞，并邀末减。未识吾皇上又将何以处之。

《申报》1911 年 10 月 27 日第 13908 号第 6 版

旗兵跃跃欲试之可危

杭垣自鄂乱戒严以来，官厅仓皇，人心纷扰。而驻防旗丁尤形戒备，屯粮连械，昼夜操演，并在各营门安置旧式大炮。居民危惧，纷纷搬逃。嗣经地方绅士向抚军二宪诘问，连夜运藏梅青书院大小共九架枪弹饷械，足敷数月之需。惟老幼妇稚，确已改装改姓，全数移居。前日闻有荆州屠民情事，若辈异常欢忭。近日在外扬言，谓“杭州设有不测，吾辈已拼一死”等语。前晚，运署内试放号炮，该营误会有警，立刻站队鸣号，召集全军，分门出发。经某长官极力拦阻，先派侦探查明回报，知系误会，始各收队。然终夜倚枪，未尝稍懈。杭城民悉此内容，栗栗危惧，致挈眷避地者，迄未稍衰云。

《申报》1911 年 10 月 27 日第 13908 号第 10 版

10 月 28 日

专电

盛宣怀昨日奉谕，革职，永不叙用。邮传部大臣以唐绍怡补授，筹赈大臣以陈邦瑞补授。

资政院弹劾邮传大臣折，昨已入递。

盛宣怀具奏，自请罢黜。

内阁总协理大臣，因资政院弹劾，自请议处。

监国面允：鄂乱大定后，即以袁世凯为内阁总理大臣，以孚众望。

资政院昨日（初六）集议，顺人心以固国本案内，分紧要四款：（一）另简贤才，组织内阁。（一）编纂宪法，许民协赞。（一）开释党禁，以示宽大。（一）

严惩肇乱各员，以平民愤，并请明年即开国会。

明年开设国会，政府拟准今日开阁议。

度支部解饷至淄川县界（山东境），被汴匪王天纵全数劫去，政府得报大震。

电寄湘抚余诚格，迅速统兵克复长沙，以图自赎。

萨镇冰电内阁：舰队现驻小孤山。

度支部请借款三千万两，专作军饷之用，并恳予袁世凯全权，均经监国允准。

岑春煊电奏：病势依然，当勉力入川，以图报效。惟川省兵力太弱，应速招练，请拨款二百万应用。有旨：着度支部转饬大清银行，先拨百万。

鲁抚电奏：国家财政竭蹶，现因鄂乱，人民纷纷提现，恳饬各省一律行用纸币，藉资流通，并饬各督抚速加维持。

上海各领事电请驻京公使，将上海作为中立口岸。各公使皆不许可，以为目下尚非其时。（以上北京）

荫昌被刺，系参谋官易乃谦所为，易与黎元洪有戚谊。

初四夜，北军参谋易乃谦进谒荫昌，告以军食且尽，开战无期，将作何计。荫不语。易谓："将束手待毙耶？"荫仍不答。易大怒，拟开枪击之，遍索手枪不得，遂拔刀向前猛刺，并大呼："我杀荫昌！"一时军心大乱，逃降革军者无数。

初三晚，荫军配给子弹，旗兵每人二百五十弹，汉兵每人二百弹。汉兵大鼓噪，荫惧有变，改作队官装束，急避炮队营内，北军军心遂不固。

萨镇冰水师归降革军者，计有一千余人。

军政府昨日电致香港、汕头，祁某、邝某，谓："我军大胜，请尊处速起义兵，来汉协助，并请某某速来。"

长沙内政，公举湘人唐觉主持；其军务，由焦昱主持，归武昌黎都督遥制。

华侨募集革命经费，美金三百万元，准初十日可运送至汉。

长沙陷后，湘抚余诚格求死，革军不许。请保之出城，余亦不愿。现居新民政署傍［旁］屋，余随身有二仆、一女、一侄，余眷逃散尚无下落。

有某某二国商人，向革军政府揽印中华银行纸币，因价昂，尚未定议。

闻袁世凯于初四日赴湖北。（以上汉口）

传闻开封亦失守，防军并未抗敌革军。

镇江城内居民，忽传革命军至，纷纷逃避。土匪乘势抢劫，秩序大乱。（镇江）

福州革军现有七千余人，惟军械极少。今日（初五）有急电至黎都督处，求济。（福州）

山东省城确有乱耗，抚藩署一部分被焚，惟非革党所为。已有禁卫军一营，驰抵省外。（济南）

粤省消息愈紧，传言粤督张鸣岐已逃。

粤城驻防因愤凤山炸毙，架炮观音山顶，轰击城外居民，毁屋千余椽，死万余人。（以上广州）

据北京电称：摄政王已急召梁敦彦回京。（初五日柏林电）

今日上谕，准资政院之要求，将盛宣怀开缺，唐绍怡补授邮传部大臣。谕中并谓，铁路国有政策照常不变，并谴责庆亲王、那桐、徐世昌等之误国。此举足为政府之完全屈伏，盖政府希望归罪盛宣怀，以免国人之射的。惟政府往日偏执，不可言喻，今竟有此退让，实中国历史上罕有之举。资政院并要求三事：一为减削满洲亲王之大权，恐尚将黜其高位；二为明年召集国会；三为组织责任内阁，以汉员充内阁总理大臣。政府显已知革命之乱，不能以威力平之，故不得不从资政院之要求，以保朝廷云。

据可靠消息，政府举动足为简袁世凯为内阁总理之前提。唐绍怡为袁之私人，今忽信用，足见政府欲以内阁总理畀袁，冀其与革党议和，商订满意之改革办法，以平乱事而保朝廷也。此虽近乎悬揣，然极合理，想证以种种之见闻，可知其不诬。盖各国对于中国大局之态度，颇关重要。彼等不能久视此纷乱之局，而漠然置之。料各国中，赞成保全满洲朝廷，以袁世凯组织改革之政府者，必居多数。盖革党新成之朝，初必紊乱而无秩序，不如仍存旧朝而加以改革也。各国对于政府及革党两方面，均操大权。因中国目下需款孔急，以兴内政，加以此次乱事消耗甚巨，各省之入税今复停缴，将来势必借用外债。然无日后政府之承认，则银行必不允借出，于是政府亦不得不依各国之要求矣。总之，清政府如现再与革党战，则朝廷必不可保；如政府退让办理，革党当无不乐从也。各使馆皆以政府所处之地位，为极危险云。闻唐绍怡已由沪赴津，其允否赴任，颇为人所注意。外人对于盛之黜任，颇为惋惜，盖以其代政府受罪也。

粤督电告政府：北京派赴南方之新军，皆有异志。

外务部宣言：官军已进抵孝感，荫昌已随先锋队而行；连日惟见小战，俟军队到齐后，再图大战。

政府闻萨军兵变急电，人心大乱，国务大臣逃走者颇多。（以上初五日北京电）

革军现占西安、南昌等处，声势愈大。到武昌投效者，络绎不绝。

荫昌现以信阳州为根据地，外筑沟垒甚固，惟军火不足。荫已电请政府，速济炮枪子弹，并派援兵。（以上初四日北京电）

今日两军开炮互击，革军稍退，官军亦不能前进，两面死伤不多。（初三日汉口电由芜湖转）

凤山之尸在墙下觅获，已少一臂，其面目及两腿焦烂，不可辨认。当场拘获三人，闻有一人业已承认，并株连革党二十七人。为炸弹爆烈时，大起骚乱，死

伤者共六十余人。（初五日香港电）

据官场消息：河南开封业已失守；星期二日，革军进攻该城，防军稍示拒敌，即行降伏。此信果确，则军官大势去矣。（初五日东京电）

《申报》1911年10月28日第13909号第3—5版

汉口战报（六）

二十七日之役，顷探得瑞、萨致阁部电一件，颇有铺张战绩并开脱张彪、归罪北军之处，明眼人见之，不值一哂也。内阁、军咨府、海军部、度支部、邮传部洪：窃二十七日六钟，津兵第二起坐火车到站，尚未下车，突有匪党二三千人，径扑刘家庙车站，希图抄袭津兵。张彪立率湘豫鄂各军迎剿，击毙悍匪二三百人，无辫者居其大半，夺获大炮六尊，枪械无算。匪党败走，我军伤亡二十余人。时镇冰督率兵舰、雷艇防护江岸，以杜省匪接应。瑞澂在楚豫兵轮，游弋江岸接应。突有匪党炮队，由武昌江岸开炮，轰击楚豫兵轮，意在制瑞澂死命。楚豫开炮还击，连中两炮，匪队始退。惟因我军兵力甚单，不能痛追，仍饬照旧严密防守。不料三钟后，匪党大股拥至，内有快炮二三十尊，弹落如雨。北洋炮队未到，步队全军遽向滠口退去。众军因之夺气，亦各退却。镇冰兵舰因恐误击我军，转向后湖，用炮击匪后路，共放三十余出，伤毙匪党不少。七钟后，张彪探得，刘家庙驻匪无多，复率湘豫鄂各军，回攻击败匪党，仍将刘家庙占驻。惟津兵不奉命令，竟不肯前进。此我军击败匪党，并刘家庙失而复得之情形也。伏查，此次匪党先乘津兵初到，径扑车站，其谋极为狡悍。幸得当时击退，津兵毫无损伤。午后，复起大股炮队来攻，势甚凶猛。津兵炮队未到，步队辄行先退，以致各军夺气。幸张彪奋不顾身，复率湘豫鄂诸军，乘夜回攻，仍将刘家庙占住。惟本日伤人甚众，兵力愈单，津兵退回，别无援应。瑞澂等惟有督率将士，竭尽血诚，能守一日刘家庙，即尽一日之责。惟陆军既单，兵轮又无煤米，澂之船更无米无油，势成坐困，危在旦夕。仰恳天恩，迅催荫昌立即前来，或派炮队先至，救此危局，不胜迫切待命之至。谨请代奏。瑞澂、镇冰叩勘。

瑞澂会同萨提电奏后，二十九日又有电奏到京，意欲卸去退至九江之咎。略谓，如果北军用命，汉阳虽不能收复，汉口必可夺回。又谓，匪党以咨议局为机关，以各报馆为煽惑，各处响应，其谋甚狡。现在瑞澂身畔只有军队二千人，北军又不听命令，退回滠口，情形甚危。张彪虽有敢死之心，无如兵力单薄，不能有为。而军舰又无煤、无米、无油，不得已商明萨镇冰，暂将楚豫兵舰开往九江（船去而人不去乎）。并谓，武昌县、大冶县、黄州田家镇一带，皆有匪党。请饬张勋，以驻扎浦口所部毅军之半（二十四营），从武穴溯江而上，逐节助剿，以免长江梗塞。并声明："此电即由九江所发。"并谓，汉阳水师已叛，汉阳镇某已经从逆，已属程允和设法招抚云云。

又探得革党之计划，甚为周备。（甲）兵势。除原有兵十二万外，新招之兵三万，勤加训练，近已能施射击。其原有之兵已分为四大队：以刘元栋、孙武、胡瑛、陈镇藩率之一，出黄州以图江西，即与萨军开战者也；一出湘水，经新堤、岳州，以图湖南，所过州县如沔阳等处，因无官兵防守，大半望风附党，又由临湘分兵，以趋归州，与四川乱党接应；一出汉水，以图襄阳、郧阳，进规陕西，与汉中府匪党联合；一出孝感，以规河南，即与官军开载之队也。（乙）军权。军用手票既为外交团信用，又得袁励隼解铸新币之一百二十万，及藩库二百四十万之两宗现银，金融遂固。所需军粮不敷，则于所到之处，设因粮局，就地征发，因之军饷尚不见缺。（丙）军械。革军原有野战炮、过山炮七十二尊（内有克苏鲁管退炮数十尊，弹力甚大），又得汉阳厂新炮二十余尊，又在某国购来快炮数十尊，而汉阳厂昼夜修造，一礼拜可出炮一尊。原有枪三万余枝，又得汉阳厂一万余枝，而汉阳厂加工修造，一礼拜可出六百余枝。火药除原有外，汉阳厂一礼拜可得若干斛，又先期在某国购运武汉两处二万余箱，十八日吴公馆所发觉者只三十余箱，其余则此时正供革党之用矣。

《申报》1911 年 10 月 28 日第 13909 号第 5—6 版

再纪九江失守情形

昨得九江访友快信云：九江革军起事时，系在初二夜七句钟。道署厨房及警务公所均被焚，防军无抵抗者。至夜十二时，即全城失守，惟街市安静如常，并未如何扰乱。九江府璞良系旗员，被革军所杀。九江道保恒匿于租界，当晚乘隆和轮船十一号房舱，逃往上海（该轮初四晨过芜）。现九江新军已推标统马某为首领。初三，市面仍照常贸易，租界亦甚安静，惟土匪乘机在某某两处抢劫，经革军前往驱散。初三下午，湖口又为革军所占领，现已遍树白旗矣。

《申报》1911 年 10 月 28 日第 13909 号第 6 版

本埠之鄂乱观

昨日，本埠各处墙上，忽发见黎元洪布告一通，殊可诧异，爰录之：“中华民国军政府鄂军都督黎布告：今奉军政府命，告我国民知之。凡我义军到处，尔等勿用猜疑。我为救民而起，并非贪功自私。拔尔等于水火，补尔等之疮痍。尔等前此受虐，甚于苦海沉迷。只因异族专制，故此弃尔如遗。须知今日满奴，非我汉人家儿。纵有冲天义愤，报复竟无所施。我今为此不忍，赫然首举义旗。第一为民除害，与众戮〇〇〇。所有汉奸民贼，不许残息久支。贼昔食我之肉，我今寝贼之皮。有人急于大义，宜速执鞭来归。〇图光复事业，汉家中兴立期。建立中华民国，同胞无所差池。士农工商尔众，必定同逐蛮夷。军行素有纪律，一体相待不欺。愿我亲爱同胞，人人敬听我词。黄帝纪元四千六百零九年八月。”

《申报》1911 年 10 月 28 日第 13909 号第 6—7 版

资政院议事记（一）

九月初一，为资政院第二届常会之期。内阁协理那桐、徐世昌，外务大臣邹嘉来、民政大臣桂春、度支大臣泽公、学务大臣唐景崇、海军大臣洵贝勒、司法大臣绍昌、农工商大臣伦贝子、邮传大臣盛宣怀、理藩大臣肃王，俱莅会。是日下午一钟四十五分开议，议长就坐，谓："昨日第二次开会，恭奉谕旨训勉，当委托议员四位，恭拟陈谢折稿。兹已拟就，由秘书长朗读。"读毕，议长询诸议员："有无异议？"众呼："无异议。"秘书官承议长命，报告文件毕。李素谓："去年提议，申明资政院立法范围议案，何以今日不报告？"赵椿年谓："去年该案付审查后，未具报告书，故未列入。"李素谓："议案朝廷可以取消，本院不当自行取消。果尔，则本院似不能成立。盖据改订院章观之，如议事日表，本院不能更改，总要得政府之同意。国务大臣有侵权违法之事，非得议员三分之二以上之同意，不得议决。实有限制议员，保护政府之意。"余邦华赞成李议员说。议长宣告："现在开议，按今日议事日表，第一系选举专任股员。查上年成案，因决算未成立，经众议决，仍将该股照额举定，帮办预算。今年仍无决算事件，是否仍照○年例办理？"黎尚雯谓："此事可缓。去年本院具奏案留中者，多至十六件，殊失议会议决之权。议案裁可，虽属君主，究不应留中。今年仍须将去年留中案件，再行具奏。"赵椿年谓："去年具奏事件，有交行政衙门核办者，非全留中也。"议长谓："去年议决案件，虽未奉裁可，今岁仍可再行提出。现在当照议事日表第一，选举专任股员。"章宗元谓："今年仍无决算事件，该股股员可仍照去年选举。"陈懋鼎和之。议长谓："章陈二议员所议，诸君有无异议？"众呼无异议，多数起立。议长谓："即认为多数赞成，请诸君至股员室，选举专任股员，现在暂行中止议事。"时二点十五分。下午三点四十五分钟，续行开议。议长谓："专任股员均已选定，现由秘书长当场报告。"秘书长承命，报告当选人名（见公报）。议长谓："现当按议事日表，第二提议'请将改订资政院章，交院协赞'具奏案，请提议议员说明主旨。"牟议员登台说："今年修正院章，系奉特旨。议员多数以为，凡属法律事件，当由立法机关议决，方有效力。资政院章程，固议员所确认为法律者也。本院为立法机关，则认为法律之院章，自当由院议决修改。前次议长开谈话会时，曾指定起草员五人，本议员居其一。研究起草大意，佥谓修改院章之根据，在认定院章为法律。既为法律，自应交议。盖院章第一条明言，资政院为上下议院基础。且前钦奉上谕，资政院院章与咨议局章程实相表里，即为将来上下议院法之始基。是本院有议决院章之权，毫无疑义。起草大义如此。"于邦华谓："朝廷若认资政院为立法机关，则以后议决案皆有效力。此案既由起草员报告大旨，当得多数赞成，请议长付表决。"议长付表决，多数起立赞成。易宗夔请议长从速上奏，议长韪之，并宣告今日议事已毕。散会时下午四点十五分钟。九月初四下午一钟议事预告：第一、复议修正《结社集会律法律案》（政府提出会议）；第二、修正《承发吏职务章程》（政府提出）；第三、《广东禁赌条例法律案》（政府提出初读）；第四、提议“为内忧外患，恳请本标兼治，以救危亡”具奏案（议员提出会议）；第五、提议“部臣违法侵权，激生变乱，并有跋扈不臣之迹，恭恳惩治”具奏案（议员提出会议）。

《申报》1911 年 10 月 28 日第 13909 号第 10 版

鄂乱影响

北京义国使馆，特派弁兵三十员，往汉镇义国领事署保护，已于前日由京抵沪，即日乘坐南阳丸轮，往汉保护矣。

典业董事公议：知照南北同业，凡有小民典质物件者，以四元为限，多则概不收当，以免银根窘迫。昨闻，沪南王家马头及小普陀桥典质两铺，均有暂停收当之事。果尔，则小民乏此转运，窘状难堪，值此米珠薪桂交易现购之际，贫民生计维艰。刻闻，已由商董等出为维持，设法流通云。

闸北巡警总局局长姚太守，以现将给发八月份薪饷之际，昨日特出牌示一遒［道］，略云：自鄂乱以来，本埠金融恐慌，各银行钱庄均不出票，十元以上即难兑现。此次以银易洋，大费周折，所易现洋，均在八钱四分以上。值此时艰，各长警格外勤苦，进款反减。本局长殊抱不安，现与各课长、区长等议妥——今届所发饷项，除官记薪水公费，照市扣价，毋庸赔贴外，凡各区队长警等，统照八钱核给，以示体恤云。

《申报》1911 年 10 月 28 日第 13909 号第 18 版

10 月 29 日

上谕

九月初五，内阁奉上谕：监国摄政王面奉隆裕皇太后懿旨，现在设立慈善救济会，着赏宫中内帑银三万两，以资拯济。钦此。

上谕：资政院奏，部臣违法侵权，激生变乱，据实纠参一折。据称，祸乱主源，皆邮传大臣盛宣怀，欺朦［蒙］朝廷，违法敛怨，有以致之。该大臣手握交通机关，不惜专愎擅权，隔绝上下之情，于应交院协议、交阁议决之案，一切不顾，于阁制发表之后二日，首先破坏，单衔入奏，罔上欺民，涂附政策，酿成祸阶。此次川乱之起，大半原因即以该部奏定，仅给实用工料之款，以国家保利股票，不能与鄂路商股一律照本发还，又将施典章所亏倒数百万，弃置不顾，怨苦郁结，上下争持，川乱即作，人心浮动，革党叛军，乘机窃发，该大臣实为误国首恶等语。铁路国有，本系朝廷体恤商民政策。乃盛宣怀不能仰承圣意，办理诸多不善。盛宣怀受国厚恩，竟敢违法行私，贻误大局，实属辜恩溺职。邮传大臣盛宣怀着即行革职，永不叙用。内阁总协理大臣大学士那桐、徐世昌，于盛宣怀朦［蒙］混具奏时，率行署名，亦有不合，着交该衙门议处。嗣后该大臣等，于一切用人行政事宜，务当不避嫌怨，竭诚赞助，以维大局而济时艰。钦此。

上谕：邮传大臣，着唐绍怡补授，迅速来京供职，未到任以前，着吴郁生暂行兼署。钦此。

上谕：前派端方前往四川，查办铁路事宜。嗣据都察院代奏，四川京官曾鉴等为川民争路，致酿重案，恳饬秉公查办，以维大局而遏乱源呈一件。又经谕令端方，按照所陈各节，秉公查明具奏。兹据端方电奏称："行抵川境，迭据各属士绅代表呈诉，并先后接据委员报告，及所闻官绅议论，详加考核。查得川中罢市罢课，不戕官吏，不劫仓库，绝非逆党勾结为乱。其七月十五日民居失火，仅系南打金街民人自行失慎。人民因蒲殿俊、罗纶等被拘，赴辕请释。统领田征葵，擅行枪毙街正商民数十人。附近居民闻知，遂首裹白巾，奔赴城下求情，又为枪毙数十人，以致众情愤激。其所传布之《自保商榷书》，并无独立字样，亦无保路同志会及股东会图记，其中且有皇基万世等语，并非出自蒲罗等之手。又有搜获之神牌血书，皆匪徒假托，非士人所为。川中官吏周善培、王掞、饶凤璪等，复挟咨议局纠举之嫌，构成冤狱。不纳捐税一说，系官绅联合会内提议，有缓办捐输，请以息扣粮之说，并非股东实行征收国家租税"等语。此次川事糜烂，既据端方查明，实由官民交閧［哄］而成。所有办理不善之地方官，自应分别惩治。前护四川总督王人文、现署四川总督赵尔丰，身任封疆，既不能裁制于前，复不能弭患于后，实属咎无可辞。王人文、赵尔丰均着交内阁议处。署松潘镇总兵、营务处总办、候补道田征葵，贪功妄举，擅毙平民，着即行革职，发往巴藏，责令戴罪图功。署提法使、劝业道周善培，轻躁喜事，变诈无常；候补道王掞、王梓结怨绅商，声名甚劣，均着即行革职。候补道饶凤璪，资轻望浅，舆论不孚，着以同知降补，以昭炯戒。四川咨议局议长、法部主事蒲殿俊，副议长、举人罗纶，度支部主事邓孝可，翰林院编修颜楷，贡生张澜，民政部主事胡嵘，举人江三乘、叶秉诚、王铭新，对于匪事绝无干涉，均着即行释放。主事萧湘前被拘留，着一并免其置议。现在川省土匪窃发，蹂躏地方，裹胁良民，蔓延日久。着端方传旨，责成蒲殿俊等分投开导，迅速解散，不得藉词诿卸。其抗拒不服，甘心作乱之匪徒，仍着端方、赵尔丰严饬文武，切实剿办。总使良莠分明，毋负朝廷绥靖地方之意。余着照所议办理。该衙门知道。钦此。

上谕：据盛宣怀奏，设立慈善救济会，派员赴鄂救济被难人民一折。此次湖北变乱，武汉居民同遭惘祸。现既不得已而用兵，凡前之受伤被难军士，其困苦尤堪悯念。着即设立慈善救济会，盛宣怀现已革职，着尚书吕海寰妥速筹办，并督饬派往各员，于医伤救难两事，认真救济。又片奏，令沈敦和福开森，前往办理救济事宜。又片奏，在京设立会所，选派得力人员，随同规画各等语。均着吕海寰酌核办理。该衙门知道。钦此。

上谕：禁烟大臣奏，职官烟癖未除，据实纠参一折。度支部候补主事杨典诰，着革职，永不叙用。其为杨典诰出结之度支部员外郎色克图、度支部主事黄凤藻，均降一级调用。钦此。

上谕：浙江衢州府知府员缺，着双寿补授。钦此。监国摄政王钤章，奕劻、那桐、徐世昌署名。

《申报》1911 年 10 月 29 日第 13910 号第 2—3 版

评论：袁世凯之前途（无名）

此次武汉事起，最不可解者，为袁世凯一人。袁氏解职后，屡欲起用而不得。其间，政府屡欲虚与委蛇之，而袁亦不受。至此次，始则人多决其不肯出山，而袁独慨然自任，然犹迁延两可，谓病未痊，不能遽行；自后又请招集旧部，又请兵饷四百万，又不愿身居荫昌之下；迨政府一一允准，而其行期，始言与荫昌同下，继定初一，又言初四，又言初十。今荫昌已有命返京，是袁氏不愿身居荫昌下之志已达。而袁氏未接手之前，命冯国璋代统北军，则袁氏之尚未视师可知。是则袁世凯之出山与否，至今尚在未定也。

夫袁氏之出也，其命意不过二端：一则欲以曾李诸人自命，助政府以平革命军；一则欲逞此时机，愚弄政府，使兵饷之权既握于手，然后一反掌间，使革命之功早就。此外决无第三义也。今忽有第三义者，谓政府欲藉袁世凯与革命军讲和。袁氏亦将出而任之，是无论政府之果能以此权托袁氏与否，革命军之果能承认讲和与否，即幸而尽如所愿，则袁氏此次之弄巧成拙，实为陷中国于以后永无平安之日也。夫人之患病，病根不除者，则必待时而发。国之乱也，中国之乱原而在革命党欤，则必尽去革命党而始已；中国之乱原而在政府欤，则必尽去政府而后已。两者俱存，则以后永无不乱时也。

《申报》1911 年 10 月 29 日第 13910 号第 3 版

专电

贵州省城确失守，抚台沈瑜庆被拘。（贵阳）

闻总督李经羲已允各议绅之请，即日宣告独立，与政府断绝交谊，以免战祸。惟盐道独不允。（云南）

镇江前夜传言革命军至，土匪大肆抢劫。昨日（初七）遂有失守之说。

镇江旗兵与新军不和，情形颇可危。（以上镇江）

杭省无事，兵变之说不确，市间银根稍松。杭垣某营前晚（初六）开空炮一响，民情疑惧，昨日大骚乱，纷纷逃出城外。（以上杭州）

闻有某大员，派幕友持函，密商黎元洪，询其改革中国之政见。黎定即日大集文武各员，会议如何答复之法。外间盛传政府与革军议和，或即因此。

两军初四小战后，初五、初六两日无战事，今日（初七）复在信阳州开战。

荫昌被刺之说，实因北军某旗兵告密，谓有汉参谋官欲图刺荫。适该参谋进商某事，荫与之大冲突。参谋怒，拔刀径前。荫避匿炮队营，得不死。

革命军已在武汉、长沙、九江、宜昌等处设立军用无线电，传递消息。

长沙粮食极充，预算可供革军两月之用。

军政府公债票，闻已运送上海，外人亦颇有购者。（以上汉口）

昨日（初六）有旨：以袁世凯为钦差大臣，专办鄂省军务，海陆军队统归节制，军咨府、陆军部不为遥制；荫昌俟袁到后，着即回京，专办部务；驻鄂北军改派冯国璋统带。

盛宣怀罢职后，面恳庆邸勿撤护宅卫兵，庆不允。及晚而宅竟被焚（在东城府学胡同），或谓被党人用炸弹轰毁。盛逃至美公使署，由美水兵护送到津，匿居美领事府，即日乘轮返沪。

皇太后又拨银一百万两，充作军费。

涛贝勒以革军势日蔓延，又力请自出督帅，监国仍未允，稍起冲突。

涛贝勒请拨巨款，购办军械。监国即召泽公，商筹二百万。

度支部拟准浙省借二百万，鲁省借三百万，以为办理防务，接济市面之用。

粤督电奏：乱势蔓延，粤尤吃紧，缓解十万，断难敷用，恳准一律缓解，以便募兵筹防。否则设有决裂，鸣岐不能负咎。并恳宸衷独断，另行组织内阁，勿使亲贵干预大政，以挽危局。

皖抚电奏：乱势日剧，财政竭蹶，宁省借款汇到需时，恳仍饬部先垫若干，藉办防务。

内阁通电各督抚，着即条陈治标策。（以上北京）

昨晨，本埠接有电音，谓盛宣怀为革党暗刺，险遭不测，即逃避美国公使馆内，后由美国水兵护送赴津，大约将乘轮船至沪。北京大为惊乱，民人纷逃。天津各处又接消息，谓革军已占据镇江，或谓将次占据。又有谓有革军千余人，已抵南京，分队若干，派往镇江。但本埠领事署尚未接确实之报告，惟闻有盐匪，日前曾在镇江滋扰云。

东督赵尔巽商请横滨正金银行借日洋五兆元，已由该银行拒绝。（初七日东京电）

据北京电称，革军都督黎元洪照会汉口各领事，彼系共和中国之总统。该照会显欲请其呈交驻京各国公使，目下各领事尚未答复。黎都督议欲管理长沙及各处税务，各公使皆反对此议。现黎已允将所入税项，仍归总税务司收纳。此事足见黎之材［才］干机智，甚欲免去各国之误会云。

袁世凯已于今日赴信阳州，荫昌俟其到后，面商一切，拟即日回京。（初六日北京电）

今日资政院公决奏折，要求重行组织内阁，即成立宪政府，并请开除党禁，所有满洲贵族不得厕身内阁，宪法须由资政院认可。

北京官报载荫昌电奏，谓：初一日，革军在三道桥攻击官军，旋为官军击退（三道桥距武昌十五英里）；初二日，革军带大炮四尊来攻，官军第三协退守，革军遂据曹子庄；初三日，两军分散而战，官军擒革军数人，并攻退；初四日，官军抵滠口，连日小战数次，荫昌亲自督师，俟官军地位防卫坚固，即可大战。（以上初五日北京电）

荫昌参谋易乃谦带兵反，京师大震。闻北军劲旅，均隶易麾下。

北京有成都兵变，赵尔丰遇害之说。

连日纷传，宫廷业已出奔。或谓现赴奉天，将由日本保护。虽无特别之征象以明此事，而外间传说颇多。（初五日北京电）

闻荫昌发觉其部下之员谋变叛者，亲将其参谋部中之某要员枪毙。

陕西有警。开封已派兵一标，开往汉口战伤，兵士今日退回郑州。现在北路之车票已不发售。此间平靖，惟仇外之谣言颇甚。（初六日开封电）

广州安静，革军已不血刃而战胜，广东欲成完全独立之国。（初六日香港电）

据官场消息，福州已为革军占据。（初六日伦敦电）

某轮船装载子弹军火，接济现泊扬逻之中国舰队，已奉命于今日黎明开出，惟中政府以该船开赴扬逻，必过九江革军炮台，事极危险，故已将该船漆黑，以冀乘夜越过九江，并出银五千两雇外人五名，以任此冒险之举动。

日本海军省接有消息，谓萨军门现率楚、泰、豫及某某四兵船，并灭鱼雷艇三艘，泊于汉口之下七千米达。星期二日，复开来兵船五艘。陆军省今晨接有消息，谓两军目下扎营孝感，每日小战。又据川岛少将报称，革军现防官军由侧面进攻，故武昌已派革军三千余名，至汉阳增厚扬子江北岸兵力。（初六日东京电）

革军与政府开议和局，刻在进行中。革军自知此次起事，颇有碍于中国前途，故愿接受政府之退让，不欲满汉交閧［哄］，致生惨恶之结果。现政府已有俯顺民情之退让举动，足见两面议和之说为不虚也。又闻议和之说系袁世凯所主张，大约即由袁办理此事。近来上谕简派之官，汉人居多，山东藩缺亦以汉人补之。（以上译西报）

《申报》1911年10月29日第13910号第3—6版

汉口战报（七）

萨军门之炮艇二十七日晨间五时，无故离开武昌。外间议论纷纷，有谓萨之忽离武昌，实与革命军以机会，俾可由武昌派兵至汉，抵敌官军者。盖炮艇甫离，即有革军数千人渡江也。如果炮艇仍驻旧处，则革军之登岸极难。约九点钟时，革军均已登岸，则炮艇复行驶回矣。十一点三十分，革军与官军小战，不过一小时而官军及炮艇均退出三十里路之外，行军要隘随［遂］为革军占据。且小战之际，官军仅放空炮数响，说者谓官军实已暗通革党。萨军门部下之将士，亦皆不肯用命。据闻，黎都提尝为扬子江水师之帮带，故水兵亦多心向革军云。

又闻：湖北水师统领陈得龙所统之水师，向游弋于武昌至宜昌、荆河一带；刻该水师已纷纷叛变，归降革军。并闻：汉阳镇张有亮，亦已随之顺从革党。果尔，则武汉情形更为危迫矣。

瑞澂二十九日二次告急电奏，略见昨报。兹又探得全文，录下：

> 澂自二十一日率兵轮攻武昌不克，遂率湘豫各军驻刘家庙，苦守七日以待兵。不期津兵既到，匪众未攻，反向滠口退去。当时津兵如协力助剿，汉阳纵难遽复，汉口当可夺回，失此机会，良为深惜。现在，湘豫鄂战后余兵不过二千人，力尽筋疲，子药垂尽。荫昌至今未到，津兵不遵命令。匪由汉口进兵，形势利便。匪尽炮队，我尽步骑，强弱悬殊，实难支持，无保全之理。萨镇冰所统兵轮，器油已用罄，煤已只敷半日。武汉皆匪，无可购办。前委员四出采办，或因道遂阻滞，或竟消息毫无。如此情形，将至坐以待毙。瑞澂不足惜，特念军舰为水师利器，若为匪得，为害滋深。不得已与萨镇冰商明，暂将楚豫兵轮开赴九江，赶办煤米，运往接济。惟黄州、武昌县、大冶田家镇，处处有匪，上下断绝，转运甚〇。惟有仰恳天恩，饬下提督张勋，迅将浦口巡防派拨一半，迅往武穴等处，节节扫荡，以通运道而分匪势。并饬荫昌、袁世凯迅速南下，督兵进援，俾刘家庙驻守军不至覆没，得以恢复武汉，亦得交卸督篆，稍轻担负。汉阳镇水师兵变，总兵张有亮从贼。昨已商请提督程允和，设法招抚，以剪匪翼矣。

荫昌曾有电奏，请在豫、鄂地方募兵五千名，每名月饷三十元。已奉政府允准。闻此计系为收服人心起见，否则决不肯给如此厚饷也。

《申报》1911 年 10 月 29 日第 13910 号第 6—7 版

鄂乱影响

租界领袖照会沪道文云：为照会事。昨日公廨送来差票一纸，请为签字。该票系在租界内查拿匪类等情。本领袖查此项差票上，并无姓名注出。凡无姓名注出之票件，每易妄用，致生弊端，是以本领袖每不允签印。且本领袖查得，保卫安宁秩序，系捕房应尽之责分，倘有人在租界内滋事，必由捕房拿获送廨，无须差票云云。

鄂省自革命军起事后，武汉等处之满员，来沪避难者日益繁盛，大半与公共公廨宝谳员，均有乡情交谊，谳员应酬倍烦。前日旁晚，又有满员多人，乘坐马车，至公廨拜会。即就静安寺路公馆内设筵款待，迨席散已过黄昏。有见者谓，内有一人似系鄂督瑞澂云。

前为公共公廨押所委员之谢树伯明府，亦随鄂督瑞莘帅奉派为监印委员等差。自革军起事后，逃匿武昌城外，始于前日乘轮来沪，即至公廨拜会宝谳员。据述鄂省乱事颇详，闻者栗栗。

沪道刘观察，昨传上海县田大令到辕面谕，略谓："现为川鄂乱耗，摇动人心，商民危险，衙署重地更为紧要。速行招募护卫军五十名，驻署防护。"大令答称："区区五十名，只可保得县署与知县一人，而众商民仍保护不周，如何？"观察默然。鄂省事起，各处地方俱受影响，沪埠市情亦大为牵动。近日风声紧急，人心益觉惶惶。南市商团公会会长，以商团之设原为扶持商业，保卫治安，值兹警信频闻，自应扼要巡察，预防宵小乘机抢劫，爰于昨晚在事务所开临时会，邀同各会员提议，拟即日出队梭巡。

近日，城内大街小巷，谣言四起，谓革军昨日致信道辕县署，着将漕粮缓解，并约即日前来面商要政等语。本县田大令以此等谣传，极碍治安，况值金融恐慌，难保无匪徒乘机煽惑，希图打抢。特谕饬捕头徐武，率同通班伙役人等，秘密查拿造谣之人，拘案严惩，以定人心。署内练勇亲兵人等，一体荷枪稽查，驻守严防，以为保卫治安之计云。

城内一路分局德区长清（满人），奉巡警道吴观察札，调至闸北，另行委用；遗差以前代理浦东一路分局孙明府接办，已于昨日到差。县署襄谳承厚，前因未及告知，遽将家属迁住租界，于三日前曾经回署一次，刻已连日未到，故应讯各案，均由大令一人升讯，殊形忙碌。想承明府究因满籍之故，是以终不敢久居署内也。

《申报》1911 年 10 月 29 日第 13910 号第 18 版

10 月 30 日

上谕

九月初六日，内阁奉上谕：监国摄政王面奉隆裕皇太后懿旨，现在湖北用兵，军需浩繁，着拨出宫中内帑银一百万两，由内务府发交度支部，专作军中兵饷之用。钦此。

上谕：湖广总督袁世凯授为钦差大臣，所有赴援之海陆各军并长江水师，暨此次派出各项军队，均归该大臣节制调遣。其应会同邻省督抚者，随时会同筹办。凡关于该省剿抚事宜，由袁世凯相机因应，妥速办理。军情瞬息万变，此次湖北军务，军咨府、陆军部不为遥制，以一事权而期迅奏成功。钦此。

上谕：陆军大臣荫昌部务繁重，势难在外久留，着即将第一军交冯国璋统率，俟袁世凯到后，荫昌再行回京供职。钦此。

上谕：冯国璋着总统第一军，段祺瑞着总统第二军，均归袁世凯节制调遣。钦此。

上谕：张鸣岐电奏，新任广州将军凤山，由沪来粤，初四日辰刻登岸，行至南门外，突有炸弹轰发，轰倒道旁民屋墙壁，凤山所乘肩舆亦被摧压，旋经将火扑灭，搜出凤山尸身，恳恩赐恤等语。广州将军凤山，由京旗章京荐升副都统、都统，训练近畿各镇，简任荆州将军，调补广州将军。宣力有年，克勤厥职。兹因赴任，甫经到粤，猝遭惨害，深堪悯恻。着加恩予谥追赠太子少保衔，照将军阵亡例，从优议恤，任内一切处分悉予开复，应得恤典该衙门查例具奏。灵柩回籍时，沿途地方官妥为照料，准其入城治丧。并着该旗将该将军子嗣查明具奏，候旨施恩。钦此。

旨：广州将军，着春禄补授。钦此。

旨：广州汉军副都统，着恩泽补授，未到任以前，着文泰兼署。钦此。

上谕：四川劝业道员缺，着于宗潼补授。钦此。

上谕：四川成都府知府员缺紧要，着该署督于通省知府内拣员调补，所遗员缺，着尹庆举补授。钦此。

旨：袁世凯电奏起程日期，知道了。着即妥筹布置，迅赴事机。钦此。监国摄政王钤章，奕劻、那桐、徐世昌署名。

九月初七日，内阁奉上谕：江苏督粮道员缺，着裕芳补授。钦此。监国摄政王钤章，奕劻、那桐、徐世昌署名。

专电

初七，荫昌电奏报捷，谓：初六开战，革党大败；官军奋力进攻，夺占刘家庙，乘胜克复汉口大智门。

袁世凯初七南下，暂驻信阳州，俟军队调齐，分路并击，以期一鼓而下。

军咨府派张振芳，管理鄂军后路粮台。

昨日，那相、邹尚书、曹侍郎，邀各国公使至外部，力请勿认革军为交战团体；外人倘受战事损失，政府尽可一力负担；革军一切文牍，恳均驳还，勿与往来。各公使答以俟电本国政府请示，再行定夺。

内阁电劝锡良出山，襄扶大局。

度支部拨出现金九千两，向各银行兑拆现洋，接济军费。

皇太后拟于日内，续拨内帑百万助饷，激厉［励］军心。政府向法比银行借款七千五百万，已将草约签字。

闻有某满大员，主张大借外债，充作军饷，宁以一二省土地作抵，以免全局尽坏。

直督电度支部，昨交大清银行新币五百万元，维持市面。

昨有一华丽之马车，出紫禁城而去，车帘下垂，似非寻常人物。外国访员现方密侦此事。

京师喧传，两宫已移跸出京。

初七日，资政院复议内外交迫，标本兼治案，决请另组内阁，协赞宪法，开释党禁，准初八日入奏。

资政院要求协赞宪法，由议长先达阁臣，意可照准。

政府初议，杀盛宣怀以谢天下。盛闻信大恐，立电沪汇银四十万到京运动，始得从轻革职。

盛宣怀革职后，与亲友言：此系朝廷权宜之计，乱事平后，仍可掌握大权。

盛宣怀逃至美使署，狼狈不堪，但顿足骂："苏龛（郑孝胥号）误我!"

前夜，盛之住宅被焚，匿居天津美领事署，声言誓欲灭绝革命军，本国军力不足，必以重酬借助外人。

传闻：盛宣怀眷属已先期逃避美国，盛恐党人暗袭，亦不日来沪，放洋赴美。

闻英法德美四国公使，均有照会致外务部，请勿将盛宣怀处死。

内阁饬郑孝胥迅速赴鄂，会筹克复长沙办法。

西安失守事，政府接护抚钱能训来电，止［只］有"兵变，余续陈"五字。

潼关有电告急。（以上北京）

太原兵变，围攻满城甚剧，旋即失守，惟抚署未损。（山西）

安庆失守消息似确，今日电报不通。

镇江小有滋闹，并未失守，沪宁车照常开行。（以上南京）

初四日，粤省士绅开大会，议决三事：（一）不允官场将本省兵队及军饷军械等调助别省；（一）应解各省协饷，一律截留，作为办理本省防守之用；（一）设立总机关，分四大部，即日成立，着手办事，以树粤省独力之基础，并公举邓华熙、梁鼎芬总持一切。省城现状安静。（广州）

驻汉北军闻有步兵一大队、将弁数员、炮兵一队，携炮四尊，已于星期五日投降革军。

得官场消息：初六日，官革两军在滠口大战竟日，官军获胜，革军退守江岸。

军政府幕下十九人合词上书黎都督：南北两军决无可以议和之理。

在武汉之革命军，均谓议和之说不确。（以上汉口）

据可靠消息，直隶滦州兵队不允开往南方，已向上官要求立宪。

闻法比银行已允中国息借法郎一百五十兆元，厘息六厘，分六十年偿还；每百实收九十六元，尚须在内除去酬金百分之四；合同订明，将来可改五厘起息，由法国著名财政界某伯爵主办此事。该伯爵于合同内容如何，并未宣布，惟谓已在法国使署签押。（初七日北京电）

驻京各国公使集议，上海作为中立地事宜，决议不能允准，拟移请各本国政府核夺。惟有外交家数人，谓各国如藉此限制革军之进行，则革军必在他处损害外国利益，以图报复。（初七日北京电）

直督请将一千九伯［百］零二年条约，禁止驻兵于外国租界二十里之内一款，暂行作废。据谓，无兵则恐不能镇压大局故。此事经各公使集议后，已允如所请。（初七日北京电）

刘家庙之役，革军有兵一人，为敌枪伤，由汉口之伦敦医院诊治无效而死。医者检视其身，见有藏书两卷：一为中国历史述古人之丰功伟业，已为枪弹洞穿；一为地图，详载各省入京之路。以一普通兵士而竟储此两物，恐欧美之兵未必如此。革军人物于此可见一斑。

昨有革军兵官一人，至红十字会医院慰问受伤兵士，并给养息费每人五元。兵心异常感激。（以上汉口电）

革命军据九江后，即重整秩序，于招商局码头及各处大店，均竖立中华民国大旗。商民悦服，贸易如常。（芜湖电）

日本轮船襄阳丸在九江报告日领事，谓船过扬逻［阳逻］时，离汉口约十英里，东岸炮台忽连放五炮，向船轰击，船之后尾中三炮，幸无大损。闻日总领事刻已研究此事。

日本陆军省接有消息，谓革党占据西安，实由某标统率新军一标起变所致。

东京《朝日新闻》谓：神户为中国革军财政总机关处，美国捐集之款，已用日人之名汇至神户，再由该处汇至中国，日本华侨亦捐集日洋十二万元。

荫昌之死，外闻皆信为实。惟中政府恐乱人心，故佯召之回，以隐此事。（以上初七日东京电）

在京西人恐盛宣怀为人暗杀，今日已备专车送之赴津，德美法使署均派兵一队护送。英美法德公使及丁嘉立博士，美国使署武随员等皆谓，当安送盛某出京。盖其革职，实为主张有益于外人之铁路政策也。各公使今日举庆王商议此事，即经庆王赞成。

香港华人声言，日本若借款与政府接济军需，决当抵制日货。

紫禁城城门平时惟有皇族出入此门，可达铁路车站。今晨黎明忽然开启，有西式马车一辆，由内而出，车帘密下，乘者不知为谁。此事极有关系，现正秘密查访。

资政院请重组内阁、开除党禁、及贵族不得列内阁、宪法由资政院认可。其实此种举动，未必能恢复民心，盖革命军之宗旨，全不在此。

邮局检查外，省寄京邮件见有关于乱事及词涉激烈者，概不递送。（以上初七日北京电）

闻中政府现正与美国银公司驻华代表史屈巩脱君，商借急债。（初七日钮约电）

中国债券因接北京消息，谓乱事不日可以议和，故市面已较前稍稳。（初七伦敦电）

京中某满大员愤言，军费不足，必须大借外债，拼以一二省土地抵付外人，犹愈于全国入革党之手。（广州电）

云南宣告独立，已得李督同意，人民欢呼万岁，有于门前悬独立旗者。

袁世凯得革军劝告书后，意似略动。

江督张人骏昨至咨议局会议，提议件内有“政府可否借外兵以平革军”一条，张督与全体议员皆不赞成。（以上译西报）

《申报》1911 年 10 月 30 日第 13911 号第 3—6 版

长沙失守时情状

长沙警耗，已迭志报端，而其失守之情状，尚无所闻。兹据教会中人云：上月三十日，革军之诣长沙者，不过数十人。其状似系豫先勾结军学二界，俟后援齐至，始行举。发事前新军及学生中之暗入革党者，颇不乏人。嗣因当道探得秘情，遂派兵四出拿人，并下令新军全体将军械缴出。新军中之未通革党者闻信，遂大忿，皆持兵器奔集抚署问故。当道见状，愈信为全体谋变，遂令防营开枪，击毙数人。新军全体愤极，于是齐声呼变，而其中之真革党遂乘势煽动，当时杀毙长官数人，同时防营中亦有数人变叛。司道恐有性命之忧，纷纷逃散，而大局遂以之溃散矣。

又闻：驻省二十五混成协各标统管带，均已被杀。又有谓，该协协统萧良臣系自杀者。盖萧新到任，举措多乖，与各军官兵士感情甚恶，故不免。又有一说则谓，长沙之变系起于学界，波及军界之辎重、工程各新招兵队，故一发不可复制云。

《申报》1911 年 10 月 30 日第 13911 号第 6 版

四面楚歌之京师

初五日，内阁通电各督抚云，奉电旨：程德全电奏，自鄂省兵变，一时无识之人以新军为不可恃，以致军心不安，亟宜处以镇静，以释猜疑等语。朝廷于新旧各军，本无歧视，当此事变日亟，正赖推诚布公，以信相孚。着各省督抚镇静筹防，毋少张皇，以固军心而弭隐患。钦此。

同日海军部又电各督抚云：萨军门遣建安由汉赴大通驻泊；楚豫、楚同、江利三炮船，及湖鹰雷艇，赴九江装煤，毕即回汉。恐外间谣传，军舰退守九江。特闻。

初六日，军咨府又电各督抚云："本日接荫大臣支电称：初一日匪约二营，向滠口进扑，被我军炮击败走；初二日，我军与匪炮战，互有损伤；初三日，我军侦探由滠口进至造纸厂、刘家庙一带，搜索敌情，击毙匪正副队长各一名，并获执照、手枪、手簿等项；又我军用管退炮猛击匪之炮队，效力甚大，匪炮不能支持，遂败退。"

军咨府前日又运过山炮多尊，前赴战地，并发紧急命令，令萨军即日进攻。

昨军咨府得南省来电，谓瑞澂有由九江逃往上海之信，当即发电萨军门，饬其勿令瑞澂随便乘船私逃。然而瑞澂已逃矣。

二十七日之役，荫昌曾奏捕获革党三名。兹闻，三十日荫昌又电军咨府，谓此三人系由官军侦探队拿获讯据，只认现充革党探卒，其布置机关及党中举动，全不承认，可否军前正法等语。当经军咨府电覆，迅将该匪等解京办理。

又闻：监国接阅荫昌电奏，即召总协理及洵涛两邸会议。涛邸以所获革党既为探卒，则与进取上似不无关系，拟电荫大臣，将所获各犯善为劝勉，优赏巨金，使其投诚，以期探得党军之真相，即命充作向导。监国然之。徐协理复建议，嗣后军前如获匪党，应择其性质较纯良者，一律赐以重赏，劝其返城，并详述朝廷之德意，以为解散革军之计。监国亦甚然其说，拟即一并电饬荫袁两大臣遵办。

长沙业已数日无电报到京。闻当省城岌岌时，外人问三司，是否可以保护外人生命财产。三司答以不能。长沙税务司不得已乃急电外部，谓现在长沙亦有匪乱，湘抚余诚格逃避，官场无力保护外人，应请外部作主云云。

初二日，太原有电致邮部云：陕西兵变。此电由山西发来，甚可怪。岂陕西已大破裂无人通电耶？抑山西巡抚风闻陕变而代电耶？

又某京官得电，谓西安之变，系巡防队勾通八月中秋夜谋变之匪党起事，护抚钱能训不知下落。并闻邮传部昨日复接西安来电，其文甚长，系述告西安变乱情状云。

京师得报：河南王天纵作乱，已派谢宝胜带兵往剿。惟王在嵩山一带声势颇大，人数巨万，与附近居民并无恶感，恐一时亦不易扑灭也。

又闻，粤督张坚帅有电到京，谓香港有大帮革党，扮作难民或学生或商人，纷纷窜入内地，捕不胜捕；当地人心异常浮动，一二日内恐有大事；岐惟有尽心竭力，以期镇压而已。

闻袁项城昨有一密折到京，大致谓：今日之危局，不专在湖北一隅，亟宜顾全大局。目前之定乱尚易，将来之善后最难。俟鄂事粗定，即望朝廷实行宪政，化除满汉界限。即如铁路国有政策，亦宜暂缓，以顺人心而安大局。又谓，剿匪不可过急，宜设法解散。若以急图克复武昌为名，必致逼匪外窜，东南大局势将糜烂，贻害更大，收拾恐更不易云云。京师以为名论。

项城并有电致姜桂题军门："凡毅军中自帮带以下，如有哨官、哨长以及目兵，有愿赴鄂剿匪者，均应听其前往。惟须从前曾经战事者，始准应调"云。

又闻度支部因库款奇绌，乱急饷巨，实在无法应付，特请再开实官捐，以期暂行接济，已于本日出奏。并闻各衙门所请领款项，非十分要款，均停不支发。该部各司员，则日夜筹议维持财政方法，异常忙碌。

外交团领袖公使，日前用电话，向外部声称："为武汉事，须与贵国主军事者面商事件。"涛贝勒遂咨该公使，同到外部接洽。该公使称革党为"南军"，谓："贵国不得以寻常匪徒相待，我等即日派员前往观战。"涛邸力驳其非。该使谓："我等既已认为交战团体，宣告中立，自应派员观战，即贵国不允，我等亦必自行执行"云云。该使又谓："贵政府对于南军现有如何准备?"涛邸答以军事计划，应守秘密。该使曰："愿闻其略。"涛邸仍拒之，惟卒允其派员观战而散。又有一说则谓，因当道不肯发给护照，沿途北军多所阻碍，故观操员仍半途折返云。

《申报》1911 年 10 月 30 日第 13911 号第 6—7 版

鄂乱影响

鄂省乱事，警报频传。沪上谣言蜂起，有革军袭取沪南制造局之谣。该局已派兵严守，人心惶惶。日来住居沪南及城内，稍有积蓄之居民，迁居租界者甚众。且闻，官员眷属亦有迁居者。

日来城厢内外及江南制造局一带居民，因警信频仍，惊惶无措，大有迁地为良之势。乃日昨内地自来水公司，忽有某甲前来知会云："某日夜间，本埠地方有绝大祸机，居民惶乱，请将公司内自来水总门，届时幸勿关闭，以便临时救援"等语。此声一播，人心益觉皇皇［惶惶］。南区区长近以谣言日多，人心惶惶，诚恐土匪流氓从旁蠢动，肆扰为害，防务事宜益关紧要；惟以公费支绌，不得不就地筹募，以保公安。爰定今日下午四时，会同商务分会董事，在区开会。届时邀集境内各商家到区，公同策画，以期筹集款项，切实施行云。

昨日沪道奉江督电云，准内阁电：袁电奏，驻鄂师船及鄂兵船，现均缺少米煤各物，请饬由两江、江西委员筹办，俟事定，分向部请拨归垫，由鄂造报等语。着张人骏、冯汝骙，饬令上海、九江两道，迅速筹办接济，勿稍贻误等因。刘观察以米粮煤斤为兵船要需，亟应派委照购，运鄂预储，以便接济；爰札委上海县田大令、译员陈震东明府、王克诚明府，会商制造局张观察，赶速采购，交由驻沪海军公所代收转运，以济鄂军。

《申报》1911年10月30日第13911号第18版

逃督往依日本

鄂督瑞澂由鄂逃沪，居无数日，已于前晚乘某轮船东渡。兹悉该革督于未去之前，先在某银行汇银三十万两，只挈一爱妾，并该妾所生之幼子，及男女两仆，逃往日本。惟其眷属仍寓小沙陀行辕。

《申报》1911年10月30日第13911号第18版

10月31日

上谕

初八日内阁奉上谕：湖北省城乱事初起，瑞澂身任总督，弃城逃走，避登兵轮，当将该督革职，谕令带罪图功。并谕令袁世凯，查其当日弃城情形，再行办理。兹忽接据瑞澂电奏，因兵舰煤尽而至九江，因九江兵变而至上海等语。该革督竟不遵旨，带罪图功，乃敢潜逃出省，辜负朕恩，偷生丧耻，实堪痛恨，何能再予姑容。着张人骏迅即派员，将瑞澂拿解来京，交法部严讯治罪。其带出之湖广总督印信，并着张人骏派员收取，赍送袁世凯军营。钦此。监国摄政王钤章，奕劻、那桐、徐世昌署名。

《申报》1911年10月31日第13912号第3版

专电

今日又战（初九），官军败，自刘家庙至大智门，复为革军所得。

初七日，大雨北风，两军又战。革军因风势不利，退至跑马场十五里以内。是日北军投降革军者六百人，死者三百人，逃者无数。

初六日，两军自午前七时开战，至午正十二时停战，官军攻击江岸停车场甚猛，萨舰队亦在江面助战。革命军失利，死伤甚多，并失去野炮多尊，江岸停车场遂为官军所得。革军退守汉阳，于是汉口全入官军之手。是役两军死伤约共三千人。

初六日之战，革军死中队队长一人，失三寸径炮两尊。酉刻官军后队因冲锋兵与旗兵冲突，霎时大乱，遂停战。革军获官军遗枪二十七支。

黄兴初六日抵汉，革军额手相庆。（以上汉口）

郑州、信阳州、彰德府现设粮台，米价贵至二十元左右，居民恐慌，土匪抢劫，地方秩序大乱。（开封）

山西太原府昨日确被革军占据，现会合西安革军，分赴黄河南北，夹攻铁桥，以袭荫军后路。（开封）

大通有失守消息。（芜湖）

济南革党已纷传起事，省城岌岌可危。（烟台）

天津有不稳之说。

汉口克复电音到京后，朝局稍安，由内阁刊布传单，布告中外，以定人心。

阁电荫大臣：今日有旨，奖励前敌各军。

袁世凯启程日期确又展［暂］缓，昨日自彰德电致某督，有“朝旨再四敦促，勉为一行，然世凯老病，时变方殷，能否成行，殊难预定”等语。

荫昌拟俟袁世凯视事后，定十五日回京。

京汉车已通。

京师慈善救济会员，定期赴鄂，各亲贵群拟纷纷助费。

资政院议员请改亲贵内阁制度，庆总理得信，向监国前恳辞。监国虑继任无人，未准。

度部商借比款四千万，昨已签字，允于十日内交付，以为维持市面之需。（以上北京）

粤省自宣告中立后，人心大安，惟旗汉不协，势将内哄。（广州）

满籍学生数十人结为决死队，分南北两路归国：南行者暗杀革命党首领黄兴、黎元洪；北行者要求政府勿用袁世凯，否则暗杀袁世凯以泄愤。（东京）

星期六日，英国兵舰克里哇号接无线电音报告：星期五日，官军得手，革军弃十基洛米达车站而走；星期六日，两军复在跑马场及靶子场附近恶战，死伤颇众；下午二时，革军多有渡江至武昌者，大队则退至汉口；现官军尚未进抵汉口华界；萨军门率其海军泊于汉口附近，照会汉口租界领事，定于星期六日下午三时，轰击武昌；中国海军现驻武昌五英里之下，革军曾在岸上开炮轰之，各舰亦回炮乱轰；泊于汉口之各轮船及各趸船，已开赴汉口十英里之下游；四国妇孺多避于各船之中。

官军初六日晨间，占据十基洛米达车站，下午在跑马场恶战革军，损失颇巨。观战教士一人中弹毙命。中国兵舰助战颇勇，萨镇冰照会英国海军提督，拟于初七日下午轰击武昌。汉口妇女已奉命登船暂避。（初八日芜湖电）（按：据官场消息：初七日下午，萨军门兵舰并未轰击武昌，仅与武昌岸上革军炮队互相开炮数响，毫无效力。）

据官场消息：星期日两军在租界背面，终日巷战；官军获胜，乃即前进；革军大半退至汉阳、武昌。（初八日信阳电）

据北京电称：南京大局极危，新军恐为旧军袭攻，请发军火，张督不准，乃群起鼓噪，并抗命不肯离开城中。（初九日伦敦电）

天津近日之地位，据今昨两日电报观之，似甚奇特。北京政府已乞外国各领事，允其运兵经行租界。但此举按之前此和约，所谓非得该领事奉本国政府特别命令不能允许者，实相违背。又称天津有人兴兵，与政府反抗。

上星期六领事团会议时，已将此种情形详加讨论，后决议于“预防种种，竭力设备，庶有事时，不致周章，并将中国遣兵，由租界经行”一节，已电请本国政府请示。近日，天津卫兵已得政府命令，和衣而眠，以备征集。

盛宣怀近日仍居天津，候中国商船载之南归。（以上天津电）

荫昌现驻孝感应城，有革军大队聚集该处，横断铁路交通，故分兵前往抵敌。

两军是日于大雨之中战斗，甚勇。

据外国海军报告：官军初六日晨占据十基洛米达车站，革军稍与抵敌，即弃大炮、营账［帐］而走。

萨军门定于初七日下午三时，轰击武昌，已预戒外国居民，防备一切。

上谕：命岑春煊招练新兵八营，前赴四川，已由度支部汇与现银一百万两，交四川督练公所备用。

外务部宣告：京汉铁路定于星期一日，照常开车；现有官军三千名，开往长沙。

川督赵尔丰电奏：成都民屋四百家，为火焚毁；官军已克复巴县及某镇，现仍在围战；捕杀革党首领颇多，并请派兵以军需接济。

盛宣怀昨乘德国轮船启程，写赴沪票，惟宣言将至青岛下船。

北京袁党及资政院各议员，昨开秘密会议，主张组织汉内阁，以袁为总理大臣。

袁世凯已展期由彰德府启程赴南。（以上初八日北京电）

中政府现向四国财政团商借洋千万元，以八厘起息，限一年偿还。该款系供购买军火之用。（初七日北京电）

据荫昌营中路透访员电称：官军于初七日进攻，革军在跑马场以西掘濠固守，战至傍晚六时，始已官军死者四十人，内军官三员，伤一百五十名；革军死者四百人，内有炮队统带一员，并失炮三十尊。

据确实消息：初七日汉口大战，惟海军并未轰击武昌革军，两日之战损失颇大。

荫昌迫令黄陂、孝感居民悬旗挂彩，以迎官军，且在车站建树得胜牌坊。

《申报》1911年10月31日第13912号第3—5版

西安失守纪闻

西安兵变，已迭见本报。顷闻其协统某逃至潼关，有电到京云："西安城门已闭，惟一门可以出入，并有革党守之。城中官吏存亡莫卜。"陕抚钱能训昨亦有电到京，称："有兵变，余续陈。"而三十日起，陕省亦无安电到京，则传闻当非无因也。又某衙门接潼关道来电云："西安确系兵变，并非汉回相杀，惟传说甘新接坏之交，不免有回人仇视汉人之事。"闻此次乱事确系兵变，系潼商道由省城逃至潼关，电告京中者，电文仅数字，甚略。现内庭决议，调某镇军队往剿矣。

《申报》1911年10月31日第13912号第5版

京师之鄂乱谈

昨日，监国因两湖军事日益危迫，悔简荫昌出征，环顾朝列，无堪策画军事之才，又因大军甫到，未战即被伤毙数百，继则屡战屡败，诚恐因此军心溃散，不能复振，则大局瓦解，即在目前。言次仰面大泣，庆邸慰勉再四。监国复云："倘难速奏捷音，匪势更张，山河将弃于吾辈之手。"语毕，绕案太［叹］息不已。旋由庆邸复慰之曰"荫军虽未甚得力，然袁世凯刻下旧部即将调齐，指日赴鄂，两军相聚，可图挽回"等语，而散。

前日庆邸销假入值，与监国密议军事良久。至午后两钟，方始散值。昨日召涛、朗、泽、庆、那、徐等密议，以各省乱事行将踵起，全局危在旦夕，非广练防军不足以资捍卫。拟即通电各省，饬各添练十营，并拟借款一百万磅，以应急需。至散值时，已四点余钟矣。

前日因战事吃紧，及资政院特参部臣违法等奏案，又特召各国务大臣，分两起开御前大会，议至午后七点余钟，秉烛后始行散值。

某日御前会议时，监国向各王大臣咨询"荫昌南征以来，屡向逆党小战，仅获匪三名，而此次电奏战事，又属未决胜负，揆厥情势，大军实属受敌，而革军之退恐有阴谋。允须一再电荫大臣，指示机官嘱令，审慎从事，倘遇追击时，勿得操切图功，致堕阴谋"等语。各大臣唯唯称是。旋于当晚发延寄一道，交荫大臣钦遵查照矣。

近日内延办事之迟，为向来所未有。每遇各省警电纷来，及请由部中拨济军饷，并荫大臣等报告军情，朝局无人主裁，对于防置及准驳，并何项军情战事可以宣布，何项战事急警，须为秘密各办法，彼提我议，毫无定见。故每日散值，须延至午后，极早亦须两三点钟。即每日谕稿，亦须三次更易，始能决定颁布。至宣布荫大臣第二次之电奏，实系由三日电内择要而颁布者。其实荫大臣每日均有电报到京，惟稍有得力或胜负未决之处，则即汇而宣布，倘有告急或不得力者，则秘密不稍示人，以为安慰人心之计。

《申报》1911年10月31日第13912号第5—6版

资政院议事记（二）

初四日午后二时开会，议员到会者一百十三人，政府员委约三十余人，行政大臣惟学部唐大臣及外部曹侍郎出席。议长甫入座，胡骏谓：“现在川乱日亟，今有四川人民之陈请书到院，请速列入议事日表，从速解决，以解人民倒悬之危。”众拍手赞成。旋由议长登台，恭读日前资政院谢恩折之谕旨。众起立。李素谓：“今年政府开宗明义，提出之议案不过如此，资政院实足羞死。”江辛谓：“前三案不过付审查而已，无关紧要，不必如此存意见。”黎尚雯问：“修改院章之案已具奏否？不可如此泄沓。”秘书官报告各股选出之专任股员长及副股员长，又报告四川人民呈递之陈请书。毕，议长宣告按照议事日表开议。于邦华谓：“本日前二议案无可议，请即付审查。”王佐良赞成之，谓：“今日何日，尚何暇咬文嚼字？”议长谓：“此均系付审查者，即简单通过。”众允之。议案第一、修正《集会结社法律案》；第二、修正《承发吏职务章程》；第三、修正《广东禁赌条例》。均由政府特派员简单说明，提出修正主旨，遂付法典股审查。

次议案第四——提议“内忧外患，请本标兼治，以救危亡”具奏案，罗杰登台说明，略谓“今日时局危迫，有治本之法，有治标之法。如铁路国有之法案、铁路公债之条例，均须交院议决；川乱须责赵尔丰，鄂乱须惩瑞澂；此均治标之法。至于行政之根本，须设真合于立宪国之责任内阁，编定宪法须交院协赞，开诚布公，以免革命之惨对。鄂乱须剿抚兼施”云云。众无讨论，遂付表决，得大多数起立赞成。

次议案第五——“部臣违法侵权，激生变乱，并有跋扈不臣之迹，恳请惩治”具奏案，由牟琳说明主旨，说“此次铁路国有、借外债，均盛宣怀所主持，则川乱鄂乱之风潮，即由盛一人激成之。院章凡关于公债，均应交院议，此次四国借款、日本借款，何竟不然。况借款合同发表时，度支部泽大臣请假，是不但违背院章，且侵夺主管衙门之权限。以关系数千万人权利，不经阁议，不交院议，以一人之私意行之，亦无对付将来之方法，以至惹起风潮。四川风潮不起，则湖北之乱不兴，追原其祸根，皆盛宣怀一人酿之。故诛其一人，大乱即可立熄”云云。易宗夔继之登台，亦谓：“今日大局糜烂，变乱四起，盛宣怀实为祸首。盖铁路国有，原系一种法案，其关系非常重大，而竟不交院议，尚何贵有资政院乎？盛宣怀此举，渺视本院，渺视内阁，实甚！当时内阁总协理曾全体辞职，而泽公亦正在假中，则明系盛一人所为。及各省人民之争路，阁议主宽，惟盛主严，若不弹劾之，尚要本院何用？”刘荣勋说：“同次藉忠寅提出修正案，请归并讨论。”秘书官遂朗读修正案，众拍手，藉遂登台说明，略谓“今日大局之坏，由于四川之争路风潮，四川风潮由于保路，保路由于铁路国有，而国有政策，实由盛氏所发。今而弹劾之，正人心之所同，无反对之者可知。本员所以提出修正案者，因牟易二人提出之案，多偏于法理而略于事实，故将事实列入，以期感动天听。盖盛之此举，非但违背院章，竟将先朝圣训尽行抹倒，单衔奏请此自相予盾之政策，而窃国有名，义以欺天下，尚未知将来之结局如何。率行发表，因此激起川变，遂一发而不可收拾，而仍怙前非，一错到底，竟引起今日非常之变乱”云云。陈懋鼎和之谓：“本员尚有一诛心之论。彼主张国有政策，本来名实不相符，其用意只在借款，即将来有乱，亦非不知，然款已借到手中矣。又闻，本院议员有受彼运动为彼辩护者，余以为本院议员恐不至如此无耻。”黎尚雯宣布盛宣怀四大罪恶。李文熙谓：“川人争路，非反对铁路国有及借款，乃反对违法不交院议之国有政策及借款。一为院章明定，一系先朝圣训，部中岂不知之乎？请邮部特派员答复。”邮部特派员忸怩而出，但谓“盛大臣因咳嗽不能来”而已。众大哗，谓：“特派员不能答复，须请盛大臣到院。”叱咤之声不绝，于是议场秩序大乱，有谓“其既不能答复，何必来此”者，有谓“其受人豢养，不能不来作辩护”者。后陈懋鼎仍促其快答复，否则令其请大臣到。于是特派员乃谓：“铁路国有，非盛大臣一人所主张。”众叱之谓：“邮部所司何事?”当时又出一特派员，谓：“此项借款合同，原系张文襄所定，当时本院未开，故急为施行。”众又问：“日本款亦由张所定乎？何以不俟开院时再借?”种种迫问，非请盛宣怀到院不可。时争论四起，意气激昂，特派员乘势而逃。王季烈谓：“不须再质问，即表决上奏。”李文熙又起而质问，对于川路办法，种种不合。陈懋鼎请讨论终止，即付表决。于是表决藉忠寅之修正案，全体一致起立。易宗夔谓：“此案须从速上奏，恐该大臣运动多端，反致失败，明早即上奏方好。”议长谓：“两案并奏，明早恐来不及。”众请今夜速行缮写，务于明早上奏。议长允之。后王佐良谓：“乱事愈急，若河南再失守，恐本院亦不能开。今对于平乱政策，须大家速筹方法具奏。本员主张，立责任内阁、治盛宣怀之罪、开党禁、明正瑞澂之罪、剿抚兼施等法。”众请其提出议案。恩华谓：“罗杰之案尚未完全，宜再修正之。如主抚固是，但宜若何抚法，不能不明言。”众亦请其另提议案。各议员谓：“且看弹劾盛宣怀之案有效无效，如果无效，所有各案可以不议。”众赞成。时已四时三十分，遂散会。

《申报》1911年10月31日第13912号第10—11版

鄂乱影响

本县田大令为因鄂警风潮，沪上人心惶恐，连日城内居民纷纷搬迁，络绎不绝，深恐匪徒流氓，乘间扰事抢劫。于昨晚夜半一句钟时，田大令带令捕头徐文、陈昌、倪耀等，率同通班伙役六十余名，并署中护勇亲兵，荷枪列队，严密巡查。先至西门，后至各城门大街小巷，至三句钟返署。又沪城商团体操会会友，连日上灯时，分班巡查，至黎明方始散回。又一路一区新任陈区长，率同长警，会集各区长警，分班查街。因此商民居户人等，赖此稍为安静。

本县田大令昨晨特传各铺地甲到署，谕谓："鄂省乱事业蒙道宪与各国领事商议，将沪上作为中立。尔各地甲务向各居户人等劝谕，毋须搬迁，不必惊慌。倘徒自纷扰后遇不测，本县不担责任。本县虽洋炮到署，亦决不出署"云云。故此昨日迁移者较前日略少云。

昨日城自治公所为城厢居民纷纷迁移，举国若狂，特发公布云："照得鄂省变起，各处震动，本地城厢居户近因谣言蜂起，佥虑土匪滋扰，纷纷迁移。惟城区地段，业有巡警、商团、救火会，并添设巡逻队协力保护，复由城绅发起招募民团，出哨巡防，认真防护，藉保治安。合亟布告住居城厢内外各户，务各镇静安居，不必惊疑恐慌，纷思迁避转滋惑扰。其各知悉。此布。"

昨日午后四时，由南区区长会同商务分会董事邀集各商在区开临时会，提议地方自卫之策。当时提议人印有意见书，略云：湖北变起，各省戒严，上海为通商巨埠，五方杂处，良莠不齐，兼之近来银根紧急，市面恐慌，而一般无业游民，难免不穷极思变。况日内谣言蜂起，人心皇皇［惶惶］，万一有聚众抢劫之事，巡警单薄，商团散处，铺户居民实属危险万分。为今之计，吾地方伯叔父老兄弟，当急图自保之策，速办民团互相保卫。城内已于初七日，在辅元堂开会，议决筹集经费二千余元，即日兴办城外，拟分东南西三区各自筹办，均统一于自治公所。现在东西二区，已有人担任发起，吾南区地方辽阔，铺户居民尤属不少，亦发急起直追，某等拟于南区招集民团六十名，专管巡缉匪类，保卫地方治安事宜，军械服装拟向自治公所给领，月饷一项吾等自行设法预算。民团六十名，每名月费十元，每月须六百元。先假定四个月，至少需费二千四百元。此系关于地方公众生命财产，且与铺户富家尤有密切之关系，谅诸君子无不热心赞成。务请各自竭力捐助，或认捐，或认募，集腋成裘，众擎易举。此系特别捐助，只出一次，在出者所费不多，而地方上受无形之幸福实非浅鲜。事日紧急，愈速愈妙，否则变起仓猝，抢劫既成，再议及此，恐已无及矣。是实思患预防之法，亦即古时守望本助之义幸。诸君子从速筹措，则数日内即可成立。地方幸甚，居民幸甚。

探闻沪道，昨日又接国民军投函，略请须将道署早为让出，尚可以礼相待，如再执而不悟，则大军到日，难免齐粉之惨。识时务者，宜早避之，兹值兴汉之际，谅可择善而行，盖因同系汉族，不忍不咨而动，云云。道署中人谓此等匿名信函，或为好事者故意戏谑，革命军断不致有如是之举动云。

沪道刘观察以近日本埠谣言益甚，恐有意外变端，特于前日饬发洋枪三十杆，配以子弹，交给本辕护卫各弁，及头门守卫之沪军营各兵，随身佩带，荷枪站立头门，分班防守，藉以保护。

英美工部局昨复发出镇定人心告示一道，照录于下："照得鄂省乱起，上海英美界内谣言流传，致碍商务。本埠为各国通商总汇之区，以保守治安为第一要义。本局正在防备一切，力守本埠平安。如有人以扰乱閧［哄］闹为尝试者，立即拿办。兹劝本埠商民，尤望近时来沪侨居人等，勿得轻信谣言。合行出示晓谕，仰居民人等一体知悉。务各照常安业，勿再轻听谣传，稍涉张皇，致扰市面。其各遵照。特示。"沪上著名各学堂，日来均接有邮信，略谓"革军将于初九夜起事，约为接应，占据某某等局所"云云。昨日南洋公学监督唐蔚之侍郎，以风评日恶，特定临时规则，令各级学生入夜后，即各归卧室，不得声张。一面由教员等组织侦探队，于学堂附近及制造局、龙华寺一带，往来梭巡，如有警信，随时报告，以免纷扰而安众心。闻全堂学生已有大半散出矣。

前日沪杭火车，至松江有兵六百名乘车来沪，闻为保护高昌庙制造局及龙华火药厂起见。将次抵沪苏路公司，忽接一函云：贵路并非军用铁道，何得为□□载兵，若不速行扣留，当以炸弹从事。当时公司得此警报后，立即专电莘庄站，嘱其将载兵专车扣留仍还松江云。

《申报》1911年10月31日第13912号第18页

11月1日

专电

安庆兵变，遂失守。（芜湖）

初八日，革军小退，官军实行进占汉口。初九日午刻，革军以全力抵死击退官军，逐出汉口以北十五里地方。革军因人少奋力死斗，损失甚巨。

革军初八战后，检查损失及俘获品，计：失野战炮五尊，机关已毁之炮六尊，俘获北军战马二十匹，快枪四十枝，废枪十枝。

湘省留学日本陆军学生训练三千人业已成军，前赴武昌，投入革军助战。

黎都督于十八晚巡视各军，军士中多有啮血上书决死者。（以上汉口电自芜湖拍发）

镇江商市大坏，城内商业全停，惟江边一带开门交易。（镇江）

清江现尚平静，惟人心恐惶殊甚。

溧阳有不靖之说，现已至省请兵。（南京）

广州初九日各地遍竖独立旗，张督示禁。（广东）

宁波革党将择期起事。关道文溥已于前日到沪。

浙省因广东宣布独立，密议即日响应，以朱福诜为总统。（杭州）

衡州府失守。（湖南）

潞安府亦有失守消息。（山西）

今日（初九）朝廷下罪己诏略谓：朕即位三年，无日不以利民为念，只以用人不慎，亲贵握权，实为有背宪法；办路诸臣蒙蔽君听，不恤民情；订律诸臣各怀私见，徒耗民财，毫无实济以致民怨沸腾。朕犹未知川乱先作，鄂乱继起，陕西、河南纷纷告警，广东、江西亦以乱闻。全国鼎沸，民不聊生。列祖在天之灵不能安享血食，此皆朕之罪也。今特宣告天下，与民更始，务以实行宪政，加惠民生，谨遵先朝谕旨，消除满汉畛域。两湖之乱，虽由军队变叛，实由民怨所酿。朕凉德藐躬，值国家危难，财政、外交困难已极，即使民心巩固，尚恐难支。今复益以内乱，中国前途不堪设想。深望吾民曲谅苦衷，同心协赞，俾国家转危为安云云。

今日下谕，革去皇族内阁制度，即日组织完全内阁，开戊戌党禁。命溥伦纂定宪法后，交资政院审查议决。

今日有旨，桂春回仓场侍郎原任，民政部大臣以赵秉钧署理。

世续奉旨开缺，资政院正副总裁以李家驹、达寿实任。

湖南巡抚余诚格因长沙失守，奉旨革职。

袁世凯电奏，叛军投降甚多，请一律宽赦，编入军队以观后效。又奏武汉地方克复尚易，惟善后事宜殊为棘手，胪陈办法八条请示遵行。又奏京师亟宜镇定，毋稍摇动。均奉旨嘉慰。

袁世凯因孝感地势便宜，虽汉口克复，拟仍在孝感与荫昌交卸面商敌情。

庆邸及振贝子力求太后，擢袁世凯任内阁总理大臣，以裨时艰。

京师各政党讨论今日挽回大局政策，约期与阁臣谈判以冀早日实行。

荫大臣电奏：汉口已复，现拟稍息兵力，即进攻汉阳。

此间初九日，又续派陆军二营赴前敌助战。

京师盛传赣省有电到京，九江克复。

度部拟定借用公债办法六条，交阁臣取决。

资政院闻度部新借外款三千万，全体骇极，现已决议力阻。

京中各街道现用旗兵昼夜擎枪梭巡，各营新兵均见疑不用。

温肃奏请饬下民政部着内外厅添派警队分段弹压，并请饬下度部速设官钱平粜各局维持市面。

某御史奏：京市空虚，恳请饬办商团，以资弹压。

顺天府奏请巨款办理平粜。

某贝勒已将金宝贵物托某国人保护。

北京盛宅前日失火立熄，无其损失，闻盛已出洋。（以上北京）

北京人心惶恐日甚，咸恐革党起事。（初十日北京电）

昨日国民开会集议，宣布广东共和及汉满平等。粤督照会领事公会，谓渠并不承认宣布共和并担任保护外人之生命财产，城中尚为安静。（初十日广州电）

天津谣传，革军定于初九日夺取天津、焚毁督署，居民大为惊惧。

湖南衡州在长沙西南，现为革军所占。（初十日北京电）

驻扎直隶省滦州军士二万五千人，闻已呈请政府，要求实行宪政及种种之重要改革。资政院昨开秘密会议，闻已赞成此事，拟即上奏：（一）早日召集国会界以组织国家宪政之权；（二）新内阁应由国会选举不得以亲贵列入；（三）预算案应由国会掌理；（四）国会有参议条约之权；（五）海陆两军由皇上统率，惟不可用以压制国民或对付未经国会许可之内务；（六）上院议员皇上不得简派；（七）皇上生杀之权即须作废，逮捕人犯须按法律；（八）赦党人之罪；（九）海陆两军当参议再造政府事宜。文内有皇上若不俞允，则军士将拔队向北京进发。查此种要求极关重要，海陆两军现与资政院有势力之议员同谋要求改革政务，闻他处军界中人亦拟照此要求云。（初九日北京电）

山西革军声势极大，已占据京汉铁路之一部分。京内满人得此消息大震，各官员纷纷预备离京。（初九日北京电）

福州华人会议，决意于初九日宣布中立。闽督已赞许此事。旋闻官军获胜，宗旨忽变，乃停止宣布。目下人心大为惶恐，商市业已停止。（初九日福州电）

宁波有警，道台逃不知所往。（初十日宁波电）

广州人心大为不靖，预料星期二日将有事变，迁居者大半均至香港。粤督张鸣岐与钮约报访员叙谈时，谓中国内政当急改革，广东独立殊难实行。又谓深望各国勿于此时干涉中国内务，美国扶济中国之良友当出阻止此事。此次之乱并无排外性质，外人无庸虑及生命财产之危险，且信不久当能恢复和平云。（初九日香港电）

闻广州已于星期日宣布独立，并无紊乱秩序之事。乱事已可获免，现正商绘共和国旗。（初九香港电）

南阳丸轮船因保护汉口日人之故，在汉迟开一日。今晨七时驶过芜湖，报告初六、初七两日战事，官军得胜，革军退守大智门，防御甚力，以图恢复。萨军舰队炮击革军，两军约死千人。（初十日芜湖电）

中政府照会美国国务部，谓：袁世凯已为钦差大臣，总统海陆两军，且谓官军已克复汉口。（初九日华盛顿电）

昨接官电，谓：官军与革军在跑马场之西（大约在跑马场与租界中间）大战后，官军已入汉口华界，即放火焚烧民屋。

《泰晤士报》云，初五日，汉口西字楚报曾纪载荫昌部下兵士野蛮情形，当时犹以为言之过甚，今观此电，则楚报之言，信不诬也。

上海英领事署接有电音，谓：成都复被围，西人均逃至重庆，该处大局岌岌可危。

《申报》1911 年 11 月 1 日第 13913 号第 2—4 版

汉口战报（八）

鄱阳轮船昨日抵沪，载有中外搭客甚多。据称，官军、革军初六日在跑马场之下开战，至日暮收队。两方面死伤颇众，官军之数寡于革军，惟革军缺点在少胜任领袖。据观战者云，革军如统带得人，则可使官军全军覆灭。革军占据跑马场附近地位，卒为官军奋勇击退。革军有大炮多尊，当退时均未及携走。中国海军是日晨间曾轰击革军，以助声威。官军于是晨得援兵两火车，用驳船载至上游，由海军以炮火保护。是日有革军十人藏于某小村，暗攻官军。官军派兵二百名往夺该村，革军十人开炮力敌，卒将官军击退。逮官军增兵前往，而革军已退，一无伤失。并有学生军一队携炮两尊，从战极勇。自下午起，炮火之声不绝，直至天黑，始行停战。萨军门事前曾照会各领事，拟于初七日晨间轰击武昌。至是日黎明，江上雾气迷蒙，革军列炮江边，轰击各舰。各舰猝不及备，大为惊乱，即亦回炮猛击，但炮弹不能命中，多有落至租界者，故即停止开炮，驶往下游暂避。于是轰击武昌之谋遂为革军所败云。

怡和公司宜昌船初七日离汉，今日抵沪，载客三千余人。据客云，初七晨革军炮击舰队，各舰回炮数响，旋即下驶，直至扬逻左近而去。午前七时，革军又向官军开炮，其炮似从英租界后面而出者，官军遂退。午后，革军在日租界后开炮，官军又退。革军有老登飞炮，用榴散炮弹，屡见空中爆烈之象。两军死伤甚多，皆送入汉口。革军之受伤者率将伤处敷束，复至阵前恶战。官军有一炮弹掠宜昌船而下坠于地，幸无损伤。有一女客为流弹所中，当夜死于船中。闻舰队上驶之时，系悬白旗，故革军受欺。迨舰队驶近即开炮轰击，幸炮台将其击退，得以无事。闻初六日夜，武昌革军已将野战炮并大队运送过江，布置于租界之后。宜昌船驶出时，尚闻两面炮声断续不绝。两军似皆奋勇，租界后村落之火延烧者颇多。交战时任其自烧，无人施救。

《申报》1911 年 11 月 1 日第 13913 号第 4—5 版

暗杀党炸毙凤将军纪详

暗杀党轰炸将军凤山一事，已见前报专电。兹将详细情形分录如下：

初四早八点半钟，新任将军凤山乘宝璧兵轮到省。政界先期派兵队千数百人沿途保护。九点十分钟，有旗兵约二三百人拥护将军登岸。行至永清门外仓前街广发店门首，忽有炸弹从高掷下，轰然一声甚于雷霆，即将凤将军立时炸毙。

当炸弹掷地时，黑烟大起，数十丈内重云满布，忽转火光，然后作响。轰炸之处，沙石横飞，成一空穴，深阔约二三尺，附近各街墙壁窗门被震破裂者不计其数。

炸弹响后，枪声继起，如万响爆竹，不可数计。当时卫军互相轰击，死人最多。三区警兵往救，亦几误被轰退。其惊惶纷乱情形可想。

将军所坐之大轿片片轰作粉碎，将军两足全被炸烂，肠脏流出，头亦缺去半个，不能辨认。后检得班指、鼻烟壶、朝珠、带扣等及零碎袍褂，始知确已轰毙，遂将尸抬往八旗会馆。入夜用帆布床抬进城时，已着回衣冠，预备入殓。

此次凤山来粤，仅带姨太太一人，随将军轿后离十数丈。一闻警耗，即退入长堤水师公所，登时昏倒。闻其带来之女公子生仅数月，随从各人无不惊惶失措。此外协领一名、管带一名、随员数名，余则卫队、轿班及路人等。凶手已知者轰毙一人。据某公所禀报，谓此役死者共二十二人，伤者三十八人。

《申报》1911 年 11 月 1 日第 13913 号第 5 版

11 月 2 日

上谕

九月初九内阁奉上谕：朕缵承大统于今三载，兢兢业业，期与士庶同登上理，而用人无方，施治寡术。政府多用亲贵，则显戾宪章；路事朦［蒙］于佥壬，则动佛［拂］舆论；促行新治，而官绅或藉为网利之图；更改旧制，而权豪或只为自便之计。民财之取已多，而未办一利民之事；司法之诏屡下，而实无一守法之人。驯致怨积于下而朕不知，祸迫于前而朕不觉。川乱首发，鄂乱继之，今则陕、湘警报迭闻，广、赣变端文见。区夏腾沸，人心动摇，九神灵不安歆飨无限，蒸庶途炭可虞。此皆朕一人之咎也。兹特布告天下，誓与我国军民维新更始，实行宪政。凡法制之损益，利病之兴革，皆博采舆论，定其从违。以前旧制、旧法，有不合于宪法者，悉皆除罢。化除满汉，屡奉先朝谕旨，务即实行。鄂湘乱事，虽涉军队，实由瑞澂等乖于抚驭激变，弃军与无端搆乱者不同。朕惟自咎用瑞澂之不宜，军民何罪！果能翻然归正。决不追咎既往。朕以眇眇之躬，立于臣民之上，祸变至此，几使列圣之伟烈贻谋颠坠于地。悼心失图，悔其何及！尚赖国民扶持，军人翼戴，期纳我亿兆生灵之幸福，而巩我万世一系之皇基，使宪政成立，因乱而图存，转危而为安。端恃全国军民之忠诚，朕实嘉赖于无穷。此时财政外交因难已极，我君民同心一德，犹欢颠危。倘我人民不顾大局，轻听匪徒煽惑，致酿滔天之祸，我中国前途更复何堪设想！朕深忧极虑，夙夜旁皇，惟望天下臣民共喻此意，将此通谕知之。钦此。

上谕：资政院奏，内阁应实负责任，国务大臣不任懿亲一折。懿亲报政与立宪各国成例不符。我朝定制，不令亲贵干预朝政，祖训著有明文，实深合立宪国家精义。同治以国难未纾，始设议政王，以资夹辅，相沿至今。本年设立内阁，仍令王公等充国务大臣，原属一时权宜之计，朝廷本无所容心。兹据该院奏称，皇族内阁与立宪政体不能相容，请取销内阁暂行章程，实行内阁完全制度。不以亲贵充当国务大臣等语。所陈系为尊皇室而固国基起见，朕心实深嘉纳。一俟事机稍定，简贤得人，即令组织完全内阁，不再以亲贵充当国务大臣，并将内阁办事暂行章程撤销，以符宪政而立国本。钦此。

上谕：资政院奏，政体颁布明诏，将宪法交院协赞一折。我朝列圣相承，深仁厚泽垂三百年，我孝钦显皇后、德宗景皇帝俯念时艰，深维治本，迭降明诏，确定为君主立宪政体，并颁布预备立宪事宜清单，按年进行。朕冲龄入承大统，亦维兢兢业业，用迪前光。上年十月，该院奏请速开国会。当经改降谕旨，定于宣统五年召集议院，并特派溥伦等迅速纂拟宪法，候朕钦定。兹据该院奏称，宪法为君民共守之信条，宜于规定之始，诏进臣民商榷。又称，协赞在纂拟之后，钦定之前，于先朝圣训钦定之义，毫无所妨各等语。着溥伦等敬遵钦定宪法大纲，迅将宪法条文拟齐，交资政院详慎审议，候朕钦定颁布。用示朝廷开诚布公，与民更始之至意。钦此。

上谕：资政院奏，请速开党禁，以示宽大而固人心一折。党禁之祸，自古垂为炯戒，不独戕贼人才，抑且消沮士气，况时事日有变迁，政治随时递嬗。往往所持政见在昔日为罪言，而在今日则为谠论者。虽或逋逃海外，放言肆论，不无微瑕，究因热心政治，以致逾越范围，其情不无可原。兹特明白宣示：特沛恩纶，与民更始。所有戊戌以后，因犯政治革命嫌疑，惧罪逃匿，以及此次乱事被胁，自拔来归者，悉皆赦其既往，俾齿齐民。嗣后，大清帝国臣民苟不越法律范围，均享国家保护之权利，非据法律不得擅以嫌疑逮捕。至此次被赦人等，尤当深自祓濯，抒发忠爱，同观宪政之成，以示朝廷咸与维新之至意。钦此。

上谕：前闻长沙有变，电报不通，朕心实深廑系。兹据朱家宝转递余诚格电，本月初一日，湖南陆军炮营叛变，攻入小吴门。陆军标营同叛，攻入北门。城内巡防队亦叛，戕统领黄忠浩，直攻抚署。匪党遂踞省城，诚格暂避入水师营，不意水师亦悬白旗，遂登湘帆小轮，候调省外各队，力图克复。恳请简员统队来湘剿办，并自请严惩等语。长沙为省城重地，余诚格虽系甫经到任，所调将领未到，添募未齐，实属措置乖方，以致仓卒生变，罪无可辞。湖南巡抚余诚格着即革职，戴罪图功，并着暂管湖南巡抚印信，责成该革抚迅调省外兵队，即将省城克期克复，毋稍延玩。倘不并力自效，定将该革抚从重治罪，并将黄忠浩被戕情形查明电奏。饬此。

上谕：李家驹着充资政院总裁，达寿着充资政院副总裁。钦此。

上谕：署民政大臣桂春着回仓场侍郎本任。昨已有旨，着赵秉钧即日来京，预备召见。赵秉钧着署理民政大臣。钦此。

初九日，召见内阁总协理大臣、洵贝勒、陆中堂、陈宝琛、伊克坦、裕芳尹庆举。

初十日，召见内阁总协理大臣赵秉钧、李家驹、达寿。

《申报》1911 年 11 月 2 日第 13914 号第 2 版

专电

滦州、保定、德州、济南皆有兵变警耗。（天津）

南昌失守甚确。十一日丑刻，兵变。抚署、皇殿、八旗会馆均被焚毁。冯抚越墙逃避，土匪焚抢甚烈。南昌十一日丑刻失守。电局被据。惟官民未伤，市面尚安。（以上南昌）（按：此电系另一访员所发。）

初十日革军以巨炮轰击官军，已将所失各车站仍行夺回。

初十日之战官军大败，由汉口退守滠口，袁世凯电京告急。

北军在汉口华界大肆焚杀，延烧租界甚炽。革军见其残忍，且愤其有意破坏租界，因在龟山连放巨炮，击死官军一千四五百人。北军大溃，汉口全部仍为革军收复。

初八日一战，革军击沉官军兵舰两艘。

闻汉口领事团与各国观战员提议：如果北军再有野蛮焚杀及击毙外国观战员之举动，决令离汉一百里外方许战斗。

北军左营某标统带萧姓最称善战。初八日，大智门之役，被炮炸死。其标兵亦伤亡几尽。

长沙派精军三千人，于初九日抵汉。是日，即拨二千人助战，奋击北军最力，乃获胜仗。（以上汉口）

革军占据山西太原府后，即分兵进据石家庄正太铁路总车站。（正定）

今日（十一），监国亲临资政院，与各议员会议定乱办法，议决和战条款二十九条。（按：右电甚奇特，大致议和之说非无因也。）

闻孙汶有书寄黎都督，嘱其千万不可议和。

孙汶不日启程至汉，带有大兵舰三艘，其驾驶者皆为留英海军学生。（以上广州）

闻有旨，简袁世凯为内阁总理大臣，以魏光焘为湖广总督。

初五日，八旗学堂学生及旗制处人员联合禁卫军密商，汉人排满势甚汹汹，与其坐以待毙，不如先将京中汉人屠尽，然后自杀。闻会议时全体异常激烈，民尚、桂春亦颇赞成。翌日汉大员闻信，恐酿奇变，极力运动。某贝勒、某中堂遏制，并将桂春调出民部，其祸始寝。

阁电张绍曾，该军要求立宪各节均已奉旨允准，着即拔队赴鄂，合力进攻，以扶危局。并饬吴禄贞前往该军慰问。

袁世凯电奏今日（初十）全军抵汉，兵势甚盛。定十二日合攻武汉，并先示谕党人，如抱政治革命主义者，允代奏闻，必可邀准。一面剀切解散胁从，武汉当易克复。

政府现惟倚重项城，谓此人出山必有一番轰烈之举动，各亲贵及满大员因此稍为镇定。

皇太后召见监国，泣数行下，谓：大局已危，财政支绌，拟尽拨孝钦太后宫储，充作国用，以一半拨助军饷，一半接济京师市面。

政府得太原警电，大震，已电直藩督军严防，并电豫抚速选劲旅分布黄河南北会筹防御。如果情形紧急，速毁铁路，以遏革军北上。

陆军部为南下军特设军需总局。闻开发行饷、川资及购办粮秣已达三百万外。

内阁通电：各督抚准其随时调遣水陆各军，藉资防守。（按：自军咨府设立后，各省督抚非请示军咨大臣，不能调遣水陆各军。今因军事紧迫，故有此命。然而晚矣!）

监国传谕：王公以下量力助饷，以纾国难。

唐绍怡电奏，仍以病辞。奉旨：迅速来京，力济艰巨，毋得固辞。

京僚眷属十迁八九，市面萧瑟，几绝行人。

京师盛传官军克复汉阳。（以上北京）

十一日午前，上海电报局接江西省城南昌府失守之电。其文如下：南昌于十一日二句半钟失守，电局被占。

十一日午后，上海电局接汉口袁世凯无线电，命前汉口电局洋员郎格贝君速往汉口，修接汉沪电线。郎君方于星期日自汉抵沪，现拟今夜鄱阳船上驶。

汉口电称，两军现仍接战，革军奋力堵击官军前进之路。革军虽失大炮数尊，仍在租界与华界分界处争持不下。据红十字会医生云，革军约死千人，伤三千人；官军死伤六百人。

太原革军向南进发，已抵扬城，离黄河桥约一百二十基罗米达。吴禄贞统带第六镇混成协，从保定出发，往攻革军。（初十日北京电）

据广州电称，各衙门昨日已将龙旗收落。该省虽不承认革命，而隐然有独立之概。既而，各衙门忽复悬龙旗，照常办事。中国炮艇已在预备战事。有外国兵船九艘泊于港内，法国水兵会登岸保护租界。（十一日伦敦电）

资政院总裁李家驹觐见摄政王时，谓各议员因朝廷已准近来请求之事，深为感慰。摄政王面允，此谕必当诚意实行，且谓此次上谕并非纸上空文。

据中国消息，德州及保定之军队业已起事，表同情于滦州之军队。

太原府日来并无消息，恐革军已阻止外人离埠。

据传太原府革军已将城内满人全行拘禁，声言如不允人民之要求，则将杀之。

北京局已命拆断正太铁路。惟正定府官员因革党恫吓，不敢出此。闻革军已在正定府上车，拟将京汉之交通阻断。如战事不停，则荫昌陆军已绝归路，异常危险。

太原府大局极为危急。城中一部分已为火毁，满人遭杀者二千名。汉人闻信恐满人必在京内杀戮汉人以图报复，异常恐慌，今咸成群出逃。

内阁总理旦夕将告退，袁世凯必为内阁总理大臣。现赴信阳州。目下不即抵京，大约由徐世昌代任。

保定府之兵不肯登车赴南，继而宣读上谕，乃有一部分开往太原，将与革军交战。

天津外国兵昨晨在租界周围绕行一周，以示兵威。

天津税务司接该处革党支会来函，谓：不久将取京津厘金一项，大碍中外商业，拟将裁去。（以上初十日北京电）

京师日来一夕数惊。传闻有满洲亲贵数人声言，欲纵禁卫军以害民人。民人闻此消息，咸纷纷离京。各处人心惶惶，城内之兵常加调动，民心益乱。宫廷出狩一事，中国各大员谓不致出此。惟外交家则疑必有此举，目下极为注意。或谓宫廷必图离京，革党已早料及，豫备于半途阻之。滦州军队之变，隐使革党得以完全管理北上之铁路，宫廷不敢由此路而行。此外有由张家口出逃乘驼事，过蒙古至库伦，再由此处取道西比利亚，以至俄国之路。惟把守临谷关（译音）之军队亦与革党同志云。

目下时局，自满人入关以来从未有此危急。如满人仍得保其皇祚，则实权全将被夺，朝廷徒拥虚位而由汉人握政府大权。滦州兵士之举动，资政院之要求，太原各处之响应，实迫政府出此屈伏之策。

资政院议员袁党颇多，此次资政院之鼓吹国会办法现已宣布。闻出于袁之深谋。袁将不赴汉口而直入京师，以膺内阁总理之席。赵秉钧现简为民政部大臣，极关紧要，因赵亦袁党也。

朝廷之退让能使革军满意与否，为目前一大问题。北省当无异议，惟南省将有满洲政府完全废去之要求。闻袁世凯已与革军通书磋议办法，以免战争之祸。（以上译西电）

《申报》1911年11月2日第13914号第3—5版

汉口战报（九）

汉口初六、初七两日战情已纪。昨日，本报兹有友人于初八下午自汉口启行抵沪者口述连日战情颇详，记者亲往访之，节录如下：

汉口自二十七日以后连日未有战事。荫大臣乘间诣京泣求另简督师大臣，由庆总理亲诣彰德，强起袁宫保赴汉视师。袁遂于初五莅新，以武胜关为行营。是日三点钟，前队抵汉。五钟向革军搦战，未分胜负。

初六日晨，官军调集山东兵三千余人，在刘家庙与革军大战。革军由降人罗某统率炮队为先锋，其次步兵，又其次骑兵，分左右翼抄护（罗本炮队官于初四日率部下百余人投降革军，黎都统深信不疑，仍以炮队官畀之）。讵罗中怀叵测，未战前即宣言炮弹由余一人管领，各营需用时前来给领，以昭郑重。当酣战间，罗忽转身向革军轰击。前队死伤数百人，寻知中计，纷纷却退。其时港中有兵舰二艘，竖白旗驶过战线，绕刘家庙而上。出革军不意，突放两炮。革军死一千余人，后阵稍却。官军乘势追逐，直冲至大智门。革军退回刘祥花园。时适某国兵轮在二炮舰之旁睹状，愤其狡诈，立开二炮，向二舰轰击。革军青山炮台望见后，亦开两炮，向下攻击，一中其舵，一坏其烟囱。两舰遂狼狈逃归。而罗亦寻为革军生擒，缚送军政府，讯知诈降，寸磔之并枭其首，悬之后花楼口。下午四时，黄兴乘轮到汉。某兵轮误为孙文已到，放炮二十四响，以表敬意。计自四点一刻至四点三刻间，隆隆之声不绝于耳。是夜，官军驻屯大智门者计二千人。本拟乘胜进攻，行经英租界为守卫西兵所阻，而革军则退入跑马场内，凭垒固守，并架炮四尊于水塔上高瞰官军，以备不虞。

初七日天未黎明，革军即发大队渡江至跑马场，进攻大智门官军。初时小败。至十一钟时，革军突由武昌城内派出敢死队数百人，身怀炸药，渡江蛇行。至战场猛扑向前，炸死官军二千余人。官兵不支，革军后队复鼓勇前进，直追至二十里外。前面有一小村落，官军约一千五六百人埋伏其间，拦截革军归路，为观战西人所报告。革军因即排列巨炮，向该村轰击，不一时伏军立尽，遂复所失各地，追至滠口。而大智门刘家庙又入革军之手。是役也，幸萨军自江中发炮助击，官兵始获收队。闻萨军中能战之舰计只三四舰，近已伤者过半。此后恐不能复战云。

初八日，两军宣言下午大战，一决雌雄。上午十点钟，各国商人相率离岸，登兵舰驶出战线之外。闻官军自信阳州调来者三万余人，其胜负情形容俟续报。

《申报》1911 年 11 月 2 日第 13914 号第 5—6 版

炸毙凤将军续闻

凤将军被炸各情已详昨报。兹闻凤将军年五十二岁，中京尚有封翁。此次来粤只带一妾一四岁幼女。凤为人好摆架子，昨乘宝璧晋省，驶至虎门，不见炮台升炮，即传宝璧吴管驾诘问，这是什么地方？吴以虎门炮台对，凤云何以不见鸣炮？吴以近日党人之乱，民心惊惶，本官船未有升旗，故炮台未鸣炮。因恐沿途炮声隆隆，惊扰民心也。凤云，他党人来只管来，怕甚么！大有不豫之色。及船抵大马头，尚未泊定，凤问伺候之人齐否？各人答已齐，实时上岸入轿晋城。该轿八人抬，所有轿夫仅乃得免。凤将军身后，由政界派委员荣勋、陶永成料理。援照孚将军用款，略为优此。除长茂棺木外，所有衣衾各件由公益、彩元两店承办，佗罗经被用黄绫的。初时由接官亭将经被盖住，将尸扛至八旗会馆。不料该被已被尸身烧出之油湿透，故即撤去再取一张，故用经被两张。凤将军生前身材高大，此次袍褂仍做四尺二寸，比诸孚将军加多寿字被、寿字褥，约计已四百余元。又闻某柴店东家高姓，番禺人，前在育贤坊义利担柴。因中山票数千元，在此开柴店。火起时，欲由瓦面逃走，被某营勇枪毙跌下。即割双耳作为乱党报功，后来又将其弟拿去。现在该处街坊不平，已联盖章禀保其弟，及请为死者伸冤云。

另函云，闻凤留守到港时，步行出外游玩，只带巡捕一员随行。游至港督大花园地方，适遇剪发人数名迎面而来，叫凤将发辫剪云。凤亦不与其计较，返回寓所。巡捕等在港面陈，粤省地面人烟稠密，良歹难分，虽有巡警日夜梭巡，惟堤岸一带酒店旅舍林立，保无革党混迹于其间，请军宪到省时微服减从，登岸叫小艇驶入沙面，只雇小轿一乘进城入署，免有意外之虞。凤谓，我们做官数十载，久历戎行，出入并无畏怯，不必如此惊惶。遂不听其所请，致罹惨难。又查凤留守到省登岸，有一巡捕在后骑马随行，闻党人抛掷炸弹轰响，登即下马追赶，后便叫二太落回轮船。事后护送至八旗会馆。至轰炸将军之革党，当时被卫队向瓦面轰伤三枪，负痛坠地，即由侦缉队拿至大营。讯系开平人岑亚贞，年二十二岁，向在南洋。此次暗尾将军到省暗杀等，供不讳。即晚因伤毙命云。

炸弹性质本不能燃着别物，独此弹火力横飞，其猛烈迥非寻常可比。闻其目的，以为省城各官必到接官亭请圣安，欲以全力赴之，为一网打尽之计。不料凤山非由北京到粤，不用请圣安，故只一人遇害。闻该炸弹大如茶箩，或谓似系扁形，如书籍之样云。

事变起后，城内外异常震动。各城门即时关闭，附近纷纷上铺，行人奔跌路上者不计其数。后查知，事仅止此。各城门逐渐通行，西门仍竟日半掩，未晚即行关闭。

陈藩司接到将军凶耗，即委荣道勋及财政公所科员陶永成前往代办一切身后丧事，并闻在彩元店购办衣物殓殡。惟在何处开丧，尚未定夺。

此次伤亡约五六十人，方便检尸，至五点钟时已有廿二具。其受伤之人经东三区记名，分送各处医治者共十七名。西关十字会扛回七人，内随员二人、旗兵四人、过路妇女一人。余一人途中毙命，有一人名岑真，开平人，被枪伤三处。西关十字会欲扛回医治，某统领谓伊是凶手，遂即拿去云。

凶手掷弹之后，当场被毙一人，余则四面逃窜。由侦缉队拿获三人，解海珠审讯。闻内有一人直认不讳，谓初三夜由港轮上省，共廿七人。有女党员二人，决意将凤山轰毙，以挫朝廷之气云。

据政界调查，谓炸弹系由瓦面掷下。查该处铺户极矮，又因贴近风炉地（即杀人地），可以上瓦面之路极多，被烧之铺共六间。其墙壁俱倒向街外，异常狼藉。兹将铺名录下：广兴葵包店、成记洋货店、南生钟票店、广馨食物店、广发鱼粥店、广兴隆米店。

《申报》1911 年 11 月 2 日第 13914 号第 10 版

鄂乱影响

本邑城自治公所南区分办处，近因沪地被鄂省警耗震动，因即筹议招集民团，为自行保卫之计。由顾馨一、朱志尧、吴叔田诸君发起办理。刻已议定南区先招民团九十名，昼夜梭巡。俟经费充足，再行添招。并假南区为办理民团事务所，公举朱志尧君为办事员，当场认捐洋一千七百余元云。

城自治公所董事会同警务处议，招巡逻队并在城内同仁辅元堂招募民团，统归自治公所经办，拟章招充，已纪前报。兹闻，昨日东西南三区报名者共计千余人。本拟上午在西南二区考验，下午在东区考验。嗣因东区地位较窄，故已议改统归南区事务所点验，由巡员将名册送区，即经警务长亲自查点，挑取年富力强者，当场验定给发保证书，令觅取地方殷实店商保戳呈核备查，并即定期发派驻防。

沪南商团公会会合各业商团组织，联合商团总机关，划分三段，在境保卫，迭记前报。兹闻刻由该团总司令部李平书君据各会友陈说，并无军械，不能徒手出防，故已面商上海县田大令，转禀沪道刘观察，请再拨给军械。兹奉核准，拨给新毛瑟枪三百支，子药三万颗，并皮袋等件，由县照会城自治公所赴县具领。后定于不日给发，以便持械驻防，藉壮声威云。

本县田大令连日亲率通班差勇，四处巡夜，通宵始返。虽属外间谣言不足凭信，然于近日迭接各处秘密警电，不得不严加防范。前晚三鼓后，仍率通班差勇人等出巡，直至天明返署。旋接商团总司令部长李平书君函请观操，大令又亲莅九亩地观操，公毕始行回衙休息。

又闻田大令前晚出巡查夜，四鼓后巡至大南门，见城门尚未落锁，立传该武弁诘问，则已睡卧。当即唤起，大加申斥。又巡至老北门，该门弁并不在城驻守，已有两夜未见。大令以守城员弁有盘查防备之责，各城门均无更鼓，如此怠懈，实属疲玩已极。倘遇不测，谁担其咎？定当禀请道宪，移营整顿，以免疏虞。

《申报》1911 年 11 月 2 日第 13914 号第 18 版

11 月 3 日

上谕

九月十一日内阁奉上谕：庆亲王奕劻等奏，奉职无状，请立予罢斥。载泽等奏，国务重要，请另简贤能，以符宪政而资治理。邹嘉来等奏，时同艰危，政务重要，请准辞职以定国是而正人心。各一折，所奏甚是，着照所请，庆亲王奕劻开去阁内总理大臣，大学士那桐、徐世昌开去协理大臣，镇国公载泽等、邹嘉来等均各开去国务大臣。袁世凯着授为内阁总理大臣。该大臣现已前赴湖北督帅，着将办各事略为布置，即行来京组织完全内阁，迅即筹画改良政治一切事宜。袁世凯未到京以前，此数日间仍着庆亲王奕劻等照旧任事，内阁组织未成以前，并仍着载泽等、邹嘉来等照常办事，均不得少有诿卸。钦此。

上谕：贝勒载涛面奏："涛谆恳开去军咨大臣一缺。"载涛着准其开去军咨大臣，荫昌着授为军咨大臣，仍暂管陆军大臣事务。钦此。

上谕：庆亲王奕劻着授为弼德院院长，大学士那桐、徐世昌协办大学，荣庆均着充任弼德院顾问大臣。钦此。

上谕：袁世凯现授内阁总理大臣，所有派赴湖北陆海各军及长江水师，仍归袁世凯节制调遣。钦此。

上谕：湖广总督着魏光焘补授，迅速赴任，毋庸来京陛见。钦此。监国摄政王钤章，奕劻、那桐、徐世昌署名。

十一日，召见内阁总协理大臣。

《申报》1911 年 11 月 3 日第 13915 号第 2 版

专电

安庆革军已于十一晚在西北两门城外与官军大战竟夜，且有数处忽报火起。官军力渐不支，旦夕恐将失守。

保定确于十一夜，因兵变失守。

正定亦报失守。

广西桂林，安徽桐城皆有失守消息。（以上开封）

太原失守时，晋抚陆钟琦大骂革军妖言误国。革军不能堪，杀之。（太原）

昨日（十一）汉口未有战事。

革军十一日晨有重兵出发，但不往汉口，另抄一路，行踪甚秘。此军编有决死队六十人，皆挟极猛裂之炸弹。

北军初八之败甚恨租界遮蔽，不能得手。故初九退出汉口时，有意将炮火偏西，致将外国各银行损毁，英商汇丰损失尤巨。外交团见状大忿，遂允革军开六寸径机关大炮遥击。革军亦愤其残虐，即将防护汉阳安设龟山之大炮猛发三次，北军前锋二千余人伤死殆尽。二道桥以下已无北军踪迹。

传言革军因防官军袭取汉阳，已先将兵工厂焚毁，以绝后患。此说恐未必确。

黎都督已征集僚属意见，缮函答复项城。略谓：公能以师来归，誓奉为临时大统领。如不能，则吾党今后之政策，未便为公前告。此书于十一日派人送去。

革军决议购浅水艇多艘，攻毁萨提旗舰。已有渔户百人愿编入决死队。（以上汉口）

初十日，政党代表赴庆邸处，与总协理筹议挽救大局之策。闻已决定数款。

十一日，总协理临资政院开秘密会议，共谋定乱办法。各议员请宽免黎元洪、汤化龙，加以重用，以便招抚革党归顺。

资政院遵内阁交谕，通电各省咨议局及海外侨商，谓：朝廷实行立宪，开诚布公，概允人民之要求，与天下相见以信务。即劝谕士民勿再反对政府。

革军代表张绍曾等续电政府，要求三事，内容甚秘。惟闻坚请年内召集国会。

阁电：江督张人骏，时局危迫全赖军士互相维持，着即剀切晓谕，毋得岐[歧]视，自相残杀。（按：此电语气似为江宁旗兵严防新军而发。）

粤督电告粤省绅民，因朝廷实行立宪，欢迎独立事已解散。

内阁通电各省，朝廷办事镇定，现方赶办民团，广购粜米，并无出狩之说。着即遍行晓示，以息讹言。

监国面谕阁部诸臣，并饬分电各疆臣，各举贤能，开单候简。

政府电令川咨议局，速即开会。

袁世凯电陈意见，谓：官军宜暂缓进攻，速与革军磋商调和办法，以免战事延久。又谓，如不得已，当亲往武昌面议。

闻太原革命军现退守井陉。（以上北京）

革军搜出协统吴介璋，推为公团临时代表。又举刘凤起为政团部长，派员清查官款，并搜出冯抚，定十二日在院召集司道各官会议，饬属解款及兴汉保安诸办法。（南昌）

增抚亲诣汤蛰仙宅，恳任民团长。汤已承认浙咨议局倡议独立，绅士多反对者，三议未决。（以上杭州）

新军移屯秣陵关，势甚汹汹。有勾结防兵即日起事之说，并拟推举某名士为民政长官。某闻风先逃，刻方四出侦寻。

此间满城遍架大炮，夜间并架炮于复成桥上，以备不测。居民见状愈惧，十迁八九，现象极危。（以上南京）

粤省初七日城内七十二行商咸已悬挂革命旗帜，人民欢呼如雷。旋张督出示严禁，谓挂革旗者杀无赦。霎时革旗全行除去，惟谣言因以蜂起。移家至香港者数千人，现状甚紧迫。（广东）

汉口华界自昨晨起火，至今未熄。（十二日北京电）

第六镇统制吴禄贞，昨率军队三千人由保定、清河两处出发，共乘火车四辆，拟赴石家庄，抵敌山西革军。闻革军现据守长城之娘子关，其兵数与官军相

捋。（十一日北京电）

北京异常震动。那桐眷属已避居六国饭店，李经方移居东方汇理银行。商民学生纷纷逃走出京。（十日北京电）

袁世凯现驻信阳州，豫料明日将伪辞内阁总理。（十一日北京电）

清江浦访函云，该处人心颇皇皇［惶惶］，刻虽驻有步兵马兵六千，似将归顺革军。闻道台已于数日前微服逃去。

资政院今日开秘密会议，庆亲王及内阁各大臣均莅院。累议外间皆信议员必能承认朝廷办法，并尽力赞成此事。满人现望朝廷之退让，必能使多数人民满意，不至倾覆满洲朝廷。

资政院各员主张以高位畀黎元洪及革军诸领袖，并戒［诫］政府勿借外债。

朝廷允，不简用亲贵充任内阁大臣，实与一千九百年之条约互相矛盾。盖该约曾订明，外务部领袖须常以皇族充之。故此后须得各国承认修改该约而后可。

北京不靖，各教堂皆派洋兵保守。

汉口来电，（发电日期不详，大约系战事未了之前所发）谓：星期六日黎明时，革军进攻官军，夺获车站及炮两尊。同时，武昌炮台轰击舰队，各舰遂退。午时，官军接应已到，复开战。革军勇往直前，整队而进。虽敌军以海格森大炮猛击，亦不稍退。官军善避让法，且发炮不凌乱。故革军力终不支而退，车站复为官军所有。时有飞弹堕入租界，故各国妇女及仆人咸移往他处，以避战祸。租界各街有洋商团练及水兵防守。

伦敦《泰晤士报》极赞日本对于承借中国债款所持之谨慎态度。盖革军如倾覆满洲政府，则彼等将不认照还云。（以上十一日伦敦电）

此间之人群谓，满洲政府之退让，冀得保全朝廷，为时已晚。

闻中国向美国财政团代表所借之债，已由美国华尔街拒绝。（十一日华盛顿电）

《申报》1911 年 11 月 3 日第 13915 号第 3—5 版

滦州军队要求立宪条件

一、大清皇帝万世一系；

二、立开国会，于本年年内召集；

三、改定宪法，由国会起草议决，以君主名义宣布但君主不得否决之；

四、宪法改正提案权专属于国会；

五、海陆军直接大皇帝统率，但对内使用应由国会议决特别条件遵守，此外不得调遣军队；

六、格杀勿论、就地正法等律不得以命令行使，又对于一般人民，不得违法随意逮捕、监禁；

七、关于国事犯之党人，一体特赦擢用；

八、组织责任内阁。内阁总理大臣由国会公举，由皇帝敕任；国务大臣，由内阁总理大臣推任，但皇族永远不得充作内阁总理及国务大臣；

九、关于增加人民负担及媾和等国际条约，由国会议决，以君主名义缔结；

十、凡本年度预算未经国会议决者，不得照前年度预算开支；

十一、选任上议院议员时，概由国民对于有法定特别资格者公选之；

十二、关于现时规定宪法、国会选举法及解决国家一切重要问题，军人有参议之权。

《申报》1911 年 11 月 3 日第 13915 号第 5 版

汉口战报（九）

上海英领事署昨、今两日接汉口无线电报，谓：袁世凯于星期二已到滠口大本营。（按：滠口距汉河二十基罗米达，距汉口约十五基罗米达。）初十，两军交战终日。官军欲将革军逐出汉口，然迄不能占据其地。官军时向汉阳发炮，无甚效力。闻官军须有大号榴弹炮，始能向汉阳兵工厂进攻云。（电文未言及萨军门，大约舰队此次未与战也。）

今晨又接汉口昨晚电信，谓：昨日（十一日）无战事。惟汉口、汉阳两处皆有大火，其势甚烈。

上海英总领事奉英国驻京钦使谕，出示严禁英籍人民不得袒助革党与政府开战，亦不得袒助政府与革军开战。违者处以两年以下之监禁。有无苦工按照案情酌定并罚，以六百磅以下或五百磅以下之罚金，且须逐出中国境界。据此可见英人之能严守中立矣。

上星期，有挂洋旗之船只数艘，装运粮食、军火驶往上流接济萨军门舰队。查前数日，瑙威商船斯丹坦号，已装煤及他种需用品开往接济。今日又有瑙威商船厄而夫号，在制造局装载军火及煤。尚有他船数只，亦备预装运各物前往战地，并闻瑙威商船之经理为信亨洋行云。

又闻，西十月三十一号，应解之庚子拳乱赔款沪道并未解出，不知各国能否承认。

《申报》1911 年 11 月 3 日第 13915 号第 6 版

资政院议事记（三）

初六日午后二时开议。议员不足百人，行政大臣无主席者。先由议长登台宣读昨日谕旨，众起立。议长又谓，协赞改订院章，系奉旨交议事件，今改作本日议事表之第一号。旋由秘书官报告文件毕，众无讨论即付法典审查。第二号改订商律总则及公司律，亦无讨论，付法典股审查。汪荣宝谓，凡法律若均交法典股，非但责任太重，且精力亦不及，宜设特任股员。众反对此议，谓：改举法典股，即信该股员。无所谓责任轻重，若恐精力不及，可择要先为审查，亦可请表决。仍归法典股。第三，浙江岁出预算。第四，河南岁入预算两咨，送案均无讨论，遂归并付预算股审查。第五，时局危迫请顺人心以弭乱本具奏案。于邦华登台说明主旨，略谓：今日之患在人心已失，如粤乱甫平川乱又起，川乱未已鄂乱随之，以至皖、宁、荆、襄、赣、豫皆有不安之象。此即人心已去之明证也。今日第一要义，必须收拾人心，收拾之法若何？（一）急简贤能以组织完全内阁。凡立宪国必不使负政治之责任，所以保皇室之尊严。此为立法上问题，尚有一大问题，即今日大局之糜烂如此，内阁不得其人何能胜任，何能保国皇室统一政策？宜选素有资望之贤明大臣，使负完全责任，方能收拾已去之人心。不然去年促短国会期限之明诏既下，人心为之大定，及内阁立而无根本政策。此革党所以借口而起事也。（二）编定宪法，使人民协赞。宪法者，朝廷与人民共守之法条也。各国宪法之不许人民参与者，惟日本。彼原非完全之宪法，今我国之宪法，系委任一二臣工编定之。钦定云者，亦名目而已。然与其取少数人之意见，何如公诸人民，取多数人之意见为愈乎？（三）速开党禁，以示宽大。此尤为各国开国会时之惯例。必须开诚布公，一律弛禁，示天下无复猜疑，方足以收拾人心。此外尚有惩治肇乱人员，一则以昨日既有谕旨，稍与情事不合，即请删除毋议。次张锡光加入速开国会，一则谓此次变乱之近因在四川争路，其远因则在不开国会。人民一请再三请，不但不开，且将代表驱逐。天下皆知立宪是假，以致人思乱，且惩治肇乱人员亦不可删除。盛宣怀酿乱之罪仅予革职，未免太轻。况瑞澂、张彪弃城逃走，亦不予以相当之罪。恐十八省督抚，皆将相继而逃，即北京亦将不能守。言时声色俱厉。次牟琳亦加入融化满汉，一则略谓八旗驻防制度，原系国初旧制。今已二百余年，语言俗尚无不同，一仍留此弊制，显分界限，最易误会，宜一律化除，以泯畛域。易宗夔谓赞成于议员原案三则，惟具奏手续此三条不可归并一起。若条陈，然则无效力矣，宜各作成一折，分三案具奏，方有效力。王季烈谓，第一条行文尚须研究，不可谓皇族无政治上之能力，亦不可谓皇族不使之与闻政治。但言使之立于监督地位，如弼德院之顾问大臣，是至于化除满汉，须由形式上作起。譬如名姓一节，即系显分畛域，一国人不可有两种姓名，必同一方可。汪荣宝起谓，此系宪法以内之细则，此时可不必纷呶。王佐良赞成，并谓惩治盛宣怀一节，亦可不必再提。牟琳谓，此案不必分作三起具奏，以时事日亟，恐来不及。况三案齐奏，即同时裁可，尤足以鼓舞人心。易宗夔谓，无效。据罗议员日昨之条陈，及其奏案观之，可知又谓速开国会一节，细思之殊可不必。缘开国会必须先办选举，今日尚何及此？王季烈亦谓，本院有效即是国会。若国会无效，尚不如本院。李文熙请将此议案逐条表决，众赞成。于是表决。于邦华提出原案三条，得多数起立赞成。后又表决张锡光加入之速开国会，得少数。议长遂举定起草员六人，陈懋鼎、王季烈、汪荣宝、刘春霖、孟昭常、李文熙。嗣汪刘二人均辞，起草事遂又改派二人：一劳乃宣，一易宗夔。康咏请速起草，明早即须上奏。王季烈谓，起草后尚须在大会通过，何能如此之速？牟琳请明日特开会议，议长允之。第六，改用阳历议案。江谱登台说明主旨，谓：以此一新天下之耳目，其于政治上之关系约有五种。众赞成，遂举定特任股员审查之。刘春霖谓，本员质问内阁说帖，请咨询全院有无异议。众谓无异议。照章咨送内阁，遂散会。

《申报》1911 年 11 月 3 日第 13915 号第 11—12 版

早携宠妾赴东京

已革鄂督瑞莘儒，因弃城潜逃，奉旨着江督拿解进京。兹闻督宪张制军以该革督匿居沪上，爰于前晚电饬沪道，责成密拿。而刘观察则以瑞革督避在沪北公共租界，亦即严饬宝谳员，迅即会同捕房探捕钦遵拿解，以便解宁听候解京云。

《申报》1911 年 11 月 3 日第 13915 号第 19 版

11 月 4 日

上谕

九月十二日内阁奉上谕：袁世凯着迅速来京。魏光寿未到任以前，湖广总督着王士珍署理。钦此。

上谕：第二十镇统制张绍曾等电奏，奉初九日上谕，仰见朝廷实行立宪以与天下更始，三军感泣。惟内阁一日不成，即内乱一日不平息，并宪法由议院制定等语系为维皇室靖乱源起见，览奏具见爱国之诚，实深嘉许。内阁总协理大臣及各国务大臣昨已具奏辞职，均经降旨允准。另简袁世凯为内阁总理大臣，组织完全内阁，所有大清帝国宪法着即交资政院起草，奏请裁夺施行，用示朝廷好恶同民、大公无私之至意。钦此。监国摄政王钤章，奕劻、那桐、徐世昌署名。

《申报》1911 年 11 月 4 日第 13916 号第 2 版

本埠特别纪事

昨日五点钟，革命军得沪军营。五点一刻，攻制造局。八点钟，占领上海城。民间毫无惊扰。

先是三点钟时，有民国军二百余人排队过沪军营，两方兵士各举手加额为礼。未几，营中即扯民国军旗。

民国军既至制造局，有敢死队一百二十人先行冲入，身穿白色军服，袖镶红线，并无军械，徒手进攻。先由敢死队领袖一人，将炸弹掷放门内，其声甚巨。旋由民军向众演说：彼此均系同胞，并不伤犯，幸勿见拒。并谓张某已允让出等语。讵局中防驻之炮队营，及巡警兵等出为抵抗，立放排枪，民军未有准备，致受枪伤八人。敢死队领袖施放炸弹时，亦自伤手臂，现已送往上海医院医治。闻防兵亦受伤多人。是时，民军知不可理喻，遂用死力攻击，将局围住。体复退至望道桥地方，徐图进攻。适李平书君乘车而至，声言已有官军大队从龙华而来，极力劝阻，革军始退。复至自治公所，借用军械，再图攻打。所董答以并无军械出借，革军即去。闻现定黎明五钟再行攻打，务达目的云。

昨日午后五点钟，时有民国军四五十人，戎服佩刀，列队进小东门。即在各城门及长生桥堍电杆上悬挂告示一道，巡警等均不敢拦阻，其文录下：

上海军政分府示：

照得武昌起义，同胞万众一心。凡我义旗所指，罔不踊跃欢迎，各省名城恢复，从未妨害安宁。上海东南巨埠，通商世界著名。一经大兵云集，损害自必非轻。今奉军政府命，但令各界输诚，兹已纷纷归顺，俱见敌忾同情。惟顾亲爱同胞，仍各安分营生。洋人生命财产，切勿乘此相侵。转瞬民国成立，人人共享太平。

晚八点钟，又有民国军一队，约二十余人，荷枪列队入城，持红色、白色民国军旗各一面（上列十八星与前报刊印者一式），纷向四处要道粘贴安民示文。城门上亦一律悬挂白旗及军旗。当时城内并无抵抗者，故秩序甚安静。市间各店亦仍照常交易，毫无惊扰，而上海城失守矣。兹将示文录后：

上洋巨埠，保护华洋，免受兵火。独立主张，凡我商民，切勿恐慌。照常营业，痞棍宜防。如有闹事，军法照行。本军府示，各各传扬。中华民国上海民政长官李□□发。

上海城失守时，沪道刘襄孙预得警报先已逃避租界。其眷属已久住洋务局。上海县田宝荣尚在城内，将仍为县令。道县两署，皆由民国军派人把守。各区巡局，一律悬挂白旗。及九句半钟，道署后面起火。十句钟，县署亦起火。先经民军关照，各店户一律关闭，不必惊慌，决不延烧民居。以是各救火队亦不往救。闻因衔恨沪道不肯维持市面之故，但预备龙头，如果延及民居，再行扑救。而各街市则由民军巡逻，城内肃静无哗，尚无抢掠之事。闻城门上悬旗时，人民击掌欢呼之声如雷。此亦可见人心之一斑矣！

民国军既占城，即推定李□□君为民政部长，故安民告示皆署“李□□发”字样。

又闻，民国军拟推虞洽卿君为交涉使，虞不允，又拟推为上海道，虞亦坚辞。惟值此大事初定，且为市情紧迫之时，不免愈形恐慌，而本地各绅商以虞向为商界领袖，且与各领事各外国银行均极接洽。目下妥办交涉、维持金融二事最关紧要，恐非虞君，无人能胜此。且前办大闹公堂案，及前今两年维持市面恐慌皆以虞君之力为多，故群情殷殷属望，大约众望所归。恐虞君亦未能固辞到底云。

又闻，昨日傍晚，上海县署前突来民人数千，聚噪辕门。田令闻声，便服出至衙前，劝令散去。忽见照墙旁站有严装武士数十人，枪剑明亮耀目。时，有龙门师范学校教习某君进至田令身旁，暗掣其衣，田令随之忽忽人内。于是，革命军即进署检查一切。

又闻下午三点半钟，有截发不改装者二人，至苏路车站寻访执事各人。四点时，又有革军六人乘车而至（四西装二军装）。抵站后，即在站上建立民国军旗而去。故苏路现已悬挂白旗，旋复有民军马队百余人，过站向吴淞进发。并有数人在站演说，劝居民不必惊恐，听者甚众。

闸北巡警总局巡警队本定于昨日午后五句钟起事。至一点钟时，预防队巡士请领枪弹不获，群拥至储弹室，见室已空，大噪。侦探长汪雨人哓哓置辨，有人批其颊两下，汪逃，巡警向天放枪二响。时适贴邻某民居火起，局长姚捷勋以为革军起事，即逃出后门而去。局中一空。马巡吹叫鞭，绕局驰一周。各区巡警闻风而集。袖中各出白布，缘围于臂。顷刻皆革命军矣！整队出巡街市。五点钟时，回至总局，建立光复旗帜，公举预防队管带陈汉钦为首领，出示安民，市面如常。革命军以起事之前被汪雨人激变，致姚局长避逸，特悬赏格二千圆，购拿汪雨人。

《申报》1911 年 11 月 4 日第 13916 号第 2—3 版

专电

革军计划自二十一日至二十五日在九江会集，黎都督亦将到。大约在此数日内必有大举。

十一日，官军又用全力猛攻汉口。革军抗战甚烈，官军用开花炮横肆轰击。全镇均火，市房烧去大半，大智门全毁。红十字会欲救伤兵，无从下手。

袁世凯以太原军扼守石家庄，绝其北上归路。日来望与革军议和甚急，屡次遣人讲解，均被黎都督严词驳拒。

袁世凯以革军不允议和，故在前敌布散流言，谓黎督已具议和条款。以懈决死队及革军之心，但在汉口晤见黎督之洋人均信议和无望。

闻孙汶已先派一兵舰，载运炸弹军火及华侨助战员、留学生等驶来汉口，并有军饷二百万。

北军十一日由京运辎重粮食十五车，欲解送大营，已为太原革军半途截留。

官军大炮已到，屡在汉口市外向汉阳遥击，但距离太远，屡击不中。革军亦姑置之。外间传言攻夺汉阳者以此。

革军重得汉口后，以全市均被官军焚毁，赶筑临时堡垒三处，以资屏蔽。

初六日之战，革军伤协统一人：湘籍，名何锡蕃。勇猛善战，今废一足，人皆惜之。（以上汉口）

庆亲王密陈大势危急，乞假外力助援。恐资政院起而攻击，故业举宣言并无此事。

吴禄贞、张绍曾两军奉谕移驻奉天（原派赴太原迎敌者）。改调毅军，由昆源统带，分赴前敌助剿。

某御史奏，朝臣近日纷提现款，移存外国银行。又内务府大臣继续积资千余万，请饬令报效军饷，否则革职示惩。

度支部拨出现银三十万，救济京师钱当各业。

八旗议办商团，限制旗直两籍。各团董现拟面谒民尚，以南商资本较巨，宜无分畛域，合力筹防，以维危局。

那桐眷属避往天津。

朗贝勒力辞军咨大臣，不愿再行署理。

传闻：宫廷如遇事急，将入某国使馆暂避。已得该国政府允认。

云南、安徽皆有电告急。

闻天津、济南二处皆已不保。

北京现象甚紧迫，恐有变。（以上北京）

南京新军又与旗兵冲突，新军大喧扰。大局岌岌。（南京）

今日（十三），官发钞票五十万，勒令通用，不纳厘税。钱漕商情大愤，将罢市。

贫民聚众捣毁全城米店，秩序大乱。危极！（杭州）

云南正式宣告独立，市面安静。（云南）

九江镇总兵李某，现为民国巡防营统领。又新招一千五百名，以马某为前标标统。（九江）

官兵今日仍在放火焚烧汉口华界。革军由武昌开炮轰之，租界并未受害。（三十一日汉口电）

据北京电称：政府已召袁世凯即回北京；资政院已电请黎元洪停战，一面竭力调停各党之争点。（十三日伦敦电）

官军现缓缓前进，已占据汉河上游之车站。现在战地者，为陆军第二镇。昨日官军统领通告汉口华界居民，谓将放火焚烧民房。今日四周已为焚毁，大智门被烧净尽，惟留礼和公司之屋。外国租界尚安静，外国商行所用之华员均避于杨逻趸船之上。（十二日汉口电）

资政院秘密会议，已将滦州兵士要求之十二款赞成十一款。内有维持满洲朝廷，大赦党人及颁行自由国会宪法等款。其反对之一款为：召集国会；凡一切重要之决断，须先由陆军承认。

保定府陆军投降革军者已有二百余人，将断荫昌后路。

调赴山西之官军不听命，逃散者颇多。

政府现议剪去发辫，罢黜亲王，给以年俸，并采用阳历。

资政院今日会议，研究编制宪法数小时之久，议决条件多款，并讨论消除满汉畛域一事。

安庆府、云南府均已失守。

荫昌已抵京。（以上十二日北京电）

南京今日（十二日）巡防营与旗兵又起冲突，几酿大变。三十六标新军大哗，多不听命。下午四句钟后，兵士游行街道者颇多，已有乱象。旗兵恐有变动，防守极严。

天津昨日（十一日）尚靖，今晨（十二日）商会开会，将革命旗悬挂，并电促招商局轮速赴津，居民颇为惊慌。（十二日烟台电）

美国外务部已饬驻京美使：如清国皇上事急出逃，可留其在美国使馆暂避。并谕：豫备一切，以防北京满人仇杀汉人。（十二日华盛顿电）

各报谓：荫昌战略荒谬绝伦，其结果惟惨杀国民耳。此外，尚有数报谓：政府之退让，无异布蛛网以邀蝇者。《每日邮报》谓，革军虽稍挫，仍能扫除满人。闻有满人一队，图行刺黎元洪。汉奸江西学生李某，实为之首。（十二日伦敦电）

《申报》1911 年 11 月 4 日第 13916 号第 4—5 版

汉口战报（本馆特派观战员来函）

初七日，中国赤十字会于午前九时登岸，以邮政总局为病院，以美国圣经书会为事务所，预备疗治一切事务。

是日清晨，北军与民军即在车站附近开战。民军小胜，夺获过山炮一尊。

北军败时，闻得某国人之暗助，将北军前队放入租界。故民军未能穷迫，北军遂得逃去。

黄兴于初四日乘瑞和船，由沪启行。初七到汉口，午前十时入武昌。是日并未亲临战阵。

是日午前，萨镇冰宣告外人：午后三时，兵舰当以炮火攻击武昌，所有租界大小商船、人等，嘱其一律远避租界内。如受损失，由萨担保赔偿。及两军开战，兵舰果亦开炮助击民军。由武昌炮台发六英寸口径炮还击，海琛、海筹二舰均被击一巨孔，伤水兵数十人。

初八日，东方未明即闻炮声，自朝至暮，隆隆不绝于耳。且有数处火起，红光天，民房烧去数千间，系北军所放。

午中，黄兴亲自率队出战，大获胜仗。午后，黄兴再带炮队、步队、马队攻击北军，胜败未分。

晚间七时，旗兵放火数十处，火光照耀如昼，至天明未熄。

是日，沿江一带只见外国兵舰。其中国兵舰多已驶避下游，踪迹不见。

武昌城内民国军多预备出战接应前队。此辈俱系精练之兵，惟是日并未奉调。

革军勇于北军数倍，但皆系新招成队，尚未历练，故无次序。北军善避危险，进退甚速，以是伤亡较少。

初七日，北军之目的以为初八日必能夺得汉口，但至初九日晨仍未达其所望。

初九日天明时，又炮声隆隆。北军意欲攻打汉阳，然为革军抵死击退，不能前进。

北军子弹将尽。是日所闻炮声、枪声大半系革军所发。

北军死亡兵士均用火车载运北上，革军死者则由汉口天主教会、耶稣教会中人埋葬。

《申报》1911 年 11 月 4 日第 13916 号第 5 版

警务处之布告

本邑城自治公所、警务处，昨日午后突闻警信，谓：革军在闸北起事，风声所播民情恐慌，更有搬家预避者。爰立即布告云。为通饬事照得鄂乱未定，牵动沪地，今日闸北又酿变故，南市一隅恐亦有扰乱之象。已通谕长警，如有匪徒抢物放火之人，准予格杀。倘我长警有因此事伤废者，优恤半饷，终身不测者，优给全饷。从优尔长警须知巡警有保卫地方治安之责当，此地方不靖之秋，必当恪遵命令，竭力保卫，是为至要，切切毋违。

《申报》1911 年 11 月 4 日第 13916 号第 18 版

11 月 5 日

上谕

北京，内阁奉上谕：监国摄政王面奉隆裕皇太后懿旨，四川用兵将及两月，各地方惨遭祸难，荡析流离，深宫实殷轸念，亟宜加恩赈抚。现将孝钦显皇后所遗宫中内帑拨银十万两，由内务府发交岑春煊，派委妥员驰往，核实拯济。钦此。

又奉上谕：资政院奏，采用君主立宪主义，并先拟具重大信条十九条，缮单呈览，恳请宣誓太庙，布告臣民，以固邦本而维皇室一折。朕详加披览，均属扼要，着即照准。一面择期宣誓太庙，将重要信条立即颁布，刊刻誊黄，宣示天下。将来该院草拟宪法，即以此为标准。钦此。

又奉上谕：高而谦着调署四川布政使，周儒臣着调署云南布政使。钦此。

《申报》1911 年 11 月 5 日第 13917 号第 2 版

占领制造局详情

昨晨黎明四时，民军复至制造局。计有敢死队二百余人，沪军营兵数百人，分作两队，向前后门夹攻。其攻前门者，追至二门。守局兵士踞一楼上放枪，弹落如雨。民军勇往直前，亦向上放枪拒之，约两小时。民军立意不欲伤人，故未多带子弹。斯时子弹将罄，而局兵犹放枪不绝。敢死队趋往沪军营，拖来格林炮两尊，开十余出。有一弹将屋面轰去，局兵尚不肯退。民军声言往取火油焚楼，于是局兵始惧，纷纷逃溃。其时，攻击后门之民军因无路可入，由沪军营兵开一排枪，将后壁轰开一洞，于是一拥而进。敢死队先掷放炸弹，沪军营兵开枪继之，异常奋勇。局兵见两面攻入，知难抵御，始向军前投降。民军即径奔枪库取枪。其时，商团亦随众拥进，取去枪子不少，继复至子药库，取得枪子无数。闻局中军火异常充足，民军大为喜悦。惟当时秩序甚乱，有取得之枪与枪刺不合者。现军政府拟于明日令各缴出，再行按名分给。并闻有下等社会二人，乘机窃取手枪等物，被民军截获。初拟杀之，后得他人劝解，送往自治公所讯供，再行办理。是役也，自五点半钟奋力攻入，至八点半钟而民国军旗飞扬局门矣。惟张楚宝总办已被易服逃去。今军政府悬赏一万元缉之。

制造局船坞泊中国水雷艇三艘，系官场调来保护者。昨晚民军起事，即派五十人至该艇劝降。因民军并未携带军械，故舰兵毫不抵抗。迨民军与兵官会面，舰兵即袖缠白巾自愿投降。

民军占领制造局后，各工人安静如常。由西工程师密强督同办事。惟先有工人三千出外未回，大约明日可以照常工作。机器等亦毫无损伤。

八点半钟，张总办由亲信家丁三四人扶同逃出，即投奔中国某兵舰。该舰立时开至黄浦江心，行近租界始行登岸。船坞旁有死尸一具，大约系官兵之中枪毙命者。

吴统领所驻海军事务所，今晨尚有官兵数百人保护，另有名黄光卫者，亦住所内。民军进局，黄即遁去。

民军得制造局后，本埠西人大为赞赏，谓：从此又得一制造军械之大工厂。因每日可出枪子五万粒也。

官场所雇装运煤米接济萨镇冰舰队之会得丰拖船及小船二只，已被民军扣留。闻船内装煤六百吨，米数百石。

江南船坞与制造局毗连。民军因系仿照商厂办法，且多有洋员驻厂办事，非特不为惊扰，且派兵为之保护。该坞工程司往谒李民政长，极为和睦，并劝其转致郑总办早日开工，以安商业。

《申报》1911 年 11 月 5 日第 13917 号第 2—3 版

占领道县署详情

前晚十点钟，民国军约有一百二十余人，荷枪列队，拥至道署。沪军营兵并不拦阻，旋均袖缠白布，一律联合冲至二堂。民国军尚未动手，忽见后面火光冲天。各水龙队遂严装以待，防备延烧民房。约二时许，计焚去大堂、二堂、花厅、两廊等处，旋即由救火会灌爆，并未殃及民房，头门亦未曾焚毁。民国军乃起行，绕水仙宫，向南至守府。衙门因亦纵火，全衙焚毁。十一点钟，整队到上海县署会哨。先于十点钟时，县令田宝荣接警董莫子经电话，问大令何在？答在署内。莫又云，县署监狱押所关系重要，当派商团一百名到署保护云云。俄而，有民国军敢死队一人，持刀闯入二堂，大声问，田宝荣何在？我等特来保卫衙署，请出一见。语未毕，一百余人相继拥进，拍掌呼欢之声如雷。田令从后踰墙而逃。当时，署内练勇亲兵直至上房，乘机抢去被褥、什物不少。灶间庖人亦搬抢皮箱十余只而逃。县署本拟焚烧，因田已走，兼有监狱押所，是以，惟签押房、上房物件打毁无存。而女押所内之各女犯，均已放令逃走。其监狱押所中因有要犯在内，不便开释。经民国军荷枪驻守。惟徐仲鲁镣拷已自扭去，欲图逃走，经军士擎枪吓禁，今已与犯案重叠之张毛、毛和尚等一并枪毙，以快人心。现道、县署均有民军驻扎防守，一应差役人等，尽行驱逐，不许闲人出入。

《申报》1911 年 11 月 5 日第 13917 号第 3 版

领事团允阻止官兵

上海总商会为保护人民生命财产起见，函请领事团止住南京、苏州开来之兵队，以免战祸。已经各领事允许。现由领袖领事派出德国兵轮一艘，开赴吴淞口，以阻南京水师之来路；又派水师兵一队，至苏州河巡缉，以止苏州飞划营来路。如果官兵必要进口宣战，须由清政府议定战时章程，始可办理。

《申报》1911 年 11 月 5 日第 13917 号第 3 版

军政分府纪事

军政分府设于救火联合会，居民安堵如常。昨晨各店家依然一律开市，各衙署由民国军派人看守，商团、巡警、消防队终夜荷枪保护居民，略无倦容。九亩地下硝磺局所存之火药、手枪亦为民国军所得。

吴淞炮台十三晚被民军攻击。昨日亦已扯起白旗投降。

昨日下午二句钟，有中国红十字会队乘坐马车由南京路启行，前赴南市。计会员二十余人。

民军粮台已立食物，一切亦均备齐。其防守各兵士均照行营式，用干粮充饥。

军政府公推伍廷芳君为交涉总长，并推虞洽卿君为交涉官。

民军起事之前，曾以公文照会英总领事，宣明宗旨，并请加派巡警保守租界，共维治安。

闻军政府已派出干勇六百人，驻守吴淞炮台。其军即前龙济光手下之人。惟统带何人未详。

昨有一浅水兵轮，由南而北。闻系投降民军来者。

自军政府成立后，公共公廨宝谳员与德襄谳因系旗籍，昨日均未莅廨。惟会审公堂仍由王襄谳，会同德师副领事照常开审。

军政府以闸北为沪宁交通关键，军械子弹必须备足。昨日，已由闸北水巡队派小轮两艘，往制造局运到枪炮、珠弹甚多，以济军需。

军政府传单云：本军政府于十四日光复上海县邑，城厢内外义声所至，兵不血刃，商廛居户白旗招展，共表同情，尤所愉慰。本军政府现认定，三日以内，凡商家铺户上悬白旗者，即为吾民欢迎光复之证据。所有各该店生命财产，本军政府力任保护，不使扰及分毫。吾民其各安居乐业，各守秩序，有深望焉。

军政府宣言书云：（前略）本军政分府又念我苏浙等省民困已久，暴征苛税是皆满清之虐，而江南水荒，收获寡少，谋生不易，用特将江浙皖闽境内一切恶税，尽行豁免，以抒我父老之难，而免奔亡之苦。其条例谨列下：

（一）除盐酒糖各税捐外，所有统税关卡一律永远裁撤。

（二）除海关外，所有税关一律永远裁撤。

（三）本年下忙丁漕，概行蠲免。

（四）本年以前积欠丁漕，概行蠲免。

（五）各属杂捐，除为地方所用者外，概行蠲免。

凡我江浙皖闽人民商贾，均宜竭力助饷，以裕军实。盖本军政府之成败利钝系我四省人民之生死存亡。汉口满兵屠杀商民之事可以前知（中略）。上海一埠，华洋杂处，关系尤属重要。人民俱宜极力保卫治安，敬礼外人，以辅本军政府之不逮。幸毋自相扰乱，以取罪戾。风云正急，爱国男儿当速兴起，举北伐之师，讨将亡之虏。毋怀观望，致失事机。

制造局之小轮船，昨日下午拖带民船一只载民军多名，并携机器炮两尊，由苏州河而上大约开往苏州。昨日江海关并未悬旗，闻江湾之兵二百名亦投降民军矣。

江海关监督及苏松太道关防，已由沪道先行携出，现在城内已设军政府，只得在洋务局暂行办公。昨已电禀督抚咨部，一面照会各国领事知照。

浦东烂泥渡二路一区巡警局，前晚夜半由革军渡浦前进举火焚烧，然后占领。驻防局中之沪军营兵士一概降服，然后升悬白旗，派人把守。

《申报》1911 年 11 月 5 日第 13917 号第 4—5 版

专电

资政院十三日奏准君主立宪信条十九款：一、大清万世一系；二、皇帝神圣不可侵犯；三、帝权以宪法规定为限；四、皇位继承由宪法规定之；五、宪法由资政院起草议决由上谕颁布；六、修改宪法权属于国会；七、上议院议员由国民于法定资格公选；八、内阁总理大臣，由国会公举各国务大臣，由总理选举，均由皇帝简任，惟皇族不得任内阁总理、国务大臣、各省行政长官；九、内阁总理大臣受国会之弹劾，非国会解散即内阁辞职；十、海陆两军由皇帝统率，惟对内使用，非由国会议决特别条款，不得调遣；十一、皇上不得以命令代法律，惟危急时不在此例；十二、国际交涉，非由国会议决不得缔结，和战条约如不在开会期内，须由国会追认；十三、官制、官规应以国会之决议为定；十四、本年度豫算，非经国会赞成，不得照上年度施行，并不得定豫算案额外之费用，且不准采用非常之经济办法；十五、皇室经费及其增减，由国会酌定；十六、关于皇族之规条，不得与宪法抵触；十七、上、下两议院须立一行政裁判所机关；十八、国会议决各条由上谕须〔颁〕布；十九、国会未开以前，资政院应照第八、第九、第十、第十二、第十三、第十四、第十八各款办理。（以上北京）

今日上谕：资政院奏陈君主宪政十九条，并请在太庙宣誓晓谕臣民，以固皇位而延国祚一折，着照所请。俟资政院拟定后，当宣誓誊黄，布告全国。

资政院股员得陆军代表之助力，将拟订宪法大纲十九条以为日后宪政之根据，并征集各省意见，共定宪纲。闻须数月之久，始能告成。

山东巡抚胪举各省人才，能任宣慰之职，以镇定人民，痛论朝廷屈伏之利害。

据长沙领事电称：长沙现有战事，西人避入洲中，自为防卫。

袁世凯电辞内阁总理大臣之任。此举是否出自本心，抑系故作谦抑，殊难预料。盖推却再三，乃中国官场之习惯耳。

十一晨，官军炮击汉口，烈焰四发。华界焚毁过半，西人欲救教会医院之伤兵，然为武昌军炮火所阻，不能前往。红十字会出外时，官军暂停发炮。少顷，炮复大作。昔日繁华无比之汉皋，今为凄惨可怜之焦土。闻炮弹间有坠入租界者，有一弹击中医院，幸无损伤。（十一日汉口电由芜湖转）

宜昌近日国民军赴汉口者，纷纷不绝。初十日，有九百余人；十二日，又有一千二百余人。其中，有决死队八十人，咸挟最猛烈之炸弹。（三日郑州电）

广州，目下商民悬白旗者，已十有八九。

此间接电，谓：云南府及广西之宁州，皆为革军占据。（十三日香港电）

汉口电称：革军于星期日猛战良久，夺回汉口。

初九日，革军炮台向俄船波尔塔佛开炮，阻其折回汉口。（十三日伦敦电）

北京电称，石家庄官报谓，山西兵一标奉调回晋助剿，今忽谋变，杀死标统并炮轰满城。晋抚及其家属，悉为击毙，满人死者约千人，抚署被焚。

上海日总领事接芜湖电，谓：革军占有九江炮台，常于夜间开炮，以故日本商船须在芜湖等候多时，直至天明，始可行驶，以免冒险。

汉口来电，谓：官军炮击汉口，轰毙良民甚多。官军之行为极坏。

云南电称：云南危迫，领事已谕外人齐一处。（以上译西报）

《申报》1911 年 11 月 5 日第 13917 号第 5—6 版

军政府维持治安之手续

军政府示：

照得，我中华同胞建国于斯四千余年，均属黄帝子孙。后因明未［末］流寇之乱，乘危占据，我同胞受其残虐者，二百六十年矣。本军政府为拯救同胞、恢复祖业起见。东南各省已经次第克复，上海为通商巨埠，自应即日收回，由军政府管理。本制造局虽系满清设立，而其实皆吸取我同胞民脂民膏所办，且所制军火本系防外，今满奴欲以此残杀汉人，其用心之险恶，吾同胞稍有智识者无不切齿痛恨。今本军政府已举民政总长李平书君经理局务，凡局内司事工作人等，务须一概照常办事，听李经理命令，毋得违误，致碍大局。

军政府司令部示：

今日占领制造总局，皆同胞协力一心。权已组织大要，通谕军民人等知悉：凡我军队伍仍宜整齐，不得乱杂斯地。一应辛勤，是应重奖，以示鼓励。而重同胞伙食暂备，炮队营受伤人等，已送医院医治。军界诸君整肃军队，以便战守。第一要，机关制造局工匠，仍照常工作，毋得观望。商民人等，照当贸易，不得惊慌。

军政府司令部布告：

我汉族同胞公鉴：今日起事，为同胞请命，非仇公等也。公等本满政府之命下，自当不旷其表。但满政府者，乃马贼之遗孽。凡我汉族同胞，必当仇视者也，不当堕其彀中，以助付为虐，又不当抗我义师，以涂炭生灵。公等如诛奸投顺，以共义师，协力同心，共讨满贼，报我汉族之仇，建立共和民国。此亦公等之义务，当不容辞也。大局幸甚，同胞幸甚。如即投顺，给薪水重赏。已投李南生君，每月给薪水一百两，其他二十人每月给薪水八两。

《申报》1911 年 11 月 5 日第 13917 号第 18 版

11 月 6 日

上谕

北京内阁奉上谕：朕勤求治理，惟日孳孳，作新厥民，犹如不及。近因川鄂事变，下诏罪己，促进宪政，另行组织内阁，宽赦党人。昨日又俯允资政院之请，将所拟宪法重要信条十九条宣誓太庙，颁布天下，所以期人民之进步，示好恶以大公。自今以往，凡关于政治诸端，尔人民有所陈明，朕无不斟酌国情，采纳公论。天生民而立之君，民之视听即天之视听。其有因政治弗进、热心改良、举动激烈者，列邦谓之政治改革。凡欧西列强由专制而入于宪政，此等阶级皆所必经。今各省纷扰，祸变日深，其本意惟在宪政实行，具登上理，委系激而出此，并非如前代叛民，希图非分。往时逆匪荼毒生灵，惟上下睽隔，情志莫通，不得已命将出师，冀拯水火，仍将归正。免究之恉，谆谕再三。兹复披览资政院及统制张绍曾等所奏，益信致乱之源，实由政治，彷徨宵旰，良用恻然。倘再不早变计，后患何可胜言！痛切剥肤，须臾难忍。顷适据袁世凯电奏，奉到初九日恩旨四件，已令各军停进，一面出示晓谕招抚，并向武昌宣布德意解散等语。办理甚合朕意，并着将十二日准资政院起草宪法，十三日颁布信条谕旨一并宣示，仍恐遐迩未及周知，用再谆切，宣谕有乱事省分，凡统兵大员务皆仰体朕心，剀切布告，妥速安抚。俾皆晓然，朝廷实心，与民更始。不忍再以兵力从事之意。人同此心，心同此理，或亦可涣然冰释也。至种族革命之谬说，容或有之，究属少数。况同在九州岛之内，更何有畛域可分！舜东夷而禹西羌［羌］，皆中夏之圣帝，岂忍以自相残害，同付沦胥。总之，国步阽危，至今已极，胥赖我军民宏济艰难，互相维助，俾我四万万神明之胄，跻世界于大同。倘或负固执迷，不顾公理，恃众逞忿，不虑危亡，以人道所不容，万国所不许之事，欲实行于中土，为国民幸福计，为世界和平计，非惟朕不能姑容，我爱国军民亦必为分敌势，难任其肆意凶杀，扰乱神州。想我爱国军民必能共矢公心，咸登新治。无偏无倚，同我太平也。钦此。

又奉上谕：前因各省纷扰，朝廷不得已而用。兵原为保卫地方治安起见，各省统兵大员务当仰体朕意，申明纪律，严禁骚扰。凡兵队所到之处，必须秋毫无犯，尤应于商民生命财产加意保护，以严军律而靖人心。钦此。

又奉上谕：袁世凯电奏，内阁总理任极重大，深虑弗克负荷，恳请收回成命等语。现因时局阽危，群情儆扰，非实行改良政治，无以弭乱源而为邦本。故俯从臣民之请，另行组织内阁，与民更始。该大臣久历中外，诚信素孚，且世受国恩，秉性忠亮，必能竭诚赞助，力顾大局，故特授为内阁总理大臣。该大臣务宜追念先朝倚畀之隆，体念时事艰危之极，勉为其难。毋再固辞，并着迅远来京任事。钦此。

又奉上谕：山西巡抚陆钟琦，忠勤亮达，学问优长。由翰林简放道员，历任监司，洊膺疆寄，均能认真整顿，克称厥职。此次仓卒遇害，深堪悯恻。着加恩予谥，照总督阵亡例，从优赐恤。任内一切处分悉予开复，应得恤典，该衙门察例具奏。灵柩回籍时，沿途地方官妥为照料，并着绥远城将军堃岫查明该员子嗣暨遇害详细情形，迅速具奏，候朕恩施。钦此。

又奉上谕：山西巡抚着吴禄贞署理迅速赴任，伍庸来京陛见。钦此。

监国摄政王钤章，奕劻、那桐、徐世昌署名。

《申报》1911年11月6日第13918号第2版

专电

苏州，今晨（十五）八时为民国军占领，地方安静无扰。（苏州午前发）

苏州独立午刻，程抚接都督印，鸣炮九响，署前悬民国军旗，绅民欢呼如雷。（苏州午后发）

苏藩左孝同不赞成独立，痛哭而去。闻已逃往南京。现民军以粮道署为司令处，以督练公所为都督办事处。（苏州傍晚发）

十四晚，浙省新军两营变进攻抚署。增韫被拘。惟满城尚未攻破，午后拟用炸药轰之。（杭州午前发）

杭州于十四晚两时失守，增抚被拘，将军、织造皆逃。将军妾伤一足，旗营炮件先被民军秘密携去，故将营门关闭不敢出争。民军前后围守。今夜必有战事。（杭州午后发）

宁波，昨日午后悬挂白旗归顺。官商均安。（宁波）

嘉兴甚危急，知府逃。（嘉兴）

青浦昨为民国军所有。（松江）

安庆，自十三日城外商民已一律悬白旗。今晨，炮兵又与防营小战，革军获胜。

十三日，江督派巡防兵五营前往安庆协守。今日（十五）有三营投降革命军。（以上芜湖）

大通未至失守，惟人心甚皇皇［惶惶］。（安庆）

黎都督已通告汉西、四川、山西、长沙、江西、九江、上海各军政府，请各派代表二人至武昌，择日大会集议统一进行之法。至迟不得逾本月二十四日。

袁世凯确又派心腹二人，至黎都督处密议和战事件。有民军一小队在汉口招待。闻，不得要领而去。日内恐将决一大战。（以上汉口）

清政府与某大国订立密约，请其会同某国公保东三省，重建清政府。惟中国本部十八省该国不愿与闻，免为列强干涉。

袁世凯电奏，饷巨财困，非大借外债难图接济。资政院亦赞同此议，决以全国岁入作抵。

某御史痛陈国危债巨，如再借外债，财权一失，危祸愈烈。

滦军统制张绍曾电劝黎元洪，谓：曾奉命南下，断不肯自残同胞，助虐政府。已将根本大计劝告清廷，联合国民公议宪法。惟是同室操戈，列强伺衅，种族相残，于国何有！现已电请政府饬北军停战，望贵军亦即停战，互维大局，并望集合国民代表，筹议一切。如有要求，除皇位一系外，朝廷皆可应允，以便另行组织政府。

山西民军拟公举新简巡抚吴禄贞为晋省都督。

某御史奏，劾粤督张鸣岐心怀叵测，向敌已久，恐其断送强土，恳速罢黜另简。

袁世凯主张与民军议和。清廷已颁明谕，谓：革命军目的已得全达，必能早息干戈，以免战祸。

岑春煊电恳度支部，续拨军饷百万，速即解川。

电寄岑春煊：川省失陷二十余县，仅克复二县，糜烂已极。着速前往，以慰川人之望而，纾西顾之忧。所需饷项已饬度部速解济用。（以上北京）

《申报》1911年11月6日第13918号第5—6版

资政院四次会议纪

初九日午后三时，开会。议员到会者八十九人，行政大臣无出席者，政府特派员亦寥寥十数人而已。议长报告人数尚不过半，本日议事表之前五案均不能开议，惟后三案已于昨日会场通过，今但将所起之草修正文字可提出开议。众赞成。陈瀛洲谓，定章每日午后一时开院，今已迟至三时，本院为中外观瞻所，岂可如此任意？宜约束议员早到。议长允之。于邦华谓，议员有已请假不能到者，须除去，再计算其过半数。议长答，除去不到及欠缺者之外，共应有一百八十三人。若有九十二人到会，便可开议矣。于是先议第六：急简贤能，组成完全内阁案。易宗夔登台说明起草主旨，略谓：非但各立宪国不使皇族任内阁，即我朝定制，亲王不假事权，亦不令其负一切政治上责任，以伤皇室之尊严。故必须另简贤能，组成完全责任内阁，以维持今日之危局，团结将散之人心，则责任明而政本立，皇室固而国祚昌矣。报告随［遂］由秘书官分送此具奏案之印刷文件。恩华于中间加入实行完全内阁制度一语，均众赞成后。原案省略朗读表决，得多数赞成。第七：协赞宪法案。文件尚未印成，遂先议速开党禁案。陈懋鼎报告大旨，略谓：去年曾提议此案，有广议之开禁，即一切国事犯均行赦放。有狭义之开禁，则专指戊戌党禁。今年不能主狭义，宜主张广义，方足以收拾人心。况日前已明降谕旨，凡胁从投来诚者，均不罪。况稍涉嫌疑者乎？且党禁既开之后，官吏不可再行逻织误拘，无辜望风捉影实足以摇惑人心云。陈敬第亦小有字句间之修正，遂付表决，得多数赞成通过次。第八：人民协赞宪法案。孟昭常说明主旨，略谓：宪法使人民协赞，此系原则，无容赘述。惟启草之意，多借时事以立言。即今日人心之所以不稳者，以由于国家对于宪政不能实行，故人民大不满意。若一使人民协赞，即明示人民以真正立宪，而人民自心悦诚服矣。遂付表决，得多数。牟琳谓，党禁之开否无甚关系，惟前二案实收拾人心之要着。议长须与政府直接陈明此义，必须允许方可。但闻政府近又有借款三千万之说，又不交院议，恐又失人心。时议长退场，副议长代之。再议广西团务咨送案，众无异议。遂指定特任股员程明超等六人。次江西改税章及浙江税契契尾改定等咨送案，均交税法公债股审查。尚有关于外交之议案，则另开秘密会议，旁听者均令退场。

《申报》1911 年 11 月 6 日第 13918 号第 11—12 版

军政府维持治安之手续

军政府示一：本军政府光复祖国拯救同胞起见，不得已而用兵。军兴以来，南北各省次第响应，痛饮黄龙指日可待。上海为华洋巨埠，深恐惹起意外，有碍全局。本军政府用特收回自保，务使中外侨民安如盘石。昨今两日业将县城并沪南军械制造局次第恢复，所有本埠居民人等俱可各安生业，开市贸易。其市上旧有管设各银行钞票，仍许照常通用。合行出示晓谕，为此示仰居民人等知悉。所有一切贸易仍将旧有官设各银行钞票照定价行用，以保金融而安市面。

军政府示二：先除满清苛法，白麾所至，以保护同胞为宗旨，决不妄杀。

军政府示三：民军到处秋毫不犯，愿我同胞切勿惊怪。

《申报》1911 年 11 月 6 日第 13918 号第 18 版

11 月 7 日

阁电

北京内阁奉上谕：资政院奏，请速开国会以符立宪政体一摺。所有议院法、选举法，着迅速拟订、议决、办理选举。一俟议员选定，即行召集国会。钦此。

又奉上谕：资政院奏，恳准此次革命党人，按照法律改组政党，并赐擢用一折。前据该院请开党禁，业经降旨允准。所有此次人党，均着准其按照法律改组政党，藉以养成人才，收作国家之用。钦此。

监国摄政王钤章，奕劻、那桐、徐世昌署名。

十五日宫门抄，召见庆亲王、那中堂、徐中堂。

《申报》1911 年 11 月 7 日第 13919 号第 2 版

专电

京师连日得各省乱耗，满人汹惧。良弼有异志。今日（十六）扰攘益甚，车驾出奔，庆亲王被拘。居民遍竖白旗。资政院议员不服死三人。摄政王无下落。

京师秩序乱甚，各国务大臣纷纷避难。宫廷尚安。（按：此系另一访员所发，本馆接得前电后，惊骇之下急电询访员，照译覆文如下）

各皇族昨日纷纷集议恢复皇室权位之法，并有人提议祖宗创业艰难，二三年来尽败坏于摄政王、庆亲王之手，决议效霍光故事，兴复皇室。

京中乱象已成，汉满人民纷纷出京。使馆及各国旅馆均已人满。禁卫军一万余人日夕防守宫禁。

国民军占领沪埠后，清政府得报大惊。昨已电告江督，饬令各官绅恳咨议局妥事劝解。

晋抚吴禄贞昨已遵奉清廷谕旨，在娘子关向起事各军竭诚宣抚。

资政院奏，请速颁内帑，赔偿汉口人民损失，并请早日停战，将此次残酷军官从重治罪，以平民气。

御史劾荫昌，此次督师操率乖谬，焚屠残酷，途中且有淫掠情事。万众灰心，亟宜严惩，以伸国法。

汉口洋油池被焚。某国公使与外务部交涉，索偿三百万。摄政王闻之大怒，意欲责令荫昌赔偿。经庆亲王力求，始〇。

袁世凯现已交卸，暂缓数日，即行来京。

直督陈夔龙电，恳借帑百万维持市面。奉旨交内务府、度支部，从速核议。

今日（十六）下午，苏州六城尽闭。城外车站左右满列巨炮，严阵以待。谣传南京派来旗兵，将到苏搦战。

苏城归顺后，新旧各营全体降附。惟江防两营，驻扎葑门一带，不允归附。苏城戒严。（此电系另一访员所发）

昆山今晨（十六）十时宣告独立。举方还为民政长，张栋为总司令。（以上苏州）

常州已于十五日戌刻宣告独立。（常州）

杭州旗城已下，乍浦亦竖立白旗，嘉兴闻风归附。（杭州）

今晨（十三日），松江宣告独立。举谢葆钧司民政，沈维贤执法，钱铭铨主管财政，钮永建司令。府县均交印。（松江）

丹阳今日午刻宣告独立。（镇江）

袁世凯昨日下午猝遇刺客，伤及部下一人。世凯跳而免。

十二日以后，北军死守滠口不退，亦不派斥候队。得探报言粮食、枪子将尽。

连日北军投降国民军者约有一千二百余人，类皆面有菜色，衣裤不甚完全。

汉市全镇被毁，华界已去三分之二。（以上汉口）

济南咨议局质问山东巡抚，此次新借债是否以山东全省押与外人。孙抚不答。（济南）

《申报》1911年11月7日第13919号第2—3版

译电

昨晨十时，昆山亦为民军所有。当即宣告裁撤铁路厘金，大约水路厘金亦在裁撤之列。

苏州自程都督检任后，满城皆挂白旗。惟民间颇有以南京或镇江来兵为虑者。税关左近密渡桥，营兵约四百人皆有利械，不肯服从民军。（苏州）

汉口火势蔓延，福音教会所立之教堂及盲哑学堂行将被毁。（十五日汉口电）

济南咨议局昨开特别大会，后至抚署，探问政府果否将山东全省押与外人。孙抚若何答复未详，前召集之退伍兵士现皆固结，不允往战。（十六日青岛电）

上海商会致资政院，电请代表严惩惨杀汉口同胞之罪魁，恢复抉序，及抚恤受殃民人。已于星期六日下午在资政院宣读。该院决议代表并请转谕袁世凯知照。

唐绍怡已辞邮传部大臣之任。今日清廷有谕，谓：资政院奏请即行组织国会一折，业已批阅。着各员编纂国会选举规条，及选举国会议员后，即行组织国会。

资政院并奏，请如革军自成一政党，则皇上当于法前承认此党。即经批准。

各省咨议局要求关于国会及宪法就商之权利，同盟之兵士亦颇有忿怒资政院揽权之意。

此间目下大局之乱为从来所未有。（十五日北京电）

江督于二日前派往镇江之旗兵现占据车站及附近各地。民军劝其投降，皆为拒绝，声言欲攻城云。

嘉兴、宁波均为民军占领。

汉口火油池被官兵击焚。昨日某公使照会外部，索偿三百万两。摄政王大怒，拟抄荫昌家赔补。庆亲王以现在用兵际，力为求免。（十五夜北京电）

星期六下午，中国炮艇二艘驶抵黄浦。闻者惊诧。三四点钟，该艇下碇浦内。是夜，复到兵舰二艘。初疑各舰来沪系为夺取制造局，后有人登船询问，始知彼等曾泊南京，因缺乏军火、煤斤，特至上海制造局装取。直至抵沪，始知制造局为民军所取，无从可得军火，已失战斗能力，不能离沪云。

杭州旗兵因增抚力劝，已允投降。

乍浦官兵尚在抵抗，现亦稍退，大约即可平服。（十六日杭州电）

河南归德府属柘城、考城有民军事。豫抚已派兵二营前往该处。（十五日开封电）

汉口大火已熄，华界三分之二已成灰烬。（十三日汉口电）

广州中国官场通告沙面领事公会，谓：云南省已宣告独立，其详情未悉；西江梧州府闻亦有变；广州现仍安静。（十四日广州电）

杭垣城南城北之民军，于夜间一点钟时，由营内排队入城，占据各要地及抚台衙门，即将该衙门焚毁，抚台被拘，将军闻已自尽。目下旗城周围仍在战斗，指顾之间可以攻得。兵士受伤者仅数十人，已送入梅医生医院医治。民军现巡逻各街道，诸皆安静，外人亦均平安。电报、铁路已尽入民军之手。昨夜闭城后，英领事以电话通告各外人，命送妇孺出境。因交涉使照会英领，华官已不能担任保护彼等也。

续电云，杭州旗城已下。（十五夜杭州电）

昨夜，苏州已为民军占领。今晨程抚接都督印，江苏南部之地已全归民军，各官员均不更动，照常视事。城上及城门均有重兵防守。今除防兵一营外，其余各营均已降从民军。此次民军举事诸极安静，商店亦照旧开市。十一点钟时，曾有数店欲图闭门，但仍令复开。今晨，各处已贴有告示，命民人当保护外人及旗民人等。各处均白旗飞扬，商店亦有悬挂者。（十五夜苏州电）

《申报》1911 年 11 月 7 日第 13919 号第 3—4 版

苏城光复记

苏省督练公所参议吴茂节同协统艾忠琦、标统刘之洁等于十三晚闻上海失守之信，即上院谒见程中丞，谓：目下政府已将苏浙闽三省抵押于日本，且上海已动，我等何不宣布独立？现新军界已齐心，如中丞允为苏省都督，保全苏地人民财产不少。中丞犹豫不能决，遂未能即行发表。至十四日，程中丞接上海军政府来函，请其共扶大局，免得生灵涂炭。中丞立传司道以下各官及各统领到院商议。新军各官决计，请推中丞为都督，免动干戈。旧军各官亦不置可否，独提法使兼藩司左孝同及飞划统领王曜二人之意必与革民军一战，方可定夺。程中丞以一经开战，则地方糜烂，不堪设想，是以决计不战。左方伯等怏怏而退。迨一二句钟，又接军政府来电，催促回音。程中丞复请苏城各绅士及各官员到院开会，议厅公议。新军界人仍申前请，而左方伯、王统领仍执前议。程中丞向左藩司云，尔包得定必打胜仗，不扰地方否？方伯等无以对，而各绅等亦以中丞能保全地方人民，无不欢迎。中丞之意乃决，即电复军政府，宣布独立，以期保全地方。

十五日黎明六句钟，民国军数十人排队赍送关防一颗，文曰：“中华民国军政府苏省都督关防。”进城后，先至督练公所，与参议吴茂节接协，然后送至抚署。程中丞服便衣在大堂接受。是时，新军各营将弁兵士均袖绕白布，排队到院护卫。且是日为月望，本各官衙参之期。到院后，均除去顶帽，然后鸣炮接印。文武各官左右站立，异常威武。授篆后，立即出示安民。衙门前巡抚部院之匾下，挂白湖绉旗一面，上书“兴汉安民”四字。旗杆上则高悬江苏都督府白旗，各卫队及巡警、水陆各巡队防营兵亦均袖绕白布。一道抚署头、二门均由新军派人把守，必袖有白布者可以出入。

左孝同心终不愿，是以十五日清晨未待扯旗，即行上院见程中丞。已授都督印，抚署亦已布置完全，遂在官厅内将顶帽除去而回。及回署时，见署前亦已高扯白旗，卫兵一律袖绕白布。询之，始悉系其侄世袭侯爵左某指挥各勇丁等为此者。方伯只有跌足痛哭而已。今外间有言左于三更时自尽者，有言逃往南京者，尚待续录。

现军政府暂假督练公所为机关处，分四部办事：（甲）民政部拟举张謇；（乙）财政部拟举应德闳（即前以未过班道员署藩司而被议者）；（丙）外交部拟举伍秩庸；（丁）司法部以现任高等审判厅丞郑诚任之。其余地方各官现均照常任职，布置井然，有条不紊。

巡警道吴观察先于十四日闻上海变信，张皇失措，深夜饬令眷属迁避，并搬运箱笼物件。各区岗警咸有离心。该道行署与织为邻，某尚衣闻变大惊，急由电话求抚院保卫。程中丞立即札委蒋绅楙熙前往代理警道事务，以免贻误大局。

城自治总董刘雅宾胆小如鼠，素来尸位。前举其办理团防，总董力辞不就。今日闻变，益避匿不出，当将董事会图章送交公所封储。说者谓，刘总董与江会长可为无独有偶者矣。

各营中惟驻扎苏州城外铜元新厂及在盘门内开元寺一带之江防陆师两营，有不愿归降之意。因该两营系向金陵借拨来苏驻防，一应饷械皆归金陵发给，一经归降，恐金陵不发月饷。是以该二营营带干斌修、李景福等已向程中丞商议，能否按月发饷，再行定夺。

程都督昨已饬派新军各兵士分扎城垣之上，并架车轮炮数尊，以备不测。又分派各营兵官将各城门守住，禁止人民迁徙出城。但非迁家者照常可以出入，城内各街巷、各店铺照常开市，绝然无事，地方甚为安静，民心亦甚欢乐。十五日，抚辕升炮授印之时，各街巷已白旗飞扬矣。程都督视事，首接青浦县绅商公电，略谓：本月十四夜十时，有数人自称民军，逐出县令，民情恐慌。现公推金咏榴权为民政长，俾整理秩序，保卫治安，恳乞暂行委任，以待后命等语。都督当即日派军赴青，以免土匪抢劫，致碍治安云。

苏城文武各衙门及督练公所、各学堂无论民立、官立，均已一律悬挂白旗。沿路巡警局派出之站岗巡警及巡逻队、陆军警察队等，均左手袖绕白布一道，往来梭巡，以保地方治安。

苏垣阊门天库前电报局已由新军派人驻局监察。凡赴局发电者，必由该军队人检查，始得译发。有违碍者，一律阻止不准。今日到局发电者，十有三四为其阻止。

《安民告示》文云：

中华民国军政府示：照得民军起义，同胞万众一心，所至秋毫无犯，莫不踊跃欢迎。各省各城恢复，从不妨害安宁。苏省通都大邑，东吴文学著名，深虑大兵云集，居民不免震惊。今特剀切宣告：但令各界输诚，愿我亲爱同胞，仍各安分营生，外人相处以礼，一团和气不侵，旗满视同一体。抗拒乃处死刑。共和政体成立，大家同享太平。上盖苏省都督关防。

十六日十二句钟时，城门忽闭。于是民间传言南京将有兵队由火车运来，城内外商店一律罢市，而阊门外马路上，自车站起至新民桥，驻有马步炮队约二千人，并在新民桥相近架炮五六尊。因此人心益复皇皇。迨三点钟，巡警力劝商店开市，皆不应允。而城门卒未开放，大约即为防止迁居，严查出入，因此传误。且有人询之沪宁车站中人，谓：本路保守中立，当无运兵之事。今日只有十余兵士乘车至镇江，恐即因此生谣，未可知也。

《申报》1911 年 11 月 7 日第 13919 号第 4—5 版

汉口战报（本馆特派观战员来函）

初九日午刻，北军在法租界后面玉成公司前置过山炮三尊，向龟山猛击。民军并不还炮。三点钟后，民军探知北军置炮方向，始亦用大炮击之。第一炮即将玉成公司及邻近之房屋轰去。于是，两面互相轰击，炮声震天。迨五点钟时，计烧去房屋百余幢。

是日两军枪声甚少，但闻炮声，共有五六百响。可见战情之剧。

是日，北军在法租界傍［旁］开炮之兵士不过七八十人。另有无数兵队埋伏他处，开枪袭击民军，而民军仅用无数大炮在远处猛击，故罕有中者。

至晚八点钟，民军见北军进迫渐近，遂将军政分府自行烧去，向后而退。因分府内军火甚多，恐为北军所得也。两军至此遂罢战。然自八点至十点钟，犹闻枪子、炮子爆烈之声，租界内亦甚危险，华界则火光熊熊，计长十余里，照耀几同白昼。直至三点余钟，火尚未熄，于是数千余间华屋尽成焦木矣！

初十，天未明两军即在铁路沿线开战。北军屡欲进逼，未能得手，因民军虽系初练，尚欠整齐，然勇气百倍，有跃登墙屋开枪者，有一手拖炮施放者。至十点钟时，酣战愈剧，北军小败，遂各收队。

午后复战。北军前队系冯国栋所统，状甚骁勇。民军则因初六之战，为降官罗某所卖，炮标丧失几尽。故是日炮队大不得力，大智门车站遂为北军前敌参谋本部所据。

武昌民军现异常戒严，出入各城门者，非得军政府本日特别护照不可。此皆初十午正十二时前事。十一日夺回车站各情，容俟续录。

《申报》1911 年 11 月 7 日第 13919 号第 5—6 版

11月8日

专电

铁良派侦探三人来苏，被民军捕获，毙之。苏城谣言顿息。

昨日，奉命出防浒墅关新军防阻南京敌兵，业已回苏。

苏城谣言已靖，照常开市。马路之炮亦一律撤去。

靖湖厅准于十八日宣布独立。（以上苏州）

南京咨议局于十六日开特别会议，决议宣布独立，首悬白旗，居民继之。十七日，到处见白旗飞舞空中。各民军袖缀白带，自由出入。官军无动静。铁良已逃。准于十九日实行宣布，公举樊增祥为都督。（南京）

嘉兴已为民军占领。沈统领不服汤都督，得报立派杭州民军一千五百名，于十七日午刻到禾。沈统领逃，地方安靖。（嘉兴）

嘉定县于十六日宣告独立，城内外一律树［竖］白旗，居民安靖。（南翔）

十六日，民军占领镇海，市民均安。（镇海）

禁卫军兵变，宫廷出狩，京师大局益危。朝臣渴望袁内阁来支危局。昨日，特由资政院公同选举，以符宪法。

吴禄贞昨电内阁：禄贞连日向晋省军人竭诚开导，各军士间有悔祸输诚者。

涛邸罢职后，意甚怏怏。二十镇统制官有电到京，请简涛邸为侍从武员长。

今日清廷下谕：张绍曾以侍郎衔扬子江各省调和大臣，端方署理川督，李准简授第六镇陆军统制，潘志瀛简授第二十镇陆军统制。

汪兆铭、黄精卫等三人均即日开释，奉旨发往广东，交张鸣岐差遣委用。（以上北京）

汉口连日停战。袁世凯已委段芝贵为议和委员，往见黎元洪，许其弃甲罢战，当予以中国海陆军全权大臣，全国军政统归节制。黎都督笑而却之。

汉口今日又战，民军获胜。（汉口）

山东济南府恢复在即。（济南）

天津旦夕将入民军之手。俄兵二百名携带大炮两尊，由满洲来津。

东三省总督赵尔巽遵奉清廷谕旨，特派步马旗兵两大队，驰往津郡，藉资镇慑。

德州确被民国军占据，并得兵工厂，搜获枪械无数。

彰德府恢复。（天津）

清江浦兵变，奭护提逃。（扬州）

福建大局益危。咨议局将定期宣布独立，松督、尚藩眷属已改装离省。（福建）

《申报》1911年11月8日第13920号第2—3版

译电

昨晨本埠某商接电，谓：天津旦夕将入民军之手，有俄兵二百名，携带曼齐姆大炮两尊，由满洲赴津，即日可到。据传，北清铁路将来恐为各国所占，近抵津之爱尔兰军队将防守此路云。

昨日某领事接电，谓：福州现悬赏购将军之首，大局岌岌可危。美国某兵舰中之领事馆卫队已经登岸，又有军队两小队亦登岸，保护外人财产。又据外国官场电称，［厦］门亦将起事。

据北京电称，袁世凯仍力辞内阁总理大臣之任。

清政府与各国经济团商借巨款，惟抵押问题尚未解决。（十七日伦敦电）

此间昨日大会议，议决向清政府提出要求八款，以保全山东省自治政权，限二日出奏。如清政府逾期，即答复宣布独立。（十七日济南电）

九广铁路中国一段已奉清政府粤督之命，停止开车。

澳门附近之香山，星期一夜已竖白旗。拉巴（译音）戍兵今日亦竖日旗。（十七香港电）

杭垣，昨夜旗城并无抵御，即由民军占领，仅死一人、伤两人，已送往医院疗治。旗城各衙门现甚安静。民军按户搜查，凡获快枪、来复枪、弹药、火铳及新旧式军器等物，悉数充公。将军不知下落。闻未降之先，旗籍某绅曾经人邀至咨议局商议和平调停之法，其条款为：旗兵缴出枪械军火，作为普通人民，旗饷今仍照给，俟能以他法求生而后已。下午七时议决后，民军乃于夜半安入旗城。（十六日杭州电）

嘉兴府昨夜已为民军占领，并未用武。各处已悬白旗，城中居民安静，照常贸易。（十六日嘉兴电）

绍兴府昨已为民军占领。（十六日绍兴电）

湖州于今日午时归降民军，地方官吏咸表同情。秩序井然。（十六日湖州电）

宁波府城及镇海炮台已为民军所得，并无战事。（十六日宁波电）

无锡已降民军秩序未乱。（十六日无锡电）

镇江今日为军所有，白旗飞扬。各处地方镇静，无战事。惟炮台未降，大约日内可望归顺。（十六日镇江电）

清廷有旨，电召袁世凯迅速来京，组织完全内阁，共扶危局。

四川省城于十五日失守，市肆均挂白旗，民心大悦。

闻湖南又有决死队一千余名，开至武昌助战。

闻桂林民军已分二道北上，一走云南，一走广东。（以上十六日北京电）

北京朝局情形颇危急，留心时事者咸欲知上海民军是否武昌之一部分？各处起事之机关是否互相联合？

今日清廷有谕：简滦州统制张绍曾为钦差大臣，往击革军。（以上十五日北京电）

寓美华侨现在各处开会，坚不承认清廷立宪，力主完全革命。（十六日纽约）

《申报》1911年11月8日第13920号第3—4版

11月9日

评论：论满人组织暗杀队（无名）

国内群起，尽思覆满。满廷已无兵可用，无饷可筹，不得已而与民军乞和、停战。留日满学生思大势不可以御也，乃组织暗杀队，暗地来华，欲杀民军之有能力、有名望者，以为恢复之计。此其事非特残忍不顾人道，抑亦徒增汉人之愤怒而已，宁损汉人之权势者哉？试略言之：

夫我国今日之革命，非一人之革命，全汉人之革命也。今满人乃欲以百数十人之力，消灭全国革命之汉人。即有一二不幸而中其毒，于汉人不过少革命之一二人，而其余之人依然在也。况乎如暗杀一次，或死或获。满人之暗杀队亦必自行减少。故我谓不但满人之暗杀队无用，即有用亦当自灭者也。且也所谓暗杀者，特以恐吓畏杀之政府官吏耳。惟其畏杀，乃能杀之。若革命军者，原为不畏杀之人。惟其不畏杀，所以倡革命。若既为革命军后，而反欲以杀恐之，革命军岂肯闻而退让？革命军不退让，则于满人之朝廷即无丝毫之益。总其结果，不果两方多死数人而已，于大局丝毫无所损益也。

总之，时至今日，满人而明白者应知留此满州专制朝廷，于满人亦无希望，不如真心诚意与汉人同谋共和大局。则满人种族，尚得留于世界。不然，若此小忠小诈，自速灭亡而已矣！

《申报》1911年11月9日第13921号第2版

专电

南京宣布独立后，张督闻信大愤，遂饮药自尽。城中无主，督署中人公请铁将军主持，率领旗营、江防营等合力剿杀。官军与民军终日大战，宁省火车停驶，樊增祥、李哲浚均乘乱仓皇逃出。

张人骏自尽后，督署被焚，城中各军大战，城门紧闭。

南京城门已闭。江防营人品甚杂，大肆抢掠，居民纷纷逃避。

南京都督有公举徐绍祯之说。

张安帅自尽未死。（以上镇江）（按：此电系另一访员所发。）

常州十六日奉电宣告独立后，恽绅为总司令。学界不洽，屠绅另招农团保卫地方。恽绅发江防军，于十八日黎明围困府中学堂，放火、放枪轰击，死伤数人。城门闭二小时，商民大恐。裕宁钱局闭门，各员司均饱掠而去。（常州）

镇江江阴炮台均降民军。镇江旗兵已将军械缴出。（苏州）

扬州，昨晚八时，被民军数百人入城，树［竖］旗各衙门。官吏逃避一空，居民安堵。（扬州）

金山县于十八日宣告独立。（松江）

袁世凯连日招抚无效，官军斗志渐懈。

汉口连日停战，租界各商店均已开市，并无猛烈战事。（汉口）

长沙焦陈两都督被刺后，新都督谭延闿任事，用人公溥，办事精勤，合城大悦。（长沙）

吴禄贞连日遵奉清廷谕旨，向晋军开导。各旗兵见之愤甚，并挟扣留袁营军火之嫌，遂于十六夜纠集多人入账［帐］，将吴枪毙，并割其首而去。各卫队闻声趋视，途遇旗军，遂开枪轰击。战至天明未休，吴军遂与晋军联合北上，京师大震。

北京谣言日盛，正阳门已闭。

伦贝子昨上封奏一道，实行融化满汉之策。大纲有四：（甲）所有驻防概归各地民籍；（乙）男子冠姓氏，妇女易汉人服装；（丙）食饷之兵悉令解甲归农，即以旗饷底款作为安插资；（丁）额外闲散旗丁或归工厂肄习工艺，或使别有成就。统合各该地方无生计人民，一律筹办其民籍，退伍兵及裁额绿营、巡防兵勇同一划作军籍，联并筹划。

天津已被民军占领。（以上北京）

山东宣告独立，孙宝琦逃。第五镇统制张永成受都督印。（济南）

皖抚允各绅民之请，宣布独立。（芜湖）

台州十五日民军光复，市面如常安静。

汤都督十八日上午特派民军一营，由笕桥专车运沪，保护制造局。（以上杭州）

温州独立，道府逃。公举梅统领为军政分府，竖大汉白旗，出示安民，公请徐班候回瓯主持大局。（温州）

福州宣告独立后，福州民军现正劝满人降伏。

福建绅学两界于十七日上午会晤闽督，商议宣布独立。闽督犹豫未决。（以上福州）

厦门独立，道台逃。民人纷纷往鼓浪屿避祸。（厦门）

广东宣布独立，有举张鸣岐为都督消息。（广东）

国民军占据滇省，滇督李经羲降。

滇属大理、濒江等处民军亦已起事。

旅滇英法各兵皆已严守中立，屯驻铁路属段以防土匪。（以上云南）

广西已有六府县纷纷独立，民军攻取南宁。（桂林）

《申报》1911年11月9日第13921号第2—3版

汉口战报

汉口自初十日以后，连日停战。惟北兵仍在汉口街上放火，烧去民房一千余间。袁世凯虽出示安民，然北军到处抢劫奸淫，无所不至。所统兵士多无智识，只知打革命党，并多不识字。连日汉口路上所见者，惟有赤十字员、外国人、北军。其商人与上等人均已逃往他处，民军则尽退在武昌、汉阳两处。黄兴兵亦在武昌守卫。北军兵逃往汉军者不少。

十三日二时半，黄兴在都督内接总司令官印，以为军务统一之计划。先由都督黎元洪带卫队莅坛，未几，黄兴到将台上，黎将令箭手付。黄兴演说半小时，劝勉兵士，十分威严。观者肃然。

十四日三时。两军又开战。有向十基罗密达车站开炮轰击着。谣传：民军派兵抄袭，官军夺回。北军所占之地，是夜民军会奋勇攻击，官军胜负未明。武昌下游地方，是日亦北军炮船开炮轰击之事。未几，即有剧战。北军被青山炮台大炮逐回。汉口界外东北角，亦有战争受伤。各民军由船只载运渡江，至武昌红十字医院医治。

十五日，汉口两岸又有一战争，互开枪炮，但两军皆未得利。死伤甚多。

《申报》1911年11月9日第13921号第4—5版

长沙焦陈两都督被杀

湘省常备军近日纷纷窃议，谓：正都督焦达峰、副都督陈新作或系会匪头目，或系无赖痞徒，其出身均不正大。此次充当都督，并非由大众推举，近日办事又甚胡涂，无非信任私人、赏罚多不公允，屡欲群起而攻。初五夜，已欲开枪轰击，卒经军政府各部长等劝慰而止。初六日，由各军士公举代表数十人，至军政府演说，极言两都督用人不当、升赏不公，亦经参议员委婉答复，谓：以后用人行赏，必经参谋部议决方能发布，两都督不得任意执行。各代表始各退去。焦陈两都督亦自知不满人意，屡次出有谕帖，声明草创伊始，用人行赏多有未当。此后应由各兵士具折呈报，按照升赏委任，各种人员应由各总机关甄别去留，以冀要结众志。日来仍以众望不孚，两都督先后辞职。奈军士等终不以两都督为然，致有必予诛锄之势。迨初十日午后，各军士暗中约定分作两班，以一班假托弹压和丰火柴公司兑票之事，诱请副都督陈作新出北门城，甫至城外即由马上拖下斩首；又以一班，在军政府将正都督焦达峰捉住，亦拖出头门外照壁下即予杀戮。各军士见两都督均已被诛，遂拥至军政部要求部长谭延闿充当大都督。谭以前都督既经被戕，不敢承认。各军士再三请求，强以乘舆抬至军政府，请其任事。谭以众心坚决，不得已暂为承认。遂即升堂演说，谓：焦陈两人既为都督，今忽被诛，虽有应得之罪而外间不得其详，必致大相疑惧。此后必难于用人，亦难于使众人知悉。各军士谓：此事我等即当沿街晓谕，必不使人惊疑，但望都督热心任事，他无足虑。谭又接演良久，词意极为谦虚，各军士齐闻鼓掌，唯唯听命而退。当以高脚牌宣布焦陈罪状，应予诛戮。另以一牌上书："公举谭延闿大都督"八字，分派多人沿街鸣锣，以两牌随后巡行，俾众知悉。

《申报》1911 年 11 月 9 日第 13921 号第 10 版

11 月 10 日

专电

十八夜，宁垣官兵用开花炮弹乱轰民军，死三百余人。民间房屋被焚无算。领事团已用公文劝告张督，不可如此蛮野，违背人道。

江督照会领事团，谓：宁垣现在开战，外人生命财产不能担任保护。各领事不得已，聚集美领事馆暂避，一面飞电来沪，嘱派兵舰赴宁，相机办理。

江督张人骏未死，现偕铁良同驻北极阁，据守炮台。以开花弹乱击，良民殃及甚多。

民军五百人已进攻军械局及北极阁之炮台。该炮台在下关附近，下瞰全城，颇关重要。是役死者百人。

驻守南门之官兵二千人，愿降民军，惟索现银四十万两。民军拒之。

张勋统带之江防兵现守中立，亦索银八十万两，始允归顺民军。

宁省铁路总理已逃，沪宁铁路允备急车，运送红十字队前往医治伤兵。

旗营架大炮向外攻击，江防营助之，合力鏖门。新军死伤甚多，幸奋勇力战。城中各炮台闻为新军所夺。（以上南京）

浙江军政府财政部允以军用手票百万，发交钱业行用，故钱业已定今日开市。

昨日又在旗营搜出火药甚伙，有旗人某乘隙纵火，焚伤民军二人。现故续行围搜，以绝奸谋。

巡警厅编制完全。昨日起，一律站岗，秩序全复。

昨日，军政府出示，旗民一律保护。惟将军仍不知下落。（以上杭州）

十九晚，福州民国军与旗兵大战。民军即占领全城，亦夺据军装局。

福州常备军义勇队于十九日夜半合攻旗营，约战三小时。旗兵败，将军不知下落。

福州将军署、督署均已焚毁。现举常备军统领孙道仁为都督。（以上福州）

广东十九日宣布独立，商会通告各处，市面安静，货物照常装运。

在港民军定期进攻省垣，张鸣岐惧，始允宣布独立。闻张督以下各官现已逃去。

广东自十九日，咨议局、将军署、督署均树［竖］独立旗。惟旗式与武昌不同，旗兵一律降伏，外人无恙。（以上广州）

南通州十八日宣告独立，公推张謇为总司令长，许宏恩为军政长，孙宝书为民政长，刘桂馨为财政长。联合淮扬共维秩序。

天津于十八日光复，并无战事。商店皆县白旗。

山东绅士要求之八款，除第二款要求即与民军议和，及第五款宣布联邦共和外，其余六款由资政院开秘密会议决，奏请清廷批准。

袁世凯遵查北军焚杀汉民情形。昨已电覆，多回护语。

清廷电召阮忠枢，密商和议条款。（以上北京）

《申报》1911 年 11 月 10 日 13922 号第 2—3 版

译电

资政院今日当众投票，选举内阁总理大臣。共九十二票，袁世凯得七十八票，黄兴、岑春煊、王人文各得二票，锡良、那桐各得一票。（十八日北京电）

资政院两次致电袁世凯，请其急回北京。袁均置之不答。今将由邮传部专差赍书请之。（十八日北京电）

袁世凯已有覆书，准于三日内启程赴京。（十九日北京电）

据北京电称，通达北京之各铁路均为民军占据。现信民军必将齐向北京前进，各使馆已准备一切，以防事变。禁城墙上均驾大炮。（十九日伦敦电）

吴禄贞被害，汉人排满之必益烈，将于清朝大有不利。（十八日伦敦电）

广东宣告独立，人民大欢悦。（十九日广州电）

广东商会宣布粤省独立，全城安静。张鸣岐要求会议时通过独立议案，须守秩序。现已发电至港，请粤人之逃避出境者，速派代表赴粤，以便投票公决。（十八日香港电）

安庆已归民军占领。各处皆县白旗，照常开市。商业已复原状，外人皆安，秩序未乱。（十九日安庆电）

扬子江调和大臣张绍曾请仍回京，任第二十镇统制，保护摄政王府第。（十八日北京电）

段芝贵率兵五千，往敌山西民军。（十九日北京电）

清太后及摄政王福晋偕宣统帝出京之说不确。（十九日北京电）

北京城中今夜有大火数起，大局异常危急。

禁卫军今日已稍安静，惟大局仍颇岌岌。南海附近军队来往不绝，大约皇族中人有寓彼处者。

正定府闻已复行开战。

正定府汉、旗兵交战消息甚少，惟恐将起极大风波。清政府自信力能维持治安。吴禄贞统制之被害，解说不一：或谓吴统制附从革军，虽未必有此事而旗军闻信即杀之以泄愤云。

吴禄贞在正定为部下旗兵所杀，汉兵乃与旗兵开战。闻旗兵已败。此事非仅谋杀而已，其关系有更重于此者。吴为北军中强逼政府承认资政院要求首领之一，今忽被害，恐北军将与清廷离心，合几起事。此为必有之举。

闻袁世凯于星期五日可抵北京。此行系会商要务，非接内阁总理大臣之任。清廷上谕四道，资政院挽请一次，均无效力。

资政院议员恐禁卫军屠杀汉人，均逃入清华学校，及移居使馆界内。妇女赴日者尤多。

北京旦夕将有大变。盖满汉军队必有一番冲突也。

现闻清廷已豫备出走，惟恐不能逃脱。因张家口已为民军占领，将使清廷不能越蒙古而走。京奉铁路则由滦州军队守护，故亦不能由此出亡。今惟有避入使馆界内耳。连日盛传宣统已潜离北京前赴日本，惟此信恐不确实。皇族中人之逃者，惟不关重要之数员而已。（以上十八日北京电）

据确实消息，天津已为民军占领，情形安静，大约系豫先布置者。

绍兴府为民国军恢复后民心大悦，商民照常开市。

湖州业已实行独立，举沈谱琴为民政长。各商店于昨日（十七日）遍悬白旗，地方安静。（以上十八日杭州电）

泰州已降伏。知州未更，大局安靖。（十八日泰州电）

陆军中学之中国学生五十人咸不知去向，大约已归国投入民军。

据北京电称：有满人数百名避入各教会，北京旦夕将下。资政院现握大权。（以上十八日东京电）

据北京电称：新加坡各处华侨得北京失守之信，以为事实，一律撤去龙旗，改悬民国新旗。（十八日伦敦电）

资政院已正式推举袁世凯为内阁总理大臣。（十八日伦敦电）

《申报》1911 年 11 月 10 日 13922 号第 3—4 版

第二十镇军队之举动

滦州第二十镇统制张绍曾电致清廷，要求十二事，已载前报。兹悉其第二电即系对于承认要求之谕旨而言，内云奉谕谓：俟事机稍定，简贤得人，再行组织完全内阁。不知内阁一日不立，即内乱一日不平。所谓稍定，果在何时日？臣等原奏总理大臣必由民选，简贤得人，不烦朝廷廑念。又谕旨着溥伦、载泽按照钦定宪法大纲拟具宪法草案，交院审议查。原定宪法大纲，行政、立法、司法三权皆为君主大权作用，与臣等所拟政纲适成反对。应请收回成命，撤销钦定宪法大纲，由议会拟具宪法草案，以顺民意。臣等事为救国，非敢要君。荷戈西望，不胜惶恐，待命之至。

又第三电云：顷读十二日上谕简袁世凯为内阁总理大臣，组织完全内阁。仰见朝廷用人得当，臣等钦佩莫名。惟原意内阁总理应由国会公推，君主勅任。今国会未立，势难悬缺，以待公推。恳即明定宪法，将来继袁世凯之后仍由国会公推，以示朝廷至公无私之意。袁世凯既膺总理，责无旁贷，恳饬下袁世凯赶紧调和上下，电谕停战，以免糜烂而杜交涉。又涛贝勒以懿亲之嫌，解军咨之任。涛贝勒素为军人所爱戴，且兵事亦有经验，臣等拟仿外国官制，置侍从武员长一人，俾涛贝勒补充斯职，藉以尊崇皇室，维系军心大局，幸甚。绍曾、永祥、天蔚、祥祯、矩楹谨上。

又闻鄂事起后，荫昌曾向德国购枪一万八千枝，子弹甚多，由西比利亚铁道秘密输入。为第二十镇探知，即派兵于途中截留，不许运往武汉，自残同种。十三晚，军咨府以朝廷已允该军之要求，即致电张绍曾放行。张拟允之，而该镇军将不愿。有一士官跪于统制官之前，曰：宁斩吾首，不愿放此枪弹往打同种也。统制官不能屈，故此枪与药弹卒未放行。

又闻第二次电系于十一日派军官吕均赉折来京，要求朝廷实行，并派马队二百名护送，以张声势。一面电责资政院空谈学理，坐误时机。故京师异常震动云。

《申报》1911 年 11 月 10 日 13922 号第 5 版

陕晋兵变情形

十一日清政府接甘督长庚一电，略谓：陕省失陷后，电线即被截断。六日未得确音。其省城失陷，各官不知下落，均系初七日始据探悉。现已由甘派得力兵队星夜赴援，俟有捷音再行电奏。惟需款甚巨，各省协款又不能到，俟请饬度支部筹拨银一百万两，速即解甘，以备急需。

又闻山西河东道亦有告急电到京，谓：陕省变兵已出潼关，蒲州恐不能守云云。观此情形，则西安变兵实已联络晋省为一气，其声势盛昭然明矣。

第六镇统制新简晋抚吴禄贞于十四日电京，报告太原乱情，略谓：陆抚以西安有警，于初七日派步队两营出防蒲州，发给子弹。初八晨，该两营忽勾通各营，突起为乱。协统谭振德不从，遂被枪毙。径扑抚署。陆抚出署弹压，亦被枪毙。其子光熙救护，同时殉难。省垣大乱，土豪地棍因之肆劫。初九，变兵即占领车站，意图直犯京师。行抵井陉，为正定镇何立朝击退。何军遂于初十进驻井陉。十一日，禄贞亲自督师进战，驻军蔡庄。变兵坚守滑驴岭，地势极险，不能用骑。相持一夜，敌始不支。禄贞当将所获俘虏反复开导，并印改良政治谕旨多张，令俘虏持归，转相劝谕。不料变兵顽梗不从，结合警兵及防营五千，合而为一。且与陕中勾结，互为声援，现以步兵一标、炮二十余尊坚守固关。查太原至固关虽称天险，惟幸变兵守者不多，拟派宫管带统领全部进攻，并令吴鸿昌进攻娘子关，为牵制敌兵之计。惟敌人兵力增多，我军过于单薄，请添派过山炮一营、步队一标前来，以期恢复。

大同镇亦于十四日下午电京，云：闻变兵将北上，已派步兵二百十四名往守雁门，请将京绥铁路电线接起，与京师直接以通声气。

又闻吴抚入晋之军累战皆小有胜利，旋又派委知府周某、参谋朱某持连日上谕前往娘子关劝谕变兵，已允和平解决。前日吴抚又单骑亲赴娘子关与变兵开诚相见，冀可就此安贴。初不意旗兵之袭其后也。噫嘻!

又有晋友述晋抚被戕情形，云：初兵变时，陆钟琦竭力劝慰，幸未被害。连日见各军变象愈著，辞气间遂带严厉，各兵怒慑之以威。陆抚气不稍折，因即被害。其遇害时，腰际受两弹、头部受一刀，遂毙。藩司王庆平亦被杀，提法司李盛铎以下各官尚无下落。

又晋函云：山西兵变时，各兵环集抚署。陆抚朝服出临，谓：汝等所要求，本部院皆能代达朝廷，期其允许。变兵已有恢复秩序之意。乃其侍者欲以官势压之，谓尔等所为非造反耶？兵怒，遂开枪将陆抚轰毙，其公子亮诚侍讲奔出救父，亦同时被戕。

《申报》1911年11月10日13922号第5—6版

赣省光复记

赣抚冯中丞于事起时避匿旺子巷民房内，后经探得，由各界备大轿请回筹商一切。十二日，冯集司道会议，谓：如举我为都督，则不就；若仍作巡抚，司道照常办事，则前事可以不究。另以名片请各公团于三点钟齐集高等学堂会议。各界闻其言论，知不堪拥戴，乃派兵回署，勒交印信。冯坚称已派差官送往北京，实无印可交，并云准明日回河南原籍。闻次日已坐西平轮船行矣。是日，各界公举吴君介璋为军政府大都督，设军政府于高等学堂。即传各营管带、队官、排长并巡防营管带、水师营统领齐集府内，由都督宣告：既蒙诸君推举，所有命令自当听从。军事上一切重要，务各力筹进行。众奉命维谨。又饬巡警各官十三日齐集军政府筹议，仍照常站岗，以保地方。复令藩库存款除发军饷外，仍行封固看守，留作办理善后要务及赔款之用。至各署、局、所案卷，仍宜搜求检存，毋得遗失。各外属府、厅、州、县仍照旧治事，先行电饬遵守，毋生异心。教堂各教士，仍宜格外保护。不通电之处，由邻县专差移会知照。九江派来义勇队，仍饬回防九江，以重防务。并饬该管带沿途约束军士，保全名誉。十三日有兵士在顺化门外查获五妇人、一女孩（此孩有［由］一少妇怀抱），疑为满人，用小车押解军政府。当经禀报都督，饬某管带官面询。据称系直隶人，并有祖牌可验。某管带即谓既系汉人，自应准予回籍，勒令暂候。都督命令至，前由河口调来之巡防队三百名于十一日到省，二百名驻三圣庙河下沙牌船上，一百名驻庙内。该队兵士均深明大义，比将军服红边扯下，改缠白布，悬竖白旗。惟粮饷已匮，颇形竭蹶。该队管带刘君乃片请三圣庙段下团长会议，要求就本街店户借粮三天，并担任保护责任。众团长均极欢迎。当时馈肉二百斤，酒四大缸，并担任每日借米九石，垫钱十二串。各兵欣然感谢。夜间荷枪排队梭巡，均极得力。昨日午后，分兵一百名驻进贤门外习艺所地方，以防流氓滋事。

《申报》1911 年 11 月 10 日 13922 号第 11—12 版

11 月 11 日

阁电

北京内阁奉上谕：资政院奏遵照宪法信条，公举内阁总理大臣一折。朕依宪法信条第八条，命袁世凯为内阁总理大臣。钦此。

钦奉谕旨：资政院奏，疆臣罔上欺民，违法激变，请明正国法，以遏乱源一折。着将此案交大理院，按照法律妥拟具表。钦此。

钦奉谕旨：御史赵熙片奏，四川旅京各界因汇兑不通饥寒交迫，请将所发赈抚四川内帑银十万两，留京发给。电饬川督于存川路款项下提还等语。着度支部查核办理。钦此。

奉谕旨：吕海寰奏，恳恩推广慈善救济会，按照红十字会章程办理，以广皇仁一折。着准推广慈善救济会，按照红十字会办理，并准其另举红十字会会长。又奏，慈善救济会需款甚繁，以捐助救济物品者，请优予奖励一片。着准其按照捐款，分别奏奖，建坊赏给卿衔。其请奖四五品京堂之处，着毋庸议。至调冯恩昆办理文案一片，着依议。该衙门知道。钦此。监国摄政王钤章，奕劻、那桐、徐世昌署名。

十九日，召见庆亲王、那中堂、徐中堂。

《申报》1911年11月11日13923号第2版

专电

南京战斗甚烈，防军与新军战，旧防军与新防军又战。各城门紧闭，且以石塞之，防御民军侵入，惟留一便门。早晨开二三时以便出入。宁省铁路停驶，居民无辫者杀死无数，兵士抢剥衣物，行人绝迹。

张勋所统江防兵大肆焚劫，杀良民千余人，烧房屋无数。官场不肯保护外人，领事团纷纷电沪，催速派兵赴宁，相机行事。

江防兵坚索现银百廿万两始允归降。张勋已派代表来沪，与上海军政分府磋议办法。

宁垣造币厂有银十万元，已为民军所得。

镇江民军因宁垣战祸甚烈，电请上海军政分府多运巨炮，前往防守。

南京新军现退至镇江，协助民军。

金坛县十七日宣告独立。（以上南京）

滦州军队统制张绍曾因愤满兵刺杀吴禄贞，与蓝天蔚商定提兵进攻北京。京师大震。

张绍曾照会天津领事团：定十九日来津收领城池。如果旗兵抗拒，须与开战。请速防卫。

张绍曾军队已至天津，现向北京进发，暂驻丰台。

天津宣告独立，陈夔龙被举为都督。

闻天津督署已为滦州军队焚毁。（以上天津）

驻扎石家庄吴禄贞所统之第六镇军队，已与民军联合。

京汴铁路中断，保定名［民］兵正与官兵大战。（以上正定）

闻黄河铁桥已被民军毁断。

汉口华界全部焚毁，损失约值一万万两。

信阳州有官军千人同时起变，北军愈无斗志。

贵州亦有光复之信。（以上汉口）

袁世凯因京汉铁路中断，已被民军占据，不克入京。

京师有兵二万二千五百人，内讧甚烈，大局愈危。

姜桂题奉命在汴招募新军五千名，防卫京师。（以上北京）

今日（二十），闻有满州决死队到杭，闭城大索。旗营允［尤］严。（按：决死队不知何指？大约即留日满洲学生所组织，以谋刺民党首领为目的者。）

二十日丑刻，有民军一营敢死队百二十人，乘专车出发，前往南京会攻。

金、衢、严三府皆于二十日午刻光复。

杭垣旗人勾结枭匪大扰嘉湖各地。

民军决毁盛康（盛宣怀之父）专祠，以平民愤。（以上杭州）

《申报》1911年11月11日13923号第2—3版

译电

据北京电称：外务部宣言清廷尚无离京之意，请太后发黄金三百万两，以充特别经费。第三镇陆军奉命赴保定府，各军士不肯与民军战斗。（十九日伦敦电）

据汉口电称：汉口华界三分之二均为火毁，损失之数共达英金十兆磅。因此穷困者，当有四十万人。

现在北京异常震动。自吴禄贞死后，有满人二千名及新练之兵二千五百名逃入城中。旗兵驻京者综计二万二千五百名，其心殊不坚定。（二十日伦敦电）

清廷允举袁世凯为内阁总理大臣，陆军中学已改为避难所。京中如有战事，妇孺皆可入内暂避。段芝贵率第一镇陆军三千名、第三镇陆军三千名、旧军一千名开往正定府，进攻民军。京汉铁路石家庄至正定府一段明后日可能通行，因第六镇陆军及太原府民军拟由该处撤退，往占长城之山道也。

据传张家口东南之蔡口浦（译音）车站已为民军占据。（十九日北京电）

德国某报谓：中国此次之革命，并非无秩序之举动，必由有卓识之领袖善为计划，始克臻此地步。由此观之，各国惟当预备自卫之计，万不能有政治之干涉也。（十九日柏林电）

清江十三协上中各级军官现均逃避南京，投入张勋部下。（十九日清江电）

安徽（十八日）有民国军二千余人，赴武昌投入黎都督军助战。（十九日安征电）

天津英租界贴有军政府告示，谓：将本月十九日抵天津，并不扰害居民，惟杀官吏而已，并劝各人袖束白布。此告示有民军第一标统带张所签之字。（十九日天津电）

广东省城于十八日光复，绅学两界公举蒋尊簋为都督，全城安静，各商照常交易。

十八日，广东咨议局宣布独立，举张鸣岐、龙济光、李准组织临时政府。各处皆悬新旗，欢呼雷动。

张鸣岐已乘英国兵舰离广州，行抵香港。传闻龙济光亦逃入香港，广州平静。

张鸣岐逃至香港，即由警察队护送至港督衙门。港督在议政厅演说，请华民视张督为港地之游宾，将享英国之优待及保护。（以上十九日香港电）

此间大局复安，北京答复星期日议决之要求颇为平和。军队已显露忠满之态。地方官惟恐土匪扰乱，现已分派防兵保护外人。（十八日济南电）

滦州陆军统制张绍曾今忽辞去钦差调和大臣之职，已由清廷允准。昨日决议命张率兵至京，以代禁卫军。盖禁卫军将调往热河，保护禁城故也。张因何出此，未经述明。

清廷有谕，准资政院举袁世凯为内阁总理大臣。袁世凯电称拟即回京，但铁路阻断，不能速抵。目下尚未接袁正式受任之电。

清廷虽豫备迁往热河，今似仍在禁城之内。禁卫军全军皆集于热河附近，其地实较禁城易守。且遇事急时得易逃出。

皇族中人现决意自尽。此说实由宫内传出，摄政王曾向亲族宣言，此乃最佳之法。

京中恐慌日甚。日来由京逃出者共二十万人，内贵族甚多。昨日有特别车二辆，载显贵多人前往天津。乘者谁，不得而知。该车于昨夜夜半开去。

京师人民咸携珍宝贵物等件迁居使馆界内客栈。租价大涨。各商店均已闭门。

意国公使已召集京中意民，聚居使馆界内。

英国公便亦通告寓京英人，令各准备一切。如有贵重之物，可存入使馆。并令英人在使馆界预谋良住处。如不能办，则可移居使馆之内。该书并谓，目下尚不必移动，此不过备急而已。（以上十九日北京电）

此间，各报研究派兵问题，均谓日本须候最后之时机而后出此。盖今日驻满之陆军，一有急事即可派出也。

《朝日新闻》谓：日本已派军至旅顺口。

梁起［启］超已于星期一日离神户，大约系赴北京。此间现信资政院将请康梁俱回中国。（以上十九日东京电）

吴统制被刺后，吴部下之兵二千五百名与旗兵一千五百名开战。旗兵败走。

清廷拟拆天津至丰台之铁路，以阻军队继至。但此事为英钦使阻止，并谓按照旧约，英国可在此路行车。现此事业已中止。

滦州军队统制张绍曾之要求，清廷已允。但张不愿受领钦差扬子江调和大臣之任。其军队现在北京附近，丰台一带。（以上十九日伦敦电）

据半官报宣言，外务部通告：吴统制满人杀毙之说并无确据，拟颁布恤旨，但谓系第六镇士官刺杀云。

《申报》1911 年 11 月 11 日 13923 号第 4—5 版

中国光复史：汉口战报（本馆特派观战员来函）

十三日午正，在都督府前筑一将台，四角列军旗四，中树一旗，上绣“战时总指挥黄”六字，集合驻本城队伍一协、军乐两队。先由黎都督偕军事各部部长登坛发表：黄代表兴屡经战争，富于军事知识，特举为战时总指挥官。凡我将校兵士，皆宜听其指挥。当请黄代表登坛，将印信委任状及令箭奉交黄君亲受。于是坛上下群呼：万岁，万岁，万万岁。欢声若雷。旋由黄代表演说：兄弟才识本不胜任，既承不弃亦不能不尽力。现今各省响应，大功已将告成。然我同胞亦不可以此自满。兄弟今日有三层意思勖我同胞：第一，须努力。现在黄河铁桥已毁，敌兵已无归路，势不能不拼死命以与我对敌。我若稍存畏缩，敌即攻入我腹心矣。临战时，倘不努力，后退者决意斩首示众。（众拍手）第二，须服从军队纪律。非服从不可，倘不服从则长官命令皆不能行。此种兵士万不能以之临战。以后军界同胞须服从长官命令，无论如何危险皆不得规避。（众拍手）第三，须协同。自来成大事定大业者，必自已能同心协力。若自已各存意见，互相枘凿，无论有何种势力，皆不能成事。洪杨之败，其前车之鉴也。我同胞无论办事人及兵士，皆宜互相友爱，以期共达其目的。（众拍手）演毕众复三呼万岁。都督请黄代表下坛，乘骑视巡军队一周。兵士皆举枪立正，黄代表在马上行举手礼。既毕，齐返都督府。

北军在鄂兵士共有二万五千人。十四日，其兵之半数忽然他去，或谓已渡汉水，上攻汉阳；或谓过扬子江，往攻武昌。两说未知孰是。然迄今亦未见有何种之举动。而民军于该两处设防甚固，断不至有他虞也。

北军共有大炮九十尊，机关炮二百尊，皆由京汉路陆续运来者。

北军此次赴南兵饷不甚充足，各兵先支一半。所以有多数兵士纷纷抢掠民间财物。北军军官皆置不问。然而我民苦矣。

十四日晨刻，民军在汉阳炮台用大炮轰击驻扎汉口之北军。不意一流弹误损英国兵船完特客克号，现此船已开至下流避险。

北军近又枪毙赤十字会人员。外人多詈其野蛮不法，而北军毫不为耻。

北军参谋本部已于十四日移出大智门火车站。惟因车站以北被其占据。故由北运来粮食、军械甚多。

北军设大炮四尊于跑马场，攻击汉阳。然炮准甚劣，鲜有中者。

十四晚，有民军数百人在汉口暗击北军，颇为得手。北兵被杀者甚多。

袁世凯于十五日起程回北京。

湖南民军选精锐三千人来鄂援助，不日可抵武昌。

昨据某国兵官言：汉阳一城将永归民军所有，北军不易攻击。因一面为汉水，一面为长江，一面虽有一条陆路，系是小山。今小山上，民军已置过山炮五尊。据该兵官谓，非英国名将完尔夫再生，不能夺据此地云。

现闻北军密议将用声东击西之法，诡以小股兵队绕渡汉水上游，占据黑山，以窥汉阳；另以大股暗由大冶、武昌，间道扑葛店、豹子海一带，以瞰我东南门户。所有下游兵轮四五艘，亦拟同时上犯，作三道并进之举。然此种诡计早被民军烛破，防守异常周密。然昔人谓，当时时如临大敌，是又在我同胞之谋军机而任战务者。

《大陆报》载：芜湖转来十七日汉口电云，民军现在武昌举行大会，庆祝扬子江下游各省之光复。黄兴已举为总司令官，掌生杀大权。当兴部下之兵在江之彼岸激战时，黎统领正在演说，并庆贺他省民军之得手，情形异常镇定。

闻十六日汉口官军有自相攻击者。盖各营官兵久有互相水火之意。清政府闻此消息，甚为恐惧，大约清廷命运之终将驳于此。

十六日，汉江两岸有剧战，枪炮之声甚巨，约历一小时之久。弹子坠入汉阳者甚多，但皆毫无效力。今官军正在豫备大战。或谓官军之中已互分秦越，恐亦枉劳心力耳。

上海红十字会会员某君被官军枪伤，甚重，恐有性命之忧。

青山炮台接续向十基罗米达车站之官军营内轰击。官军屡次谋向汉阳进发，皆被青山炮台开炮阻之。

现官军潜逃者甚多，显见军心已变。

此间商务情形仍无进步，除食物外，毫无交易。物价日增，粮食日缺。

官军气势日渐衰弱，想此后可无大战。惟官军统领之志颇坚，仍向汉阳进攻。因之租界行人颇不平安。昨日自汉阳飞来一弹，穿邮政局房屋墙两堵，而击至第三堵边墙。

《申报》1911 年 11 月 11 日 13923 号第 5—6 版

南京战报

十九日南京函云：十八夜，南门附近有恶战，系旧军与旧军相斗。督署前斩决民军八十余人，官军严守城池及各炮台。张人骏尚未死。美国领事署已有美国水师八十名保护，德国领事署及无线电报局由德国水师十人保护。城中尚安。

昨日午后，沪宁铁路专车抵沪。有人告朴爱德君，谓：昨晨南京官场有令，凡非从战者，即刻离城。此令既下，显将大战。因是，片刻之间逃出城中者有七万二千人之多。朴总管得悉后，立刻预备专车三辆，开至南京，载运欲离战地之人。

昨午，接南京来电，谓：南京城内仍在战斗中。昨午开赴南京之专车有红十字会一大队，前往疗治伤兵。

本埠日领事署接南京昨日午后四时电信，谓：南京已无巡警站岗，但由居民组织商团巡逻街道而已。张人骏、铁良仍在北极阁炮台，其余官吏大半巡至下关。旗兵中有十五岁之幼童与六十岁之老翁甚为可异。惟旧军待外人甚善，并无干涉外人之事。

又一电云，十八日南京各商店已一律闭市，夜间街上行人绝迹。昨日，仅有酒店饭馆数家复开，其余商店开而复闭，各城门仍不开。

南京无线电报局于星期三日被官军占据。是日，有官军约二三十人执手枪至局，令局中中国人拆毁电线，不准再行传递消息。局员只有三人，只得听从而已。但官兵并未毁坏器具，局员因恐有性命之虞，已乘沪宁火车抵沪。

昨日，民人携老扶幼沿铁路轨道向镇江进发，惨不忍睹。官军纷出，掠取各空屋之物，饱其所欲，后即放火烧之。被杀者不计其数，城中居民今已所余无几，恐官军将如汉口，以全城付之一炬也。

官军挨户搜查，见有无辫之人及妇孺衣服近于洋式者，均加一刀，惨无人理。官军今虽倔强不服，然坐困城中，供给之路已断。数日之内民军大兵会集，当不难克复也。

尤可异者，旧防兵不许红十字会会员医救伤兵。及医队入皇城，旗兵又目为革党，故该会甚形棘手。闻铁良与张人骏皆愿以城赠与民军，惟张勋必欲决一死战云。

本埠美总领事因接南京领事警报，谓：城中防营屠杀平民，恐于该国侨民生命财产有损。故前晚电达小吕宋总督，速运美国陆军来华，以保外人生命财产。兹悉有美国炮舰萨柏雷先运陆军一百名，将于今晚抵吴淞，尚有陆军五百名则于今晨由小吕宋起程，由美国巡洋舰载运。查该舰名萨拉把哥，系美国驻泊东方最大之巡洋舰载，重一万八千吨。有水师兵五百名，船上有十二寸径口之大炮八尊，八寸径口之快炮十二尊，其余六寸及四寸者不计其数。该舰约于本月二十四晨可以到沪，然后再赴南京。此次该二舰来华，并有运兵舰南山运来军装、粮食、煤炭等甚多，以为供给舰队之用。

《申报》1911 年 11 月 11 日 13923 号第 6—7 版

11 月 12 日

专电

江防军在城中纵火掳掠仍未稍止，无辫者行于街中即被斩杀。自十九起离城者不下五万人，沪宁铁路沿线行人延长数英里，皆向上海进行。

民军缺乏军火，徐统制已向镇江退避，拟设法围困宁垣，以断官军接济。

前昨两日，南京暂停战事。闻在磋商收降防军之办法，张勋仍索现银如［若］干数。

民军有照会致官军，令其出城一战，官军尚未答复。

清廷曾有密电，令张人骏与民军和平解决，以符停战之谕。故张督已有让城之意，惟张勋仍主力战。防军抢劫愈烈。

京口都统载穆已自尽，旗兵并无他种举动。大清银行现由军政府接管。

镇江民军于十九日下午三钟，有大队二千人运枪弹二十余万及炮弹四千余枚，向南京进行。

苏州民军昨日已派援兵向南京出发。（以上镇江）

长江水师提督程允和由姚君生范偕回南京，与各绅议妥，愿助苏州军政府攻击张勋所统之防军，并接受程都督之照会。（以上苏州）

驻汉北军十九日忽自相残杀，几至溃散。现已退守滠口，免为民军所乘。

驻滠口之北军，以驻汉军队掳获甚富。求请调驻。不允，遂自相攻击，杀伤无算。并有多数渡江，投入民军效力。（以上汉口）

芜湖十九日晨宣告独立，官军并无抵抗，市面安静。（芜湖）

厦门于十九日宣告独立，即举厦门道为民政长。（厦门）

福州大局已定，旗兵缴械降服。城内各局所及城外炮台、船厂等，均为民军所有。

福州将军朴寿被学生组织之少年敢死队刺毙。总督松寿、藩司尚其亨被拘。

延平、连江两县同时归民军占领。（以上福州）

闻河南彰德府已入民军之手。

资政院拟组织临时国会，请各省咨议局议员来京会议办法。

资政院今明两日密议，劝勉各议员暂勿解散政府，将有让步之政见到院宣布。

袁世凯电，允就任内阁总理大臣。

段芝贵电京，谓：已克复石家庄。

清廷昨又降谕，令满汉人民互相亲睦，不得再分畛域。此谕似为吴禄贞被刺而发。

邮传部电饬京汉路各站长，保护各处桥梁、山洞，以便袁世凯妥速抵京。

陆军部新购来福枪五千枝、子弹五十万粒，已运至河南彰德府，转运南下，接济北军。

闻山西民军因缺乏军火，已退出娘子关。段芝贵率兵三千，进据其地。

姜桂题已派炮队队长一员，前赴河南郑州招募新军，来京防卫。（以上北京）

香港华商定期二十三日开会，庆祝广州独立。

孙汶屡接武汉等处急电，促其归航。现孙尚在美国，欲募军饷一千万圆，须俟劝募足额始能归国。（以上广州）

杭州民军今日续开马步队一协，赴宁会攻。

衢州土匪滋扰愈甚，已派刘忠梁带巡防队驰往剿办。

《申报》1911 年 11 月 12 日 13924 号第 3—4 版

译电

天津大局异常危急，租界电话接线人现均罢工。（二十日天津电）

汕头知府出示悬挂民国旗号，各处均极安静。广东军政府决议挽留李准、龙济光统带军队。

香港华侨集洋二十万元，捐助广东军政府。香港定于星期日庆贺广东独立，香港政府已允其燃放烟火。（二十日香港电）

第三镇陆军第五标已由丰台车站拔队，乘车南下。

袁世凯电告清廷，准于二三日内启程北上。

京汉铁路自北京至彰德府一段已照常开车。（二十日北京电）

柏林中国俱乐部辩驳北方与南方民军互存意见之说，且谓寓华外人并无丝毫危险。

圣彼得堡某报谓：据半官消息，俄国对于中国之事务极为注意。惟如不损害俄国之利益，则俄国决不干涉。（以上二十日柏林电）

英首相爱斯奎士君在某处席间演说，谓：中国革命之局其结果如何，今日未便轻下断语。惟外人与英人之在华者并无危险之事，令人欣慰。现已派兵船分赴不靖之地保护一切，但绝不干涉中国内务，且愿中国前途得以进步而安宁。（二十一日伦敦电）

袁世凯有被刺消息，惟无确报，恐系谣传。

清廷因袁世凯抵京在即，故以此为最后之希望。清廷并召前东督锡良回京，一面设法劝谕张统制回京，以开大会讨论大局。

近二十四小时内，京师大局并无变动。正定府之骚乱闻已平定。今日清廷颁谕，劝告满汉人民宜相亲睦。连日出京之人仍络绎不绝。法公使雇定专车一辆，将正定府以南京汉铁路外国办事员载至北京。

清廷忽有振作气象，各使馆多为心慰。而亦有仍持哀观主义者，谓非俟袁抵京后不能谓大局已妥。

驻津英兵已拨若干，开往丰台，保护铁路，使京汉路得以照常开车。

天津仍安静。咨议局讨论该省之独立，多数赞成。（以上二十日北京电）

星期四，民军占据白塔山南门等处，并得电局及各厘卡。孙道仁统领出示保护外人、教堂、教民。将军衙门、法政学堂均被焚毁。民军时与官军小战，两军共伤二十人，死数未悉。晚间有海盗两次攻打江边郊原，均为民军击退。谣传满匪一百人欲在南台等地方秘密纵火，有满匪十二人及海盗多人被杀。该处防兵甚称得力，并有外国居民助其保护财产。

昨日，福州来电，谓：旗民于夜间数次欲图纵火焚烧外国租界，被获者二十七人，均为该处民军所杀。发电时尚在争战。（二十日福州电）

武昌于十四日，有湖南民军千余人投入黎元洪部下助战。（二十日芜湖电）

前星期内，日本有大军开抵此间。其运兵常在夜间，故其详数颇难确定，大约共有八千名之多。此外南满洲各处亦有大军开至。

北满洲俄国界内近两星期中亦运到大军一万五千左右。此间之人皆信日俄两国将乘机有所举动。（二十日奉天电）

驻京美国代理公使维廉君由北京来电，谓：清朝已无保全之望。京津铁路现由英兵保护。（二十日纽约电）

张彪已携眷属行抵东京。张彪状殊憔悴。现居某旅馆，由警察保护之。（二十东京电）

闻官军大炮颇为缺乏炮兵，潜逃者甚多。

北极阁炮台尚由官军把守，有山炮数尊，时向民间开放。冤死者不计其数。（二十日南京电）

昨日本埠官场接汉口无线电音，谓黎元洪已覆书袁世凯，对于大赦民军及以高位予各领袖一层，竭力批驳。且谓宗旨已定，万难稍变。如公肯反正，则将推为共和中国之临时总统，并请其从速答复。

据昨日汉口无线电音，谓：数日来该处并无战事。

据抵埠之江船中人云，日来惟有小战，北军互生意见，已无斗志。民军仍坚守汉阳，其由北开来之火车皆满载军火，目下存储甚多。汉口附近从战之军队共有七千名，余皆散布于铁路一带。

《申报》1911 年 11 月 12 日 13924 号第 4—5 版

汉口战报（本馆特派观战员来函）

十六日，袁世凯致信黎元洪，仍请议和。信中开有议和条件四款：

（一）实行立宪；

（一）资政院内满人不操大权；

（一）革军兵士一例赦罪；

（一）革党领袖暂行赦罪。

黎阅毕大笑，掷之于地，随作数字交来使，复袁云："俟我军直抵北京后，与公议和未迟。"

湖南民军精锐三千人，于十五日行抵武昌。黎都即于晚间大犒军士，士气大振。

十六日晨，忽有南京兵士三百人来归武昌，愿隶黎都督部下助战。

黎都督赠红十字会银一万两，兵士愈感激思奋。

北军因奉袁世凯谕，暂停战事，以便议和。现皆聚于大智门东南端楼下。而此数日内，北军兵士散布街上者不少，毫无纲纪，外人嗤之。

十六晚，湖南民军由总司令官黄兴亲自统率出战，莫不一以当百，其势甚锐。北军不能敌，遂大捷而还。

北军日来逃亡者甚多，十六晚又有数百人弃械过江。

黎元洪之夫人十七日过江，来汉调查赤十字会情形，并抚恤伤兵，每人给银二十元。兵士为之感泣，皆以情愿战死自誓。

在桥口附近有清军所运之火药十三船，又铜圆四十万，均为民军所得。

天主堂红十字会内，有医治已愈之民军约共四十余人，近又投营，连合攻击北军。西人莫不赞美民军之义勇，诚加入一等也。

黎都督曾照会各领事，云：北兵将炮台设在大智门，攻击武昌、汉阳。若武昌、汉阳回击，恐不免累及租界，请速设法办理等语。各领事遂请北兵张统领将炮台移去。张诺之，然迄今未实行，仍在该地攻击。宜乎外人之不信北军矣。

北军现在分驻汉口新舞台、观音阁、歆生路、刘家庙各处，约共三四千人。闻由汉而北尚有一万余人，皆在铁路沿线一带。

自北军得汉中后，其在各处搜获之枪枝约共五十车，现已运至刘家庙藏储。

连日剧战，民军勇往直前，誓死不回。出队后，徒步三四日，忍饿蜷伏，以欲达其目的而后已。及受枪伤，尚忍痛前进，不肯就医。经红十字会招入医院，神经虽乱尚不忘战事，枪伤未愈，力求出外。因之伤口复发，多至不治。

民军效命疆场，百折不回。官军逢人便杀，积尸遍地，悬揣死亡之数约计五六千人之多。西医以药水浇灌尸身。白骨遍地，血肉模糊，掩埋无术，臭气一泄将成大疫。不得已用药水灌注，使其不腐。现由上海红十字会，即日派人前往设法收埋矣。

当北军发令焚毁汉口华界时，一码头仁济医院适当其冲（是处现为红十字医院）。冯国璋遣人关照，嘱该医院早时预防。急将受伤兵士数十人迁至他医院，故未受殃。而所焚街市住房，人民欲出不能，焚毙于内不可数计。虽经红会救护队四面拯救，而烧骨之味熏蒸数里，至今余臭尚未尽散。

《申报》1911年11月12日13924号第5—7版

11月13日

阁电

宫门抄：二十日，召见庆亲王、那中堂、徐中堂、世中堂、张英麟、丁乃扬。

内阁奉上谕：大学士徐世昌，着授为军咨大臣；毓朗，着开去军咨大臣差使。钦此。

上谕：奉天提法使着萧应椿试署；周肇祥着补授奉天劝业道。钦此。监国摄政王钤章，奕劻、那桐、徐世昌署名。

《申报》1911年11月13日13925号第2版

代论：沪军都督府议设临时会议机关启

自武汉事起，各省响应。共和政治已为全国舆论所公认。然事必有所取，则功乃易于观成。美利坚合众之制度，当为吾国他日之模范。美之建国，其初各部颇起争端，外揭合众之帜，内伏涣散之机。其所以苦战八年，卒收最后之成功者，赖十三州会议总机关，有统一进行维持秩序之力也。考其第一、第二次会议，均仅以襄助各州议会为宗旨。至第三次会议，始能确定国会，长治久安。是亦历史必经之阶级。吾国上海一埠，为中外耳目所寄，又为交通便利，不受兵祸之地。急宜仿照美国第一次会议方法，于上海设立临时会议机关，磋商对内、对外妥善之方法，以期保疆土之统一，复人道之和平。务请各省举派代表，迅即莅沪集议。盼功盼切。集议方法、提议大纲如下：

集议方法：

一、各省旧时咨议局各举代表一人，常驻上海；

一、各省现时都督府各派代表一人，常驻上海。

以上开两项代表组织临时会议机关。

一、以江苏教育总会为招待所；

一、有两省以上代表到会即行开议，续到者随到随议。

提议大纲：

一、公认外交代表；

一、对于军事进行之方法；

一、对于清皇室之处置。（完）

《申报》1911年11月13日13925号第2版

专电

黄兴以全国革命将告成功，亟应设立中央机关，以资统率。已草就电文，分致各埠华侨，及各省都督协议此事。黄兴现派出与议委员，赍公文及意见书，不日来沪。

海外华侨皆举孙汶为总代表，并议中央新政府地点当在武昌。黄兴、黎元洪以事关全国，须交各省决定。黄兴力主组织北伐军，已与张绍曾军联络。张愿居前锋，黄主调度，黎筹后路军需。一俟外交就绪，即当进行。

北军退至滠口时，辎重山积，多系掠自民间。十七日，汉阳发一大炮，击毁辎重车三十余辆。事后查检，内有红十字会用品及妇女衣饰甚多。

袁军以段祺瑞所统八营战斗力最大，余营毫无战志。

端方在夔州被捕，拘留营中。端愿助军饷自赎。闻黎都督已命派兵押解武昌。（以上汉口）

镇江旗兵已反正，忽又中变。此间已预备迎敌。

江阴炮台闻南京防军大战之信，又挂龙旗。

清江浦军队哗变，秩序又乱。镇江将派民军一营，前往剿办。

扬州府八属均已收复。

扬州军政府已招练新兵万人，即日进攻浦口，直捣南京，为宁省新军之援助。

民军二十日暂退后，昨午复进驻镇。三十六标开往高资、下蜀一带，连战获胜，进据孝陵卫。未几，苏浙两都督府援兵自朝阳门登岸，断绝浦口官军来往通道。皖军亦进援，扼据大胜关，以为四面合围之计。

徐都督接奉江宁总司令新命后，军心大振。今晨，昧爽已联合各援军定攻太平门、朝阳门及神策门等处。枪炮之声不绝于耳。

官军到处纵火拆屋，肆行抢劫。城内花牌楼一带烧毁殆尽。旧劝业会场、鼓楼、朝天宫等处均有官兵驻扎。（以上镇江）

内阁接上海伍廷芳、唐文治、温宗尧等来电，请摄政王逊位，改立共和政体，以息战祸。内阁未敢入奏。

闻有人向资政院献议，请其要求朝廷采纳舆情，改建共和政体，即举摄政王为第一任总统。惟议员无敢以是建议者。此议遂搁起。

保定军民刻已停战。陈其采即出示安民。惟谣传京中旗兵有赴保复仇之说。

闻吉林省城已入民军之手。（以上北京）

石家庄自段芝贵攻陷后，晋军愤甚。连日自太原调来军士万余人，奋力进攻，复夺石家庄。段军溃退，光复正定府。

吴禄贞所统军队，一镇有三千人归入太原民军，余悉溃散。

黄河桥系被太原民军拆毁。北军后路已断。

长沙民军现已组织敢死队百余人，纷纷往汉，以暗杀冯国璋、王遇甲二人为目的。官军大惊，冯王二人尤进退失据。

湘黔交界边境，有土匪勾结官兵，乘机骚乱。长沙军政府已派兵往剿。

湘省旧儒王闿运被举为军事顾问官。王力辞，举魏光焘自代。（以上长沙）

河南咨议局决议独立问题，宝棻不允。开封现状骚扰殊甚。

闻宝棻已自尽，咨议局将选举都督。（以上开封）

昨晚一钟，沪杭路开专车，运送马步炮队及巡防兵，共二千二百人，赴宁援剿。

昨日旗营忽起内哄，民军前往弹压，竟敢抗拒。获二人，拟处以军法。

杭州都督府财政部解散，改举沈钧儒为部长。沈辞。

杭州商会与钱业商妥定二十六日开市。（以上杭州）

《申报》1911 年 11 月 13 日 13925 号第 2—3 版

译电

镇江于二十日午后六钟，旗兵数十人在军政府门前施放炸弹，民军出师对抗，击退。（二十一日镇江电）

昨日（二十一日），江防兵在西门一带任意拆毁房屋，备作战场。南门外雨花台炮台现有旗兵约二千余人驻守，炮台轰毙新兵甚多。（二十一日南京电）

奉天于十四、十五、十六三天，每日下午有满员八十余人在某署内开会，提议对抗汉人要策。（二十日奉天电）

据领事电称，东督拟向华俄银行借用巨款。咨议局竭力反对，如不见许，则将宣布独立。

外间舆论皆谓：清政府入税已绝不能再负财政之重累。即此一端，不日当有切实之解决。盖借款、赔款两事，关于各国大局极为重要。因此，各国已早日讨论承认民国政府问题，并深信该政府成立在即云。（二十一日北京电）

武昌军政府近欲筹借国债，以汉阳铁厂为担保物。东京《朝日新闻》评论此事：汉阳铁厂之财产已押于日本某公司抵借巨债，若民军不承认此项巨债，日政府与民军必起交涉。（二十一日东京电）

据确实消息，美国已接各国意见书，请其实行干涉主①〈义〉

《申报》1911 年 11 月 13 日 13925 号第 3—4 版

公电

各报馆鉴：冯国璋、王遇甲甘受满奴嗾使，为神人所共愤，天地所不容。现已派暗杀党百余人，非歼其全族不止。湖广公达。（长沙）

各报鉴：扬州已于二十日宣布独立，惟两淮盐运司统辖产盐销盐省分［份］范围甚广，由总机关部以章水天为两淮盐部都督，到扬与举定盐政长方泽山筹办一切协助军饷。（扬州）

各报馆鉴：扬州自独立后，八属亦同时收服，除旧军外另招新军一万，联合苏沪镇赣豫各军，一面出水陆路进攻浦口，一面直捣金陵。扬属人心安靖。扬州军政分府参谋处。（扬州）

各报馆鉴：盛泽已宣布自保，遍悬白旗，人心欢舞。（苏州电）

《申报》1911 年 11 月 13 日 13925 号第 4 版

---

① 此处原文即到此结束。——编者注。

中国光复史：汉口战报（补录特派观战员初十日来函）

初六日清晨，民军与北军大战于三道桥与刘家庙之间。民军奋勇争先，杀获颇众。北军不能敌当，逃退五六里。民军正拟上前直追，讵子弹已尽，而司军火之军官某不肯发给陆军，兵舰又偷挂俄国旗上驶，潜乘不备，开放四大炮，致民军损失数百人，两面遂各罢战。时西人为防卫租界计，特设大炮数尊于刘家庙，以阻北军前进。午后，军政府复派多数军队开往刘家庙驻守，以备晚间再与北军争战。其司军火之军官某当经押解武昌军政府审讯，方押解之际，沿途军民皆欲将其立即斩首。盖以为，民军此次损失皆彼一人所致也。

此次战事，自早六钟起至七点半钟，步队被萨军水雷船之炮击伤一百余名，炮队第一营带官张正梁指挥不善，被北军夺去大炮四尊，炮队兵损失尤重，遂致溃散。北军一路冲杀，直至刘家庙。幸驻扎凰凤山［凤凰山］之炮队轰沉萨军兵舰一只，敢死队复二次向前猛扑，步队亦上前接应，军令部又调步队、炮队齐至，始将北军逐回三道桥以北之鸡冠山而去。

初八日，黄兴亲自统领湘军三千，渡江与北军开战。先经探悉北兵分三处埋伏：一在桥口，一在刘歆生花园内，一在刘家庙。黄兴即出奇计，命首攻刘家花园。一时大声齐呼，真有山岳崩颓、风云变色之势。北军不及抵御，抛枪上屋即走。民军乘势枪毙北兵三十余人，并抢获机关炮三尊。旋命民军数百人坐小舟由襄河上溯至集稼嘴起岸，抄桥口北兵之后。北兵毫未准备，轰然骇走。民军开枪轰击，将北军殄灭殆尽。刘家庙之北兵又被民兵以冲锋杀散。是日，民军可谓大捷，而北兵则片甲无遗矣。

初九日之战，两军互有胜负。民军亦未甚得手，但是日上午北兵窃据桥口，设炮数尊，意欲轰夺汉阳兵工厂。不意先为民军侦悉，即屯兵大智门钞袭其后，一时枪炮轰击，敌乃不支而退。

又闻初九日，黄兴夺得之机关炮每秒钟能放二十四出，其制甚新。经民军查得，系某洋行代购之物。故都督府已邀同各国领事察看。现此炮存美国领事处云。

《申报》1911 年 11 月 13 日 13925 号第 4—5 版

赣省起义时述闻

赣省新军反正早有所闻，嗣又中止。乃混成二十七协及独立五十五标两营半官兵三千余名，突于初十夜密布传单，约期十一日丑初二钟起事。各营接到传单，预备一切。由驻扎城内五十五标营队放枪起事，打开各城门，协部马、炮、工、辎七队官兵放枪响应，列队进城。一时排枪声自远而近。旋闻马蹄声、刀鞘触地声过户，不闻喧噪，居民安静。俄见红光烛天，焚抚署毁皇殿、烧八旗会馆。冯抚及司道各官漏夜得信，先事逃避。放火之后，革军分派军队驻守军装库、藩库、官号、电局。地方人民悬挂白旗，及手圈白布者满处属目。官府人民均未伤及。至五时，街道始行平静。十时，兵官在陆军小学堂集合会议。因搜索冯抚不获，公举协统吴介璋为赣军都督，当时吴亦逃避，即推协部马营管带方先亮、五十五标教练官冯嗣鸿为临时领袖。各集军队，分别派用，并将炮营调上城楼，分门驻守，并电武昌接济军械，九江联合以保要口。兹将当日宣布各电汇录如下：

发各府厅州县电：省城已于初十夜经本省国民军光复。兵不血刃，万众欢呼。现已筹议进行。各府厅州县，该管地方官同是汉族，务当共晓大义，不准擅离职守，从速会同绅董倡办民团，加意防范，毋任土匪藉端滋事，扰害地方。所有印信暂行照旧，俟本都督颁发新印后，再将旧印缴销。大都督印文电。

发各府厅州绅商电：省城已于初十夜经本省国民军光复。兵不血刃，万众欢呼。现在筹议进行及保维全省方法，望即悬灯庆祝。惟举义之初，深恐土匪藉端滋事，扰害治安，并望诸公速办民团，以资防卫。

致北京同乡诸京官电：北京豫章学堂泉转同乡诸公鉴，我省父老子弟于初十夜同举义兵，光复全省。诸公深明大义，幸勿以曾膺伪职恋栈虏廷，及早言旋，同兴汉族，望切盼切。江西全省国民文电。

九江马统领电。南昌冯抚台、刘藩台、张臬台、陆传两道台、张总办、吴协统公鉴：今晨接电，得悉省城于初十晚光复，军民欢祝无已。公等的系汉族人豪，谅必首先提倡，尚祈共矢初衷，坚持勿懈。地方幸甚，国民幸甚。毓宝真印。

九江马统领电。南昌民国军团体公：真电悉。比即布告军民，均同声欢祝。但我军起义，总以保商卫民，丝毫不犯为宗旨。诸公深明大体，当必共表同情，毋待鄙人赘述。现在抚、藩、臬、张参议、吴协统及道府各官是否一律投诚，有无意见，请即示知。如有不明大义者，宜和平劝导，勿令走脱，使其翻然悔悟，毋稍残暴，致伤同种。是所切祷。毓宝真印。

《申报》1911 年 11 月 13 日 13925 号第 11—12 版

各省光复之捷报

昨日，沪军都督府接到福建等处光复电信。兹录如下：

福建电：沪军都督鉴，闽省已宣告独立，秩序肃，全省安。

漳州电：敝处已竖独立旗，全境安谧。

云南电：全省安静，商民欢舞，已举麻□□为临时军政长。特闻。

《申报》1911 年 11 月 13 日 13925 号第 18 版

11月14日

专电

武昌军政府分电各省都督，谓：北伐队行将出征，惟此为直捣黄龙之举，亟应增厚兵力。各省如自度兵力有余，应即派兵联合助剿。所有军饷，各省每月能认若干，均盼速复。

黄兴派赴天津之交涉员前日来信，谓：此间交涉事件颇能满意，北伐军进行必不碍行动。

黎都督电商各省都督，联合电请中山（孙汶）刻日回国，料理北伐队，督师进攻。

黄兴黎都督因与各国交涉之事甚多，电商各省，拟于温宗尧、伍廷芳、孙逸仙、王宠惠四人中择定二人，一为各省民军外交总长，一为副长；一驻上海，一驻武昌。

袁世凯照会各领事，定于十九日轰击汉阳、武昌。然未实行。

汉口清军已开始用大炮向汉阳攻击，民军不得已，自蛇山开放大炮一次，伤清军多人。（按：此电系另一访员所发。）

北军前驻汉口，因房屋全焚，无险可守，常受南军炮击，故退驻滠口。

北军二十日起退在汉口、孝感之间，溃散者四千余人。降民军者一律收械，暂给小粮，编作巡警。

红十字会医士过江抢救伤兵。官军放排枪阻之，飞弹如雨，幸医士无恙。（以上汉口）

清廷愿再让步与黎元洪议和，续开条款交资政院复议。

袁世凯昨电内阁，谓："大局糜烂，议和无望。世凯身体衰弱，实难赴京接受内阁总理之任。"

同日袁又电阁，谓：派游击蔡某赴武昌，与民军议和。黎元洪已允通融，俾免流血之祸。故，议和一事尚有一线之望。

袁世凯与黎元洪议和之意见，拟将扬子江以南各省划为共和国，奉吉黑直隶四省仍为君主立宪国，其余各省听其自行相机行事。闻黎都督略有允意，惟部下各员均坚持不允。

满汉议和，京朝士夫宣言已得袁项城确报，日来大有可望。

监国连日召见王大臣商议和战要策，面面相觑，迄无善法。惟有渴望袁内阁速来，挽回末运。

张绍曾有退志，俟袁到京面商，再定南下。

京汉铁道今日全部开通。

清廷惩治北军在汉口焚杀之军官将次发布。

袁世凯电京，谓：河南日内宣布独立，将顺道前往开封，阻止此事。（以上北京）

河南绅士议决，即日宣布独立。

汴抚宝棻眷属已逃，宝亦不住署中。汴洛铁路停有专车一辆，预备出走。大局异常危急，（以上开封）

官兵大败于石家庄。第一镇大队之一部分，沿铁道散走，第六镇亦南走乐城。

吴禄贞被刺后，其部下未溃散者尚有三千人，公推吴之参谋王勇公（闽人，留学日本，陆军毕业）为统领，将与蓝天蔚联合，作北伐军前锋。（以上正定）

鲁省组织独立宪法及临时共和政府，已经鲁抚孙宝琦允准。今日大会绅民，选举共和总统。

烟台宣告独立，民情安谧。

闻奉天亦将宣布独立。牛庄绅、商开会议决，欢迎民军。（以上济南）

苏州程都督定十月初一召集江苏临时议会机关。（苏州）

南京昨日小战，未获利。徐都督抵镇后，飞调苏沪浙扬镇皖各援军，刻日进攻。

镇江民军大集，旗营稍觉安静。（以上镇江）

满营佐领贵林父子串同金林、马企文等密谋反抗，经满人德济赴都督府告密，拿讯确实。昨日枪毙。

杭城盛传满人投毒药于河井中。旋经试验，未确。民情乃安。（以上杭州）

《申报》1911 年 11 月 14 日 13926 号第 3—4 版

译电

汕头、烟台两处均为民军不战而得。

宿迁有乱，居民多遭抢掠，甚为惊恐。外人幸未累及。（二十三日宿迁电）

据北京电称，袁世凯电辞内阁总理大臣。（二十三日伦敦电）

有俄军一千五百名于二十日离海参崴而赴北京。（二十二日柏林电）

鲁省明日选举共和总统，孙宝琦能否被选，刻未定。（二十二日济南军）

广东都督胡汉民前充某报馆主笔，现照会各国领事，谓：广东宣告独立，实与中国共和军政府联合办事。（二十二日广州电）

二十二夜，烟台为民军光复，未经争战。（二十二日烟台电）

袁世凯于今晨十时离正定府，约下午五时可抵京。（二十三日北京电）

黄兴为总司令官，以汉阳为大本营，指挥民军防守。黎元洪则专任政治各事。

民军领袖并无意见不合等情。惟于讨论事务时各有表见，大约不日可以统一。

政府宣言张统制如允回京，庆王及各大员可力保其平安，如一千九百零八年时袁世凯逃至天津成例。但张仍在滦州，不允回京，亦不至天津。显欲静待袁世凯行抵其处，或武昌议和之结局。

天津仍颇安静，民军以滦州军士驻扎附近，是否赞成独立尚不可必，故不欲急求结果。

河南咨议局因陆军对于宣告独立之举并未赞成，故尚未实行此事。现局中已公推代表往谒袁世凯，以探意见。

奉天公署以种种方法筹借债款，惟并未动用制造新币所余三百万圆之款，大约将留供军费或别项急用。

北京除贴有革命告示数张外，地面尚安。但数日前清廷惊惶失措，只须有数百人，一呼而起，即足吓逃皇室。现清政府仍竭力声明宣统并未潜逃云。（以上二十一北京电）

外务部仍不肯宣示袁世凯之踪迹。据确实消息，袁已行抵郑州车站，锡良已抵京，即日召见。清政府仍促张绍曾即行回京。（以上二十二日北京电）

烟台诸皆安靖，无日不望民军之至。民间似不致反对此事。（二十二日烟台电）

广州民军现举新军统领蒋尊簋为军政府军事长，代理都督。因都督某君尚未至粤也。广州人民皆甚欢迎新政府，商业已复旧状。（二十二日广府电）

《申报》1911 年 11 月 14 日 13926 号第 4—5 版

今日可怜之京师

伍廷芳等电请摄政王逊位，文云："北京摄政王殿下，川鄂事起，罪己之诏甫颁，杀人之祸愈烈。以致旬日之内，望风离异者十有余省，大势所在，非共和无以免生灵之涂炭，保满汉之和平。国民心理既同，外人之有识者议论亦无异致。是君主立宪政体断难相容于此后之中国。为皇上殿下计，正宜以尧舜自待，为天下得人。倘行幡然改悟，共赞共和，以世界文明公恕之道待国民，国民必能以安富尊荣之礼报皇室，不特为安全满旗而已，否则战祸蔓延，积毒弥甚。北军既惨无人理，大位又岂能独存？廷芳等不忍坐观，敢为最后之忠告，声嘶泪竭，他无可言。伍廷芳、张謇、唐文治、温宗尧叩马。"

清太后清帝出京一说，外间议甚多。兹经切实调查，除满大员眷属纷纷出京，那桐眷属已避至［东］交民巷六国饭店外，清太后、清帝确未离京。本月初旬，业由南海还宫。惟皇室眷属大都逃出坟茔，装作乡妇式样避人耳目。其蒙古王公等，则因此次战事全为种族而起，爰由那彦图亲王倡议，谓“蒙汉族民皆为黄帝子孙，即以蒙古文字势若结绳为之证。不独无虞加害，且可联合大同。况吾蒙人向未身居权要，安有苛政可行？民军自不至于分视”云云。以是蒙古王公并无出京逃避者。

涛贝勒交卸军咨大臣差使。据其自述，谓“因追念先帝，曾有勉力向学、毋得轻干国事之训。故拟乱事稍定，即当游学欧美各邦，以副先帝之意”。惟该贝勒尚有御前行走差使，每日仍须进内，恐有暗与政事之嫌，故于昨日面请监国将御前行走等差一并开去，以免指摘。

十七日，京师叙官局失火。各王公大臣惊若木偶，竟不命人施救。盖以为革军已至，心中只有逃死一念而已。

清庆亲王前日又由大清银行提款三百万两，以为预备逃避之计。以是朝局又复恐慌。

《申报》1911 年 11 月 14 日 13926 号第 6 版

粤人宣布独立之热诚

粤省于十九日宣布独立，人心颇为愉快。兹将先一日提议宣布独立情形，汇录如下：

九善堂总商会议案。十八日九善堂总商会以地方危迫，决议公派代表联谒张督、龙李两提请示维持方法。翌日早，再集总商会。适张督先派胡君铭盘，偕江君少泉莅会，陈述意见。由胡君提出三问题：（一）军队防营；（二）旗满军民；（三）土匪请速解决后，然后进行，免陷危险。经众再三讨论，军队防营于未举定民政府都督以前，仍须由张督、龙李两提负完全弹压责任。通知旗满速派代表，即日与议，共保和平。土匪与革党性质不同，俟广东民政府机关成立，速议条件，分别解散，制止惩办。表决如下：（一）定咨议局为全省议事总机关，各团均举代表与议；（一）准期即日两点钟在咨议局开议，一面通知议局办事处准备，一面请各报刊发传单；（一）函达满汉八旗举代表与议；（一）电告港澳团体；（一）目下进行方针已定，应请各界联同保守秩序，实行维持治安。兹事体大，人民各宜存敬畏，勿涉轻妄；（一）机关部成立，议定条件送呈张督执行。各界见有总机关部传单，方可一律竖旗鸣炮，以维秩序。

各团体咨议局议案。下午两钟，省中各善团、行商联合各界举派代表再赴咨议局议事。军商工学各界到者千余人。胡铭盘代表张鸣岐、祥康等八人代表满汉八旗赴会。两点钟开议，众举主席爱育代表黄云轩，八旗代表余顺卿宣布，莫任衡书记，罗少翱、凌子云先宣布开会理由。大意谓，现在大局危急，各团体以议局为全省言论机关，在此集议政治革命，实中外所同认，广东全省人民极表同情。今为第一次集议，组织新政府有两问题：

一、为议事机关。（甲）指定咨议局为办事所，（乙）举人担任作为临时办事人。先由省城及港澳各团体举出至少每团五人。一面通函各府州县赶紧举人来省，凡被举代表每日均须到办事所，不得放弃，将来开办正式选举，即退居选民。未举定前，由议局议长、议员担任。众赞成。

二、为行政机关。经众举定张鸣岐为临时都督，龙济光为副都督，用正式呈文。俟接收后，由都督分别咨移各省都督。其余行政官厅及军队防营，暂由临时都督主持，再宣布。

是早，总商会议案提出三问题：（一）新军防营应由临时都督负完全管辖责任。众赞成。（二）旗满军民。先请旗满代表陈述意见，主张人道主义，不分汉、满，一律看待。众赞成。（三）土匪。经众再三讨论，未经表决，下次再议。随决定十九日八点钟在议局大会议宣布，呈文表决后，连同关防送呈军政府临时都督开用，请即正式公布，一律悬竖独立旗，以定众志。遂摇铃散会。

咨议局大会杂闻。是日，咨议局集议时以七十二行代表为最多，各人对于张督示文“不日宣布”四字反驳最力，谓恐松懈。初议是日十一点钟送都督印，辨论许久，卒定十九早八点钟。又初集议时有行商代表招某痛责咨议局腐败，谓新政府成立后，应重新改建。八旗代表蔡某演说，谓旧政府于彼等本无甚裨益，此番组织共和，各人无不欢悦。张督代表胡铭盘代辞临时都督颇力。陈援庵痛切驳之，卒又举龙济光为临时副都督，又因粤省政府应与湖北政府血脉相接，遂又举定汪精卫、胡汉民、陈景华等在粤办事，由临时都督以礼延聘。其临时都督印及文书，公推报界制办，文曰“中华民国军政府粤省大都督之印”，方约四寸。昨晚漏夜刊刻，备今早送去。是日争论虽多，然各人俱抱热诚而来，无不各守秩序云。

全省之惊疑冰释。各处革命军本约定十八日到省，居民异常惊疑。及见议案与张督示，全省欣然。各铺即时开门，贸易者不计其数。初时各人尚欢呼喧嚷，及忧心已息，全省肃然。

省城解严。广东既决定独立，所有炮楼、营盘、城楼各处已一律撤去防备。原有大炮俱即日取下，并下令各警局、各营队遇有真正革党，如非扰民，不许妄拿。其桂军各营拟要求新政府发恩饷三月，派员送令回籍防绿旗满各营，暂仍其旧。

省释轻罪囚徒。各国革命后，必将监狱人犯一律释放，以示咸与维新之意。昨日，粤人既决定独立，所有南番两县广府及各审判厅犯人一闻消息纷纷要求，已即日将轻罪囚徒省释。其重罪者，现仍暂留，以待新政府之命令。

官民赶制新旗。粤人既决定宣布独立，政界即日在各车衣店定制民国新旗三千六百面，预备今日悬挂。李水提且于昨早已饬宝和制定新旗七十面，其余公地及各铺户自行制造者不计其数。粤汉各车站及○○○迫不及待，昨已纷悬新旗矣。

《申报》1911 年 11 月 14 日 13926 号第 10 版

11月15日

专电

袁世凯起程入京时，曾电内阁，谓革党内讧甚烈，黎元洪决降，已允电致某省解散。惟议和条款诸多棘手，仍速募北兵数万，以备最后之解决。并谓各省民军虎头蛇尾，势将解散，可以毋虑。（按：袁世凯三次函致黎都督求和，黎皆拒之。今所云云岂梦呓耶?!）

袁世凯于二十三日四钟到京，带卫队数百人。清廷派邹嘉来，往车站迎之。

昨日，清廷又颁招抚民军长谕，系从袁世凯之请。

外交团知照外部：各省纷纷独立，所有借款、赔款如何办法，限三日内答复，否则决将加以干涉。

锡良泣陈：大局已迫，冯国璋、铁良二人肇祸尤烈，请明颁仇汉不赦之谕。庆默然，涛洵力阻，始罢其议。

洵、涛面陈大势已去，与其坐以待亡，不如先发制人。并谓立宪实行，满统即绝。

蒙古喀拉沁亲王密请挑选蒙兵二千人南下助战，并拟分电各蒙旗速选劲旅十万防卫国境。

清廷密派江苏资政院议员孟昭常挟巨资来沪游说革命军解散，藉探秘密。

直督陈夔龙电阁：革军屡有电来，希图惑乱臣心，除覆拒外，决以身殉。

南军提出条件，俟各省电复意见相同，即可照准。（按：所谓条件，不知是否和议之条件，容电询续报。）

张绍曾移军卫京驻扎南苑，以段祺瑞兵调驻石家庄。

驻日汪使电清廷：国势危迫，请速开国民议会，以冀挽救。

资政院议将张彪正法。

清廷将命锡良督东，以赵尔巽任度支部。

京师保官会今日开会。（以上北京）

昨有萨镇冰战舰三艘，及驻汉北军一大队归降民军，民军即进据汉口车站。

鄂军政府通电：光复各处，凡汉官被拘者，一概赦其既往，优礼释放；满员降顺者，亦赦之。惟有反抗证据者，始加以惩处。

武汉军队知此间将抚战事，纷上血书，请黎都督编入北伐队，誓拚一死。连日请愿者约居全军之七。

湘省谭都督照会鄂军政府，谓：该省新练之兵未敢派以北征，旧有新军仅资防守。但湘既不认筹兵，自当力任筹饷，愿任北伐军饷需，约每月十营之数。

黎都督电致石家庄民军，谓有北军从孝感一带溃退，宜速派兵截留，或招降之，以为我用。

易乃谦之侄易鸿声，上月混充降兵。初七八之战，竟被泄漏秘密，致遭损失。现易逃至黄州，被获，已解武昌枪毙。

南京停战数日，大局渐见平静。警察已站冈［岗］，商店大半开市。

宁垣城外，民军已到九千人，分驻要隘，以阻防军外窜。

昨有兵轮十三艘，由上流驶泊京口，一律悬挂民旗。

宁省退守镇江之新军，现驻城外各庙宇。俟苏浙援军到镇，会合进政南京。

驻防满兵逃去甚多，满营房屋全空。（以上镇江）

鲁省民军攻击督署及南门附近之炮台，闻被官军逼退。

鲁抚孙宝琦，昨日被举为山东独立政府总统。（以上济南）

《申报》1911 年 11 月 15 日 13927 号第 2—3 版

译电

二十四日，上海政界接镇江消息，谓：有中国兵舰九艘，二十三日驶至镇江，并未悬挂旗帜。闻船员已宣明意见，愿悬民国新旗。大约此舰队当与闻攻克金陵之事。

本埠某领署接沙市电，谓：沙市不靖，民军未来。富绅逃避者甚多，生意停滞，钞票不通。士绅现办团练五百名，保卫地方。

二十四日晨，上海某领事接长沙领事电，谓：长沙无事，刻正派兵往鄂。

谣传俄政府拟与日本联盟侵入北满洲。现俄国某报严驳此说不确。（二十三日柏林电）

袁世凯已于二十三日下午五时二十分抵京，随带卫队数百人。至时车站排列兵队，由外部大臣代表政府前来迎接，并有各大员及西人等在车站守候。经过之处咸有兵队保护，定于明日陛见。袁之政策方略极为人所注意，现清廷所恃以支持危局者，惟袁一人而已。袁精神尚好，下车时并无足疾之状。

万国水师队日本某海军少将告汉口领事团，谓：萨镇冰部下战舰三艘及官军全队已降服民军，即将汉口车站占据，并轰击汉口华界及十机基罗米达车站。官军已向北方退去。（以上二十三日北京电）

日本某报谓：满洲乱事，高丽即受影响。并请日政府维持南满洲之完全秩序，与俄国在北满洲同谋协进。并有日本官员数人谓：日本地近中国，若遇事变，可随时派兵至中国云。

中国陆军学生入日本第十三联队者共五十三人，已由陆军省允许，请假旋国。

横滨中国领事某满人，近将署中器物悉数售与日人，挟资而逃，不知所往。寓日中国人闻之愤极，现领署已由日警看守。

谣传民军要求满洲总督赵尔巽，以银四百万两捐与地方某会，筹办地方自治而保治安。

吉林牛庄皆宣布独立。

日本外务省接奉天电，谓：奉天有骚动之象，日领事已筹保护外人之策。

吉林日领事报告政府，谓：满兵状态不靖，居民已设法互相保卫。

汉口日本海军大将电告政府，谓：民军首领黄兴才术优长，已将民军意见参差处调和、融化。汉阳防御颇为完全。

奉天咨议局决定宣布独立。据奉天电，谓：安东县恐不免有乱事。

传闻有日本革党三人，离日赴中国，投入民军。

留日中国学生因经济困难，要求驻日清使设法接济，迄未议定办法。昨日，学生颇有革命举动，东京各陆军学校已无中国学生踪迹。（以上二十二日东京电）

奉天闻各省起义，颇欲响应，然恐秩序一乱，适招外人之干涉。故现皆镇靖，不致有所举动。奉天日兵约有万人。（二十三日奉天电）

香港华侨今日庆祝广东民主之成立，各商店停止贸易，各处皆有新旗飞扬。至午时，皆放花爆庆贺。（二十三日香港电）

据确实消息，清闽督自尽，将军被刺，民军将海关、电报局等占领，并请各教士回闽，外人守中立，余皆平安。（二十二日福州电）

《申报》1911 年 11 月 15 日 13927 号第 3—4 版

公电

江苏都督召集临时议会，通电：

各属民政长鉴：江苏自苏沪光复以来，大江南北同心响应。现正会合各军进攻，南京指日可下。惟改革之始，百端待理，法律、财政尤关紧要，亟应组织代议机关，以符共和本义。兹定于十月初一，开江苏临时议会，暂以苏州拙政园为议场。其议员即以咨议局议员充之，如有已经委任为各地方民政长或其他职员者，均得请派代理，以便准期赴会。

《申报》1911 年 11 月 15 日 13927 号第 4 版

中国光复史：汉口战报（本馆特派观战员来函）

黄兴现驻归元寺，所领军队甚多，以北军坚请停战，故尚按兵不动。

袁世凯第三次致书黎都督求和，有划南北分治之议。黎仍笑而拒之。

十七日，北军与民军战于乾隆巷一带。自午正起至傍晚五句钟停战。民军伤二人，死一人。北军稍退，死亡者二三十人。

是日夜半，北军用无数驳船载兵渡江，意欲袭击武昌，为民军防夜兵队所见，即击退之。

有北军兵士一百余人，连日在新沟等处测绘地图，并欲招该处土人充作向导，土人不愿，掉头径去。

武昌提法司衙门刻已改作内务部办事处。黎都督已派人修理一切。

十八午刻，武昌城门悬出首级两个。据守城者谓，系私探兵情之汉奸。昨晚获而杀之。

张彪连日督战，十七日之役肩上忽为民军枪伤，现逃入兵舰内。闻伤势不甚重。

连日，北军在汉口死亡者不少，然不肯将受伤兵士送入红十字会医治。盖恐民军知其败创情形也。闻自初十起至十七日止，死亡者共有四千余人。

民军获得蒸器机关七个（译音落克莫的夫），现已聘请工程学生修理，以资应用。

十八日，有敢死队数人，前往北军营内散布劝降书，及各种印刷品。可谓勇矣。

由保定府至河南彭德府之铁路已为民军占领，故北军后路已断。军士愈无斗志。

某西报访员云，数日前，有民军六千人，自山西太原起程，前赴北京。

汉阳兵工厂日夜加工制造，每日可出快枪六十枝、炮弹一千三百个，枪弹五万个。

黎都督前日出示：如有人能生擒北军一名者，赏洋一百元。自此北军更无生还之望。

闻荫昌离汉时，曾带去马兵六十人，步兵二百人作为卫队。

十九日，近中国境之英租界内忽有枪子飞来，误毙华人二名。

十九、二十两日，北军图攻汉阳。枪炮声又不绝于耳，然终不能打过汉水，枉费军火而已。

连日，北军在招商局码头噸［趸］船上专击乘船渡江之人，毙者不少。各国领事以其违背人道公议，致书北军统领，谓：以后北兵不准在此船中暗伤闲人，不准再有此等野蛮举动。

神户华侨捐集革命军饷银十二万两，已于二十日晚汇至武昌。

二十日，有海军将官兵士数十人投降民国军。

二十一日，安庆来信，云：有民军五百人，开赴南京助战。

汉口战事大致已定，近日所闻枪炮声乃北军掩饰耳目之计。盖北军因粮饷将尽，故内部甚形骚乱也。

《申报》1911 年 11 月 15 日 13927 号第 5 版

皖军都督竞争之风潮

皖省宣布独立后，商民公举朱经田为大都督。而王天培因军界中一小部分之赞成，被举副都督。当时经众应允。讵十八日，朱抚受印后，以为各省均无副都督之设，因即函致咨议局，商请改为军事总监。而王不允。立至咨议局，要挟各绅将印取回，并限二小时回信。否则，铁血相见。众绅无法，即往朱抚处将印取交王天培收执。十九日王即不待公举，自为都督。于是各界中人已为不服。而王天培办事又涉强权，不能兼顾民隐。因此军警各界怨声啧啧。又闻知朱抚定于二十起节离皖，挽留无术。夜间一句钟时，遂有卫队巡防两营兵士约数百人，突向司令部放枪数排，夺城而出。皆言王都督威凌兵士，且到此两日并不放饷。若朱大帅一去，我等必要饿死、杀死，不如逃命等语。居民于睡梦中惊觉，扰乱万状。次日天明，商民齐至咨议局商会会议。八句钟一律闭市。商民均顶香拥至抚署，哄入二堂，哭跪朱抚前痛不能声。惟有牵衣扯袖以表挽留之意。一时密集约十数万人。四牌楼横直两街及抚署左右均被填塞，拥挤不动。朱抚见民心坚固，只得权允暂留再议办法。商民等遂又拥至督练公所司令部，索取都督印信。弹压各员皆被殴击。王天培亦知民气激烈，万众一心，先期藏避。一面电致炮营管带。某将营内退山快炮率兵拉出六尊，骑马冲至，意将开放，并手持大刀逢人便砍。各商民见之愤怒，一拥而前，将该管带徒手攒殴，登时毙命。复将大炮拉进抚署以防暗中轰击。嗣经各界代表窦以钰、蔡正赵、曾重、洪思亮等进内将都督印信取出送至抚署。一面分人再至商会开议。未几，朱抚亦派左右翼统领刘曹二君到会商布，决意留皖维持治安宁。可牺牲一命，断不有负皖民云云。于是全体公电鄂军黎都督申明此意，并派代表分赴鄂赣等省面陈详情。直至三点钟后，司令部各员聚而不散竟开放手枪乱击，飞弹如雨。有十岁之小童被弹伤及左肩，幸未毙命。当时朱抚即派巡查员用手招降，亦被枪弹洞穿手掌，朱抚见此情形，即将城外水师调入城内，围绕司令部。一面派员会同绅商各代表妥为开导。随将开枪之民军、各执事员，设法诱出，护送咨议局。大众始散。惟时已五点钟。市面稍行，安静城上。兴汉保民旗及各铺户民之欢迎旗帜，亦均照常悬挂。未战，朱抚即发电鄂浔两军政府，请其派兵来皖镇压。昨浔阳军政府已派混成一协分乘小轮八艘来皖。于二十一日下午二点钟，到皖陆续登岸分驻城内，以资防御。

《申报》1911年11月15日13927号第10版

苏省改革后之新猷

苏州。苏垣于二十二日，在元妙观内三清殿，开国民资格研究会。当时，苏省体育会及中路巡警各派队到场梭巡。各界士民人等到者数千人，颇为拥挤。三点钟开会。先由李君报告开会宗旨，并报告。杨翼之今日另有要事，不能到会。当将杨君寄来演说稿代为宣布，大略注重国权二字。次由孙君演说人民资格研究问题。又由陶伟伯登台演说，谓现在大局已定，劝人民不必惊惶，只须各尽其力，实力进行方可完全云云。又有二人相继登台演说，末由周企棠演说。毕，会场一体三呼欢迎光复万岁，即行散会。闻下期已定于二十九日开会，惟场所尚未择定云。

苏省军事总参议顾忠深现已派人赴无锡一带招募兵士，投效者甚多。昨今两日，已招到一千余人，均步行来苏。各兵中，大半曾入伍及在本地当团防者，是以颇为强壮。当赴参谋处点验后，分发军衣、军裤，编入队伍，暂住度支公所及旧提法署二处。俟招齐后，再行调遣。

军政府拟发军用钞票，现已议定式样，印信齐全再行发用。

苏省公举民政司长张謇，前日闻已来苏。嗣竟不果。日昨各界又接张由沪来信，云定于二十二日一准到苏。现在各团体已在沧浪亭预备开会欢迎矣。

郑提法莅任后，即行出示，略以各项法律，现仍暂照法律馆所定新刑律及刑民诉讼律办理。兹已考取律师，为人民代表，所有人民之刑事、民事诉讼事件，现均照常办理。

镇江。镇郡独立后，各界会议独立办法，定名镇军政分府。公推杨振声为民政部长、曹彬为财政部长、魏小甫为外交部长，以资治理。

镇郡为通商口岸，华洋杂处。军政分府注重保护，特派民军分扎五处防守：一在车站侧，一在京岘山，一在小马头，一在大马路，一在西门。

监狱各犯现均释放，感激涕零，一律投效。闻已有入伍差遣者。

财政部曹君等日昨亲至姚一湾下游厘局调查一切，拟将南门、新开河等数卡一律裁撤、免税，以舒商困。

京口。旗营仍发给三个月口粮，以资生活。

青浦。青浦光复后，各绅士小有意见，兹已融洽。当于二十二日开会，公推徐彭龄为民政长、陈承澍为司法长、钱学干为财政长，军政长一职公决暂不成立。日昨徐民政长视事后，即悬示通告曰：照得民军起义，青邑全境光复，本长忝承绅商警学各界公推为民政长，备文申报。业于本月二十二日，遵奉中华民国苏军都督府程札派任事，整理秩序、保卫治安等因。当此改革伊始，百端待理之时，本长既被公推，为桑梓计，不得不力任其难。即于本月二十三日进署视事，为此示谕。旧有吏役人等一体知悉，暂行照常办公，毋稍惊扰自误，致蹈愆尤，咸与维新。是所望。切特谕。黄帝纪元四千六百零九年九月二十三日。惟民政长图记尚未颁到。遵饬仍用青浦县旧印云。

松江军政分府。日昨札行飞划统带沈葆义，带队前赴青浦，将前知县蒋清瑞押解来松，送本军政分府查办，以凭惩治。现已由沈统带奉札遵办矣。

《申报》1911 年 11 月 15 日 13927 号第 11 版

11月16日

阁电

二十四日，内阁奉上谕：湖广总督王士珍电奏，因病恳请开去署任等语。王士珍着准其开去署任，段芝贵着赏给副都统衔，暂行护理湖广总督。钦此。

又奉上谕：自武昌事起，各省纷扰，大局岌岌，实为全国存亡所关。朝廷胞与为怀，不设成心，亟应延揽国民意见，共谋扶危定倾之策。着各督抚传谕各该省士绅，每省迅速公举素有名望、通晓政治、富于经验、足为全省代表者三五人，克其来京，公同会议，以定国是而奠民生。钦此。

又奉上谕：近日各省纷纷告警，朝廷屡经宣布宗旨，改革政治，以期内外相维，上下一心，共救危亡。惟当兹事变纷乘，群情俶扰之时，仍恐各省士绅、军民人等未能一体周知，亟应选挑各该省名望素着人员，分途安抚，以宣上德而通下情。着派张赛为江苏宣慰使，汤寿潜为浙江宣慰使，江春霖为福建宣慰使，谭延闿为湖南宣慰使，梁鼎芬为广东宣慰使，赵炳麟为广西宣慰使，乔树枏为四川宣慰使，谢远涵为江西宣慰使，柯劭忞为山东宣慰使，渠本翘为山西宣慰使，王人文为云南宣慰使，高增爵为陕西宣慰使。迅速分赴各属，抚慰劝导，宣布朝廷实行改革政治宗旨，俾乱事早就敉平，四民各安生业。朕实有厚望焉。钦此。

《申报》1911 年 11 月 16 日 13928 号第 2 版

专电

袁世凯昨晨陛见（二十四日），清太后力劝其承受总理大臣一席。有清国大局惟卿是赖等语。

清监国召见袁世凯，以卑斯麦誉之，并询乱事结局之究竟。袁对："俟各省宣慰使承任，便可着手。臣意将来须仿行德国联邦制度。"

清廷命已光复之各本省绅士充作宣慰使，将臣宣示改革政体之意，以期抚慰。如张謇、汤寿潜、谭延闿、梁鼎芬等皆在其列。

清廷有谕，分饬各省督抚选派绅士三五人，克日赴京，协议时局。

清太后、清帝、摄政王定议：北狩热河；以肃亲王留守京师。宫中辎重已运出一百三十车，各亲贵则拟逃往大连。

清廷有电，嘉奖赵尔巽，责以保全东省，备将来退守之用。

赵尔巽电京，谓奉天将告独立，以保全满族为主。闻东督赵尔巽现已决计，如遇东事危急，当乞奉天日本领事保护。

监国严诫某亲贵，不可再有仇汉举动。

资政院讨论即开国会问题，多数议员以为此事恐难达到目的。现公推一人与袁世凯商议办理。（以上北京）

潼关重为民军光复，现有军队派至战地。

汴抚眷属已离开封。咨议局仍在讨论独立问题。（以上开封）

二十四日，民军占领厦门及泉、漳二府，并无战争。（厦门）

南京民军现与张勋议和，故连日无战事。

张勋有兵七千人，各处民军调集共有一万六千人。徐统制拟即日进攻，决一胜负。

民军进据临淮关，已将津浦铁路拆毁一段，阻截官军运兵前往浦口。（以上镇江）

黎都督以目前急应协议之事有三大端：（一）假定新政府；（一）北伐军及援队；（一）破北京后处置满洲皇室问题。特派幕僚若干人，分往各都督府面商大计，昨已出发。

鄂军政府秘密会议，如袁世凯于若干日内无反正之意，即誓与之绝。认为满政府之代表人已作书告知袁幕，别有对待之法。

有某某两国商人代表以私人资格谒黎都督，申明决无为满政府担任借债及代售军械之事。他国商人如有违法行动，亦当阻止。并谓，俟各国承认交战团体之后，民军应购各物愿为效力。黎都督设宴款之，以敦睦谊。

吴禄贞部下之兵队现编制得七千人，在山西境内驻扎。军饷由武昌认拨。（以上汉口）

二十五日亥刻，匪徒在清泰、艮山两门城外大扰，民军开二炮将匪击散。

敢死队昨派五百人，今日续派五百人赴宁援剿。

浙垣商市危迫，军用钞票发行需时，决计先用钱业公票，准期今日开市。

浙军政府今日颁发旗饷，每人两元。

浙军政府出令，限一月内商民一律剪发，服饰不改。（以上杭州）

《申报》1911年11月16日13928号第3—4版

译电

昨日接南京官电：南京城内大遭掠抢；各领事及外人若干名仍驻城内领事署，并无卫兵；镇江旗界亦有掠抢消息。

中国炮艇海容海筹海琛及鱼雷艇一艘，二十四日正午时有见其泊于九江之上，各船均悬白旗。或云萨军门在海容舰上，惟并未悬有提督旗号。又有炮艇楚豫、江利及鱼雷艇一艘，在安庆之上二十英里，亦未悬旗号。

昨晨，上海某领事署接电，谓厦门于二十四日下午三时为民军占领，各军士立刻反正，占据督署、道署，惟未占取大清银行，城中诸皆安静。

北京轮船昨晨由宁波抵沪。据谓：二十四日有大军乘坐某轮船，往助南京。

德国某报复行批驳日本报纸所载德国拟干涉华事之说，并谓德国人民深愿中国革命之成功。（二十四日柏林电）

袁世凯已抵京。虽无荦荦政策，以显其撑持危局之大才，然清政府极信赖之。闻袁起程之前，先与北军诸统制（张绍曾亦在内）协议妥善，始敢入京。惟与民军议和一节已属无望。

袁入京后，常与诸大员及参谋官密议。闻袁将先要求资政院授以全权，然后出而任事。现定明日与资政院协商。

清廷降谕，袁世凯有统带北京附近军队之全权，通州军队亦在其内。

清政府竭力筹借外债。前与法商克图男爵所议之事迄未就绪，因法政府不愿赞成，且资政院反对之故。

清政府缺少现银，甚形焦急。从前应付外国之款犹未付清。如一千八百九十八年英德借款之利息、拳匪之赔款等项。今日此间外国银行市面较前稍静，但各钱庄仍皆闭市。（以上二十四日北京电）

数日前人心惶惶，甚形惊恐，现稍镇定。全省组织一公共保护治安会，公举赵尔巽为总理，并举副总理二人，保护全省人民之生命财产，不分种族。现民人皆赞成此会，因其宗旨和平，而有慈善之性质也。（二十四日奉天电）

济南巡警道缺，业由民军委员接充，各事安靖。（二十四日济南电）

厦门下午二时为民军光复，未经争战。（二十四日厦门电）

美国太平洋舰队内有头等钢甲战舰五艘，前赴夏威夷大操，今已奉命驶往中国。（二十四日旧金山电）

日本横须贺炮科学校有中国学生三十二人，昨日卒业，由驻日清使领去，不日当回中国。

滦州消息，张绍曾仍统带第十二镇陆军，现预备回至永平府。

传闻，北京各亲王决意，如遇紧急，避往大连。满洲内地及山东各处避难之人，皆逃至大连。（以上二十三日东京电）

《申报》1911年11月16日13928号第4版

组织临时政府之前提

《大陆报》云：鄂军都督黎元洪派代表胡何二君来沪，与孙逸仙会晤。二君今已抵沪，谓孙汶现居香港，不日即将来沪。此次二君之来，非特与孙君会晤，并欲与本埠军政分府商议组织中央临时政府事宜。拟请已经起义之处，各派代表前来与会，以便从速成立。又谓，今将组织一各省联合会，以维持各处民军机关部之交通，俾可彼此协助。盖非俟责任政府组织完全之后，民军内部保无不生意见，恐外部之干涉将乘隙而至，殊有绝大之危险。今由各省联合组织一政府，必可望各国之承认，不必待光复北京再图此举也。其余尚无举动之二三省，则可以势逼之联合云。

《申报》1911年11月16日13928号第6版

岭海东西同日宣布独立矣

广东。广东独立前一日，省中各善团行商先在总会商集议后，由各界代表再赴咨议局议事。随决定，十九日八点钟在议局大会议，宣布呈文，表决后连同关防送呈军政府临时都督开用。请即正式公布，一律悬竖独立旗，以定众志。一切情形已记前报。翌日上午，全省各团体又在咨议局开大会议，决议各条如下：

（一）欢迎民党组织共和政府、临时机关；（二）宣布共和独立，电告各省及各国；（三）向日官吏愿留为新政府服务者，听惟必须宣誓忠于中华民国；（四）所有旗满人一律看待；（五）调新军回省，一律给还枪弹，并将退伍兵士概行征回，所有巡警、防营亦仍旧服务；（六）士农工各界各安常业，新政府担任保护；（七）管理财政员不得擅离职守，俟新政府派员接收；（八）释放罪囚，许其改过自新；（九）对于省会及各处会党以前所犯一切不问，自新政府宣布之后，不得有扰害地方治安行为；（十）练民团，议案既成，即宣示挂独立旗。再送公文于张督，随宣布正式公文并下剪辫令，即派陈景华、黄谦、祥康送公文印信于督院。张督力辞乃举定胡君汉民为粤军都督，蒋协统尊簋为军政部长兼代理临时都督。又电，信宜黄士龙速拔队回省，维持地方治安。通知各营军队仍照常发饷，龙李两提力担任约束所部营勇同保公安。即出示安民，乃通告各衙门局所。午后李登同并率部众多人投效民军，声势益振。居民见发出告示，知大局已定，沿途欢呼。城厢内外，均高揭三色国旗，有书“中华民国万岁”者，有书“新汉万岁”，有书“民国军万岁”者。爆竹如雷，欢声响动，剪发者尤众。入夜，四城大开，各安其业。五羊城中换［焕］然一新世界矣。

又一访员报告，云此次独立，张督业与绅士定议十八日宣布办法，而民军不甚赞成，南洋华侨亦多反对。张督已有馁意，李水提突于十七日晚间乘宝璧到省进见张督，谓：现在兵心已变，苟不早行宣布独立，恐酿乱机。今决意于十九日命水师将弁兵丁一律剪发、换旗。张督阻之不得。而龙镇统亦一力反对，意在与革军开战。张督知人心已去，无可挽回，遂于十八日午间逃至香港。先住广利兵轮，后住太古洋行某买办家中，以五万金请西人保险。闻不日将乘公司船来沪云。

张督遁后，陈藩继之，蒋运司、王臬司、秦学司、陈劝业道皆逃至香港，严警道亦于十九早间逃去。志广府则奔上致远轮船，深匿不出。

龙提此次欲反对独立，张督极力劝解，请其离粤。龙提坚不肯去，张督遂商请其先行遣散桂军，发给恩饷五个月，惟不并勒令缴枪。至十九早间，满城皆见桂军三五成群，背负快枪，腰带子码，身携行李，纷纷来往不绝。至午后，桂军渐行抢掠，只抢衙署局所，不抢居民。张督署中亦被掠一空。龙提则带领亲信弁兵千余人移守观音山，多设大炮，以备射击。粤绅大惧，请送现银八十万，不受；请以兵船送出粤境，不允；请举为临时都督，又不允。现民军方拟与之开战，而粤人已惶惧不堪矣。

广西。广西僻在边隅，近日沈抚闻革命军屡次独胜，各省人民均宣告独立以享共和幸福，特向咨议局各议员会商办法，保全桂省公安，以无使土匪乘机窃发，扰累商民为宗旨。十七日，特由官绅公举沈抚为大都督，设立军政府，由沈秉堃、王芝祥、陆荣廷联名，电致梧州关道，照会英领事力任保护洋人，并由三人联名电告各属，宣布独立，以图统一进行。是日，学堂各员生异常踊跃，唱歌致祝门前，悬独立旗。军界则新军各营自协统以至兵目踊跃欢呼，齐奏军乐。各商店门首均树［竖］独立旗灯，燃放爆竹竟日不绝。虽各乡墟场亦无不燃爆致贺者。兹将是日通电各属原文汇录如左：

其一。梧州任标统沈观察、龙州李观察、陈标统、谭统领，南宁陆军门、龙镇台、纪观察，柳州陈镇台、沈观察均鉴：近日自川鄂起义，湘赣陕皖苏浙滇黔相继而兴，一呼百诺。天心人事，可见一斑。闻滇黔由官宣布，万国历史无此和平革命，尤见我国民程度之高。我辈同为汉人，均有种族思想。现由官民公推沈帅为都督，官绅商学各界一律赞成，以本日宣布独立，诸公谊同手足，谅表同情。即电复。祥筱印。

其二。加急各局分送南宁提台各镇，道府厅县自治会、劝学所、商务分会、税卡、营队：现经官民协议，广西于今日宣布独立，速谕军民人等知照：凡我同胞一律保护。自今以后，无论官绅商民，凡在广西境内者，同为广西独立国民。各项官员及行政机关，均仍旧务，各妥为办理。原有兵队皆改为广西国民军，营制饷章仍旧由原有统兵人主持，照旧章统驭。所有府厅州县钱粮词讼，均照旧办理。各关厂厘卡税员，按照原定税则征税，商民不得阻抗。洋商教堂，责成地方官格外严加保护。如有匪徒滋事，或伪称国民军扰害地方人民者，应即分别严拿惩办。军政府秉堃、芝祥、荣廷筱印。

《申报》1911 年 11 月 16 日 13928 号第 10—11 版

11 月 17 日

评论：当今人物评（无名）

黎元洪，一介武夫，素不口谈革命。仓猝起义，而能措置裕如，孤守武汉半月有余，以为革命军之基础，以待各省之响应，其建树之功实非鲜尠。

黄兴，亲冒铁血，以〇行革命者已非一次，其平素之志节怀抱可知。此次抵汉，适当北军凶暴，人心未定，而能大振军心，固守汉阳，又渐进以规复汉口，其保障之功，等于黎氏。程德全，各省督抚狃于君臣之义，虽有知势识时之徒，尚多观望而不肯反正。程德全首先从民所好，翻然改变，于是各省多仿而行之，于不足轻重之地，省却多少生灵之涂炭，兵力之妄费，于赞助之功，亦大有力。吴禄贞，处于疑嫌之地，而能不动声色，择其要地而据之，截留北军军火，使不得逞志以攻武汉。奇谋异策，固非庸辈所及，亦非徒恃血气之勇者所能为。因此而招满人之惨杀，死亦可以瞑矣。虽然，其功实不可没。

孙文，数十年来专心壹志以谋中国之革命。其始之也，人人无此观念，而于彼独先其继之也，屡仆屡起，人人无此坚忍，而于彼独不屈。其现在也，人人不料有此伟大之结果，而彼尚奔走于海外，以为国是之前途计。不急急于归国，以就浅近之荣誉，以革命言，彼固有首创之大功也。

《申报》1911 年 11 月 17 日 13929 号第 2 版

专电

袁世凯分电各省宣慰使，谓：大局岌岌，公等夙负乡望，群情推许。此次税驾务以公安为念，勉力担任，藉息战端而谋民福，必求得一圆满之解决，毋负同胞并希勿却大局。幸甚。

袁世凯面请陆润庠、陈宝琛、唐景崇等分电各本省乡父老，协勉代表务必克日来京，讨论时局。如有意见，尽可请求，凯必力任解决。

清监国面谕袁世凯，速赴资政院协商挽救之策，俟有头绪即开御前会议，召各议员全体入议。

袁世凯到京后，逐日至资政院与各议员共谋挽救危局，并宣言战事必宜速了，以杜外人干涉。

袁世凯任内阁总理以资政院议员之力为多。京师近日谣传，袁运动各费已耗数百万之巨。

袁世凯请清廷降诏优恤吴禄贞，以慰军队之心。

顺直咨议局昨电清内阁，请速改立共和政体。

某御史痛陈国危事迫，恳俯顺民意组织共和政府，速诛误国各臣。

鲁抚孙宝琦电京：琦被举为独立总统，权宜应允，保守强土，北望阙廷，泪痕盈睫。

泽公泣陈：欲借外债，各国坚拒；饷繁库竭，筹济无方；恳准选择一二处地方作抵，以救眉急。

锡良将补热河都统，预备北狩时翼卫之用。

清内阁命姜军、禁卫军、蒙军分扎各城，昼夜巡逻，以防不测。

旗民大半改易西装，寄宿［东］交民巷使馆界内。

清廷命张锡銮补授山西巡抚。（以上北京）

汴省宣布独立，宝棻逃入京。（开封）

镇江税关已将龙旗撤去，承认民军政府管理，并派检查员随同民军兵舰，检查来往商轮有无私运军火接济清军。

沪宁铁路昨有专车二辆，自沪运载民军抵镇。闻浙军一混成协今日亦可运到。

苏州派赴南京援兵一协，已向丹阳进发。

闻鄂赣两军于安庆会师，即日成行，往攻南京。（以上镇江）

武昌又调炮队一营，携带快炮八尊，星夜赴宁助剿张勋。

鄂军政府电询：山东独立究竟是都督名义，抑总统名义？如二十四小时不覆，仍认其地位在满政府之下，以孙为庆、盛至戚，又与项城有旧，防其别有他谋。

武昌北伐军先锋有敢死队二营已抵正定。

鄂军都督将电请马君武主持萍乡矿事，并兼参谋。（以上汉口）

张怀芝极力主战，并要挟直督负嵎自固。惟部下毫无斗志，张派出之侦探队一遇民军即已归降。（天津）

《申报》1911 年 11 月 17 日 13929 号第 2—3 版

译电

据上海电称，伍廷芳上书各国，请其强迫清帝逊位。书中谓：有十四省之代表不日将在上海组织国会。（二十五日伦敦电）

镇江税务司出示，谓：接镇江民军政府照会，请禁轮船自下午五时至上午七时驶行江中。如轮中被疑载有军火等物，均须检查。现有税关检查员一人在民军兵舰上，查看来往船只。（二十五日镇江电）

昨晨，上海某商行接北京电音，谓：京津大局异常危急，人民纷向四处逃避。现有大军陆续开抵京师。

闻日本国会议员中村君现承揽装运北海道之煤斤，接济上海制造局及汉阳钢药厂。

日本《朝日报》谓，美国经济家希华伯君今在英国，已允资助民军，以图经营中国钢铁事业。

日本浅水炮舰须磨号及某巡舰与第九灭鱼雷舰队，不日将开往中国。（以上二十五日东京电）

袁世凯今已承受总理大臣之任，欲调和国民改革政体，使两方面咸为满意。据政界消息，袁已决定进行手续，以取决舆论，先定清朝命运问题为第一要义。

除昨日清廷降谕，着各省选派代表赴京集议外，再由袁召集各省紧要人物及负责任之代表来京，会同组织临时国会。袁个人意见颇主张君主宪法，惟须限制君主权力及其经费。现袁极力联络各统制以厚兵力，组织党派以为后援。北方诸统制已无不愿为之用力，且仍欲与黎元洪讲和，已派专使二人前往游说。昨夜，袁与资政院协议就绪，允为内阁总理大臣。盖袁未得资政院赞助，不欲轻易就职。现袁力主延长议和时日，谓当议和之际，北军决不进攻。惟民军来击，则北军不能不回击耳。袁已电召梁起［启］超回国，将置梁于内阁。此举颇关紧要，北京惊惶之象稍减。清政府与四国借款之议现已搁置。

《申报》1911 年 11 月 17 日 13929 号第 3—4 版

袁世凯之忠清谈

停战之说，本发起于袁世凯。嗣以屡次议和不成，清廷达官遂纷疑袁世凯为主剿，颇有归罪之意。后世凯之亲阮忠枢出其所与之手书示之，方知世凯郄非主剿者。原书略谓："元洪来书，其词亦恭谨。现正极意招抚，此间业已停战，惟彼军中号令不一，或时发一枪，或时响一炮，尚不能绝对的无战事，亦须有以应付之。至若出队决斗之举，则世凯期期以为不可也。"袁世凯方奉朝命组织内阁，而资政院所奏请之信条十九条旋即发表。袁世凯知朝命无效，非由民选不可，适资政院公电速驾，世凯遂答以若认组织内阁之命，公等所拟之信条（信条中总理须由院公举）即首先失其信用云云。资政院既得电，随［遂］于前日开票公选，居然得大多数之同意，获票七十有八。清廷以为公举、勅任两面俱已做到，因即召见阮忠枢，令其驰赴军中，促其即日北上。

袁世凯既接到资政院公举之电，即遍电各省咨议局、商会、教育会各团体，略谓：朝廷决意实行立宪，采用资院政之议，颁布宪法信条十九条。今各省对于朝廷所颁布之信条，如有不满意之处，尽可陈明意见。袁某一人必能担此责任，若持种族革命主义，则非袁某之所能办到云。

《申报》1911 年 11 月 17 日 13929 号第 4 版

闽事新纪元

厦门。厦门商会宣告独立，已见前报。其时省垣未陷，庆道避逃鼓浪屿，再三电请委员接印。松督当委章景枫来署厦道，十六动身，十八到厦。省垣即于十八夜光复，朴军帅炸毙，松督由孙提护送出城，旋往鼓山寺削发为僧。尚藩、各司道未详；闻都统已死。此信到厦后，十九日厦商便请章道临会，公同决议宣告独立，各树［竖］白旗一面，上书汉字。其办事进行，文归章道，武归曹中军，外分六科办事：一外交公举，曹良甫大令任之；二行政公议，厦厅王志廉贪浊，屏逐不用，另举贤能；三财政，四编辑，五司法，六庶务，各公举一精明公正者主其任，众赞成。拟招民团二百四十人查夜，各堡各立栅门，十分坚固，较昔日为安靖，无一抢劫者。

泉州。厦事初定，离泉州城六十里之安海镇商民一闻此信，即于二十九日夜间，聚众千余人，将厘局、海关拆毁，放火焚烧，乱势益炽。并将文武衙署付之一炬，共焚五六十家。二十日晨，府城又起事，将厘局拆平，抢［枪］毙二人。海关及各衙门均放火，府县有无逃出尚在未详。

福州。福州十八日光复后，公举孙近山提督为大都督。孙始力辞，后强迫之，乃允出示安民。讵城内驻有旗兵三千名，抵死不服，约期开战，以决生死。二十日午刻，厦门尚得省电云，今早七点开仗，胜负未分。

《申报》1911年11月17日13929号第10版

11月18日

阁电

北京，内阁二十六日奉上谕：袁世凯面奏，请简各部次官。胡惟德着补授外务部副大臣；乌珍着补授民政部副大臣；陈锦涛着补授度支部副大臣；杨度着补授学部副大臣；田文烈着补授陆军部副大臣；谭学衡着补授海军部副大臣；梁启超着补授法部副大臣；熙彦着补授农工商部副大臣；梁如浩着补授邮传部副大臣；荣勋着补授理藩部副大臣；胡惟德、熙彦现署国务大臣，外务部副大臣着曹汝霖暂行署理；农工商部副大臣着祝瀛元暂行署理；梁启超、梁如浩未到任以前，法部副大臣着定成暂行署理；邮传部副大臣着梁士诒暂行署理。钦此。

《申报》1911年11月18日13930号第2版

评论：当今人物评（下）（无名）

袁世凯。以喜功好事之人，久为政府所摈逐。一日与以全权，笼以厚宠，遽为之效死力，断非其本心。既掌兵权，复总政权，然犹不敢翻然覆手者，一则禁姜两军之可畏，一则尚无借端借口之资。回翔审视，务树己力乘时而发者。今日之袁世凯也，进则为共和之功人，退则为立宪之硅石。处己之巧，无逾此公。

张勋。张勋，满人忌之而出之江南者也，与清室何恩？忠君爱国，张勋所不识也。革命共和，张勋所不知也。反我意者，是谓之仇，我力能杀则杀之。奸淫虏掠，部下所好也，纵之以为收拾部下之人心，不顾天理，不问人情，不识国法，不计后来。初无国家观念，亦无帝皇思想，盗贼而已矣。然其力亦足以殃民，而阻共和之进行。

张绍曾。张绍曾辈，袁氏之附属品也。手有利器，而不知用。凡慕袁氏之巧，而一切悉步其后尘。人以之与吴禄贞同视，其实非也。吴禄贞外不露与清政府反对之言，而实助民军者。张绍曾辈，外虽与清政府要挟，而内实恋恋于官禄者。观其进退举动，无果决敢为之气，可以测其后矣。

孙宝琦。孙宝琦之仿程德全而独立也，其事实与程氏大异。盖程氏之所谓独立，一切皆从民军主持也，与民合一也。孙氏之所谓独立，特防民军发难耳，心恋恋为清政府也。

《申报》1911 年 11 月 18 日 13930 号第 2 版

专电

民军攻伐南京之先锋队行抵龙潭。与张兵遇，即开战，民军获胜。

张勋兵六百人，徒步抵龙潭。遥见民军，即开炮轰击。民军还炮击之，并开排枪进攻，张兵溃退。

苏浙联军统制徐绍桢，昨派苏沪镇联合军驰往龙潭助剿。浙军炮队带野战炮六尊先发。

民军军舰二艘，先行开往南京停泊江面，预备助战。

南京至镇江间，火车已停。邮电亦不通。（以上镇江）

鄂军都督黎元洪照会汉口领事团，谓：中华民国各行省已派代表前来武昌组织共和临时政府，请即承认。

汉口近日战事又烈，入夜尤甚。炮声达日不绝。

驻滠口孝感间之北军，以饷、弹两竭，有多数树［竖］白旗投降。

武昌现有留学东西洋陆军学生甚多，其未编入陆军将校者，悉列陆军参事部。（以上汉口）

粤军政府电谕全省各州县，一律宣布独立，并令维持秩序、保护外人。各官员仍照常任事。

廉钦道二十五日出示，宣布独立，并照会各领事。（以上广州）

袁世凯内阁组织成立。二十六日，由清廷批准：总理大臣袁世凯；外务大臣梁敦彦、副大臣胡维德；度支大臣严修、副大臣陈锦涛；法律大臣沈家本，副大臣梁起［启］超；邮传大臣杨士琦，副大臣梁如浩；农工商大臣张謇，副大臣熙彦；陆军大臣王士珍，副大臣田文烈；海军大臣萨镇冰，副大臣谭学衡；理藩大臣达寿，副大臣荣勋；学务大臣唐景崇，副大臣杨度；民政大臣赵秉，钧副大臣乌珍。

鲁抚孙宝琦电告：各省纷纷独立，朝局已危，恳即设立共和政府。若犹贪拥虚名，必受实祸，酿成不忍目睹之局。监国览奏，晕去良久。

某亲贵痛陈，各省独立，并未联合一气，宗旨互异，势力必弱。请以全力注重武汉，其余各省不难迎刃而解。

清廷密谕锡良，速赴热河，修葺行宫，整备一切。

立宪党杨度、共和党汪兆铭组织国事共济会，议有章程八条。俟各省代表到京，将开大会，提出君主立宪、民主共和两问题，由多数取决。

北京内城某山密藏绿气炮两尊，预备危急时一施毒手。

姜桂题因闻满人密议排汉，前日告其兵士，谓："满人如果仇杀汉人，我亦将助民军，与之开战。"

清廷以陈邦瑞、王埅、吴郁生、恩顺充弼德院顾问大臣，于式枚、宝熙充修律大臣。

清度部密借外债二百万，即日签字。

陕省民军力攻商南县，已得手。将进取豫省，直捣京津。（以上北京）

蓝天蔚遵旨带兵入京，因闻吴禄贞被刺，折回奉天，要求赵尔巽宣布独立。赵谓：我不反对，亦不赞成。惟对于清廷不忍主张此说。

奉省军火甚足，蓝兵现驻城外阻截，不许接济驻鄂北军。

赵尔巽新招防勇四千，护卫督署。此项防勇，即日俄战时日人招以应敌后乃遣散者，故其中以胡匪为多。（以上奉天）

程都督夫人以金手钏七副、金银器多件、珊瑚顶十一枚，变价助饷，估值万元。（苏州）

闻钱业公票定二十九日军用钞票，定初三日准发行。

财政部长庄某决辞，改举高子白，已允任事。（以上杭州）

《申报》1911 年 11 月 18 日 13930 号第 2—3 版

译电

清廷派出与黎元洪议和之密使，已由汉口回京。闻黎元洪宣言，清朝必亡，但彼究赞成共和立宪或君主立宪，今尚未决。总之，无论如何皆不欲有满人在内。

清廷财政日窘，国用甚竭，现已变卖金条。汴抚昨请拨银五十万两，拨付军队饷银。将来续请者恐尚不止一人，清廷设不借债，则不久将告款竭，不能办事。或不付饷银，则其患更将不堪设想。现各国对于中国财政不日必有举动云。

美国公使馆已婉辞，谢绝代递伍廷芳请清帝让位之举。（二十六日北京电）

黎元洪照会汉口各领事，谓中国各省已派代表在武昌组织中央政府，并请各国承认。

日本陆军省不认派兵赴华之说。据谓：如中国大局极危，则始行派兵云。

《朝日新闻》接海参威电：中国民军多人现散布东清铁路带防守。该路满期之俄兵，今仍奉命驻营，以候变端。（二十六日东京电）

据华盛顿来电，美国国务部决议自小吕宋派兵一营至秦皇岛，遵守拳匪议和条约，以维持北京交通。但声明并无计划中国领土之事。

每日电报北京访员电称，横滨正金银行已借与东督英金二百万磅，以土地作抵。（二十六日伦敦电）

《申报》1911 年 11 月 18 日 13930 号第 3—4 版

中国光复史：孙逸仙父子海外之举动

孙逸仙君前日自巴黎电致中国机关部云："文已循途东归。自美徂欧皆密晤其要人，中立之约甚固。维彼人半未深悉内情，各省次第独立，略致疑怪。今闻已有上海议会之组织，大为欣慰。总统自当推定黎君。闻黎有请推袁之说，合宜亦善。总之，随宜推定，但求早巩国基。满清时代权势利禄之争，吾人必久厌薄。此后社会以工商实业为竞点，为新中国开一新局面。至于政权，皆以服务视之为要领。文临行叩发。"

孙逸仙之子孙福，现在旧金山宣言：中国建立共和国后，投票选举之权悉按教育程度而定。且妇女亦须予以选举之权，凡妇女与男子受同等教育者，皆可得选举权。至将来官制，悉仿照美利坚合众国规定。惟上下议院议员之任期当稍延长，以五年为一任云。

《申报》1911 年 11 月 18 日 13930 号第 4 版

汉口战报

萨镇冰之水师，有巡洋舰三艘、炮艇三艘、鱼雷艇三艘，于二十二日在七里河杨逻中间启椗，开往下游。巡洋艘先于晨间启轮，驶至中途即行换挂白旗。炮艇及鱼雷艇则至下午始行开驶，观其举动似又欲以伪降之策偷过九江炮台也。

闻萨镇冰已于二十一日先行离开巡洋舰，改乘炮艇，以免为九江炮台所击。

美利轮船于二十四日晨间八时，见巡洋舰海客、海筹、海琛泊于九江，舰尾均悬白旗。既见海容、海琛启椗，先向下游进发。驶至九江与湖口炮台中间，两面均发炮五六十响阻之，两舰乃退泊原处，惟舰尾仍悬白旗。九江民军亦未捕之。殊觉可异。此次开炮未用开花弹，故巡洋舰并未受伤。

九江现尚有鱼雷艇一艘。九江之下六十英里有鱼雷艇一艘，小炮艇两艘，均由汉口逃下，并未悬旗。二十二晚，民军渡汉袭攻官军，官军败逃，损失甚巨。民军即将水厂地址夺回。是夜，武昌炮台又开炮轰击汉口华界。二十三日，击沉招商局趸船一艘，因船内藏有北军，常开枪袭击行人也。

《申报》1911 年 11 月 18 日 13930 号第 5 版

吴禄贞被刺详情

新授晋抚、陆军第六镇统制吴绶卿中丞，于本月十七日夜间在石家庄车站营次被杀。副官周干臣、黄宝苍亦同时被害身死。闻其原因，系日前中丞奏请朝廷速定政见，疏内有谓：“禄贞部下现招抚山西混成一协及巡防营二十余营，足可断绝第一军之后援。倘兵士鼓噪，必致不可收拾”等语。并谓：“第一军在汉奸掳烧杀，无所不至，皆由于荫昌督师无状，司长丁士源、易乃谦逢迎助虐所致。请旨严惩，以安人心。”政府接阅此奏，颇滋疑惧，而某大臣闻之惶悚异常。于是因惧生嫉，因嫉谋杀，以故结此恶果。当日，有由石家庄逃回之该镇护兵一名，言目睹十六日午后一镇旗兵数人，因购食物与商人冲突。适六镇炮兵在旁劝解，略谓：“我等军人应守军纪，且出防到此，原以保护地方，何得骚扰商人，败坏我军人名誉?”讵料有旗籍排长二人上前叱之曰：“我等奉政府与军咨大臣并协统密谕来此。因尔镇吴统制要造反，特来监督的。我等并没有保护此地之责，如再多言先打死尔，再杀尔统制。”言未毕，炮声已响。于是互相攻击。中丞闻炮声，只身弹压，始息。竟伤死六镇兵士十余名。至次日晚间，有第一镇旗籍两管带到营贺喜，来求见。中丞即请至卧次坐谈。二十分时，该管带等起身告辞，中丞送至楼腰（系借往站长西式楼房）。护兵随从在外，但听“嗳哟”一声，执灯赶来，则见中丞之尸身斜倒梯旁。追寻凶手及中丞之首领［级］，已杳如黄鹤矣。当中丞被杀后，所有将士以及收抚之山西军队，一时哭声震天，且大言曰“不雪此仇恨，不是黄帝子孙”。于是将石家庄至正定之铁道及南北电线一齐撤毁。即保定至正定之电报现已不通。嗣又有该车站人云，吴中丞首级确已于本日由第一镇旗兵解入都城去矣。兹将吴统领报告官电照录于下：

> 内阁、军咨府、陆军部、资政院钧鉴：新简晋抚吴禄贞被刺后，招抚革军运到石家庄步马炮工部队甚多。其后方军队亦急输送来石，向本协要求连合破坏京汉铁路黄河桥、滹沱河桥，逼迫本协连合速行北上。于是间言四布，摇动军心。统领不遂其欲，兵力又薄，深恐陷于危险以及兵士震动，将来更难收拾。迫不得已率领本协到栾城县，拟绕到正定补充兵力，再行迎击。统领侦知革军将存储石家庄之弹药、餞秣、被服等项运送娘子关，兵力亦渐退。统领乘夜率本协急进，现已复占石家庄。该处商民安静，释廑念。鸿昌叩皓。

《申报》1911 年 11 月 18 日 13930 号第 10 版

电告孙中山回国

沪军都督昨接东京章炳君来电，谓：探悉大革命家孙君逸仙已于前日乘轮回国，不日即可抵埠，请贵处派员妥为招待，以便与之协商北伐攻宁之策，俾得早定大局以苏民困。

《申报》1911年11月18日13930号第18版

各省都督府代表联合会纪要

各省光复后各立都督虽同奉军政府命令，尚少互相联络办法，于是有议请各都督府派人联合商议者。适浙江苏州代表先已奉命到沪，遂用两省代表名义发起，电致各省，请其即日派员来会。其联络之事，一对外，一对内。对外之事，因旧政府垂倾，所有全国交涉无所汇归，不能不先举外交继代，以与列强接洽。乃推定伍君廷芳、温君宗尧为临时外交官，请各省公认。对内之事，先求团结，仿美国独立后第一、二次会议，为临时政府或临时国会之准备。该电于本月二十二日发去，数日以来，已得山东、广东、福建、镇江各都督府覆电赞成。山东、福建、镇江业经派定代表来沪。吉林直隶未有都督府，先由咨议局复电赞成。现在代表已到者，苏都督府沈恩孚、雷奋；沪都督府俞寰澄、袁希洛、朱葆康；镇江都督府马良、陶骏葆；福建都督府林长民、潘祖彝；浙江都督府姚桐豫、高文登诸君。山东都督府所派谢鸿寿、雷光宇二君，现亦在途。其已到诸代表，每日午前十时起假。江苏教育总会会议准行之法，暂时定名为各省都督府代表联合会。前因鄂沪电信不通，特派人到鄂请其即推代表来沪，目下无线电已通，重复电询。鄂为起义首功。同盟牛耳，众意属之。大约俟代表到后，即可提议重要问题云。

《申报》1911年11月18日13930号第18版

11月19日

阁电

二十六日，北京内阁奉上谕：袁世凯面奏，组织内阁，推举国务大臣。着命：梁敦彦为外务大臣；赵秉钧为民政大臣；严修为度支大臣；唐景崇为学务大臣；王士珍为陆军大臣；萨镇冰为海军大臣；沈家本为司法大臣；张謇为农工商大臣；杨士琦为邮传大臣；达寿为理藩大臣。梁敦彦、严修、王士珍、萨镇冰、张謇未到任以前，外务大臣着胡惟德暂行署理；度支大臣着绍英暂行署理；陆军大臣着寿勋暂行署理；海军大臣着谭学衡暂行兼署；农工商大臣着熙产暂行署理。钦此。

《申报》1911年11月19日13931号第2版

专电

前日（二十七日），徐统制率苏浙援军在离镇四十里地方与张勋兵二千人鏖战历二小时，民军大胜，夺获枪枝、马匹甚多。张兵死者百余人，退守十八里下寨，民军只伤三人。

传闻张勋已被本营卫队刺死。

昨日，民军又运大炮五尊前往龙潭，并有大队民军向龙潭进发。

镇江二十六日开军事大会议，徐统制刻日统苏浙各军赴高资、龙潭间迎敌；扬军进攻浦口，并分拨二兵轮上驶，迎接鄂浔援军东下，进攻下关。

张勋宣言部下有兵一万余人，其中有六七千皆系精锐，可以死守金陵。（以上镇江）

闻萨镇冰已被九江民军拘获，所率各舰均愿归顺民军。

海容、海筹、海琛三舰及鱼雷艇一艘被九江炮台截住，已悬白旗。民军派兵守之，防其再有反复。（以上九江）

袁世凯拟请汤寿潜督闽浙，并电张謇、梁起［启］超共挽危局，毋得却命，又促梁敦彦迅速来京。

袁世凯密陈，鄂省民党内讧甚烈，请暂容忍，俟机会既至，攻取自易，并电饬段芝贵侦察动静。

袁世凯密请监国，严惩铁忠、冯国璋以谢天下，否则祸机恐难挽回。

袁世凯今日又临资政院，协议和战事件。

闻黎元洪、黄兴曾对袁世凯来使宣言：若袁氏欲推翻清政府，则二人愿为助力。

据外交界猜测，袁世凯大有帝制自为之意。

袁世凯奏，目下官制尚未可以法律规定，各部副大臣暂照海陆军部改设一缺。

袁内阁今日开阁，议共筹改革政体，挽回人心之策。

袁世凯拟派第四十标及第三镇陆军之一部分赴汉，援助冯国璋。

陈夔龙电京，谓：天津绅民纷纷请求独立，除严斥并密饬张怀芝调军防范外，如有变故决以身殉。

赵尔巽电清廷，谓：蓝天蔚倡言独立，举动暴烈，请速解其兵柄。得旨：蓝天蔚署即开缺，交赵尔巽差遣。

清监国传谕乔树枏，迅速赴川宣慰士绅。乔定初一日出京。

驻京外交团照会外部，谓此后武汉、南京等处决不可纵容官军再有残忍举动。

杨度以代表国事共济会，将与民军议和，自请开缺学部副大臣，现以刘廷琛补授，而以王世琪署大理寺卿。

清廷有旨，命升允署理陕西巡抚。（以上北京）

黎元洪之密使行抵奉天，不日该处大局将有变动。

民军定期二十八日占领奉天安东县。

蓝天蔚主张独立，大为赵督所忌，阴使清廷解其兵柄。蓝闻大愤，军队尤汹汹，即日起事。

民军在海参崴筹捐军饷二十万元，闻已集得半数。（以上奉天）

鲁抚孙宝琦暗遣亲信把守德州枪炮厂，军队中人大哗，日内恐有变局。（烟台）

粤军政府现派民军八千人，往助武昌民军。

张鸣岐及广州各逃官，昨乘德国轮船赴沪。（以上广州）

《申报》1911 年 11 月 19 日 13931 号第 2—3 版

武汉停战后近状（本馆特派观战员来函）

近数日来，汉口仍无战事，惟冯军溃散日多，其一部分渐向北方退去。冯镇统则但知纵酒作乐而已。

民军于武昌、汉阳两处防备，仍不少松。闻兵工厂所出军火甚富。据外人估算，汉阳饷械足敷三年之用。

二十二日，又有北军医官四人渡江，投降民国军。

黎都督有命，令武昌百姓格外优待湘军，因湘军于初八、九日之战大有功绩也。

有日本留学满洲生四五十人，立一暗杀队，以谋革命党首领为宗旨。现谣传该满人等已向长江一带进行，故武昌门禁愈严，出入均须盘诘。

前日汉口领事设筵，宴请北军前队统领冯国璋。席间领事问冯，所以焚烧汉口华界之故。冯以攻汉阳必要之策对。领事又问，何以不先通知百姓，以免无辜者陷于死亡。冯谓，军事策划讵可先使人知？领事复问，然则军士强劫百姓财产，亦贵统制用兵之策划乎？冯大惭，不能答。少顷冯不告而去，竟未终席。外人皆笑之。

汉口租界后面，官军新筑之炮台日来并未开炮。闻因水门汀尚未坚实之故。

武昌现方购备大批粮食。闻其存储足供二年之用。二十日，自湖南运来米粮有五万石之多。

二十四日，有大炮数尊自武昌运至汉阳，每一炮以六十人舁之。

《申报》1911 年 11 月 19 日 13931 号第 5 版

呜呼可怜之京师

山东联合会致直隶咨议局电，云：院拟宪法信条，制止战争则不足，遗误大局则有余。祈齐电该院，令其宣告取消，勿再作无意识之举动；并请其要求政府速撤毅军，将禁卫军交袁世凯；径改共和政体，召集各省代表定期为武汉会议，早定大局，以安民生。山东联合会叩。

昨闻清廷宫内大起冲突。有某公密奏清太后，云：今日大事所以至此糜烂者，皆由监国与洵、涛两贝勒平日纵将骄兵，优容党匪所酿而成。请速斩此二人，实行垂帘听政，并杀尽汉人之握有兵权者，庶可以靖大乱而固皇基。清太后默然，监国闻此与洵、涛相抱大哭。故洵、涛二人近常称疾不朝并闻将预备逃往张家口外云。

洵、涛主张密募刺客暗杀革命军首领一事，久已传播人口。兹闻此事甚为确实，其所开名单有黎元洪、黄兴、孙文、张绍曾、蓝天蔚、石星川、吴鸿昌、徐固卿、谭延闿、汤寿潜、张鸣岐、罗杰、罗泽暐、张孝准、哈汉章、卢静远、田献章华振基、石润金、余范、传全恕、陈晋、朱恩绂、汤化龙、刘嗣荣、林调元、刘一清、胡瑛、沈同午、伍廷芳及李某某等诸人。并闻以上各人，皆悬有一定之赏价。故前日暗杀吴禄贞者，实已领得二万金云。

又据军咨府某军官云，现良弼与其心腹某某等密议，在鄂第一军因伤亡太多，恐不堪战斗，只得耸［怂］恿涛邸一面利用资政院议员及张绍曾等阳为停战主和，以缓鄂师反守为攻；一面请袁世凯、姜桂题、文华等广募北兵及旗兵十万人，速加训练，预备作战。并饬军咨府科长何某等携现金三百余万，赴某国购买枪炮子弹多种，俟以上准备完全，再图进取。呜呼！此可以见满人之心理矣。

又闻涛贝勒以汉军甚不可恃，已与部下议定赴蒙古招练马队二万，步队六万，以备战守之用。其练兵经费将借自法国，兵械则购自德国云。

袁世凯于二十三日午后四时半抵西车场，及入前门时已五时四分矣。道旁观者如堵墙。皆为兵勇赶散前驱清道而行，防卫甚严。两旁兵警露刃而立，其实立宪国大臣恒与国民接近，专制之余威至今日犹袭尚之。是可哂也。

二十三日，资政院开会，有议员陈树楷提议，谓：袁总理业已到京，本院宜亟派人与之接洽，请即开秘密会议，决定办法。当时颇有人反对此议。后竟以多数表决。闻秘密会之内容，主张颇不一致：有谓宜举代表与项城接洽者；有谓宜由正副总裁代表全院欢迎者；有谓挽留与接洽宜分作两层者。至于如何决议及接洽之办法，则该院秘不宣布。总之，不外鬼鬼祟祟之行径而已。

自十六日以来，资政院议员即纷纷他适。据闻他适之议员皆挟巨金以去，一方面为政府运动，一方面免受舆论攻击，幸而事平尚可回至北京，取得功狗资格，即不平亦不失为田下守财翁云。

前日，清外部接驻英刘使电告，英政府对于朝旨采取英国宪政极为称美，惟谓战事未已，戕杀人民实太惨酷，请禁止内讧。如不损外交，决不干涉。又接驻德梁使电，称内乱勿藉外援，改革宜求弭乱。如相持日久，恐外债、赔款均无着落，外人藉端干预，南美各国前车可鉴。

民党汪兆铭出狱后，即出津前赴奉天。闻此君现颇主张和平立宪，保全大局。刻下，赴奉即欲演说其宗旨，以维持一切。然则此君亦知感激清廷释放之天恩耶?

九江道保恒，当风声紧急之时，即剃去胡须，携带库款，弃城而走。现该逃道已于日前私自回京，并将巨款交伊子端旅臣手，放东交民巷某银行。从此可以称富家翁矣。

又闻湖北此次逃出旗员，大都狼狈不堪。有至九江向保恒求借洋三四元川资赴上海者，保恒一毛不拔，告以同乡太多，何能开此借贷之端。逐之使去。故此次旗员逃难回京者，无不唾骂保恒非人类云。

《申报》1911 年 11 月 19 日 13931 号第 5—6 版

烟台独立纪事

省城宣布独立后，即有军政府特派员来烟联络。海防营兵及警卫队誓以大义同谋独立，即于二十二晚九钟后，先至海防营，董游戎首表同情，复问三区区官，祖殿臣亦表同情，遂由众议定遣分三队：一袭电报局，一袭大清银行，一袭东海关道署。出发后，审判厅官员各缠白布于臂，并悬树［竖］白旗，以示归顺民军。至电报局及大清银行时，不过路告大意，机器银钱毫无损失，且留兵为之看守。当赴道署时，徐道早已远避，巡警总局亦无人。该兵队乃直入道署驻扎。前后三点钟之久，不血一刃而大事已成，惟兵队从海防营初出时，因举号火延烧街面小本经营之常棚二座。次日，立由军队中照值赔洋二百元，遣人送给两棚主。迨十三日早，即出安民告示，并得东山海军警卫队均表同情。道署巡警总局及各商号一律悬挂白旗，又有舞凤炮舰管带王传炯及各区官警亦均投顺，并由军队支出饷银若干。又有各国领事均亲至国民军队慰问，复由军队发给照会，担任保护，并要求严守中立，并照会大清银行照常贸易。延及十一点钟，乃由商董数十人赴道署开议，并推举临时各职事。议定以道署为行政部，所有行政民事等均归众商董担任，以海防营为兵队根据地，所有兵事仍归起义诸军担任。一面电告军政府，请为协助，并通告附近各同志，同聚烟端口协议善后之策。绅学各界参观者纷纷不断。兹将所举职员列下：民军行政临时正长官万坤山，副长官张成卿，司令官董宝泰，参谋官虞克昌，司令官刘如川，外交官正倪显庭，副孙椴臣，警察总办宫寅山，总稽查官栾星河。

《申报》1911 年 11 月 19 日 13931 号第 10 版

广西独立后之商榷

广西桂林独立后，即以电书加急分送各镇道府厅州县，各路统领局卡，云：桂省军民要求独立，间不容发，稍一迟回，大乱立见。现已于筱日宣布，城市极安。改抚院为军政府，咨议局为议院外，一切机关用人、行政均仍旧制。各省独立相继而起安民保境，舍此莫由。诸公明达，当能默察，务望以保全治安为主，照常办事不胜盼祷。秉堃巧印。梧州接电后，各界人士均极权欣舞忭，燃炮庆祝。兹将来往电文照录如下：

桂林军政府及议局均鉴：筱电到梧，万民欢呼。惟军政府成立，宜即改元定制行赦，重罪减轻，轻罪全免，流匪招安，速练民兵，以固国本。尤望早布共和政体，以快人心。苍梧城自治会总董林绎叩贺。梧州议事会筱日官绅军集议宣布广西独立，已通电各属各省。现推沈为都督，亟宜妥商进行方法，请速转□□二君速来桂议院。巧。

《申报》1911年11月19日13931号第11版

11月20日

专电

民军秘密间谍员分电鄂、沪都督，谓南京张逆已派兵二千四百名，分作两队进攻苏镇两处。又续派劲兵八百名，亦分两股，为后盾。请亟派兵于□□□□□两处，预伏炮队精兵阻截迎击，并派步队暗伏□□低洼之处，断其归路。虽不能预决生擒张逆，然必能挫其锐气，使之不敢再萌攻击苏镇之心，俾苏浙皖三省联军得以齐集攻宁，早歼逆首。

闻沪军都督已续派劲旅，带格林炮数尊来镇，会合进攻宁垣。

攻伐南京之苏浙联合军尚未与张勋开战。（以上镇江）

孙宝琦电袁世凯，清廷若能速改共和政府，自当优礼皇室，使其满意。

孙宝琦续电袁内阁，请其急速承认共和政体，以免同类相残。

清监国宣言：但愿大局安定，俟宣统帝九龄时，即当退位。

袁世凯分电各省，谓内阁已经成立，政治亦将改革。各省能否遵受政府命令，速即电覆？

袁世凯拟于星期一日（三十日）游说各使，居间与民军议和。

驻京德使电孙宝琦，谓山东现已独立，前借德款七百万，限两月内清还。

驻京各公使同晤袁世凯，谓赔款债无着，决将干涉。袁谓各省漫不统一，稍待即当解散，请毋过虑。现尚在磋商中。

议和代表蔡廷干由汉电覆袁世凯，谓黎元洪、黄兴坚持民主政体，不得要领，和事无望。

袁内阁开阁议，筹一折衷办法，改用德国联邦制度，多数同意。

满大员议融和满汉。那桐首改张姓，以为众倡。

梁起［启］超电覆袁内阁，即日来京。

梁起［启］超拟暂缓受任，电嘱杨度速行赴东，面商一切。（按：右电系另一访员所发，与前说正相反。姑观其后。）

袁世凯添聘幕僚十二员，终日策画议和条件。

袁世凯奏，内阁组织成立，嗣后降旨关于某部之事，即着该部国务大臣随同总理大臣署名，以专责任。

山西民军复进抵石家庄，段祺瑞电京告急。

清理藩大臣达寿奏，请收回成命。有旨慰留。

清内阁奏，盐政应归国务大臣兼理。得旨，着由度支部暂行兼理。

京师今日（二十八日）开国民弭乱平和会。

国事共济会定初一日续行开会，共商改革政体办法。

大理院奏，请将赵尔丰虐杀川民案证移京公判。得旨，着端方委派妥员迅速解京。

清廷有旨，将浙抚增韫革职。

京西一带，有人挨户分送明未［末］时被满人虐杀之痛史。（以上北京）

浙省接鄂军都督电告北京光复，万众腾欢。昨日特开庆祝大会，并公举张菊生为全权代表赴鄂，会议组织临时政府。（杭州）

千叶医学专门学校及东京女子医学校中国学生三十名，组织红十字队。又东京中国学生百五十名，并中国红十字会长嘱托之，有贺长雄等皆乘博爱丸于二十八日前赴上海。（东京）

《申报》1911 年 11 月 20 日 13932 号第 2—3 版

译电

张勋前密派数十人至镇江军政府伪降，侦探军情，实行暗杀主义。今晨（二十八日）为民军查获二人，余潜逃。

张勋部下闻粮食将罄，甚为惊慌，纷纷逃走。投入民军者颇多。（以上二十八日镇江电）

昨日，汉官军与民军开战。官军死者甚多，伤者三百余人。

汉口二十八日又有战事。据清政府声称，当官军统领与民军商议事件时，民军忽在后面袭击，胜负未悉。闻民军拟设法断绝官军与北京之交通。

清政府二十七日，又派董某带精锐兵四千赴湖北，攻击民军。

北京官员均已逃避天津。留京各大员匿入使馆，求其保护。

据陕西南部来京之教士报告，谓该处民人大有排外之象。该教士未离陕西之前，闻西安府有英国教士全家被害。

驻沪美领事昨据上海商界禀词，电达北京美钦使，恳用强力以止中国之内乱。

汴抚宣称，清廷如不即日给发饷银，则该省各兵均将投降民军。（以上二十八日此京电）

洞庭湖湘河一带之城镇，皆竖民军旗号，长沙颇安靖，外人现居洲中，或游船中。每日有新募之兵运出长沙，先赴岳州操练，后调往前敌。（二十七日汉口电）

吉林已于二十四日决议，宣告独立。

粤督张鸣岐已赴欧洲。据称拟竭数年之力，在欧洲考察宪政。（二十八日香港电）

《申报》1911 年 11 月 20 日 13932 号第 3—4 版

公电

日报公会转各报公鉴：大通二十三日宣布独立，已设军政筹议处，推举皖军政府参谋总长黎宗岳为首领，徽宁池太四府暨广滁二州所属事宜，统归管辖。大通军政筹处叩。（大通）

都督府各报馆公鉴：徐州二十八日宣布独立，公举段书云为政务总长，徐占凤为军政长，林开谟为民政长，张佐乡为财政长。秩序已定。徐州八属公电。（徐州）

申报馆鉴，并乞转各报：扬州自十七日定字营兵变，盗劫运库一空。孙天生乘机发现。是时，阖城惊扰异常。经绅商军学界电请徐公宝山来扬，将孙拿获，并将定字营兵招安。至十九日，事定。合界文明组织，秩序井然，两县仍照常办事，大清银行及裕宁官钱局均派兵看守，市面交易如初。裹下河一带有土匪滋事，徐公亲率兵队前往，分别剿抚，以保治安。王有宏公馆亦由徐公派兵在外守护，故室内一切什物均尚完全。剑。（扬州）

各报馆鉴：海属一带向多土匪。自本月十五，闻清江警耗，板浦镇附近一带土匪蜂起，四路蔓延，到处杀人放火，抢劫财物，残害同胞，惨无人理。无数村庄多被屠杀抄掳。大股土匪盘聚板浦镇之南龙沟、武障河龙□□一带。板浦现正死力保守，兵力单薄，危在旦夕。十日内无兵来援，必遭涂炭。自板浦至清江水陆两路，均为匪众梗阻路断。行人信息难达，电线亦日久断绝。集议数日，呼吁无门，因思贵报馆素爱同胞，用特急电呼吁。伏乞垂念同胞危在旦夕，集合各报馆开会集议，联名公电统兵大员，派兵驰赴板浦援救。但得精兵数营，会同现有定字营军队合力兜剿，匪氛自戢。否则愈聚愈多，不独海州全境糜烂，蔓延东南，涂炭更不知若何！存亡在于呼吸，万乞迅速援救，并先电复板浦，以寒匪胆。至进兵由清江来最便，否则由贵报馆公电徐州道，派兵驰救。有贵报馆全体主持公义，徐州道迫于公义，当可俯允。海属自治会及全体商民泣叩。（海州）

《申报》1911 年 11 月 20 日 13932 号第 4 版

中国光复史：武汉停战后近状（特别通信员来函）

北军仍驻扎桥口，日来无大战事。但每至晚间，两军必互放小炮数次。

廿三日晚，北军屯聚招商局栈内，将炮四尊架于招商栈房屋面上，猛向汉阳攻放，汉阳炮台亦还击之，至第四次即将一炮击毁，其余三炮之炮兵见状大惧，纷纷逃下，嗣后即不敢再由屋面放炮矣，

当汉阳开炮，时有流弹飞入江汉关对面日商某洋行墙脚上，并未伤人，仅破墙角一孔。

此兵全无纪律，日来抢掳如故。廿三日，新到北兵二十四车，均穿灰色布衣，驻扎大智门外，时出游行至华界花楼街掳取殷实店户。虽重门紧闭，亦必破扉而入，将值钱之物随手取携至街中逢人兜售，一狐皮袍只售洋二大元，然随后即有兵来复将此衣抢去，实则白得二元而已。

汉口洋价大涨，每元可换铜元一千七八百文铜元。所以如此贱者，因连日火烧后，北军抢出铜元甚多，皆以贱价责与商人。现华景街一带均是卖铜元之人矣。

二十三日，武昌武胜门外捕获丐妇二人，身边各藏毒药一包，拟欲投入武昌井内。询实后，即就地正法。

湘军又有五千人自长沙动身，不日可抵武昌。

武昌粮食充足，可供二年之用。现尚源源购买，以备不虞。昨晚复由湖南运来白米五千石，随即运入武昌城内。

军政府拟借公债二千万元，五利起息，限西历一千九百十七年后四年还清，以武汉公产作抵。

二十四日夜，北军忽在暗中自相残杀，死者数十人。

二十五日，武昌铜元厂开炉鼓铸当十钱，以便接济市面。故目下铜元价愈跌。

近日，北军逃去者不少，因在花楼抢得银洋等物甚多，故皆卸下军装回乡作富家翁矣。

北军身上无人不有时计与金练以耀外观，所以近数日来北军已毫无斗志，租界上满目皆无军器之北军。

闻黄兴善于夜战，现率重兵严守汉阳。所以日中不闻炮声，入夜则隆隆不绝矣。

武昌连日捕获汉奸不少。二十四日，又获三人，均杀之。

民军侦探在北军官员中探得第六镇统领吴禄贞被刺，实系袁世凯派人所为，恐其绝止北军后路，于袁不利，故杀之。

近日，武昌城内查诘汉奸异常严密。二十五日，有汉口英文报访员在城内被

汉兵获住，几至被杀。后盘诘再三，送至审判厅，复盘问三小时，始由某西人保出。

昨往北军本部，见兵士成群而出，及归则手中或提肉或提鱼，纵酒作乐，喧闹无序，营官皆置之不问，可谓异事。

清廷新放汉口巡警道黄开文现住火车码头，以已闭第一宾馆为衙门。到汉后，即晓谕民人，谓此次兵乱，所有烧毁民人财产房屋等物一例赔偿。外人莫不笑之，谓清政府穷困已达极点，尚有一万万闲钱为赔偿民产之用乎。

袁世凯所派议和代表二人，因不得要领，已于二十五日由武昌还抵北军本部。

《申报》1911年11月20日13932号第4—5版

闽省光复记

此次闽省光复，由咨议局为原动。先于十七下午，咨议局开会，议决福建政务此后由新政府施行。十八日，即照会闽督松寿并向朴将军提出四条：（一）所有满人宜服从新政府命令；（二）旗军军械火药缴入新政府；（三）此后满汉不立区别；（四）满人俸禄仍照旧支给。松督接此照会意欲认其要求，惟朴将军固执不听。即向咨议局严词拒绝，并令部下捷胜军整顿战备。十九黎明三点钟，民军先掷爆弹破坏南门，入城占据于山，与旗军交战。总督松寿、布政司尚其亨闻变先逃，民军占据于山，在北方山腹布置战线。旗军将法政学堂作为中心，据附近民屋交战，互有伤亡。相持至下午，革军用大炮轰击，法政学堂立成灰烬。此时，英华、格致两书院学生所组织爆弹队决死进攻，旗军不支而走，伤亡百余名。渐次退却。下午三点钟，朴将军致降书于司令部，请为停战。司令部覆云，所有满员缴出军械，方算真降。如承认此条件，即本晚十二点钟纳降。讵至十二点钟，旗军依旧相持未降。二十日黎明，旗军决死队约三百名突进于山，与民军短兵接战。民军掷爆弹，奋力防战。旗军遂被击退，两军伤亡约百数十名。及下午二点，民军一队进袭青都观，时适朴将军在内负伤潜匿，当经英华书院学生队刘德官二名捕获，相拥而去，劝其投降，不从，遂杀之。至夜十一点钟，旗军势渐不支，由德统领代表旗军，带同将校二员、文案一名，自到都督府告降，承认条件，立誓。各旗兵遂弃械归降，约一千余人。即饬勇队押至南校场，暂行拘留。廿一日，给以米数百包，并每名给银一元，点名解放。公推孙道仁为大都督，即在花巷旧警察公所内设司令部，举林肇民为副司令。所有陆军三十七八九四十各标均归统带。闽省各官，除闽督自尽，将军被杀，藩台远遁，都统投降，福州府辞职，闽县避匿外，其余各官均次第归降。现南台电报局、邮政局、各厘金局及大清银行已归民军占领矣。

二十一日上午十点钟，由南台梅坞中华同盟会福建支会代表郑祖荫等十人执旗捧印赍往都督府（设旧总督署）。当先军乐队，次学生军及义勇队，次代表，次同盟会会员，各臂缠白布，胸悬白章。城台沿途居民夹道纵观，鼓掌声欢呼声与花爆声同时并发。各市镇公司商铺均悬旗欢祝。既通都督府，由参事代员彭君岳峰往请孙都督到府。代表员暨会员分列两旁，由主秩序员李启藩引道都督升堂，依序授旗、授印，宣誓。各代表员暨会员高呼：感谢都督，中国万岁。至礼毕，都督邀代表员招待室谈叙，谦恭热诚，有黎元洪之风，各代表员（即参事会员）。是日，即在中办事，先举彭君岳峰为参事会长，各部长正副共十人，已由都督府核定。兹将是日情形汇录如下：

礼式：（一）升炮二十一声，奏乐；（二）都督南向立，中华同盟会福建支部总代北向立，行三揖，礼毕朗读照会，鞠躬进会，都督签敬，前受照会；（三）行授旗式，都督南向立，总代北向立，行三揖礼，进授国旗，都督答敬毕，前受国旗，奏乐升炮二十一声；（四）行授印式（礼如上）；（五）都督述誓词，升炮二十一声奏乐；（六）终礼。

誓词：天佑我汉，胡运告终。鄂省义，各省继。闽省义旗高举，指日光复。此皆我祖黄帝之灵，与同胞之福也。孙道仁承大众推举，为中华民国军政府闽省都督，矢愿尊重人权，建立共和政治，协同众力，扫除满清弊政，宏我大汉功业，以慰祖宗，以答同胞皇天后土祖宗。中国同胞，闽省同胞共鉴斯言。

《申报》1911 年 11 月 20 日 13932 号第 10 版

赣军更换都督纪闻

赣省新军起义后，各界开会公举协统吴介璋为都督。开府以来，办事称职。近因道路谣传，谓九江马都督毓宝不愿屈浔军分府，有派大军来赣夺位之事。当经绅商学界秘密会议，以求保生命土地财产主义，公电马都督收回成命。当于二十二日接到复电，言无其事，指为拨军赴皖之误。讵是日午后，又得确信，孙汶、黄兴已在海外开会，公举彭程万君摄理赣军都督，惟恐军民不肯承认，先派侦探到赣调查情形，复派敢死队一百名，有炸弹以备行事，致军民两部闻信极形慌恐，纷纷搬散。全城为之震动，而警兵站岗，沿街匿散，居民慌恐尤甚。届时敢死队联络五十五标，在军政府（旧藩署内）布置一切，由孙汶派来代表，赴军政府召集民事部各项人员，宣读彭程万君授命赣军都督。书系用白绫缮写，盖大统领印信，均已承认。大众亦无他语，幸和平解，决未用枪弹。铺户居民惊惶之后，亦稍稍转忧为喜。惟彭程万尚不在府，当用吴都督名义往寓寻来接任。吴都督随即开会辞职，交出印信，即坐小轿出府。闻，赣军新都督彭程万定于二十三日午后一时在府开议，共筹进行办法，以定大局。兹将传单告示录下：赣省都督已在海外开会，公举庆信府贵溪县彭程（现充江西测量司长）摄理，用特布告我江西胞知之。代表人：孙汶、黄兴谨布。（按：江西都督而由海外公举，奇矣。

黄兴身居湖北，而忽与孙汶共举江西都督，尤奇之又奇者。）

《申报》1911 年 11 月 20 日 13932 号第 10—11 版

章太炎抵沪之计划

革命党首领章太炎君炳麟，与沪军李燮和司令夙为至交。昨，章抵沪后即住吴淞军政分府，与李司令议决之事：一为由章君以私人资格，向某某富户借银六十万两，交李司令作速行招兵二万人之开办费；一为俟南京克复，即将吴淞军政分府移至去年南洋劝业会场内，以为练兵之地。

《申报》1911 年 11 月 20 日 13932 号第 18 版

11 月 21 日

专电

昨日（二十九），有民军三千名由镇江开抵高资车站。内有浙兵甚多，俱步行向龙潭进发，其行旅粮食等物则由火车运往龙潭附近。闻尚有民军三千名驻扎该处。张勋已派军五百名前来迎敌，现离南京未远。

镇军都督以张勋负嵎自固，苏浙浔三处援军云集，电致沪都督，请再续发大宗军火，以资进攻。

张勋各兵在金陵城内任意残杀，各城门尸体山积，居民旦夕盼望民军之至。

南京城内粮食将罄，米每石价十三元，猪肉每斤半元尚无购处。

南京居民愤张兵惨杀，少壮者均结团自卫，与张兵格斗。

鄂军一等参谋官黎宗岳已率赣军一万二千人，由大通起程，助攻金陵。

大通二十三日宣布独立，举王念祖为民政部长。（以上芜湖）

今日，清廷有旨，择定十月初六日宣誓太庙，将资政院所拟宪法内重要信条十九条切实遵行。由摄政王恭代行礼。

吉林及黑龙江省城，均仿照奉天办法，设保安会。

由保定运往石家庄之子弹，均被民军中途劫去。刻下，官兵军火已罄，束手待降。

昨有俄兵一队护送某亲贵之妇人二名及小孩一名出京，赴哈尔滨迁避。

京师各官现纷纷逃避，陆润庠已附京张铁路火车，出张家口。沈云沛已避往青岛。

京师各部员司均在东交民巷赁屋办公，衙门中只留看役值日。

新授度支副大臣陈锦涛请恳收回成命。奉谕：着遵旨莅新，共挽时艰，毋得固辞。

直督陈夔龙电陈近日病状，请予开缺。奉旨慰留。

驻美钦使梁诚电告外务部，以留学生因费用告竭，纷纷索资回国，请由学部拨款维持。（以上北京）

《申报》1911 年 11 月 21 日 13933 号第 2—3 版

译电

九江民军近得大胜利，有巡洋舰六艘、鱼雷艇两艘，高悬新旗，泊于九江江滨。其统带皆新派之员，由马都督及参谋官认可。当二十四日，各舰驶抵九江，允降。民军各统带皆登岸赴宴。民军以其屡次反复，故于暗中防之。讵意，翌晨各舰果欲私逃，即为炮台开炮阻止。旋派人登舰，移去炮准，命满洲士官离舰赴沪。闻并给以川资而去。二十六日，派粤人某为海军统领，正午各舰皆升炮致敬。间有兵舰六艘施用探海电灯。闻有数艘已开往汉口，其余各舰则赴南京，抵敌官军。

南昌地面安静，江西全省皆归附。（二十九南昌电）

昨日下午，本埠接电，谓前日清晨民军攻击潮州府，焚毁府署，与官军互战三小时之久。击伤府署卫兵甚多，府道各官均逃。民军现悬赏洋六千元，招人捕之。汕头曾派出民军百人。目下城中已安静如常。（二十九日广东电）

袁世凯专使蔡廷干业已回京，有往谒者。据称，于二十日正午入武昌，至翌晨十时离城。彼以袁世凯赞成按照资政院所立之十九条宪法，详为黎氏宣。黎氏及各部代表均在座，坚不承认此议。众口一词，要求建设共和政体，清皇应退出中国本部之外，如能允此，则共和政府愿从丰岁给皇室赡养金及津贴爱新觉罗氏之族。蔡氏并谓，民军之纪律热心深堪钦佩，清廷所云意见不和之说，实属毫无影响。

今日清廷降谕，宣布摄政王将代表清帝于十月初六发誓，遵守资政院议决之宪法十九条。

陈锦涛辞受度支部副大臣之任，清廷不准。段祺瑞允赴湖广总督之任。（以上二十九日北京电）

黎元洪都督覆东督赵尔巽之电，谓民军不欲攻伐满洲，可请宽虑。

吉林齐齐哈尔已组织保安会。

长春俄国戍兵复增步兵六队。

长春商业已全无秩序。咨议局议员及长春绅士曾电请北京答复咨议局自治之意见。然一般人士则谓，清政府势力薄弱，颇欲自理本省政务。如清政府反对此议，则吉林亦将反对政府所要求云。（以上二十九日奉天电）

梁起［启］超已由满洲返抵神户康有为住宅。据称，清廷如不切实声明实行其宪政之意见，则彼拟辞受法部副大臣之职。

东京有数报，恐中国拟借之战债将促各国之干涉。

日本赤十字会顾问员某博士应中国赤十字会会长沈仲礼之请，定期今日由横滨启程赴华。同行者有医生一员、理事一员。该博士抵沪豫定一星期之久。（以上二十九日东京电）

据墨西哥电称，墨西哥政府已允照国会议决案，赔偿中国洋一百五十万元，了结墨西哥革命时杀死华侨三百五十名之纠葛。

前《泰晤士报》特别访事考尔康君近著论登报谓，彼承民党领袖许可，宣布该党要事。孙逸仙博士不日将抵上海办理各事，其第一事则建设军政府，由美将郝末里指导一切云。（二十九日伦敦电）

《申报》1911 年 11 月 21 日 13933 号第 3—4 版

中国光复史：汉皋鼙鼓谈

二十一夜，张彪率兵三四百人，由新沟用帆布搭桥，意欲渡河攻袭汉阳民军之后。经防守湘军用炮轰击，死者十余人，余俱返逃。闻张彪左肩确已受伤。连日北军又在汉口多买草绳麻袋前往新沟，不知何故。

二十二日，北军所据招商局趸船一艘，现为青山民军击沉。

昨夜大雨，北军闻炮声，自相惊扰。刘家庙之众与大智门自相射击，死者二百余人。

北军在四官殿废垣内设大炮一尊，子药库则在歆生花园附近。

二十三日，北军在桥口一带筑炮台二座，并筑有行军铁道。

北军于王家墩欢子湖地方（即刘歆生所筑冰窖之土台上）设有九寸口径大炮三尊，并以汉口水塔为瞭望台。

北军粮饷存储之处，以招商趸船为最，四官殿及大智门火车站次之。

汉口自二十四日下午开战后，连日尚未停息。当鄱阳轮船二十七日由汉口启椗时，有人尚亲见民军与北军在英租界背面开战。民军沿某堤进攻，官军炮火猛烈，租界中堕落炮弹无数，内有一弹在英领事署天井炸裂，幸无损伤。当时领事署对面江边并有华人竚［伫］立吸烟，至为枪弹轰落一指。北军现仍在放火焚烧汉口余屋。

赤十字会西医麦克维理田士二君于二十五日至汉口巡游被焚各处，计全城被焚之处已占四分之三，全城民人七十万留者仅二三万人耳。但死尸未埋者无多，且未见有受伤之人。该处民人大都于起火之前先行逃避，起火时城内居民亦有逃避机会。但贫苦与卧而未觉者，则多死于火中耳。

《申报》1911 年 11 月 21 日 13933 号第 4—5 版

袁使乞和颠末记

匈奴未灭，何以家为？袁世凯议和代表不得要领，已见昨报。兹悉当二十一日下午一时，袁派刘蔡二人渡江，诣武昌。由草湖门进城，面会都督讲和。黎都督当电集各部长、科长、参谋等在议事厅接见。都督面询来意，刘即代表项城意见，略谓："现时各省多已独立，大权俱在汉人掌握，满政府本无能为。项城惟三代事满，不能坐视危亡。现满政府已允实行立宪，捐去一切苛政，财政事宜归各省自行办理，故项城意见，欲各省不再动干戈，免生民涂炭。至于满政府，则如和尚之推戴佛祖然，不过形式而已。况日俄两国俱派有海军提督压境，不知是何意见。望都督熟为筹谋，无酿瓜分之祸。"言未毕，黎都督当曰："愚哉！项城瓜分之语，岂足以吓湖北革命党。无论各国向守公法，不至有不正当举动。或有之，而鄂省数千万同胞无一非热血捐命之徒，亦可与办正当交涉，断不容异族侵占我有土地权。且中华同胞不革命，满人能担认各国不瓜分乎？至于项城命二公来表意见，余已敬聆。窥其意，是盖欲现时牢笼各省都督，不加兵力。嗣后即设法反间，使自相冲突。维时大权在项城手，再以兵力驱逐满人而自立。惜乎，其意虽佳，艰于实行。若项城现率所部转取冀汴，尚不失为都督。将来大功告成，公选总统时以项城威望，或可当选。否则约期决战，多言无益。至谓三世事满，受恩深重，试问犹记溥仪初立，头颅几落之时代乎？此时大局已去，恐项城今世永无见用于满之日。且中华土地本我汉有，譬如我之家产被强人所占，我之妻孥被强人所夺，而强人犹欲派我管事。纵令极凉血动物，亦断不至尚认强人为有恩于我者！二公俱汉人，不知以为何如？"蔡默然无言，刘当答曰："都督金石之言，回去时定当明白代答言。"时各部长俱起，痛骂项城之无人格，讥两使之无价值。两使人惟红涨两颊，默坐静听而已。黎都督随谓："今日聊备小酌，请二公痛饮一宵，明晨再恭送过江。"于是各部长陪同，饮毕散去。该使人即宿于咨议局，次晨始去。

《申报》1911 年 11 月 21 日 13933 号第 5 版

11 月 22 日

专电

民军昨日已在南京与张军开战，惟胜负情形尚未接有确报。

镇宁间连日并无重大战事，张军现已悉数退入城中。

此间红十字会已设立办事处，预备日后战场应行诸事。

民军昨日拘获张军小轮一艘，截获现银二十万两。

民军大炮昨夜由专车运赴南京。

张兵已无战志，日来惟事搜查民家米谷，居民殊觉不安。

张兵二十八日至龙潭附近，闻民军有大队驻扎该处，即回南京，未与民军开战。

镇江军政府拘获张军侦探多名，三十日晨已枪毙三人。（以上镇江）

民军先锋队于二十八日抵苏，拟再编炮辎两队，须延三五日，编齐即赴镇江前敌助战。（苏州）

民军占据桥口后，即以三寸口径之大炮三尊守之。北军炮队则在歆生路轰击中国跑马场，两军酣战甚烈。

北军派大队援军分两翼包围民军，民军欲驰过平原设法断之，未能得手。

民军发炮近日大有进步。汉阳山上所发之炮多能命中。如有榴霰弹，则歆生路北军万不能立足。（以上汉口）

四川大局不靖，全省各教士约近百人，已由重庆启程东下，由英国炮舰护送出境。（重庆）

浙省军政府分电各府，速派代表四人，限于二十前到省，开临时会议。

浙省各府中学一律暂停三月，准明年开校。各小学即行从速开课。

处州府独立，民人呈请驱逐处守萧文昭，军队暗潮未平。（以上浙江）

天津不日将宣言独立。天津镇张怀芝极力抗议，现已由商会捐资给张怀芝部下，以免生灵涂炭。连日与张磋议，尚未就绪。（天津）

晋省民军自得石家庄后，第六镇部下精劲兵卒刻纷纷投降。以故声势极大，保定大震。

清军在石家庄豫储攻击晋省军火已悉数为民军所得。

晋省民军自占石字［家］庄后，枪炮粮食非常充足。目下四处招兵，日夕勤加训练，拟满二镇以上即行进攻北京。（以上保定）

资政院连日讨论借用外债政策，惟是否通过尚无确闻。

资政院议决：自明年始，民人一律剪去发辫，并改用阳历。将于不日入奏，闻已得袁内阁之同意。（北京）

《申报》1911 年 11 月 22 日 13934 号第 2—3 版

中国光复史：汉皋特派员观战纪事

二十七日，汉口各领事会议，以清政府与民军战斗已一月有余仍无结果，各国商人在汉口者大受其累。日昨照会黎都督及北军指挥官冯国璋，速即停战。黎已允而冯则未决。外人云，如北军不允，即以兵力驱之。

昨日下午四五点钟时，民军与北军搦战至夜间三点钟，炮声始停。北军不敌，散而退于桥口，民军进追北军，又退，桥口遂为民军克复。北军死亡无数。

北军粮饷自得汉口后，大半贮于四官殿内。昨被民军侦悉，即开大炮焚击，由是北军更告无粮矣。

当二十七日之晨，黄兴又派两队兵来攻汉口，以一枝［支］军由黑山上面潜渡汉口，以一枝［支］军由孝感包围。因长江兵船俱降，招商局码头已打坏，长驱直入，两面夹攻。北军将不支矣。

午时出去，但闻炮声隆隆。走到近战地处，遇民军中人云，我军已打到跑马场矣。至十一句钟时，北军战败后无法可想，复将汉口烧余破屋几间放火大烧以泄愤。

两军战时，余亲往武昌探悉，此次民军能得桥口，到午前已抵跑马桥者，皆北军降兵之力为多。此等降兵数日间已有一千余人，愿为先锋队。黄元帅允之，故上午之胜颇得其力云。

是日晚间，余又往战地近处观战二小时。只见炮子络绎不绝，民军转战向前。到六点钟时，往大智门。北军死亡无数，伤者五十余人。路上扛伤兵者接踵而至。探得北军伤者有标统二人、管带一人。闻皆不能医治，民军伤者亦不少。

二十八日，重往战地去问北兵。北兵云，昨夜被民军逐到汉口大水塔边，在歆生路附近。此时，吾军逃者无数，伤者亦不少。今晨天明再战，民军始退下几里。并探得装地雷工人之言，谓北军战地自后湖满春到刘家庙一带，沿途均装地雷。中路遇一外国兵官，谓今晚有九江投降兵舰三艘，来汉助攻民军协攻北军云。

又另一访员报告，云二十六夜间大雨倾盆，武昌、汉阳均向汉口发炮猛击，立派湖南军及决死队，由蔡甸架桥渡河。敌人不觉。至次日鏖战，相距仅一千密达。北军复不能支，遂退至满春相近。民兵追逐之，北军大溃，死者三百余人，伤者一百六十四名。大智门车站相近之赤十字会，户为之塞。民兵察满春地势难守，复退至桥口驻扎。

前荫昌督兵南下时，带银二百四十万。迨回京时已十去其九。现在军事告急，又无现银接济。至今日始运到铜元一千万枚，分储刘家庙、大智门两站。军士闻系铜元，俱疾首蹙额，面有不豫之色。

《申报》1911 年 11 月 22 日 13934 号第 3—4 版

广西改举都督之情形

广西于九月十七日宣布独立，即公举沈秉堃为都督。民心本极安靖，不意二十日晚间，巡防营十四、十五两队忽然兵变，抢劫藩库，不成即转攻咨议局及电报局。机器各件全行毁坏，一时变起仓猝，沈都督不知所为，避匿无踪。各官于大半逃避，不得已由龙州李道、标统陈君于二十二日公举广西提督陆荣廷为都督。现下变兵已经击散，地方安谧，电线亦已修通。兹将陆都督致各省都督电录下：

各省军政府鉴：现承桂省人民公举，荣廷为全省都督。自惭德薄能鲜，惟顾念大局，保持治安，不得不勉肩其责。务望联络匡助，共兴我汉族，以光历史。以后彼此应商之事甚多，望随时以文电相告。荣廷叩，养印。

《申报》1911 年 11 月 22 日 13934 号第 10 版

云南光复记

滇督李经羲于前月初旬探悉新军将次起事，特令初十日一律缴械。该军士迫不及待，即于九月初九日晚九句钟，新军七十三标首先起义于北校场。十钟时，破北门而入。首占电报局，次攻军械局及学署、巡警道署。初十日辰四时，七十四标抵省，炮营、马队、机关枪营同时占领南城、大东城等部，复攻军械局。至九时，占军械局，七十三标据五华山，互攻督署。十二时，全城克复，即举蔡锷为都督。李督及司道均避匿无纵，十九镇统制钟麟同被擒，斩首。防团兵备处总办唐尔锟、陆军兵备处总办王振畿、陆军总参议靳云鹏等均被擒获。下午五时，一律枭首军前。余如标统丁锦及营官队官五六人，均以反抗被杀。民军仅伤数十人，民未伤一人，而军政府已成立矣。十一晨，出示安民，铺户照常交易。都督蔡锷带同统领李根源、罗佩金等请英法两国领事暨各西人开议，国际上各项条约西人均乐从。十二日午，李经羲自行归顺，各司道亦纷纷来归。藩司世增被巡逻军在登仕街天源省号内查获，押赴军前枪毙。盐道毛在署中服毒自尽，税关、邮政均于是日一律订约。大清银行钞票限五天后十足兑现。各学校亦照常上课。驻大理府之七十六标驻、临安府之七十五标以及腾越之西防营、开广之间南防营亦依次收服。河口亦于十二日光复。蒙自关道龚心湛闻已自尽，现李经羲被拘于咨议局，自〇〇〇〇〇万元以为赎命之资云。

《申报》1911 年 11 月 22 日 13934 号第 10 版

11 月 23 日

阁电

初一日，北京内阁奉上谕：监国摄政王面奉隆裕皇太后懿旨，所有禁卫军、左右翼、巡警、武卫左军各项兵丁，着每名赏银一两，由内帑拨交内务府发给。钦此。

同日，钦奉谕旨：本月初六日，宣誓太庙。所有各衙门人员，均着陪祀。钦此。

又奉谕旨：资政院奏议员缺额，遵章缮单请旨补选一折。着杨希曾为议员。钦此。

监国摄政王钤章，袁世凯署名。

《申报》1911年11月23日13935号第2版

专电

民军进攻龙潭，甚得手。张勋派来迎战各兵已纷纷投降。

南京民军已与张勋约定于初二日大战，以决雌雄。

民军与张军于三十日在龙潭激战二小时，张军即被民军击退，回宁死守。

镇军司令部据侦探报告，张人骏已派戈什四人往沪请李佳白博士来宁商量议和条件。已于今日过镇。

南京粮饷尚足，惟银钱缺少殊甚。张勋强令铜元局日夜赶铸，各工匠星散，遍觅不得。

张勋以苏浙皖赣大兵云集，势必不支。密派亲信弁勇多起，潜至京汴鲁三处乞援，并请接济饷械。

张勋现派亲信将现银十万秘密运沪。（以上镇江）

张勋所派王李二营官，在清江扬州招得军队八百人，现为江北军政分府截留。六百人驻扎二郎庙西化莠所。（扬州）

苏州程都督今日出发，军容甚盛，拟暂驻丹阳料理进征事宜。（苏州）

袁世凯因君主、共和两立宪问题彼此争持，日夜筹划两全之策，并派代表赴鄂向黎都督乞和。今日（初二日），特开阁议，宣布代表回京，议和绝望。拟与新鄂督协商，俟到任后再行妥速和解，顾全大局。

国债赔款已与外交团商妥，姑准缓交。俟借款事定后，即日缴楚。

新鄂督段祺瑞已聘定参谋部等三十余员，拟于初八日出京莅新。（以上北京）

清廷现拟召回冯国璋，以段芝贵接统。各军士闻信大震，溃散过半。（汉口）

石家庄民军势力日张，保定城中大官皆逃去。京津大震。（天津）

都督府通电十一府，各属防营月饷照章仍向原领处请领，循旧造册报省，以省费耗。（杭州）

《申报》1911年11月23日13935号第2版

译电

民军外交总长伍廷芳照会驻沪各领事，谓南京将有战事，寓宁外人宜即迁往他处。

前粤督张鸣岐，偕随员数人已抵上海。

数日前抵此之民军，大半已开往南京。大致今明两日必将开战。现有小巡洋

舰七艘、灭鱼雷艇一艘、鱼雷艇二艘停泊镇江。（初一日镇江电）

《泰晤士报》北京访事往谒袁世凯。袁云，余今决意重行组织一巩固之政府，以免国家之分裂，故极主张保留清朝，以成一有权限之君主政体。盖将以此为表示权力之中点，及担保中国完全之结束物耳。且谓，余信国民十分之七仍持保守主义。现民军已有意见不和之征，北方民军与南方不甚融合。如果覆灭清朝，则必有第二次之革命，于是中国将数十年不能安静云。（初二日伦敦电）

孙逸仙君在伦敦小寓一星期后，即启程赴华。曾告其友康脱里博士，谓彼并不欲充总理之职。但使受任之后，果能有益于国，则亦不欲坚辞。且孙对于组织联邦制度似不赞成。据谓，国民现皆欲获一美好之中央政府云。（初二日伦敦电）

据确实消息，美国拟于太平洋海军秋操之后，派巡洋舰六艘分赴天津、烟台、大沽三处，并派炮艇多艘赴扬子江及广东沿海一带。（初一日东京电）

驻日中国公使以学费川资给付，各学生大半满意而去。惟有云南学生九人汪公使不肯照给。各生乃于星期三日赴使馆坐索，使馆办事人召日本警察前往驱逐。学生不服，警察拔刀挥之，伤学生一人。留日学生因之大动公愤，声言欲击汪使，并反对日本殴辱学生之官员。

汉口民军已派湖南精兵数千名，由汉阳出发，攻击武胜关。（初一日芜湖电）

日本水师三十人，已登岸保护日领事署。

烟台民军维持该埠秩序甚为完全，故美国水师前数日寄宿于某旅馆者，现皆回船。

美国驻京公使现劝居于山东内地之教士，迁往海滨。（初一日烟台电）

奉天保安会之组织识者谓，实足破坏民军之计画。

赵尔巽向俄国借罗卜［卢布］五百万元，俄国未允。现又欲向横滨正金银行借日洋二百万元。

袁世凯回京后之举动，日本颇为失望，恐不久袁将完全失去民人之信任也。

日本某报载奉天电，谓东督赵尔巽已与横滨正金银行订定合同，借银二百万两，以奉天电话电灯厂及鸭绿江伐木公司之产业为抵押物。（初一日东京电）

此间又有官军数千名开往南方，大约清政府尚思设法夺回汉阳之故。

美国驻京公使已命各处美国领事，商请教士移居安宁之处。（初一日北京电）

据北京电称，瑞士某教士昨夜自陕西行抵天津，宣言西安府西人被戕一节，确有其事。某学堂之法国女教员及某学堂之外国小孩五人、中国女孩多人，又中国邮政局内德国办事员一人，皆被戕害。河南亦有盗贼，抢劫教士。各钦使目下正在会议对付办法。

据《泰晤士报》北京访事电称，袁世凯往谒各公使时，各公使皆请袁速停惨杀无辜，并言南京之杀戮，汉口之战争，皆为不合人道。（以上初一日伦敦电）

《申报》1911年11月23日13935号第2—4版

孙宝琦亦要求共和耶？

前鲁抚孙宝琦，前晚致顺直咨议局电云：

都督府、保安会长、咨议局均鉴：顷接清政府二十五日上谕，各省应举代表赴京公同会议国是等语。宝琦前经电奏，确定共和政体。现在全国军民意见相同，万无更变。拟请由程都督联名电致清内阁，袁世凯如承认不私君位，宣布共和，仍当承认北京为中央政府，各派员赴京会议，优礼皇室，制定国法等事。否则谈判无可开端。惟望另行组织临时政府，以维大局，祈即酌核，电覆孙宝琦。

（按：孙宝琦二十三日宣布独立之电文仅与各省督抚，而不及都督。其电中则谓俟中兴政府完全无缺，临时政府即当撤销，且其告示尚标部院字样，尚奉宣统正朔，并有全国政体须由各省派出代表讨论公决等语。而此次电文，忽称清政府忽不允派代表，忽要求清内阁承认共和。此人行迳真令人不易捉摸已。）

《申报》1911 年 11 月 23 日 13935 号第 4 版

人心趋向共和之一斑

顺直议局。顺直咨议局因大局危，迫各省相继独立，深恐一或不慎，外人乘机干涉，致召瓜分之祸。连日特开会议，筹商办法，决计电达内阁，请组织政体。文云：内阁钧鉴：自川鄂乱作，各省相继沦陷。若长此兵连祸结，恐乱未息而外患已乘立兆瓜分，黄种且将不保。为天下安危计，即恳速定政策，合满汉蒙回组织共和政体，则人心既平，兵端自息，大局幸甚。顺直咨议局叩。又致资政院电云：自鄂变后，各省响应。四面楚歌，势难恢复。为今之计，莫若早定方针，速联满汉蒙回藏各部，组织共和政体。一以安天下之人心，一以弭种族之惨祸。大局幸甚！直议局叩。

京旗议员。顺直咨议局开会筹议，电请内阁组织共和政体。时有京旗议员丰君亦竭力主张。此说谓：若再迟疑，不但生灵涂炭，且恐国家大局有不堪设想者。现在长江流域相继独立，山陕乱事未已，东三省及山东已宣布自保。目下前途最可危者，只有直隶河南两省。且政府各项经费，他省已早不供给，恃以挹注者亦仅此两省。为日稍久，必且不支。倘不及早图，维恐噬脐无及等语。各议员闻之，均为悚然，遂决计电达内阁，竭力要求。

留英学生。闻留英中国学生对于张统制绍曾等要求宪纲多不赞成。昨特由伦敦致电各统制，云：张、蓝、庐、伍、潘诸君鉴：全欧留学生赞成共和，反对君主立宪。速进兵，不达目的不止。迟召延干涉，将贻后悔。留英全体学生等叩。

《申报》1911 年 11 月 23 日 13935 号第 4—5 版

汉口战报（本馆第二特派员来函）

上月二十九日五鼓，九江驶出兵舰三艘（海琛、海容、海筹）、鱼雷船二艘

（湖鹰、湖鹗），均于当晚到汉，预备助攻北军。

现冯国璋驻大智门车站，段芝贵驻萧家港指挥一切。

上月二十六、二十七、二十八三日之战，民军连捷。北军逃亡者甚多，故民军声势甚盛。

二十九日，往日本同仁医院见一受创之北军，容貌甚伟。询以战状，据云："彼直隶人，姓宗名德，顺年三十岁。本在永平秋操，忽出军令，命往湖北剿办土匪。因奉令而行，不意既至此间，始知民军起义。又命我辈杀戮同胞"云云。此人心地狠［很］明白，现充第一军四标五管排长。

是日，又带远镜登礼和栈之高台观战。但见烟雾迷漫，炮声震耳欲裂。北军即多匿于火车上，乘间放枪。火车两头皆置有机关车，盖预备战败后即可倒行退却也。

前日，有某西人往远东面粉厂，途遇北兵，令其以巾蒙目而行。否则，不允其前进。该西人无奈，遂仍退回。

二十六日午前一时至十一时，有火车三起行经德租界，满载北军军火，前往刘园。

二十七晨六时，民军改装暗渡汉河，在大路口登岸，拟袭攻官军之后。不意此项计画竟为某国人探得，私告北军，预先戒备。民军遂不能得胜而退。

北军在刘园左近以大炮轰击龟山之民军，武昌炮台开炮还击之，日清轮船公司趸船致被击沉。

现北军前往武昌投降者颇多，故北军之官特置炮数尊于江岸车站，以阻兵士过江。

初一日，有兵轮两艘、鱼雷艇一艘在汉口左近，与驻守十基罗米达之北兵炮队发炮互击，两面皆受微伤。晚间，兵轮仍退下流。

当开战时，流弹有坠入租界者，幸为数不多。盖两军皆注意测准炮线，不欲损坏租界也。

目下，民军防守武昌极为周密，而北军则于汉口周围皆扎哨兵，禁止行人出入。

据由孝感回汉之外人云，伦敦教会福纳博士在官军中办理红十字会，异常出入。闻，北军自开战至今，死者甚众。

《申报》1911 年 11 月 23 日 13935 号第 5 版

11 月 24 日

评论：论袁世凯（无名）

袁世凯者，世人以为于今中国极有关系之人。其实非也。袁世凯者，无学无识之人也，无胆量之人也。其得享有今日之名者，特时会之徼幸耳。何则？试观彼戊戌之事，及庚子以后至光绪末年之诸多动作，可以信我言矣！

在戊戌帝后党之间，袁之忽然改计者，知清荣禄之有大权，恐事泄就戮。故反告密以要功耳。其初念为胆怯，转念为诡谲小人。初非其策略之精妙也。至在庚子，则不过其在外阅历较之，略知世界之大局。不至如一般昏黑之官之全无智识，亦为常人能为之事。非真皎皎出人头地也。

其对于外人之交涉，不过能守最平常之信约，以及商量之事，可允与否，立有定局。非若其他官吏之一味迁延反复，毫无一次之约可守，似较能耐耳。其实，此皆极平常之端，不过中国旧时官吏专以圆滑反复为能。若袁者，视为难得耳。至若练兵一端，因其曾见日本之军队，仿效在先，改去旧时防营之恶习，略与以新式之器械。而世人以在中国旧时之眼光观之，遂以为难矣。其实，其所练之兵亦只有形式，而无精神。试观此次北军在汉口之奸淫掳掠，可以知其本性矣。以与湖北之军相较，其相差岂非天渊哉！然则，袁世凯之为袁世凯也，可以知矣。

《申报》1911 年 11 月 24 日 13936 号第 2 版

专电

袁世凯奏，值日旧例，应请暂停。除召见国务大臣外，其余召见各员，均宜停止。内阁总理尤毋庸每日入值，准其随时请见。已奉清廷批准。

昨日（初二），清廷有旨：此后奏折毋庸入递，均呈内阁总理会同国务大臣裁决。如系特别要事，再由总理入递。

某邸因君主、民主问题将由国民公决，恐致失败。密嘱袁世凯另筹办法。

袁世凯密陈议和办法八条，并谓昨又派员赴鄂，与黎元洪磋商。一俟该员返京，即可解决。

直隶咨议局长密谒袁世凯，商议独立。闻已妥协，有举袁为都督之意。

袁世凯又邀集驻京各使，密议借款归袁独负责任，各使未允。

奉直议局会电内阁，谓息借巨债，担负太重，万难承认。请速取消。

袁世凯乘山东省军民不和，促柯劭忞速往宣慰，收拾人心。

袁世凯颇赞成剪发改历两事。

清御史温肃奏，剪发改历有失国体，并违定制。得旨，交内阁议奏。

共济会代表杨度、汪兆铭初二日在石桥别墅集议，急速赴鄂，请黄兴、黎元洪停战议和。

梁起［启］超又电京辞职，且谓兵连祸结，外人干涉即至。请速宣示停战，并开国民会议。

某御史痛陈吴禄贞被刺及汉宁两处惨戮情形，请降明谕严惩，以慰忠魂而肃军纪。

唐绍怡因与袁世凯宗旨不合，现已回津，不允就职。

某团体胪陈载洵、载涛、那桐三人积资各千万，请速没收财产，加以严惩。

京师满人纷出巨资，托庇外人宇下。自三四千金至万余金不等。

乔树枏、渠本翘暂缓出京。先电川晋两省，宣布清廷德意。（以上北京）

苏浙攻宁联军已向宁垣包抄，现距城仅十余里。今明必有大战。

连日天雨，民军进行稍迟，故至今日犹未开战。豫料今夜（初三）必有战事。

民军司令处已由镇江移至高资，民军前锋队现驻扎龙潭。

苏州派往援军并未过镇，径赴句容。现向南京进发。

此间得信，张勋之妻在沪被获，后经某国领事干涉，现已释放。

有军舰七艘列于大河口至栖霞之间，以防江岸敌军。

程雪楼都督率队援攻南京。闻已行抵句容。（以上镇江）

苏城各衙署现均改为办公处。自都督起，眷属一律迁出。（苏州）

汤都督通饬各府，裁撤教官。将学田拨助中学堂经费。

机户十万人一律停工，要求军政府迅速宣布服制，以安人心。

杭州商会召集各商，议用军用钞票。各商以无现款，不允承领通行。

初三晚，汤都督又派八十二标二营拔队，赴宁援剿。

浙军政府派竺绍康弟凤占、子襄臣办理新嵊民团。

甬军都督刘询亲带兵队一营到杭。（以上杭州）

《申报》1911 年 11 月 24 日 13936 号第 2—3 版

译电

清廷今日降谕，此后一切奏折勿再进呈御览，可径递内阁。由内阁总理大臣会同阁臣裁决。惟特别重大之事，则内阁总理大臣应奏告摄政王。至关于皇室各政，则亦应由内务部奏报摄政王云。

江北大局目下渐有进步。军政府已重行组织，徐州、宿迁秩序业已恢复。（初二日宿迁电）

此间皆信民军将于今夜或明日进攻南京。（初二镇江电）

美国塔孚脱总统与内阁会议后，内阁已赞成派兵赴华之议。并闻各国政府现皆守候日本之举动。（初二日华盛顿电）

西安府德人被害一事，德国各报均大加评论，皆望官场尽速解释此事。外间谣传，德国拟进兵西安一节，实属不确。（初二日柏林电）

闻四川省南部有法国教士一人被戕，其详情尚未得悉，不知为何等人所杀。其余各教士均已离省。据各教会云，除报载一二处有外人被害等情，其余各处均颇安静，毫无排外之象。安庆前数日曾有乱事，惟外人并未受扰。即前抚朱家宝现亦避匿教会中。

前数日，有保定陆军中学堂学生约八十人，由北抵沪。闻已于昨日投效民军。据谓，保定官场现于城墙之上安置大炮，民人大恐，逃者甚多。

汉口华界火仍未熄，连日战事。自开战以来，从无如此剧烈者。北军死统领一人，兵士死者亦众。租界阻塞之线，较前更远。今日之战，此军稍得利，民军复退回汉阳。（三十日汉口电）

两军仍未息战，民军现已占据汉口沿汉之江岸。彼等现盼望南京光复，甚至盖该城既下，民军舰队可驶抵汉口，掩护民军进攻官军也。

汉口民军与官军现复恶战，民军已渡过汉水，在汉口占据地位。（以上初一汉口电）

北京陕西会馆不信西安府西人有被害之事。

北军在石家庄聚集，拟至潼州攻击陕西。民军现有兵一协，已拔队启程。

外间咸信姜桂题将带北军攻击山西民军。（按：姜乃义和团渠魁也。）

清廷有谕，清内阁总理大臣此后不须每日入朝。

田文烈已受陆军大臣之任。闻梁如浩亦将受邮传副大臣之任。（以上初二北京电）

此间有华人二千名，列队庆贺中国之革命。（初二日钮约电）

梁启超已由满洲回抵神户。曾以长函一通致袁世凯，辞受法部副大臣之职。并谓，如袁果诚心立宪，则应在上海召集国会，讨论国民愿有之政体而遵行其议决各款。（初二日神户电）

东督赵尔巽现欲借银五百万两，已向横滨正金银行及他行商借。

中国内地教会今日接河南教会来电，谓西安府英国浸会堂教士于上月初九日已启程赴京，均平安无恙。

据各处确实消息，西安府杀戮外人及平民人等，其酷烈较预料为甚。目下传说不一，大约外人被杀者共有十人。

此间外交家现讨论处置各口岸目下所收关税办法。此款曾为某某借款及赔款之抵押物，今多为民军收管。外交家已与上海各银行商榷此事。

伦敦《泰晤士报》北京访员初一日下午谒袁世凯，并询问以下五事：（一）民军系救中国之亡，保全主权，革除腐败政府。因见中国立于危险之地，而满清政府又一再陷国民于水火之中；（二）民军势力渐大，根基稳固；（三）各省皆宣告独立，决定非灭除满清政府不可；（四）保全腐败满清政府，决不能有效；（五）英国君主立宪所以能行者，以其君主皆甚可恃。满清君主不为庶民所信仰，焉能仿英国制度？袁氏答称，一旦灭除满清政府，恐起内乱。且恐不免损及外人利权，伤及外人生命，因而召干涉瓜分之祸。再民军分南北派，不能调合。且人民十分之七主张保守，满清政府一灭，必起第二革命云云。访员退时，颇见不满

意之色。（初二日伦敦电）

《申报》1911 年 11 月 24 日 13936 号第 3—4 版

公电

各报馆鉴，顷得确电：二十八日，海容、海琛及鱼雷艇湖鹗由浔抵鄂。次日，驶进刘家庙，炮击北兵，死伤五百余人，毙清协统黄及某司令官，并轰毁三道桥。惟湖鹗被伤烟通［囱］，当退守武昌。现海筹、海容、海琛各舰不日驶赴下游，助攻南京。镇江军政府冬。（镇江）

《申报》1911 年 11 月 24 日 13936 号第 4 版

中国光复史：汉口战报（本馆第一特派员来函）

上月二十八日，有友人往北军本部谒其官长，询以二十七日之战事。该军官谓，昨日北军大得胜仗，今日已有捷电报告北京政府。言毕即以电稿示友人，略谓昨有民军四千人偷渡汉水，被北军击败，死者三千人，生擒者八百人。另有二百人驱入汉水内溺死。北军仅死四人，伤数人，并获其辎重不少云云。此等言语只可欺其满洲政府矣。

二十八日傍晚，两军已停战。余往华景街闲眺见北军兵士买美棺一具，出银八十两。询以死者何人：答谓，今日下午又击死一个管带。再问之曰：今日有兵士受伤否？该兵士大呼悔［晦］气，并谓自晨至暮，死伤不下千人矣。

归时，路遇某国人暗牵余衣，谓有北军五六人寄寓于我厨役屋内，意欲前往武昌投降民军。有何法子可以入城？予曰，可设法付伊护照。该人乃称谢而去。

二十八日夜间，又大战，枪炮声竟夜不绝。据闻两军未分胜负。

二十九日晨，又至歆生路探访北军情形。据云，近日我军逃去者甚多，死者亦不少。言时大有凄其之色。

是日午刻，又见火车上有北军五六百人逃往刘家庙以北。

在九江归顺之海容、海筹、海琛、江贞四舰于二十九日下午四时抵汉口。后有鱼雷船数舰衔尾上驶。四点半时，海容先进直抵武昌。过刘家庙时，北军并未开炮。越半小时，一鱼雷船继进刘家庙。北军即开炮击之，约放四五炮。青山炮台见鱼雷船将受亏，亦还炮击之。刘家庙北军略有退者，而鱼雷船已直上武昌矣。海容舰闻炮声，重复开下。是时，中外人士在江边观战者不少，呼快打北军。海容随又开下一二里，盘过日本兵舰始开炮轰刘家庙。北军亦开炮应之，但皆未能命中。因刘家庙炮台筑在长江边上，地位太高，所以不能击中海容。而海容之炮线甚准，连放六七炮，江边炮台与兵士已尽数无存矣。刘家庙车站亦因受弹，忽起大火。此时观者莫不拍掌大快。余再到高处，用千里镜观之。见北军纷纷逃避，或负包，或挑米，秩序极乱。其时天色已暮，火光烛霄，海容始停炮不放。北军计损失大炮五尊，死兵士五六百人。

是日，民军与北军陆战亦甚剧烈。抢获北军机关炮二尊，大炮一尊，子弹无数。

是晚，湘军又来一标。即往汉口助战，并未至武昌登岸。

是晚，武昌又设计将划子船八九只连作一长条后，用绳数十丈系之，使划子顺流而下。北军瞭见大喜，以为民军渡江也，即开枪击之。直至天明，始知船上并无一人，而枪弹耗费不少矣。

北军连日败北后，有兵士及排长等潜乘日清公司南阳丸逃往上海，约有八九十人。

其二，九月三十日，汉口《楚报》云，昨日上午，汉口江边遥见有巡洋舰两艘、鱼雷艇一艘悬挂民军旗号，由下游驶上。下午，即有巡洋舰一艘向武昌进发，旋复驶回开炮猛轰北军炮队。其猛勇无前之情状，较之各巡洋舰悬挂龙旗时，实不可同日而语。鱼雷艇旋亦开上，辗转炮火之间。此为两军开战以来最可惊人之事。

昨日，巡洋舰轰击官军。无论其结果如何，然民军得军舰之协助，此实半月来军事上最大之进步。民军皆望得此可使战事转机。

上月二十八日之战，两军照常炮火乱击，计死伤之数，北军一方面不能从战者约二百余人，死者十人；民军死伤之数未经公布，闻死者约三四百人，伤者约三倍于此。

现北军张大其词，妄称民军数千人已全行覆没，大约即以渡回汉阳之民军谓其尽行溺水而死也。今民军自认有军一小队为官军所围，战死数人。匆促下艇之际，确曾溺毙二三十人。

是夜十点钟时，两军复在汉口扬子江滨恶战。虽黑夜不能见其实状，而闻枪炮声即可知其剧烈之甚也。北军由龙王庙及离招商局堆栈不远之处开炮，向江中轰击。民军则汉阳、武昌排列炮队，向汉口猛轰。于是英租界复处炮火线下，炮弹飞鸣空中，闻之令人惊心。

汉口英人因连日北军失利，深恐将来大败，拥入租界，且北军野蛮成性，势必任意焚杀。故已议决，要求驻京英使即派重兵赴汉，并请英使转告英政府，汉口英人之生命财产甚属危险云。

《申报》1911 年 11 月 24 日 13936 号第 4—5 版

11 月 25 日

阁电

二十八日宫门抄，本日召见内阁总理大臣、张锡銮、郭殿邦、荣勋、刘廷琛、王世琪、许受衡。

北京内阁奉上谕：袁世凯面奏，内阁现在业已立成。嗣后，所降谕旨，凡关于某部事项，即着该国务大臣随同总理大臣署名。钦此。袁世凯署名。

同日奉上谕：内阁奏，盐政大臣应由国务大臣兼任，着度支大臣暂行兼任盐政大臣。钦此。袁世凯、绍英署名。

同日奉上谕：达寿奏，请收回成命一折。据袁世凯面奏，现在时事艰难，方资共济。达寿着即遵前旨任事，毋庸固辞。钦此。袁世凯署名。

同日奉上谕：民政部左丞裕厚奏，因病恳请开缺一折。据内阁奏，裕厚实系患病，着准其开缺。钦此。袁世凯、赵秉钧署名，监国摄政王钤章。

二十九日宫门抄，本日召见内阁总理大臣、段祺瑞、达寿。

北京内阁奉上谕：典礼院奏，谨拟告庙礼节各折片。着依议，于十月初六将宪法信条敬谨宣誓太庙，由监国摄政王代诣行礼后，殿遣庆亲王奕劻行礼。钦此。监国摄政王钤章，袁世凯署名。

同日奉上谕：度支部副大臣陈锦涛奏，恳请收回成命一折。据内阁奏，度支部为全国财政机关，陈锦涛于财政学素有研究，着即遵前旨任事，毋得固辞。钦此。

同日奉上谕：度支部左丞陈宗妫奏，衰病难支，仍请开缺一折。据内阁奏，陈宗妫患病系属实情，未便强留，着准其开缺。钦此。监国摄政王钤章，袁世凯、绍英署名。

初二宫门抄，本日召见内阁总理大臣、田文烈。

北京内阁奉谕旨：内阁奉上谕，内阁奏，请简民政部左丞一缺。民政部左丞着汪荣宝补授。钦此。袁世凯、赵秉钧、郑署名。

同日奉上谕：内阁奏，请简度支部左丞，并递遗各缺。度支部左丞着传阑盛补授，曾习经着补授右丞，左参议着刘世珩补授，杨寿枏着补授右参议。钦此。

同日奉上谕：内阁奏，请将河南布政使俞钟颖开缺，另行请简河南布政使。俞钟颖着开缺，另候简用。齐耀琳着调补河南布政使，迅赴新任，毋庸来京陛见。钦此。袁世凯、绍英署名。

同日上谕：内阁总理大臣面奏，关于入对奏事项暂行停止，开单呈览。着依议。钦此。袁世凯署名，监国摄政王钤章。京冬。

《申报》1911 年 11 月 25 日 13937 号第 2 版

评论：再论袁世凯（无名）

袁世凯之才识，不过一至寻常之庸人，而又全无学问、不讲气节、唯循势利之道以趋。适因戊戌之事，得宠于荣禄清太后而势位日固；因势利日固，而得握兵权；因得握兵权，而遂得握饷权；有兵有饷，而人遂群趋骛之。故其奔走于门下者，皆势利之徒，而无信义之士也。信义之士，彼方锄灭之不暇，而能与于彼相容哉？不能容信义之士，而能容共和民主，与彼所谓君主立宪哉？

盖袁世凯之心，非特以为共和民主。今日之中国，断无此事。即君主立宪云云，亦不过因现在时势所趋，用此粉饰，以瞒一时之人心耳。其实如彼之意，以为非实行专制万不可也。其所以有此根性之故，其一为彼身出累代官家之后，从幼已种专制之根苗；入世以后，又日在官途，专制之毒质蟠固既深，断不能铲拔。因此以己之见度人之见，谓中国人非专制不可也。其二为彼所用之人，前后左右悉为利禄之徒。为利缘故，招之即来，麾之即去。而利禄之原，厥唯专制。专制之法，行之既经得手，遂误定为中国之人悉是如此，不如此者，不足以治中国矣。有此二故，故专制二字实与袁世凯三字相连。袁世凯而不死，则中国之专制总无或已之时。呜呼！清廷之立宪，伪立宪也，然而亦伪专制，故破灭之也尚易。若袁世凯得志，则伪立宪而真专制矣！国民其速计之。

《申报》1911 年 11 月 25 日 13937 号第 2 版

专电

清政府密电陈夔龙，侦悉烟台来舰三艘，速筹堵截，并严守大沽口。

冯国璋电告军咨府，军饷已竭，溃散堪虞。现退守武胜关，鄂军逼迫。请速筹办法。

袁世凯极力运动外国资本家，大借外债，添募营兵。法国资本家已有允意。各国力阻，谓须资政院通过再议。袁已密遣心腹运动资政院议员赞成其事。

闻驻京美使接美政府来电，谓清政府如欲借款，非经共和党核准，不得允许。并谓，如国民公决赞成共和，则美国将即承认新政府。

袁世凯以和议难成，决计力战。现姑以和议为饵敌计，各路紧急电报到阁，袁专设秘密室集议。

黎都督电致袁内阁，谓共和政体如不从速宣布，即合各省海陆军北伐。

清廷财政告竭，各部员薪水现已一律停给。（以上北京）

清兵与民兵初二日在石家庄激战三小时，势甚剧烈。后，清兵因军火不敷，退至直隶境内。是役，清兵大败，死百余人，伤千人，民军只死步兵三十余人。（保定）

南京下游江中现有民军兵舰来往巡弋，对于某国轮船一艘尤为注意。闻该船载有大批军火，欲图驶近南京，接济张勋。（镇江）

张勋溃兵已由六合下窜扬属，居民多被骚扰。（扬州）

民军千余人，初二日渡过襄河浮桥，一直到汉。即将优势地位占据。

初三晨，复闻炮声甚为剧烈。两军在汉水上游相遇，争持终日。有清军一队似已渡过汉水，占据江岸。

初三下午，海容、海琛两舰同时出现，轰击铁路，开炮约十二响，继即退下。鱼雷船湖鹗于初四晨向下游驶去。

民军拟先以海军大炮轰毁铁路，继轰江岸车站，使清军不能以军需队前往接济。（以上汉口）

漳州决死军千五百名，厦门学生队三百名，即日赴鄂，加助北伐，并筹协饷。（厦门）

《申报》1911年11月25日13937号第2—3版

译电

初三下午，有巡洋舰两艘，悬挂民军旗号，开往南京助战。一为两枝［支］烟囱，近在日本定造者；一为福州旧舰。

港澳轮船公司之瑞安（译音）轮船，昨日在某岛为海盗所劫。大副被杀，并重伤搭客三人。英国炮艇桑特辟浦号以无线电求助于梧州，现有鱼雷艇三艘由梧州驶往被盗之地。（香港电）

袁世凯派姜桂题率军二千名，往攻潼关民军。太原府铁路，石家庄地方驻扎之清军六千名，现调往迎敌山西民军。

袁世凯现拟向四国银公司借债银二十兆两，事成之后尚拟续借巨债。

闻驻京各国公使多饬各处领事，力劝内地教士暨远处之妇女，移至沿海口岸。因恐冬季内贫民迫于饥寒，聚众掠抢之故。（以上初三日北京电）

据续接消息，陕晋两省排外风潮极为剧烈。裴克曼夫人及瑞典学堂小孩五六人在西安府遇害一事，似颇确实。有瑞典人一队，由白洛恩君率领抵京，曾在河南府为盗所攻。白洛恩君身受微伤，其夫人则受伤颇重。据白洛恩君言，潼关曾有大战，杀死者约三千人。

又据中国消息，陕西外人大都被杀，华人亦死数千人。该处大局较拳匪乱时尤为糜烂。闻法人堤邦脱亦在西安府被杀。

《大陆报》代表接确实消息，袁世凯今日宣言：余今力主君主立宪，实因共和政体殊不合中国时势，故不愿赞成。如照今日情形建设共和政府，则必先有祸事。现仍望调和民党意见，并恳各党允其所倡之议，共保国家，以免分裂之祸。又谓，目下最大之问题为保全中国。爱国者欲达此目的，首当消泯私见。故余今日之目的，即在保全中国，及挽救此后种种之弊病。然为保全中国计，实非有巩固之政府不可云。（以上初三日北京电）

孙逸仙偕美将郝末里，由法国慕赛尔启程，前往香港。（初三日纽约电）

外国喧传，各国现拟干涉华事及借款合同业已订定之说。皆属子虚。（初三日柏林电）

《每日电报》北京访事前对于袁世凯之政策往往嘉赞，今亦谓共和政体或能

成立。杨度拟开大会，由国民公决君主民主问题。此举可使共和主义大有进步。(初三日伦敦电)

外交总长伍廷芳博士报载，排外风潮实与民军无涉。黎元洪都督所订之《军律》内，有“外人生命财产均应保护，违律者斩”等语。是故，排外举动余信决非民军所为。旋《大陆报》访事告以外人，现因西安府之排外，汉口境位之可危，皆为恐惧。伍君曰：自上海领事公会以北京公使团之请愿词达余后，余即儆戒军政府各员，益加谨慎。故余信民军决不扰及外人，吾人亦深知外国干涉之危险也。

日政府某机关报接北京特别电音，谓：袁世凯告人，目下已交冬令，无庸急求战胜民军。俟汉阳克复后，即将作为官军根据地而驻扎大军于此，然后设法围困武昌，将使民军绝粮而毙。

昨日，沪宁铁路并未有兵开往镇江。闻今夜杭州复有军队派出，广东派来之兵将先赴杭州，然后取道上海，开往南京。

据初二晚由镇江乘快车抵沪之客云，伊等于下午三时离镇，尚未闻有战事消息。

《申报》1911 年 11 月 25 日 13937 号第 3—4 版

中国光复史：汉口战报（本馆第一特派员来函）

上月三十日午后，往歆生路见北军数百人，正在赶筑轻便铁道，自大智门起直达歆生路。据外国兵士谓，北军全做无用之事。现桥口已被民军克复，倘再冲击前进，此种工程毫无所用矣。

黎都督日前曾电湖南军政府，请将机关炮队军士并机关枪炮运送来鄂。谭都督得电，随即派代表员二人，率同全队官长兵士一百二十人，随带机关炮多尊、机关枪若干枝、子弹数十万颗，于日昨到。鄂黎都督立派军事科副科长胡干城等出城迎接，俟休息二三日即当渡江攻杀北军。

民军克复灰面厂后，节节进攻枪弹如雨。当时此军急图抵拒，误伤印捕二名。闻驻汉英领事已电达驻京英使与满政府交涉。

三十日，武昌开炮轰击招商码头，又伤趸船一艘。北军此后将无藏身处矣。是晚，有民军决死队四人，往北军本部，以手枪轰死北军排长二人、队官二人。此时，北军见状大乱，决死队因得逃回。无伤者。

初一日晨七点钟时，北军又用大炮攻击汉阳兵工厂工人，被十二标民军还炮击退。

上海青年会会长王正廷君昨赴鄂省，由黎都督派为外交部副部长。王君即开会演说，略谓：刻下最要之事宜，速组织西文外交机关报，说明中华所以必宜成立民国之故。因上海、汉口各西人间有谓，中国只宜君主立宪而不宜共和者。故宜详述中国改建共和之由，以免为北清官场邪说所惑，俾西人意见可以明了云。

三十晚夜战时，黄兴发出各营兵士临阵赏罚传单，文云：为严定临阵赏罚事，照得满奴占据汉口，抗我义师，本总司令克日讨罚，临阵之时赏在必行、罚在不赦。特与同胞诸将士约定如下：

赏格：一、我军恢复汉口至三道桥以北时，凡与于此战之官兵工共赏一万元；二、临战之时，无论官长目兵一人或数人抢夺敌人大炮一尊者，赏银一万元，抢夺机关炮者亦如之。罚则：一、临战之时，兵士无上官命令，私自逃走者，斩；二、临阵之时，官长不在阵地，先自退避者，斩。

其二，又红十字会报告，云廿八日复剧战，悉用开花弹。是夜，有一弹坠入英领事署花园，炸死园丁一名。

红十字会会员经汉口至长沙，在花楼地方被流弹击去手，即投会中临时医院医治。

二十九、三十两日又大战，悉用炮击。取坠落之弹验，皆系开花榴子弹。

战场尸骸遍地、白骨燐燐，见者坠泪。慈善家拟雇工载埋，北军时开枪阻之。现由上海红十字会沈仲礼君分电袁项城及前敌统制并函知黎元洪都督，拟派掩埋队，将所有尸身一律埋葬。南北军已皆允许。

大智门左近，北军筑塞门汀高大炮台三座。一炮口直向武昌，二炮口直向汉阳。建筑颇为坚固，常对武昌、汉阳攻击，伤兵日见其多。近日战祸较前尤剧。

北军陆军卫生队野蛮无理，亦佩红十字佩章。二十九日，俄界红十字医院救护队救得伤兵三人，用第一级止血法及包札法装卧病车。正待唤夫役抬送时，忽来有红十字记号之工役二人袖出利刃，将伤兵杀死。医院姚教士见之，大怒，立扭持刀者之发辫，同往见丁统制，以该役假十字会名义杀人，已违万国公法，应立正军法。丁允交司法处处治，姚许之。乃初一日下午，又见该役在英界外扶送伤兵，姚教士立邀红会医队医士等往追获住，又见丁统制，要求立刻杀死。始行用枪击毙，并出示张贴各处，如有违犯此法者，皆事以法从。

易乃谦往谒柯师医士，谓北军受伤甚众，红会各医院远在租界，诸多不便。拟分医队及养病院于汉口，柯医生许之。

汉阳、武昌频受北军炮击，悉系开花榴队［弹］，故南军恒为流弹所伤。汉阳只有医院，其医士无多。黎都督嘱柯师医生函致上海红会沈仲礼君，续发第六队，随带器具。定初六由沪起程。

《申报》1911 年 11 月 25 日 13937 号第 4—5 版

武汉第二特派员纪沿途所见

二十四早四句钟开船，至晚一句钟到镇江。雨大天黑，不能上岸探访，船亦即开。

二十五早八时，抵南京。因即上岸，见蔚凤门紧闭，下关店铺皆不开市。询之本地人，言城门须至十点钟始开二小时，放百姓出城，但在城门口须严加搜检。又言，城内富家及殷实之店铺均被防军掳掠，且杀害无辫者甚伙。又言，张勋运银七八十万到淮，被徐宝山所截获。盖徐探得消息后，已预派兵三千在临洮关守候也。午后五句钟，到芜湖。岸上均悬白旗，全是汉族景象矣。

二十六早五时，抵安庆时，城内方大火。询之划船上人，据言王天培强欲做都督，迫令朱家宝让位，致肇此祸。旋朱即送印于咨议局，然绅商军民各界不愿以王为都督，王运动炮队管带，将炮车准对抚署示威。各界大愤，将炮队管带殴毙。王势乃孤，意图潜逃。不意适有九江派来民军二营，尚未进城安营。即被王天培搧动向朱抚索饷三个月，朱以无款，仅允一个月，遂互相争论。至二十五晚霎时，兵变不分旧军、新军，一概抢掠富户。商店一空，并将格林炮安放城上，以拒来兵。

六句钟开船，午后四点半至九江。见海筹、海容、海琛、江贞、湖鹗、湖鹏等各兵舰均悬兴汉军五色新旗。据本轮领江言，海容船主为汤化龙之族弟；海琛、海筹、江贞等之船主皆已辞职，现由大二副暂代（闻汤之族弟系留学欧美海军卒业生，去年始行归国）。是日，民军以各舰归顺，特开欢迎大会，故皆悬挂新旗。并闻各兵舰上有四旗人，马都督各赏以一千元，送往上海安置。内一人家眷已逃失无踪，马都督怜之，另恤二百元。乃该旗人不愿回申，竟投江而死。

二十七早六时半，至黄州，岸上一切如常。十句半钟抵汉，即往华界视察。被火之处，系在招商局一带。斯时，耳闻炮声隆隆不绝。商会门口有北军数十人，命小工搬运子药，桥口一带全为弹烟所蔽。但知北军势已稍挫，且闻民军渡江赴黑山时，系用长木为排（可载二百余人），先放新设车炮，将岸上北军击退，民军始鱼贯而上。午后，桥口即被民军夺回。

《申报》1911 年 11 月 25 日 13937 号第 5 版

山东省宣布独立情形

九月二十三日午后三时，山东全省联合会开会于咨议局，到者千人。首由孙中丞演说开会大旨，继由丁佛言、黄佐平（第五镇代表）、谢翊臣诸君力陈山东与南北军之利害关系：非决计实行独立，不足保存大局。公举孙抚为山东大都督，贾统制宾卿为副都督（第五镇统制张永成于二十二夜间逃去以贾宾卿补之）。孙抚当即登台陈述己意，略谓武昌起义，大局阽危，山东居南北之中，财用匮乏，兵力单薄。目下南北军胜负尚不可知，北京政府各国现仍认为中国之政府。山东财兵二项皆不足自立，加以青岛在迩，稍有变乱，则山东立时可亡。前十五日，本抚电奏，准留兵留款，便宜行事，组织临时政府，不与战事。其实效与宣布独立无异，各国外交认中央，不认地方。以前所订条约，所欠外债，新政府一日不成，旧政府一日负责。以余观之，袁宫保不久进京，大局不久即定。山东今日当以静观成败，临时应变。中国数千年来皆系一统，将来无论如何，必仍有中央。彼时俟其成立，再行加入不迟。昔波兰、印度之亡，皆由于各地方互相分裂，不顾大局所致。故余望山东全省人体察余之政策，以定办法。余非拘守区区小节及保全余之官位名誉计，实因一旦宣布，愚民无知，以为中国已亡，秩序一乱，德兵立至。余将何以对全省人民乎？若余宣布独立，自居都督，各州县亦效尤，各自独立，则省城财赋何从而至？余意自今以往，其“各安生业，毋相惊扰”。若诸君不以为然，只有辞职而已。言毕，丁佛言答曰，此意余等已熟行体察。山东乃无能力之省分［份］，今日南北二政府，山东必须趋于一方面始得保全，万非骑墙中立所能安全。余等今日全省议决，加入中华民国，公举大帅为大都督，主持一切。使各省咸知山东生民得其性命所归，今日承认与否，只在一言可决。孙帅复言不可独立之势，赞成者起立。起立者少数，复命投票。此时有第五镇军官黄佐平登台演说，力言不可不宣布独立之势。余辈食山东饷糈，须死山东事。惟同一死，有死而有济者，有死而无济者。今十七省皆宣布独立，余等一镇之兵，万万不能抵敌。复有巡防军代表相继演说。此时，门外有兵一队鼓吹而来，势将入门。丁黄等复劝之再三，遂宣言承认。全场欢呼万岁，并由丁君发布三条：（一）自今日与清政府断绝关系；（二）加入中华民国军政府；（三）自今以后，地方持政划分三大纲，一议决、二军事、三行政，各不相侵。全场欢呼，声震天地，遂摇铃散会。

《申报》1911 年 11 月 25 日 13937 号第 10—11 版

11 月 26 日

阁电

初四宫门抄。本日召见内阁总理大臣、段祺瑞。

北京内阁奉上谕：内阁奏，闻陕西匪徒扰乱治安，肆意残杀，并有伤害洋人情事，实属惨无人理，殊堪痛惜。着升允及姜桂题所派将领迅速带队，将此项土匪立即剿除。所有在境洋人，务认真保护，并约束官军严守纪律，毋稍骚扰。着将洋人被害情形先行查明，具奏。钦此。

同日奉上谕：内阁奏，世续现已销假，其原充之文华殿大学士、实录馆监修总裁、文渊阁领阁事、国史馆总裁，均着照旧补充。钦此。

同日奉上谕：内阁代递署印铸局局长，副局长黄瑞麟奏请开去差缺一折。黄瑞麟着准其开去差缺。钦此。

同日奉上谕：内阁奏，请简署山东布政使一缺。张广建着署理山东布政使。

钦此。

同日奉上谕：内阁奏，请简署山东巡警道一缺。吴炳湘着署理山东巡警道。钦此。

同日奉谕旨：内阁代递熙彦奏请准开去进讲差使一折。熙彦着准其开去进讲差使。钦此。

同日奉谕旨：内阁奏，请饬山西巡抚张锡銮迅赴新任。山西地方紧要，张锡銮着迅速赴任，毋稍推迟。钦此。

监国摄政王钤章，袁世凯署名。

《申报》1911 年 11 月 26 日 13938 号第 2 版

专电

攻宁沪浙联军合力战退张军。初四日，占领乌龙山。初五日，占领幕府山。

民军预定先攻孝陵卫，以占形势。

程都督亲诣高资犒军，军气大振，现已行过龙潭。苏沪浙三军即日会师攻宁。（以上镇江）

汉口俄领袖领事照会鄂军政府，谓据北京外交团来电，各国外交团代表对于清政府感情甚恶，因其残杀无辜，致令各国愤怒。现各国代表拟请军政府担负汉口交涉全权，并将向清政府要求重大之赔偿。

汉口又有大战，历三十六小时始各收队。自初三日晨始至初四日午止，民军大获胜仗。惟步兵死伤不少，而以北军为尤多。

鄂军都督分电各省军政府，谓初四日两军开战，民军大胜。

武昌炮台连发巨炮，轰击七里河铁路桥。北军颇受损失。

北军在襄河上游暗搭浮桥，意欲冒险偷渡，攻击汉阳。已被民军击回。（以上汉口）

清政府张大其词，谓北军已克复汉阳，以安人心。

清政府得冯国璋急电，谓汉民团体甚坚，军锋极锐，且各处援兵已至。我军饷竭，渐次逃散。乞速救济。

清政府寄谕张勋相机停战。惟仍须严密布置，阻止民军北上。

袁世凯与各国务大臣定初五日起开阁议，三日解决种种改革困难问题。因恐上海开会组织临时政府更难挽救之故。

袁世凯密运大军南下，阻截民军北伐队，并派多人改穿洋服，分投各省侦探秘密消息。

袁世凯运动资政院议员，分电各省绅士，设法游说，破坏独立。

袁世凯命资政院孟议员赴沪运动报界，赞成其所持君主立宪之说，以冀保存满洲政府。

袁世凯昨邀资政院各议员，到阁商议君主民主问题。

袁世凯因事机急迫，屡催段祺瑞出京赴鄂。

袁世凯惧为满人暗杀，日由姜桂题派兵保护。

清内阁承宣厅移至袁世凯寓所办事，以后每五日由清监国召见一次。

清廷议向法比银行商借英金六百万镑，事已失败。

清政府电调奉天九营南下援助，赵尔巽坚拒不允。

清政府电饬大同镇总兵，速调绥远城兵丁四营克复山西。

山西宣慰使渠本翘接晋绅覆电，要求多款，始允受抚。

北京外交团因侨居陕西之各国商民被变兵戕杀，屡向袁世凯交涉。袁与荫昌商议良久，未决。

北京外交团照会清外部，将由英美法德日五国分段派兵保护京奉铁路，并声明此举毫无干涉意思，全为利便交通。

载涛仍欲尽杀在京汉人，奕劻力争不可。

《申报》1911 年 11 月 26 日 13938 号第 2—3 版

译电

四国银公司将与清政府开议借款事宜，惟须清政府证明有借债之能力，始能照允。

俄京各报皆谓，北京公使馆之卫队必宜加增，而俄国使馆尤为重要。（初五柏林电）

萨镇冰从英水师提督之劝告，于前晨乘怡和公司广生轮船前往香港。临行曾与某英人至汇丰银行小作勾当。萨有一子，寓于广州，尚有一女，留寓上海。

据西报载，徐世昌、朱家宝均已抵沪，行踪极为秘密。（初四日香港电）

港澳轮船公司之瑞安轮船在西江被盗后，即搁浅于某岛。查海盗先在岸上放枪一排，旋有三十人乘杉板艇登船。当由船主击死二人，大副某氏亦击死四人。后大副因腹部受弹倒地而卒。船中华人受伤两人，被劫物件约值洋九千圆。该船已拖往香港，现有鱼雷艇四艘开往遇盗之地。本星期内轮船被劫，此为第三次。故西江已暂停驶轮。

小村寿太郎侯爵今日因病逝世。（初四日东京电）

驻京各国公使近开会议决，各增使馆卫队若干。

清邮传大臣唐绍怡谓：清政府并不欲与民军为敌。但若民军攻之，则清军亦必须为自卫之计。且谓：张勋在南京之行动，乃擅专行事，并非出于清廷命令云。

新近组织之国事共济会并不欲力逼清帝逊位。然使调济无成，恐亦不得不出此举。

北京外交团现方计议保护由京通至海滨铁路之豫防策。此举系照一千九百零一年之和约办理。现议该路由英法德美日五国军队保护，沿路各车站均派兵驻扎。拟将该路分为五段，各守一段。其详细办法业已议定，一遇危急，即当实行。大约小吕宋将有步兵一联队运至北清，且外交团已声明此举专为豫防起见，外间切勿误会此事到有外国干涉或侵逼之谣言。盖各国专以保护铁路利便交通为宗旨云。

陕西复有教士抵京。据称，民军由乱民之手光复西安府后，即实行保护外人。至海恩君之死，实系堕马所致。

近来外间谣言盛起，谓满人之狂躁者，不愿弃去大权，拟先杀汉人以泄愤，以故民间复行惊乱。袁世凯之友人恐袁被害，现已严为防备。

清政府特派员现由山东回京。据称，山东陆军颇愿扶助政府，豫料独立之举或将无效。

据美国炮艇希里那报告，谓：于南昌曾见贴有排外示文，他处亦有此类之公告。其措词甚为无理。该艇已取得数份，寄呈美国公使，并谓据此足见现有匪徒希图煽动民人排外。惟不能知为何等人主使耳。且谓，中国民军报章亦多发见排外之意。（按：民军起义以来，即以保护外人引为己任。而各报章亦皆主张优待外人，以免惹起干涉。该炮艇之报告，不免影响之谈。）

清廷昨日降谕，表示悼惜陕晋外人被害之忱，并谓将派兵赴陕恢复治安。据教士传言，西安府民军杀死满人甚众。（以上初四日北京电）

美国步兵第十五队整备冬季从战应需物件，拟由小吕宋出发。惟开往何地，未经官场宣布。（初四日纽约电）

美国国务部告余，谓斐列宾调兵一联队开往中国一节，现犹未决。至日后另有军队在秦皇岛登岸，则专以保护美人生命财产为责，以符一千九百零一年之和约云。（初四日华盛顿电）

长春第三镇陆军已向北京进发。闻奉天民军有红胡子及军队等三万五千名，现尚犹豫未行，因所定之计划对于日本之外交尚未妥定也。

奉天陆军官员仍纷逃逸。（以上初四日东京电）

《申报》1911年11月26日13938号第3—4版

闽省光复记详

福建光复情形已详前报。兹又接闽友函寄，有为前所未详者，再补述之。

福州。福州将军朴寿自湖北起义后，对于该省新军即加意防范，药库子弹悉行搬入旗界。凡旗人十三岁以上男子，均发给洋枪一杆，子弹三百颗。妇女则发给小刀一柄，以备与汉民决战。且于旗界内安放大炮，埋伏地雷，宣言必使全城汉民同归于尽。又有文楷等组织杀汉党，居民闻之无不惶惶。由是，均迁徙城外。十七日，复喧传旗兵议将围攻第十镇统制孙道仁公馆，抢夺陆军小学堂军械，焚烧各处民居为先发制人之举。至十八晚，果有旗兵数百名拥入汉界放火。其放火方法系用水龙灌以煤油，散泼屋顶，故火势甚烈。因此，军民愈愤，即推举二十协统领许崇智为总司令官，督师与旗营宣战。势若拉枯，旗兵知势不敌，十九晚遂高挂白旗乞和。总督松寿自尽。讵二十早，又有旗兵百余名向汉界攻击。幸经民军击退。该旗兵始相率来降。将军朴寿、都统胜恩亦均先后被擒，旗兵一切军械悉数缴出。所有俘虏拘留数点钟，即放令回家。每人给以银一元，米一斗，以为安家之用。又许以每日酌给粮食。至负伤各旗兵，概由赤十字会舁入医院疗治。其死亡者，亦复分别掩埋。都统胜恩及藩司尚其亨亦经派人护送出境。将军朴寿以其既降复叛，即予诛戮。由是人心始安，遂公举孙道仁为大都督，于二十二日入署视事，沿途均悬挂民国军旗，而大局遂定矣。

厦门。厦门商会洪总理、陈协理、施坐办等二十二日接孙都督宣告独立电后，新厦道章拱北及厦厅王子章均逃匿无踪，乃由商会、自治会各绅公议，设立保安会，公举六人分部办事，地方颇安靖。二十日晨，新加坡轮到埠，来革党四十余人，举杨黄王三君为代表，与厦门绅商学界联络运动，即将炮台营警名册送与杨代表点验。杨君允即发饷，一面树［竖］旗招兵，一面组织敢死队数十人，每名月饷六十元，每兵月饷八两。三日内即已招足民兵三千余人。是日，即占领漳州府城。二十三日，又占领泉州府城。即请该府管太守任事，管以年老力辞，乃请晋江县黄韵生照旧办事。所有地方盐厘各捐，一律裁撤，海关另举黄仲训君掌管。二十四日下午，厦门各商界以布置已妥，遂一律悬树［竖］白旗，大书汉旗万岁，燃炮庆祝，颇极一时之盛。

《申报》1911 年 11 月 26 日 13938 号第 10 版

伍廷芳致清庆邸书

王爷殿下，比者武汉变乱，天下响应。旬月之间，大江南北相继独立。其志在乎扫除专制积弊，而建共和政体。时局岌岌不可终日，朝廷不得已乃下罪己之诏，开党人之禁，以为今之革命实基于政治。举凡吾民向所叩阍呼吁，捐弃顶踵求之而不得者，尽见于近日之上谕。夫年来，假立宪之美名，行专制之虐政，上下中外罔不周知朝廷之大信已漓。虽复家谕户晓，其谁信之？上月中旬，廷芳计无复之思，欲以保皇室之尊荣，免生灵之涂炭，电请皇上及监国逊位，同赞共和，以应时机。区区之忱，未蒙见谅。或将责廷芳以不忠，然此非廷芳之辜恩，实由忠言不听于前。至于今日，舍此别无良策也。庚子之变，乘舆播迁，举朝束手无措，端王矫诏召回使臣以绝外交。维时廷芳驻美，首不奉诏，商请美国布告列强，保全中国领土，是以得免瓜分之祸。迨及返国，待罪京师。文尝竭千虑之一累，陈改革之策。使其言听计从，则中兴尚有可期。不幸未蒙采纳，以致今日土崩瓦解之势。夫谏不行，言不听，孟子且谓为寇雠矣。廷芳之于朝廷，雠则何敢顾，亦尝谏之、言之，自觉已尽臣职矣。若殿下鉴察此心，采及刍荛，致君于尧舜之揖让，与民享共和之幸福。则皇室不失其尊荣，后灵得免于涂炭，犹是廷芳报恩于万一者也。抑更有进者，比闻涛邸及良弼等重募死士，暗杀汉人，悬赏三等。廷芳亦在应杀之列，道路传闻，必非无因而至。窃谓，若此野蛮举动，原非亲贵所宜为。且汉人百倍于满，果使挺刃寻仇，互相报复，为满旗计，后患何堪设想？利害安危之机，惟殿下审度而图，维之天下幸甚！不胜翘企之至。

《申报》1911 年 11 月 26 日 13938 号第 18 版

11 月 27 日

专电

初四晚，浙军得乌龙山。初五早，广军得幕府山。张兵二千人尽数溃退。

初五下午，占孝陵卫，得大炮两尊。民军仅伤两人，张军死四百余人。

昨午（初五），民军进攻南京，击毙清军统领王有宏。张勋率兵二千人出城剧战，仍被击退。民军大胜。

紫金山已被民军围困，即可得手。现徐司令带大兵进逼麒麟门，南京指日可破。

今日（初六），苏军独攻雨花台。镇军后队亦进。

徐宝山带兵攻打浦口，海军全队在下关攻击狮子山炮台，会攻浦口。

浦口下关交通已断。

宁垣连战三日，浙军、广军尤为勇奋，争趋前敌。

顾忠深率兵五百人进攻仪凤门。

张勋以粗石泥土填塞下关城门，阻拒炮火。现民军将用火车头前往撞击。

昨晚（初五），水西门大火，焚烧四点余钟始熄。（以上南京）

此间盛传：民军已入仪凤门，张兵溃退。

今晨（初六），又有大队民军由火车运往南京，合师进攻。并有大批军火于午后运去。（以上镇江）

杭州、绍兴、余姚、宁波等处成大军一万人，由汤都督亲率往宁助战。（杭州）

袁世凯借口外交团虑亲贵暴动，将起干涉。请监国准其节制禁卫军，以息外人之口。监国泣而从之。

袁世凯逐日密派亲信侦探亲贵举动。

王士珍、段琪瑞、段芝贵现均潜匿袁世凯宅内，共筹秘密之策。

袁世凯广募退伍兵，分布豫鲁两省，取消独立。并拨兵五镇，开往南京援助张勋。

袁世凯宣言反对共和，且多偏执无当之语，颇为外交团所讪笑。

袁世凯欲大借洋款，与英美德法四国财政团磋商，已有允意。惟各该国舆论不欲，事乃中止。

清贵族闻民军向北进逼，忧惧欲死。洵涛二贝勒发起亲贵军饷捐，即往［东］交民巷见庆王。庆病势甚剧，伏枕泣言，愿捐一百万两以为众倡。

姜桂题已率兵赴潼关，阻拒民军北上。

载涛、荫昌前向某国订购大批军火。刻已半由西伯里亚铁路，半由南洋大连运进，共有炮枪药弹十万余。

清政府电邀张謇迅速来京，覆电已允。

北京现遵民部示谕，悬旗结彩，庆祝宣誓立宪。（以上北京）

两军连战三日，迄未停止。北军欲渡襄河右岸，已为民军击退。民军乘势追北，并占得襄河左岸。

有民军一小队欲渡扬子江，袭击北军后路。但为北军所觉，故未得手。

民军战舰当轰击铁路桥时，美孚公司之火油池全行被焚。（以上汉口）

《申报》1911年11月27日13939号第2—3版

译电

襄河两岸仍有大战。前数小时炮火似渐停止，显系北军之进行已被阻止。受伤军士入租界，求红十字会医治者颇多。流弹坠落外国租界者相继不绝，致有数处火起。美孚火油公司之火油池已被焚毁。当时民军战舰亦会助战，并向北军驻守之处轰击。目下胜负未决，但此两日之战，北军得地颇广。（初四汉口电由芜湖转）

汉口附近地方近有败逃之北军出没，枪杀居民。（初五日汉口电）

闻美国国务大臣诺克司君现承认俄国欲在中国设立万国中立地之议。此为各国联合干涉之第一步。外间咸信此举将使美国自菲列滨派军至华之举展缓实行，以免各国效尤。（初五日华盛顿电）

广东海盗最近之抢案此间闻之大为愤怒，要求善为保护西江航路。闻香港将有军队过九龙边界，因恐广州将有乱事也。（初五日香港电）

昨日接北京来电，详述西安府外人被戕情形。谓，西十月二十八号，海恩君骑马出外，马被枪击，狂逸。海恩坠地受伤，数日后因伤重毙命。梅纳斯及海恩之妻子、幼女等，均匿于西安府城外某地穴中。

下星期内又将有俄国军队二百名抵京，增厚俄国使馆卫队。

据确实消息，日本正在预备大军，五千名炮队一联队。如中国内乱损及日本利

益，即拟派往中国。但对于民军、清军之战争，两不扶助。（以上初五日北京电）

《申报》1911年11月27日13939号第3—4版

中国光复史：汉口战报

初一日晨，北军有兵伏桥口开炮，趁间射击我兵工厂上工之人，为我十标二营兵击退。

敌军伏于雄黄山者百余名，为梅子山炮击散，死者约三四十人。

敌军大队多在后花楼招商局一带，约一千五百人上下。

敌军有五生的炮四尊，伏于招商码头地沟之内，时时向龟山开放，皆不能命中。

有洋商茶船数只，行至江中，几被敌炮击沉。其无理如此。

黑山下对岸铁路侧，敌人有炮二尊，掩护步兵伏于铁路栅外。被我军瞥见，有敢死兵十余辈，渡河抢炮一尊。欲往抢第二尊，则已为敌所觉，起而追逐。黑山炮兵见状，即开炮击之，敌不敢再追。我军乃伤一人而回。

蔡甸地方有敌兵约二百余人，在该处公举代表，来我军中投降。并愿倒戈相向，请为先锋队。不知黄指挥能允准否。

桥口灰面厂一带，藏敌百余人，有大炮四尊、子弹粮米无数。我军占领该厂时，所获极多。

上月三十日，有敌军一人装作乡民，赴青山投降。身穿破衲，提篾篮内放活鸡数只，其下面藏有炮机多件，系自敌军炮上偷下，来献民军者。

三十夜袭敌营时，我军游击队及敢死队偷入敌营，用短兵杀毙敌军百余人。

有人由云梦来，述及敌军大营：在云梦所属之某沟地方驻扎，约计有敌兵二三千之谱，刘家庙、滠口二处敌兵约有数千名，合计不满万人。敌营子弹、粮饷均不充足，所食面包多糜烂，兵咸怨之。

冯国璋速派人至黄孝德云等处招募新兵，并向云梦县陈伟要书记二十名。该县令四处搜寻数日之久，方得七人，送往冯。又札该县凑集兵饷五千两，猪羊三百头。现该令无法呈缴，已于日前潜逃无踪矣。

《申报》1911年11月27日13939号第4—5页

11月28日

专电

雨花台、紫金山二处昨为民军占领，今日（初七）又得北极阁、狮子山、老虎山，并攻破太平门、仪凤门、朝阳门、麒麟门。

狮子山炮台为幕府山，民军大炮轰毁，张军炮队全溃。

民军大队连开大炮，遥轰北极阁。舰队亦在下关江面开炮助之，遂得手。

宁城北极阁一带及督署左近均有大火。

民军已在北河口安设炮台，张兵投顺甚众。

今日（初七），吴淞民军规取狮子山，太平门亦为苏浙军所占。南京今晚可下。

南京城内商店铺户遍悬白旗，预备欢迎民军。

北极阁大营被毁后，张人骏、铁良已逃赴日领事署。

民军粮食军需已可由火车陆续运进城内。

此次大战，民军约死伤三百人，清军则死伤三千五百人。

红十字会火车被清军炮击，会员大愤。（上以南京）

襄河两岸自初四起连战三日，两军皆未渡河。

汉阳新到赣军四千人，带有大炮，与湘军合攻北军。海容舰亦艘上开炮助击，北军大溃。（以上汉口）

鲁豫两抚电复袁内阁，遵即取消独立。

清监国召见袁世凯，询问河南山东两省人民对于取消独立之意见，并饬速即传旨嘉奖，为各省劝。袁拟特别从优待遇，并令段祺瑞于赴鄂时，先至河南宣慰，以固根本。

内阁会议清帝逊位问题，殊难解决。拟竭力保存北省，另以和平办法就商南方。

袁世凯拟再派大员，与各省宣慰使并议结局方法。

昨有近畿陆军四大队又禁卫军炮兵一队开赴汉口，援助冯军。另饬鲁省拨军两营，自天津开往协助。（以上北京）

《申报》1911 年 11 月 28 日 13940 号第 2—3 版

译电

昨晨，英领事署接初六夜汉口所发无线电音，云初四、初五、初六三日两军在距襄河口十英里一带终日恶战。两军各欲渡河，或被击退，或被轰毙，均未达其目的。巡洋舰海琛、海容时时驶至上游轰击七里河附近之北军。昨日（初五日），有九江派来大军四千名，携带大炮十尊，抵此攻击北军大营。巡洋舰将在水上助之。近四日内，武昌、汉口医院之伤兵共有千余人之多。

昨有步军三大队、马兵一队、第一镇禁卫军炮兵一队，由京开往汉口。尚有山东兵一千二百名，由济南府取道天津，开往汉口。

袁世凯与山西民军正在议和。清军统领段芝贵已将民军要求之款，报告清政府。闻民军须清政府准其留守太原府铁路，始允不再阻挠京汉铁路之交通。段芝贵今日已受袁世凯命，由京赴晋，前往答复。如民军不从，袁议则即将开战。

新简之陆军大臣王士珍，将于后日行抵京汉铁路、正太铁路交点处之清军大营。（以上初六日北京电）

新简度支副大臣陈锦涛查无踪迹，不知所往。（初七日北京电）

清摄政王今日正午在太庙发誓，遵守资政院议决之宪法信条，并即颁谕曰：吾朝定鼎，已垂三百年。朕自即位后，即图实行宪政。惟朕之行政用人皆不得当，致有近日之乱。朕恐危及社稷，故从资政院之请，发誓遵守宪法信条十九款，当速宣布召集国会云云。（初五日北京电）

武昌民军领袖已宣布湖北暂定宪法，其大要皆采取美国之宪法：国民均有言论、集会、宗教之自由，并担保国民及财产之安宁。惟国民有服军役之义务，总督三年一选，不得连任至第四年。（初六日汉口电）

袁世凯声言，刻已预备调和之计划，深信各党必能满意。

外务部宣言山东已经取消独立，现请清政府拨银五十万两办理地方政务。

日政府决议遵照北京外交团本月初三日通过增加使馆卫队之议案，拟派步军一大队及小机关炮队前往京津，其数不逾庚子条约所定最大之额。闻本月初八日将先派兵七百五十人来华。外务大臣内田男爵已向驻日各国公使宣述日本之态度。（以上初六日北京电）

孙逸仙前在美国发行之革命军钞票票价仅收五成，今已涨至十成。（初六日旧金山电）

有中国青年数人已离横滨，宣言：拟于二个月内暗杀荫昌。（初六日东京电）

广州军政府已得管理全城之权，但于内地似无势力。昨有英国轮船一艘在西江被劫，船主某英人被杀。英国政府拟仿一千九百零七年之办法，派舰巡缉西江。且广州附近昨日亦有某民船被劫，伤一德国教士。而著名之德国某医院，亦被土匪拆毁。德国官场已在调查损失。（初五日广州电）

《字林报》初五日杭州访函云，此间数日来无重大之事，民人皆急望南京之光复。现在商业无异停止，现银颇缺，间有抢劫米店之事。新政府与各钱庄承认之纸币，现已通用。民间得此，或可稍抒经济之困难。有某士官招募新军二千名，带至司令部领取薪饷、军火后，忽起冲突。新军死六人，伤数人。该士官亦被逐，新军大半溃散。上星期五日，因新军抢劫，又起暴动。新军重伤者两人，轻伤者四人，现在医院医治。昨日，有一兵士以值一元之旧衣至某当铺，欲强当洋十元。其时该兵士身带军械，声称若不允其要求，必开枪击毙当伙。后由警察拘送军政府，登时枪毙。

《申报》1911 年 11 月 28 日 13940 号第 3—4 版

中国光复史：南京战报

幕府山炮台已为民军所得。该炮台为南京城外最重要之门户，山上架有巨炮，足与狮子山炮台遥制南京全城（狮子山炮台半在城外，半在城内）。

紫金山亦在张勋之防卫中，已被民军围困，尚有民军一万名在某处轰击城垣。

张勋精锐之军均在城内，但其数不多，必不能防守七十余里之巨城也。

外间盛传张勋已退走，过江至浦口营地。江中并无炮艇截其逃路，恐未必确。

民军既得幕府山后，即在该处炮台开炮，猛轰狮子山。

民军系分三面力攻：一攻幕府山，一攻雨花台，一攻清凉山。而海军各舰又在江面助之，故南京全城已在四面楚歌之中。

张军在狮子山设防，甚固。因此山炮台可以遥制江面及下关口岸，实为全城最要之地。设此炮台果为幕府山民军轰毁，则民军已为全局之主人矣。闻巡洋舰、炮艇等均力助陆军攻击狮子山。

北极阁已在炮火之中，附近一带均有火起。

昨夜，有炮弹三枚坠落下关内，一弹击入某西人室内，死华人一名。

外人现已悉数离城，惟英领事威金生君离城之时大受张兵留难。

由西面攻城之民军已进逼太平门。该门系在皇城之东，洪杨之役亦由此门入城也。

张人骏星期六日尚在督署，铁良则在北极阁。现此两处恐不复能居矣。

清凉山附近战斗甚烈，张军初获小胜。及初六日，民军猛进不已，遂将张军逐退。南京各炮台炮声不绝。

初三晨九时，张勋曾运来福枪五百枝，前往浦口。闻张勋不欲保守南京，将率精兵与民军鏖战，夺路逃往北方云。

《申报》1911 年 11 月 28 日 13940 号第 4 版

汉口战报（本馆第二特派员来函）

初三日午后四时开战，枪炮声不绝于耳。余至大智门登高远望，烟雾迷漫，未知胜负。初四早，特至机密处询，知汉军系分三处攻打：一在蔡甸土山一带，汉军早伏土山上，以炮攻击，北军三千人死伤千余人，汉兵死者仅六十四人。其余北军除逃走者约有千人外，余有村老作保，一律投顺。黄兴即命降军速攻敌军。一因有北军马队一队由孝感进黑山，直到汉阳，被汉军侦知，立派三千人将北军马队围于小土山，民军夺获机关炮二尊，获马多匹。该马队非死即逃，全军覆没。一派敢死队以百人为一队，分作五队，由桥口进发。该队善打卧枪，年壮者居多。至中国跑马场夺获大炮四尊。

初四，又至俄租界医院，登三层楼，借望远镜观看。见汉军退至桥口，被北军用机关大炮连轰数次。查此项大炮系由北京后门运来，现有四尊，在汉安放兴业里、刘家花园一带。

汉口谌家矶美孚火油池，于初四八时被流弹所触，霎时烟雾冲天，不可向迩。

海琛、海容两兵舰初四日一律开炮攻打北军，三道桥已断。

初四日，武陵轮船由长沙到埠。该船买办告知余等，言快利装载广西军二千余人，刻登汉阳。余等即至船，招待青年学生三十余人，随趁划船过江投效。该买办又言，近来长沙日日招兵，已约有二镇。

《申报》1911 年 11 月 28 日 13940 号第 5 版

贵州光复记

贵州于九月十四日宣告独立，公举新军教练官杨柏舟为正都督军，新队官赵德全为副都督。官界除巡抚沈瑜庆外，余皆一律仍旧。是日黎明，由新军巡防陆军小学堂排队入城，先保守藩库、火药局，改咨议局为军政府。凡领军火者，皆由军政府给发，一面出示安民，故各民居皆安堵如故。各门首皆插大汉国民白旗，夜间悬灯，以表同情。十五日，组织枢密部，规画一切，暂举郭子华、蔡衡武、任志清、张石麒、雷少峰、乐釆臣、杨伯钊、周澍元、平少黄、陈桂臣十人于午前九时举行受职礼，公同办事。兹将军政府示文录下：

为晓谕事。照得，中国各省近月以来，人民奋兴，已次第宣告独立。义师所至，秋毫无犯，保护公安，绅民欢迎。本省处西南之中心，自当应时而起，以增我汉族之光荣。合将宗旨、禁令宣告如下：（一）宗旨：本省与各省人民同意，组成大汉联邦帝国，以达公［共］和立宪之希望；（二）禁令：（甲）保护官绅不许伤害，（乙）保护教堂、教士及游历旅居外国人等，以慎重邦交，（丙）保护人民，不分党派，（丁）保护衙署局所、学堂、庙宇及一切公地，（戊）不准奸淫、赌博、烧杀抢掳及占买占卖，（已）不准擅入人家。凡违犯以上各条禁令者，斩。

为通谕事。照得，本省于本月十四日子时军民全体反正，所有全省司道、各府厅州县、各路绿练各营文武官员，均照常任事，由军政府委任士绅副署，其有所属教堂、教士及游历旅居之外国人，宜先事极力保护，并严防土匪乘机窃发，不得稍涉疏忽，致干未便。至以后一切申禀文件，均直接投递军政府，听候准驳，切切。此谕右谕全省文武官吏，准此。

为示谕事。从前官钱局发出纸币，军政府一概承认，兑换现银，尔等务须照常使用，不得妄听浮言，自取扰乱。一切买卖及完纳粮税，一切仍旧通用。有敢不接收者，准来军政府报告，立予处分不贷，切切。特谕。

九月十五日，军政府正式会通过议案：（一）认定贵州独立为共和宗旨；

（一）认定咨议局为立法院；（一）认定枢密诸人为暂时推定，责任章程规定后照意公选；（一）认定暂时一切紧急命令，执行后仍须交立法院通过，始得继续有效。

《申报》1911年11月28日13940号第10版

11月29日

阁电

十月初六日，北京内阁奉上谕：内阁奏，请简大学堂总监督。劳乃宣着补授大学堂总监督。钦此。监国摄政王钤章，袁世凯、唐景崇署名。

同日奉上谕：内阁奏，请简署印铸局局长，并请简副局长。欧阳熙着补授内阁印铸局副局长，兼署内阁印铸局局长。钦此。

同日奉上谕：内阁代递溥良电奏，病势复增，恳予开缺等语。察哈尔都统，溥良着准其开缺，黄懋澄着兼署察哈尔都统。钦此。监国摄政王钤章，袁世凯署名。

同日奉上谕：内阁奏，简署湖南布政使。杜俞着署理湖南布政使并帮办湖南军务。钦此。监国摄政王钤章，袁世凯、绍英、寿勋署名。

同日奉上谕：内阁奏，请另简山东曹州镇总兵员缺。靳呈云着开缺，另候简用。张善义着署理山东曹州镇总兵。钦此。监国摄政王钤章，袁世凯、寿勋署名。

告庙誓词：维宣统三年岁次辛亥十月乙未朔越六日，孝孙嗣皇臣溥仪，年在冲龄，监国摄政王载沣摄行祀事。谨誓告于太庙（列代清帝后庙号从略）神位前曰：洪惟我太祖高皇帝以来，列祖列宗贻谋宏远，垂三百年于兹矣。孝孙溥仪寅绍丕基，兢兢业业，仰承先朝立宪之大恉，力图急进，朝夕筹谋，乃弗克负荷。用人行政，诸未得宜，以至上下睽隔，情意不孚。旬月之间，寰区俶扰，深惧我累圣相承之大业颠覆于地。悯予小子，罪曷克当！兹由资政院诸臣，博采列邦君主最良之宪法，上体亲贵不与政事之成规，先撰重大信条十九条，其余未尽事宜一并归入宪法，迅速编纂，并速开国会以符立宪政体。审察情势，已允施行，用敢矢言于我列祖列宗之前。继自今藐藐之躬振振之族，当与内外臣工、军民人等普同遵守。子孙万世，罔敢我渝，以纾九庙在天之忧，而慰率土苍生之望。惟我祖宗实式临之所有重大信条十九条，开列于后，谨誓：第一条，大清帝国皇统万世不易；第二条，皇帝神圣不可侵犯；第三条，皇帝之权以宪法所规定者为限；

第四条，皇帝继承顺序于宪法规定之；第五条，宪法由资政院起草议决，由皇帝颁布之；第六条，宪法改正提案权属于国会；第七条，上院议员由国民于有法定特别资格者公选之；第八条，总理大臣由国会公举，皇帝任命，其他国务大臣由总理大臣推举，皇帝任命。皇族不得为总理大臣及其他国务大臣并各省行政长官；第九条，总理大臣受国会弹劾时，非国会解散即内阁辞职，但一次内阁不得为两次国会之解散；第十条，陆海军直接皇帝统率，但对内使用时应依国会议决之特别条件，此外不得调遣；第十一条，不得以命令代法律，除紧急命令应特定条件外，以执行法律及法律所委任者为限；第十二条，国际条约非经国会议决，不得缔结，但媾和宣战不在国会开会期中，由国会追认；第十三条，官制完规以法律定之；第十四条，本年度豫算未经国会议决者，不得照前年度预算开支。又预算案内既定之岁出预算案外，不得为非常财政之处分；第十五条，皇室经费由国会制定之，及十六条，皇室大典不得与宪法相抵触；第十七条，国务裁判机关由两院组织之；第十八条，国会议决事项由皇帝颁布之；第十九条，以上第八、第九、第十、第十二、第十三、第十四、第十五、第十八各条，国会未开以前，资政院适用之。

《申报》1911 年 11 月 29 日 13941 号第 2 版

专电

初七日，浙军攻入金川门，徐绍桢率兵攻入麒麟门，顾忠深攻入太平门。三军皆获全胜。

太平门已被民军轰毁，城内巷战甚剧。

民军炮舰八艘，初七晚驶抵下关，预备开炮轰城。已照会各国兵舰，于二十四点钟内移泊上游。

民军舰队已于昨晨十时开炮遥轰狮子山炮台，城内有多处火起，北极阁大半被毁。

民军在幕府山用大炮猛击狮子山，竟日未止。

两军在幕府山狮子山中间剧战，张军势渐不支。

昨晚，又有野战大炮两尊，由沪宁火车运往前敌轰击城垣。（以上镇江）

北军运到新购大炮多尊，又得援队六千人，分两路抄攻。汉阳民军坚守不懈，力战五日夜，始退守武昌。

两军在襄河上游剧战五日夜，未收队。死伤之数各有二千余人。

据外国某公司电告，北军占夺汉阳后，武昌民军抵死进攻，仍将汉阳夺回。

驻汉领事团居间，拟请两军暂先停战，再行议和。

汉阳白药房已被民军自行轰毁，免为北军所得。

电学专家黄某由沪到鄂，投效武昌军政府。黄能自造电机及水旱雷、发电等

件。（以上芜湖）

据冯国璋电告清廷，初六晚清军占据黑山、梅子山炮台；初七日，复占据龟山炮台。大致今夜可得汉阳全城。

汉口领事团电京，谓清军复得汉阳，民军退守武昌。

监国密奏清太后，谓：组织内阁完全成立，请即撤消摄政名目，以免汉族攻击。

闻袁世凯已被炸弹轰毙。

蓝天蔚电清廷，军队宣布独立，已被举为临时都督。如清廷能即宣布共和，必当优待满洲皇室。

直隶咨议局电北京内阁，恳清帝速行逊位，免遭惨祸。

袁世凯默认，中国政体将来必归共和。

袁世凯密电山东孙宝琦，劝告山西民军受抚议和。

袁世凯以时局艰危，令都察院暂缓奏事。御史团愤其阻塞言路，集议对付之策。

袁世凯深恶上海某报煽惑骇听，饬民政部禁售，如违严惩。

袁世凯密派多人，分投联络蒙回，挑选劲旅以备最后之解决，将以死战决存亡。

清廷电慰蒙藏回各王公，谓已宣誓立宪，大局将定。毋信浮言，自取扰害。

昨有禁卫军两千［自］告奋勇赴陕，一千赴豫。

张謇又电清政府，声明不入国民议会，预议政体问题。

清政府将颁剪发令。（以上北京）

《申报》1911 年 11 月 29 日 13941 号第 2—3 版

译电

据大吉岭电称，闻西藏大喇嘛庙之方丈三人，因中国有乱，已请达赖喇嘛回藏。该方丈本为反对达赖喇嘛之人，现信惟达赖能保西藏，故有此举。（初八日伦敦电）

北京大局更形黑暗，袁世凯之调和计划毫无进步，袁所组织之内阁大半不肯受职。袁与清政府各怀意见，不相协谋之证据颇多。清政府现称清军已在汉阳大胜，如能速胜，则与继续命运大有关系。其缺乏现款系另一难题，库中现惟有银二百万，只足供陆军二十日之用。（初七日北京电）

《捷报》云，近数日内有袁世凯之专使数人，行抵上海内。有华人七八名，英人一名（前充陆军士官尝为袁世凯家内之教员），拟与上海民军领袖会商一切。闻已谒见伍廷芳博士，惟商量何事不得而知。

昨日，上海接无线电报，谓汉阳民军败绩，秩序全失。汉阳城于初七日晨间为清军所得，民军均乘小船渡过扬子江。清军开炮击之，内有数船满载死伤兵士。

昨日上午，英领事署接无线电音，知汉阳民军之败已确实。电内谓，初七日晨间，清军占据汉阳，民军悉弃所有，退守武昌。

又接电音，谓黎元洪都督因汉阳已失，武昌恐难独存，已请休战。闻由汉口外国领事代请云。

汉口美总领事葛林君报告，谓汉阳已被清军所得，民军宣言不能再守武昌，故拟请外国领事排解，暂时息战。（初七日北京电）

两军恶战五日四夜，尚未收队。民军坚守汉阳，清军已得援队二千人，及军火甚多。此战恐将不利于民军。汉阳一二日内必将失守。黎元洪今日请外国领事居间与袁世凯议和。袁世凯出令，如能攻得汉阳，当以银三百万两为犒赏。民军大炮现安置于汉阳高山上行军要害之处，如为清军所得，由该处开炮，数小时内可以轰毁武昌。现守汉阳之军队极为杂乱，仅新兵数千人，如无援队速往，则清军进据汉阳必不能免。汉阳如果失去，武昌、汉口极为危险，大约清军将放火焚烧武昌，如汉口然。果尔，民军、外人均将受危矣。（初七日武昌电）

战事愈烈，近两日之战，死伤之多为开战以来所未有。闻昨日之战，襄河两岸死者共二千人，清军士官自认曾死千人。星期四日，步军终日对击，其余各处大炮之声隆隆不绝，至夜犹然。清军似已由汉口渡过襄河，惟民军炮火极烈，乃即退回。闻汉阳城境外之方山（译音），已为清军所占，惟尚无确实消息也。昨夜九点点［钟］时，枪炮之声又起，终夜不绝。今晨未见清军进行，惟清军仍猛攻不懈。今日之战，抄袭之广已至极点。

各租界阻塞交通极为周备。英租界之路用砖砌护，架以曼齐姆大炮。各领事出示：如临危急，可弃租界而走。但以大局而观，尚不致如此也。

武昌共和政府今异常忙碌，不暇顾及清军之能否占据汉阳。今晨，民军外交科某大员告余，谓民军政府对于西安府邮政司及外人被害一事，急欲宣布道歉之文。现正澈查此事，并拟晓谕通国竭力保护外人生命财产。民军政府组织之法，及各部一致之情形，令余钦佩莫名。黎都督对于红十字会之事业，尤极关心。新政府之组织，现已实力进行。共和党皆欲以武昌作为中国都城。

红十字会今日派队前往汉阳及其余各处。（以上初六日武昌电）

清政府近与法国考脱伯爵所签之借款合同，已全行失败，因法政府不准在股票会社入册之故。考脱男爵现在伦敦设法筹借此债，能否得手尚不可必。

驻京俄国公使忽由政府电调回国。所为何事，此间皆不得知。（以上初七日北京电）

《申报》1911年11月29日13941号第4版

中国光复史：南京战报

初四日，联军大队聚集于朝阳门之外，分作两翼，以左翼攻南门（即聚宝门），以右翼攻太平门。

初五日，浙军攻占麒麟门时，有敌军一千人被民军击退。翌日，张勋复派军出攻，鏖战三小时之久。因张军进攻颇猛，民军失炮两尊，民军继复死战，卒将失炮夺回。当时，张军虽携有大炮四尊，然卒为民军击退。民军开炮轰击，直至夜深始已。

民军左翼以苏军居多，攻得雨花台后，即开炮轰击洪武门。清军回炮击之，民军约死一百人。清军死数未详。至初七日晨，见清军已弃洪武门而走。

民军右翼以吴淞军居多，聚于幕府山之后，由该山轰击北极阁炮台、制台衙门、将军衙门及明故宫等处。是役，系用二十四生的米达大炮轰击，其势极猛，故城内损失必甚巨也。

初六日，民军舰队驶至乌龙山炮台之下椗泊，即豫备开炮协助陆军轰城。下午，有日清轮船公司之小轮一艘为炮艇流弹所中，颇受损伤。

其二

幕府山炮台在长江下游六里之遥。初五日，即为民军所得。闻事前已先布置妥贴，故临战时并未抵抗，民军一鼓下之。

初七日，民军复得紫金山。至此，城外全境已尽入民军之手。

初五日，城外开战时，清军死伤甚众。闻清军临战毫无斗志，一闻炮声，大半弃械而逃，而死者已千余人矣。

初六日，自上午八时起至十二时止，两军在幕府山与狮子山之间互相轰击，卒被民军将清军击退。

幕府山之炮专向狮子山攻击，时有数弹坠入下关，幸未损伤民人。故下关颇为安静。

清军在某炮台开炮时并不测定炮准，随意乱放。闻此项炮兵亦已表同情于民军，只因若不从战，张勋必将杀之，故为此掩饰耳目之事。

浙军进攻麒麟门，均由龙潭东流而进。苏军门则沿淮进高桥，复由外城根联合浙军、沪军攻克孝陵卫，直入朝阳门。计共歼贼二千余人。

民军于初六日黎明攻克雨花台炮台后，即分派精锐攻城。因南城过坚，且民居过稠，诚恐玉石不分，遂抄至下关，攻克威凤门。是役，均用野山炮轰击，其势甚猛。

广西济军初七日由龙潭奋勇前进，皆赤足草履，精锐异常。

镇军林都督初七日督率镇军由镇江出发，开赴龙潭前敌。

长江水师炮船共二十二营，已均归顺民军，惟金陵营未降。初六日，该营参将入城请领军饷及军装，张勋指为骗取军装，喝令逐出。于是金陵营亦全队开至镇江，与民军联合矣。

初六日下午，镇江又有兵轮四艘开往江宁助战。

张勋手下可恃之兵只数百名，现均驻扎北极阁，携有野战炮数尊，惟其城外之兵约有五六千之多，然皆系新军，非可战之师也。此外，尚有兵五六千，则已派至长江右岸之浦口，大半亦系新军。故南京不难唾手而得。

民军既得幕府山、狮子山后，查得山上尚有大炮数尊，但皆系十年前之旧物，已不可用。

张勋部下无能开炮之人，故悬重赏，招外国炮手助之。

民军此次往宁，携有新式大炮甚多，拟分置于城内已得手之各要地，以为防卫。

镇宁之间现有民军近三万人，内有马兵一大队。

南京镇江间之火车现在专为民军及红十字会所用。然自初四晚起至初七晨十时，并未见有受伤兵士运出，则民军得手之稳速可知。

攻宁军队内有本拟开赴汉口助战者，现已奉命回至九江，向汉口进行。因南京之兵已足，不须再加兵力也。

南京完全得手后，民军全队将向汉口进发，力争武汉。俟武汉基础既固，然后再行北伐。

《申报》1911年11月29日13941号第4—5版

呜呼可怜之京师

《大陆报》三十日北京访函云，袁世凯之行事渐失舆论信用，其组织内阁悉以其党人成之，不在其党者仅寥寥数人，现已陆续辞职。即法部副大臣梁启超，恐亦未必受任。梁尝赴奉会见赵尔巽，今回，已至日本矣。

袁世凯近日之行为外间毫无所知，但闻袁自知处境甚危，已与德使商妥：如有危急，则避入该国使馆云。

清政府现处之地位恐不克与民军议和，其邀集各省民军代表会商之议，亦毫无把握。盖各省代表皆视北京为危地，必不惠然肯来也。

现袁世凯不轻出门，出则有马队五十人前后护之。伪立宪之总理大臣危哉！

袁世凯所行秘密之事、或将有何种举动，人无知者。惟料袁机会一至，必将自择一较好之位置，且外国钦佩袁才者颇众，或将出而助之，未可知也。

外务部近已处于极困难之地位，盖日俄两国乘机以外交压力加之也：一为日本要求在朝鲜边界减税三成之一；一为俄国要求派员划界，欲以满洲里一地归入俄之版图。

北京现状较前稍安，但张绍曾驻津一日，则北京终属可危，丰台所驻之精兵一协现仍归其节制。闻张之部下仍有大军二万余人，即第二十镇陆军调往滦州大操者也。此外附从之者，尚有第四镇陆军，京汉铁路之交通悉在其掌握之中。其部下军士前闻调往南方之命，因系自残同种，皆不愿往。南方民党现力促张起义，欧洲学生会亦有来电，请以吴禄贞为前车之鉴，促其速赴北京，号令一切。

又初二日，北京访函云，今晨余（访员自谓）与民政部中某员谈及时事。该员谓：清廷国库如洗，学部自将各学堂闭门停课后，今亦将自行闭门，停办公事矣。

直督及顺天府皆要求度支部请清太后再出私帑，以济急用。但清太后前已出资养成不忠清廷之军队，故此时当局者甚难启齿，惟有辞职而已。

资政院昨已议决剪发及采用阳历二事，且通过一议案，请清帝令全国民人投票采用何种政体。时有数满人在座大为反对，中有一肥胖之满人，甚至拍案强辩。各议员均大呼斥之。

《申报》1911年11月29日13941号第5—6版

11月30日

阁电

十月初八日，内阁奉上谕：迭据内阁呈递第一军总统冯国璋电称，武昌革党于九月二十六日遣悍党二千余人，由汉河上游毊骡口潜师渡河，抄袭官军右翼后路。当经冯国璋分兵迎击，党众溃败，官军踵蹑渡河。该党防御极固，并多次反攻，经官军节节奋击，次第克复蔡甸、四平山、黑山、梅子山、龟山等处。初七日申时，克复汉阳。当两军酣战之际，党众由武昌遣兵数支渡江，袭击官军左翼后路之三道桥。叛舰海容等船协力猛攻，均经官军一再击退各等语。武昌此次兵变，自称系为政治竞争，朝廷本不忍以兵力从事。经饬督师大臣袁世凯暂停进攻，迭委道员刘承恩、海军正参领蔡廷干驰往汉口、武昌反复开导，该党首黎元洪迄不就抚，仍复左右进攻袭击官兵甚力，实属甘心扰乱治安，荼毒生灵。幸前敌将士深明大义，忠勇奋发，得以克复重镇，深堪嘉尚。冯国璋着赏给二等男爵，其余出力将弁着冯国璋查明，拟奖候旨施恩，其伤亡兵弁着一并查明具奏，分别从优抚恤，以作士气而慰忠魂。钦此。

上谕：内阁奏第二镇统制官马龙标因病呈请开去差使等语。马龙标着准其开去统制官差使。钦此。

上谕：内阁奏，请简统制差缺。陆军第二镇统制官，着王占元充补，并赏加陆军副都统衔。钦此。

监国摄政王钤章，袁世凯、寿勋署名。

《申报》1911年11月30日13942号第2版

专电

昨日，民军攻克朝阳门。张兵死三百人，降者颇多。

浙军力攻狮子山炮台，克之。现以巨炮轰击皇城。

海陆军联合轰城，聚宝门城垣已毁去一角。

南京督署因受炮火焚烧五点余钟，全部尽毁。

张勋将逃，拟率部兵北窜，民军已知照江中舰队及象山、焦山各炮台与会攻六合之扬军一律堵截。（以上镇江）

湘省援军又到五千人，赣省援军亦即日可到，将大举夺回汉阳。

民清两军会议，暂行停战三日。

武昌炮台以巨炮力轰汉阳，北军伤死甚多。

黎元洪都督并不坚拒议和，但清廷所开条款必须大加改易，方可就绪。（以上芜湖）

冯国璋电告袁世凯，汉阳已得，势仍难恃，请派援军一队，迅速抵汉。

清政府宣言，据汉口清军电告，龟山已复，俘获甚伙，并已占据汉阳。（按：汉阳为清军所占者仅有一半，且有民军奋力夺回之说。而清政府已志得意满。若是转瞬民军援师云集，恐无多日能容诸君得意耳。）

袁世凯密商外交团，请勿干涉乱事，并谓各省民党决速严剿，已添拨生力军五万人，往攻武昌。

袁世凯又拨重兵严守大沽口，预防民军舰队袭攻。

袁世凯派倪嗣冲为水陆营务处长，又派林绍年赴津密查机要。

孙宝琦电奏，山东宣布独立，全出人民要求。琦亦自悔鲁莽，愿仍听从清廷号令。

山西民军都督使该省资政院议员谒见袁世凯，详陈要求改革之意见。袁约令三日率众投服，逾期决剿。

姜桂题率军五千人即日由晋赴汴，已请京汉路特备专车载运。

姜军愤资政院议员不肯通过借款议案，致书该院，约三日为期，如不允借款，将聚而歼之。各议员大恐，连日到院者寥寥。

外交团公电黎都督，谓各国已宣告中立，惟将来贵团体与北京政府交涉决裂时，须离京城二十里以外划作战线。昨已得黎电覆照准。

清政府向法国借款已有成议，闻无抵押。

豫抚宝棻电请开缺，清廷慰留。

梁诚急电清政府，留学经费向德银行商借，必索抵押，可即严拒。

清廷新简陆军大臣王士珍今日（初九）到部任事。（以上北京）

杭省众商认可行用军用钞票，先通用一元票，准十一日颁发。

钱业金浩泉等串兵敲诈，全军愤甚，要求枪毙。（以上杭州）

广州军政府近得美国华侨寄洋二百万元，专供新政府一切用度。（广州）

《申报》1911 年 11 月 30 日 13942 号第 3—4 版

译电

据汉口消息，民军已请休战三日，以便各省会议是否承认清政府。提出议和各款内有保留清帝一款，尤关重要。（初九日伦敦电）

昨日上海又接无线电音，武昌并未降伏，武昌、汉阳之炮台目下仍在交轰，惟武昌城门严闭，城内消息无从得知。

据圣彼得堡电称，俄国陆军师团现向满洲及阿穆尔省进发，豫备兵已展长期限，士官一律不准告假。（初八日柏林电）

华美书馆昨日下午接南京美国教会来电，云请告各友一切平安，可保无碍。

昨日本埠接电，贵州宣告独立，地面安静。

北京谣传武昌已为清军所得，惟尚无确实官报。闻冯国璋现与黎元洪开议休战三日，黎元洪要求准其军队携械而退，冯不允。

王占元已简为汉口第二镇统制，以继马龙标之任，因马患病故也。

那桐因病告假，已经清廷许可。

明日有军二千开往石家庄，助攻山西民军。（以上初八日北京电）

《泰晤士报》云，两日来汉阳民军情形大变。昨日，汉阳已为清军所占，民军散走而退，惟此等消息尚未全确。昨日夜深时，上海又得无线电音，汉阳一半仍为民军据守。此消息系由确实之处得来，必可深信。

前三日之战，实为革命流血最甚之举。今晨自六时至八时，枪炮之声寂然无闻，大致清军必已渐退。初，两军曾连战七十小时，因战场确实消息难得，故极难断其结果如何。惟余之中国帮办确言，清军曾在襄河之上搭桥三处，民军则在上游分二处力御，而桥口一处，战事最烈，死者颇众，大约两方面死伤者不下二千人。余见清军用火车三辆装载死尸而去，红十字会亦由汉阳舁回伤者三百余人，但大半不肯至汉口医院治。

昨夜，清军曾炮击租界边境之英国水师哨兵。此次大战，两方面均现奇勇。两湖民军尤拚死力战，清军亦猛锐前进，故受伤者多剧重，不可救治。

昨日，汉阳终日开炮不绝，有炮弹七枚坠入英国租界。观其情状，两方皆有决死之心，恐不复存议和之望矣。此间民军昨闻南京已为民军攻克，军心因之大振。黎元洪都督谓，即清军能得汉口、汉阳、武昌三城，亦不致大碍革命事业。民军援队现已陆续由下游开来。

民军兵舰恐不足深恃，因各舰军火不充，故难倚以防城也。（初七日武昌电）

今晨（初八日），鄂军都督接湘军政府来电，谓初七日已派劲旅一千五百余人来鄂助战。（初八日芜湖电）

据清廷官场宣布，谓冯国璋电告：昨日下午四时已占据汉阳全境，今日武昌业已降伏。（阅者须知此乃冯国璋之言也）

昨日得武昌无线电，谓汉阳民军退守，北军恣行杀戮，殊觉惨酷。又谓，此次致败之因，乃由鄂湘军队之领袖意见不合所致。

连日北京贵族迁移至奉天者络绎不绝。

驻扎拉萨第十七镇之第三十三协兵士业已起事，意欲离去。西藏此事如果确实，则英国之交涉，及达赖喇嘛自印回藏之举恐不能免。

北京官场闻冯国璋忽然得手大为欣喜，并言各省秩序虽于数月之内尚难恢复，革命之势力当可于数日内减小云。（以上初八日北京电）

奉天消息，该处大局外国领事颇以为虑。各领事时与日本警察及宪兵会议预防之策。赵尔巽已允于乱时保护外人。（初八日东京电）

广州军政府因海盗攻击瑞安轮船，已向英领事道歉，且谓已派炮艇赴出事之地调查实情。（初八日香港电）

驻于南满洲大石桥之日本防兵一队已奉命派至牛庄，保护日人。（初七日东京电）

昨晨英总领事署得津浦铁路包思君来电（此电在济南府拍发），谓徐州府已入清江逃来清军之手，大局甚为危险。包思君已预备迁移眷属。

《申报》1911 年 11 月 30 日 13942 号第 4—5 版

中国光复史：武汉最近之闻见（本馆特别访员函述）

北军烧杀奸淫无所不为，汉口居民恨之刺骨。二十九夜，趁北军与民军交战胜利之际，北军正欲调刘家庙大队前进，抢取汉阳。讵后湖堤外居民潜将湖堤挖开，登时水势灌入刘家花园一带，水深三尺有余。北军大队不能前进，前队大乱。民军乘势扑之，遂转败为胜。

北军于二十九日占据蔡甸，即在城头山一带扎兵约三千人。初一晚，民军司令官黄兴亲督大队邀击，北军以无接应大败，复渡汉水。民军穷追至垛路口，枪死无数。

是夕，冯国璋闻黄兴注力于蔡甸，即命军士抢夺汉阳兵工厂，并使人在汉口龙王庙一带放火，以为声东击西之计。幸兵工厂设防甚严，北军不能得手。直至初二日下午四时，大战三日夜，北军乃退至后湖，民军则驻扎汉阳梅子山，与龟山驻兵成崎角之势。总之，连日战势各有胜负，惟蔡甸一役黄兴尤为奋力云。

前月，海容兵舰在刘家庙江心炮击火车时，击中申字快车一乘，系北军粮台之输运车，面饼数十石化为乌有，并压毙军需官兵数十名。

近日，武汉盛传袁世凯将亲率禁卫军一镇不日来汉助战。此说恐未必确。

孙家矶、刘家庙一带江岸，北军初未设防。现因兵舰已降民军，特在沿江一带安设大炮十数尊，以防民军水陆夹攻。

北军在铁路各站驻扎之人数，计信阳步队一标，炮车百余辆（此系炮身其炮兵均已开至汉口应用）；朝阳庵双林寺住受伤兵约二千余人；城内大公馆马队兵二营，约五百人；武胜关驻炮兵一队，步兵一营；东篁店步队两队；广水步兵约两营；杨家寨步兵一队；王家店步兵两队；孝感步兵共五队；萧家港步兵一营；花园步队一标（袁世凯之随员多住于此）；祁家湾步兵一营；三义埠步兵一营。（以下数站尚待调查）

北军先后南下之兵共有四镇，其已战死者约一万四五千人，皆由火车载回。京津铁路各站驻扎者，约万余人，逃亡者约五六千人。综计现在汉口者近二万人。

北兵第一军总统冯国璋及前锋司令长张彪等，因民军悬赏十万购其首级，深恐为其部下暗杀，所居之地一日数迁，如德界海寿里、新昌里、如寿里、三德里、复庆里及大智门站附近各旅馆，或番菜馆，或民房皆为其兔窟。且服装亦一日数换。可见其畏死之甚也。

北军前敌之兵扎在刘家庙以上者，所食多系米饭，后路之兵所皆食系面包，而面包之来路甚远，到此多已糜烂，兵咸怨之。

北军子弹亦不充足，其恃以致胜民军者，惟机关炮之灵捷，与大炮之能击远命中耳。闻上月二十日以后，北京并无来兵。现冯国璋派杨齐凤等在黄陂、孝感、云梦等处募兵，费尽精力，只得二三千人。

《申报》1911 年 11 月 30 日 13942 号第 5—6 版

南京战地目见录

初五日，黎天才率济军攻乌龙山、幕府山炮台。该两炮台已为前炮台官官君承焜运动成熟，乃事为张勋所闻，拟即日派兵前往更换台官。我军闻信，遂立由黎率兵前往夺取，击杀张兵甚多。当夺炮台时，并有兵轮掩护前进。此为沿江进兵之一路。

浙军朱指挥官奉总司令命令，由麒麟门前进。闻大队敌兵埋伏，乃直前攻击。敌军编制本系混合成军，以胡麟宣所统徐州防营为第一线，王有宏所统新军防营为第二线，赵会鹏所统宁防营为第三线，而张勋则自率江防营为第四线，约共七八千人，于午前十一句钟开战。浙军奋勇异常，其时西北风大炽，我军皆逆风而进。战至五六句钟之久，敌军大溃，我军分路追击，至夜半始休息。敌军共死二千余人，其余四散奔走，逃回城中者甚少。此为中路进兵。

苏军由句容奉总司令处命令，向淳化镇前进。分二百人佯攻雨花台，忽进忽退，以分贼势。此为南路进兵。此乃初五日之战情也。

初六日破晓，张贼率奋勇队四千人，旗兵亦出奋勇队一千余人，袭攻浙军。浙军防御甚严，闻警即起而迎战。先取守势，既而变守为攻。炮兵发弹尤准，每弹发出敌军必死数十人。战至日中，贼始不支，四散而溃。浙军急进午饭。其时，有敌军敢死队约二百人，见浙军休息，乘势袭至炮兵阵地，夺取散炮，势甚猛厉，已有炮数尊被敌军拽绳而奔。我军炮兵只有数人，立开数炮，步兵闻炮声知有变，即前往救援，奋力将炮夺回。午后，又复激战至下午五时，敌军退至孝陵卫。我军一面往攻，一面分兵夺取紫金山炮台。敌军在孝陵卫者，见势不敌，即纵火焚烧民房，火光烛天。我军奋力追攻，直至朝阳门下。攻紫金山之兵队亦激战多时，夺取敌之山腰大炮三尊。时本拟攻入城中，继因大战两日一夜，兵士疲倦不堪，乃暂退至马群屯扎。当日并有镇军一营随同浙军助战。

当我军奋攻孝陵卫时，有旗兵千余人服苏军军衣，由侧面向浙军攻击。浙军因其服装与苏军相似，不肯还枪，先用白旗招展，令停止放枪，继吹停战号，而旗兵不应，放枪如故。浙兵心始疑之，然死者已有排长二、管带一、兵士三百余，遂一面派人至总司令部报信，一面挂红旗宣战。敌军见宣战，相率遁去，而总司令处闻信节派参谋史久光君率宪兵数人前往战线侦察情形，乃至半路为张勋败兵排枪所击。史君及宪兵排长某，均中枪阵亡。

是日，苏军至淳化镇遇张兵五百余人，击退之，即进屯上方门。闻沪浙军皆获胜，对于雨花台乃改佯攻为正攻，唾手而得此险要。

幕府山炮台既恢复，即由山上用巨炮轰击北极阁、富贵山、仪凤门、太平门等处，舰队佐之。北极阁炮台初亦还炮相击，继而大受夷伤，太平门城楼被毁。其时民军所以未攻狮子山者，以该山炮台兵士已受我军运动故也。

是日，济军原拟急攻仪凤门并夺狮子山炮台，因兵力不富，因而未果。总司令处已加派镇军两营前往协助。该兵已连夜前往，俾一到即可进攻。

镇军本有两标在前敌，以骑炮兵组织未完，未能独力作战。本日，由刘协统自带机关炮、野炮多尊，及马队两队由火车运至龙潭，已奉总司令部命令，率同明羽麟所带镇军一标，于初七早会攻朝阳门。该军见沪浙苏诸军如此奋勇，深以迟到为憾，赴战情形异常踊跃。

初七日，联军总司令徐绍桢亲率浙济两军由麒麟门攻入太平门。张勋兵死二千余人，统领王有宏、徐州镇胡令宣均被轰毙，民军死伤六百余人，内济军二三百人。闻红十字会员亦死多人。

狮子山、紫金山等处炮台初七夜停炮内应，现均已为民军占领险要各处，大半已定。

闻苏军进城时与张军激战甚烈，业已将敌击退，乃乘势前进。讵至半途误践地雷机关，有数百人竟被轰毙。

《申报》1911年11月30日13942号第6版

呜呼可怜之京师

日前，清内阁有电致赵尔巽，略谓晋省乱事方殷，新简巡抚张锡銮赴任，非有精兵保卫不便前往。奉省军队甚多，请抽拨若干营以作卫队，即备剿办。讵赵复电，以该省军队现实不敷分拨，碍难遵行，以故张抚目下尚难赴任。又闻度部因现在库款异常拮据，已有不能再延两三星期之势。袁内阁对此亦极为焦灼，日前曾电赵尔巽请其将协款解京。日昨得有覆电，亦不应允，略谓东三省向恃各省协款，近来财政已异常困难，且大局岌岌可危，实属无力再解京款，请即奏参罢斥。

顺直咨议局因资政院不赞成奏请开国民会议，公决目前大局。昨又特电该院，又云：时势至斯，所争者只君主民主问题。若不速行解决，恐外人一行干预，无论满汉同归于尽。刻下，计惟有由贵院奏请朝廷，仿照欧洲革命史成例，明颁上谕，速行停战，大开国民会议。凡国体政体悉付之公决，庶可弭战祸而救灭亡。若失，今不为恐后日虽欲为之，已悔无及，迫切直陈。

杨度、汪兆铭等合办国事共济会，在资政院提议时，颇起冲突。现改换方法，递呈清内阁，以求达其目的。略云：自武昌革命军起，全国响应。朝廷号令不出都城，未独立者仅直隶、河南二省耳。宗社之安危，系于一发。若欲仍恃兵力以戡内乱，非特生民涂炭、财力困穷，且沿江、沿海遍竖白旗，亦复战不胜战、与其专为战守之计，何如别求解决之方？用是集合同志创成此会，意在要求两方停战，速开临时国民会议，而以君主民主一问题决之国民公意。议者以为，会议必由多数取决，是否必为君主殊无把握。不知此时欲言完全把握，虽伊吕复生不敢自信。惟是会议既开之后，则外交内政、利害得失，彼此可以互陈，以期归于一。是比之目前状况，君主立宪之言仅能言于都下，而各省概置之不理者，实犹彼善于此。即令决议改为民主，然朝廷既肯以君主民主问题付之公决，则尧舜至公之心已为海内所共敬。人民对于皇室，其必优礼相加，而无丝毫危害之意可以预决，而知和平解决之方莫逾于此。拟请明降谕旨，实行停战。一俟武昌革命军承诺停战之后，即将赴鄂军队撤回，以示永远停止战争，不以兵力解决之诚意。并召集临时国民会议，议决君主民主问题。若能将君主民主朝廷皆乐与观成之意昭示天下，咸使周知，尤足以生人民之感情，为平和之保障。至于临时国民会议之组织与其选举方法，应由会中拟具草案，仍由两方承诺，然后据以召集。未便由谕旨遽定办法，致生窒碍。合并声明。十月初三日。

《申报》1911年11月30日13942号第6—7版

陕西：豫军在陕之惨酷

顷得华州访友来函，所述陕西兵劫令人悲愤。亟录之，以质于当道信任官兵者。西安兵变后，革军之举动殊甚文明，除满城杀伤多人外（将军副都统炮轰学使，旗兵又多方抗拒，故入满城时颇多杀戮），其他市巷皆安堵如故。至于省外各州县，惟一二之贪酷官长稍有被诛者，实则革军所至，固未尝伤一民、劫一物也。渭河之北，刀匪虽多，然皆受革军严谕，并未妄动，虽间有盗贼抢劫，然经革军之缉捕队派出后，盗风亦略靖矣。讵意河南所派豫军两营，九月十六日至潼关（革军之计在专致力于民政而不派重兵守关），劫财抢物杀人如麻，甚至纵火烧街，哭声震地。自关以西至泉店镇二十里之内，刻已无复人烟，亦惨酷太甚矣。幸西安革军得信往救，破豫兵于泉店，豫军始奔往潼关，尤大掠而东，退守函谷外，阌乡、灵宝二县亦被抢劫一空。吁，诚浩劫也！

《申报》1911 年 11 月 30 日 13942 号第 12 页

12 月 1 日

评论：救武昌（无名）

今日民军之大要，莫如救武昌。汉阳已失，武昌难守。斯言虽以地势而云，然虽云难守，以有大江之相隔，尚非一朝一夕所能破入者。北军当力战之余，既入汉阳，势不得不暂时赏犒休息，再作第二步之进攻。故武昌虽危，尚可力守数日，以待各地援兵之至也。各地援兵如勿兼程并进以援武昌，其何以对武昌诸公之大义乎？是故今日之救武昌，实天经地义，而各省所不容缓者！

余谓，今日各地救武昌之兵宜分两种之预备：其一，速筹军火粮饷，立刻开队至武昌。除保守要隘外，无论能开若干即开往若干。其余保卫治安之职，则商团民团任之。合光复各省之力，截长补短，大约可得能战之兵三四万。清政府所有现在统计不过二万有余（此系合北方所有者而言，非谓其前敌也），以三四万敌二万余，断无不胜者。

其二，速筹军饷、购军火，组织第二补助队。各省救援武昌之兵，非谓以今所有之兵立刻开往而已也。自后更当源源接济，使北清政府知南方兵力之无尽，即不遽胜亦必久而能使之屈服。一旦而胜，即可以此乘胜之师长驱以攻北京，则此第二预备队无论何时，均不可不及早募集者也。呜呼！各省之人民、各省之军政府，共各速起谋之。

《申报》1911 年 12 月 1 日 13943 号第 2 版

中国光复史：南京战报（特别通信）

初六日，南京访函云，张勋健将王有宏奉命往守某门。讵王竟率新兵纷拥出城，正在马上以望远镜察看地势，忽被民军一弹击中腹部，登时殒命。其部下之兵五百名旋为民军围困，逃出者仅十七名。

两军今在朝阳门大战。昨日离城尚有九里，今日离城已不及三里。

张勋之兵可用者仅有四千人，故战事断不致延久，南京不难即日克复也。

狮子山之战并不剧烈，两军均未用全力。开炮之时取准极慎，以免彼此受伤。闻因该炮台炮兵已与民军表示同情也。

张勋新募之兵五百名驻扎城外者，刻已降顺民军。

初八日夜九时，有民军一千人携带大炮五六尊往攻神策门，因该处守兵较少也。是时，清军大队适在朝阳门相近，守门之兵得城上驻军及狮子山炮台之助力，与民军交战颇久。直至初九日六时，民军始暂时收队。是役，民军兵舰亦合力轰击狮子山炮台，炮火异常猛烈。

又初九日消息：是日，民军分三面猛攻南京，工程队谋毁太平门及朝阳门，未曾得手。工程兵旋携带炸药至第二朝阳门，以避快炮之弹火，忽有一炸弹击中炸药，毙兵多人。

自初五日后，张兵逃亡战死者已下数千名。

方浙军攻击太平门时，幕府山炮台之民军疑为敌军开炮轰之，死伤颇多。现镇军已代浙军驰赴前敌，军气颇壮。

初九日，两军在朝阳门交战最久，胜负未分。或谓民军恃军数之众稍存大意，故尚未得手。

幕府山之大炮数日前为民军所得，初七日为狮子山炮台之张兵击损一尊。

民军现据守城外各地，候清军出而攻之。惟张勋已命各军除守炮台者外，悉数退入城内，其意似欲负嵎死守。

城中各街道虽处炮火之中，尚为安静。盖居民大半业已离城也。

《申报》1911 年 12 月 1 日 13943 号第 4 版

汉口战报（特别通信）

初一日，敌军土垱粮台被我凤凰山炮台开炮击毁。

初二十二句钟时，有敌兵二百余名携野炮二尊潜伏三眼桥附近，经我驻扎梅子山炮队第一标三营管带陈殿甲侦悉，一面电告总司令官，一面整队射击。放十余炮，将敌兵击退。

是夜，又有敌军伏于对岸杨林红洋房内，暗击我军。我军按照火光猛击，敌兵死伤过半，其未受伤者均纷纷溃散。

初三日，我军一队（均步行）与敌军大队战于梅子山一带。敌军管带被我军马队二标二营管带祁国钧击死，并夺得敌军机关枪二架（系由湘军与鄂军马队同获）。梅子山仍为我军所有。其察甸一带之敌军亦被我军击死无算，复由湘军追击死于水中者亦不少。

是夜，敌军三千余人搭浮桥渡汉水，夺占小山（距汉约二十余里）。天将晓，我军敢死队复将小山夺回。

初四日上午，敌人将驻扎汉口刘家花园之一镇全数开往小山，拟以全力争汉阳。彼时我军敢死队方休息，守小山者多新兵，见敌攻甚烈，遂退走，死伤约百余人。下午，我军会同湘军一齐奋勇，再将小山夺回，并获机关炮二尊，杀敌数百人，将敌逼至十里堡（距汉阳二十里），围裹数重。自初四下午酣战直至初五日午刻，胜负未决。

初五日，战事大获全胜。现在汉口大智门、华景街、礄家矶、刘家庙一带均属我军驻守，已无敌军一人。汉阳之敌人则被我军追至蔡甸以外，所有城头山、玻璃山、扁担山、青鱼山亦皆为我军驻扎云。

又赤十字会报告，我军大战三昼夜，死者约四百余人，伤者约五百余人。敌军则约死伤四千余人。

《申报》1911 年 12 月 1 日 13943 号第 5 版

12 月 2 日

阁电

初九日，北京内阁奉上谕：自武昌肇变，朝廷以其为政治关系，〇不愿以兵力靖乱，酿成惨祸，乃累降诏旨，改良政体，并停止进攻。而该革党置若罔闻，仍一味恃强袭击，竟迫成欲罢不能之势，致使兵连祸结，举吾民之生命财产付诸灰烬者，不知凡几。赖官军将士忠勇坚卓，始得渐图规复。昨据军报，已克汉阳，反复思维转增忉怛。比月以来，锋镝交加，死亡枕藉，加以地方糜烂，元气大伤，小民荡析，离居转徙沟壑，惨痛情形至不忍言。虽杀机起自革党，而四境之内皆吾赤子，一经战哄，两有损伤。哀我国民，疮痍满目，良用心恻。着段祺瑞协商慈善救济会，急派多员前往战地，不分畛域，掩埋骸骼，医治伤残。并将被难人民，设法拯救，加意抚恤。俾死者免致暴露，生者赖以保全，用副朝廷哀矜庶民恫瘝在抱之至意。钦此。监国摄政王钤章，袁世凯署名。

又奉上谕：内阁代递秦绶章奏，假期又满，病难速痊，恳请开去差缺一折。厢黄旗满洲副都统秦绶章，准其开去差缺，钦此。监国摄政王钤章，袁世凯、寿勋署名。

又奉上谕：黄均隆奏，假期届满，病仍未痊，恳请开缺一折。法部右丞黄均隆，着准其开缺。钦此。监国摄政王钤章，袁世凯、沈家本（假）署名。

初十日，北京内阁奉上谕：嗣后，凡任国务大臣均着在紫禁城内骑马。钦此。监国摄政王钤章，袁世凯署名。

同日，奉旨：内阁请简副都统等缺。镶黄旗满洲副都统着全福调补，所遗正红旗满洲副都统，着文年补授。钦此。监国摄政王钤章，袁世凯、寿勋署名。

同日奉上谕：内阁代递杨文鼎奏，衰病日增，吁请开缺一折。陕西巡抚杨文鼎着准其开缺。钦此。监国摄政王钤章，袁世凯署名。

同日奉上谕：内阁请简甘肃提法使，着赵惟熙补授。潘龄皋着补授甘肃巡警道。钦此。监国摄政王钤章，袁世凯、赵秉钧、沈家本（假）署名。

《申报》1911 年 12 月 2 日 13944 号第 4 版

中国光复史：会攻南京捷电

苏军程都督电：杭州汤都督、上海陈都督、苏州都督府，转张季直先生鉴：前敌战况极佳，南京旦夕可下。此后进行亟待规正，其大要盖有三端：一派兵援鄂；一出师北伐；一联合会组织实行。昨章太炎先生到尧化门面谈，意见相同。全因公赴马群与林徐商议均表同情。全今日赴沪（按：程都督刻已到沪驻节市政厅），与公等晤商一切，并会同各省代表集思熟筹，以期刻日进行。特闻。德全真印（此电自丹阳发）

镇江林都督电：各都督、各军政府鉴：镇军昨日获胜，占领紫金山，田分门进攻谅必得手。镇都督林真。

又电：上海陈都督、浙汤江都督鉴：昨日程雪帅面言即日到沪，会同贵都督等筹议北伐、援鄂及筹备饷械等事，嘱敝军派代表，一同与议。兹特请陶君宾南、顾君凤池到沪，为敝军代表。祈与之接洽。敝军今晨已占据天保城炮台，今夜誓破南京。林述庆真。

联军徐总司令电：金陵朝阳门已由我军攻开，惟大军现尚未敢辄进，因恐内有埋伏。幸张玉发管解之炮已到，拟择城垣空隙之地，以炮炸开，以便停兵。今日（十一日）午后，大军准可进城。

《申报》1911 年 12 月 2 日 13944 号第 4—5 页

12 月 3 日

公电

南京徐总司令、镇军林都督、浙军朱司令、苏军刘司令、沪军洪司令、济军黎统领、江阴各军均鉴：南京光复，赖诸公指挥之、劳士用命之力，东南大局从此敉平。谨祝联军万岁！中华民国万岁！章炳麟、宋教仁、黄兴、程德全、陈其美、汤寿潜、张謇、唐文治、伍廷芳、赵凤昌、温宗尧、虞和德、李钟珏、朱佩珍、王震、于佑任、范鸿仙、郑赞成文印。

南京送浙军司令官朱鉴：江宁光复，谨为贵军祝大成功。惟当人心尚未镇靖之际，亟宜请贵军严加防范，以防不测。陈其美、黄郛同叩。

南京探投镇江林都督鉴：南京光复，为大局贺。鄂事紧要，亟待应援临淮关，须有劲旅驻守，既可进取又可为援鄂之策应。且将来中州重镇非公莫属。此间同志咸推公先进兵临淮，继图开封，谅邀鉴允。应带军队暨筹备一切，望酌核赐示。章炳麟、宋教仁、黄兴同叩。

丹阳转送刘统领之洁鉴：南京光复，极赖伟筹。但宁垣不宜多驻军队，望将苏军陆续退驻句容、丹阳之间，仍严加防范。乞查，酌并电复。全文印。

南京送徐总司令鉴：南京光复，悉赖伟筹，为大局贺。前备犒师洋十万元，应于何日送，请执事分给？候电覆，以便派员运交。全文印。

武昌黎都督鉴：南京光复，联军克日来援。黄兴文。

南京徐总司令、镇江林都督、浙军朱司令、苏军刘司令、沪军洪司令、济军黎统领、江阴各军均鉴：南京光复，谨贺。目下因敌兵有南下江北之信，且浦口贼敌未灭。林都督又已公推为出征临淮总司令，故众意推苏州程都督移驻江宁为江苏都督，一以资镇守，一以便外交。谨闻。章炳麟、宋教仁、黄兴同叩（陈其美、汤寿潜、张謇、伍廷芳、李钟珏、虞和德、于右任去电同）

各报馆鉴：宁城已于今日（十二）十时由我军克复。镇军政府文。

上海都督府并各报馆鉴：顷尧化门电云，江浙联军闻汉阳变事，众心愤激，拟公举镇军林都督为援鄂总司令，统精兵万余人，定一星期内出发。镇军政府真。

各省军政府都督并各报馆鉴：联军苦战七昼夜，昨经镇浙沪诸军攻夺天保城要地，贼胆已丧，请人说和。本日（十二）复经苏军占领雨花台，攻入南门，又镇军攻入太平门，已将南京省城光复。民军陆续入城，即刻安民，详情续报。此皆群策群力所致，桢实无丝毫之力。善后诸务极繁，务求诸公推举都督，以图长治久安，俾桢敛身归隐，没齿铭感。桢文。

沪军都督、铁路总管朴、各报馆鉴：南京城文［今］日（十二）光复，浙军游击队会同淞军分占狮子山炮台及清凉山火药、军械各局。俟搜索清净后，即率大部队入城。详情续告。浙军司令官朱。

各报馆鉴：自光复后，城乡渐静，正拟征兵。适数百人自宿迁来，愿备戎行。弃而害民，诚不若收而利用。乃入伍后妄肆要挟，硬借强买，摘去肩章，四野抢劫，市境骚然，夜不能寐。并有先据清江，次攻淮城，回攻宿迁之说。地方人民窃窃忧惧，经都督及民政总长密查得实，将首领陈兴之正法。当夜击毙匪党数十名，伤者医治，余解回籍，众情欢慰，浦地安静。清江各团体公布灰。

《申报》1911 年 12 月 3 日 13945 号第 4 版

阁电

十月十一日，北京内阁奉上谕：内阁代递陈夔龙电奏，请更换巡警道等语。直隶巡警道叶崇质，着开缺，留于直隶另补。言敦源着补授直隶巡警道。钦此。袁世凯、赵秉钧署名。

同日奉旨：内阁代递孙宝琦三次电奏，请罢黜治罪，并取销临时政府各等语。现在朝廷颁布宪法信条，实行改革政治，与民更始。该抚未能仰体此意，熟权利害，徒事张皇，办理殊属非是，本应加以严谴，惟念该抚世受国恩不应荒谬至此，自系被人迫胁，并非出自本心。近日以来，该省已取销独立名目，地方各事亦渐就绪，是该抚尚知愧悔，亟宜补救，姑事宽容，仍着留任效力，务须妥定宗旨，毋再为浮言所惑。此次该省首先反对独立，统制吴鼎元等及该省绅商均属深明大义，忠毅可嘉。均着先行传旨嘉奖，并迅即督饬地方官绅悉心布置，保卫治安。该抚自当激发忠诚，力图报称，以维大局而赎前愆。钦此。监国摄政王钤章，袁世凯署名。

《申报》1911 年 12 月 3 日 13945 号第 5 版

中国光复史：南京光复捷报

沪军都督府通告：（其一）顷接得南京来电，云本日十一点三十分钟时南京全城光复；（其二）顷得南京确电，民贼张勋业已就获；（其三）接得南京战地捷报，谓张勋已经擒获，降者甚众。（按：以上通告三则均于十二日午后发出。）

苏军都督府电上海南市政厅程都督钧鉴：南京光复，全省军民欢声若雷，恭贺捷喜。

南京电报局电上海总局局长鉴：民军进城，商民甚喜。（按：此电于十二日午前十一点三十分到沪。）

镇军林都督电沪军都督陈鉴：吾军本晨（十二）十时已进南京城，请转知各省都督鉴。述庆侵叩。

联军徐总司令电上海分送陈都督、汤都督、程都督诸同志，吴淞李司令均鉴：和密今早八时夺天保城后，张人骏、铁良派胡镇令宣由雨花台出至苏军刘统领处议和，要求四事：一、不伤人民性命；二、不杀旗人；三、准令张勋率所部北上；四、准令张人骏、铁良北上。鄙意一二四件均可许之，惟第三件万难应允。午间美领事由火车至尧花门见林都督，所言物同。当告美领事：一、张勋暂拘，一俟临时政府成立再释；二、张勋所部概将军械储放小营，徒乎［手］出张

[降]；三、由联军派员监视，将张勋全部遣散；四、张勋曾搜括库款八十余万，须责令缴出充饷。如至明午十二时无满意之答复，仍立用重炮轰城。美领允即入城商酌，但恐拘禁一节张勋难允，仍不能不用兵。诸明见以为何如？乞示教以便答复。桢真。

苏军洪司令电沪军陈都督鉴：先锋队于初十夜占领紫金山、天保城两处，据获机关炮两尊，击毙贼军黄管带一名，生擒廿余人，当场击毙六七十人，我军阵亡三人、重伤四人、轻伤十四人。本日犒军，明早合力攻城。承点叩。

《申报》1911 年 12 月 3 日 13945 号第 5 版

武汉乞师要电

其一，各都督均鉴：闻诸公悉锐攻金陵，顿兵坚城，恐非上策。现在敌健，力攻汉阳，应请各都督速派劲旅，刻日会师汉阳，翦灭此虏，金陵自下。是否？乞复！湘都督谭歌印。

其二，各省都督鉴：汉阳血战五昼夜，敌军抵死进取，我军渐退，因守汉阳城中。势极急迫，事关大局，恳属师分别遣派海陆军队星夜来援。至盼至祷。元洪叩麻印。

其三，各省军政府鉴：鄂事万分紧急，老军已尽，新兵无用，汉阳危在旦夕。有弹乏枪，有五生七炮乏弹，请贵都督火速调精兵援救，以免武昌有碍。鄂军军务部叩印。

其四，火急苏州都督程：汉阳龟山已失，武昌危险不言可知。最上之策，一面分兵救武昌，担全力出奇兵攻北京，北京定，武汉当不难恢复，愿贵都督图之。鄂督黎叩。

其五，火急各军政府都督鉴：连日汉阳剧战，因我军力单薄，半系新募之兵，不能支持，只得退保武昌。武汉关系中国全局，武汉危即全局牵动。元洪当督率将士誓以死守，以维大局。惟敌人以全力争武汉，我同胞必以全力援助方能取胜。务恳大都督迅速调拨老练之兵，携带枪弹并机关枪、新式快炮星夜来鄂援助。或另分兵他出，以牵敌势。统希裁夺施行，并祈示覆。祷切盼切鄂。军都督黎元洪虞印。

其六，至急各都督鉴：敝处血战六昼夜，敌兵恃火器较利，悉力进攻，汉阳城恐不能守。我军拟坚守武昌城中待援。事关大局，危急异常，恳即分别遣派海陆军队星夜兼程来援。祷切盼切。元洪叩阳。

其七，各都督鉴：鄂事紧急，因老兵多阵亡，新兵不足用，故屡战不胜，汉阳已失，枪炮子弹又将告罄。应如何救武昌、定天下，惟贵都督荩筹如何布置，请速复。鄂督黎叩印。

其八，各报暨各都督鉴：汉阳失守，各省宜火速赴援。民国成立，然后人民之权利巩固，全国之幸福无量。琇，黔人也，留学，在浙目闻此信，即欲回黔招集义勇。黔人以善战闻，且有苗兵可用。惟往返需时，缓不济急计，惟有先祈各省合力同心速选精兵赴援武汉。一面由各都督会衔专电滇黔，速调劲旅，海陆分驰，誓必灭而朝食，如此则满虏必歼。泣血士祷。旅杭彭启琇叩。

《申报》1911 年 12 月 3 日 13945 号第 7 版

12 月 4 日

公电

各军政府各报馆鉴：今晨（十二日）十时，镇军都督亲统大军攻克金陵。林都督现暂居督署，人民安静。现正调留镇人员赴宁办善后事。镇军都督府文。

各报馆鉴：沈惺叔捐助军饷洋二万元，王天春捐洋一千元，刘紫卿捐银四百两，足见爱国心诚，急公好义，乞登报面，以扬仁风。凡我同胞均深感谢，此恳。苏都督府参谋厅元。

《申报》1911 年 12 月 4 日 13946 号第 3 版

中国光复史：南京光复之快举

张勋已由南门逃出，城内居民均出，欢迎民军。

张人骏、铁良闻皆避匿德国领事署内。

初十日晨，外间所闻之炸烈声据某西人云，乃系城中民军将狮子山军装库炸毁，俾清军无军火可用，不能开炮轰击城外之幕府山。或谓，此事即决死队所为。

中国炮艇除有四艘于夜间渡过南京开往武昌外，其余各艇现仍泊南京下游平安之地。

英国某船主谓，民军炮艇并未协同轰击南京。此次光复以陆军之力为多。

十二日晨十时，有清军千名出太平门，欢迎民军甚形诚挚。民军亦以礼答之。继有民军三千名入太平门，而至威凤门。此乃经一星期之战争南京光复之结果也。

十二日夜，有民军乘专车返沪，内有徐君，亲告《大陆报》访员，谓张勋逃逸后，全城即皆降伏，未经续战。

徐君肩负一帆布袋，随以袋内之物示《大陆报》访员，内有来复枪弹子数枚、炮弹数枚、另有小圆形之铁一块——中有一洞通至顶口。似系接引火线者。徐君谓，即以此物轰开太平门云。

是夜，又有专车载来受伤民军九人，内重伤者只一人。总计自上星期日南京开战以后，受伤军士抵沪者共六十一人。

据红十字会医生云，此次大战，民军伤者总计只七十人，更有未抵沪者即在镇江医治。又谓，十一日乘专车抵沪之伤兵三十八人，内有二人乃清军。民军初欲杀之，为红十字会办事人营救得免。

此次抵沪伤兵死者仅有两人，一人之胃被弹击穿即死于车上，一人被弹洞穿其肺，舁至医院十分钟后亦毙。

目下在红十字会医院之伤兵五十八人，内重伤者仅五六人而已，且已渐次复原。内有一人身受三枪，一枪自额前击入，几贯其脑，幸未穿过头骨；一枪击穿大腿；一枪则击入腹部，幸胃未伤，故得不死。呜呼！此皆为我同胞购求自由而流血者也。我同胞得勿念之？

《申报》1911 年 12 月 4 日 13946 号第 4 版

苏州都督移驻江宁

前日，南京光复后在沪诸巨公即推举苏州程都督移驻江宁，为江苏都督，以资镇守，并便外交。已见昨日本报。兹悉江苏省议会全体议员亦咸有此意，于十二日发出通电一则，照录如下：

沪军都督、吴淞军政分府李、镇军都督并转柏统制、清江浦蒋都督、尧化门联军总司令徐、杨州军政分府徐公鉴：江苏本为一省，宁苏分治原属满廷弊政，今既改为共和，一省之中应只设一行政总机关，俾民政有所统一。而宁苏相较，自以驻宁为宜。程公雪楼，平昔行政注重民事。现在金陵光复，拟即请程公移驻宁垣，抚绥保定，以慰全省民望。事关人民公意，敬恳同为劝驾。除迳电程公外，谨闻。江苏省议会全体议员震印。

《申报》1911 年 12 月 4 日 13946 号第 4 版

汉口战报

初四夕，我军在刘家庙击毙敌兵无数，敌兵不敢救援。

初五日，敌军用火车廿余辆，装运军士、子弹，欲乘夜由新沟转运，以援刘家庙。被我军探悉，连放数炮，击毁车头三乘、随车八乘。

敌军预在三道桥两旁土山中安设地雷不少，并驻有敌军二千名。初五日，我军恐有埋伏，用炮射击。一时，两处地雷炸发，敌军尽毙于土山中。

初五夕，援助决死各队攻歆生路，激战甚烈。我军奋勇直前，抢获机关炮一尊、弹子无算，杀毙敌军尸骸遍地。

初六，在华景街背后高大洋房内抄得米粮五百石、快枪二百余支、子弹二十余箱。

城头山击败之敌军于初五日四更时欲在马尾山暗渡，我军待其半渡，出其不意，首尾交击，两岸击毙者不少，溺于水者更多，尚有二百余名皆弃军械投降。

湘军与鄂军日前由桥口进攻三眼桥，皆驻札桥之左首。初五夕，来敌军五百名，将附近房屋焚烧。我军用炮猛击，并分两路围攻，击毙敌军甚多，逃者无几。

昨友人由蔡甸来省，言及敌有步兵一队，由小路来袭我军。因地势不熟，徘徊路上。忽见有一卖花生小儿，当问此路可通三眼桥否？前面有无汉兵？小儿云，此路并无汉兵，贼即大胆前进。不料行未数里，忽遇我军开枪攻击，该贼兵毫未防备，一时措手不及，被我军击死甚多，逃走者仅十数人。

连日敌军在汉阳与我军大战，不但敌兵死伤甚多，敌之军官被我军击死者亦不少。昨有贼之管带尸身二具在蔡甸买棺装殓，不知运往何处。

又敌之马队被我军击死者颇多，现马匹已所存无几。

参谋官甘君绩熙前在汉口举黄指挥旗，奋勇先登，已属辟易千军。初五日，敌军据我汉阳西四山，甘闻之大怒。当夜十句钟，由各军队中选奋勇队一百八人前往袭击敌军。衔枚疾走，亲当斥候，先袭敌之磨盘山。行至半山，见敌有步哨六人在一土荡中熟睡，甘君当举刺刀刺之，因刺刀不利，乃开枪轰击，六人无一免者。再上有敌军百余人，在山上庙内驻守。甘君率队直前，勇不可当。敌知不可抵御，即退。甘君又追至庙口，枪毙敌二人。敌军回枪，亦伤我军数人。甘君脑后亦为枪弹所伤，而甘君不以为意，踊登山巅。敌遂由山后退去，我军遂占得磨盘山。迨援队到后，甘君又约周管带耀山再抢锅底山。攻至半山时，甘君左手掌复为子弹所伤，不能放枪。然恐稍有退怯，我军必至退后。复不顾生命，冲锋上前。敌众见来势太猛，当即披靡。我军遂又恢复锅底山。初甘君之心本欲恢复四山始回武昌。此时天已将明，受伤又重，不能遂其志。经同人再三劝阻，始回武昌调养云。

又德和轮船乘客云，武昌民军之数远出清军之上，连日援军之抵武昌者已有数千人。该轮在汉口下游三十英里曾遇小轮十三艘，拖民船无数，满载民军向上游进发。继复在九江之上遇运兵船两艘。据目睹战事者云，清军亦有曾受训练之人，但其数远不及民军。如果续战，民军终能获胜云。

《申报》1911年12月4日13946号第4—5版

12月5日

公电

镇军林都督电：沪军都督并军政分府汤寿老、张季老、虞洽卿、伍廷芳、于右任诸先生暨各报馆鉴：吾族举义以来，赖天之灵，英豪并起，俱以光复祖国为目的。顷者，金陵告捷，大局稍固，亟应设立临时政府，为新中国之基。惟此疆彼界，权限未分，就江苏一省论，有三都督焉，揆诸名实，无此办法。区区之见，拟即将述庆镇军都督名义取销，全省公举一都督主持，以专事权。无论名贤赞成与否，述庆不敢爱其功名，自问去就之际，无所容心。所愿公举得人，为我国民造福耳。乞速赐裁，俾免遗误。雪老务望速临，以系众心为幸。至临淮督军，业已电布鄙意。果军实完备，则赴汤蹈火非所敢辞矣！谨闻。林述庆覃印。

镇江来电：各报馆鉴：南京浦口已一律肃清，大都督已举，定程德全。请即布告，一例悬旗三天致贺。虞洽卿。

扬军政府来电：各报馆鉴：浦口光复，张贼勋率叛兵向滁州一带逃逸，请饬所属一体痛剿，以安我同胞。切祷。扬军政分府徐寒。

清江浦来电：沪军都督军政分府暨各报馆均鉴：敝处光复以后，土匪饥民乘机肆扰，各处纷电请兵，日不暇给。前编成四支队分往剿抚，东支队长鲍兰芬游击盐城、阜宁一带；西支队长张长林，游击宿迁、睢宁一带；南支队长夏绮卿，游击高良涧、蒋坝一带；北支队长何丰裕，游击海州、板浦一带。迭接各支队长报告，匪势猖獗，兵力不敷分布。复加派郑陈两队长星夜驰往淮海各处，协同剿抚。现接各方报告，桃源、众兴、大伊山、苇荡、青口、高家沟等处均与大股士[土]匪激战数次，已将匪目、匪巢剿捕殆尽。惟各处风气慓悍，聚则为匪，散则为民，仍饬各队长常川驻守，妥为弹压，以保治安而维地面。敢布腹心，伏求鉴谅。江北蒋雁行元。

报界公会转各报公鉴：顷阅初六□□□报译□□报载，南昌城内有民军贴有排外之文告一则，不胜骇异。查本省起义，原以尊重人道为主旨，尤于外人生命财产保护不遗余力，颇受本境外人所称许。至省内外文告及报纸，均以此意谆谆诰诫。弥月以来，并无涉及外人之事。是该报此则全属虚诬，不辨自明。该报已遍行内外，阅者不无猜疑，应请贵公会转达□□报主笔，亟将此条更正，毋任盼祷。赣省军政府外务局咸电。

《申报》1911 年 12 月 5 日 13947 号第 3—4 版

中国光复史：选举假定大元帅

各省都督府代表联合会前经拟定，以武昌为临时政府。现在南京已下，鄂省军务适紧，乃复决定暂设南京。昨日，浙江汤都督、江苏程都督、沪军陈都督均至代表会出席，赞成此事，并与驻沪各代表投票公举黄兴君为假定大元帅，又举黎元洪君为副元帅。黎君兼任鄂军都督，仍驻武昌。其已经赴鄂代表业由沪会电请回沪，不日到齐，再赴南京举行正式典礼。现援鄂之军、北伐之军待发，急需统一之号令，故从权先举云。

《申报》1911年12月5日13947号第4版

石头城光复情状

十二日，此间各处纷接南京光复之电。或谓张勋于城破后，已率其部下投降；或谓张已脱逃。大约后说为确。民军入城后，城中骚乱即定。沪宁铁路现已照常开车。

十一日之战，两军轰战颇烈。有重要二炮台同竖白旗。当时，民军以大炮轰击太平门沿江一带，狮子山炮台与民军炮艇互相轰击。民军即于此时完全占据紫金山。迨十二日早，两军议和未成，民军随即占领全城。午时，狮子山炮台高悬白旗。外间谓张勋已自南门逃出，且信张必逃至浦口，要求该处铁路人员开火车载之赴北。民军声称，彼等无杀张勋之心，但急须阻其逃往北京。张人骏、铁良现皆逃至浦口，清军未逃者已悉数降伏。

是役也，济军黎统领先设司令处于幕府山，继乃占领下关及长江两岸。同时，民军巡洋舰亦驶至狮子山炮台之下。

又有一说，谓张勋已率兵五百名，由浦口出发，不知何往。星期六日，浦口之北业已开战。闻该地清军现为民军围困，但电文不明，未悉系与张勋残军开战，抑如外间所言，张怀芝已率兵行抵浦口附近耳。

镇军林都督已于十二日晨十时率兵数千，由太平门入城，余军由仪凤门入城。全城居民皆悬白旗，以表欢迎。张军大半已于前晚逃往浦口，余均投顺。当光复南京时，民兵被害者仅有数人，因清军见民军早已望风而靡，故死伤之数甚少。

昨夜南京来电，谓清军已弃浦口而逃。又闻南京旗城已被焚去，余皆安静，但时闻枪声，想系报警之故。城内西人现一律平安。

此次南京之战，流血甚惨，民军心甚坚毅。当攻城之前，已占据各山。昨日下午，由宁乘火车抵沪之人甚多，皆谓此次争战甚为剧烈，南京之下系由四面围困及江中攻击所致。盖未克之前，已有民军炮艇四艘泊于南京下游六英里，听候号令，届期炮艇果助民军轰击，成此大功。

初十日，紫金山之战异常激烈，卒由民军奋勇力战，占领该山，清军大败而逃。十一夜，清军均退入城内。是日正午，张勋出城察看紫金山地势及民军围攻情形。清军退入城中时，张勋为之大哭。下午，乃偕张人骏由旱西门遁走。铁良闻，亦同行，均逃往浦口。张勋手下尚有残军一千人，其所招之匪兵则悉留城中。

十三日，城内斩决抢匪多名。闻连日由张勋之兵身上搜出银钱饰物甚多，将军衙门已为地雷炸毁，其声甚猛。

十二日下午，林都督率领得胜军入城，张兵悉行投降。闻各兵皆匐伏于地，倒执枪械，其窘态颇有可观。既而，张勋之兵悉编入民军中，城中现已空虚，颇为宁静。昨日，各城门已开，广招居民返家安居，并由民军维持秩序。

十三日，民军与清军在浦口大战，清军败退，民军现正追逐张勋。

张勋逃往何处现无确实消息，或谓已乘某轮船至沪，或谓已率残军由浦口乘火车逃往北方。

据十三日南京无线电，城内诸皆安静，颇有秩序。

十二日午刻，联军攻入江宁，系由仪凤门先进。缘苏州都督府特派员姚生范所办机关部部员成清泉、吴映晖（皆湖南人）二人奋勇吊城而上，格杀二贼，首先开城，手执苏军内应白旗，带领某军敢死队闯入。有幕府山黎统领之二队官亲见其事，大加奖许。洎至街市，路遇本部部员黄家骥、柏松筠、陈尧民、徐绍桂、黄宗熙等则劝告商民争悬苏字白旗，甚至放鞭炮，唱万岁，而阖城遂尽竖苏字旗帜。

《申报》1911 年 12 月 5 日 13947 号第 4—5 版

汉口战报

初六夜，敌军由蔡甸、舵路口、美娘山等处分作三路，攻犯汉阳。民军亦分作数路御之，并以一军抄出孝感，攻其轻便铁路；一军由鹦鹉洲抄至蔡甸之后，夹攻鏖战一夜。敌军力不能支，乃有张彪部下之鄂兵一营弃械投降，黄总司令允之，令其退驻城北某处。是夜，所驻之处忽然失火，黄总司令知其伪投降藉作内应，立时令其乘划船赴省。及至江心，黄司令遂命开炮击之，时已初七日黎明。扎在汉口龙王庙招商局之敌军亦疑系武昌派来偷营者，枪炮齐发，此数十划船反复无常之军人多半击毙，仅有三十余人凫水逃至租界江岸，经英国兵轮救起。同时，有由汉阳避乱之商民男妇二三百人，乘划船至江心上轮，亦被敌军炮弹击毙，尸随船飘至租界江岸，经西人裹以芦席，抬至后湖安埋。划船中尚有男女孩数口未死，由慈善会西人一并留养。

初七日，两军复大战。黄司令官命敢死军一千余人，伪装北军，在黑山号召敌人前进。敌军不知是计，有三千人直上。登时地雷轰发，将敌军打死及半，其余未炸死之敌军，因归路已断，为大别山之民军开炮击杀。此三千人，几无生还者。敌军受此大挫，始停前进。

是日，敌军之在信阳及铁路各站者，多进至汉口。原扎汉口之北兵，则赴汉阳。汉口街市遂纷传汉阳有失，人心大为震动。嗣查，实系敌军造谣以愚弄其兵深入险地也。

广东援军初七日已经抵鄂，由陆廷兰统率。当夜，探得汉口刘家庙一带敌兵甚单，即以兵舰渡该军，直袭孙家矶。该处敌军不足两营，见粤军至，不战而溃。粤军遂得登岸，以扬子江机器厂为驻扎地。

敌军之扎在汉口正街者，初八日调至大智门一带，以备与粤军开战。

鄂省下薪河及凤凰山炮台均可轰击汉口。讵每次炮击招商局小关帝庙签捐局等处之敌兵，其炮弹多射在英租界一马头一带，敌兵未有所伤。汉口英领屡次渡江诘问，黄总司令乃亲至炮台，试放三炮，皆中在招商局等处。方悉，掌炮之兵系属汉奸。当讯出弁目四人确受张彪之贿，有意酿成交涉。当将该汉奸枭首，以昭炯戒。故日来英界已不见有炮弹飞至矣。

《申报》1911年12月5日13947号第5—6版

预备款留孙中山

民军领袖孙逸仙君前日已由美启程，遄回祖国。兹以南京全城光复，东南大定，凡组织共和政府、规画一切军事，头绪浩繁，归心益急，故兼程前进，不日可以莅沪。刻下沪军都督陈英士君已在军政府内预备洁净房屋，款留孙君，一面派定妥员准备招待矣。

《申报》1911年12月5日13947号第18版

12月6日

公电

安庆来电：各报馆公鉴：皖已檄逐九江乱党黄焕章等出境，一面搜集军队，编制一新，省防足称巩固。刻正组合军政、民政、财政三部参事，一会建设统一机关，以为完全政府之豫备，名曰维持时代一线共和之芽孽，冀幸发生于此。今吾皖三千万人暂誓不设都督，以息争端，一切内外交涉及发号施令，悉用维持皖省统一机关名义执行。同胞多难，谨濡血以陈。统一机关处真。

南京来电：沪军都督陈吴淞总司令李暨各报馆鉴：十二日早，实带黎军决死先锋支队一队并先锋传令四骑仪凤门入，克复汉四门一带至钟鼓楼街。值张贼潜兵突出，与我军迎头痛击，仗民国威福，大获全胜，遂占领藩署。先复署内防守兵弁六十八人，得军械及炸药各一库、银库二所，均严行封固，以待都督暨总司令之亲临检查也。惟投顺兵饷及决死兵士奖项尚属无着，希飞速接济万元左右，以鼓士气而壮军声。至黎军驻扎劝业所兼防守清凉、狮子二山，与实相离廿余里，兵既不能分拨，饷更难以兼顾。已命实严守藩衙，各任独当一面，尚望速济军需万元，并酌派兵士归实节制，以专责成。切祷。特此通报。李实叩。

《申报》1911年12月6日13948号第4页。

中国光复史：欢迎黄大元帅就职

昨日（十五日）上午十点钟，为欢迎临时政府大元帅，特开大会于江苏教育总会。江苏程都督、上海陈都督及各省都督府代表，均准时莅会。俟黄大元帅莅止，即开会行欢迎礼。一时欢呼声如雷动。先由程都督雪楼起，述昨日自大元帅举定后，即邀同陈君英士亲往黄大元帅行辕道欢迎，意恭请莅会。大元帅谦辞不肯承任，经德全等再三劝驾，仅允到会重行选举。既沪军都督起，谓昨日之选举万不可作为无效，况大元帅责任重大，关系全国。方今北虏未灭，军事旁午，非有卧薪尝胆之坚忍力者不足肩此巨任。故其美以为，舍克强先生外，无足当此者。于是黄大元帅起辞，谓才力不胜，拟举首先起义之黎元洪为大元帅，再出各都督中举一副元帅。且谓，兴并愿领兵北伐，誓捣黄龙，以还我大汉河山而后已。至于组织政府，则非兴所能担任者也。嗣由各代表相谓，现今事机危近，战事未息，黄大元帅苟不俯从众请，其如全国人民何？黄大元帅复辞，谓孙中山将次回国，可当此任。后由某君起，谓开会已两时之久，西伯利亚铁道所装之军械已通过二百余里，京汉铁路之兵亦已行近百余里矣。方今军务倥怱［偬］时，时常异间［时间异常］宝贵。系君诚为数十年来热心革命之大伟人，然对外非常紧急，若无临时政府，一切交涉事宜俱形棘手。况大元帅为一时权宜之计，将来中华底定，自当由全国公选大总统。是故，某以为黄大元帅于此时实不必多为推让。于是黄大元帅乃允暂时勉任。众遂起立，三呼大元帅万岁！中华民国万岁！遂散会。

《申报》1911 年 12 月 6 日 13948 号第 5 版

江苏程都督由沪赴宁

苏州都督程公德全自南京光复后，即经在沪诸巨公议，请移驻江宁为江苏都督。省议会全体议员亦咸有此意，公电劝驾。详情已纪前报。兹悉，驻宁镇军林都督亟须督师出发，前往临淮。而宁垣贼氛甫靖，诸事待理。在沪诸巨公又以程公平昔行政法重民事，今既以人民公意推举驻宁，莫不敦促起程，以慰民望。程公亦以宁垣商民亟须安抚，遂即拟定简示两通，各印万张，带宁张贴。业于昨晚十时特开专车由沪起节，上各商团均排队送行。绅商军民之赴车站欢送者，亦拥挤异常，颇极一时之盛。简示两通附载于后：

其一、南京现已光复，从此共享和平。张勋溃散兵卒，速即缴械投诚。四民各安生业，汉满一视同仁。

其二、本督现已莅宁，首在安民保商。设法维持市面，开设江苏银行。钞票流通行使，金融自无恐惶。典当钱业铺户，务即开市如常。如有造谣生事，查获惩罚照章。

《申报》1911 年 12 月 6 日 13948 号第 5 版

都督统一政权之滥觞

浙省光复后，建设手续头绪纷繁，致匝月以来凡军政、政事、财政三大部鼎畤一城，各自为政，都督几同赘瘤，而各属民事长均由政事部全权札委，且以旧有咨议局议员充选者约居十之八九，舆论不孚，人地未洽。各属士民纷起反对，甚至已委者四十余缺，都督府半未接洽。汤都督前已迭次声明意见，拟请将旧时官长择尤［优］委任。日前，政事部查衢州府民事长迄未派出，前金衢严道李龙元官浙多年，于民情地方尚称浃洽，堪以委任，方今民国光复，量能任职，所有前清道级既已消灭，自无以道降府之嫌，拟请以李龙元任该府民事长，并请饬知取消金衢严副都督名义，以符名实而专责成等情咨呈都督查照施行矣。近日台州民事长姚桐豫君又以事权纷歧，特电诘问。当经政事部答复，略谓侵电悉：际此大局未定，同舟共济。某虽至愚，敢陷执事于不信耶？惟此中情形有不得不为执事一剖示者，便宜行事之权，政事部既所未悉，临海自治报请取销，又未蒙都督行知，不得不于无所依据之中，依据都督通饬城镇乡自治暂行照旧之文告，循该邑自治代表之言，委胡为知以太邑民事长。明达如执事，当亦亮其苦衷。是以，本月十一日蒙都督府行知青电，即于昨电复太平民事长，改委詹泰钟、计达、台端。其余各属，除宁海童达侯正式委任外，亦即据青电以杨道渊委黄岩，曹文渊委天台，均于昨天饬令备文呈请都督札委矣。再者，新政初基，头绪万端，一切公事其关于政事部者，务望径接都督府，分别示知，俾情形不致隔阂，大局幸甚。

《申报》1911 年 12 月 6 日 13948 号第 10 版

黄将军赴宁

假定大元帅黄兴君前晚接镇军徐总司令来电，请即日赴宁会议，犒赏出力军士，及安慰地方等种种要事。现已赴宁，部署一切矣。

《申报》1911 年 12 月 6 日 13948 号第 18 版

12 月 7 日

中国光复史：选举临时大总统之预备

在鄂各省都督府代表电上海都督府，转代表联合会鉴：湘鄂桂豫鲁直闽浙皖苏代表公决，临时政府设于南京；定组织大纲二十一条；七日内各省代表须会于南京；有十省以上代表到会，即选举临时大总统并公决；未举临时总统以前，仍认鄂都督府为中央军政府，有代表各省军政府之权；仍推伍、温二公为外交总副长；请粤赣滇蜀晋陕甘黔东三省迅即派定代表径赴南京。不胜祷盼。各省都督府代表会公叩寒。

留沪各省都督府代表复电武昌都督府，转各省代表公鉴：寒电敬悉，遵即通电未派代表各省，径派往南京；在沪同人亦遵，即准备七日内当可齐集，并望速行。留沪代表公叩谏。

《申报》1911 年 12 月 7 日 13949 号第 4 版

12 月 8 日

阁电

十六日，北京内阁奉上谕：监国摄政王面奉隆裕皇太后懿旨：据监国摄政王面奏，自摄政以来，于今三载，用人行政多拂舆情，立宪徒托空言，弊蠹因而丛积，驯致人人瓦解，国势土崩。以一人措施失当，而今全国生灵横罹惨祸，痛心疾首，追悔已迟。倘再汇护大权，不思退避，既失国民之信用，则虽摄行国政，诏令已鲜效力，政治安望改良？泣请辞退监国摄政王之位，不再干预政事。情词弛切，出于至诚。予深处宫闱，未闻大计。惟自武汉事起，各省响应，兵连祸结，满目疮痍，友邦商业并受影响。每一念及寝馈难安，亟宜察内外之情形，定安邦之至计。监国摄政王性情忠厚，谨慎小心，虽求治綦殷，而济变乏术，以致受人朦［蒙］蔽，贻害群生，自应俯如所请，准退监国摄政王之位。所钤监国摄政王章，着即缴销，仍以醇亲王退归藩邸，不再预政。着赏给岁俸银五万两，由皇室经费项下支出。嗣后，用人行政均责成内阁总理大臣、各国务大臣视〇责任。所有颁布诏旨，应请盖用御宝，并觐见典礼，予率同皇帝将事。皇帝尚在冲龄，保卫圣躬应有专责。世续、徐世昌着授为太保，尽心卫护。现在四方多难，国步阽危，请王公等谊同休戚，各宜体念时艰，恪遵家法，束躬自爱，罔越范围。诸大臣膺兹重任，尤宜克矢公忠，精白乃心，力除锢弊，以谋国利民福。凡我国民，当知朝廷不私君权实行与民更始，务须谨守秩序，各安生业，庶免纷争裂割之祸，而登熙皞大同之治。予有厚望焉。钦此。监国摄政王钤章，袁世凯、胡惟德、赵秉钧、绍英、唐景崇、王士珍、谭学卫、沈家本、段熙彦、杨士琦、达寿署名。

《申报》1911 年 12 月 8 日 13942 号第 4—5 版

武昌议和不确

《字林报》云，得路透消息，有武昌讨论议和条款一节，但闻十五日夜伍廷芳博士曾接武昌来电，请其即日赴鄂讨论要事。伍博士不允成行，并告人云，抵沪之各省代表二十二人，内有十一人已赴武昌，但自汉阳之事发生后，已经决定不在武昌续议一切，故已请各代表回沪。现自南京光复后，已有代表二人行抵上海，并谓武昌决不有议和之举。上海民军目下正在计划组织临时政府于南京，一俟成立，民军即须直攻北京云。

《申报》1911 年 12 月 8 日 13942 号第 5 版

苏省议会第七次开会记

十五日下午一时开会，议长张季直君主席：（一）议决市乡制案；（二）宣布审查县制、市乡制选举章程案；（三）宣布都督交议各县民政长及佐治职俸给，并行政经费概略案（议决概略照录于后）。是日，议事表尚有多件，因为时已晚未及讨论，且以宁垣已复，善后事宜待议甚多，定十六日开各项审查会，择其议案之紧要者于十七日开全日会。提前议决后，各议员即将赴宁会议一切，又由在会各议员捐资购买牛五十头、高粱酒五十斤、撰就凯捷颂词，推定马湘伯等诸君即日前往宁垣犒劳军士。

附录议决江苏各县民政长及佐治职俸给并行政费概略案：

一、民政长岁俸分为三级，第一级一千八百元；第二级一千五百元；第三级一千二百元。

一、各佐治职岁俸亦分三级，第一级每员九百六十元；第二级每员八百四十元；第三级每员七百二十元，兼职不兼俸。

一、各县民政长及各佐治职应支某级之俸，由都督核定之。

一、各县行政费支出额，视职务之繁简及本县赋税之多寡，由该县议会议决之。

《申报》1911 年 12 月 8 日 13942 号第 6 版

12 月 9 日

评论：袁世凯之逐满策（无名）

袁世凯之逐满策，非我辈逐满之本意也。袁世凯之逐满也，机械变诈之术逐之。取人于孤儿寡妇之手，不以堂堂正正声其罪而逐之也。袁世凯之逐满也，欲藉此以推广一人之权利、一人之富贵，不肯公之于全国之人民也。袁世凯之逐满也，择其一二于已有私怨者而逐之，不为国家计安危也。清廷摄政载沣，满人也。执政以来，懦弱无能，优柔不断，误国害民，中国之罪人也。袁世凯则以有害于其本身，故而乃逐之。其心以为汝之初执政而为监国也，首先逐我，我今初执政而为内阁总理也，亦首先逐汝以报之。所谓报私恨与小怨也。前清内阁总理奕劻，亦满人也。执政数年，大权与摄政载沣相埒，贪财纳贿，卖官鬻爵，徇私忘公，不顾国是，亦中国之罪人也。袁世凯则以与己有利之故，则倚之为狼狈。同一满人，同一满人之祸中国者，而袁世凯之逐与不逐，显然其各异。是袁世凯之逐满，报一己之私怨耳，于中国何与哉！而袁世凯以○可以藉此蒙中国之人心，平中国人之怒恨，以作议和之先导？呜呼！其亦不识我人之心甚矣。夫我人最要之条件有二：驱逐满清政府，建设共和政府。二者之目的不达，则永无释手之时。而袁世凯每为鱼王之说以混珠王［玉］，君主立宪以混共和，逐监国摄政以混驱逐满清政府，我人岂得以彼相似而误信之哉？徒以见其技穷力尽而已。呜呼！

《申报》1911 年 12 月 9 日 13943 号第 3 版

阁电

十七日，北京内阁奉旨：朕钦奉隆裕皇太后懿旨：徐世昌奏，恳收回成命一折。保卫圣躬，责任至重。该大学士宅心正大，老成可恃，是以授为太保，正当抒发忠爱，不辞劳瘁，所请收回成命之处，着勿庸议。钦此。内阁总理大臣署名。

奉旨：内阁请简度支部副大臣一缺。度支副大臣着周自齐补授。钦此。袁世凯、绍英署名。

奉旨：资政院奏，恳请降旨，即行剪发，以昭大同一折。凡我臣民，均准其自由剪发。钦此。各部大臣督［署］名。

奉旨：资政院奏，议决改用阳历，请旨颁布一折。着内阁妥速筹办。钦此。各部大臣署名。

《申报》1911 年 12 月 9 日 13943 号第 4 版

税务司拒绝北京提解税银

北京清度支部日前曾电刘襄荪，饬将九月十三以前沪关征存各项税银，提解到部，以济要需。闻刘即向某银行照提。据复，刻下大局未定，且此项税银系由新关税司名义发存，筹解与否，须与税务司磋商办理云云。刘自知政权已失，向商无益，特商请租界领袖领事代为介绍。兹闻墨税务司意，以九月十三以前税银虽系刘襄荪监督征收，结存银行收储，但此事早经军政府止解。当此国事未定，殊难照提，坚拒不允，故领袖领事已将情形答复矣。

《申报》1911 年 12 月 9 日 13943 号第 18 版

12 月 10 日

中国光复史：武汉最近之闻见（特别通信）

武汉虽在停战期内，而武昌民军仍终日忙碌，筹备城中及江边之防务。各兵纷纷担荷器物，由城中移至城外各营，江边则广掘壕沟，以防北军偷渡。现武昌城内外共有民兵一万八千名。

黎都督之司令部刻已移至头道井。该处地近山野，为汉阳清军炮火所不能及，今且作为行军之机关处矣。

有某西人见黎都督乘马向头道井前进，观其神采，似夜间不能多睡者。然盖由热心国事，故不暇为一人之安宁计也。

武昌城中除供给军队用品之店铺外，其余似皆停止贸易。民人大半均已饬其离城，以免波累。而亦有决意不迁移者，盖深信武昌民军必能逐尽北军也。

二次停战之期以十九日晨为满，政界中人皆谓可望展长期限，俾各省得派代表赴鄂协议。闻冯国璋连日已与京中往返电商此事。

停战愈久，则民军愈有佳望。南京炮艇均已启椗来此，广西援军之行锋队亦已于数日前行抵长沙。清军一方面则非俟划船木筏造成万不能有所举动，若徒轰击武昌，不过耗损军火已耳。

汉阳民人刻已逃避一空，清军挨家劫掠，无一幸免者。星期六晚，某西人在该城见有辫子一捆，抛弃于地。闻系清军拿获乡人，即先割其辫，继乃开枪毙之，而掠其妇女至其营内，尚有甚于此事之野蛮举动甚多，非笔墨所能尽述也。

冯国璋近在汉阳忽哭忽笑，忽怒忽惧，盖思及部下能战之将士十丧其九，乃伤心而哭，忽念骤得男爵封号则又转悲为喜；连日迭接商界匿名函信，痛诋冯之野蛮无耻，乃又暴怒大骂；继惧炸弹飞来，断送性命，虽得男爵毫无所益，则又战战如见鬼魅。闻冯前次受毒之后，虽经医生疗治，但因余毒未清，今犹沉顿未起，故已向清廷告假，不日将回北京。呜呼！此等民贼，安得而不速死耶！

《申报》1911 年 12 月 10 日 13944 号第 4 页

12 月 11 日

代论：中国民国临时政府组织大纲

第一章　临时大总统

第一条　临时大总统由各省都督府代表选举之，以得票满投票总数三分之二以上者为当选。代表投票权，每省以一票为限。

第二条　临时大总统有统治全国之权。

第三条　临时大总统有统率海陆军之权。

第四条　临时大总统得参议院之同意，有宣战、媾和及缔结条约之权。

第五条　临时大总统得参议院之同意，有任用各部部长及派遣外交专使之权。

第六条　临时大总统得参议院之同意，有设立临时中央审判所之权。

第二章　参议院

第七条　参议院以各省都督府所派之参议员组织之。

第八条　参议员，每省以三人为限。其派遣方法，由各省都督府自定之。

第九条　参议院会议时，每参议员有一表决权。

第十条　参议院之职权如下：

一 议决第四条及第六条事件。

二 承诺第五条事件。

三 议决临时政府之豫算。

四 检查临时政府之出纳。

五 议决全国统一之税法币制及发行公债事件。

六 议决暂行法律。

七 议决临时大总统交议事件。

八 答复临时大总统咨询事件。

第十一条　参议院会议时，以到会参议员过半数之所决为准。但关于第四条事件，非有到会参议员三分之二之同意，不得决议。

第十二条　参议院议决事件，由议长具报，经临时大总统盖印，发交行政各部执行之。

第十三条　临时大总统对于参议院议决事件，如不以为然，得于具报后十日内声明理由，交令复议。

参议院对于复议事件，如有到会参议员三分之二以上之同意，仍执前议时，应仍照前条办理。

第十四条　参议院议长由参议员用记名投票法互选之。以得票满投票总数之半者，为当选。

第十五条　参议院办事规则，由参议院议订之。

第十六条　参议院未成立以前，暂由各省都督府代表会代行其职权。但表决权，每省以一票为限。

第三章　行政各部

第十七条　行政各部如下：

一 外交部

二 内务部

三 财政部

四 军务部

五 交通部

第十八条　各部设部长一人，总理本部事务。

第十九条　各部所属职员之编制及其权限，由部长规定，经临时大总统批准施行。

第四章　附则

第二十条　临时政府成立后，六个月以内，由临时大总统召集国民议会。其召集方法，由参议院议决之。

第二十一条　临时政府组织大纲施行期限，以中华民国宪法成立之日为止。

《申报》1911年12月11日13945号第2—3版

阁电

十九日，北京内阁奉旨：内阁请简员充禁卫军、总统禁卫军两协，业经成立，亟应编制成军，以为模范。着冯国璋充禁卫军总统官，所有原设之训练处着即改为军司令处。贝勒载涛等务须妥为交代，再行离任。嗣后，即责成该总统官认真训练，随时妥拟扩充办法，候旨遵行。钦此。

《申报》1911年12月11日13945号第5版

中国光复史：武汉最近之闻见（第二特派员来函）

段芝贵日前忽然带兵北上，闻因北京实有不靖之故。现铁路一带及汉阳城内驻扎之清军只一万人左右。

原驻大智门、桥口、歆生路一带之清军，十六日乘火车北上者，实有五千人。扬言前往黄陂、孝感防守，实则运进北京。此兵乃段芝贵部下者。

十六日，又到广东民军一大队，由青山上岸。江西民军一大队，由杨逻［阳逻］上岸。两军实有七千人，合之前到援军及武昌城内原有之民军，已达五镇有余。较之清军，不下六倍之多。

清军在赫山龟山及各要隘地方均埋有地雷，将来民军攻取各山须加谨慎，毋为奸贼所算。

现清国官员，如交涉司、江汉关道、夏口厅、各军标统皆住大智门车站，不敢越雷池一步。

北军饷银告匮，久未发给。兵丁怨嗟之声盈耳。且时在路向行人搜索，自言我们饷银未领，故向你借用云云。其野蛮不法于此可见一斑。

汉奸欧阳鹤（湖南人，其叔欧阳利见，前任浙江提督。）前为北军代办军械，现兼办粮台。十六日，又将商家堆存货物偷买［卖］与洋商，意欲接济清军饷银，经该洋商以大义责之，乃抱头而逃。

汉军现有大小兵舰七艘，停泊杨逻江面。一俟停战期满，必当与清军一决雌雄。

其二（特别访员通信）

黎都督现仍驻城内，并不在洪山大营。因连日北军央各领事居间，与黎都督议和，须与之接洽也。

广西援军七千人，于十三日抵湖南岳州，随［遂］会合湖南精兵五千人，起程来鄂。已于十五日抵武昌。又一说，谓先到前队三千人，一俟大兵齐集，即合力恢复汉阳。

赣省援军约万余人，现均驻扎阳逻及仓子埠一带，专候鄂军政府命令，即进攻黄陂、孝感，以截断北军后路粮台及其归路。

又闻黄陂已经鄂军游击队攻克。又有谓，系十一日由鄂赣两军会合，将黄、孝之敌军概行驱散，我军现扎在铁路两边。惟光复黄陂后，适已宣告停战，故未继续进攻。

金陵克复以后，所有寄椗镇江、瓜州十二圩等处防堵张勋之楚观等舰及雷艇，共十二艘，满载江浙沪镇各省埠联军来鄂助战。其海容舰独拖船〇十号，已于十四日先到。所载各军，当日即在青山登岸扎营，其余各舰十五日亦一律到齐矣。

各省委派来鄂会议组织临时政府之代表，现均行抵武昌。计江苏代表雷奋、袁希洛；安徽许冠尧、王竹怀；福建潘祖彝；广西张其煌；贵州席正铭、欧阳煜；山东谢鸿涛、雷光宇；湖南谭人凤、邹代藩；上海马君武、陈陶怡。而鄂省军政府各部特公举孙发绪、王廷正、时象晋、胡瑛四君为代表。

北军总统冯国璋于朱芾煌来鄂传袁世凯令，与民军议和时（朱系初九到），冯意殊不愿。及至十一夜闻南京大事已定之信，号咷痛哭，如丧考妣。乃请领事渡江居间，请和停战。

《申报》1911 年 12 月 11 日 13945 号第 5—6 版

12 月 12 日

评论：论民军亟宜北伐

金陵龙蟠虎踞，张贼负固鸱张。民军绞无数脑髓，掷无数头颅，流无数膏血，始得攻克坚城，光复故物。其代价不可谓不巨矣。此后上援武昌固不容稍缓，而南京居长江适中之地，巍巍岩城，屹然重镇。闻公请苏都督程公移节于此，合宁苏为一省，集事权于南都，建兴汉之新旗，革满清之弊政。军界腾欢，舆情大慰。即收拾淮南北之盐政为统一之中枢，更征练江南北之民军为四方之援应。大宗饷源出于此，海陆军之总机关亦应设于此。并闻沪上会议以武昌紧急，即于金陵暂设临时政府，公举黄兴为假定大元帅。皇哉堂哉。我东南同胞诸民军绞脑髓、掷头颅、流膏血，光复之南京，今得共和新政府。首先发现于此，此地讵不重哉？虽然我视之愈重，敌亦视之愈重，势必赶筹严密之戒备，速命名将率劲旅驻守临淮关，更拨精兵驻守清徐以防御北军南下。此二处防御军转瞬北伐：一由临淮向豫，一由清徐向鲁，节节进取。向鲁之军，即光复济南。会合芝罘之民军，直趣［趋］天津；向豫之军，即光复汴京。会合石家庄之民军，直趣［趋］保定。武汉之军，一经扫荡冯军，由京汉铁道长驱北上，会师津定，直捣虏都。檄秦晋民军出雁门关，为左翼之声援。命海军舰队入大沽口，为右翼之助战。彼虏心惶惶，四面楚歌之伪都不难一鼓攻下，灭此而朝食也。惟目下西援北伐之师，必由南京指挥，为水陆各军之策应；武汉肃清，仍以南京为根据地，会合武昌上海为各路之策应。南京一处，于军事上、饷源上，先后皆居重要之地位。然在时世上观之，必求永保其重要之地位。丁此时际，争战方殷，南北政府，雌雄未定，军贵神速，万难稍延，延必生变。我北伐之师迟上，彼南下之寇即来。先发制人，可操胜着。中原逐鹿，捷足先得。且我迟进，彼运动外债军火，得有余地；迅速前进，则彼措手不及矣。或谓南军北上不能耐寒。余谓不然。日俄之战，畴不谓日军不能耐寒，而卒能于冰天雪地中，与耐寒之俄军鏖战，竟能迭奏奇功，独报大捷。岂日人有不龟手御寒之术乎？亦缘军心奋振、热血沸涌，死且不畏尚畏寒哉。且安见我南军不如日军哉！我民军其速进猛着先鞭，毋贻伊戚。（郭吉来稿）

《申报》1911 年 12 月 12 日 13946 号第 3 版

阁电

二十日北京内阁奉旨：朕钦奉隆裕皇太后懿旨，内阁代递陈昭常等乱奏览悉。此次醇亲王恳辞监国摄政王之位，经予俯准所请，并确照立宪政体，凡用人行政一切均责成内阁总理大臣及各国务大臣担负责任。惟有颁布诏旨、盖用御宝及觐见典礼，予率同皇帝将事，与先朝垂帘训政制度迥不相同，正系实行改良政本，以示不私君权，与民更始，乃该抚等辄以庙堂之上先事纷更及政权不一、宫庭不和等词漫相推测，实未深悉朝廷因时制宜、大公无私之至意。陈昭常等殊属昧于时势，不知大体，均着传旨申饬。现在大局岌岌不可终日，人心浮动，谣言四起，该抚等务当同心协力，镇静维持，以保治安而杜纷扰。钦此。盖用御宝。内阁总理大臣袁世凯署，外务大臣胡惟德、民政大臣赵秉钧署，度支大臣绍英、学务大臣唐景崇、陆军大臣王士珍署，海军大臣谭学衡、司法大臣沈家本（假）署，农工商大臣熙彦署，邮传大臣杨士琦（差）、理藩大臣达寿署名。

《申报》1911 年 12 月 12 日 13946 号第 4 版

12 月 13 日

中国光复史：民军与北军停战议和记（特别通信）

民军与北军停战议和，原以三日为期。兹悉民军要求之罢兵条件共十三款，已经朱芾煌赍赴北京，与袁世凯协议。十六日，停战之期已满，朱尚未返，遂由各国领事居间，请两军续行停战三日，俟朱芾煌返汉，方能宣布解决。闻此项和约，系由各国调停而起，与朱芾煌始来之宗旨有别。如得双方同意，则一送上海，请各省代表签字；一送北京签字（当时会议地点尚未定在上海故云）。

续行停战之期，至十九日又满。外间哄传，是夕虽无战事，而二十日必有战争。盖均料和议之难成也。现在湘桂各省援师扎在汉阳上游，赣镇各省援军扎在汉口下游，北军已四面受敌，陷于危险之境。然其将校犹多作一战而夺武昌之大言，可谓梦呓矣。

第二次停战规约照录如下：一、息战时，各守现据界线，彼此不得稍有侵犯、窥探；二、息战之期限，订于十六日八点钟起十九日八点钟止，计三日，两军不得在期内开战；三、军舰不得藉息战之期泊近武汉南北岸，以占优胜地位，须至青山以下停泊，至息战期满为止；四、停战期内，两军不得添兵修垒及一切补助战力等事；五、息战之约，须有驻汉英领事官画押为中证人，庶免彼此违背条件，以重公法。

十九日期满后，朱芾煌仍未返，和战之局亦仍未定。故又由英领事为证人，续议停战十五日至十一月初五晨为止。而规约则一如前定，无所更易。

《申报》1911 年 12 月 13 日 13947 号第 5 版

呜呼可怜之京师

《大陆报》北京访函云：北京目下到有民军甚多，均携带炸弹，并有各种军火，已潜入城中。现清民部闻知此事，大为注意。旋据探报，续有民军一队，衣旗式服装，暗藏炸弹。其式共分三种：一扇式，一表式，一蛋式，以蛋式者最为猛烈。清民部得报，曾于某日夜间会议访缉之法。现已加派警察，严加巡逻，并饬各警察及侦探队严查密藏军火之地。大约武昌之变，将复见于此地也。

驻京各使馆已将卫队增加至三百名，并预备一切，以防不测。民间亦知民军暗中已有举动，起事之期必不在远。

某日，资政院接到一函，随即当众宣读。函中大致系劝勉各议员激发天良，扶助民军，恢复山河。今各员贪恋禄位，逗留京城，且允清息借外债，丧心病狂，孰甚于此！君等反对民国军政府，罪不容赦。余等不忍不告而诛，故特先行通告，望早猛省，速离此间。如再犹豫，则将派人收拾君等性命，以谢人神之怒云云。函尾署名天津王都督上。

又资政院总裁李家驹，亦曾接到一函，内有尔虽为满人之螟蛉子，但尔尤须念尔祖宗黄帝。如不速离尔任，则将歼尔家族等语。

满洲近有大军开抵直省，第三镇陆军全镇业已在路。现有步兵四千名，及马匹军火甚多，则已行抵此间，驻扎离京三十英里之郎［廊］坊车站。闻系保护京城之用。

禁卫军已大半开赴前敌，共分三路：一路在汉口，一路在石家庄至太原府铁路一带山岭之间，一路则因蒙古独立，开往北方防堵。

热河之东西十英里之某处，有兵四千名，业已起事。果尔，则清廷已无逃避之处矣。

第一镇陆军今驻扎正定府，京汉铁路及正太铁路之交点，以保北京。袁世凯曾屡致电，鼓励军心。据外人之观测，袁非欲其忠于清廷，惟欲使之效忠袁氏而已。

今清政府已派严修等赴沪议和，而闻袁世凯又暗令前敌军队猛攻武昌。此举与停战十五日之议颇觉不符。或谓，清军所以豫备轰击武昌者，因清军非在该处获胜，不能向外人借债也。

《申报》1911 年 12 月 13 日 13947 号第 6 版

12 月 14 日

中国光复史：武汉最近之闻见（第二特派员函述）

袁世凯开出议和条约大纲，闻有十四条，由唐绍怡亲自赍来：（一）改大清帝国为中华帝国；（二）黄帝纪元与清廷年号并列；（三）摄政改用汉员；（四）总理大臣改为大丞相；（五）地方行政长官准由民人选举，由大丞相奏任。其他尚有改易信条，处置亲贵等项未能详悉。

十七日，建安、南琛二船运到子弹无数，接济武昌军用。

楚字兵舰六艘前在九江添装子弹、煤斤，刻已由下上溯。因在停战期内，暂时停泊洋［杨］逻。

据某国领事传说，京中袁世凯及清廷各亲贵等仍主张南为共和、北为君主之说。

又据某西人言，袁世凯常寄住某国使馆，出入派必卫队一营保护。某国可谓忠于清廷者，然而袁世凯亦苦矣。

三德里同济堂内有汉奸二人，携洋八万元、银四箱及子弹无数，意欲接济北军。前日被民军侦知，照会法国领事，将该汉奸等拿获，送入捕房。迨讯问后，当将银洋、子弹一概送交武昌。

欧阳鹤串同某国洋人延某，将汉阳商人栈货向各洋行盗押，已被拒却。乃近日复假造商会护照、伪刻钤记，加印据上，又向捷成各洋行等押买。该行大班及买办均以严守中立为宗旨，婉言拒之。该行大班买办等其高尚，诚不可及，而该洋人何自人格若此耶？

《申报》1911 年 12 月 14 日 13948 号第 4—5 版

呜呼可怜之京师

清太后前日在宁寿宫特传载沣进见，询以东三省近状。载沣谓，东省各属州县胡匪复炽，且闻有外人勾结民党，在省垣抛掷炸弹，殊为可虑。清太后大恐，泣云现在事机万变，大局难支。若如所闻，归路将绝。将来民军一至，我母子必与城共没。尤恐落在彼党谋弑之手，务当赶急与袁世凯商议保全东省，以为后路。载沣复言，幸汉口英国领事及驻京英使出而调停，和议尚有可望。清太后始收泪叹息，旋谓此时惟有祝祷此次和局速成，以保我族命脉而已。

袁世凯近因扶助满庭不得良好结果，计尽策穷，颇为乏味。故其体亦觉不适，腿病因之复发，必须扶掖始能成行。

满奴自民军起义后，咸将财产托庇外人保护。兹悉那桐曾以八十万金之珠翠金银付诸某处，保费甚廉。不意斯人持物一去不返，那因之大懊丧。

前日，载沣又与袁世凯密议约一小时之久。闻载沣谓，沿江各省民军气势甚盛，秦晋民军一日不平，密迩京师，尤为心腹之患。况武汉相连，若武昌民军再行进攻，恐汉阳复非我有。设非急速设法料理北上民军，水陆夹攻，使我首尾不能相顾，大局必且瓦解。袁谓，前议筹借之款现已有着，当一面广招新军，固守各要隘，以资支持，一面密遣敏干人员，分赴各省联络最重要之人物，以谋保存皇室之目的。载沣谓："倘联络不成，恐事机逾紧。"袁瞋目曰："姑妄为之。"乃散。

清直督陈夔龙前日有密电致袁世凯，略云江沪民军北伐，津沽已将临境。而本埠向为民党云集之区，自鄂乱起后，屡有跃跃欲试之意。虽经力为排解，设法开导，究为暂时之安静。近复据探报，谓津埠现有党羽，决议俟民军进扑津沽时作为内应，以实行内外夹攻之策，冀得津埠后可继续进攻京师等语。现已加派精干侦探，严密搜缉。但该党形迹秘密，未易逮捕，更恐一经逮捕，愈促速变。若任其煽惑，又恐养成巨患。进退两难，殊艰着手。值此事机万变之际，务望赶速向彼党磋商结局，抑或早定良策，庶可保全大局。

近畿防陆各营大半已与民党表示同情，除禁卫军外，其姜桂题所部驻扎通州之毅军十营，现经调查，预备降顺民军者已居十分之七。而因此弃军械等物逃遁者，亦有十分之一，或谓已应民军之招，前赴武昌矣。

袁世凯、荫昌等因闻军心有变，异常恐慌。已于前昨等日密派亲信人员，前往各营，力为开导，并颁布奖谕，冀固军心。然而毫无效力。

又前日，北通州地方忽来马队二百名，除军官二员穿着军服，其余兵士皆着便服。每人携枪二枝，子弹二百粒，寓于各处栈内。该处清军统领赵某，以来军口音南北不一，疑为民军。即往诘询，据称系属禁卫军奉差至此。次日，该军官向州署借饷六千两，未与，复巡游于通邑各村镇，迄今未去。据确实消息，此项军队系奉袁贼密遣，专为侦探近畿各营军队是否与民军通气云。

张绍曾之行动近来无所闻知，惟闻其已由天津前赴滦州。该处军队皆不肯听从满廷命令与民军宣战，但欲急回满洲故里。

近日，清内阁之举动以借债为第一要举。北京各报曾载有袁世凯提议将内帑拨付度支部，或命亲贵出其财产十分之八以供国用。

《申报》1911 年 12 月 14 日 13948 号第 5 版

石头城下之北伐潮

南京光复后，程都督料理北伐事宜日不暇给，第一、第二镇业已派即定日誓师。兹以辅军（系济军改名）统领黎天才学术优胜，军旅精劲，此次光复南京功实居首，堪膺北伐第三镇统制之任。昨特颁发委任状，嘱令招足一镇先援武汉、再捣伪京。而黄大元帅亦以此次光复金陵实仗黎君劲旅之力，并特致电寄贺云。

《申报》1911 年 12 月 14 日 13948 号第 10 版

12 月 15 日

中国光复史：武昌代表会议决案（第二特派员函述）

自十一日至十四日

一、议决：十五日以前，各代表一律不离武汉。

一、议决：代表中有军事学识者，调查武昌防守情形，报告于代表会，共商各省军事上进行办法。

一、议决：由代表会公电南京，速率联军北伐。

十五日

一、议决：密电请外交总长伍廷芳来鄂，与北使会商和平解决，并推举胡瑛、王正廷二君为副。

一、议决：对付北使开议之条件，（一）推倒满洲政府，（二）主张共和政体，（三）礼遇旧皇室，（四）以人道主义待满人。

十六日

一、议决：答复停战条件。

一、议决：在鄂各代表定礼拜一齐集南京。

一、议决：黎大都督通电各省，促其兴师北伐。

一、议决：临时政府组织大纲二十一条，由各省代表签名。（大纲已录前报）

一、议决：临时政府设于南京。

一、议决：由各省代表开临时大总统选举会于南京。

一、议决：各省代表限七日以内会齐于南京。

一、议决：将会议情形通电各省，并请未派代表之省分即派代表，准七日内行抵南京。

一、议决：有十省以上之代表到南京，即开选举会。

一、议决：临时大总统未经举定以前，仍认鄂军都督府为中央军政府，有代表各省军政府之权。

一、议决：仍推伍廷芳、温宗尧二君为外交总副长。

《申报》1911 年 12 月 15 日 13949 号第 5—6 版

12 月 16 日

公电

武昌黎都督电：各都督及各军政府鉴：清使唐绍怡已于廿一日到汉，因外交长伍公无暇来汉，遂商请唐赴沪。唐慨允，遂于今晨（二十四）乘洞庭轮往沪矣。顷得秘信，摄政退位，归袁主政。凡属亲贵皆挟资远窜，燕京中仅留溥仪母子。袁虽极力支持，然库空如洗，外债亦不易借。似此情形，或不足惧。但袁狡诈夙称，如不预筹战守兼施之策，恐不能制敌，反为敌所制。此次和议之优劣，端视进兵之迟速，及兵力之强弱为转移。总乞各处援兵火速来鄂，以为最后之胜利。至祷至盼。元洪敬。

又电：各都督鉴：接清江浦及上海转来各电，惊悉满兵分三路进攻颖州，太和已失，大局可危。当以袁之背约诘问英领事。据英领事答，以唐绍怡在汉曾电嘱袁当遵约勿再前进，俾免会议窒碍，望全国一律停战。袁亦回电云，又已电饬，切勿前进云云。虽彼如此回复，虚实尚不可知。拟一面请英领再电询袁，一面请各都督确查。如果袁仍违约，俟援兵一到，当可谢绝和议，实时宣战。俾天下知屈在彼不在我也。盼复。元洪敬。

驻宁各省代表会电：各报馆鉴：本日，十四省代表议决二十六日下午一时在宁开临时大总统选举会。乞布告国民。各省代表会叩。

湘军都督电：沪军都督鉴：接九江马都督电称，各省在沪设一筹饷总机关，广为募集，以备接济缺饷省分。如不需此，即留作将来中央行政经费。又接广东胡都督电称，联军北伐需款甚巨，浙江首先承认百万，广东则量力筹助，未能预定的数。寻译两电，均属通筹全局重要问题，敝省故表赞成。鄙见，沪设总机关当注重者，外乞侨商助饷，内输北伐军需。各省缺饷即拨，恐难应付。浙省首认百万，见义勇为，鼓舞士气，极为敬佩。敝省财力支绌，亦当极力设法筹集，期竟逐满全功。然受敌最猛与出援遣兵最多之省分实难两面俱顾，惟有不分畛域，一心逐虏。事定之日，再申共和国会秉公核摊军饷，自有担负均妥之法。所冀各省各界热心救国，协力助饷，不先限认多寡，但求胜军速达北伐圆满之目的而已。区区之愚，乞赐鉴察。湘都督谭延闿漾。

《申报》1911 年 12 月 16 日 13950 号第 3—4 版

中国光复史：议和谈一（汉口特别通信）

清政府议和专使唐绍怡，于二十一日上午十一点钟行抵汉口寓英租界议事厅。当时即派人通告鄂军政府。旋有二人往晤唐氏略谈，似无甚结果而去。盖唐氏以来者非有代表全权，故不与之多谈也。

武昌黎都督曾诘问唐绍怡数事，即经唐氏逐条答复。兹将问答词略记如下：

问：清军于本月十九日运野战炮数尊前往北方。此实违背停战条款。

答：此炮非清军之物，乃由汉阳山上夺获，运往司令部者。

问：清军于本月十九日派车四辆，运载军队，开往北方。其与停战之约符合否？

答：第二次停战之时，民军曾攻黄陂两军，伤者甚众。此系派往运救伤兵之车。

问：鄂省接上海电音，知清政府于第二次停战时，曾派军五千名前往娘子关。是否合理？

答：第二次停战不知始于何日？此电不知系何日收到？惟职任报告军情之人始能悉其实情，否则当以谣言视之。（记者按：北京来电，清军确于十六日在大同袭攻民军，则安得以谣言视之耶?!）

《申报》1911 年 12 月 16 日 13950 号第 4 版

议和谈二（北京特别通信）

闻日前英公使曾发电各独立省分［份］，协商此次议和条件，并询问各省是否承认君主立宪等语，兹英使已接到各省覆电，于条件中多有要求，而对于君主立宪一层尤大半反对云。

清廷议和代表唐绍怡于十九早九点三十分乘专车赴汉，同行者有参赞杨士琦、严修，幕府王孝绳、欧赓祥、廖恩焘、唐宝锷及袁世凯指派之各省代表傅增湘、严复、章宗祥、刘若曾、许鼎霖、刘承恩、关冕钧、张国淦、冯耿光、孙多森、侯延爽等，尚有赶赴不及之陈善同、庆山、绍彝、齐忠甲、郑沅、朱益藩、刘庆笃、雷多寿、段钰、蹇念益、渠本翘、张楷诸人，则于二十一日出京。

清监国逊位一事闻即出于武昌民军之要求。盖此次武汉停战，系由英国公使绍介鄂军都督黎元洪等，首先要求清监国逊位方允开议。清皇族及各国务大臣得此消息，连开秘密会议，众论佥同，皆谓非承认其要求，恐无和平结局之望。于是，清监国不得已，泣求清皇太后允准实行。

民军与清政府议和条件第一款，系要求清监国逊位；第二款则要求严惩祸首。闻清廷亦已承认十八日逊位，明谕中有受人朦［蒙］蔽，贻害群生两句，即是惩办祸首之张本。京官如那桐、载洵、载泽处分最重，外官如瑞澂、张彪、赵尔丰等皆在严惩之列。

袁世凯前曾通谕：各衙署无论大小官员，对于中国政体宜行君主宜行民主，皆可各抒所见、条陈利害。兹悉呈递此项说帖者已达千人，而主张共和者竟有八百二十余件，其主张君主者尚不到二百件。由此一端观之，亦可见现时人心之趋向矣。

袁世凯恐指定之各省代表迟疑不行，曾发通启，略云现在大局阽危、生民涂炭，凡我同人痛心疾首。兹由驻京朱公使介绍与革军讨论大局，本总理大臣奉旨委托代表人赴汉口，与革军各省代表人讨论利害，以期早定大局，而免纷争决裂之祸。诸君子关怀时局，想必不辞劳瘁，勉为一行。为此公请金诺并乞台从于十七日下午五时，枉顾内阁公所，面商为祷。

闻北京之议和派人云：此次媾和，拟仿德国联邦制度，以北京为普鲁士。此议清廷已经承认，如民军允可，即当实行。（记者敢问：北京果有普鲁士之资格否耶?）

又有某西人与唐绍怡论及时事，唐言此次赴汉宗旨，务以真切诚恳之意与南方各团体讨论实际利害问题，期得和平圆满之结果，不欲敷衍了局，苟顾目前，致伏第二次之祸根。自信南方各团体必能领会斯意云。

《申报》1911 年 12 月 16 日 13950 号第 4—5 版

议和谈三（南京特别通信）

据南京消息，二十四日晨，各省代表在咨议局内开会，讨论议和问题。莅会者为江苏、江西、湖北、湖南、广东、安徽、福建、浙江、陕西、山西、云南、贵州十二省代表，其讨论之要点即为中国应行民主立宪抑用君主立宪问题。惟会议之结果当时并未宣布，但闻在会各员大半主张建设共和政体云。

江苏都督府已由咨议局移至清藩司署，联军司令部亦已移往他处。现咨议局专作各省代表开会之地。

《申报》1911 年 12 月 16 日 13950 号第 5 版

今日选举临时大总统

江苏都督程德全、浙军都督汤寿潜、沪军都督陈其美及民政总长李钟珏等均于二十四日晚十二时由沪乘坐专车前赴金陵，会同各省代表公举临时大总统，兼商援鄂北伐诸大问题，并先于二十五日向各代表询问，前在上海公推之黄大元帅各省是否公认。一时，各代表全体承认，毫无间言。现定于二十六日下午一时，公推临时大总统，以一事权。

《申报》1911 年 12 月 16 日 13950 号第 5 版

12 月 17 日

公电

赣军都督电：上海苏都督各省都督鉴：苏都督养电敬悉。本月十四日，据水师统带杨金标禀，徐公度，名世法，劣迹八款：（一）自称统制，目无法纪；（二）独揽全权，意图叛立；（三）临阵纳妾，败坏军纪；（四）吞公肥己，私练新兵；（五）任用私人，齐心谋叛；（六）义兵不服，赏罚不公；（七）扰乱人心，有坏大局；（八）思夺中华，大逆不道各等情。并据绅商军学各界陈廷训、蔡公时等十五人公禀，徐公度当起义时，惶悚逃匿，后为兵士胁从，勉强应允。及膺重任，日与腻友及窝藏张彪逆党李瑞斋等游娼宿妓；马献廷被拘后，徐利其资财，竟纳其两妾备侧室，花天酒地不顾声名，糜费帑金近万元。应请明正典刑等情。据此，当查汉奸李瑞斋前由湖北失败，胆敢投身九江炮台，希图破坏，而徐世法身为民国将领，亦竟不顾大局，任用奸细。尤复私委陈刚霸收湖口厘税及捐款，并无报解所收饷项，任意挥霍，招纳妓妾二三名，置外债兵饷于不问。所用关防并不禀请军政府颁给，妄自刊用，又不呈送印摹。前以该统制所订章制不合，物议沸腾，曾经牍请造册具报，以便宣布而免猜疑。乃敢抵抗，不复片纸只字。种种恶劣情形，实属罪无可逭。但念该犯官徐世法当起义之初，办事尚无他意，而乃矢志不坚，举动不法。本应即置重辟，以谢同胞。惟思李瑞斋既系张彪心腹，必知张彪内容。徐世法领款甚巨，尚待追缴充饷。故十五日与各界会议时，拟将徐李二犯暂为看管，处以永远监禁之罪。一则得以拷讯张彪之内容，藉悉敌情；一则可以押追徐世法之吞款，俾裕军实。似此兼筹并顾于锄奸除暴之中，仍寓整军经武之意常。经公同议决，照此办法。所有当时附和该犯官等而为金钱禄位计者，大都知识浅陋，被其摇惑，姑从宽典，概免深究。毓宝受篆以来，遇事一秉至公，以人道为重，决不稍涉乖张，致伤和气。谅蒙公鉴，理合详闻。赣军都督毓宝样印。

又电：各省都督暨各军政分府鉴：顷接武昌黎都督来电，谓伪摄政退位，袁世凯主政，大权独揽，居心叵测等因。应请各省速整重兵，厚集声势以讨袁世凯对于满政府背逆其主、对于民国军阻挠共和之檄。赣都督马毓宝径。

又电：武昌长沙各都督鉴，沪各报馆均鉴：查萍乡煤矿暨南浔铁路均在赣省所辖境内，应缴敝都督派员清理与各股东接洽。倘盛宣怀或各股东私自将该矿路抵押外国人者，本省决不承认。特此电告，并乞宣布。赣都督马径印。

江北都督电：火急沪南京都督黄大元帅钧鉴：昨据板浦来电，羊屏自言奉镇都督札委招兵，归即电请郑分府。郑现询驻淮臧支队长，未复。顷又据板浦来电，又有潘颖蔚、潘畯楼来营，云奉淮城司令部臧札委募匪为兵，已收聚数百人等语，请速电询是否，迅复。又据海州来电，大股土匪业经会剿，已散，匪首逃匿。忽有臧姓派员招集匪首，聚众数百，往杨家集、杜大圩附近大出劫掠。匪首杜潘季三名，皆发给执照，并遍贴总司令告示，印文曰“中华民国镇军步队第二标统带之关防”。未知真伪，请即电询办法等语。（按：前三电殊甚骇异，海属民心尚未大定，如此情形，愈增惊怖。如不设法，诚恐以讹传讹，有碍大局。而且江北地广匪多，敝处派出防剿之军队尤恐易滋误会，致生枝节。除已电询镇分府外，抄电奉闻，敬乞速示方略，以安人心而维大局。无任盼切之至。江北蒋雁行有。）

烟台军政分府电，陈都督转旅沪商学界公鉴：电悉。房室及军需品正在预备，特复。军政分府王有。

又电，沪都督鉴：迴电悉。援军不日来烟，极欢迎。现已预备房屋。烟台缺米，出发日期乞先电知。为盼。烱［炯］有印。

广西议院电，各省军政府鉴：接江北敬电。袁贼分路寇颖，议和实中奸计。乞速会兵北伐，勿再信和，免误大局。桂议院径印。

桂军政府电，共和建设会、共和促进会公鉴：梗电奉悉。袁意不可测，和议不可恃，仍宜注重北伐。敝省迭经通告，兹接安庆电，袁果攻颖，坚持共和，望公努力。军政府陆荣廷、王芝祥叩有。

嘉定军政分府电，各都督暨各报馆鉴：敝处北伐队现已成立，不日出发，勿轻议和，为袁所欺。嘉定军政分府祃。

《申报》1911 年 12 月 17 日 13951 号第 3—4 版

中国光复史：武汉最近之闻见——其二（第二特派员函述）

廿十日午后，唐绍怡抵大智门时，有英领事与宝顺洋行大班及各国领事各洋商等至站欢迎。唐以英工部局一埭头住宅为侨寓，英领派人接待甚〇〇。英领原为居间调和之人，故情意较为恳切也。

据某西人言，唐绍怡之意亦甚赞美共和，并不坚持君主之说，故与黎宋卿都督接谈颇洽。

又闻，袁世凯添派资政院议员多人为议和参谋委员，大致三四日内可到。

汉阳有某巨当为北军掳抢，计失银器念箱、金器一箱。此项北军乃第四镇兵士，当有宪兵报知冯国璋部下协统王某（第三协混成协统官），派兵前往拘拿。讵各兵开枪拒之，其蛮横不法已可略见一斑。后，王某以该兵等不守军规开枪拒捕情形禀知冯国璋，请其照法惩办。冯云，区区小事随他便了。呜呼！有此军统，宜有此军队矣。

冯国璋近因接到清廷电谕，调往京中或将前往蒙古为练兵大臣，因此大有怏怏不乐之状。

冯军日前又以巨炮轰击武昌。此时方在续停战期内，经黎都督照请英领电袁诘责。袁以冯军屡次违约，亦知不合因，即电冯，谓如再放巨炮，当以军法从事。冯得电后心益不安，几置军事于不问，而各兵乃益骚扰不堪矣。

黎都督现以中学堂为都督府，照常办事。湘鄂皖赣各军则在城内外日夜练操，不少［敢］懈怠。店铺营业如旧。

廿一日，黄陂之战，民军大获胜仗。北军伤毙实有四五百人，冲散逃走者约有千人。

《申报》1911 年 12 月 17 日 13951 号第 6 版

北京之议和声

北京访函云，清监国之逊位，实为袁世凯对于民军第一让步，以期和议之成立。惟民军之要求，尚有以下数款：（一）调冯国璋离开汉阳，此事已由清廷认可，故冯已简为察哈尔都统，俾得离汉；（一）清廷须移居热河，此事在战局最紧之时，清太后本有此意。锡良之简为热河都统，即可证之事实也；（一）前内阁人员，自庆王以下，均须惩罚，而外官中如瑞澂、赵尔丰辈皆所不免云。

袁世凯曾与人言，清军虽在汉阳获胜，然诸事棘手，国库如洗，欲借外债则屡被阻挠。而各藩属又纷纷乘机独立，设清政府逼之过甚，势必转恳邻国保护，其为患将不堪设想。故此时总以议和为上。

清廷对于民军前两项之要求既为满意之答复，于是遴选唐绍怡为代表前往武昌，故唐氏此行负有全权，并挟要求三款：（一）清帝照旧，惟全权由内阁总理大臣执掌；（二）内阁总理大臣允由国民选举，其权与共和国总统相等；（三）各省皆有自治之权。

闻武昌民军代表对于清廷亦有要求三款：（一）中国应设共和政府；（二）大清国号应即消灭，改为中华国；（三）满蒙藏三处主权仍归清帝掌握。

又闻美公使昨向清外部宣言，彼对于英使调停中国内乱之法颇表同情，并谓若两方面均能和平了结，不致再有战事，则彼愿担任向英法德各国商议，将中国庚子赔款展限归还云。

《申报》1911 年 12 月 17 日 13951 号第 6 版

议和谈二

另一消息，云：唐绍怡此次南下议和共开出二十二款，系经清内阁会议决定，由清廷批准者。条款如下：（一）大清帝国改号中华联邦共和国；（二）大清皇帝改号中华联邦共和国王；（三）各省改为中华联邦组织共和政府。蒙古、青海、西藏亦在其内；（四）由各省选举议员，组织上下两院，公选大总统作行政机关；（五）国王及大总统之岁俸由国会议定，但其额务从优厚；（六）满蒙汉各旗特权一律废除；（七）行政之权统归大总统总揽，国王属宪法上特别地位，不得干豫政事；（八）满汉人权利全为平等；（九）国王例为世袭，但大总统以四年为任期；（十）国王及大总统之待遇共为同等；（十一）国王所自便用之人员得由国王任用，惟此项人员与政事无关系；（十二）国王为万世一系；（十三）如有加害于国王或谋危害国王者，皆处死刑；（十四）除大总统外，所有国民皆为臣民；（十五）国王及大总统均受同等之尊称；（十六）凡与国王敌之国家，或其君主或大总统，吾大总统亦视之为仇敌；（十七）国会为立法机关，无论大总统及国王均不得干豫；（十八）司法机关为独立归裁判所管辖；（十九）宣战、媾和及缔结国际条约并颁布法律等权操自大总统；（二十）宪法上关于国王权限事宜之改订须候国王同意；（二十一）宪法之改订专由国会决议；（二十二）除以上各款外，资政院所已表决之信条均采用之。

《申报》1911 年 12 月 17 日 13951 号第 6—7 版

呜呼可怜之京师

此次民军要求清监国逊位，袁世凯知此条不先承认必无议和之望，故亦赞同之。但又恐犯嫌疑，不便启口。适某英人进忠告袁谓，现在敝国公使居间调停，而清政府尚有一最不合宪政难服人心之事，即醇亲王尚握监国大权，并引证现在所定信条多采用该国宪法，然斯举即与信条大相反对，安能望人心之平服耶？于是袁世凯即以英人所陈为借口，而以议和为前题，而促清监国自行辞退。清监国无法，泣而允之。

近日，满清大员因闻民党纷入京师，欲行暗杀，大为恐惧，咸乞怜于袁世凯，求其保护。其实袁亦无法可想，乃为敷衍之计，将各满员之稍体面者皆召至其宅中。而求请保护者陆续增多，刻经调查，袁之宅中计住二千六百四十八人之多。故，近日袁将附近民房购租甚多，拟改建相连之大厦以容之。然而，满人亦思扬州十日时，我汉人竟无一椽之可庇耶？

载沣于逊位后，以权势已去，护卫无人，恐遭杀身之祸。故返邸后，放声大哭约历四十分钟之久，始经人劝止。然则，清太后明谕中有监国泣陈退位云云，实非虚语。

闻清监国于逊位之翌日致函袁世凯，请其毋改初志，始终设法挽扶大局，留存皇室一系，满族在天之灵亦莫不感卿之功等语。前倨后恭，可怜可笑。

《申报》1911 年 12 月 17 日 13951 号第 7 版

12 月 18 日

中国光复史：清议和使到沪

清议和使唐绍怡君于二十一日由京到鄂后，黎大都督以中华民国议和总代表伍廷芳君以事不克到鄂，商令赴沪。唐君即欣然乐往，于二十四日偕同黎大都督所派之代表胡君瑛、王君廷正等八人，并率袁内阁所派之居留北京各省人数十名，同乘太古公司洞庭轮船，由汉口启行，于昨日午后两句钟抵沪。即在太古码头登岸，乘坐汽车赴公共租界戈登路行馆驻。即闻今明两日须先与各省代表商议一切，大约十一月初一日即可正式开会，讨议和局。所有中华民国议和人员名单列下：

总代表：伍廷芳

参赞：温宗尧　汪兆铭　王宠惠　钮永建

招待部长：沈翔云　许继祥

第一所所长：吴荣鬯

第二所所长：唐之道

招待员：沈仲芳　彭光湘　何澄　杨镇　陈钢　陈景南

《申报》1911 年 12 月 18 日 13952 号第 4—5 版

12 月 19 日

中国光复史：议和预备会初志

清议和使唐绍怡君前日率同袁世凯所派之居留北京各省人数十名，并偕武昌黎大都督所派之代表胡瑛等八人，乘轮莅沪后，业已定于西历二十号即华十一月初一日与中华民国议和总代表伍廷芳君正式开议。昨日午后，两方面先在公共租界大马路市政厅（即小菜场）楼上提议预备议和大纲及君主民主问题。英美总巡卜罗斯君以此次会议关系甚为重大，特谕各捕房捕头戎装佩刀，督率华西印各捕在小菜场四围巡逻护卫，以昭郑重。

又闻伍总代表与唐使相见，换验文凭毕，即由伍总代表提议，请唐使致电袁内阁，谓十九日停战以后，凡湖北、山西、陕西、山东、安徽、江苏、奉天各省均应一律停战，不得进攻。俟得确实回电承诺后，始行正式之讨论。且开议以后，如再有此等情事，须将擅自行动之军队彼此均处以严罚云云。唐使已允即电袁内阁，伍总代表亦已电告武昌暨山陕矣。

《文汇报》云，工部局请以议事厅为议和会所，已由两方面认可，早经打扫清洁。清政府代表唐绍怡于抵沪后，二十四小时即莅会中。后数分钟，两方面遂开重要之会议，代表未到以前，议事厅已有多人严为守卫。门前立西捕二人，非经其许可，不得入内。屋内闻有侦探队潜行查察，屋外则有印捕及西人荷枪巡逻，马路上之行人皆不准走至议事厅一面。总巡勃君及西捕头琼斯登均在场监察，工部局总董葛雷君豫先到会迎接两方代表。两点五分钟时，有马车四辆疾驰而至，则为清政府之代表。既抵门首，由钮约某报馆代表请留一影，然后步入厅中。无何，民国代表伍廷芳博士及温宗尧君亦同驾汽车至。伍温二君先在门口与勃总巡行握手礼，旋即入内。两方面各有代表六人，除此十二人在议事室外，余人概不准入内。会议各节全守秘密，其时间则并不限定。

昨日下午，议事厅两旁马路之中均有华人数百人伫立，而观议事厅前则颇清静。而其对面亦有中西人士围聚而观，密若堵墙，贵州路、广西路亦有印捕数人，伫立守卫，会所附近均停止车马来往。是时，虽向住该处之商民亦颇难穿过街道回至家内。亦可见其防卫之严矣。直至五点一刻钟，始散会。

《申报》1911 年 12 月 19 日 13953 号第 4—5 版

12 月 20 日

中国光复史：西报纪第一日议和情形

《大陆报》云：十月二十八日下午，中华民国议和总代表伍廷芳君与清议和使唐绍怡君各偕参赞，在大马路议政厅密议媾和条款，历四小时之久。散会后，乃宣布以下之纪载，以为是日会议之实录：

一、换验文凭；

二、民国要求凡湖北、山西、陕西、山东、安徽、江苏、奉天各省均应遵约一律停战，不得进攻。候接袁世凯确实覆电后，始行正式会议。唐便允，照要求电致袁世凯。

三、伍代表已允电致湖北黎都督及山陕都督，令停止开战及攻击清军。

以上数语由伍廷芳君书定。文虽简短，关系极大，足为此会成功之表征。设一方面议和，而一方面仍以兵戎相见，势将扰乱争点，并发生新问题。惟有各省一律停战，始能使此会妥稳进行，以收大功。初时，外间皆料此会须至二十九日或初一日始能开议，昨日之举殊足令人惊异也。

记者由该会某参赞处探悉，伍君曾同唐君提出民国要求各款如下：

一、清廷应废。

二、代以共和政体。

三、清帝宣统当给以充分之瞻养金。

四、年老及贫苦之满人当由新政府为谋位置，或给以瞻养金，尤以旗民为重。

闻唐使于会议之际颇觉镇静，并不多言。

是日，会议系在议事厅楼上。到会者仅十一人，伍总代表之参赞为温宗尧、王宠惠、汪兆铭、钮永建、王正廷等五人，唐使之参赞为许鼎霖、赵椿年、冯懿同、欧赓祥等四人。

唐使同来之百余人中有参赞四十一员，余皆仆从。四十一员中，仅择四员参与会事，故清政府一方面共计议员五人，伍总代表之参赞五人，内有胡瑛君是日并未莅会。

开会之际，唐君先发简单之开会词，声明奉命来沪，与民军议和，甚望此会之立能收效。继乃以文凭出示，伍君接而阅之，并言极望此会之结果能大有益于中国。继亦出示文凭，唐君乃发言开议。

各员就长案围坐，伍君坐案首之左，其参赞亦均列席于左面。唐君坐案首之右，其参赞亦顺右面列席。参赞虽准列席，并不直接发言，惟由两代表并坐讨论。伍君之参赞不能向唐君发言，唐君之参赞亦不能向伍君发言，仅能以笔书写意见，以示自己之领袖，或低声耳语而已。

是日之会，至五点一刻钟由伍君宣布停议。

会外之人群意该会不致过四点钟之外，故均攒聚厅外，以视代表登车。不意四点钟时仍未停议，候至五点仍无散会之象，于是群人渐散。除留心世界大事之外人十余人及新闻记者冀稍得消息外，过者几不知屋内尚在会议。及至天色渐黑，空中迷雾，警吏与各代表有关之私人始纷纷行动，状殊忙碌，始知会议已停。于是严密布置，以保各代表之安宁。其时，厅口大门两重均经关闭，厅外之电灯亦均熄灭。汽车乃登时排列，警察对立于走道两旁，大门砑然开启，代表鱼贯而出。唐君先行，伍君则在其旁缓步而行。唐君面容极为严肃，直至李德立君趋前迎之，始发微笑，乃由警察护登李德立君之车，疾驶而去。是时，唐伍两君皆有倦容，盖以会议时间延长至四小时半之久也。

唐君出门时，且露微受激动之态。盖其平时状貌极为舒泰，而是晚登车之时，见者皆知其意绪烦杂，颇不安宁。

两方面之总代表既离会所，其余参赞亦各分散。新闻记者则各就其所识之人刺探消息，警察乃紧闭厅门而入。

《文汇报》云，本馆代表于二十九日谒见民国议和副代表温宗尧君。温君谓，民国一方面必不允诺袁世凯所定之条款，盖我国民早已同声宣布反对君主政体。今所要求者即是扫除满人，舍此之外，无可允诺。若清帝逊位，余事皆易着手。盖中国亦有中国之加尼基罗司基尔司及毛根司（美国之富翁）等人，且亦不少。但彼等得拥数百万之资财者，皆由贿赂非由脑力。如虑旧有官员廉而贫乏，则中国入款甚巨尽可酌给养老金。若清帝犹欲与民军争战，则转将增重其困耳。至于袁世凯一人，已有人允推为首任总统，或竟荐之于国人，令其肩此重任，亦无不可。但袁世凯须早日与民军联合，以免后悔。若唐绍怡及其他抵沪之六十人，皆袁之傀儡。彼等之目的，欲于民军领袖之中播散不和之种子。且袁尝行贿赂，意欲破坏民军大事。袁氏可谓不识时务矣。至民军所要求者，质言之，惟两言耳：一曰必灭除清朝，可优给赡养金；二曰设立共和政体。如清使允此二事，则余事皆可从之。惟今闻袁世凯欲运动外国干涉中国内事。果尔，则将使大局益危耳。上帝以中国之土地授于汉人，虽从前汉人不能治理，然仍为汉人之土地也。外国何能干涉乎？须知，此为中国人之事，不与外人相干也。

《泰晤士报》云，民国军与袁世凯磋议，择地会议和局，为时已久。两方面之代表始于二十八日在上海议事厅会议。想此事会议之结果未必平和。观于昨日之会，已难望息战。是以，外间皆深料，此会不过为风雨前之雾色耳。此种言论无论其可信与否，然观于民国总代表伍廷芳君不允承认清国代表提出袁世凯所定之条款，已可见一斑矣。清军于停战之际，用兵西北，非但不能使敌势转弱，且反增民军对于清军之敌忾。夫民国军为中国全国之自由而战，非仅为数省也。故今必俟清军由晋省撤退始允续行会议，并闻昨日之会议除有一二激烈之言词外，两方面之感情均颇和平。盖彼此均为尊重其所持之主义也。

据某君声称，唐绍怡已于二十八日深夜，以日间会议之结果并民国军之要求电致袁世凯。某君谓，民国军之要求大有后文，可使世界知彼等信任袁世凯不若他人之甚。由此推想，可见彼等现已将山西之战事归咎于袁氏一人，如怀此疑而不释，则会议之结果必不和平，终必仍归于战斗。至当日会议时之感情殊为和平，实属确实盖民国军已设法使唐绍怡回复北京不致难，且于其寓沪之际不失民国接待来使之敬礼。然彼等如欲传达军情，则不能相助，且有不便。故清军在沪之代表与北京通电，仅能涉及和议。

据现寓租界清军一方面某员之言，会议最后之结果殊无佳望。其言曰，余意停战或会议皆无益处，会议告终之际其结果必系续战，决非和平。盖两方面确在乘机集合兵力，以为豫备也。问其何所见而云，然则曰：因二十八日下午之会议，民国代表力主建设共和政体，并言愿举袁世凯主持中国，惟满人则必去之。（按：此君极有发言之资格，议事厅内会议情形彼皆知之，且问以事务之时，彼必斟酌其答语之轻重而后发言。此君之意如此，今将拭目以觇其后。）

《申报》1911年12月20日13953号第5—6版

12月21日

公电

云南蔡都督电沪军都督鉴：浙江汤都督漾电敬悉，辱奖感谢敝处主张认武昌为临时政府，已于删电布告。外交上有急切事件，须于沪上集议。敝省全权委员□志伊等刻将抵申，即可就近莅会。此复。滇都督蔡。

南京盐政总事务所电沪军都督鉴：謇承公推为江苏两淮盐政总理，于南京地方设立总事务所，本日任事，启用关防，文曰“江苏两淮盐政总理关防”。特闻。张謇艳。

宁波军政分府电沪军都督陈鉴：电悉。叶、干二员确由敝处特派，购办军需。谨闻。宁波军政分府。

《申报》1911年12月21日13954号第3版

中国光复史：纪第二日议和情形

中华民国议和总代表伍廷芳君与清议和使唐绍怡君，昨日仍在英大马路小菜场楼上市政厅正式开议。午后二时半，伍唐两君与参议之各省代表及居间之外交团先后莅止。闻两方面开议时，于民主、君主两大问题争持甚力，虽经居间之英日美法德俄六国领事与洋商李德立君极力调和，仍未解决，仍须各自磋磨，并候唐使电达清内阁请示续议，遂即散会。闻是日，捕房保卫极为严密，除将四周铁门一律暂闭外，并由卜总巡与各捕房捕头戎服佩刀，率同通班中西包探及中西印各捕在议事厅内外严密梭巡，并派骑巡队在马路上阻止车马往来以及行人驻足窥探。其气象较前日更为严肃云。

又得一确实报告，云初一日午后三点钟开议其梗概如左：（一）停战原定至十一月初五日止，兹续议停战七日，自十一月初五早八时起至十一月十二日早八时止。期内，两军于各省现在用兵地方一律停止进攻；（二）唐使问伍代表意如何？伍代表答若全国人心皆向共和，即知共和政体必能成立。有谓，中国人之程度不能共和，只可君主立宪者，不知既可君主立宪，即可共和。共和与立宪所差者，只选举大总统与否而已。今资政院各省咨议局皆已行选举，岂大总统独不能选举乎？有谓，改为民主则于满人不利，不知今日我等欲合汉满蒙回藏为一共和国，岂有摈斥满人之理，所欲去者一君位而已。而关于皇室之待遇，仍必从优。至于满人与汉人平等，于其生计亦必有法以善处之，是满人亦利于共和也。此意不但望各位赞成，且望袁君赞成。因彼此皆中国人故也。唐使言，今日欲和平解决，非共和不可，我实有此心。至于如何办法，须彼此商量。盖须注意东三省、蒙、回、藏必完全无缺，方可以保中国。伍代表言，所谓共和国非指十八省而言，乃指全国而言。东三省、蒙、回、藏必须列于共和国之内，决不放弃，以授外人。总之，若承认共和，则各事易商。唐使言，我虽为全权代表，但此事甚大，须先电达袁内阁，回电后再行通知会议。伍唐签字。

《文汇报》云，初一日上午议和代表通告上海各领事，谓将于即日下午重开会议。此事实出人意料之外，盖原料初二日始有此宣布也。闻二十九日深夜犹未接北京袁世凯允照民军要求实行停战之覆电，直至初一早晨始接覆电。即经某代表通告，谓袁世凯已允如所请，两方面拟于本日续行开议云云。领事署乃命在议事厅布置一切，一如第一日会议时之情形。一时，外间咸料两方面之代表是日必议及正题。会议既毕，仍允如前次会议，以正式会场纪事报告各报馆。是日开会情形与星期一日开会大致相同，惟警察巡逻格外严紧，有骑马印捕一队在浙江路转角至跑马场之间，阻止行人。议事厅大门仍由西捕两人守卫，勃总巡及西捕头琼生皆衣礼服临场指挥。开会之前一小时，马路两旁华人攒聚如堵。代表莅会入门之○，观者约千余人。二点四十五分钟，唐使首先到会，乘李德立君之汽车，随带参赞二员，尚有参赞二员后数分钟亦各到会。既而，民国代表乘车而至，首为温宗尧君。伍廷芳博士则到会最迟，其汽车抵门适钟鸣三下，即入会场入座开议。

《申报》1911 年 12 月 21 日 13954 号第 3—4 版

清议和使一面之言

清议和使唐绍怡君由京到汉后，曾屡有电报密告袁世凯。兹由驻京访员探报，大意虽系清使一面之词，吾民军一方面亦不得不知其梗概，以图对付用。将各电摘录如下：（其一）军政府对于君主共和政体似已承认，但君主须以汉人承充，始有成议。否则，此次和局仍作罢论。刻怡已复谒英领，妥为婉商。余续详；（其二）二十三日上午与黎大都督元洪开第一次谈判，黎元洪之政见纯持顾全大局，保持人道主义，对于此次和议亦甚愿早日了局。惟各省代表多主张共和甚力，以致本日之谈判无如何之结局，故特电请，一面由京再行谒商英使，婉祈协助；一面由怡与之往复谈判，以解共和君主之争；（其三）现与军政府虽开第一谈判，但均无甚正式之辨论。已由各代表公议，定以上海为会议和局地点。刻已起程，沿江而下。约于二十七日可抵上海。余续详。

袁世凯覆唐绍怡君电，云：此次议和各大臣虽为代表朝廷，但与议最重要、最后之解决仍不得便宜行事，仍须奏请皇太后酌夺施行。

《申报》1911 年 12 月 21 日 13954 号第 5 版

重举正副元帅

二十九日上午十时，南京专函云，前日各省代表因接黄兴君来电，力辞大元帅之职，特在咨议局重行选举。因浙省代表欲将元帅名称改为总统，互相讨论，佥云：总统一席须由议会举出，又因黄兴君未曾出席，遂致停议。现在十四省代表已经议定，举黎元洪为正元帅，摄行大总统事；黄兴为副元帅。正元帅为武汉战事，一时不能离鄂，暂由副元帅代为执行，拟在上海发表。至黄元帅何时来宁，组织临时政府，刻尚未接电音云。

《申报》1911 年 12 月 21 日 13954 号第 6 版

12 月 22 日

阁电

初一日，北京内阁奉旨：立宪政体于奏事限制颇严，所以定政治之方针，保持行政之统一。前经内阁奏准，停止入对奏事清单，即本此意。所有嗣后例应奏事人员，于奏事章程未定以前，关于国务有所陈述者，均暂呈由内阁核办。毋庸再递封奏，以明责任而符宪政。钦此。盖用御宝。内阁总理大臣袁世凯署，外务大臣胡惟德、民政大臣赵秉钧署，度支大臣绍英、学务大臣唐景崇、陆军大臣王士珍署，海军大臣谭学衡、司法大臣沈家本署，农工商大臣熙彦署，邮传大臣杨士琦差、理藩大臣达寿署名。

《申报》1911 年 12 月 22 日 13955 号第 4 版

中国光复史：第二日议和余闻

清议和使唐绍怡君与中华民国议和总代表伍廷芳君于初一日续行开议，详情已纪昨报。兹悉，是日开议，实因唐君于是晨接到袁世凯覆电，实行停战。入即通告伍君正式会议。所有袁世凯覆电，大意探录如下：第二电悉，已电令各军严守停战条约，静候议和之结果。鄂晋秦鲁皖苏奉均有电去，必能遵令，否则将治以违令之罪，并以民军之电转达秦晋，希即转告。唐君接电后，遵即会同伍君于下午续议。是日，莅会各参赞，除王正廷君因事赴宁外，其余第一次与议诸君仍均到会，并有第一次未经与议之胡瑛君是日亦曾列席。

《申报》1911 年 12 月 22 日 13955 号第 4—5 版

袁世凯商量和局

袁世凯于唐绍怡出京之次日，曾与荫昌密议两小时之久。兹侦得确息，袁荫二人之会议，咸谓此次议和关系重大，大局能否挽回，端在此举。至英使之调停，太后业已允准，醇庆两人亦表赞成。其中虽有少数人反对，并无效力。而民军政府对此则意见不一，如此办理亦可得一半之允认。倘此举无成，则将来之结局殊可危惧。虽英使声称此次和局当可有成，然仍须妥筹良策，以备最后之对付。当经议定，拟请德使为之继续调停，以收效果。一面仍厚集兵力，为之后盾。惟袁以借款、筹款均非易易，即厚集兵力一事难以措置。二人议商良久，拟即谒见德使，就商一切。

《申报》1911 年 12 月 22 日 13955 号第 5 版

12 月 23 日

评论：论今日亟宜设立地方议会（秋）

民政之不统一，曷故？曰，无地方议会。财政之不统一，曷故？曰，无地方议会。军政之不统一，曷故？曰，无地方议会。盖有议会，而后地方有正当之选举；有正当选举，而后地方有正当之委任；有正当委任，而后地方有正当之责成。故争一权利，人人知为千万人之权利，有赞助之力，而无疑沮之心。责一义务，人人知为千万人之义务，有服从之雅，而无违抗之端。盖并千万人之心为一心，出治者与被治者固已融冶于一炉矣。整理民政，民政不待举而即可就绪；综核财政，财政不待理而即可澄清；整顿军政，军政不待饬而即可改观。盖人人视公事为己事，各尽其力之所能尽，无俟上之督率为也。然地方议会如此重要，议会筹办之章程业已颁布，各地犹迟迟吾行者，何欤？曰：一由能力薄弱，为地方之痞绅学棍所把持；一由智识颛蒙，为地方之积习成见所窒塞。故欲为各地议会计，非扶植民气、开通民智、克日图功，使之早日成立，为地方行政之助力不可。否则皖浔之祸，相因而至。如火如荼之民国，将付之无何有之乡矣。岂不惘哉！

《申报》1911 年 12 月 23 日 13956 号第 3 版

中国光复史：记上海议和问题

中华民国议和总代表伍廷芳君与清议和使唐绍怡君及参议和局之各省代表，在上海公共租界大马路小菜场楼上议政厅两次会议。因两方面所持民主、君主主义立于绝对的地位，虽经居间之外交团极力调和，仍未解决。故已由唐君将所议条款电致北京袁世凯，请其核覆续行开议。兹悉，外交界对于此事颇为注意，昨已电致某西报驻京访员，向袁世凯面询政见，望其赞成民主立宪，早日解决，俾得永享共和之福云。

湘南人杨度前因主张借债筑路，已为湘人所切齿。近更在京阿附袁世凯，赞成君主立宪，故袁即委其追随唐绍怡南下，参预议和。闻杨抵沪后，寓居沧州旅馆。不料行装甫卸，诘责频来，炸弹手枪之邮书沓来纷至，致杨骇而却步。或谓现居某同乡家内，或谓移寓某客邸，大有入山惟恐不深，入林惟恐不密之窘态云。

《字林报》云，星期三日，民军之要求殊可称之为哀的美敦书。北京政府迄今尚未答复，故昨日（初二日）并未会议。刻闻唐绍怡已电请驻京各使力劝袁世凯承认临时共和政体。

《大陆报》云，昨日清使及民军总代表虽未正式会议，说者谓和局已大有进步。闻唐绍怡曾以大局情形及与议者之意见详电北京政府，民军议和代表亦与各省民军当局互通电音。就近数日之情形观之，大局似已归于一致，袁世凯将受共和政府临时总统之任。袁果受任南方，各省及各处民军当局似亦将默认之。且闻唐绍怡业已承认伍廷芳所主立时组织共和政府之议论，但此举极关重要，外间之解释尚纷纭不一。又闻唐绍怡抵沪之前，其各人意见亦殊，赞成共和政体并得确实消息。彼曾劝告袁世凯，俯顺舆情，赞成共和。惟当时并未有效。

《大陆报》又云，闻袁世凯不允以其名字置入候选总统之列，曾命其专使竭力主张君主立宪，勿稍退让。故外间皆料唐绍怡必力求保全满清，今忽默认共和，使人大为骇异，纷纷猜测，议论不一。据留心时局者云，此次议和必不能有实在之结果。各代表或允以袁世凯为总统，如袁允受此任，则必召集国会，公同承认。据传，袁世凯现已实有受任之意，惟须经国会承认而后可。盖恐民军中之不满意者，即倡第二次之革命也。且唐绍怡显已使民军议和代表知袁氏之权力实能左右清廷，民军之中亦极赞成以袁世凯为总统。盖昨日本报记者曾以此事问之伍廷芳博士，伍博士答称："如袁世凯目下即承认共和政体，不再延宕。余意彼必可望经多数之人举为总统云。"至两方面将于何日续行会议，刻尚未有定期。

《大陆报》又载，初二日北京访员电云，余闻清政府已答复唐绍怡申达之民军要求各款。惟内容未经官场宣布。余由可靠之处探悉，袁世凯现仍力劝民军从其提出之计划，承认君主立宪之制。此间皆料今后必有种种之条案及驳议，外交家多信民军目下提出之要求故意从奢，以为日后减让地步。目下北京议论纷纭，莫衷一是。或谓今日之时局实合袁世凯之愿，彼曾设计以使臻此地步。惟据袁之副官声称，袁并不希望总统之任，仍力主君主立宪。彼之提出此议，实出于至诚云云。又闻袁世凯已向各使馆申谢昨日所递之劝和书，并谓深愿六国守视，此番之会议能臻和平云。

《文汇报》云，伍廷芳博士直至今日（初三日）下午三点三十分钟时，犹未得清使唐绍怡处之消息，声明发往北京之电已否由袁世凯承认。伍君曾闻，今日下午上海租界盛传袁世凯已拒绝承认共和政体。此为报馆北京访事发出之消息。有人问以唐绍怡已致电北京各公使，请劝袁世凯承认共和一节。伍君谓：非有确证，不能轻言。我于此事则并无所闻云。

《捷报》云，本馆接确实消息，袁世凯已致电唐绍怡，坚拒设立共和政府之议。

《申报》1911年12月23日13956号第5—6版

12月24日

公电

国民协会致袁世凯电，北京总理大臣袁鉴：万众一心，光复汉土。满洲君主万无存理。公如保存清室，和议决然无望，战端再开，糜烂滋大。公为一姓之私，陷亿万同胞于涂炭天下，且集矢于公。公今举足轻重，和平解决惟公是仰。本会洞观时局，知大势所趋，断非一人所能障遏。清帝逊位为目前第一要义，以后国家组织自有国民公论。区区忠告，惟公审度之。国民协会叩。

广东中国同盟支部电沪陈都督鉴：孙先生同胡都督、美大将等由英邮船来沪，请派兵舰往吴淞口，升旗鸣炮欢迎。中国同盟会广东支部卢信、邓慕、韩江印。

福州孙都督等电沪陈都督鉴：东电敬悉。闽主张，除共和无所谓和议。袁党诡谲，诚如尊论。亟宜协办，共谋抵制，勿懈为要。闽都督孙道仁、政务院总长彭寿柿江印。

南京程都督电武昌黎元帅、各省都督鉴：组织全国参谋本部，设于南京，应请各省派来之员，发给正式公文，以便接洽。至敝处所派援鄂黎天才一军，请黎元帅节制调拟，不另派参谋，以归统一。全江。

镇江军政分府电程都督，陈都督及各省部都督军政分府鉴：近日各处军队过镇，往往误入租界，致启交涉。务祈通饬各军队，如有经过镇江，其马匹及携带军械之军人，切切勿入租界，免生纠葛。不胜切祷。镇军玫府郑权叩江。

扬州徐总司令电沪军都督鉴：冬电悉。敝处已经提议设立银行，尚未筹划完全。一经议决，当照实行。江北北伐军总司令正长徐宝山江。

大通商会电各报馆鉴：孙黎两公顷已和平解决。黎战时拘去孙之幕僚及兵士各给川资，抚慰释放。毕方家属亦未被杀，唯从此捐弃小嫌，共图大业，永息操戈之祸。大局幸甚，商民幸甚。大通商会叩。

《申报》1911 年 12 月 24 日 13957 号第 4 版

阁电

初四日，北京内阁奉旨：内阁代递冯国璋奏，接统禁卫军日期一折。知道了。又片奏，请先刊用木质关防，并恳另颁铜质关防等语。着依议。钦此。盖用御宝。袁世凯、陆军大臣王士珍署名。

《申报》1911 年 12 月 24 日 13957 号第 5 版

中国光复史：再纪上海议和问题

《大陆报》载，初三日北京访员电云，余由某津处探悉，袁世凯令仍竭力反对建设共和政体，主张君主立宪。将令唐绍怡在议和会中力主此议。并悉，袁近日不允见客，惟曾在某处明白宣言，谓静观目下中国之大局，共和政体尚难实行。即使行之，未必有效。如果建设共和反足召乱，革命之举将接续而起。且据确实消息，如此时实行选举，各省必不能一律承认。观此，则不满意之爱国志士亦必主张开会，致成煽变之举云。

有自京抵沪之某君曾谓，袁世凯身在北京，断不能承认共和而自为总统。今袁欲图出京，实有生死关系。吾观袁世凯施行其宣布之政策，殊不能自由。所恃者，惟陆军而已。但今之陆军，有忠于袁氏者，亦有忠于清廷者，虽袁亦不能自知，京中之人更无知之者。日闻，陆军之中已有随所欲为之态，如袁之命令能合彼等之意，则彼等始能实行也。袁尝自选卫队八十人，出入相随。此辈或尚可恃，此外尚有旗兵卫队二百人，但京中所驻军队计有三万，且以满人居其多数。载沣及各满亲贵虽已失位，仍在北京，袁世凯处此重围之中，似必不敢赞成共和、承认受大总统之任。袁如能至天津，则大约可以平安也。各国前虽助盛宣怀脱险，但今未便助袁世凯离京，以附从民军。且京中清军甚众，各使馆欲任保护之责，危险甚大。噫！袁世凯之赴京，不啻置身虎口，但袁亦无法自脱，实系被逼而往耳。

闻袁世凯对于此事之态度已决于此。虽上海议和会中曾言，袁如承认共和，则将畀以总统之任。但袁氏视此仅属虚荣，必遭失败。盖其能力，不能组织一完全共和政府也。

外间所传，唐绍怡曾电致驻京各国公使，请其运动袁氏赞成共和政体之说，尚不能定其确实与否。此间皆料，各国虽不至因中立而变干涉，但各公使必不乐从唐氏之请云。

据上海来电，唐绍怡已经承认共和政体。此间闻之大为惊骇，足见袁世凯与其专使之意见并不融洽。

又载，初三日伦敦来电，云北京外团中有晋谒袁世凯者，据称彼终不承认共和政体云。

唐绍怡君昨夜告知《大陆报》馆，谓："外国所传我已接袁世凯反对民军要求电音之说，实属不确"云。并闻，伍廷芳博士亦未接有此项消息。

伍廷芳博士昨日（初二日）欲与清使唐绍怡续议，未成。唐君声称，尚未接到袁世凯覆电，故下次开会之期尚难预定。

昨据伍廷芳博士声称，顷得似尚确实之消息，谓袁世凯之意，若民军〇以总统之任，则将不复反对共和政体。吾人闻此消息，异常兴奋。如果确有其事，则吾人即可享和平之福，而其他一切问题极易解决矣。伍君言时洋洋自得。记者问伍君曰：唐君之意见既与君同，今与续行会议果为何事耶？伍曰：吾人应商之事颇多，今将可望成就。从此吾军一方面势力较强，而吾人之势力且日有进步矣。

据李德立君声称，唐绍怡不认曾电驻各国公使运动袁世凯承认共和政体。李君并谓，此说实无凭证云。

《字林报》云，昨日上海盛传英国因反对共和主义，协助袁世凯拒绝民军之要求。又谓，某银行团将允借款与清政府，英国及他国已干预此事，会议数日云云。（本馆按：若谓英国反对中国共和政体，则英政府之宗旨何以严守中立？以此观之，则英国之并未干涉中国战务，亦无反对中国改建巩固政府之意实已昭然若揭。若谓英政府拟借款与清政府，则近日四国银行团曾有人请其借款与清政府，而此事之失败，实英国官员之力居多。犹愤一星期前，上海英国代表曾严拒借款与清政府。此后遂未闻再有此等计划。且英国既已严守中立，亦决不容英人为此云。）

《申报》1911 年 12 月 24 日 13957 号第 5—6 版

孙逸仙抵沪先声

孙逸仙君同美将军郝末里，乘英邮船特凡哈号香港启程来沪。业由广东都督胡汉民君电告，沪军政府计礼拜日（即今日）夜间或礼拜一早晨准可进口。陈英士都督已预备小轮，派委专员，赴吴淞迎接，沿途均派有军队护卫。至登陆之后，或驻制造局，或驻都督府特备之宝昌路行辕，须候孙君自择云。

《申报》1911 年 12 月 24 日 13957 号第 18 版

海上闲谈

孙君逸仙，中华之英雄，亦世界之英雄也。浪迹海外数十年，至今日始行归国。吾知吾同胞，无人不敬之、爱之、崇拜之，而以一见颜色为幸。欢迎，欢迎！速起，速起！

《申报》1911年12月24日13957号第20版

12月25日

公电

日本统一会电：各军政府鉴：康梁在日运动君主立宪最急，怂党赴沪，请防。统一会。

南昌军政府电：武昌黎元帅、上海陈都督鉴：黎帅漾电，提议救济纸币办法，拟就邻省各大埠设兑换处，彼此以票易票，既于银元价值无所偏枯，又使金融机关得以流畅。敝处极表同情。惟各省发行纸币多少，视各省财力强弱为准，有无限制，希黎帅速订章程，通商各省，敝处自当遵办。赣省军政府支。

江北蒋都督电：上海陈都督、武昌黎元帅、各省都督鉴：黎帅漾电，提议救济纸币办法，系为目前救急要义。敝处极表同情。俟鄂省订定章程，通咨各省，敝处当谨遵行。蒋雁行叩歌印。

武昌黎正元帅电：沪军陈都督鉴：支电悉。具仰国事劳心，无微不至。业已密派妥员，驰往办理矣。元洪歌。

安庆孙都督电：武昌黎元帅、上海陈都督鉴：军事参谋员，日内敝处选派赴宁。谨闻。毓筠支。

维持皖省统一机关处电：江各省都督、各埠报馆及全皖六十州县各团体公鉴：本日，军政府组织成立。万众一心，公举孙公少候为皖军政府都督。以后，一切文电，请径达都督府。凡皖省对于全国及内部发生之事件，悉由孙都督名义执行。计本处维持时期自十月初八日起至十一月初四止，与我四万万同胞留一特别纪念于人间。知我罪我，其惟历史。维持皖省统一机关处全体公叩支。

安徽孙都督电：北苏州路三十五号驻沪皖军筹备处窦子敬君并转同乡诸公鉴：冬电敬悉。路公股票押现济饷，暂救眉急，似尚可行。详细办法，仍请续示。毓筠支印。

皖军筹备处覆电：安庆孙部都督鉴：支电敬悉。津浦路安徽公股票，昨与虞君洽卿及惠中公司陆君伯鸿商押。据云，现交冬至，各银行暂停办公，迟二三日晤商，可望成。柏君蔚来电，现在皖北事亟，特派李君德瑚来沪催购枪械，急于星火。我公统筹兼顾，可否即以此项公股票抵款购械之处，候电示遵。前议皖路借华侨款草约，刻已磋改，准明日托胡君夔文带呈鉴定。筹备处成立开办各费，胥由同人筹垫，此后所有公电，拟请电致沪都督，准代拍发，以节公款。李君德瑚现尚驻沪候械。并闻。皖军驻沪筹备处窦以珏等叩微。

江北都督电：火急上海黄元帅、陈都督、伍外交长及各省都督钧鉴：接浦口柏统制转临淮葛支队长电报，敌军六七百人已到窑湾，在该处备办马槽八百个，由旱路经泗州南下，及分水路经宿迁向清江南下等语。查，窑湾距清江不过百余里，清军擅敢违约，除敝处已饬驻宿迁支队严密截堵外，请伍外交长速向唐使诘责其对待该敌方法。立候电覆。江北蒋雁行支。

沪都督覆江北都督电：电悉。北军背约前进，已将原电转伍外交长诘责唐使矣。惟我军仍宜力为防堵，如北军挑战我军，为自卫计，不得不应战，竟可痛行剿办也。沪督陈歌。

湘军都督电：各都督各军政分府暨各报馆公鉴：敝省以荆襄踞武汉上游，为湘蜀门户，军事计划在所必争。故派王统领正雅率队往取，十月初六与满兵战于沙市附近之草市，阵毙敌军官一员、兵率数十名，伤百数十名，夺获枪械数十件，绣龙黄绫铁甲一具。我兵虽有受伤数人，无丧亡。同时，鄂军出取襄阳军队亦甚得手，全部反正。至十三午后六时，会同宜昌军司令唐义支分搏荆州东北门，王攻西南门。鏖战至次晨九时始停。敌军炮如雨点，均从我军头上飞过。我军冒弹雨持梯登城，以西南地低不果。是役，王统领为飞弹中腿，犹裹创亲自督队前进，敌兵死百数十，伤三百余人。自是，王军遂驻扎门外，不时搏击，敌兵尽投降，获枪二百杆。是夕，满都统衡龄自尽，襄阳道喜源全家自尽。王统领在南门外行营受降，敌兵自佐领以下均叩头求活，缴枪七百余支。后，王统领全队从东门入城，唐司令统带从北门入城，驻满将军署。督统联魁放炮跪迎，叩头求活，所有枪枝［支］器械悉数缴呈。现令王统领筹办善后事宜。从此克复，蜀湘鄂联络一气，北伐无左顾之忧矣。专此奉闻。湘都督谭延闿江。

天津公民电：各报各团均鉴：袁世凯最善愚人之术。彼对外宣言，阳云中国人民主张君主立宪者十之七，主张共和立宪者只十之三，其意实欲外人心目迷误，因而出力干涉。然，终无效。昨又运动外国报界访事，电告欧美各报馆，佯言英美法德日俄六强对于中国政体问题皆主持君主立宪，如中华民党不从，即将出兵助袁，以达君主立宪目的。此种用意，亦欲激动民党排外，俾外力纷起干涉，则彼仍可坐收外力之助。其术至险。而其对于民党则称，彼固赞成共和立宪，但因列强反对，深恐速召瓜分之祸，故不得不迁就君主立宪，以为保全中国之计云。此亦欲激吾民排外之诡计。证以六国最近宣言，并无干涉我国政体之事。现查知，袁氏此种诈术确出唐绍怡等所主使。闻袁令唐带同往沪之六十余人外，现又由海道续遣一百四十余人，分赴各省游说，非君主立宪必召瓜分之祸云云。此种游说之人，现已到直隶各地，务望通告我民，万勿为所愚弄，致生排外，堕彼术中。大局幸甚。天津公民支。

南京苏浙两军司令电：各报馆鉴：顷由各省代表交到黎大元帅冬电，内开各省代表均鉴：大元帅之职曾于东电力辞，谅已达览。顷准山西代表仇君亮、浙江代表陈君毅及敝省代表时君象晋、陶君凤集等面称，黄克强先生力推元洪为大元帅，元洪又复固辞。长此推让，稽延时日，至临时政府不能即行成立，深恐有碍大局。现代表团公同议决，特推亮等来鄂，邀求元洪承诺大元帅，并恳照勘电以副元帅黄克强先生代行大元帅职务，以定大计云云。元洪伏思，设立大元帅原为组织临时政府刻不容缓之举，黄克强兄宏才硕望，自足胜大元帅之任，乃谦让不居，屡推元洪承乏。元洪才识平庸，何敢当此重职！然勘电所载，若大元帅不在临时政府时，即以副元帅代行其职务。既有此明文，元洪姑顺代表诸公之请，承受大元帅名义，委任副元帅执行大元帅一切任务。盖以北虏未灭，事机急迫，临时政府急宜成立，故元洪不辞僭越之罪，望克强先生与代表诸君子力任其难，急筹进行办法，随赐教言，以匡不逮。祷切、盼切等因。现时，北虏未灭，和议难恃。惟盼临时政府克期成立，庶机关统一，方可急筹进行。今幸大元帅、副元帅允从各省代表所请，复由联军电请黄元帅即日莅宁任事，以维大局而定人心。即请各报馆刊布报端，俾资众览。是所盼祷。苏军司令官刘之洁、浙军司令长朱瑞同叩支。

《申报》1911 年 12 月 25 日 13958 号第 3—5 版

中国光复史：三纪上海议和问题

民国议和议参某君昨与外交团中人谈论议和问题，某君谓，清政府此次派唐绍怡君来此议和，恐无效果，惟于中国革命史上添一事实而已。要知，民主共和与君主立宪宗旨悬殊，万难调和。我民国一方面惟有坚持到底，务达目的；或袁世凯自知理屈，憬然反正，使共和政体即能成立，则其余一切均易解决。否则，袁与清廷决无良好之结果云。

《大陆报》云，中华民国议和总代表伍廷芳博士曾致函本馆，谓袁世凯如能承认共和政体，不再推迟，则民军或将举之为大总统云云。本馆接函后，以伍博士之意见已得略见一斑，而民军领袖黎元洪是否亦表同情，未能悬测。爰即致电黎君，叩问意见。兹得覆电云，大总统无论选举何人，如能遵依共和政府之要旨，鄙人必欢迎之等语。观此，则民军两大领袖之意皆非必欲赞助袁世凯受任共和总统，惟亦未始不钦仰其人。现信袁氏如能顺从彼等之意见，并宣布愿受此任，则彼等亦将助之也。

《申报》1911 年 12 月 25 日 13958 号第 6 版

夜郎自大之谈话

北京资政院各议员曾于上月二十三日下午八时谒见清内阁总理袁世凯，谈论良久，语多夜郎自大、不识时务。姑将是晚问答之言，详录于左，以供我同胞之一粲：

毓善问：现在战事已停，唐大臣暨各员南下协议。彼此若表同意，固为幸事，设或共和、君主两主义相持不下，或且有他项要求，最后办法若何？总理必有定见。再，英使出为调停，其主义何居？均请见示。

袁答：此次遣使南下，以恪守信条为主旨。余自河南起程，即抱定君主立宪主义，有以共和之说进者，余皆驳之。协议条款如关于政治改革，均可商酌。至于皇室问题，则非所应议；种族之说，尤不应言。近日，黎元洪、伍廷芳似均有转圜之意。此举或可和平解决。再者，余连日晤见各国公使，如美英德俄诸大国，其政府均有电来，对于中国君主立宪似皆赞成。美报界主笔某，向固提倡共和者，今亦知中国时势非君主不可矣。在英使，出而调停，实本此主义。余意，此次和议有各国出席监视，民党当不至十分拒绝。设或结果不能和平，则我得各国之同意，亦自易为力也。

陈瀛洲问：议和地点先在汉口，现又移至上海。但上海人品复杂，议论不正，恐有危险。总理以为何如？

袁答：前者，因汉口为战胜地，较易为力，故定在汉口。惟黎等请在上海，余亦以为汉口较好，不过鄂事已松，沪事尚炽，在汉口议妥后，上海若不服从，恐又费事。莫若在沪开议，虽议事手续稍难，如有成效，可冀一劳永逸。

陈又问：东三省近日乱状如何？再，现在东省代表已来三人，面谒宫保，请宫保竭诚以待。缘此次奉旨各举代表来京，应者寥寥，惟东省应召即来，为各省倡，似宜优待以收人心。

袁答：东三省匪乱现无足虑，所可虑者外交耳。日前，已与日俄公使严行交涉。据云，东省及北京等决不至有何暴动。彼二国毅然担任，似可无事。三省代表来京，余因事冗，尚未接见。昨已详细覆书，如有未尽事宜，当订期再见也。

毓善又问：借款归宿是否外人有意拖延观望？

袁答：借款一事匀堆虽已签字，因乱事未定，辄托乱迟延。余已电达前途，若数日内仍不交款，即将前约取消。现已由他处另筹，但使目前稍能敷衍，自以不借此款为善。

王季烈问：前次面见，宫保言部款只可支持二十日。今又逾数日矣，外债不成，究竟尚能支持几时？

袁答：现在极力撙节，并设法筹措，约尚可支持一月。

毓善又问：自武昌陷后，瑞澂潜逃。当时未即正法，以致各省守土官吏纷纷逃匿，更有将库款席卷而去者。现在人心大坏，似宜将此项人员置之重典，以伸国法。

袁答：此事，余思之已久。诚如所论，惟办法甚难：一则诛不胜诛，二则罪魁祸首尚不能办，遑论其余。顷已派人确查。俟大局稍定，必有确当办法。

王季烈又问：伍廷芳固主张共和者，现为代表，尚坚持否？

袁答：伍本余之老门生，人尚无他，惟年老，脑筋已坏。其初主张共和，以为列强必无瓜分中国之意。嗣余遣人以时势现状为之解说，并示以乱后各国觊觎实据，彼似稍稍省悟，已连上三函，余未之答。今又挽美使先容，余仍未报也。

毓善又问：现时南省，如闽浙江皖，各督抚员缺均未简放。虽各该省乱事未靖，而长官不可久悬，诚恐人心误会，谓朝廷摈之不顾。请宫保注意。

袁答：此事屡经阁议，亦有为此论者。单已开妥，其所以尚未简放者，因现议媾和，先从各省有自举本省长官之说。

于邦华问：各省自举长官，与中央内阁权限不符，官缺仍应归内阁简放。

袁答：此论甚是，惟恐与和议稍有阻碍。事定后，仍须照常简放，不过稍缓而已。

于又提议，请将预算案，无论资政院如何，总须早交院议，以便明年开支。

袁允之。

王季烈又问：现在停战，是否已乱各省均能一律服从民军命令？

袁答：民军并无统一命令，至各省民党宗旨，黎元洪更不能遥制。前定停战条约时，即声明秦晋蜀不在其内。惟仍不得续添兵械。此事，余已向其诘责，谓各省既不能服从汝之命令如约停战，该党若于停战期内扰乱劫掠，岂能听之？况秦晋等省商民均有请兵靖乱之信。以此电达介绍人，现尚无回电。

《申报》1911年12月25日13958号第6—7版

12月26日

公电

广东临时省会电：上海各都督鉴：粤都督胡君汉民往沪组织临时政府，经省会公推陈副都督炯明任代理临时都督。地方安靖。广东临时省会歌印。

福州孙都督电：沪陈都督鉴：欢迎孙中山君。闽托陈子范代表都督孙道仁歌。

上海共和建设会商界共和会致袁世凯电：袁内阁鉴：共和种子布满天下，势已成熟。为满廷计，与其迟共和，受种族之实祸，莫若早共和，享退让之美名。民情犹川，川壅必溃，溃不可收，大非长策。乞速转请降谕退位，以定大局。幸甚。共和建设会商界共和会鱼。

扬州林徐两司令电：沪陈都督鉴：电悉中山先生回国，闻之欢极。敝军已派司令副长李竟成为代表，来沪欢迎，已出发。特先电闻。江北北伐军总司令林述庆、军司令正长徐宝山印歌。

扬州林总司令电：各省都督鉴：全国参谋本部设在南京，敝部已派员前往。北伐临淮总司令林述庆叩歌。

嘉兴共和促进分会电：各报馆鉴：浙江临时议会所议议案，貌袭共和，阴图私利。争设常驻议员，是其明证。本会全体反对，望议员速即辞职，否则激烈对付。共和促进分会鱼。

《申报》1911 年 12 月 26 日 13960 号第 3 版

孙中山到沪矣

民党领袖孙中山先生与美国大将郝末里及粤都督胡汉民君由香港乘英国邮船特凡哈号来沪组织共和政体，已迭志前报。兹悉，孙先生已于初六日上午九点三刻钟抵埠，由公共租界三马路浦滩登岸，换乘汽车向南京路迤西而去。闻系先生旋至爱文义路民国交涉总长伍廷芳君公馆内，与伍君晤商一切。

另一友人报告云，孙中山先生暨胡汉民都督等十余人于初六日晨，搭英公司轮船抵沪。先由黄中央、谢蘅窗、陈根香三君向宁绍轮船公司商借江利轮船，于初五晚开至吴淞欢迎。翌晨，随英公司船进口，停泊浦东码头，即由三君接上江利轮船，驶至三马路海关码头上岸。其时，中西人士手提快镜摄影，并脱帽致敬者甚多。孙先生即乘汽车，至哈同花园中膳。一时车马盈门，甚为热闹。黄副元帅暨伍外交长与各都督亦均往见，颇形欢洽。

《申报》1911 年 12 月 26 日 13960 号第 3—4 版

中国光复史：四纪上海议和问题

中华民国议和总代表伍廷芳君与清议和使唐绍怡君各率参赞，与居间之英德美法俄日六国领事在英大马路小菜场楼上市政厅两次会议，未经解决。驻沪外交界莫不注意，上事曾经电致驻京某西报访员，向清内阁袁世凯面询意见。闻现已接到覆电，谓袁亦赞成民主立宪，已电饬各处清军于会议期内一律停止开战等语。果尔，则共和政体不难成立矣。《北京日报》向为满虏之机关报，彼都人士无不知之。其上月二十九日第一条新闻所纪“袁世凯之政见”，尽是欺人之语。时至今日，袁果尚有此梦呓耶？或系该报臆造，取媚满虏亦未可知。今将其所纪新闻诠载如下：

日昨，袁内阁通电各省，宣布政见，略谓此次派唐绍怡赴上海议和，实为商议改革政治问题。（改革政治，自有民国大总统主持。此时何庸商议，更何庸与满廷商议?!）本大臣向来坚持君主立宪政体，即英德法俄日本亦均赞成君主而反对共和。（文明各国何尝有此意见，未免厚诬。）故此次上海会议之结果，可预料其决无改为民主之理。（袁世凯果能预料，何必违约派兵防御北伐!）乞台端竭力抚绥，幸勿摇动云云。

又初一日，《北京国民公报》云，议和大臣唐少川致袁项城电，谓此次议和之事英公使朱尔典从中调停之议章皆属至公至信，两方面均赞其嘉美。惟某国（究指何国?）则居心叵测，（此语不可解。）令人多生疑虑。宜随时提防，勿坠其术中云云。

《申报》1911 年 12 月 26 日 13960 号第 4 版

12 月 27 日

中国光复史：五纪上海议和问题

中华民国议和总代表伍廷芳君与清议和使唐绍怡君两次议和，未经解决。由唐君电达清内阁，请示续议等情，屡纪本报。兹闻，袁内阁亦甚赞成民主立宪，现两方面均以停战限期将满，且民党领袖孙中山君亦已莅沪，应即解决。闻昨已分别咨照外交团，预备今日午后，仍在市政厅续开正式会议，俾早解决，成立共和政体，而免各种营业上之受损云。

上海国民协会、共和促进会、商界共和团、共和建设会四团体昨日刊布传单，云清使到沪十日矣，和议未决，人心皇皇［惶惶］。伍廷芳先生为全国国民代表必能自达共和目的，使我全国国民受圆满之结果。设使虏廷倔强，和议决裂。君主立宪我全国国民万死不认，誓当黄龙直捣，还我河山，以上慰我祖黄帝之灵，下慰死事诸同胞之义。当此和议未决，尤宜强者出力，富者出资，全力预备北伐，以为议和之后盾。切勿因议和而稍涉因循，致堕敌人缓兵之计。凡我全国国民誓之，誓之!

《申报》1911 年 12 月 27 日 13961 号第 4 版

孙中山莅沪续纪

中国民党领袖孙中山先生前日抵埠后，即于下午五点余钟偕广东都督胡汉民君等乘坐汽车莅法新租界宝昌路四百零八号大洋房行辕暂驻。旋经法总巡麦兰君及沪军都督陈英士君、民政总长李平书君等先后诣行辕拜谒。当经孙君接见，晤谈片刻，旋即辞出。麦君另派安南捕七名，各荷洋枪在行辕周围轮流梭巡，又饬华探两名及二号西探驻辕日夜防堵闲人，一概不许入内，关防异常严密。陈都督亦商通麦君，派出民军马队四名，在彼保护。

《申报》1911 年 12 月 27 日 13961 号第 4 版

12 月 28 日

公电

共和建设会电：南京十四省代表团公鉴：组织临时政府，请举孙中山先生为总统，以救国民，兆众一志，全体欢迎。共和建设会庚。

驻宁各省代表会电：各省都督府、咨议局、各报馆公鉴：十月二十四日，由各省代表决议，二十六日在宁开临时大总统选举会。旋于二十五日以特别事故，决议暂延时日，临时另行布告等因。今本会议决，于十一月初十日上午九时在宁开正式选举会，选举临时大总统。特此布告。各省代表会叩阳。

又电：本会定期于本月初十日上午九时开正式选举大会，选举临时大总统。此不独创立共和政府之第一要着，抑亦我国亘古未有之盛事也。凡我国民，应于是日悬挂国旗，以志庆典。

安庆孙都督电：沪军陈都督鉴：今日有江宽、江孚及大阪船满载军士，由皖上驶，并未停轮。是否装载我军？祈查明速覆。毓筠阳。

南昌电：上海陈都督转孙中山先生鉴：接沪电，敬悉大节。抵申赣省军民，同为额庆。光复祖国，组织共和，尤惟先生是赖。除已派代表在沪欢迎外，特此电贺。赣省军政府马毓宝、吴介璋，各部长暨全体军绅商学各界公叩阳。

南昌军界电：正副大元帅、各省都督暨分府各省代表、各报馆鉴：满夷未灭，袁虏方张。汉族将士同深疾首，肉薄血飞弗所愿恤。此间有劲旅一镇，群思效死，联同北伐，誓灭魂酋而朝食。和议诡计，素祸中国。最后解决，惟待征诛。幸毋堕毒，谋老我师，亏一篑功，贻万世祸。汉族幸甚。赣省统兵官方先亮、许炳蘗、蔡森、蒋群暨军界全体公叩。

苏州商会电：各报馆鉴：苏城钱业除晋源倒闭、豫康收账外，其余各庄均照常营业，秩序无紊。外间所传钱业周转不灵，未免失实，恐因讹言而生误会，殊于市面有碍。特此声明。苏州商会齐。

《申报》1911 年 12 月 28 日 13962 号第 3 版

中国光复史：六纪上海议和问题

中华民国议和总代表伍廷芳君与清议和使唐绍怡君本拟于昨日午后续行会议，嗣因两方面尚有许多疑难问题均须预先斟酌，然后再开正式会议，解决一切，俾免临议迟疑迁延时日，故昨日未经开议。

唐绍怡君于昨日午后至伍廷芳君公馆内拜会，由伍君延入，商议良久而别。

商界共和团全体上唐绍怡书，云："世运方新，天心厌乱。公受北廷之命，来沪议和。成则共享升平，不成则兵连祸结。公之责任可谓重矣！惟外间传闻，谓公主张君主政体，仍欲推戴满清。窃以为，贤明如公必不出此。但人言藉藉，或亦不尽无因。故前日各业代表开会，佥议忠告于公，公亦汉人，岂不念汉族同胞受满廷压制之苦乎？公亦曾读儒书，岂不知春秋复仇之义乎？公亦尝游学美洲，岂不知民主共和愈于异族君主之专制乎？公之所以推戴满清者，外间臆测以为总不外维持自已之富贵利禄，虽然当此人心思汉大意亡胡之会，相继起义者已十五六省，满廷尚岌岌不可终日，而谓公之富贵利禄可藉满廷以长保乎？假令满廷或能苟延残喘，然鸟尽弓藏，满人故智。当彼族安全无事之日，宁复念我公折冲樽俎之劳乎？况就实际而论，清廷实权已归袁氏，满人徒拥虚位，已无能为。公与袁氏交谊颇深，曷不劝袁反正？袁如反正，则兵戈顿息，生灵免涂炭之殃，中外通商依然复盛，外人方欣喜赞成之不暇，宁有反而干涉者乎？袁氏果能建此伟勋，必不失共和国之大统领。公能劝袁反正，一言而定天下，则公之勋烈更伟！他日，铜像巍峨，公当居首，后人读史见大书特书，曰'汉人唐某劝汉人袁某反正，使共和国之大功告成'。青史流芳，千岁不灭，岂特一时之富贵利禄云尔哉？万一我公不此之务，仍欲推戴异族，反对共和，则群情愤激，或将不利于公。仆等虽有百口，无以为公辩护矣。要之，渴望共和，万目一的。全国之身家性命，视公之许否为安危；公之身家性命，亦视此次之成否为荣戚。事机已迫，惟公速裁。"

商界共和团正副会长上伍外交总长书：云："北使来有日矣。窃谓，成否两言决耳，迁延时日堕其术中。皖晋前车可为殷鉴。敝团成立仅一星期，各业俱表同情。来者数百人，佥以为宜举代表晋谒执事，就询一切以释群疑。某等因知公为一代伟人，必能力主共和，无负四百兆人之托。刍荛之献，何裨高深？但和议成行若何，外间无从探悉，群疑满腹，长此安穷？某等托身实业界，尤惧人心惶骇，酿成经济上之恐慌。是以决定推举代表某两君，面谒执事。惟念我公机务旁午，究竟何时始能接见，务乞先期示知，俾免唐突。万一执事无暇赐见，则乞将理由示知，以便宣布大众为荷。"

《大陆报》云，本馆据唐绍怡君函告，谓议和问题，刻尚未接北京确实覆音。惟大局殊有可望云云。初七日下午，盛传唐已离沪，但至夜间，唐犹未去，且闻唐并不欲即行他往。伍廷芳博士昨日下午谓，和议并无新气象，不知何日始可续议。昨午，唐绍怡君拜会伍廷芳博士，晤谈数分钟。据伍博士云，北京尚无确实消息至沪。

《申报》1911 年 12 月 28 日 13962 号第 4 版

孙中山莅沪三志

民党领袖孙中山君自前日抵沪后，登门谒见者络绎不绝。其宝昌路四百零八号行辕之前车马充塞，应接室内座为之满。其所延日本书记逐日以客姓名登录册上，已有多页。孙君声称须稍缓数日，始有言论宣布。《大陆报》记者曾问以数事，孙君宁神静听，大半置之不答，且常闻言而发笑。兹将问答之语纪载于下：

（问）随君来沪之日人为何人乎？

（答）人多不能尽忆其名，余之书记当纪之。

（问）彼等皆陆军人物乎？

（答）内亦有之，不尽是也。

（问）君偕许多之日人来此，亦曾思及足招物议乎？

（答）此何足虑。同来者尚有英美两国人，惟余之书记则为日人耳。

（问）随君同来之日人，与革命之举有关系否？

（答）君何忽发此语？

（问）余盖问彼等将来是否将参预组织共和政府耳。

（答）余不能云。日本对于吾人之起义极尽友谊。

（问）君与日政府有交谊否？

（答）吾人与各国政府皆有交谊。盖吾人组织新政府，极望与各国益敦睦谊也。

（问）君是否为中华民国之候选大总统？

（答）此为另一问题，余所不能答者也。

（问）郝末里将军告余，曰君之来此，系应十四省之请，以就总统之任。其然乎？

（答）郝末里将军既告君，余无庸复言。

（问）君携款来乎？

（孙君大笑而答，曰）君何为而有此问？

（《大陆报》记者曰）此间舆论谓今日两党之胜败，全恃财力为转移。故余有此问。

（孙君曰）民军未必需款。彼等皆本热诚而起义，余未携款来，惟携精神以贡与民军耳。

（问）民军之中，有彼此争讧者乎？

（孙君大笑，曰）争讧乎，中国字典无此字也。《大陆报》中之纪载，或有争讧之处。民军中，则无此也。黎元洪都督已派代表十人，欢迎鄙人，各省亦然。吾人固未尝争讧也。孙君并以黎都督富于思想，于问答之际称赞不置。

孙君此次由伦敦赴华，先乘大英公司马尔当轮船抵哥伦布，即在该处改乘特凡哈轮船。每抵一口岸，必发电至华及世界各处。过香港及新嘉坡时，复遇多人随之同行，尤以日人居多。所过远东各口岸，欢迎之人亦以日人为多。闻孙君在船颇为和霭，时与同船之客纵谈各事，惟不涉及中国革命问题。而述及日本政事之时，则兴尤勃勃。据同船之某西人云，孙君常畅论日本所成之功业。每至言及日本军队之勇武，尤见兴奋。彼谓，日本军队之精神实为中国之模范，同船之人皆知随孙君同行之日人，大半系有军事阅历，将由共和政府用为顾问员云。

孙君对于革命一举，缄默无言。惟郝末里将军则纵谈无隐。彼告同船之客云，余等离香港后，即以抵沪之期电告上海。上海民军商定以军舰两艘欢迎孙君，吴淞口炮台并将升炮二十一响，其礼与欢迎美国大总统相等。有问其军事阅历者，彼辄含糊答之。据谓，彼之军事阅历系在中国所得，彼将充中国民军之陆军参谋总长，并参议北伐之策云。

郝末里将军复告同船之客，谓彼在英国及欧洲大陆时曾与各国政府外务大臣讨论中国大局，敢谓外国必不干涉，且谓已与美政府商妥此事。

特凡哈轮船抵沪时，船中之客皆出视欢迎之礼。惟船过吴淞炮台时并未升炮，亦未见有人欢迎。据郝末里将军声称，必因发沪之电有误所致。闻上海陈都督曾派巡洋舰一艘，赴吴淞欢迎孙君。维时适有迷雾，故特凡哈轮船驶过时竟未之见。

郝末里君自称为中华民国孙大总统治下之陆军参谋总长。昨日下午，与《大陆报》记者纵谈彼与民军之关系，郝末里君以兵学著名，尝著《愚昧之勇》一书，论美国有为日侵攻之虞。此书出版后，欧洲人严加评论，误会郝末里君与美国陆军必有关系。昨日《大陆报》记者问以一切，郝末里将军靡不直答。其问答之语如下：

（问）君为民军办事已几年矣？

（答）将近十二年。

（问）君居何任？

（答）陆军参谋总长。

（问）君任参谋总长有何职守？

（答）亦与寻常参谋总长同耳。

（问）然则，君将指挥民军及黎元洪都督之战务乎？

（答）黎元洪都督之战务，余不致干豫。陆军参谋总长不过为总统藉以传令与陆军之人耳。

（问）君意孙君将任中华民国之总统乎？

（答）可以豫决也。余等在伦敦时，曾接十四省代表电信，请孙回国任大总统。当时余等甚为忙碌，不欲离英。嗣以各省电促，故即启程。余等在英阻挠干涉，颇费周折，今危险已过，不复可虑。此间近来对于干涉问题颇多无谓之谈，不知此事久已消弭，今已无患矣。

（问）君与葛雷君及欧洲外交家尝讨论此事否？

（答）然。

（问）然则君由民军委以外交之任乎？

（答）否。彼等皆为余友，余驻伦敦时，彼等均惠然来顾。劳勃脱君尝顾余于逆旅。彼等皆尝读余所著《愚昧之勇》一书，此书已译成日文出版。仅及一月，此书已翻印二十四次，销行八万四千册。

（问）中国革命起于此时，君亦震骇否？

（答）然。

（问）君为美人，何以能任民军之参谋总长？

（答）此事业已商妥，美国将校来助民军者，不止余一人。

（问）此事大可诧异。美国陆军将校何能准其来华以助如此之战事？

（答）君知英国将校亦将来助吾人，则亦将诧异矣。

（问）英国将校何时来华？

（答）余不便发表，惟彼等已将抵此间。

（问）君抵此后曾见民军领袖乎？

（答）皆见矣。

（问）伍廷芳博士亦见过否？

（答）未也。余拟今日下午出门，奈无暇耳。

（问）领袖何人乎？

（答）余不能悉忆其名。

（问）偕君及孙君同来之日人为谁？

（答）余不知也。在香港晤余等者，共有中日两国人七十五人，内有数人为日本新闻记者，见余后有所谈述，其余日员为专诚往见孙君者，此外尚有华员数人。但随吾人同来者，以日人居多，余不能尽忆其名，惟知中有曾译余之书池君耳。

（问）君与孙君在中国各口岸所受欢迎之礼，其能满意乎？

（答）极为满意。广东曾派巡洋舰两艘，此间曾派巡洋舰四艘欢迎余等。惟余等过吴淞，较豫料之时约早八时，巡洋舰周围游驶，不能觅获余等。吴淞炮台且拟升炮二十一响。

（问）升炮何意？

（答）此为敬礼总统之炮。

（问）君从何而得将军之职衔？

（答）余于十一年前尝组织陆军四镇，以救清光绪皇帝。余即诸镇之统制也。

（问）此军在何地组织？

（答）大半在南方，由美国士官统带。既而，余复任在美中国军队之统制。

（问）君与美国陆军有何关系？

（答）韦斯脱帕印脱及安拉帕列斯考试时咸用余所著之军务书籍。

（问）君与政界有何关系？

（答）并无关系，此实误会也。

《申报》1911 年 12 月 28 日 13962 号第 4—6 版

12 月 29 日

评论：论今日当以援鄂为先（聿溪投稿）

溯自鞑虏入关以来，垂二百六十余年。其间起义之师前仆后继者，不知凡几矣！幸而天佑黄裔，笃生伟人。黎公起义于武汉，同胞响应于四方。不两月间，光复者十四省，义旗所指，枕戈欢迎。目下，南京光复，东南大局已定。惟虏廷未覆，袁贼狡诈，乘议和息战之机，以全师攻秦晋，图大举南下。彼其耽耽注目者，在觊觎我武汉，以溯江而东。夫武汉为民军发祥之区，根据所系，万不容贼寇稍事侵越。连日报章所载，莫不以援鄂为目前唯一之急务，可见关系之巨。众议佥同，固无庸鄙人饶舌矣。顾今之论者，以为燕京未下，贼巢未破，操莽之徒坚持君主政策，破坏共和，我民军誓死决不承认，议和之说终成画饼。故一方面宜援鄂，而一方面宜北伐，俱为刻不待缓之举。其言似也。第就管见所及，援鄂尤较北伐为急。以地利言，武汉虽为民军根据地，然地当孔道，利战不利守，不能藉武昌一隅，视为完全重镇。故援鄂当在北伐之先。以人心言，武汉未定，民心易摇，北军伺隙南下，贼焰汹汹，非援鄂不能进北伐之兵。以天时言，目下序交冬至，北河封冻已久，陆军纵不畏风雪之阻，而海军恐失其游弋之功。不如先定武汉，俟京汉铁路全部交通入我掌中，然后统兵北上，疾卷黄龙，则奄奄垂毙之虏贼不难一鼓下之，大局可以不劳而定也。窃愿与爱国健儿一商权之。

《申报》1911 年 12 月 29 日 13963 号第 2 版

中国光复史：七纪议和问题

本馆特别访函云，清廷议和专使唐绍怡君来沪已有旬余，虽与民国交涉总长伍廷芳君两次会议，尚未解决。原订礼拜三（初八日）续议，讵袁世凯心计狠诈，借议和为缓兵之计，竟于停战期内调兵遣将，先占娘子关。早经民军电诘，袁始终掩饰不认。讵意，近日又陷太原。伍总长得信后，以袁违背条约，无理已极，立向唐使诘责。唐无词以对，允即电致北京，详询情形，须候电覆到后，始可定期再议。民党要求先在南京组织国会，解决政体一事。闻唐使已得袁世凯电覆，略谓既称民主共和，应合满蒙回藏为一体，各派代表到会，方称完全。而蒙藏辽远，交通不便，非待数月不能齐集，且相持既久，受损尤多，应再咨商，别筹良策，并非有意反对。至欲推为总统，亦不愿任受云云。闻唐已据电转覆伍总代表矣。粤省北伐军步兵第一、二、三，三营兹由一营管带吴庆恩等率领，于前晚由沪分乘江轮及沪宁火车，前赴金陵驻扎。盖因清使来沪议和尚未解决，如果一旦决裂，即可由陆出发，免堕敌人缓兵之计。

《字林报》云，民清两方代表自上次会议之后，上海与北京函电交驰，今已渐有确实之结果。

唐绍怡君主张在南京召集国会，公决中国应行何种政体，其会员由各省咨议局或都督选派。旋唐以此议进袁，并电致驻京各国公使，请其运动袁世凯承认此议。现各公使已遵电实行，将来该会如果召集，并将由袁世凯宣布清帝谕旨。设能劝令满人承认此举，想上海民军亦必能承认也。

民军今不允迁延解决此事，盖恐袁世凯利用时日，筹借外债以固清军之地位也。是故，下星期日停战期满，或不致再行展期。惟国会则可展期召集云。

唐绍怡君昨日（初八日）曾与伍廷芳博士私会，讨论一切，惟内容未经宣布。

《大陆报》载，初八日北京电，云闻袁世凯颇愿以中国应行何种政体委决于国会，惟国会须代表全国，必合汉满蒙回藏为一致。现，袁并拟劝喻皇族及宫廷承允此举，如将来国会赞成共和，则清廷即应撤去政权。论其实，不啻即为逊位也。并闻皇族中人已允从袁之请，且甚以此议为然。

袁世凯已致电唐绍怡，答复民军要求，召集国会公决政体之议。袁谓，选举之法应先筹议，选举代表赴会以前，必先设法恢复和平。故该会决不能按民军所定之期召集，因远地之藩属不能如期赶到，则对于国会议决之案将持异议。此事手续须需数月之豫备云云。电内并饬唐绍怡，如议定选举代表合宜之法，即行电告。闻此电系袁与皇族会议之后始发出者。

《文汇报》载，初九日北京电，云袁世凯以上海民军要求解决政体之议呈交载沣、载涛、载洵、奕劻、溥伦、载泽核议后，即邀集诸人于初九日在清太后宫中开会讨论对付方法。现外间谣传，宫廷讨论之事，一为南北分疆，一为接续开战。拟于二者之中择一行之，且谓袁世凯目下仍主张君主立宪云。

袁世凯拟令亲贵输助巨款之举，似已失败。袁之左右皆诋唐绍怡背畔［叛］清廷，至民军要求召集国会一举，此间议以天津或北京为开会之地，每省各举本地人或富人三员，以充代表，一面仍在设法筹借巨债。盖葛地男爵之借款已完全失败也。

《申报》1911 年 12 月 29 日 13963 号第 4—5 版

呜呼可怜之京师

清钦天监准内阁来文，据资政院提议，请改阳历一节已奉旨，着内阁饬交该监办理等因。昨经该监各堂会议，如在十一月十三日实行，所有应行赶办各事诚恐不及办妥。爰即禀明内阁，暂缓实行，按照本月十三日推算，至四年底为实行之期，约于日内可以覆奏。

自清廷自由剪发之伪谕宣布后，北京各部堂司剪去辫发者甚伙。外务部自堂官以下，全体二百余人，一律剪去。其他如陆军部、邮传部、内外城总厅剪发者，亦居大多数。虽素称顽固之度支部，司员中闻亦剪去数十人云。

自川鄂事起，东南各省纷纷独立，应解交部库之款均被扣留，中央财政因之大受恐慌。各部衙门大有不以支持之势，农工商部困难尤甚，前月曾将赏牌银镕化，得银万余两，勉强支持。惟陆军部司员则毫无恐慌之色，因陆军部尚存有现银二百数十余万两，闻此款系当日建造陆军部时由地窖中掘出，除建造费外，尚存二百数十余万两，为该部私款，迄今尚未动用。

自武汉事起，声势赫赫之载洵胆小如鼠，惊恐异常，故于月前即请假匿居，每日派兵在其所住房屋周围昼夜梭巡，其惊恐之状令人失笑。后经某劝乃上，至其居常怏怏者，固由于剥夺政权，亦因其平日纳贿过多，而代人谋事又复不忠。现一般曾经行贿之人，均欲向其索偿，渠本视财如命，故益形恐慌云。

那晋本一龌龊不堪之人，前曾移家乡间，所有财物尽行被抢。而那晋常往来于京津之间，以为避祸之计。渠本清贵胄，陆军学堂监督，前月因欲脱此职务，避居天津，遂邀同载润同时辞职。润以某班学生再迟一日即行毕业，不允。渠无法，竟乘润未到堂之际，告众学生曰，北京危在旦夕，你们还在此上学？则甚众学生闻监督之言，即纷纷散去，而那晋遂得往津而去。事后，全堂大愤。润不得已，故近又召集学生，照常上课矣。

《申报》1911 年 12 月 29 日 13963 号第 6 版

庆贺选举大总统

商务总长王君昨出通告，云顷奉沪军都督函，转接南京各省代表来电。本月初十日上午九时，在宁在会选举临时大总统，电饬各属届时一律悬挂国旗，同祝盛典。为此通告各商号，届时一体悬旌，共伸庆贺。切祷。

《申报》1911 年 12 月 29 日 13963 号第 18 版

12 月 30 日

公电

南京各省代表会电各省都督府、咨议局、各报馆公鉴：本日（初十）在宁开临时大总统选举会，到会者十七省，孙中山先生当选为临时大总统。特此布告各省。代表会叩蒸。

沪军都督电各省军务、民政各官鉴：上海会审公堂尚未收回，谳员仍系满委。本府深恐罗织军人，暗中助敌，已由本府交涉司严定取缔办法，照会各国领事，如有该公堂公文，径向外省传提人犯，未由木［本］府交涉司备文知照者，请勿照准。沪军都督陈印。

广东陈都督电程都督、陈都督鉴：佳电悉。组织临时政府，南洋、美洲华侨公举代表赴会，请允有选举投票权一节。查外洋、美洲华侨助力革命事业甚大，广东临时省会选举代议士经允其有选举权及被选举权，现所请允有选举投票权，似应照准。代理粤都督炯明佳。

清江蒋都督电陈都督、程都督鉴：佳电敬悉。已电请南京代表团参与议会，协同选举。谨此电复。江北蒋雁行佳。

南京都督府电上海陈都督、镇江江阴各军政分府鉴：顷接黎元帅电称，日本驻汉海军因水浅将撤回国，继之驻汉者为陆军兵队。现有日本陆军，兵数约七百人，乘南洋丸由上海来汉。其服装灰黄，与北军相似，望勿误会等因。敬希转饬各军遵照，万勿轻率，致酿交涉。德全佳。

南京都督府电上海陈都督鉴：两佳电敬悉。顷复沈电文曰，南京光复，经江浙联军公举徐君绍桢为北伐联军总司令，现驻南京，组织北伐军队。海军总司令前举程璧光，因程未到，以黄钟瑛代理其职等语。特闻。都督府佳印。

《申报》1911 年 12 月 30 日 13964 号第 3—4 版

阁电

初九，北京内阁奉旨：朕钦奉隆裕皇太后懿旨，内阁代递唐绍怡电奏，民军代表伍廷芳坚称，人民志愿以改建共和政体为目的等语。此次武昌变起，朝廷俯从资政院之请，颁布宪法信条十九条，告庙宣誓。原冀早息干戈，与国民同享和平之福，徒以大信未孚，政争迭起。予惟我国今日于君主立宪、共和立宪二者以何为宜，此为对内。对外实际利害问题，固非一部分人民所得而私，亦非朝廷一方面所能专决，自应召集临时国会，付之公决。兹据国务大臣等奏，请召集近支王公会议，面加询问，皆无异词。着内阁即以此意电令唐绍怡转告民军代表，预为宣示。一面由内阁迅将选举法妥拟，协定施行，克期召集国会。并妥商伍廷芳，彼此先行罢兵，以奠群生，而弭大难。予惟天生民而立之君，使司牧之，原以一人养天下，非以天下奉一人。皇帝缵承大统，甫在冲龄，予更何忍涂炭生灵，贻害全国。但期会议取决，以国利民福为归。天视民视，天听民听。愿我爱国军民，各秉至公，共谋大计。予实有厚望焉。钦此。内阁总理大臣袁世凯署，外务大臣胡惟德、民政大臣赵秉钧署，度支大臣绍英、学务大臣唐景崇、陆军大臣王士珍署，海军大臣谭学衡、司法大臣沈家本署，农工商大臣熙彦署，邮传大臣杨士琦（差）、理藩大臣达寿署名。

奉旨：内阁代递冯国璋奏，请简禁卫军两协统领官一折。王廷桢着调充禁卫军第一协统领官，姚宝来着充任禁卫军第二协统领官。钦此。内阁总理大臣袁世凯、陆军大臣王士珍署名。

《申报》1911 年 12 月 30 日 13964 号第 4 版

中国光复史：各省代表欢迎孙总统

南京各省代表团公电，云陈都督速转孙中山先生鉴：今日，十七省代表在南京行选举临时大总统典礼，先生当选。乞即日移驾来宁，组织临时政府，并由本会议长汤尔和、副议长王宠惠至沪欢迎。特此奉告。

孙逸仙君昨日下午三时接到选举总统正式报告后，随有民军领袖百余人聚集惠中旅馆大厅，并于旅馆之前高悬民军旗号，以表敬礼。孙君旋乘汽车而至，各员皆高呼致敬。晚间并设盛宴，以志庆贺。

《申报》1911 年 12 月 30 日 13964 号第 4 版

记第三次议和条款

清廷议和专使唐绍怡君前日接到清廷谕旨后，当即知会民国总代表伍廷芳君，于昨日续开正式会议。午后二时半，伍唐两君各率参赞并居间之外交团及洋商李德立等先后莅止。捕房警卫非常严重，市政厅内外仍由中西印各捕荷枪巡逻，泥城桥至浙江路口一带由骑巡队往来守护，阻止车马行人。闻伍总长曾向唐使诘责袁世凯种种违约悖理，措词甚为严厉。旋又议定条款如下：

（一）现在两全权代表会议图解释猜疑以安大局，特订定条款如左。

（二）开国民会议，解决国体问题。从多数取决，决定之后，两方均须依从。

（三）国民会议未解决国体以前，清政府不得提取已经借定之洋款，亦不得再借新洋款。

（四）自十一月十二日早八时起，所有山西、陕西、湖北、安徽、江苏等处之清兵五日之内一律退出原驻地百里以外，只留巡警保卫地方。民军不得进占，以免冲突。俟于五日之内商妥罢兵条款后，按照所订条款办理。其山东、河南等处民军已经占领之地方，清军不得来攻，民军亦不得进取他处。

《申报》1911 年 12 月 30 日 13964 号第 5 版

清廷承认公决政体之原因

《大陆报》载，初九日北京电，云今日清内阁会议甚久，旋各亲贵又在宫中开会。闻亲贵各员对于今日公决政体上谕争持甚烈。袁世凯即奏明清太后，谓今日挽救大局，舍召集国会外实无良策。如朝廷不从此议，则余计无所出，惟有辞职而已。清太后韪之，并力恳其留任。袁遂向诸亲贵宣言，各王大臣如能接济巨款，以充军实，则余愿仍与民军决战云云。当时竟无一应者。袁乃主张，以政体问题委决于国会。争辩良久，诸亲贵始各承认，清太后之上谕乃下。

《字林报》载，同日北京电，云今日清太后与袁世凯及诸亲贵，终朝讨论上海议和会提出各款。载涛、毓朗力持反对之议，后由庆王劝谕，始肯承认。清廷遂饬令内阁编订开会章程，一面通告上海议和会，声明愿静候国会公决政体问题。清廷此举不啻已承认逊位也。

《文汇报》载，同日北京电，云《德文报》代表往谒清庆王，颇蒙礼遇。庆谓，上海议和之后，大局无甚进步。清廷一方面殊不愿续战，且目下已无续战之余地。今晨，诸亲贵在隆裕太后宫中集议上海民军要求公决政体一事。清政府业已承认，惟召集国会事体重大，极难筹划实行之法。此事既由民军提议，当由民军任其艰难，与清政府无涉。外间谣传，清帝不日将逃往他处，或南北分疆之说，皆属子虚。中国今必一统，始可巩固而持久。此事各国想亦计及之也。各国今于清政府困难之际不肯出资相助，致清政府计穷力竭，令人深为抱憾。且谓，各亲贵皆与彼同意，现已设法济助政府云。

《申报》1911 年 12 月 30 日 13972 号第 5 版

北京之议和谈

初一日，袁世凯电致唐绍怡，云刻下南军已举徐绍桢为总司令，预备北伐，并作种种战争之准备，请即在议场提出诘问。倘该代表不能电阻，将来官军作种种战争之准备，该代表亦不能诘问云云。敢问清军在娘子关之违法，应作何说?!

是日上午，袁曾拜谒英德两使，约谈一小时之久。闻袁拟请英使再电驻沪英领事及各国领事，务于停战展限期内，协力襄助，平定中国大局。

英朱使既受袁之托，即于翌日遍邀驻京外交团，公同议定，分电驻沪领事团，云此次议和，无论如何，务须扶助，达到两方面平和解决之目的。且停战期短，恐双方讨论各种问题不克解决，宜向两方商榷，此次展期可合并续展，共为十五日，以便折衷解决一切。倘或不允，可以各国侨华商务因之受损为前提，要求两方务须允准。

初一日，唐绍怡致袁世凯密电，略谓伍廷芳本旧交，和议事已允竭力维持，可望就绪。惟秦晋等省，务请从速电饬停战，以免借口。

初二日又电，云初一日之会议，细察南军总代表伍廷芳之意见，似尚平和，而各省代表亦并不固执。惟于撤除王位，另选总统一节，主持甚力。是否能从斯意，请速指授机宜，以便遵办。

初三日又电，云民军代表抱定民主宗旨，百折不回。外交团亦不能调停，请即奏明皇太后，赶速决定政策，以免决裂时再致生民涂炭。

同日，又有急电到京，云议和展限一节，稍有转机。惟民军要求之事未敢允诺，非本大臣一人所能主张。所有条件，本大臣应随时电告。祈内阁慎重将事，庶免后悔云云。袁世凯接电后，当即覆电，谓此次议和期限实属紧迫，手续繁多，诚难从速了结。而民党不允展限一说，该大臣应随机应变，妥为商酌。日昨本阁曾接英领事一电，略谓展限一节似有可成，务望竭力从事，早日解决。（按：据袁电以观袁之命意，不过延宕时日耳。袁素狡诈，我民军千万不可大意。）

汴咨议局致袁世凯电，云北京内阁总理大臣鉴：和议方始，战祸又烈。秦晋进攻已非持平，倪军入皖更属失信，激怒人心，几败和○。设竟因此决裂，兵连祸结，全国糜烂，必致损及外人商务，破坏东亚和平。列强耽耽，安能坐视，必更借口保护债权，维持治安，派人监督财政，驻兵弹压地面，人民永堕奴劫，皇室不获优待，推原祸首，罪有攸归。公纵多术，宁能自保？汉阳战事已误事机，冯某开爵，段倪垂涎，争欲效尤。公素明断，万勿再为若辈所误。请速饬各军实行停战，以维和议，而全中国。大局幸甚。

《申报》1911 年 12 月 30 日 13964 号第 5—6 版

共和宪法会开会纪盛

昨日下午二时，中华共和宪法会在江苏教育总会开成立大会。孙总统委魏注东君代表，沪都督委曾孟鸣君代表到会。各界男女宾及会员甚多，当推刘树堂君为主席，由发起人郑允恭君宣布章程。通过后，即投票选举李平书君为正会长、伍秩庸君副之，又选郑允恭、徐企文等五人为总务、交通、研究、编辑、宣讲五部部长。继由孙总统、陈都督两代表暨社会党代表江君亢虎相继演说。魏君并表明孙总统赞成该会之创设，并合于共和时代新国民之研究。散会已钟鸣五下，由发起人邀当选者至尚文门内事务所筹议进行方法。

《申报》1911 年 12 月 30 日 13964 号第 18 版

12 月 31 日

评论：记孙总统之政见

自满清窃据中国，吾民呻吟于专制政府之下者，至今已二百六十余年矣！水深火热，厄运已极。天佑我华，降生中山，以名世之英豪，为斯民之先觉。奔走海外，矢志光复。三十年来，无日不以民族主义、民权主义、民生主义三大要素号呼警告，遂使平等自由之种子，随欧风美雨，由太平洋而移植亚东大陆。滋生长养，以至今日。所以武汉间义旗一挥，各省响应，不及两月，东南底定。惟原筚路蓝缕之功，实我天生伟人之力。顷者由各省之公推举中山为总统，此固应乎天，顺乎人，而为吾全国父老子弟及东西侨商所同深欣幸者也。夫国犹舟也，大总统则航海师也。吾国今日不啻一破舟，新从狂风巨浪中渡登彼岸。此后由破坏而建设，惟总统任此重大之仔肩。然则，吾大总统对于新民国措施之手续，实为今日一大问题。记者不敏，窃就曩昔东京锦辉馆之演说，摘其政见之大槩，以告天下。当亦同胞所乐闻乎！

民族革命的原故，是不甘心满洲人灭我们的国，主我们的政。定要扑灭他的政府，光复我们民族的国家。

我们推翻满政府，从驱除满人那一面说，是民族革命；从颠覆君主政体那一面说，是政治革命。并不是分作两次去做。讲到那政治革命的结果，是建立民主立宪政体。

我们实行民族革命、政治革命的时候，须同时想法子改良社会经济组织，防止后来的社会革命。这真是最大的责任。

文明有善果，亦有恶果，须要取那善果，避那恶果。（中略）我们这回革命，不但要做国民的国家，而且要做社会的国家。

总之，我们革命的目的，是为众生谋幸福。因不愿少数满洲人专利，故要民族革命；不愿君主一人专利，故要政治革命；不愿少数富人专利，故要社会革命。这三样，有一样做不到，就不是我们的本意。

那中华民国的宪法，更是要讲求的。（中略）有文宪法，是美国最好；无文宪法，是英国最好。英是不能学的，美是不必学的。英的宪法所谓三权分立，行政权、立法权、裁判权，各不相统。（中略）将来中华民国的宪法是要创一种新主义，叫做五权分立。那五权，除刚才所说三权之外，尚有两权，一是考选权（专掌考选大小官吏），一为纠察权（专管监督弹效），共成五权分立。这不但是各国制度上所未有，便是学说上，也不多见，可谓破天荒的政体。

历观各条，大概以推翻恶劣政府始，以建设社会的国家终。总言之，则为四百兆谋永久之幸福。今日者，总持太阿，本其平素之抱负，为秩序的进行，经营而缔造之。吾知，吾五色国旗，必有照耀全球之一日。吾中华民国，必有媲美英吉利、美利坚之一日。而吾大总统之为泰东第一华盛顿，亦即基于此日。猗欤休哉！此执笔人所为于记载之余，起立而欢呼曰：中华民国万岁！大总统万岁！

《申报》1911 年 12 月 31 日 13965 号第 3 版

中国光复史：选举大总统会纪事

初十日九时左右，十七省代表及来宾等陆续莅止。十时七分，鸣铃开会。代表共到四十五人（尚有贵州代表张君在宁未来），监选举三人（系程都督所派），来宾三十余人（大半军界中人）。先举定正主席汤尔和、副主席王宠惠、书记袁希洛，即由汤议长报告我国数千年君主专制政体种种流毒，直至今日始享共和幸福等语。大众鼓掌。旋由监选人开箱验推举票（即有被选举权者），孙中山得五票，黎元洪、黄克强各一票。（按：来函谓，系两省合一票，但与省数不符，俟函询续报。）至是，主席始发正式选举票（五彩颜色），每省一张，各代表互商良久，始各填写，投入箱中。经监选人开箱验视，孙中山得十六票，黄克强得一票。孙应当选为共和民国临时大总统，合场欢呼声如雷震，西乐亦大奏。随即摇铃闭会，各代表并摄影而散。

各省代表姓氏：

湖北：胡瑛　谭人凤　王正廷　马伯援　杨时杰　居正

湖南：邹代藩　廖名谱　张通典　宋教仁（欧阳振声代表）

广东：丘心容　王宠惠　邓宪甫

广西：章勤士　马君武

福建：潘祖彝

山西：刘懋赏　景耀月　李素

陕西：张蔚森　马步云

云南：吕志伊　张一鹗　欧宇清

江西：王有兰　林子起　汤漪　赵士北　俞应麓

安徽：赵斌　许冠尧　王竹怀

江苏：袁希洛　陈陶怡

四川：萧湘

浙江：陈毅　汤尔和　屈映光　黄群　陈时夏

直隶：张铭勋　钟谷秀

奉天：吴景濂

山东：谢鸿焘

河南：李鎜

共计四十五人

开会次序

一、摇铃就席；二、议长报告开会事由；三、监选人开箱验推举票；四报告被推举人；五、发正式选举票及选举；六、投票入箱；七、监选人开箱验举票；八、监选人报告被选举人；九、同人三呼大总统万岁！中华民国万岁！共和万岁！十、摇铃散会。

议和代表续商公决政体问题。

昨日下午，民军总代表伍廷芳博士及清使唐绍怡君复在议事厅开议召集国会之办法。自二点三十五分钟始，直至旁晚始散。其会议之结果如下：

一、国会应由中国各部之代表组织，每省作为一部，内外蒙古合作一部，前后藏亦合作一部。每部各派代表三人，应投三票。如有一部到者不及三员，仍投三票。

二、各都［部］代表应照下列办法发电召集：江苏、安徽、江西、湖北、湖南、山西、陕西、浙江、福建、广东、广西、四川、云南、贵州十四省当由临时共和政府召集，直隶、奉天、吉林、黑龙江、甘肃、新疆、山东、河南八省则由清政府召集。惟以上八省之咨议局，当仍由临时政府电告。蒙古、西藏两处则由清政府与临时共和政府分电召集之。

三、莅会代表如有各部四分之三，即当开议。

附录：国民协会政袁凯世电，云北京袁总理鉴：政体问题，既付国民公决，国会地点及召集选举方法，亟宜研究。本会意，国会地点仍以沪为宜，盖以地处中立，交通便利。至召集及选举法，应由两政府协订。惟选举失诸推迟，窃意各省宜由临时议会或咨议局公推，蒙藏就原在北京蒙藏臣民中公推，较为直截。选举权单位，要以一省一权为正当，蒙藏地广而有内外、前后之分，或各作两权。大局一日不定，人心一日不安。请速解决，以固国本。国民协会本部叩。

《申报》1911 年 12 月 31 日 13965 号第 5—6 版

1912 年

1 月 1 日

中国光复史：孙大总统今日履任

中华民国孙大总统已由十七省代表，在宁公同举定。兹上海民军以今日适为阳历元旦，而我民国沿用之阴历于外交上有种种不便，将来必须改用阳历，故即公请大总统，于今日履任。以符天与人归之义，并分别出示通电。本埠各及［及各］省人民一律悬挂国旗，以志庆贺。

《申报》1912 年 1 月 1 日 13966 号第 5 版

记孙总统之谈话

《大陆报》记者昨日往谒孙大总统。孙云，余已允就中华民国临时总统之任，日内即须赴宁履任办事。惟届时所行履任之礼，其礼节甚为简单。

记者问以国内须经若干时始能恢复秩序？孙云，仅须数月之久。将来国会公决应用何种政体大致已可逆料而得。届时，满人惟有降伏之一法，则商业立刻可以起色，而以外人之商业尤为发达。

记者复问，中国既易新朝，外国商业究能增加若干？孙曰，当不止百倍之数。孙总统于将来改革之政策，未肯多言。但谓，不日将有告示宣布。并谓，须俟内阁组织成立，吾人始能举其政纲。故此，事目下未便讨论也。

记者复问以郝末里之为人。孙曰：郝末里将目之为陆军专家云。

《申报》1912 年 1 月 1 日 13966 号第 5 版

记第五次议和条款

十一月十二日午后二时半，伍唐两代表又在南京路市政厅开第五次会议，其议决各事如左：

（一）山西、陕西由两政府派员会同前往，申明和约。

（二）张勋屡次违约，且纵兵烧杀奸掳，大悖人道。唐使允电袁内阁查办。

（三）皖鄂苏山陕等处清军五日之内退出原驻地百里以外，只留巡警，保卫地方。民军亦不得追袭，须由两方军队签字遵守。

（四）伍代表提议，国民会议在上海开会，日期定十一月二十日。唐代表允电达袁内阁，请其从速电覆。

（五）上海通商银行日前收存南京解来银约一百万元，现在两代表拟定将此项拨出银二十万元，交与华洋义振会，为各处灾区义赈之用。

《申报》1912 年 1 月 1 日 13966 号第 5—6 版

唐绍怡之议和电文

电梁士诒、阮忠枢。燕孙、斗瞻兄鉴：彼党以共和为标准，反是，则无可开议。若一决裂，大局更糜烂不堪。反复焦思，更无一线转圜之地。来电发明师座对内对外、对上对下之苦心，怡岂不知之？顾师所重者，护持太后皇上耳；所虑者，各国干涉耳。试问，战争再起，度支何如？军械何如？能操必胜乎？万一挫衄，敌临城下，君位皇族能保安全乎？外人生命财产能保护乎？宗社倾危，列强分裂，汉族亦因以沦胥，危险之势，孰甚于此！若从国会之议，皇族之待遇已许优隆，外人之干预无由窥伺。倘能建设完全，尤为中国之幸福。危险者如彼，而有可希望者如此。然则所以对内外上下者，更何疑虑哉！怡初意亦何尝赞成共和，第亲历汉沪，目击实情，不得不急为变计人心。各国皆注目于吾师一人，宗旨一误，祸害立见。与其坚执于前，毋宁养晦待时。舍是，二者决无胜算。支电不尽所言，故复详述。万里遥隔，五内如焚。前席恺陈，望兄为助。师意若何，仍乞电示。

电清内阁。窃绍怡前准总理大臣咨开，委充议和代表等因。当即驰赴汉口，嗣因议和地方改在上海，复由汉乘轮赴沪，与各省民军总代表伍廷芳于十月二十八、十一月初一等日两次会议，迭将情形电达总理大臣在案。查民军宗旨，以改建共和政体为目的。若我不认共和，即不允再行开议。默察东南各省民情，主张共和已成一往莫遏之弊。近因新制飞艇二艘，又值孙文来沪，挈带巨资，并偕同泰西水陆兵官数十员，声势愈大。正议组织临时政府，为巩固根本之计。且闻，中国商借外款，皆为孙文说止各国，以致阻抑不成。此次和议一败，战端再起，度支之竭蹶可虞，生民之涂炭愈甚，列强之分裂必乘，宗社存亡莫卜。倘知而不言，上何以对皇太后，下何以对国民乎？绍怡出都时，总理五臣以和平解决为嘱，故会议时曾议召集国会，举君主民主二题付之公决，以为转圜之法。伍廷芳谓各省代表在沪，本不乏人，赞成共和已居多数，何必再行召集。当时以东三省、直、鲁、豫及蒙、回、藏等处尚未派员，似非大公折之，伍廷芳仍未允认。现在停战期限已足，再四思维，惟有吁请即日明降谕旨，命总理大臣颁布阁令，召集临时国会，以君主、民主付之公议，征集意见，以定指归。其汉阳、汉口等处所有兵队，并请饬下总理大臣，传令各军统等一律撤退，以示朝廷与民相见以诚之意。绍怡自当凛遵阁令，与伍廷芳开议国会公决日期及民军不得进攻条约，以期平和议结，早息战争，使皇上公天下之心昭然其喻，则皇室必能优待，宗祀得以永存。所有绍怡到沪议和情形，暨请早开国会缘由，谨披沥电陈，乞代奏。

再电清内阁：绍怡已屡向民军代表及外交团磋商议和条件，民党等抱定民主宗旨百折不回，往商外交团亦无办法。至展限一节，业经允准，惟其宗旨仍持共和，毫无退步。各国调停一节，大有傍［旁］观中立之势。事关大局存亡，谨请内阁代奏，请太后皇上赶速决定政体及一切善后办法以免决裂。

《申报》1912 年 1 月 1 日 13966 号第 6 版

北京之议和谈

清廷议和参赞杨士琦于上月二十八日在上海开第一次会议时，杨并未与议。闻现已独自回京，其原因系为上海电报局不允用密码通电，而关于议和事宜，必须与袁世凯秘密商议者。既不能用密电，故唐绍怡特遣杨参赞回京，面晤袁内阁磋商一切，再行返沪提议。故杨不日即又起身赴沪矣。

此次议和系由各国公使出面调停。闻清外务部曾电驻在各国之使臣，探询外人政见。现据各使电覆，大约法美两国有赞成共和之意；其余某某等国亦有以为中国现时程度尚不足者；而某某二国则其言外语气，皆恐我国共和之后，其影响或及于彼国南北满方面；某国亦以印度之关系，尤望我国仍用君主。大约各国多系为己国打算之意为多，不可凭此决定政见也。

闻外交团初六日接民军总代表伍廷芳电，云：刻，沪上议和各代表皆坚执民主主义，誓不更张，请驻京诸公使转达各国政府为荷。

外交团因闻民党主张共和甚力，前日曾开会研究调停之法，惟所议甚秘密，外间无从探悉内容。旋有电致上海唐伍两代表，云各国政府深以中国扰乱继续为可虑，此次两方能以平和了结，实为中国大局之幸，各国必勉守中立国之义务，惟须两方面从此永熄战事，速定媾和条件云。

《大陆报》访员前日谒见袁世凯，询问意见。袁谓，余今决计反对民军所定召集国会办法，因民军之要求为一方面之主意，似此集会不足代表团体，将与戏剧无异。故，余主张召集此会，其会员须实有代表各省之性质。（敢问如何而始能有代表各省之性质?）旋该访员问以议和无效，则将如何办法？袁乃遁词对曰，惟有听令清廷自为之耳。再问之，则曰，君意民军一旦北伐，我辈皆将逃避乎？该访员无可再言，乃又问以经济问题。袁亦自谓，目下并无的款可恃，而其结语则仍主张君主立宪，谓民主共和恐不易成功云。

《申报》1912 年 1 月 1 日 13966 号第 6—7 版

1 月 2 日

中国光复史：中华民国新纪元

沪军陈都督通告二：为出示晓谕事，本日（阴历十一月十二日）奉大总统孙谕令，以本月十三日为阳历元旦，我民国百度维新，亟应及时更用阳历，期与世界各强国同进文明，一新耳目等因。为此布告军民各界人等知悉，以黄帝纪元四千六百九年十一月十三日着改为中华民国元年正月第一日。从前行用阴历一律变更，孙大总统即择于元年元旦就任，发号施令，与天下更始合亟。出示晓谕，咸仰知悉。自明日起，各界一律悬挂国旗，以昭庆贺，而光大典。切特示。

南京黄元帅通电各省都督鉴：今日（十二）参议院决议，改用阳历，并以中华民国纪元，明日即为中华民国元年正月一日。请公布。黄兴叩文。

南京参议院通电各省都督府、咨议局、各报馆鉴：今日议决改用阳历，并以中华民国纪元，明日即为中华民国元年正月一日，临时大总统即于是日到宁，发表临时政府之组织，请即公布。各省代表会代理参议院公叩文。

浙军汤都督通告：照得，中华民国现已议定改用阳历，以黄帝纪元四千六百九年十一月十三日为中华民国元年元旦。各关局税款及各项公款均限于本年十一月十二日截数，一律清结。至商民进出各款，准其暂用旧历以示变通。除通行外，合亟出示晓谕。为此示仰军民人等一体知悉。其各凛遵。

《申报》1912 年 1 月 2 日 13967 号第 5 版

满亲贵反对和局之秘议

初八日，前清监国邀集奕劻、载涛、载洵、载泽、溥伦、毓朗等三十二皇族于下午三钟在其邸内大开会议。屏退近侍，异常秘密，历二小时之久。探闻是日会议时，先由载沣发言，询问诸皇族，对于南军力持民主、撤废帝位、优待皇室各要求究作如何之对付？当时议论纷纷，意见不一，奕劻则默不作一语。旋由载泽面诘奕劻，谓："值此朝局危迫，诸皇族皆有与共存亡之关系。现袁世凯承认召集国会公决政体，已有暗向民军默认民主之意。然袁世凯系公力保，以为可使挽回大局，保存皇室。乃延玩至今，不但不能保存皇室，反将倾覆皇室，此实袁世凯误事之咎。且彼于民军之要求并不辩驳，但将此项难题命我等自为酌夺，其用心之阴险已可概见。袁世凯素擅莽操之术，口中阳保皇室，腹内阴助民党；外迫内援，势与篡逼无异。实令吾人愤懑，宁拼死命与之一决雌雄。"言次，杀机大露。时，载沣亦起而拍案曰："袁世凯误我皇基矣！"言毕又半响不语，而各亲贵纷纷扰扰，仍无一定之办法。盖各亲贵因不允民主之请，须将所有资产和盘托出，充作军用，故虽不愿承认其要求，而亦不敢坚决反对也。久之，仍由载沣提议，谓观今日诸公之意见，大致不允逊位者为多，惟某某两公提议保存皇室之法，尚属可采。其意拟请皇帝退据东三省，而以直隶、山西、山东、河南等省为其辖地，并将蒙藏各藩属改作联邦，仍由清廷驾驭，并仍以北京为首都。至东南十余省，则悉任民军组织共和。与之划分界址，永远各不相侵。（其如民军不愿何?）如此，庶几大局可定，皇室亦可保存云云。各皇族亦韪之，遂由载沣将以上办法缮呈清太后核夺。

又闻，各满人以此次议和伍代表坚持民主政体，实为袁世凯左右暗助之力。否则既有各国从中调和，南军方面决不致有如此之坚厉。故已秘密议定调查袁氏形迹，倘有可疑之处，决以暗杀从事，并闻业已派员暗中调查矣。

《申报》1912 年 1 月 2 日 13967 号第 5—6 版

北京之议和谈

袁世凯于宣布召集国会公决政体后，复谒驻京各国公使，谓伊之力成斯举无罪，欲求永远安宁之意，乞即函达驻沪领事团，请其善为调停，以期早日平和解决。并谓，此事年内总可解决，请转达各国政府知照。

国会地点，袁世凯主张在北京，旋以此意商之唐使。昨得唐使覆电，谓国民会议地点，伍代表不愿在北京。如在沪上，尚可曲就。不知袁能应允否也。

满亲贵因唐绍怡附从民军，默赞共和，因之大起反对，佥谓袁世凯用人不当，宜另择一北省精干之大员接充斯任。旋以此议商之奕劻，又商之载沣，乃向袁世凯提议，请其与伍廷芳电商，再选派一皇族中精干者充任议和大臣，以免失败。袁谓，简派皇族充任议和专使，民军必不肯承认，徒滋纷扰，何必多此一举？而满亲贵之议乃不行。然对于袁氏之感情，因此益恶。

日前外交团在英公使馆会议后，闻其结果，各国决定对于此次议和无论成否，断不能即时干涉。

梁士诒、阮忠枢自接唐绍怡来电（原电见昨报），即于初七日往见袁世凯，密议甚久。闻梁阮对于共和政体亦颇赞成，力劝袁世凯承认民军之请，以维大局。袁云，刻下国民心理既皆趋向共和，则予意亦不反对，但予世受国恩，所有奏请皇帝逊位之举，予实不便出诸于口。惟有听凭皇室中自行筹议，观其能否应允，再定方针而已。梁、阮遂兴［同］辞而出。

昨纪清廷议和，参赞杨士琦返京一节。兹闻杨于谒见袁世凯时，曾痛述民军要求之坚，并云此次派赴议和诸人力量单薄，大有不敌之势。而观民军情形，非达到共和目的不止，恐难挽回君主政体。此次回沪，复行开议，民军必仍抱定共和宗旨，究应如何答复，请先指示。袁闻言，踌躇久之，亦无良法，但命杨速回上海，并谓三日内必有密电到沪云云。闻袁已于前日亲赴驻京各公使馆，恳请各国承认，维持君主立宪。言词颇为迫切，惟各公使均面有难色，未允所请。

《申报》1912 年 1 月 2 日 13967 号第 6 版

1 月 3 日

中国光复史：纪大总统莅任大典

中华民国元年元旦（旧历十一月十三日）为孙大总统赴宁履任之期，各省代表及文武兵官与男女学生，计有四、五万人，俱集下关欢迎。约五时许，大总统莅宁。各炮台及兵舰均申二十一炮，大总统在车上与前往欢迎之各领袖一一握手为礼，随乘原车由宁省轨道入城。至清督署车站停车，换乘扎花马车，偕各代表同进总统府，即接见欢迎官员。及晚十时，各代表公请大总统至大堂行莅任典礼。是时，总统府前遍悬五色电灯，各国领事亦皆诣府道贺，门外观者不下数万人。欢呼万岁之声震动天地。此诚中国自古未有之盛举也。

大总统莅任誓词

倾覆满洲专制政府，巩固中华民国，图谋民生幸福，国民之公意，文实遵之，以忠于国，为众服务。至专制政府既倒，国内无纷乱，民国卓立于世界，为列邦公认。斯时，文当解临时大总统之职。谨以此誓于国民。中华民国元年元旦。

《申报》1912 年 1 月 3 日 13967 号第 4 版

临时政府之新组织

十二日，黄副元帅莅宁，即有组织临时政府之说。现孙总统至宁履任后，闻已与参议院人员（即各省代表）及各大领袖议商，拟公推黄兴为总理大臣，伍廷芳为外交卿，徐绍桢为陆军卿（徐现充北伐总司令故又以黄总理暂时兼任），程璧光为海军卿，汤寿潜为民政卿，陈锦涛为财政卿，张謇为农工商卿，王宠惠为司法卿，蔡元培为学务卿。大致俱已妥洽，不日将由大总统正式发表。

《申报》1912 年 1 月 3 日 13967 号第 4 版

纪袁世凯之谈话

《文汇报》北京电，云《德文报》代表前日往见袁世凯，询问意见。袁曰，余出山之初，即思与民军和平解决，以免战祸。故有此次与民军议和及暂时停战之事，惟自开议至今，两方面之意见卒未融洽。盖余闻民军已公举孙逸仙为总统也。

今，余决计为最后之办法，力请再将停战期限展长六日，庶不致续启战争。但民军如欲前来攻击，则余亦不得不以现有军队抵敌之。至外间谣传，载洵、载涛将率旗兵出战一节，尽属子虚，其谓孙逸仙愿和平调停云云，亦无其事。

目下，清廷经济奇绌，屡与各国磋商，尚未允借款相助，令人殊为怏怏。而清廷暨诸亲贵则全不注意此事。余为爱自己之国起见，一再设法，冀达君主立宪之目的，然而今亦力竭矣。

际此乱时，召集国会事极困难，然吾人一方面已在豫备一切且严戒各军队力守停战之约，故外间所传浦口北面昨已开战之说实属不确。

袁世凯谈论时，颇有烦懑之态，令人一望而知其操心过度。此亦理所应然，盖诸事皆由其一人裁夺，更无一人肯担丝毫责任也。

《申报》1912 年 1 月 3 日 13967 号第 4 版

1 月 4 日

中国光复史：西报纪和议之变局

《大陆报》北京电，云清廷议和专使唐绍怡电请辞职，今袁世凯已准其所请。惟闻议和事宜不致即时决裂，此后但由袁世凯与伍廷芳直接商议而已。

唐绍怡之辞职，此间深为惊诧。即最有阅历之外交家，对于近两星期内之事变，亦茫然不解。且察袁世凯之言论举止，近有数事殊不合其平日态度。此间所接上海方面之消息，如果确实，则袁世凯似在愚弄政府，否则上海人或有意诬之也。

今日之事，殊无人能料其真相。惟议和一事已不如唐绍怡赴沪前之有望，现信袁世凯已退让至于极点。故此间舆论皆谓民军如不稍有退让，则两方面即将续战云。

清政府今日宣言，隆裕太后已复提出私蓄银二百万两，加以其他所筹之款，足供两月军饷之用。

观袁世凯近来种种举动，袁氏实已预备决战，必至力竭而后已。闻会议媾和一事，今日已臻决裂之点，旦夕即将开战。此乃从可靠处得来之消息，于此足见清政府必已筹得现款若干也。

袁世凯今日曾赴清太后宫内，要求颁发内帑以济军用，否则即将辞职不复问事。故，庆亲王除前助银十万两外，兹复助银十五万两。然，此区区之数殊不足有所大举，必其他亲贵皆肯出金资助，始能一战耳。

《太［泰］晤士报》云，清廷议和专使唐绍怡之辞职，已由袁世凯允可。此事虽骇人听闻，惟近来外间皆知袁、唐意见不和，故对于此事不甚惊诧。闻唐已归入民军，将在共和新内阁占一要任云。

《文汇报》记者于昨日下午往见伍廷芳博士。伍博士对于大局并未有所宣布，据谓唐绍怡辞职之说已确，业已签定公文。惟袁世凯既以全权授与唐氏，复不承认唐氏签定之条件，令人无从索解。此实世界文明之国所难忍受。该记者问以民军对于此事之态度。伍谓，余已电致袁世凯，要求维持唐氏辞职以前议定之各款，否则袁必亲自来沪，始可互相讨论。且袁氏果能来沪，必知吾人要求之正当，亦将赞从民军云。

《申报》1912 年 1 月 4 日 13968 号第 4—5 版

袁世凯答复民军之要求

民清两代表议定在沪召集国会，不准清廷借各款。经唐使电告袁世凯后，闻袁昨已发电答复，大致袁仍主张以北京为召集国会之地，并拟将豫鲁两省退兵条件除去，而汉阳清军退出之时间，则须由该处清军统领自行核定，但必饬该统领实行此事。至要求清政府不得借用外债一款，袁意目下停战以后两方面皆得自由借债。（其意可知矣！）又选举国会代表章程必须由北京政府编订云。（其意尤可知矣！）

《申报》1912 年 1 月 4 日 13968 号第 5 版

选举副总统纪事

新历元月三日上午十时二十分，开选举副总统大会。计到监选二人、代表三十四人、来宾二十八人，监选人为刘君之洁、庄君蕴宽。先举定正主席赵君士北、副主席潘君训初，即由正主席起立，请各代表及来宾一律脱帽以表敬礼，随［遂］宣言中华民国成立之始，庶政待理，大总统虽已举定孙公中山，而政事究属过繁。以事实上论，宜举副总统助理一切。前由参议院议决于今日选举副总统，查有被选举资格者为黎君元洪、黄君兴二人，请代表诸公留意。言至此，即将有被举资格者之名单黏贴壁上。次由副主席挨次发给选举票，每省一张，并将受票人名片取回，以作证据。当时各代表并未互商，各自举笔直书。既毕，由正主席起立，高唱江西代表投票，该代表即至主席前向监选人行礼，然后投票，再向监选人行礼。毕，就坐原位。于是正主席又递唱浙江、湖北、直隶、奉天、河南、山西、福建、广西、广东、江苏、四川、云南、安徽、陕西、山东等省，逐一投票。举监选人启箱检视，选举票十七张，均举黎元洪君为副总统，乃报告正主席。由正主席向各代表宣明姓氏，大众鼓掌，一律起身，执帽欢呼：副总统万岁！中华民国万岁！共和万岁！并大奏军乐，始散会。

《申报》1912 年 1 月 4 日 13968 号第 6 版

实行改用阳历

市政厅长以孙大总统受任后已将阴历改为阳历，转知商界一体实行。昨特将市政厅各部份一应文牍改用中华民国元年正月字样，仍将阴历添注于旁。

《申报》1912 年 1 月 4 日 13968 号第 18 版

1 月 5 日

中国光复史：民国新政府正式发表

中华民国临时政府之人员，经大总统及参议院一再商榷。推举详情已两志本报，兹已正式揭晓照录如下：

陆军总长：黄兴　　次长：蒋作宾
海军总长：黄钟瑛　　次长：汤芗铭
内务总长：程德全　　次长：居正
外交总长：王宠惠　　次长：魏宸组
司法总长：伍廷芳　　次长：吕伊
教育总长：蔡元培　　次长：景耀月
财政总长：陈锦涛　　次长：王鸿熙
交通总长：汤寿潜　　次长：于佑任
实业总长：张謇　　次长：马君武

《申报》1912 年 1 月 5 日 13969 号第 3 版

谁谓各国不承认共和耶？

京师某报得外交团消息：初九日，英公使朱尔典曾接英国政府来电。原文颇长，大意谓：中国人民希望共和之心理既日趋于坚卓，则无论如何断无让步之可言。清政府若不翻然改计，设使战祸延长，前途定生危险。吾辈旁观之国，今日只有赞成中国共和，使东亚早登平和之域，断不愿今日战祸延长，或他日再有第二次之革命云云。

又日前袁世凯面谒各国公使，探询各国政府对于中国君主、民主之意见。各公使答辞大略相同，均谓中国革命之惨祸，势将与满洲君主相终始。满洲君主一日不去，即革命一日不能止息。吾辈甚愿清政府识机知命，速行允许共和，永绝扰乱中国之种子，否则相杀相持，仇怨日深，甚非中国前途之福。又谓，公以汉人而拥护满洲君主，使同胞自相残戮，亦殊无谓。今日战祸之能否休止，全在公一人，岂公尚不知民心之向背，与世界之趋势乎？袁闻言怃然，即将各国意见告知某某二亲王，相率入宫启奏。清太后召各亲贵会商办法，各亲贵但仰面长吁，不发一言。清太后叹曰：大势已去无可挽回矣。掩面涕泣而入。

又闻英美德法日俄六国前日有同文通牒，送致清内阁，略谓两军交战以来，各国在清商务颇受影响。此次上海媾和，必须双方让步乃可从速解决云云。袁内阁本欲利用各国干涉之名以制我民军，今则大有自制之惧矣。

《申报》1912 年 1 月 5 日 13969 号第 4 版

袁世凯辞职之原因

袁世凯因连接唐绍怡密电，知民党始终坚持共和，无法挽回，且于清帝让位问题亦难回答。若继续开战，又以借款无着，不能支持。因此，焦灼异常，且以承认共和一层关系太重，不敢负此责任，乃于初八日在内阁会议，商定全体辞职。于昨日开御前大会议，由袁总理率领各国务大臣全体辞职，其原因有四：

（一）此次和议非达到君主立宪政体不可，而唐绍怡来电，民党坚持共和，不能开议。君主立宪之目的不能达到，是以不得不辞职；（二）民党坚持共和，要求禅位，倘即让步允许，深恐诸亲贵啧有繁言，难免意外。不敢负此责任，是以不得不辞职；（三）和议若不让步，决裂之后即须开战，而现在库空如洗，外债不成，军饷无着，兵心难固。数人之力不能支此危局，是以不得不辞职；（四）政体问题尚未解决，现在需款正殷，余借外债及爱国公债外，别无办法。即使稍有可筹之款，亦万难久持。是以不得不辞职。闻清太后及诸亲贵以现在已召集临时国会，政体问题自易解决，断不容战事发生，仍留袁等勉为其难，极力支持。俟国会议决政体后，再议告退云。

另一访函云：此次停战讲和，民军坚持共和，咸愿以总统畀袁世凯。此正中下怀，为数年寤寐思之，而一旦得之者也。惟念清政府以全国付托，且受豢养多年，若改认共和，恐满洲皇族亦必以极惨之手段对付。故迭接唐电，极为踌躇。前夕，特与阮忠枢、梁士诒等密商，谓本大臣受命以来，唯知君主二字。现民军力持共和，不肯稍让，且兵力单薄，库帑如洗。国势如此，民气如彼，是本大臣所抱之宗旨已归无效。现虽允准召集国会，仍恐民军不肯稍待。惟有辞职，决不预闻政事。倘朝廷不允，总须定一妥善办法（指退位），先令各亲贵暂避京外，否则无论如何，决意退隐云云。说者谓，袁世凯共和宗旨与民军相同，惟不便出口耳。其然乎？其不然乎？

《申报》1912年1月5日13969号第5版

1月6日

中国光复史：孙总统与袁世凯来往要电

袁世凯来电。孙逸仙君鉴：蒸电悉。君主、共和问题，现方付之国民公决。所决如何，无从预揣。临时政府之说，未敢与问。谬承奖诱，惭悚至不敢当。惟希谅鉴为幸。凯盐。（元月三日晚到）

孙总统覆电。袁慰廷君鉴：盐电悉。文不忍南北战争，生灵涂炭，故于议和之举并不反对。虽民主、君主不待再计，而君之苦心自有人谅之。倘由君之力，不劳战争，达国民之志愿，保民族之调和，清室亦得安乐。一举数善，推功让能，自是公论。文承各省推举，誓词具在。区区此心，天日鉴之。若以文为有诱致之意，则误会矣。孙文叩支。（元月四日早发）

《申报》1912年1月6日13970号第4版

北京对于国民会议之态度

满亲贵此次公决召集国会，其意实欲将蒙藏回各藩属仍归其管辖，幸而多数主张君主固属最善，如多数皆向共和，则将借口蒙藏回等处皆系主张君主，以便与民军协议，仍将蒙藏回割归清帝，由彼自行组织君主国。故，自清太后降谕之后，载沣、奕劻等立即召集在京蒙古王公秘密会议，一面分电蒙藏回各部落迅速举员来京赴议，如举员赶办不及，即以驻京王公僧侣等代之。盖明知蒙藏回交通不便、举员不易，而在京之王公僧侣则早与若辈通同一气也。是故，诸亲贵刻正分投运动蒙古王公及满洲诸员绅，于国民会投票时赞助保存皇位，并许以俟政体解决后，蒙藏回等处即可实行联邦制度，任其独立，只存一君位受名义上之尊称云云。故近日各蒙古王公已大有不认共和，力保君位之说。

载沣等运动蒙古王公既见成熟，复面请清太后传旨嘉奖，以坚其心，内有皇室之存废端赖额附、王公、诸爵等之忠义以资维持等语。（按：驻京蒙古王公、贝子、贝勒等皆为满清前代之额附，故云。）

又闻，奉吉黑直汴五省之选举，袁意拟与各省同一办法，而满亲贵则欲将满洲（即奉吉黑三省）选举之额扩充，更欲将奉吉黑三省悉选满人为代表。奕劻则并欲以在京满王公充之，各持一见，尚未决定。

外交团消息，昨有某国公使与某亲贵私言，此次国民会议就中国人民程度观之，满人恐难得完满之结果。反不如从速在沪解决，确定共和政体，则皇室既得优待，人民亦得安业，而列国商务亦不致再受影响云云。该亲贵默然未答。

袁世凯自接唐使来电，谓在北京会议一节，伍代表决不承认等语。袁于当日下午三时复谒各国公使，请促领事团代劝伍代表，俯允北京会议之请，谓会议地址应择汉满藏回各处之中心点，故以北京为宜云。

载沣于前日下午四钟亲谒袁世凯，请其万勿允以上海为召集国民会议之地点，并嘱速电唐使（时唐尚未辞职）与伍代表切商，仍在北京开议，以此举关系国民会议之结果，故必坚持云云。袁答以俟唐绍怡覆电到京，再行通告会商。载沣乃怏怏而出。

《申报》1912 年 1 月 6 日 13970 号第 5—6 版

可怜可笑之京师

清太后以时势日艰，民军日盛，逐日哭泣不止。现从初九日起，已谕宣统帝无庸入读，故陆陈伊三师傅皆已停止进讲矣。

自爱国公债发起后，满亲贵中大都敷衍认捐若干，无一人能毁家抒离者，而尤以载洵为最悭吝。因袁世凯一再迫勒，遂向袁声言，余于此项公债非不勉力输捐，实因身任海军大臣以来，不过两年，而亏空已不知凡几。每月所得尚不能敷衍，目前安有余资可以报效国家。袁笑而颔之，旋袁语其幕府中人云，载洵为近支皇族尚复如此，实令人思之寒心。余独力难支，将来亦只有辞职之一法耳。

又闻，满亲贵自御前会议后，虽知势无可为，然实不甘坐失二百六十余年之皇基，深恨各国赞助民军，不赞助满清，遂一转其仇视民军之心为仇视外人之计划。昨由某某二亲贵约同蒙古王公六十二人，在黄寺开会秘议，令各王公召集口外马贼，潜来北京，乘间焚烧使馆，大杀外人，以逞一时之愤。且藉以牵动交涉，使中国国家与满洲皇位同归于尽。果尔，则满人将为世界所嫉视，吾恐不足亡中国，先自肇灭族之祸矣。

唐绍怡连次来电，皆谓民军主张共和甚力。清太后遂在宫中召集各亲贵会议，虽其中意见各有不同，要皆以大势已去，无可挽回，总以和平了结为宜。遂决定召集临时国会，征求多数意见。惟各亲贵于散会后，群至袁世凯私宅商议善法，意在实时出京。袁答以诸君此时万不可乱，总宜稍忍，俟国会决定，再为诸君设法。众乃略有喜色而去。

日来，诸亲贵之稍有身家者纷纷携资潜避。昨日，庆王亦饬府中人速将贵重物品收拾齐备，即雇大车二百余辆，先行运载出京，向热河进发。

天津镇张怀芝近有电致各路军队，略谓自滦州军队要求立宪之后，实为军界增光。此时虽议和无望，而君位犹存。凡我军人务宜抱定君主立宪宗旨，勿为浮议所摇，且应坚持到底，以决最后之胜负。如荷赞成，请赐覆电云云。异哉！岂我汉人之姓张者皆愿为满清奴隶者耶？

《申报》1912 年 1 月 6 日 13970 号第 6 版

1 月 7 日

此为袁世凯之诡谋

《文汇报》云，民清两国领袖连日往返电商，颇为忙碌。今日（六日），伍代表复接北京袁世凯来电，其措词殊可骇异。袁复因伍廷芳博士拒绝电商之议，乃异想天开，反电请伍廷芳博士前赴北京会议，并担保民军代表完全安宁等语。玩其语意，袁之不愿来沪议和，已显然共见。今伍廷芳博士决将此电置之不理，并有某代表告人，谓此事实为袁世凯诡谋云。

又闻，唐绍怡不日将回广东原籍，目下仍寓李德立君处，大致将来必可为我民国尽力也。

《申报》1912 年 1 月 7 日 13971 号第 6 版

滦州民军与清军开战矣

昨日（六日）上午上海某西报接有北京电音，谓滦州地位异常危险。闻前驻滦州之军队共有五六千名，自南方起义后，袁世凯恐北方起而响应，曾派兵一千五百名开往秦皇岛，复派兵一千五百名开往秦皇岛至北京中间之某炮台，故滦州仅剩兵二千名。乃于数日之前，忽然脱离满清政府，宣布独立。袁世凯闻耗大惊，急调天津兵驰往滦州，已于前日（五日）开战，炮火极烈，闻大局异常危急云。（按：滦州为直隶省之大城，在京奉铁路之间，距秦皇岛约一百五十里。）

又天津电，云清政府曾限滦州反正之民军于昨日（五日）夜间降伏，民军不允。故今日聚集附近之清军，已与民军开战，且昨日（五日）复有清军约七千名，由津开拔前往矣。

又京电，云此时北京大局异常纷乱，中西民人咸注意于滦州之战事及北京与沿海之交通。昨晨，北京开出之专车行至唐山，即因被阻，开回天津。

各国已遵照一千九百零一年之和约，实行防守铁路。今日有英国军队五十名，由天津开赴唐山，保护开平煤矿。小吕宋亦有美国步兵一营、炮队一队、马兵一队奉命立刻开至北京，协助防守铁路。

滦州确实一时尚难得悉，惟闻该处已在开战及铁路业已被阻而已。并闻黄统领通告北京各公使，谓前致各公使之通电，宣言即日进攻北京一节实不能负责任。据谓，系该军士逼迫而始出此者。

闻有清军数队由清陆军部奉命其进攻滦州民军，而各军士均不允出发，故今北京大局异常危急。清皇族因滦州地近北京，焦急尤甚。

外间谣传，北京不日可入民军之手，目下北京复在存亡危急之秋矣。

《申报》1912年1月7日13971号第6版

1月8日

纪孙总统之谈话

《大陆报》访员近在南京晋谒孙大总统。孙谓，组织新政府近已日渐进步，内阁诸员，除伍博士及王宠惠两君外，其余均已受任。昨日已开第一次会议，分别办事矣。

访员告以伍博士之简为司法卿，外间颇为错愕。孙谓，此不足异。外人皆以伍博士为外交之才，而自吾人视之，其律学更优于外交也。伍博士前曾编订新律，今将略加修改而采用之。余意，伍博士此职实处内阁最要地位。夫外务卿诚关系重要，然吾人如得一卑［俾］斯麦或拿破仑为外务卿，亦非俟修订法律之后，不能有所作为。盖修订法律为第一要举，必有良美之法制，而后外务部始能有所成就也。

孙总统对于内阁诸员极为满意，一一举其名氏，并称述各人之所长。访员告以外人皆谓此次组织内阁殊为巩固。孙亦大为欣悦。

既而讨论新政府之事业。孙谓，目下正在简举人员，惟并无大更动，必须旧任官员确不能胜任者，始易之。余则仍将照旧也。

访员又问以改革之政策。孙谓，今日谈此似犹过早，吾人应为之事甚多，其政策将由内阁决之。

访员又问厘金如何？孙曰，裁矣。又问币制改革如何？孙曰，缓亦将实行。今日最要之事，以改良法律为第一也。

访员又问领事裁判权其将撤废乎？孙曰，自当撤废。一俟改革既定，即须实行此事。

又问今将如何而可永远和平乎？孙笑曰，上海已开议媾和矣。既而复谓，民军如不得已仍将续行开战耳。

又问以能战之军共有若干？孙曰，吾有十万之众，现驻广东。访员曰，君非谓有十万已练之师耶？孙曰，不必已练，但须能战。此辈皆能战者。昔南斐洲特人，一旦身临疆场，则扫敌如摧枯矣。

访员告以日政府恐引起本国之革命，故颇反对中国建共和政体。孙总统笑而不答，既而还问访事各国对于承认共和之态度如何？访员曰，据外间谣言，英日两国似稍有不愿承认之意。孙曰，余信此说必不确。余知英已预备承认共和，从前虽有英国将从日本所为之说，惟此已为过去之事。今则日本将从英国之所为矣。且日本政府与吾人颇有友谊，必不反对也。

孙总统复谓，南京将作为永远之都城。访员曰，或谓各国政府曾在北京置有产业，今将反对此议。孙笑曰，其费无几，如各国反对此事，吾人偿之可也。

访员又问何时始能解付赔款乎？孙曰，吾人已以海关入税抵解矣。言至此，阅时已久，该访员乃退。

《申报》1912 年 1 月 8 日 13972 号第 6—7 版

1 月 9 日

清旨

旧历十一月十九日，北京清内阁奉清旨：署四川总督端方才猷敏练，学识宏通，由部属外任监司，洊膺疆寄。庚子之变，在陕西护抚任内保卫维持，厥功甚伟。嗣充出使各国考察政治大臣，南北洋大臣，后因案革职，旋以候补侍郎充督办粤汉、川汉铁路大臣，川中乱起，派令驰往查办，并署理四川总督。宣力有年，勤劳素著。兹因带队入川，中途遇害，死事情形惨不忍闻，殊堪悯恻。着加恩予谥，追赠太子太保，并赐给二等轻车都尉世职，照总督阵亡例，从优赐恤。任内一切处分，悉予开复。应得恤典，该衙门查例具奏。灵柩回旗时，沿途地方官妥为照料，准其入城治丧。伊子外务部主事继先，着以四品京堂候补，监生陶盘着以主事补用。伊弟三品衔河南候补知府端锦，随行入川，因救兄同时被害，尤属忠义可风。着照三品官员阵亡例，从优赐恤，以慰忠魂。

《申报》1912 年 1 月 9 日 13973 号第 4 版

中国光复史：滦州军队活泼之行动

驻滦州第二十镇军队全体反正，及与天津派往清军开战各节，已两纪前报。

兹又得天津来函，云滦州军士未起义以前，曾用和平之手段，电致袁世凯，请共承认共和，以免生灵涂炭。袁不听，令王庆怀［王怀庆］前往劝谕，命其暂缓举动，以候国民会议，盖由津至榆关一带防务为王怀庆之责任也。及王于十三日到滦，该处各军即举王为大都督，统率各师，拟于十四日北上，直攻京师。及五钟时，清直督署接电，谓王怀庆个人已到丰台，此后不知情形如何等语。实则，王已身在民军中矣。

又闻，滦州电局已为军人所有，故京津各处消息不能通达。

又十七日午后，有由滦州快车来津者，告人云：是晨，王怀庆尚寓城内永庆栈，门首有多数军人保护，该军人等已缠白布臂章，所有衣物早于前数日典卖净尽，以备北伐。而驻汤河之军官，连日附入该军，表示同意者甚多。故该军声势甚盛。

又闻，该军队曾于数日前照会各国公使、领事，定于二十四点钟以内直攻燕京等语，电末即以都督王怀庆署名。惟闻翌日王又以个人名义电致各公使，请取消此电。尚不知其内容若何，恐又系张彪一流人物耳。

滦军反正时，致各处电文云：北京内阁总理大臣，上海伍代表、唐大臣，天津顺直咨议局均鉴：自武汉事起，各省响应，势如奔涛，足见人心之所向，决非兵力之所可阻也。全国人民望共和政体，甚于枯苗之望雨也。诚以非共和难免人民之涂炭，非共和难免外人之干涉，非共和难免日后之革命。我公身为总理，系全国之代表，决不能以一人之私见，负万民之苦心。况刻下停战期迫，议和将归无效，全国人民奔走呼唤，惊惶之至，而以直省为尤甚。是以，陆军混成四十协官长目兵等驻扎直省，目睹实情，不能不冒死上陈，有渎尊听。查前奏之信条，内开军人原有参议之权，刻下全体主张共和，望祈我公询及刍荛，不弃鄙拙，速定大局，以弥乱事而免惨祸，实为至祷，临发百拜，不胜惶悚之至。统领官萧广川、管带官纪从云、王金铭、张建功、王石清、郑金声、冯御香、徐廷荣及下级官佐等同叩。

清邮传部接滦州工程司来电，称滦州兵队刻已移扎滦站背后山顶及附近雷庄各山上，大有预备战事之势，惟车站尚属平静。并据洼里站长电称，奉通永镇王统领面嘱，上行各车均不得过洼里，否则定将车辆设法挪出轨道，阻令前行。此事殊有关系，如果毁及车辆，尤悖条约，恐起交涉。速饬车务处电知京奉局，上行各车暂勿前进云云。

另函云，滦军请愿共和发生以后，政府派遣通永镇带兵抵御。闻已开仗一次，清军失利，退驻唐山，损失军械枪枝甚伙。现又飞电军部，请发山炮十六尊、子弹三千万颗、枪六百杆，自保定挂车十辆，从速运往，并调淮军后路侦探队一百名，布置于沿道火车中，侦察民党之往来。噫！同是军人，而思想之不同如此，岂人格限之欤？甚望北方军队速审顺逆，勿令滦军笑我拙也。

《申报》1912 年 1 月 9 日 13973 号第 4—5 版

唐代表等全体辞职原电

清廷议和专使唐绍怡因袁世凯有意破坏和局，愤而辞职。而各参赞及随员等亦不愿居违约背信之名，故全体一律辞职。兹将原电探录如下：

此次奉派代表来沪讨论大局，原为和平解决，免致地方糜烂起见。到沪后，民军坚持共和，竟致无从讨论。初经提出国会议决一策，民军全体反对。多方设法，方能有此结果。今北方既成反对，而连日所定条款官保又不承认，怡等才识庸懦，奉职无状，自十三日始不敢再莅议场。除知照伍代表外，请速派代表来沪，不胜迫切待命之至。唐绍怡、杨士琦、章宗祥、渠本翘、傅增湘、孙多森、张国淦、冯耿光、张锴、蹇念益、侯延爽、关冕钧、章福荣等同叩。

《申报》1912 年 1 月 9 日 13973 号第 6 版

优待清皇室及满族之大纲

十二日，清内阁接唐使来电，谓皇室及满族优待事，须由国会决定，此时不便提议。惟密探民政府现已拟有大纲，将来决定和再交国会议决细目。总之，优待皇室，众意佥同。兹将其底稿抄呈备核，共：

（一）关于清帝之待遇，以待别国君主之礼待之；（二）退居颐和园；（三）优给岁俸数目，由国会定之；（四）所有陵寝宗庙，听其奉祀；（五）保护其原有之私产。（以上优待皇室大纲）

（一）关于满蒙回藏之待遇，皆与汉人平等；（二）保护其原有之私产；（三）先筹八旗生计于未筹定以前，原有口粮暂仍其旧；（四）从前营业之限制，居住之限制，一律蠲除；（五）所有王公等爵，概仍其旧。（以上优待满族大纲）

《申报》1912 年 1 月 9 日 13973 号第 6 版

1 月 10 日

中国光复史：滦州军队活泼之行动

滦州独立警报到京后，清内阁即电饬京奉铁路滦州车站查覆。兹据覆电云，十四日接到中华民国北京大都督王怀庆照会，有宣告独立之说。惟从前滦州兵队驻扎山顶，十四日已由山顶整队退回平地扎营。此外，并无举动扰害等事，地方秩序亦安静如常。至开平一带有无军队，未知其详。

又电清邮传部云，昨夜（十四夜），此间安静如常。惟北上行车似不宜久停，请示遵行等语。观此可知，该军举动之文明矣。

清陆军部已致函邮传部，请电饬京汉铁路局预备车辆，由石家庄、正定府两处装载军队，运往丰台，再由京奉铁路开往开平、滦州等处防护。

京奉铁路火车现在只能开至唐山，不能再进。缘唐山以东地方均已投降民军，遍插白旗也。

又永平府所驻军队，闻滦军反正消息，亦已纷纷响应。

前纪滦州民军照会北京公使，请守中立一节，兹探得照会原文如下：中华民国军政府北军大都督王怀庆为照会事，本都督为克复民国起见，择定于西历一千九百十二年一月三号二十四点钟以前举义，直攻燕京，为达中华民国完全共和之目的。凡各国人民之生命财产，本军所到之处，概负保护之责任。祈各国贵公使严守局外中立，本军政府暂设直隶滦州，各友邦如有交涉条件，请即与本军政府直接办理。须至照会者。

闻十一日顺直咨议局亦接到滦州第二十镇军队一电，报告该军队主持共和政体，请顺直咨议局公推代表，前往滦州与议一切。并报告该军队之共和主张，已于日前电知袁内阁及驻沪唐专使云云。惟该局因屈伏在满清官吏势力之下，尚未敢发电复之。

《申报》1912 年 1 月 10 日 13974 号第 4 版

满亲贵又遇困难问题

昨纪姜桂题等调查满亲贵存款，拟以之拨充军饷等情。兹闻姜桂题已联合各路统兵官王占元、潘矩楹、马龙标、冯国璋等联名电致庆、恭、礼、肃、洵、涛、朗、伦及继禄、奎俊、那桐等十三人，略谓“朝廷因革党坚持共和，已颁谕召集国会公决此事。既在南方开议，仍由少数私见主张共和，可知国家存亡何忍轻于一掷？现各军队誓死坚持君主，绝对不认共和，总须以兵力血战。惟饷械两绌，借贷已穷，侦知京中外国各银行公等各有存款，至三千七百余万之多。公等均系贵胄懿亲，休戚与共，当此一发千钧，谅不忍坐视，务祈将此款提出二千万，充军械饷糈之需。则前敌将士均愿以死报效，使行转危为安。国家之福，亦公等之福。若仍图日后富贵，坐拥巨资，置国事于不顾，设或大局决裂，朝廷有不测之虞。试问公等，有何善策能挟巨款以远逃耶？接电后，务于三日内如数交出，否则即有特别举动，以作对待。公等虽悔亦无及矣”云云。满亲贵得电后，均大惊失色。已于今日邀集各人在庆王府，筹议对付之策。

又有说谓，此次武汉两军开战，即因满亲贵接电后已允交出千万作为军费，故突然决裂云。

《申报》1912 年 1 月 10 日 13974 号第 7 版

1月11日

可笑可怜之京帅

前日清太后发出黄金八万两，实出袁世凯之逼迫，谓库款奇绌如洗，非有巨帑接济必将辞职，不复问事。清后不得已，始允之。旋奕劻亦蒙召见，清太后令其捐款。庆对云，前捐银五万两，现又捐银十万两，实在财力已蹶。刻只剩家用银一万余两，尚需留作吃饭之用。清后默然。

奕劻素以豪富著闻天下，惟吝啬成性，虽“拔一毛而利天下”，在所不为。刻以军队要求捐款，颇形惶恐。日昨，拟将某票庄所存之赃私七十余万两，提交汇丰银行。经某军队查知，不准提拨此款，后不知其如何。

那桐自闻民军北伐之信，在上月杪即以数百万赃银汇存青岛外国银行。那与其妻，则于初九日上午乘专车出京，赴青岛潜藏。次日下午，其子及其媳亦携婢仆三人，出京前往。事为清外部某大员所闻，前日专往拜谒，以探虚实。至则门者告以中堂出门，某候至两小时，终不见归，始信其已化黄鹤矣。

良弼等组织之宗社党，本以排汉为目的。兹又得个中消息，向来号称开通、最负时誉之满亲贵某，对于良等亦极表同情，且自认为党首，其宗旨系实行暗杀；其内容分内外两部，内部专注意于赞成共和之大员及共和党人，外部则利用某丞为功狗，专司逮捕。其所需之暗杀器，系爆烈弹。十一日，该党暗派上海仆妇二人，由京奉携带炸药等物进京，下车时遗二筒于车上，被平姓夫役拣得，报告巡警。而两仆妇已不知去向矣。现炸药仍存铁路警局中。

《申报》1912年1月11日13975号第5版

1月12日

中国光复史：请求各国承认临时政府

昨夜接南京电信，谓南京总统府已正式照会各国，建设临时政府，选举临时总统，组织内阁。此为正式请求各国承认之前提。是日，总统府周围景象极为乐观，进谒者有司法卿伍廷芳博士等，盖由总统电招，会议要政也。

《申报》1912年1月12日13976号第4版

袁世凯来沪议和确音

南京特别快信云，联军总司令徐固卿昨日通告各军队首领，谓停战之期业已届满。顷据袁世凯来电，拟亲自来沪面议一切，故由外交团商定，再将停战期限展长一星期，至十五号（旧历二十七日）上午八时止。如届时再有枝节，当一律进兵猛攻，灭此朝食，以慰诸战友同仇敌忾之心。维在此停战期内，均须镇静，以免借口。

又《字林报》云，民军议和代表伍廷芳博士仓卒赴宁，其原因未经宣布。兹据确实消息，袁世凯已有要电答复民军，旦夕或有重大之事发现，故孙大总统特电招伍代表赴宁密议一切。或谓袁世凯已承认唐绍怡前次议定之条件，允在上海召集国会，公决政体。惟此说是否确实，尚不可必。

《申报》1912 年 1 月 12 日 13976 号第 4 版

可笑可怜之京师

荫昌因武汉之战既未能侥幸获胜，一旦和局决裂，民军联师北上，实无可以抵御之策。故屡欲向清廷辞职，以期归隐林泉。不意此项消息一出，满人群起反对。昨有某满员遣资政院某议员往谒荫昌，询其对于共和政体是否赞成。荫谓，天下大势当以国民心理趋向为标准，此时国民心理多向共和，予若反对，徒成天下之公敌，亦无补大局也。某议员又谓，倘国民会议仍主张君主，则公当若何？荫知其意偏在君主，乃变其词曰，此固最善。后某议员以此说告诸某满员，皆谓荫昌曾经出洋，必非能效忠满族者，故满人咸嫉视之。而荫尤惴惴，不能自安矣。

前日下午，河南京官在豫学堂开特别大会，历三小时之久，到者凡数百人。闻是日议案略谓，东南各省民军势力已成，设或和议无效，兵连祸结将在目前。汴省地处南北要冲，将来必为两军用兵之地。斯时汴民生命财产势必尽归乌有，不如速谋独立，尚可自保。且袁氏初出山时，固抱定君主立宪之宗旨，刻因大势所趋，似已改变宗旨，亦有趋向共和之意，尤可乘此时机实行宣布独立，则此时既可为吾汴省同乡之光荣，而日后亦不至见弃于同胞云云。并闻已得诸同乡多数之赞同矣。

又直隶同乡京官前日亦在松筠草堂特开全体大会，议商对于议和不成两军开战，应作如何防御之办法。闻有直隶京官杨某出席，提议请诸同乡筹集巨款，编练新军，归伊统带，以期抵抗民军等语。无如同乡与其宗旨相合者甚属寥寥，竟无赞成此议之人。而杨某犹哓哓不休，各同乡乃一哄而散。

《申报》1912 年 1 月 12 日 13976 号第 5—6 版

1月13日

评论：论军事时代之民政

唐末五季，海内云扰，强镇雄藩，拥兵处卫。神洲禹域，豆剖瓜分。带甲百万，宰制六合。由是，幅员之大小群各视其带甲之数，以为衡。其尤甚者，为鲸吞，为鲵食。干戈相寻，民生涂炭，亘五六十年而易姓受命，迄未有已。此无他，军政权重，民政权轻，凌铄钤制，寻仇无已时也。

何则？天下者，个人之积也。宁以文治光四表，不当以武力雄一方。虽扰攘之世，不得不以兵甲保和平，暂置民政于军政下，以苟求其一日之安宁。然司阃寄者宜兢兢以扶植民政为心，藉兵甲以保障和平，不可遽以权力相雄长，致民政范围胥受军界之干涉也。

开会公推松府民政、司法、财政各总长事论之，处今日之世界，当刻刻以维持统一为天职，削除府阶而改编州县，以直隶于都督府之下。此非出于地方官制之规定，程都督曾以通行各属者乎？即曰北庭颛为一方计也，则其事固宜报告都督，俾一省民人召集议会，酌改官制，以资治理。亦何必汲汲焉，以整理各属事宜之故而置地方官制于不顾耶？

且夫松郡钮司令，非卓卓乎当今之贤者哉？热心革命，以改良政治为己任，吾苏之人久已钦崇之如泰山北斗，一举一动为全省之仪型者也。今日者，以松军司令之名义，忽焉而为囊括全郡之举动。姑无论各属民政人员宜概由各州县议会公举，不当由军人号召各界干预民政已也。假令松郡首倡，而各地效尤，淮扬然，常镇亦然，宁苏之重地将恃何饷以治事耶？呜呼！星星不灭，而俄已燎原；涓涓不绝，而浸成江河。窃恐他日之大局，有不折入于唐末五季之趋势而不已者。先圣有言："君子之过也，如日月之食焉"。吾亟望钮司令之顾全大局，扶植民政，慎勿使今日之干涉，致贻后人之口实耳。

《申报》1912年1月13日13977号第2版

中国光复史：唐绍怡续任和使消息

《捷报》云，今晨（旧历二十四日），上海有某某数领事署接北京公使馆电音，谓袁世凯已重派唐绍怡君为议和专使。惟据唐君自言，并未接有此项消息，但知某某数领事署确曾接到此种电音耳。唐君现仍寓李德立君处，今日曾访伍廷芳代表，面商一切。

《申报》1912年1月13日13977号第4版

唐绍怡仍请清帝逊位

前日唐绍怡又有电致京，请清内阁代奏，略谓：朝廷既愿将国体付诸公决，其公天下之心为薄海所共钦。惟大势所趋，万众一致，临时国会仍用正式选举法，非半年不能蒇事，民军万难承认。且恐旷时日久，转生意外之变，反与皇室诸多不便。务祈俯顺民心，早日逊位，则民军念禅让之德，皇室待遇必极优隆。除密将优待条件电呈内阁外，谨请代奏云云。袁世凯旋即覆电，谓：吾公既已辞职，该电未便再行代奏。说者谓，袁早已抱定破坏和局之心，故不愿代奏也。

《申报》1912 年 1 月 13 日 13977 号第 4—5 版

滦军反正始末记

此次滦州军队宣布独立，系抱定不流血主义，故当时鸡犬不惊，并不愿与清军以武力相见。乃清军秉其蛮野之性质，必欲小题大做，以一试其残酷之手段，而于是战局成矣。今滦军以兵力不充，后援未至，故已暂行解散，以待再举。兹将起义始末情形备纪于下：

山海关附近共有军队二十营，分驻永平、汤河、滦州等处，均系淮军。惟滦州尚有第二十镇军队三营，阳历一月一号由第一营管带王金铭，第二营施从云提倡起事。王怀庆闻此消息，即由开平带领护军数人，驰往弹压。及至滦州，即被军队拘获，并允举为大都督。王素狡猾，佯允之，且谓现在军饷不足，当赴城内富绅李君处借款，充作军饷，遂趁机逃避。及军队侦知，追之已无及矣。王于二号逃至开平，急分电北京政府派军剿办，并嘱京奉铁路局停止火车经过滦州，以免军队夺车北上。而北京政府则急调派原驻石家庄之军队十营，乘坐京汉火车至丰台，换车直赴滦州防堵。

另一访函云，滦军第七十九标起义时，王怀庆实赞成之。故彼时尚布置炮队一营于抛澜汀山上，复分驻步队一营于滦站及附近洼里、雷庄等处，然因第三营张建功意存观望，而汤河之第八十标、奉天之第七十七标、七十八标各援军均未能同时到滦。适接徐世昌一电，劝其解散。于是王怀庆顿改初志，设计遁去。第一营王金铭、第二营施从云至此知事不妙，遂收队，移驻滦州城内，并向各绅富商借银洋二万元，充作军饷。及见清军赴滦州者势将围困，佯作就抚状，于十七日早将由天津开赴榆关之第十五次慢车扣留，直开北京，以图进攻。不料行至雷庄，王怀率所部淮军将铁路拆毁一段，该车因之出轨，而淮军即乘势放枪猛击。滦军猝不及备，漫散过半，仅余七百余人，已失战斗之力，遂被清军围获三百余人，均各投缴军械。施王两管带亦被擒。所余滦军为清军追入滦州城内者，亦只得暂行就抚。惟清军因此遂将各绅商家抢掠一空，王怀庆旋发令：缴械者给洋十元，无械者给洋五元，一律遣散回籍，惟施王两管带则将送往天津云。此十七日事也。

十八日，王怀庆致电陈夔龙，谓已收回滦城，所有滦东各站均各无恙，现在京奉全线肃清，请转电邮传部，派员修理，即速开车云云。然十七日尚由石家庄调来第三镇步炮十营，由协统陈文润乘加车第十四次，开往开平。表面上为防驻汤河、奉天等处之兵队恐有响应，实因闻海路北伐队已乘新铭轮船抵秦皇岛，故调第三镇为堵截计云。

又闻，袁世凯已与各公使商定保护京奉路线办法，除英国派兵四十余名保护唐山路矿外，尚派一队驻保古冶，法国亦派一队驻扎杨村，日本则驻扎山海关，其德俄驻扎地未详。

《申报》1912年1月13日13977号第6版

1月14日

清谈：纪京友之言

此次临时政府公举孙文为大总统，实至名归，原无多让。惟观袁世凯近日行动，颇露醋意。缘此公平日夙有此种思想也。闻民军前有举袁之说，近日孙亦有电让袁，倘多数赞成，何不直捷举袁，使其敷衍清政府之心亦可决绝。如无此意，亦当速筹良策。无论民军财力兵力是否充足，总以速行解决为是。若依正式选举法办理，试问在此五六月间，能有空闲敷衍之财力否？清廷目前不敢决然宣战而一再稽延者，以军饷无着也。近闻袁已嗾使各督抚、各军队要挟满亲贵出资助饷，渐有成议，大约一二千万尚可罗掘，且各路军队为袁世凯魔力所摄，均愿为之效力。若因一再停战而坐俟其布置完密，胜负恐未可必也。且议和随员之回南者无不力诋民军之内容，并谓不出半月必然分崩，劝袁姑待，无须激烈，俟其内乱而击之，可收事半功倍之效云云。此等一面之词，虽不足尽信，而不可不早为计也。（下略）

此系京友通信中语，于袁世凯之心理窥之颇深，而其忠告民军之言亦不无可采处。爰录之，以告我同胞。（东吴附识）

《申报》1912年1月14日13978号第12版

1月15日

中国光复史：民军北伐之预备

南京近日街谈巷议，无非讨论战事。凡与民国政府有关系者，皆言不日定将北伐，议和之望似已断绝。民军视停战期满之日，即为续战开始之日。

目下军队来宁者络绎不绝。宁垣现有训练纯熟、军械富足之军士二万五千人，一俟令下即可出发。

据民国政府宣布之计划，北伐军将由孙总统亲自统率。孙总统近已与其军事顾问员商榷进行之法。大致孙总统出发后，将请副总统黎元洪君来宁代任。

今日已有粤军一队过江，占据险要。各地以为北伐之预备。闻北伐时尚将需用飞艇，有粤人李君者于数年前因事流逐在外曾著飞船利用一书，昨夜业已抵宁，现管理民军飞船队。民军前曾向法国购有飞船数艘，今上海制造局尚在仿造数艘云。

《申报》1912 年 1 月 15 日 13979 号第 3 版

可笑可怜之京师

满亲贵自闻招集国会公决政体之信，已屡开秘密会议。旧历十二日，又因民军政府不肯承认满廷所定选举法，复在清太后宫内筹议对付办法。惟意见仍不一致，有谓国民会议，民党既不能久待，其逼迫之势已可概见，反不如请列国出而干涉，一面暗中调集旗兵与民军决一死战。而其中之稍开通者，则谓民心既皆趋向共和，不如俯从与情，将国民会议停止，即决定共和政体，以昭宽厚，则皇室既可优待，人民皆留去思等语。惟就以上两说计之，其主战而欲引起外人干涉者只居十分之三，其请俯顺舆情决定共和政体者居十分之五，尚有二成则对于两项办法皆不置可否，专持划分南北、辖制藩属之说。最后经清太后面谕各满族，谓兹事体大以予之见殊难遽决，仍当相机行事以昭慎重，且袁世凯受余重托，或不致辜负国恩，陷宗社于危险云云。言次泪如潮涌，各满族多棘手无策，遂即散议。

清太后因时势危迫，日以泪痕洗面，且谓其左右近侍曰：若景皇帝在生，决不致使大局如此糜烂。左右皆唏嘘。闻清后日内将至景皇帝神牌前哭陈宗社将没，皇基难保之危状，以期得其冥佑。此真妇人之愚也。

此次清廷所颁国会选举法，系由资政院总裁李家驹及各奴隶议员的草定，故多仰承满政府之意思。闻初拟稿时尚有士绅无选举权一条，因恐智识稍高之士绅不免有民主之思想也，后李家驹以此条太无理由民军必难承认故始删去。

袁世凯派员前往各处秘密招兵，以为和议决裂之后盾。早经报告，兹闻袁之初意拟在热河及保阳一带招足大军二十万人，以五万人为首次招募之定额，限于半个月内招齐，以期抵抗北伐民军。迨招兵委员在直、保等处开招时，仅有三日，应募者已达四万六千余名。招兵委员颇生疑虑，又因应募之人籍隶不一，明通之士复居大半，与往日招军情形大异，诚恐有我爱国民军厕身其中以作内应，遂即密禀袁世凯请示办法。袁闻之亦殊以为异，随电覆该委员，所招兵士其藉贯限于直保两处，且改五万之数为五千，而又必须选择粗钵之人，其稍明达者一律退回不用。此亦可见袁之情虚矣。

前日北京某报友人与某公使晤谈，某公使大不满意于袁世凯，略谓袁之为人阴险狡滑［猾］，毫无正大光明之气，在昔吾辈不深得其底，误以东亚英雄目之。今观彼种种举动，直不如信义为何物。殆谓人皆庸愚，惟彼独擅智巧，故敢任情反复，毫无忌惮。真所谓小人之尤者也。如此次议和一事，吾辈本不与闻，彼乃屡次要求，必欲吾辈为彼帮忙，出而主持和议，吾辈却之不得，乃允为调和。而彼忽变初计，先自投服民军认许共和，吾辈但以大局速定为希望，原不愿与彼计较，乃彼反复无常，既和复悔，以不合事理之国民会议选举法搪塞民军，迫民军以不能承认之势，彼乃有所借口乘便进兵，以兵儌幸一逞之计。此等毒谋狡计，以杀人为快乐，实非人道所宜有。自兹以后，吾辈将不承认彼有政府之资格，所有关于国际事件当与民军临时政府接洽并愿帮助民军推倒满清，以期中国早日平静，实为全球之幸福云云。末又谓，不认满清政府一节，此间已开会商妥，各电致本国政府，俟接到覆电即可发表云。

《申报》1912 年 1 月 15 日 13979 号第 3 版

清军第六镇亦将反正

顺直咨议局接清军第六镇（新由石家庄移驻洛阳）来函，云：国民出赋以养军人，期以御外侮扬国威，非期以自残同胞者也。今日之势除二三不明时势之大员，及少数已据国会资格之钦选资政院议员外，趋向共和已十之八九，欲战争之停止与否视乎国体之能否共和。贵局向主共和以熄战祸，吾军中之少数上级军官向多昧于时势以杀同胞为战功者，然若辈官虽尊而实力不及吾辈，万一再起战祸，吾辈必于临阵时有法以制之，以全我爱国军队宣扬国威不杀同胞之名誉等语。大约不日亦将起义反正矣。

《申报》1912 年 1 月 15 日 13979 号第 3 版

1 月 16 日

西报之议和谈

《文汇报》云，和议虽无实在消息，然据两方面情形而观，不日可望解决此事。今晨（念五日）八时，伍代表已与袁世凯议定停战条约事宜。

南京民军本已奉命预备北伐，且租定轮船运兵数千，由军舰保护开往北方。

乃昨日忽接袁世凯来电，请再展长停战期限十四日。查数日之前，民军领袖已议决不能再停战事，及昨日接电后，经各领袖一再会商，始于当夜覆电，准其续展十四日。大约不久战争必将告止矣。

闻袁世凯来电并未述及满人应允民军要求之言。惟据间接谣传，袁世凯不日将由人欢迎归入民军。故知清廷大约已允让步也。

民军今仍一意要求，无论如何决不能保留君主。

今观大局，数日之内清廷必将服从民军之请求而举行国民会议。盖民军领袖之意，此举必在上海举行也。

《申报》1912 年 1 月 16 日 13980 号第 3 版

1 月 17 日

讨论清帝逊位问题

《大陆报》十五日北京电云，今日夜半，全城暄［喧］传清帝即将逊位。豫料明日清帝或将颁谕宣布此事。或谓，停战期限之展，是足为逊位一事将推迟实行之证。盖满皇族中尚未一律议妥办法也。

又电云，外间盛传宣统帝已决意逊位，退居热河。且谓，此举在此数日以内即可实行，惟官场严守秘密，尚不能得其确信。

袁世凯与清皇族讨论逊位问题业已密会数次，尚未能议决办法。但据种种现象观之，满人因屡受外界之压逼，其势力已渐衰弱矣。

民军最近提出要求清廷逊位之条件，已电告袁世凯，由袁转达清太后及诸皇族。闻其内容，清帝仍可予以尊崇之徽号，与外国君主并列，且准其退居热河，祭奉先陵。而皇堂［室］之私产，均当为之保存。惟岁给养赡金若干及旗民之生计，均须由国会公决，此时未便预定。并谓，以上条款，清廷如不即允，则将撤销另议，但以后提出之条款，决无如此优待云。

《申报》1912 年 1 月 17 日 13981 号第 3 版

共和大国平和成立之希望

近日，北省渐有趋向共和之意。日前，直隶、河南两省咨议局会电孙大总统，询问三事：（一）清帝退位后能否袁世凯为总统？（二）共和国成立后接管清廷所有北方军队，能否不追既往，与南军一律待遇？（三）优待皇室及旗民生计，能否先行协议条件？

孙大总统随即覆电，略云临时政府惟一目的在速定共和。本总统受职誓言，即以专制倾覆，民国成立为解职条件。清帝退位，共和成立，袁有大功，为众所属。第一条件自无不能，南北既成一致，转敌为友，彼此解释嫌疑，更无不一律待遇之理。至于皇室可崇以尊号、给以年金、而复保其财产，旗民生计，则各省正在筹议中。若复拘牵小节，反复游疑，抗亿兆国民之心，保一姓专制之位，则必重听解决于武力云。

《申报》1912年1月17日13981号第3版

滦军起义之真相

滦军起义以来，外间传说不一，而尤以清政府方面之言为不可听。盖其善造谣言，每说出不近人情之事，而无定识者则又时为所惑，实憾事也。兹将本馆续得确实消息，录之如下：

民军起义以后，清兵来薄，民军奋勇击之，清军大败，获其马队十六人，军械亦不少。前后二役，皆得胜利。后因清兵来者益众，且我民军缺少大炮，于是公决退至昌黎。该地利于坚守，子弹粮食亦足应用，专俟北伐队到来，即与联合，直攻北京。然我军实未伤一卒，所谓火车出轨为清军所败者，全是清人捏造，以懈各地响应之鬼［诡］计也。

又有直友函述滦军反正时情形，云自南北两军议和未成，清政府恐北伐队在秦皇岛登岸，预先将驻扎永平府之第二十镇兵队调拨十营，移驻汤河一带，以备抵御。又调三营驻扎滦州，以为后援，住北关外师范学堂内，均归王镇怀庆节制。惟营中各官长及其兵士皆受完全教育，久有政治思想。闻北伐队不日可到，故亦预先部署一切，以便临时响应。嗣又探悉清政府款项已罄，本月军需难给，若不趁此建设，独立筹办粮糈，岂不束手待毙？于是举义之心乃坚。惟姚标统向无智识，且少教育，深恐日后被累，竟于前数日私自逃走。各官长见事机日逼，遂于十二日先将旗兵数十人先行解散，令其缴回军装，每人给以十元以作回奉路费。至十三日，邀同州官及各局所绅商学界等在师范学堂集议，宣布独立并筹款各事。官绅商学各界皆表同情，惟兵士口粮约一万元，急须筹办。嗣经州官、盐务所、筹款局三处热心担任此款，以免商受累，欢呼而散。十四日正午十二时，本城商民遂一律悬挂光复汉族旗号，兵民各守秩序，安堵如常，并请舆论机关为之宣布真相，以免政府又以“土匪”二字诬压民军，施其阴毒手段。

“滦军都督致淮军将士书”云，诸大志士鉴：久仰威名，不胜钦佩，爱国苦衷，谅亦相同。敝军举义，实为冒昧，然亦以和议无成，共和难望，四万万同胞将归涂炭，十八行省尤恐瓜分，万不得已而出此万死一生之举。凡我同胞，莫不共谅。贵军将士素明大义，无论何地与敝军相遇，想不忍同种自残，贻笑外人。

敝军将士亦皆抱“人不攻我，我不攻人”之义，以保我中外钦敬、为民争利之民军义声也。且我军平日所食之粮饷，不可谓不厚，亦不可谓不久。而此既久且厚之粮饷，果为清廷所固有耶？亦涓滴剥夺各同胞之脂膏而已。以同胞之脂膏，厚养吾辈于千日，而不能救之于危急存亡之秋，拔之于水深火热之中，是可忍孰不可忍？此敝军所以不敢贪生怕死、畏难苟安者，尤敝军所以不敢缄默而不得不先与贵军商榷者也。倘能相助或确守中立，他日大局平定，协力御外，则实中华之幸。山河暌违，人言失实，诚恐误会，致生恶感。特此布达，即请健安，并希垂鉴。（十六日午后发）

其二

又北京友人述［滦］（此处原文空白）州军变情形，云当滦州起义时不过六百余人，每人袖缠白布一方。闻未变之先，曾电致伍廷芳，请参入民军之列，并请上海参谋部派员至滦以资辅助。又同时电致袁世凯，要求共和政体。其出名发电者，系施从云、邱仁等。及初十日起事后，纷至滦州车站，要求站长开车至津，只准运兵，不准载客。站长未敢应允，遂发电至天津总局请示，而电线已被割断，不得达，遂允其所请，特开专车装运民兵向天津进行。不意该处淮军有探马二匹，探悉此情，飞报该军上官，将雷庄车站附近轨路拆毁十丈，一面出发兵队防堵。待火车行至雷庄时，全车出轨。民兵知轨路已为淮军所断，遂在火车内向淮军开枪。淮军兵械不利，纷纷败退。而津京陆军已到，即开巨炮。然此项巨炮只能击远，故附近之民兵皆未受伤，而炮子皆落于滦州山上。旋因巨炮无效，又放机关枪，民兵知众寡不敌，不得已向后退走。其未及退走者，尚有上级官兵六名、兵士三百余名，均被拘留看守。旋皆弃械回籍，再待时机。

又有友人由滦州来京告人云，当晚三钟，有滦军千人截留加车若干辆，装运军火若干，并将车站电报机器及电报局管事等挟同开车西来，意在直抵京都。不料行至半途，轨拆车毁。清军乘势扑攻民军，与之交战许久，始以众寡不敌而退。然清军伤亡亦复不少，并有统领一员受弹阵亡。至十九日，滦州城内尚有独立军一百数十名，紧闭四门以为固守计。惟该城业为清军围困，只留东南一面，意欲使其出走云。

滦州之事既定，王怀庆在开平、古冶、雷庄一带大兴冤狱。凡剪发者，即目为革命党，严行拘留十四日。有由津赴奉之刘某、李某在开平被捕。十八日，由奉回京之白某、熊某在古冶亦被拘，并将滦州电报局顾某任意残杀。清军之无人道，往往如是。

淮军驻扎雷庄一带，奸淫抢掠，无所不至。查滦西十里地之沈姓被抢，抢后继之以火。又安各庄某富室被淮军捆绑，赎洋七百余元始释。后又一淮军至，将其捆绑，复赎洋五百元。未几，又来一淮军，又赎洋三百元。一人而三被抢，其他可想而知矣。

《申报》1912 年 1 月 17 日 13981 号第 3 版

1月18日

袁世凯被炸详情

《字林报》十六日（旧历二十八日）北京电，云袁世凯于今日下午约十二点十五分钟时，由宫内回寓。一路均有兵士巡警防护，约离五码，即立兵警一人，执枪实弹并以刺刀向外，气象森然。袁则乘马车而行，车窗大开，故示逸豫之状，车后随有骑马卫队多人。行至莫理循博士住宅附近大转湾处，有华服少年三人站立道旁，车过其前，一人举手一扬，即见一炸弹飞出。不意袁车已疾驰而过，弹在车后炸裂，兵警两名立毙，马亦炸死二匹，并伤兵士十二人、路人三名。炸声虽不甚巨，而数百码内之屋宇皆为震动。袁世凯即乘纷乱之际，令御者加鞭逸去。少年随奔入茶馆之内，警察巡兵追而获之，不及一分钟，又拘获嫌疑者数人。街上行人登时逃避一空，兵士巡警布满路侧。少年立于茶馆之前，左右顾视，其意甚得，由兵士守护之。闻少年为革命党中之志士，一直隶人，二贵州人。

《大陆报》载同日北京电，云自袁世凯回京后，人人皆知必有不测之事，故防卫从未稍弛。凡其应过之路，均先由兵警清道，驱逐行人。今晨由宫内议事出，沿东华门大街而行，一路站满兵士，约二十步一人。东华门大街与王府井大街交叉，该街商市极盛，亦站有兵士甚多。袁世凯乘车前后则有步兵护卫，并导以骑马卫兵。袁车行至两街交叉之处，街角附近茶馆之内掷出炸弹两枚，炸裂者仅一枚。登时烟沙腾起，袁车即于迷漫之中疾驰而逸，纷乱约数分钟，受伤者均倒卧街上。马闻巨声，亦惊跃不已。该炸弹在车后空中炸裂，故袁世凯幸得脱险。闻袁曾于马车之内探首，令其御者挥鞭疾驰。该弹之炸虽离车仅数尺，而车伤甚微。

巡警兵士四出搜捕刺客，遇人即拘，且在附近一带挨家搜查。内有三人：一黄姓，来自天津；一张姓，一未知姓名，均贵州人。今夜由袁派人讯问。闻三人自认行刺不讳，且谓此次革命不得和平调停，实由袁世凯一人梗阻之故，以是誓欲诛灭其人云。

今夜据最确实之调查，伤者共十七人：两人立刻即死，尚有十人伤势甚重，恐亦不救；死者之中，有卫队统领一人。

炸弹制造极巧，为一长约三寸之铜管，内实小弹，其力极猛。马之死者三匹，一即死，其二狂奔数里始倒毙于路旁。

袁世凯为清内阁总理，总常有暗杀之危。无论满人汉人，皆谋置之死地。袁亦自知身入危境，故每至宫中必绕道而行，且屡次易道，一路均有兵士站立，每每豫料其必行此道而彼乃舍此就彼。且何时当过某路，皆守秘密，外间无从豫悉，而不意仍遇此险，其不死者幸焉。

事起之后，城中大为震动，咸不知此事与议和及大局有何影响。今日袁之赴宫，外间皆料清廷必将颁发上谕，宣布逊位，乃迄今毫无动静，惟以意测之，逊位一事无论如何必不出此数日之外。清皇族原定于明日会议此事，惟既有今日之事，恐又不免稍缓耳。

闻袁世凯返外务部后，颇有镇定之状，且谓居此地位，早料有此一事。然余之志愿仍不因此消沮云。

袁氏本寓清外务部，今该部门首已添重兵保护，夜间通城皆有巡警兵士往来梭巡，并拨重兵防守各城门。盖料民党起义之期必不远也。

《文汇报》载同日北京电云，袁世凯回寓之后，尚与人侃侃谈遇险事，故作安逸之态。今已拘获六人，闻此举全系革命党中人所为。自东华门至外务部，袁世凯寓处密布党人约有百名之谱，皆豫备相机抛掷炸弹者。此次掷弹之人，广西藉陈姓，闻系由肉店内掷出云。

《申报》1912 年 1 月 18 日 13982 号第 3 版

1 月 19 日

续纪袁世凯遭暗杀事

《字林报》十七日北京电，云寓京外人及各公使因闻袁世凯得免于死，登门道贺者颇不乏人。外人以为，袁世凯乃北方时局中必要之人物。盖今日之清政府，如无袁氏其人，则已毫无价值。而民军又不能即行管理北京，恐不免成屠杀之场云。

有士官一人及兵一名已因伤重毙命，尚有伤兵六名，势亦垂危。昨今两日，被拘去嫌疑者三十人，内有女子二人。

《大陆报》同日北京电，云自袁世凯被弹后，谣言虽多，情形尚称安静。袁世凯今日并未入宫与清皇族会议，此会已展期星期五日举行。届时，逊位问题可以有最后之解决。

清内阁人员今日皆往袁宅，讨论甚久。闻袁因昨日受惊，今日稍有不豫，故未能出门。

此次暗杀规画似极周密，凡豫料袁世凯必经之路，皆伏多数之人，挟弹以伺其至。惟第一弹既炸后，袁即易道转往僻处而行，故得幸脱于险。现拘获嫌疑者五十人之谱，内有数人被拘时身上尚挟炸弹，然其主要者仅五人而已。

此事现已开审，有数人自认行刺不讳，并牵涉民军著名领袖数人。闻清廷已准其请辩护士云。

巡警今仍在全城搜查暗杀党之证据，而受伤之兵今日又死二人，连前共死四人。尚有数人闻亦垂危。

袁世凯之脱险，可谓大幸。迨车抵外务部后，其御车之马内有一匹忽然倒地而毙。该马虽已受伤，尚能奔驰数里之长路，否则袁氏必不免矣。

炸弹爆裂时，袁之卫队统带袁金标适在袁之车侧骑马而行，故被击中身死。

《申报》1912年1月19日13983号第3版

讨论清帝逊位问题

《字林报》云，清皇族昨日又在宫内集议，清廷退至热河及国会未经解决政体之际授权袁世凯之问题。

唐绍怡君昨日下午接到北京来电，谓清皇族已赞成民军提出之条件（大致即优待皇室等款），惟蒙古之独立与事实上稍有阻力，然此事亦非无法解决云。

又十七日北京电，云满蒙诸亲王及内阁各大臣因袁世凯稍有寒疾，改期于星期五日（即今日）会议逊位问题。

上海西国商会致载沣及袁世凯之电，系请清廷于国民议会未经解决之前，速定媾和办法。闻清政府颇为所动。

湖南共和会亦有电致袁世凯，请速建设共和政体。

《文汇报》十七日北京电，云今晨袁世凯入宫，与清隆裕太后会商暂移热河问题。自六时谈至九时始出，闻旦夕将颁上谕宣布此事。

《申报》1912年1月19日13983号第3版

1月20日

清帝逊位之日近矣

《文汇报》十九日北京电，云袁世凯于今日上午由卫队保护入宫。闻袁意，如各皇族不肯从命，则将不与续议而即实行以下数款：（一）清廷退至热河；（二）每年付赡养金四百万两；（三）皇帝以外国君主礼待之；（四）筹划旗民生计；（五）都城问题则由将来国会公决。

闻各国豫备暂允承认袁世凯管理之临时政府，再候召集国会。

又电云，袁世凯已告假三日，拟不豫问清廷之会议。因北方尚有反对清帝逊位及宣布共和者，而以清军统领主张为最力。内蒙古亲王及铁良、载泽辈，则仍思分中国为南北两国云。

《捷报》云，今日上海盛传：北京已颁逊位上谕，清廷即日将赴热河；清帝每年得赡养金四百万两。后经探诸唐绍怡君，据谓此说未必确实。盖北京须在晚间会议也。然其结果，清帝仍必逊位，退至热河。惟赡养金一层，则不能豫言其数。

《捷报》又云，今日瑞和洋行发出星期贸易传单内有一节，如果确实，极关重要。兹特照录于下：今日据上海所接私家消息，各国外交代表已照会袁世凯，谓各国将即承认中国之共和，惟须仍以北京为都城，以袁世凯为第一任总统。临时总统及内阁应即辞任，而清帝及皇族移居热河后，岁为赡养金四百万两。现料民军必将允认以上各款。果尔，则各事可望即日平定，历史上最有成效之革命，将灿烂以告大功云云。（按：清廷退至热河后，袁世凯管理北京临时政府，各国已有承认之意。事尚可信，但于将来之都城及现任之总统，必不致横加干涉。设果有此事，则民军必反排满之，戈转而排外也。）

《大陆报》云，据各处情形及消息观之，今日或将为满人主治中国告终之日。清皇族及皇太后将于今日会议逊位问题，载沣、奕劻、毓朗、载涛、载洵及各皇族之有权发言者，均将豫议，以为最后之解决。惟袁世凯是否豫议，尚不可必。袁之行事诡谲难测，据其最近行事观之，似极有手段；但其心思何着，外间终难猜测耳。

据确实消息，逊位之举早已议妥。皇族诸要员已于数日前承认，近日不过讨论清廷移居之地，及民军对于此事之保证并赡养金若干耳。且闻，清廷既下逊位之谕，即将简袁世凯为副监国，权理政务，以候国会议定永远之政体——或举君主，或举总统——再定切实办法。闻此事乃各国公使建议，盖防北方骚乱之故。各国政府皆信袁世凯有维持治安之能力，故曾声明如清帝逊位，则政府当举一领袖以候第二政府之成立。而据最近情形以观，各国显已早经商定公认袁世凯为领袖也。

北京既有此重大之举动，而民军领袖及南京临时政府一面亦在豫备一切，今将即行召集国会，以在两方面公允之地开会，大约以上海居多数。

清廷逊位，上谕中将宣明以开会之时日及开会之地点。闻此事已由袁世凯与伍廷芳议定，唐绍怡君虽未正式重行简为清廷代表，大约仍将豫闻此事。

闻唐绍怡君与袁氏时常通电，商议改建政体办法，足见将来国会如果议决共和政体，则袁世凯亦必承认耳。

现望清廷逊位之后，数星期内即能召集国会，从速组织永远之政府。今两方面皆知大局所关，断不能长如目下之情状。盖有多处已渐越出管理范围之外，推迟愈久，则收拾愈难也。

国会解决政体之后，则即可组织永远政府，正式请列强承认。据确实消息，各国对于此事决不观望，以便即可安定大局，而使新政府得以进行各事。

又十八日北京电，云明日清皇族会议解决逊位问题，袁世凯将不豫议此会。原定昨日举行，袁于事前入奏，谓有寒疾，不能莅会。清太后乃降密谕，命其于星期五日到会，并谓此事关系重大，全仗卿力云云。致使袁世凯对于此事不能不负绝大之责任，惟袁今日已请病假三天，显欲规避此事。或谓，袁之请假，非但不愿豫闻会事，或将借此辞职耳。

明日之会议关系非常重大，闻皇族各要员皆知续战业已无望，故已大半默认此事。惟蒙古诸亲王则尚竭力反对共和云。

《申报》1912年1月20日13984号第3版

1月21日

清皇族会议逊位之四面观

《大陆报》载十九日北京电，云今日下午清皇族在宫廷会议逊位问题并未解决，袁世凯亦不到会预议。惟于散会后，由亲贵数人往谒袁世凯，告以一切。

据确实消息，会场之上意见不一，有亲贵数人竭力反对逊位，大约明日续行开会，始能决议。

闻满亲贵如不允逊位，袁世凯即将辞职离京。现袁已将此情布告诸亲贵。

皇族之中以恭亲王及蒙古各亲王反对最力。自炸弹发现，全城大为震动。阳历十一月间恐慌之情形，已复见于今日。并有一般无知妄人署名“维持君主会”散发传单，请维持皇位。真可笑也。

保护外人之上谕，说者谓专指北京而发，皆视为北京之凶兆。

外人因恐袁世凯离任，汉满互相冲突，致肇剧祸，今已纷纷离京。

《捷报》云，今日北京电，谓清皇族会议逊位时因意见不一，乃以此事询问于唐绍怡。据唐君云，彼于晨间会接北京私电，已较前益复有望，旦夕即有和平之解决矣。

某领事署早晨得京电，谓星期五日清皇族之会议毫无结果而散，袁世凯提出清帝逊位及退居热河之议未有确实之解决，星期六日尚将续议。

《字林报》载，同日北京电，云清皇族于今晨会议极久，继定展期续议。领袖各亲贵已赞成逊位，惟少年诸亲贵及铁良等不允退至热河，然亦并未提出他项解决之策。

下午，载沣、奕劻往访袁世凯，互谈甚久。

清廷近日所允付袁之帑金，因逊位办法一时殊难商定，似已不愿交出。盖满人本不愿战，故亦不愿再筹款付汉兵之饷也。

京内中外人民恐满人暴动，终日为之惶惶。惟目下似尚不致有此举动也。

《文汇报》载同日北京电，云今晨满洲诸亲贵复在宫中与隆裕太后会议逊位问题，仍无结果。因毓朗、载涛、恭亲王、载泽等为铁良及良弼所煽惑，竭力反对之故。逊位之上谕业已拟定，惟候署名而已。大局甚不安定，北京华人现复纷纷迁移，袁世凯恐将辞职。

《申报》1912 年 1 月 21 日 13985 号第 2—3 版

临时政府对于袁世凯之要求

《字林报》云，据确实消息，孙总统与内阁诸员于十八日集议，因袁世凯所提出之条款未能惬意，故议决电致北京，内有以上数款之要求：

（一）清帝必逊位及弃让所有之大权；

（二）满人不能豫问中国临时政府政务；

（三）临时都城不得设在北京；

（四）袁世凯非俟列强承认共和政府及民国建设完全之后，不得豫问共和临时政府政务。

《申报》1912 年 1 月 21 日 13985 号第 3 版

袁世凯欲为第一任总统

民军中人现皆度袁世凯注意于第一任总统，故欲以孙总统辞任与否为清帝逊位之前提。惟孙总统部下均谓，总统履任之际，曾发誓推翻满州君主，并宣言须俟中国建设巩固之政府而后解职，故皆请其力践此言。且声言，如袁世凯仍为满廷效力，则必坚意反对之。

《申报》1912 年 1 月 21 日 13985 号第 3 版

1 月 22 日

逊位问题之四面观

《大陆报》载北京电，云清帝逊位问题今日（二十日）仍无实在之解决。外间皆料此事若不早日解决，京中汉满之人必不免互起冲突。

近数日内，时有满汉冲突之谣言，即满人之中亦因对于逊位问题意见不一致，有互相水火之势。

清皇族复于今晨会议。闻亲贵中不到者甚多，而与议各人亦皆不敢有所主张。

清廷复接民军要求清帝逊位及以南京为临时都城之电，但并未答复。

袁世凯仍居外务部迎宾馆，住宅增加卫队以自防护。目下近段共有兵三千名，街中则有兵士、巡警来往梭巡，异常戒严。

英公使已命住居禁城附近之英人迁居使馆界内，而住居其他各处者尚未接有此项命令。盖目下不致有危险也。

今日续有大军开入禁城，京师汉人以自袁世凯任内阁总理后，城中未见有禁卫军，此次忽然出现异常恐慌，迁居者成群结队，络绎不绝。

《大陆报》又云，唐绍怡君虽辞去议和专使之任，仍与伍廷芳博士每日会商，对于袁世凯及清皇族会议逊位之举动，盼望尤切。

民国政府以哀的美敦式电致袁世凯后，并无继续提出之条款，惟候其解决而已。

清帝逊位国人盼望。此问题之解决几如大旱之望云霓，而京中来电仍无实在之消息，使人闷损。

伍廷芳博士昨日不肯讨论此事，唐绍怡君则谓彼接京中来电较前殊有进步。

据南京民军中人云，北京消息，清廷逊位皇族反对甚力，孙总统与袁世凯迭电会商，亦尚无取决之办法。然无论如何，共和政府之宗旨决不变易。

临时政府接伍代表电，谓袁世凯要求正式宣布优待清帝及清皇室条件，以便降旨实行逊位。又唐绍怡电，请逊位后仍予以大清皇帝之名号。据此观之，清廷逊位之实行为日不远矣。

闻武昌黎副总统电致南京政府，〇〇虏廷逊位问题迄未解决，万勿再言停战。鄂省准待至阳历二十二号止，如虏廷仍不实行退位，当即统兵北伐。

《申报》1912 年 1 月 22 日 13986 号第 3 版

1 月 23 日

公电

南京大总统电

急上海伍廷芳先生暨各报馆鉴：昨电悉前电，言清帝退位，临时大总统即日辞职。意以袁能与满洲政府断绝一切关系，变为民国国民，故许以实时举袁嗣。就后来各电观之，袁意不独欲去满政府，并须同时取消民国政府，自在北京另组织一临时政府。则此种临时政府，将为君主立宪政府乎？抑民主政府乎？人谁知之？纵彼自谓为民主政府，又谁为保护？故文昨电，谓须俟各国承认后，始行解职。无非欲巩固民国之基础，并非前后意见有所冲突也。若袁能实行断绝满政府关系，变为民国国民之条件，则文当仍践前言也。至虑北方将士与地方无人维持，不知清帝退位后北方将士，即民国将士，北方秩序亦即应由民国担任。惟一转移间不能无一接洽之法，文意拟请袁举一声名卓著之人暂镇北方。若驻使无人，交接一节满祚已易，驻使当然与民国交涉方为正当，其中断之时甚短固无妨也。今确定办法如下：一、清帝退位，由袁同时知照驻京各国政府现在清帝已经退位或转饬旅沪领事转达亦可；二、同时袁须宣布政见，绝对赞同共和主义。三、文接到外交团或领事团，通知清帝退位布告后即行辞职；四、由参议院举袁为临时总统；五、袁被举为临时总统后，誓守参议院所定之宪法，乃能接受事权。（按：一、二两条即为袁断绝两政府关系，变为民国国民之条件。）此为最后解决办法。如袁并此而不能行，则是不愿赞同民国，不愿为和平解决也。如此则所有优待皇室、八旗各条件不能履行，战争复起，天下流血。其罪当有所归。请告袁。孙文祃。

《申报》1912 年 1 月 23 日 13987 号第 2 版

逊位问题之四面观

《字林报》载，二十一日北京电，云满洲年轻诸皇族，由载泽为首，反对逊位之举。现主张举铁良为北军大统领，续与民军开战。观诸皇族之态度，大有威逼袁世凯之势。故袁之亲友已于昨日命备火车以防不测。惟目下袁世凯尚未必即行启程也。

旗兵对于大局似皆无所主张，如令其战，则驰赴疆场，否则将守望和平。

北京满人并不惊惶，惟汉人及外人稍见恐慌。

今日清廷降谕，宣布奕劻、溥伦及其他诸皇族均请假五日。大约因厌恨满人意见不和、心志不一之故。

又二十日北京电，云据华人传称，载沣、奕劻主张仍留北京国会，未曾解决政体以前由袁世凯在天津组织北方临时政府。

文汇报载，二十一日北京电，云奕劻告假五日，溥伦告假十日。此举颇引人注意，盖因两人于皇族会议之际皆主张清帝逊位者也。（按：据上电观之，清帝逊位及退至热河之举显已无效。）

南京临时政府于二十一日接议和代表伍廷芳电，略谓：与袁氏筹商清帝退位，本定今日发表，因发生难问以致阻滞。此难问之发生，为清帝退位后统治权已消灭，而临时政府事实上尚不能统辖北方诸省，则北方将成无政府之状态。据目前情形，系北方将士官吏赞同共和，不可视为投降。关于组织统一全国之政府，宜由袁世凯与南京政府协商，以双方之同意组织之。如此则无此屈于彼之嫌，对内可统一全国之秩序，对外可得各国之承认云云。

自民军起义迄今数月，所有清廷派驻各国之使臣噤若寒蝉，对于清政府并未有意见之发表，对于民军亦无赞同之一电。不谓前日北京政府忽接驻外各使联衔公电，要求清帝逊位。电文中并有一星期内如不确实答复及实行，即自行辞职，全体归国等语。措词非常决绝。闻此电系驻俄使臣陆徵祥发起领衔，因之满洲诸亲贵益形灰心。大约逊位问题之阻力或可稍减。

《申报》1912年1月23日13987号第3版

1月24日

逊位问题之波折

《大陆报》载二十二日北京电，云今日下午清廷决议拒绝逊位之请。此即为续战之豫兆。若袁世凯之态度则无从得悉，大约恐不免于辞职也。

清廷对于逊位问题据上星期外表观之，清皇族似已赞同袁世凯之议。不谓今日忽有强项之态度，皇族中之激烈者皆愿续战。其声势已凌驾和平派之上。

今日清隆裕太后召见内阁各大臣，旋复召见皇族诸员询问意见。大概似皆主张续战。清太后乃愿出最后之计以保皇祚。

袁世凯今日并未朝见清太后，奕劻、溥伦已请假数日。盖因彼等之条陈未经采纳，故欲退出以卸责任。闻旗兵因奕劻主张逊位已致书恫吓之。奕劻之不参与会议此亦一原因。

据确实消息，民军曾允如清廷和平退位，则在北方设立临时政府，孙总统将退任让与袁世凯，并赴北与袁会商一切。今闻民军已将前议取消，要求须在南京设立新政府。

袁世凯近复调其部下之兵三千名入城保卫。

目下北京仍恐将有大变，外间盛传各大员及袁世凯、奕劻等均将出京，但未必确耳。

《字林报》载同日北京电，云今晨清皇族复开会议，仍无解决。故今日之北京尚处期望之地位，并无发展之事件。

在北方设立临时政府或能商定，但满人皆主张抵死拒敌民军。

（原按云，上星期南京致北京之哀的美敦书，闻北京目下正在磋议此事，大局尚非无望也。）

《申报》1912年1月24日13987号第2—3版

三志袁世凯被炸事

二十八日，袁世凯进内与各亲贵会议，于上午十二时由东华门回公署。行至丁字街迤南，先有人由楼上掷下炸弹一枚未炸，再有一人由丁字街路北三顺茶叶店内抛出炸弹，炸毙卫队管带袁金镖一人、排长一人，伤亲兵二人、随行马巡二人、路人二名，毙马三匹。抛炸弹之人当场被获，系贵州人，名张先培，字心裁，年二十一岁，现住贵州会馆，头上自受炸伤。又在东安市场内搜出一人，身有炸弹一枚。其人名黄季明，原籍直隶，在军咨府充当测地局班员，现住南船板胡同三十号门牌。当在该屋内又搜出炸弹三枚。随后又在东安市场拿获一人，手上有伤。闻施放炸弹之人数共分三队：第一队即楼上之人。当时先向项城马车放弹未炸者；第二队即茶叶店内之人。该弹掷出时项城之车已过，该弹打中街旁自来水铁管，反激打到卫队管带官袁金镖之马头上遂大炸；及至第三队欲再抛掷，而袁项城之军已远矣。当时被拘者数人，后又在霞公府拿获数人，共计被获者除张先培、黄季明外，尚有萧生、杨雨昌、陶鸿源、许同华、傅恩逊、黄永清、薛荣、李怀连、郑姓等，所获诸人先在内阁拘留，交军法司审讯。闻其中并有女党员一名。

袁项城本拟取道金鱼胡同以归。迨经此巨变，遂改由王福井（原文如此）大街取道长安街回内阁公所。

据刺客供认为敢死党，住于西河沿大成店十三号房。及询该店，并无是人居住，且并无十三号房。又闻系住于六国饭店云。

袁世凯是日曾携有辞职折，原拟即行上奏，嗣因亲贵等极力挽留劝止，故尔未递。

是日丁字街各铺户均被搜查。搜查后即令关门，不准外出。其路上行人亦均盘查，毕始一一放行。直至午后四时，乃照常交通。其三顺茶店隔壁各铺户前面均被炸毁，玻璃尽碎，受伤之人已抬送医院。惟炸死之马，尚横卧马路，血肉狼藉不堪。

当晚内阁当即电致各督抚及各军队，通知暗杀情形，并云总理并未受伤。北京地面极为安静。

《申报》1912 年 1 月 24 日 13987 号第 3 版

1 月 25 日

迷离扑朔之逊位谈

《字林报》载二十三日北京电，云满洲年轻诸皇族怂恿续战，清廷已大为所动。此事实由铁良主谋。外间盛传，铁良主张杀害袁世凯，因之人心大震。然，如果有此举动，则清廷与皇族必致全归灭亡，恐彼少年无知之辈亦未必敢以出此。惟煽动旗兵以与袁世凯为难，则情迹殊有可疑耳。

据外人之眼光观之，满人如筹款以付袁世凯，则袁仍拟续战。

《大陆报》载同日北京电，云逊位一事刻下仍迷茫难测，清廷似已决意不肯即行退让，听候国会之公决。而皇族中人又均主张续战，已在豫备一切。

据官场中人云，清廷尚能筹数月饷糈。

外间猜测袁世凯之态度纷纭不一，而袁仍毫无动静，惟时露得意之状。可见辞职之说并无其事。

闻民政府最近之要求目下尚未答复，此间外交家皆言要求过奢，大约不能承认。

前此民军提出之条款，外间传说不一，据谓殊属谦逊，闻袁世凯已致电孙总统，不允再讨论清帝及清廷之担保。

伦敦《泰晤士［报］》北京访事莫理循博士致电该馆，云清廷将颁谕建设共和政府，且准选举总统。此信由确实之处得来。

《泰晤士［报］》并载社说，称赞此举，谓此乃调停中国乱事最简便之法。又谓，袁世凯之资格堪任总统，袁氏不特为政治家，且为外交家云。（按：上电为十六日伦敦电，可见清廷逊位之谕已为主战派之皇族所阻也。）

《申报》1912年1月25日13988号第2—3版

记新政府第一次阁议

初三日午后一时，南京民国政府开第一次阁议，议决大事三条：

（一）议行政方针，主张中央集权。

（二）筹措军饷，拟将招商局抵押一千万。缘招商局盛股居多，理当没收，商股可由政府认还。如该局不允，当以相当之法对付。

（三）和议大定优待清皇室条件，已由伍总长开去。将来清帝退位后，将请袁世凯来南京，以就此间临时政府。

是日到席者有陆军、海军、教育各部总长，余则为各部次长，且定此后每星期一四午后二时开阁议云。

《申报》1912年1月25日13988号第3版

1月26日

清廷会议逊位详志

清廷会议逊位问题业已逐日登载报端。昨接京友访函数通，其所记廿八日及初一日两次会议情形，甚为详晰。分录如下：

二十八日，清廷开御前会议。隆裕太后询及大局情形及旅华外人来电，因谕诸皇族宜俯从民意，以救生灵。载洵、溥伦均为赞成。嗣奕劻亦谓，保全皇室，舍共和外恐无善策。嗣蒙古王公复有陈说，又经隆裕太后详加解谕，始各无言而散。

初一日午复三时，又在内阁会议。各国务及各亲贵、蒙古各王公均到，惟袁世凯请假三日，故未列席。先由各国务宣言，今日对于保全皇室问题最宜研究。若能有方法可以使皇室无危险，即可坚持君主立宪。各王公有主张南北分立者。奕劻言，我所以赞成共和，亦具有苦心。盖惟此策可保存皇室耳，否则我既衰惫至此，复何所惜？勿论共和与君主，早晚即将就木耳云云。是日会议甚久，主持亦不一致。亲贵中仍有主张共和者，与蒙古王公辩论许久，仍无结果，须俟袁销假后再议。惟闻最密消息，无论如何解决，总在十二日以前定局，以免战局再开也。

又函云，初一日上午内廷开御前会议，亲贵王公庆、醇、洵、涛诸人及蒙古王公均到。地安门一带戒卫禁严，袁世凯闻亦到会。东华门一带兵警如林，铺户闭门，行人屏迹，至为严备。会议直至下午四钟始散，内容极为秘密。惟闻，宣布共和已有成议，发表之期将不远矣。

又函云，日来御前会议，奕劻对于议和一事极力主张共和，谓今日下诏退位，尚不失面子。若迟延不舍，恐他日祸害有非退位所能了者。今民心既一致倾向共和，我即顺势以共和予之，面子上既觉好看，且可消灭彼此仇视之心，诚为一举二得云云。说者谓，庆言如此，虽属至理，然其命意尚别有所在。盖和议若不退让，势必重开战端，而兵饷不充，非将亲贵之私蓄剜尽不可。既尽之后，仍不能免于覆亡，则诚不如此时退位、罢战，尚可留此钱财，以作他日饱暖之计也。

又据北京政界通信云，此次和议展期，所有上海、汉口、天津及北京外交团均不满意北京政府，谓既不能战，又不能让，徒要求民军代表作无终了之展期，甚属无谓。当由英使朱尔典代表各国意见，面诘袁内阁，云：贵大臣若不速定大计，将来各国条约上之权利及商业上之经营必受莫大损失，各国决不耐久守中立，听贵大臣作无意识之延岩［宕］，以贻误将来。现已议定，作正式之宣告，承认南京临时政府为有国家之资格，以便交涉一切。至满清政府，则同时宣告断绝关系，惟贵大臣图之云云。袁知时机紧迫，不能再以委蛇手段支吾民军，而内力不充，即开战亦终无幸。遂于前日（二十七日）知会各亲贵，开御前会议，解决和战问题。当由隆裕太后垂询军事情形与和议实况，袁答以人心已去，和议非允认共和不能解决。而军饷不充，若一经开战，恐四面受敌。我无持久之力，势必一败不可收拾。此军事上为难之情也。至外交团，经臣探其意，向亦均持冷观态度，颇不承认我为有国家之资格。若一味延岩［宕］，则各国将宣告与我断绝关系，彼时更不足以自立。此外交上为难之情形也。臣现在精疲力竭，实无计保全皇位，惟有请太后速下退位之诏，暂居热河。待臣与南京诸人商定优待皇室之办法并驻跸之所，然后报命，则大局庶可转危为安。否则，和议决裂，其祸非臣所忍言也云云。又谓，如不以此策为善，则请速罢臣职，臣实无力再为支持矣。隆裕闻奏半晌无言，良久始问各亲贵曰："汝等之意若何？"各亲贵均低头不语，隆裕哭曰："据我意见，早退位多时矣。都是汝等不晓事，强欲拂逆民心，以保存此毫无意味之皇位。今日事机紧迫，仍无丝毫之善策，徒躭延时日，以贻人笑柄。则又何如早从民心之为愈乎？"言至此，已泣下不可仰［抑］。各亲贵皆泣，袁亦泣奏曰："此皆臣奉职无状，致国家糜烂至此。请太后罢臣职，另简贤能继任，或有奇计可以挽回亦未可知。惟臣则实无善策也。"隆裕拭泪叹曰："余亦知汝为难之苦衷，但事已至此，汝且不能挽救危局，更谁是能挽救危局者？余意已决定退位，汝可速去拟旨，以便即日发表，使我民早免涂炭之苦，则大局之幸也。"袁乃奉命退出，拟定底稿。于次日（即二十八日）入内呈阅，盖用御宝，拟即日发表。不料，袁退出朝门，忽遇炸弹飞来。虽未毙命，已自饱受虚惊，不得不将退位之诏暂行搁起，以避危险。大约此数日内，此诏仍必发表也。

《申报》1912 年 1 月 26 日 13989 号第 2—3 版

北京炸弹案之别报

袁项城被炸一事，业已三志本报。兹据访员报告，放炸弹者确系某党所主使，因南京民政府拟举袁为第一任大总统，孙中山亦决意退让。袁意甚活动，此事若成，殊无该党立足之地，故急而出此，希图袁死后即举该党魁代居其位，以保存满廷云。

又内廷消息，云某亲贵与某满大员见袁有允为大总统之意，满洲皇位即从此消灭，心实不甘，遂与某党密谋，以炸弹对待之。成则去腹心之疾，以保存皇位；即不幸不成，亦可借革命党名义遮掩其鬼祟之迹。然耶？否耶？殊令人难测也。

《申报》1912 年 1 月 26 日 13989 号第 3 版

可怜可笑之京师

北京一般满亲贵走狗之厕身军警两界者，近日异想天开，组织君主立宪保存会。于阳历正月十四日开大会，到者一千余人。会场毫无秩序，演说者无非痛骂王公大臣，于此危急存亡之秋，只顾自己一身之安全，毫无忠诚报国之念。最后决议，要求袁世凯开战。是日，袁世凯派其部下前往该会，监视之。

良弼日以组织决死队为名，向各亲贵募捐军饷，并散放秘密宣言书。其大旨分四端：（一）奉光绪帝之遗训，保存君主立宪政体；（二）决死队之责任，专在充当先锋队，袭击革命军；（三）所需军资，赖亲贵富豪等之捐助；（四）决死队当直捣革命军之根据地。闻其所募饷银已有二十余万两，因之良弼逐日将此款浪用于花天酒地中，大有妇人醇酒甘葬以死之慨。

《申报》1912 年 1 月 26 日 13989 号第 3 版

1月27日

清旨

旧历十二月初七日，北京清内阁奉清旨：前自武汉事起，朝廷不忍民生涂炭，采资政院之议会，降谕旨，不以兵力平内乱。由友邦介绍，以尊重人道停战和商，为请遣派代表赴沪讨论大局，多以国体问题付诸国民公决较为允当。召问王公大臣，各无异词，遂复降旨谕信召集国会，以待公决。无非委曲求全，以期和平解决之意。现在讹言繁兴，人心不靖。诚恐民听易惑，致生误会。其国会办法正在磋商之际，凡我臣民尤不容妄启谣疑，着该管衙门务本此意，详切诰诫军民，勿得轻信浮言，转相煽惑，以维秩序。将此通谕知之。

《申报》1912年1月27日13989号第3版

清廷以逊位为谣言

《大陆报》云，清廷谕中之所谓谣言，必指逊位之举。此谕之颁，实表明清廷无逊位之意也。

又载二十五日北京电，云清廷颁谕，谓愿藉国会解决政体，并劝民人勿信谣言。不知其命意所在。

《字林报》云，上海议和代表与南京民国政府现竭力消灭哀的美敦式电提出之条件（即关于袁世凯服从临时政府一事），而仍照该条件电京前已经约定各事进行。孙总统并于二十五日以长电致袁世凯，措词极为和平，并述明前电所以发出之理由。

二十五夜，上海民军接北京电，谓清廷颁谕，历述革命前后事迹，且言外间近来谣言颇多，国民切勿轻信，并谕各衙门官员安慰民心。（原按曰：昨日交涉之后，民军切望清廷宣布逊位。今清廷忽有此谕，关系匪细也。）

《申报》1912年1月27日13989号第3版

1月28日

清旨

旧历十二月初八日，北京清内阁奉清旨，钦奉隆裕皇太后懿旨：内阁总理大臣袁世凯公忠体国，懋著勤劳。自受任以来，筹划国谟，匡襄大局，厥功尤伟。

着锡封一等侯爵，以昭殊奖，毋许固辞。

又奉清旨：内阁代递李家驹恳请准开差缺一折。李家驹着准其开去资致院议长。又奉清旨：许鼎霖着充资政院议长。

《申报》1912年1月28日13900号第3版

1月29日

清旨

旧历十二月初九日，北京内阁奉清旨：朕钦奉隆裕皇太后懿旨，袁世凯奏沥陈下情，应请收回成命一折。览。奏具见谦抑之忱，惟现在时局阽危，该大臣艰重困苦，一力支撑，保全甚大。锡以侯封，洵非过奖，该大臣其敬受朝命，毋再固辞。

《申报》1912年1月29日13991号第2版

西报纪清军统领要求逊位事

《北京电信》云，此间政局随时变幻，令人莫测。其真相近数日内最重要而最有关系之事，莫过今日清军统领四十六人，联电清廷请和平调停争端一举。惟其内容清廷秘不宣布，但闻确系要求清帝逊位云。北军统领此举与目前大局极有关系，外间皆料此事系由清鄂督兼驻鄂清军统领段祺瑞运动而成，大致停战期限必将续行展长矣。

《申报》1912年1月29日13991号第3版

且待和议最后之解决

本馆特别访事员顾复生君昨日下午进谒孙大总统，叩问议和近状。孙总统云，此时正在密电往返磋商重要问题，至二十九号（即今日）当宣布最后之解决。届时并希各报馆登载，俾众周知毋任盼望云云。

《申报》1912年1月29日13991号第3版

1月30日

清旨

旧历十二月初十日，北京内阁奉清旨：朕钦奉隆裕皇太后懿旨，袁世凯奏再陈下忱，仍恳收回封爵成命一折。论功行赏，天下通义。昨经该大臣奏请收回成命，曾谕令毋再固辞。兹复历引往事，剀切陈请，弥征谦退。惟此次变出非常，为从前所未有。该大臣顾全大局，亦较从前为尤难。数月以来，艰苦备尝，尤宜膺兹懋赏，该大臣务当恪遵前旨，敬受侯封，毋再固辞。

《申报》1912 年 1 月 30 日 13992 号第 2 版

清军将领电请逊位之大意

《北京电信》云，清鄂督段祺瑞会同京外各路统兵大员，电请清内阁，要求宣统逊位一举。兹探得其原奏大意，略谓臣等身受国恩，奉命续战。虽不敢云必胜，理当决死疆场。但民军声势壮盛，业已节节设备，万非吾军所能敌。一旦战败，中国大局势必愈益糜烂，而皇室之尊荣亦将从此堕落。况今全国人民万众一心，赞成共和。皇族之中赞成亦占多数，其反对者仅少年数人而已。益以军饷匮乏，无从应付。军士四出掠抢，军纪全失秩序。臣等再四筹思，惟有仰恳朝廷，明降谕旨，另行组织共和政府，并请简袁世凯为全权大臣，必有裨益。

《申报》1912 年 1 月 30 日 13992 号第 2 版

袁内阁请速定大计折

为和议难期请速定大计，以息兵祸而顺民情。恭折具陈，仰祈圣鉴事。窃自武昌乱起，旬月之间，民军响应，几遍全国。惟直隶、河南未经离叛，然而人心动摇，异于恒有。臣世凯奉命督师，蒙资政院投票选举，得以多数，依例设立内阁。组织虽未完善，两月以来将士用命，业已克复汉口、汉阳，收回山东、山西。然而战地范围过为广阔，几于饷无可筹，兵不敷遣。度支艰难，计无所出，筹款之法罗掘俱穷，大局岌岌，危逼已极。朝廷念国步之艰虞，慨生民之涂炭，是以停战媾和。特简唐绍怡、杨士琦等前往沪上，为民请命。此万不得已之苦衷，亦从来未有之创举也。屡接该大臣等来电，称民军之意，万众一心，坚持共和，别无可议等语。现期已满，展限七日，能否就范，尚难逆料。惟论目前情形，北方一隅虽能少保治安，而海军尽叛。一旦所议不合，舰队进攻，天险已无。何能悉以六镇堵御京津，而弃各战地于不顾。危逼万分，等于呼吸。宗社所寄，民命所关，早夜以思，良用悚惧。若激励将士，勉强以战。财赋省分全数沦陷，行政经费茫如捕风。搜讨军实，饷源何出？惟鲁惟豫，满目疮痍，地方素瘠，就地筹款为势所难。常此迁延，必有内溃之一日。傥大局至此，虽效周室之播迁，已无相容之地。辽东已为强邻所虎视，库伦早有背顺之萌芽。悉索币赋力与一战，未尝不能收复一二行省。然而，彼众若狂，醉心民主。兵力所能平定者，土地；所不能平定者，人心。人心涣散，如决江河，已莫能御。爵禄已不足以怀，刀兵莫知所畏。似此亿万之所趋，岂一二党人所能煽惑？臣等受命于危急之秋，诚不料大局败坏竟一至于此也。环球各国不外君主、民主两端。民主如尧舜禅让及察民心之所归，迥非历代亡国之可比。我朝继继承承，尊重帝系。然师法孔孟，以为百王之则，是民重君轻圣贤业已垂法守。且民军亦不欲以改民主末减皇室之尊崇，况东西友邦因此战祸，其贸易之损失已非浅鲜，而尚从事调停者，以我只政治之改革而已。若其久事争持，则难免不无干涉，而民军亦必因此对于朝廷感情益恶。读法兰西革命之史，如能早顺舆情，何至路易之子孙靡有孑遗也？民军所争者政体，而非君位；所欲者共和，而非宗社。我皇太后、皇上何忍九庙之震惊，何忍乘舆之出狩？必能俯鉴大势，以顺民心。且兵力、库藏悉数盘查，敬缮清单，恭呈御览。以尽有之国力而定战和之大计。如叨睿训，敢惜微躯！然天下者，乃大清帝国一统之天下也。总理大臣受朝廷之委任，握全国之枢机，治乱所在，去就因之。独至帝位去留，邦家存否，则非总理大臣职任所能擅断。其国务大臣亦只能负其行政一部之责，存亡大计何敢思及？然为时局所迫，逼于旦暮。臣会同国务大臣，筹维再四，于国体改革关系至重，不敢滥逞兵威，贻害生灵，又不敢妄事变更，以伤国体。谨合词具陈，伏愿皇太后皇上召集皇族，密开果决会议，统筹全局，速定方策。以息兵祸而顺民心。披沥渎请，不避斧钺，冒死具陈。伏乞皇太后、皇上圣鉴训示遵行。

《申报》1912 年 1 月 30 日 13992 号第 2—3 版

昨日停战之期满矣

昨为停战满期之日，南京参议院先经决议，不再展长停战期限，故民军已预备北伐。连日，各处皆有大军及粮食军火由水陆两道运往南京，以备接济前敌之用。

据伍廷芳代表有云，停战期限并未展长，北京亦未电请继续展限。惟清军统领四十六员既皆赞成共和，则满清政府已无人能战，或未必再有战事云。

温宗尧君亦云，清军各路将领，除冯国璋主张中立，张怀芝、张勋反对民军外，余皆赞成共和，而汉口一带之清军，则已悉数附从民军，故目下当不至再有战事。惟上海附近之民军均将开往南京，并拨若干开往烟台。

昨日，上海有接北京可靠电音者，谓民清两军已将诸事密商妥洽，现在逊位之谕虽未宣布，然终为旦夕间事，而袁世凯则必总理北方政务等语。此电确否未能遽决，姑录之以觇其后。

《申报》1912 年 1 月 30 日 13992 号第 3 版

垂暮之京语

旧历初四日，清廷又召集各王公大臣开御前会议。惟袁庆请假未到，其余王公大臣先后到齐。清太后先叫亲贵王公进内会议，清后首先发言，谓今日人心既希望共和，朝廷毫无成见。惟宣布共和以后，种种条件不可不预先筹划，尔等各纾己见，以筹完善之策。亲贵王公及蒙古亲王对于共和均不敢极力主张，且有反对甚力者。辩论许久，某邸问醇邸有何意见。载沣云，须请示老王（奕劻），方能解决。于是全体下来，又召各国务大臣入见。先由民政赵秉钧代奏袁内阁政见，谓此次奉旨组织内阁，系资政院尊依十九信条所公举，其惟一之目的君主立宪而已。然现在大势所趋，希望共和，朝廷与民更始。既无成见，不如请今上暂避其锋，以待国民会议解决，仍不失尊重等语。清后又谓，宣布共和，总应统筹全局。各国务大臣佥不作声，惟云须请示袁总理，遂无结果而散。

北京接圣彼得堡电，云驻俄公使陆徵祥对于此次俄国要求条件，交涉时甚为强硬。闻陆公使之主张，盖因蒙古一经划让，均势之局必破，全国领土难望保全。故日来向俄外部出以极严厉之抗议，对于蒙古独立决意不认，并运动俄京外交团出而调停，以期交海牙会公判。并闻，列强已首肯矣。

资政院无耻议员于邦华、陈树楷等昨日赴各国驻京使馆求见，请为保全中国君主立宪，各公使不约而同均拒绝未见。各议员只得乘兴而去，败兴而返。

《申报》1912 年 1 月 30 日 13992 号第 3 版

1 月 31 日

袁世凯仍不认退位之说

旧历初六日，袁世凯致清军各营队电，云张大臣、范镇台、何都统、曹统制、王镇台、王统领、徐镇台、洪统领、黄镇台、梅统领、卢统领飞送倪藩台、刘统领、袁张营务处，分送周统领、王统制、马镇台、赵统领、韩统领、郭镇台、吴统制、张钦差、张镇台、聂统领、潘统制，分送各军统制、统领、姜军门、鲍统领鉴：《民意报》载有伍廷芳致武昌各省都督、各军队一电，谓停战延期，实因清帝有退位之议。前此秘密磋商，未便先行宣布。今已议有头绪，大约再过数日即可决定等语。查讨论大局，自唐代表辞退后，由本大臣与伍代表直接电商，往来各电均经登报，众所共见。且国体须由国会公决，系遵懿旨办理，为国民所公认，本大臣岂容有与伍秘密磋商之事？诚恐军民因见伍电致滋疑讶，希切实晓谕，勿得轻听浮言，以免摇惑而维秩序。钦差大臣袁鱼。

《申报》1912 年 1 月 31 日 13993 号第 2 版

如此优待尚不够消受耶？

闻袁内阁前次提出优待皇室条件，日内已与民军代表议有端倪。大要如下：一、皇帝决定退位后，南京临时政府须同时取消，另由两方组织统一之新政府。

大总统由国会另行公举；一、皇室俸养每年四百万元，列入预算，永无停止；一、皇帝退位后仍居北京或颐和园、热河避暑山庄，听两宫自行指定；一、皇帝退位后，仍袭皇帝之位号，专奉祀宗庙、陵寝，不干预政事，如衍圣公然；一、各王公仍袭原有之爵位，终其本身；一、旗人照旧给发口粮，以筹有生计之日为止；一、除皇帝外，满蒙王公均享有被选为大总统之权利。

《申报》1912 年 1 月 31 日 13993 号第 3 版

西报之时局谈

《大陆报》云，清内阁及满蒙诸亲王今日又为政体问题开会集议，奕劻亦到会。惟讨论多时，仍无结果而散。

铁良现已赴津，惟袁世凯仍以重兵自卫，以防再遇不测。

良弼于星期五夜为炸弹轰伤一腿，今忽转为脑血凝结之症，死期当不远矣。

闻袁世凯又有电致民军代表，请再展长停战期限，但迄今尚未接到南方覆电，不知能否应允此事。

载泽告人谓，外间所传清军将领致电清廷，反对续战之说，实系捏造。其识见与溥伟如出一辙。

《文汇报》云，本馆接确实消息，清皇族于二十九日开会讨论大局。各皇族虽不赞成共和，亦不反对逊位。大致两三日内当有定局，可使民党满意。

唐绍怡君告《文汇报》访员，谓接最近消息，大局仍颇有望。访员问以一二日内能否明白宣布解决办法？唐谓，大约不日可以解决矣。

又据确实消息，停战期限于二十九日晨满期后并未展长。虽北京有续请展长之电，未经民军允可。现民军当局皆料目下接续磋议尚有良好之结果，故各处不致一律开战云。

《申报》1912 年 1 月 31 日 13993 号第 3 版

2 月 1 日

伍代表致临时政府要电

其一。南京孙大总统、国务各总长、参议院、武昌黎副总统、各省都督、北伐联军总司令公鉴：自阴历十一月二十八日廷芳与清内阁袁世凯所派全权代表开议和事，所议定者，一为湖北山西、陕西、山东、安徽、江苏、奉天各省一律停战，彼此不得进攻；一为开国民会议解决国体。迨既经订定国民会议选举法，而袁氏忽撤销代表，自与廷芳直接电商，并欲取消其全权代表所已经签定之条款。

廷以议和非可电商，已定之条款尤不能更动，始终坚持不允。追停战期满解决无期，袁复提请继续停战。廷芳适接驻沪等处洋商团希望和平解决之忠告，复得临时政府之同意，再允展期十四日，并声明此后决不再展战期，以误时日。适此期内清帝有退位之议，彼此切实筹商，先由廷以清帝退位后优待皇室条件及优待满蒙回藏人条件正式通告清内阁，以示民国政府优容之度。继由孙大总统以参议院之同意通告袁氏，谓袁氏若能于清帝退位之后发表赞同共和之政见，由驻北京外交团通告临时政府，则孙大总统当即解职，由参议院公举袁氏为大总统。凡此，皆足表明民国政府希望和平之诚意，只求共和目的完全达到，别无私意于其间。乃清廷少数亲贵把持反抗，屡接北京内阁来电，均谓禁卫军极力反抗，虑北京秩序扰乱，牵动外交，已密为布置，未可于停战期满前相逼云云。是则未能在停战期内和平解决者，咎在清廷，非民军政府始料所及也。目今段君祺瑞联合各路统兵大员四十二人，奏请清廷早日宣布共和，以定大局。段君现统第一、第二军，处武汉前敌。廷已屡电黎副总统，与之接洽。如能联为一致，则武汉方面当不复再有战事。至于陕西、皖北、徐州等处清军屡次违约，而反以违约责我，迭经诘驳。袁已允饬张勋、倪嗣冲勿得暴动。陕西方面，袁亦允派员绕道持函，赴升允军前禁其前进，并饬进逼潼关之军不可再进，未知能否实行。总之，现在停战期限已满，若彼先行决裂，则非衅自我开。民国政府外对于友邦，内对于国民，均可昭示此意。谨将始末大略情形电陈，尚祈鉴察。廷芳陷。

其二。南京孙大总统、黄陆军总长、武昌黎副总统鉴：顷唐君绍怡送来段君祺瑞真电如下。二蒸电悉，武昌代表易来孝已令幕僚接洽，瑞昨晚移驻广水，为保和平。不意后来之车忽放火药二次，车虽无大损，因之稽迟，致与后车相触，死伤二十余人，士气大愤。此等举动，能否严禁，勿令瑞过于为难也。已派混成一标又步五营赴京，又商阁府部，拟令第二镇旋保，相机进止。虽然如是，未能一蹴而就也云云。特为转。

《申报》1912 年 2 月 1 日 13994 号第 2—3 版

袁世凯圆滑之宣言

《北京电信》云，今日清外务部代表袁世凯宣布文告，以答孙总统在报章刊布之词。略谓，外间所传内阁总理与孙逸仙之交涉，并非由内阁总理直接办理，亦未由其承认。凡可以臻和平解决之条件，内阁总理固无不乐于从命。惟内阁总理从未尝抱欲任总统之奢愿，而其政策不过欲维持国家之完全，确定巩固之政体，以期联合南北，恢复和平而已。此次孙逸仙之宣言，殆其秘书员误会内阁总理之政策云。又唐绍怡致南京电，云孙大总统鉴，顷接项城复电，其文如下：逸仙足下，鄙人衰病侵寻，敢冀非分？区区此心，可质天日。所望国利民福，免资渔利，斯愿足矣。祈公亮之。凯等语。怡代转宥。

《申报》1912 年 2 月 1 日 13994 号第 3 版

2月2日

清旨

旧历十二月十三日，北京内阁奉清旨：朕钦奉裕皇太后懿旨，袁世凯奏，迭奉恩旨，未敢坚辞，恳俟时局稍定，再行受封一折。知道了。

《申报》1912年2月2日13995号第2版

我知清廷不能不逊位矣

《北京电信》云，今日下午（元月三十一日），清太后又召集内阁各大臣及诸皇族在宫内开会，讨论逊位之举，仍未议决。闻清太后虽愿和平解决大局，而仍犹豫，不欲逊位。现赞成共和各员已用绝大势力临之，务使逊位目的即能达到云。

《申报》1912年2月2日13995号第2版

三纪清军将领赞同共和清军

将领反对开战，电奏已两志本报。兹又接京函，云此次电奏之列衔者首为段祺瑞，次为姜桂题，其他统制暨协统之衔名，如段芝贵、何宗莲、王占元、曹琨、李纯等以数十计，而张勋亦列名其中。其语甚严厉，有不惟以同胞杀同胞，为人道之公敌，即以众寡论，以人心之向背论，亦不敌民军之万一等语。洋洋千余言，由清内阁分送军咨府暨各王公阅视，然后再交清太后阅。

《申报》1912年2月2日13995号第3版

2月3日

民国外交之发轫

孙大总统昨已正式照会各国，以后凡在中国交涉事件，宜向南京新政府磋商办理。惟北京各公使目下尚未迁移，外务司长王宠惠君特在三元巷设迎宾馆一所，专备接待外宾之用。

《申报》1912年2月3日13996号第2版

南北军联合要电

黎副总统致南京电。火急。南京孙大总统、上海伍代表、各省都督均鉴：顷据段军统祺瑞派来全权代表，与敝处接洽一切，并要求敝处给与照会，以便回复。其照会如下：为照会事。据贵军统派来全权代表吴先新、徐树铮等与本军政府代表孙武、余大鸿、张大昕等接洽。贵代表称，贵军统主张共和，拔师北上，恐敝军前进距离太近，致生冲突，妨碍进行等因。本军政府代表陈述前事，本都督甚表同情，当派军政府代表等与贵代表公同商酌，贵军北上，促进共和。旬日之内，必可解决。现约定，阴历本年之内敝军保持现状，其在鄂境以外者，本都督亦设法维持。如阴历年内不能解决，敝军即当前进，以资辅助。为此照会贵军统查照可也。须至照会者云云。特此电闻。再据该代表面述段军统言：凡北军退出地点，即归鄂军管理。合并声叙。元洪先印。

黎副总统致南京电。急。宁孙大总统鉴：接伍总长感电、宥电，即于二十七日派员至孝感，与北军接洽联络，一致进行。段祺瑞派员接待，据称段对于共和政体允有同意。此次军队退却，实不愿与民军冲突，损伤元气。至进行方法，现已规定请民军不必前进，致生误会云云。敝处已通饬各军，驻扎原地，暂不前进。所有一切准备，亦不得稍懈，致受老师费财之害，庶共和政体得早日告成。下游各军，请黄总长通知，相机动作。是盼。元洪艳印。

孙总统致北军将领电信。阳州统制王占元、济南统制张永成、大同府统制何宗莲、河南统领张士钰、南苑张殿儒统制、北京毅军姜桂题军门、天津张怀芝军门、颖州朱家宝、倪嗣冲、新民府潘统制公鉴：民国义军本为四万万人谋幸福，不得已而诉诸武力。近与袁内阁切商清帝退位办法，已有成言，而为满洲少数皇族所把持挟制，遂令内阁为难，陷于危困。南北本是一家，岂肯为彼少数人之私而流血？民国政府但图共和成立，救同胞于水火，他无所恋。天下之事将与公等共之。今日，段公芝泉联衔奏请共和，可见汉族同胞人人同此心理，所企一致，进行无复猜贰，转敌为友实在今日，否亦在今日。请熟思而审处之。幸甚。中华民国临时大总统孙文叩艳。

天津张怀芝致南京电。大总统孙鉴：艳电敬悉。段公联衔奏请共和，芝已认可，并非固执己见。但自武汉起事以来，南省商民被扰甚多，地方糜烂不堪，良由具政治思想，意在改革政治。而假托者则以掳掠为事，此固无庸深讳。公之才识，人所共仰，试将吾国人民程度细加体察，自非有正当办法，不可窃谓中国今日推倒清政府易而平乱难，抵制列强尤难。一或不慎，则瓜分之祸立见。明公自海外归来，原为同胞谋幸福，设因此而召瓜分之祸，公岂背出此？且兵连祸结，已非一日，若再迟延，不惟中国商人窘困不支，洋商损失亦巨，外人干涉自在意中。审时度势，颇觉危险。当此莫若留君之口，以备化除满汉；而留袁公之手，以备削除祸乱。来电谓，但图救同胞于水火，芝亦国民也，固惟以救民为急，别无他意。迩见生灵涂炭，不胜焦忧，敢布区区，惟公鉴察。所陈利害，请熟思之。公既知袁内阁为难，陷于危困，即请代筹切实办法，尚祈示知，再行商酌。帮办直东防务大臣张怀芝文。

《申报》1912 年 2 月 3 日 13996 号第 3 版

逊位尚无一定时日

《大陆报》云，此间大局现仍恍惚不定，惟清帝逊位之举可望必行。但因有外间所未知之种种原因，故从缓发布尔。或谓，此事目下尚不能实行，盖恐一旦宣布，地方将起骚乱也。今须俟汉军抵京之数足以镇压旗兵之反抗，始能宣布逊位之事。又有谓，清帝逊位，不过弃去参政权，而仍当居尊崇之位置，如教皇然。此说有识者皆知其不确，盖万无此种办法也。

《字林报》云，连日在沪人士虽渴望北京解决逊位之消息，而伍廷芳代表尚未接到北京佳报。据伍代表云，逊位之举终为数日间之问题，清朝命运必告尽矣。伍代表并言，前次提出优待皇室条款，今已撤销，故讨论条款一层当为将来之事。余殊能自专，惟已讽告北京早日逊位，则必能商定优待之条款云。

《申报》1912 年 2 月 3 日 13996 号第 3 版

2 月 4 日

宣布逊位之议复活

《字林报》载《北京电信》云，今日（二日）清廷又召集内阁各大臣会议逊位问题。闻已议定办法，电致南京民国政府，商酌办理。大致民国政府对于所议各款或能承认云。

清内阁恐逊位之后，旗兵或将暴动，已调大军来京防卫。现因各军尚未齐集，故暂从缓宣布此事。

据确实消息，所议逊位办法中，清帝惟弃让参政之权，仍袭用皇帝之号，司理祭祀等事，与先朝之逊位不同。此外，尚有处置皇室及赡养金二事。

又闻逊位诏书业已拟就，惟其办法尚须俟国会成立后交与核议。至所定处置皇室各款，则将通告各国以为征。惟将来国会核议时亦可增减此种条款云。

《文汇报》云，据确实消息，中国战争最后之解决，其期已近。众意皆谓，逊位问题已确实商定。

据表面观之，两方面于逊位宣布以前必尚有其他问题应事讨论，大致各领袖已在研究此事。惟民军无论如何仍必开往北方，以示威武，故各军现皆赶赴前敌。昨日有招商局轮船一艘，装载大批粮食，由沪开出，以供北伐军之需用。

又《东报》云，此次决定退位，系由载沣、奕劻二人主持，谓袁既赞成和万难抵抗，向清太后极力怂恿。此议故能成立。

二十七日午后一时，清廷于养心殿开皇族会议，奕劻、善耆等九人均出席，集议皇帝退位后善后之策。现已商议就绪，即日发表退位上谕矣。

《申报》1912 年 2 月 4 日 13997 号第 3 版

光复军北伐总司令李燮和誓师词

中华民国纪元□月□日李燮和率师北伐，谨誓于吾亲爱之军人，曰：天厌胡德，汉帜重兴。武汉振臂一呼，全国响应，风迅云涌，已光复者凡十四省。惟虏廷残喘尚存，袁氏狡诈百出，和议终不可恃，战争终不可免。我民军乃誓师北伐，以期扫荡虏氛，建设一完全之共和国。夫吾民军非好战也，苟有可以平和解决之道，吾人无不乐从。且南北同是同胞，战争之惨祸非他人受之，而吾同胞受之也。故民军从种种方面以期平和之解决，凡我当局者之宣言及其趋向平和之举动，谅为世界友邦及国内人民所共谅。无如，吾人希望平和之心愈切，而满洲亲贵破坏平和之心愈甚。负嵎［隅］不服，阴肆抵抗，是以我民军不得不出于战争，以期最后之解决。吾民军所怀抱之宗旨，共和而已，其能以平和手段达此宗旨，固为吾人之所冀幸。若平和手段不能达此宗旨，而不得不出于一战，则吾人宁能避之今日天下汹汹，全国之人不遑寝处者，皆此满洲少数亲贵扼之。是故，吾人秣马厉兵，兴师北伐，以与此少数之满洲贵族战。夫以吾全国之人民与少数之异族战，其为胜负，不待蓍龟而决。若乃迁延不决，倏战倏和，本非平和可以解决，而偏欲以平和解决之，则战限之延长，生灵之涂炭，孰职其咎？故吾人之北伐者，非欲扩张战争之范围也，实欲缩短战争之期限；非欲驱吾同胞于锋镝也，实欲拯吾同胞于水火。天下事，有似激烈而实平和，似非人道主义而实为人道主义者，如今日之北伐是已。且吾临时政府诸公，其所以降志辱身，以与虏廷讲和者，庸非希望平和，尊重人道乎？吾军人者，亦希望平和，尊重人道者也，独至平和手段不能解决，人道主义不能保全之时，则吾军人自有吾军人之职务。在所谓军人之职务者，则在于以铁血主义灌溉平和，以芟夷民贼保障人道。人或谓，军人为破坏平和者，吾则谓地球上希望真正平和者，莫军人若也。人或谓，战争为破坏人道，吾则谓地球上之真能拥护人道者，莫军人若也。使世界各国之人民不流血、不战争，令此恶劣之政府及屠戮生灵之民贼长存于天壤，则天地将返于浑沌，人道或几乎息灭，又安有光华灿烂如今日者乎？是故，吾军人者自有吾军人神圣之职务，在和之一字，非吾辈军人所宜道也。吾辈军人以战为天职，乌知所谓和者以战为能，希望真正之不和。拥护真正之人道，又安有延颈企足，以冀幸和议之成立者？其策，战策。和者，惟政事家之策略则有之，非吾辈军人所有。事一恃及和，则军心懈，斗志弛矣。今者，和议破裂，动员之令已下，吾愿吾军人矢志灭敌，必坚必贞。其有为共和之敌者，则歼除之不遗余力，务使吾中华民国得以早底成立，吾军人之职务于是乎尽。异日者，直抵幽燕，黄龙痛饮。吾北伐军人之名誉，乃垂诸天壤而无穷，而其责任则皆自今日基之。吾辈军人可不勉乎哉！可不勉乎哉！

《申报》1912 年 2 月 4 日 13997 号第 3 版

2 月 5 日

袁世凯变通选举法来电

伍代表鉴：国会选举办法迭经磋商，迄未就绪。诚以国体问题关系至大，务求国民全体公意，则条件自应详密，即手续势难草率，然相持愈久，国民之受害愈深。现已百业废滞，上下交困，而停战期限瞬将届满，若不及时解决，战端一开，生灵之祸伊于胡底。本政府为和平幸福起见，将原订选举条件酌量变通，俾手续较简，庶召集较速，而仍无背于代表国民公意之本旨。其修正各条列左：原议第一条，选举区改为各省。以每府及直隶厅州为一区，其无属县者附于邻府，其不以府辖州县者合五州县为一区，各藩属以一盟或一部为一区；原议第二条，选举额拟改为每选举区分为二级。凡统属五州县以上者为大区，选出议员二名，五州县以下者为小区，选出议员一名，藩属每区选出议员一名。以本法第七条此次改正之选举监督驻在所为投票所，至顺天府属县甚多又加入八旗，应选出议员四名；原议第七条，选举监督拟改为各省以该府及直隶州厅治所之行政长官充之，藩属以该盟盟长、该部部长充之。其余条件悉照原议办理。至开会地点，如不能到北京，惟有改在天津，介北京、上海之间，于南北议员均属便利。以上各节，希速复，至盼。内阁袁。

《申报》1912 年 2 月 5 日 13998 号第 2 版

袁世凯真有手段者

袁世凯自两星期前受炸弹虚惊后，今日（三日）始入宫觐见清太后。闻清后已畀以全权，命与南京政府会商逊位条款。现袁世凯之权力仍极伟大，且闻袁已照会南京政府，只候接到答复即可发表。

驻扎北京南部之大军一万名，已奉命预备出发。俟逊位上谕宣布之后，立即开往北京以防意外。闻袁世凯初意禁卫军探得逊位之信必将起而暴动，故防备未尝稍懈。然今日该军已散布传单，声明彼等并无反对之意，且不欲借端生事云云。据个中人谓，此事实由袁世凯宣言清帝逊位后必当优待禁卫军，故有此良好之结果云。

《申报》1912 年 2 月 5 日 13998 号第 2—3 版

2 月 6 日

逊位交涉又进一步

北京电信云，清隆裕太后昨已草定逊位诏书，惟未宣布。现命袁世凯与南方民军会商组织共和政府办法。大约须俟诸事商妥始可宣布。

袁世凯竭力商劝南京政府，于国会未经召集及永久内阁与诸要事部署未定之前，须以管理全国之权授之，俾可措置一切。盖以上诸事必经数月始能成功也。惟南京政府能否允从其说殊不可必。大约目下将由南北两临时政府分理南北政务，以为解决之法。

或谓，袁世凯昨夜已受清太后密诏，命其预备清帝逊位各事，故逊位一举可决，其不至再有变动。且逊位上谕宣布以后，北京秩序亦当不致扰乱。盖袁世凯手下现有汉兵二万名、旗兵一万六千名，以之镇压乱事绰乎有余也。

又有一说，谓逊位上谕本月初八日（旧历二十一日）必可宣布，北京大约仍旧作为中国都城，清帝如不愿移居热河，则准其仍驻大内或颐和园云。

文汇报云，据确实消息，停战期限拟再展长一星期，自初四日晨十一点钟起至十一日晨十一点钟止。

又据可靠消息，逊位上谕已定期于明日（旧历十九日）署押，一面电告南京孙总统商酌办法。闻伍代表与唐绍怡君之赴宁即为此事。

《申报》1912 年 2 月 6 日 13999 号第 2—3 版

北五省巡抚亦赞同共和矣

清山西巡抚张锡銮：前日通电河南巡抚齐耀琳、黑龙江巡抚周树模、吉林巡抚陈昭常、山东巡抚张广建，拟约同联衔奏请清廷，即日宣布共和。其内容略谓：独立省分已居全国之大多数，而北方军队其所要求今已与南方一致。此时若仍持君主立宪说，不惟有逆潮流。一旦战祸重开，抑亦有背人道。且南方民军百余万皆欲灭此朝食，若不从速解决，则恐此后优待皇室条件亦归无效。迁延复迁延，万一得此结果，不惟不爱国亦不忠君矣。尊意如以为可，锡銮冒昧自愿领衔等语。现闻陈周两抚甚为赞成，均已电覆应允，而张广建亦表同情，并电嘱由晋抚主稿，即日电请内阁代奏。

《申报》1912年2月6日13999号第3版

清廷又开御前会议

十一日停战期满，清太后又召亲贵及国务大臣并统兵各大员等垂询和战办法。第一起，近支主公及蒙古王公；第二起，姜桂题、冯国璋、乌珍；第三起，各国务大臣。惟袁内阁未到，亲贵中庆邸亦未到。

清太后先宣言曰：时局至此，予亦无可言者。嗣后一切重大事项，皆须卿等斟酌，妥协办理。予无不乐从。但地方安宁秩序，卿等宜时时注意，万不可因予一家之故，而使西北行省人民再遭涂炭。言罢长叹。国务大臣奏云，现在办事不外和战二者而已。如欲战，则应如何战法？如言和，则应如何和法？和与战两问题，所关太大，非臣下所敢擅决，请皇太后宸断，臣等方好遵办，且皇太后并未垂帘，从前国事办壊之处，国民断不能归咎于我太后，各国改建共和，皆由人民流血强迫，若皇太后不待人民流血之强迫即能俯从民欲，则将来国民必感激太后，而皇太后之名誉亦万世不朽矣。旋奉清太后谕，俟明日宣召庆醇两王会商，再行决定办法。

十二日醇庆两王入见。闻两王之意大致相同，皆谓今日之事，既不能言战复不能言和，则其余一切之办法皆归无效。仍请由皇太后责成内阁迅将办法议定，不必再存顾忌，徒延时日等语。清太后当时亦无异议，惟明谕一时尚不能发表耳。

《申报》1912年2月6日13999号第3版

驻日公使警告清政府

驻日公使馆于开预算委员会后，证以犬养氏之质问，知日本舆论表同情于共和。爰向北京政府发电警告，请速定共和政体，并谓日本第十二师团已调赴满洲，时局危急，间不容发，尤应从速解决，以保领土之完全，免瓜分之惨祸云。

《申报》1912年2月6日13999号第3版

南都新纪事

粤军北伐队近在临淮地方，因不耐寒冻死数人，均是得力兵士。

昨日北伐联军参谋团连接颍淮失利及退守正阳寿州消息。至今日（四号）未有续电。参谋诸君异常着急，公推粤军刘汉帜、光复军李鞠吾前往各战地详细调查，再作战事计划。

参议院开会后，所议各事大半系本院各项办事规则。闻将来拟设傍［旁］听席，但有一定人数及资格。

教育总长蔡孑民君对于民国教育非常注意，拟发表意见以供众览。刻下正在撰稿，约有数千百言。

津浦铁路南局满清前总办段书云挪用局中公款及私自欠款不下五十余万，现下正在查对以备将来根追地步。至段个人家资约有百万之谱，或尚可备抵也。

元月三十号宁垣大雪，历二十分钟旋即放晴。三十一号天气骤寒，河中结冰至厚，有三寸余。行人皆在冰上踯躅而过。

交通部长汤寿潜至总统府面请辞职，孙大总统勉留至再，不允所请。谓，无论如何情形，总须勉为其难，力任艰巨。至因何辞职之原理，则现时尚未发表。

《申报》1912 年 2 月 6 日 13999 号第 3 版

天津两次炸弹案汇述

天津一隅于三日内出炸弹巨案两起，兹特探录如左：

初九。旧历十二月初九日上午十一钟半，京奉北京来车至新车站，清防务大臣张怀芝下车至栅栏外，将上马车，忽一炸弹掷于车下。惜炸弹虽响，仅有白烟。张即由地道东逃至京奉客厅，刺客随又掷一弹仍在马车下，虽响亦未炸，人车亦未伤。斯时车站巡警向前捕获刺客，即向该警施放手枪，亦未命中，转向大马路而逃。经京奉巡警局门岗拦阻，又放一枪，亦未中。至某栈前北段七棚，巡警向前拦阻，又放一枪，将巡警右手小指打落。至吕纬路，经巡警多人获住，即扭送北段巡警七棚。略为审讯，即将该刺客解交北段巡警总局。至十二钟张始步行，带有巡警十余人保卫回署。兹将原供录下：薛成华，供年二十五岁，北京人。由七八岁随父到上海开华荣洋行，系入革党。不是奉民军政府使令。因各有思想，也于上月二十七日到北京，在和阳会馆同来了四人，希图暗杀。一名车锡元，年三十一岁，贵州人；一名墨林，年二十八岁，贵州人；一名曲振宗，年三十来岁，四川人。此次合谋到京，原为暗杀冯国璋、铁良、荫昌、良弼四人。而今早由北京怀带炸弹两个、手枪一枝，随张怀芝来津，系为暗杀张怀芝，不意到津站下车，炸弹无效，炸弹两个业已抛掷，手枪一枝巡警夺获。其余三人，由京起程时均分车乘坐，身已被获，伊等不知去向。今蒙堂讯，所供是实。

十一。十一晚十二点半钟，忽闻巨炮声二次，旋即探悉，系在督署对河柴厂内及镇署旁，同时有人掷放炸弹，并未炸伤一人。当场拿获掷弹人七名，因开桥溺河而死者一人，刺客首领陈为生当场亦为北段巡警局捉住。同时在城内二道街查获无辫一人，又在东浮桥查获二人，因系日人即送交日领事署。此生获者也。至已死者，则在海关道署西辕门外一青年人，衣履翩翩，倒卧身死。据云，该少年即系施放炸弹之人，而单街子迤西河沿上，亦有一无名日装死尸，身无伤痕。

翌日早经审判厅前往相验，并有日本官携同华捕往查，该尸腰有枪子及铜元洋元等件，验后即由日人备棺收殓矣。当弹发现后，各租界皆戒严防范。奥国租界并饬人将金汤桥拉开，派兵持枪把守。而督署卫队及特别警察队南北段巡警等，均出队掮枪弹压行人，又有卫队巡警马队在东南城隅毗连租界处盘诘行人云。

《申报》1912年2月6日13999号第6版

2月7日

清旨

旧历十二月十八日，北京内阁奉清旨内阁代递周树模电奏，因病恳恩开缺并请简员接任等语。周树模着赏假三个月，安心调理，朱小浓着署理黑龙江巡抚。

《申报》1912年2月7日14011号第3版

清政府自定之优待条件

（一）大清皇帝世世相承，推［退］出政权，俾汉满蒙回藏组织共和政府，以期与国民共谋幸福，非前代逊让可比，国民幸勿误会。

（二）宗庙陵寝照常奉祀。

（三）皇室经费从优供给。

（四）德宗陵工未完者，如制修成。

（五）皇室私产担任保护。

（六）宫内官缺以及护军各营，一切照旧。

（七）宫内太监一切照旧，以后不再增添。查有过苦者，酌量加给津贴，以不致失所为度。

（八）王公世爵一切照旧袭封，仍用皇帝册宝。

（九）府邸私产担任保护。

（十）王公中查有过苦者，应设法于官产中分别拨给，作为世产，以保光荣。

（十一）八旗官兵一律照旧。如将来改定官制时，总以不使一人失所为度。

（十二）满蒙回藏文武官爵、海陆营制，一律照旧。

（十三）汉旗蒙回藏民人一律同等享受共和国民之利益。

《申报》1912年2月7日14000号第3版

磋商逊位条件之要点

据南京特别访事电称，初五日内阁会议，伍廷芳代表及唐绍怡君均经电招与会，实为讨论袁世凯来电一事。闻袁电颇为奇特，长篇文字之中竟未露出“逊位”二字。兹将民政府对于袁电最为反对之要点，撮纪如下：

（一）皇帝尊号相承不替。

（二）旗兵不裁，由清帝留以保护禁城，其兵饷则归民国政府拨付。

（三）王公爵号照旧袭封，且清帝有增封新爵之权。

（四）每年清帝受赡养金四百万两。

其民国政府提出处置清帝之条款与前相仿，述要如下：

（一）清帝逊位后准其仍用虚号，并将以款待外国君主应有之礼待之。

（二）每年受赡养金四百万圆，惟不得用之以行反对民国政府之举动。

（三）目下暂准居北京宫内，日后则须移居颐和园，而由卫队保护之。

（四）宗庙陵寝将由民国政府妥为保护。

（五）清德宗皇帝之陵寝将工作以成之，其经费由民国政府担任。

（六）宫内仆侍照旧不裁，惟太监阉割恶习必消灭之。

（七）皇帝之私产当由民国政府特别保护。

其优待清皇族及满蒙回藏民众之办法如下：

关于清皇族者：

（一）王公尊号，照旧不更；

（二）清皇族公私一切权利，与民国人民相同；

（三）清皇族之私产，民国妥为保护；

（四）清皇族免充军役。

关于满蒙回藏者：

（一）满蒙回藏人民均与汉人一视同仁；

（二）所有私产均受保护；

（三）一切名号照旧不更；

（四）民国政府将设法补助贫乏之王公；

（五）民国政府将设法以筹八旗人民生计，其未筹定以前，照常给发口粮；

（六）所有从前沿用之经商、移居等一切禁例，悉行废止，并准各旗人民在各县、各府注册入籍；

（七）所奉宗教悉听自由。

《申报》1912 年 2 月 7 日 14000 号第 3 版

西报纪磋商逊位问题

《字林报》云昨日下午接南京确实消息，谓伍廷芳代表、唐绍怡君、外务部长王宠惠君与孙总统会商，对付满人最后之条款，为时甚久。现已有电答复北京，大致将来仍必有所更改也。

闻电覆北京之内容，大致如下：

（一）宣统帝在世之日，准其留用尊号，惟下代不得袭用。且清帝逊位后，不得参与政务；

（二）岁给赡养金四百万两；

（三）准其住于北京宫内。

又闻北方各军将领曾致电南京政府，请与清廷充分之优待，因逊位一举可以保全治安及免糜费无数金钱也。

据昨日南京电称，停战期限已议展长一星期。现料此次停战期满之前，逊位之举必将确实宣布。且闻伍唐二君此次前往南京，因有袁世凯代表四员已抵南京，将与会商一切。此言亦殊可信。

又初四日南京访员函，云今日晋谒孙总统。孙言，一俟袁世凯宣布共和，即将辞任，且将呈请南京参议院，选袁为总统。惟清帝逊位之后，尚须设立临时政府一年。此一年中，盖专为选举国会代表并组织永久之新政府云。

孙总统又谓，袁世凯提议再将停战期限展长七日，此举似可不必。盖关于停战问题之一切计划，早与清军从战之各将领议定也。

袁世凯今有全权承认民军之条款。观于今日彼之来电，可以知之。至将来都城设于何处，南京、北京皆甚合宜。惟总统之意，以为全国大概皆赞成设于南京云。

《大陆报》云，清帝逊位条款拟定后，闻将呈交南京参议院核议，方可作准。

袁世凯对于清帝逊位一事，实握全权。其目下所商者，仅为逊位后之详细条款耳。

停战期限复行展长一星期，足为此一星期内可望解决之证。否则，民军必不轻询其请也。

又初四日北京电，云清廷颁密谕，命袁世凯与南方民军组织共和政体，惟逊位一举，尚未令民间知之。京中当不致有变动。

又初五日北京电，云此间闻袁世凯提出逊位之条款，民军政府殊不满意，故现正在计议此事。然，提出各款仅属开议之初步，非为最后之办法，与和平解决之说当不致违碍也。

《文汇报》云，伍唐二君已于初六日晨间由宁返沪。二公昨日（初五）与孙总统会商时，内阁国务卿亦均列席，逊位问题似已解决、现仅磋商寻常诸事，大约需时数日即可宣布此事。

《文汇报》代表于初六日午后往访唐君，据称各事进行颇为顺手，不日可达最后之解决。

初六日上午，该代表复往谒伍廷芳君以与孙总统会晤之结果。伍未肯多言，仅谓内阁曾经会议此事，然此系国家大事当守秘密也。

伍又谓，逊位一举现已确定。内阁讨论者，不过关于此事之条件耳。

《申报》1912 年 2 月 7 日 14000 号第 3 版

2 月 8 日

议和代表再告停战要电

伍代表鉴：优礼条件，事关皇室。本大臣前以职在行政，谈不及此。是以两接来电，未便答复。现本大臣有权以商酌此事，请自十七日早八钟起至廿四［日］早八钟止续停战一星期，以便协商。如承允诺，迅即示覆，即可由两方电饬各军队遵照，余另电达。内阁袁世凯花一印。

北京袁内阁鉴：花一电悉。现在北洋军队已全体赞同共和，毋须再议停战。近日段军统与黎副总统各派代表协商，彼此遵守。此法各军队可以仿行，应一面由阁下电饬张勋、倪嗣冲等，一面由临时政府电告皖北、淮徐等处军队，速由两方军队派出代表接洽一切。陕西、山西、山东等处亦一律仿照办理。如此，则南北联为一致，俟优待条件议定即可解决。特覆。廷芳豪。

伍代表鉴豪：电悉。甚善。已通电各路军队，接洽照办。凯百一印。

《申报》1912 年 2 月 8 日 14001 号第 3 版

纪参议院讨论逊位条件

袁世凯交出之逊位条件，由南京内阁集议修改后，复交参议院核议。该院即于元月初五日晚间开特别会议，计到十五省代表，议员二十五人，约讨论数小时之久。闻其大纲均经承认，尚有应须修改之节目，则仍移归行政部办理。

闻参议院最注意者，为保留清帝尊号一款。当经议决：将大清皇帝改称清帝，所有清帝及王世爵之尊号，仅及一世而止，死后即应取销；至皇室经费，每年允供洋四百万元；八旗口粮暂时照旧发给，至筹定生计为止。以上数款，皆参议院所改正者也。

《申报》1912 年 2 月 8 日 14001 号第 3 版

西报纪大局最近之进行

《字林报》北京电，云孙大总统已致电北京政府，请永远停止各处战事。

闻伍廷芳代表与唐绍怡君及其余各重要人物，均将前赴北方会同袁世凯组织新内阁。

临时政府大约将设北京，因移至南京费巨而有不便故也。

国会将在天津召集，其设立永远都城之地点，拟俟国体改定，随后再交公决。

《申报》1912 年 2 月 8 日 14001 号第 3 版

清帝逊位之四面观

甲说。自十一日御前会议清廷王公大臣对于共和之主张全体一致后，清太后遂将清帝逊位宣布共和事交与庆、醇暨袁世凯妥商办理。闻昨日已有密旨交下，允许共和，责成袁世凯与民军电商妥协，实时颁谕宣布。

乙说。自迭次会议后，清太后已有允认共和之意，并拟定日内即以明谕发表。惟此事须由内阁与南京政府将条件议定之后，乃能颁布谕旨。兹闻，清内阁已屡次电致伍代表，因当时回电尚未承认取消南京政府并坚持临时政府必设南京，故一时未能定议。

丙说。闻虚君共和之议已经确定，现由清帝先发一“自今以后，绝不干预政事”之谕旨。至是否实行逊位，则须视南京政府对付之态度而定。

丁说。某日清太后召见奕劻、载泽二人，询及组织临时政府办法。二人因事体重大，皆不敢有所主张，请仍由内阁总理担任全权。清太后已经首肯，次日又召集各国务大臣商议一切。探其内容，系筹划虚君共和政体，惟对于皇族与各路军队应如何安置，以及各部衙门种种善后办法均须先行筹定。嗣因各大臣议论不一，未能解央［决］，故须俟另日再开会议，方能决定。

《申报》1912 年 2 月 8 日 14001 号第 3 版

优待清皇室条件要电

南京政府接袁世凯交到优待皇室及满蒙回藏人条件后，特开阁议，分别删减并交参议院通过，其条文已详前报。兹又探得伍代表覆袁世凯电，再纪于下：

袁内阁鉴：兹将优待条件答复于左。

（甲）关于清帝逊位后优待之条件。今因清帝赞成共和国体，中华民国于清帝逊位之后优待条件如左：

第一款，清帝逊位之后，尊号仍存不废，以待外国君主之礼相待。

第二款，清帝逊位之后，其岁用四百万元，由中华民国政府付与。

第三款，清帝逊位之后，暂居宫禁。日后移居颐和园，侍卫照常留用。

第四款，清帝逊位之后，其宗庙、陵寝永远奉祀，由国民［民国］妥慎保护。

第五款，清德宗崇陵未完工程，如制妥修。其奉安典礼，仍如旧制。所有实用经费，由中华民国支出。

第六款，宫内所用各项执事人员，可照常留用。惟以后不得再招阉人。

第七款，清帝逊位之后，其原有之私发由中华民国特别保护。

第八款，原有之禁卫军，归中华民国陆军部编制，其额数、俸饷仍如其旧。

（乙）关于清皇族待遇之条件：

一、清王公世爵概仍其旧；

二、清皇族对于中华民国国家之公权及其私权与国民同等；

三、清皇族私产一体保护；

四、清皇族免兵役之义务。

（丙）关于满蒙回藏各族待遇之条件，今因满蒙回藏各民族赞成共和，中华民国待遇条件如下：

一、与汉人平等；

二、保护其原有之私产；

三、王世公爵概仍其旧；

四、王公中有生计过艰者，设法代筹生计；

五、先筹八旗生计，于未筹定之前八旗兵弁俸饷仍旧支放；

六、从前营业居住等限制一律蠲除，各州县听其自由入籍；

七、满蒙回藏原有之宗教，听其自由信仰。

以上条件列于正式公文，由中华民国政府照会各国驻北京公使。廷芳鱼（旧历十九日）。

附录袁世凯来电。伍代表鉴：兹将所拟优礼皇室条件与各方面协商，详晰奉达，希妥速酌定见复。条件列下：

（甲）关于大清皇帝优礼之条件：

第一款，大清皇帝尊号相承不替，国民对于大清皇帝各致其尊崇之敬礼，与各国君主相等。

第二款，大清皇帝岁用每岁至少不得短于四百万两，永不得减额。如有特别大典，经费由民国担任。

第三款，大内宫殿或颐和园，由大清皇帝随意居住。宫内侍卫、护军官兵照常留用。

第四款，宗庙陵寝永远奉祀，由民国妥慎保护，负其责任，并设守卫官兵。如遇大清皇帝恭谒寝陵，沿途所需费用由民国担任。

第五款，德宗崇陵未完工程如制敬谨妥修，其奉安典礼仍如旧制。所有经费均由民国担任。

第六款，宫内所用各项执事人员，由大清皇帝留用。

第七款，凡属大清皇帝原有之私产，特别保护。

第八款，大清皇帝大典礼，国民得以称庆。

第九款，禁卫军名额、俸饷仍如其旧。

（乙）关于皇族待遇之条件：

一、王公世爵概仍其旧并得传袭，其袭封时仍用大清皇帝册宝。

二、皇族对于国家之公权，与国民同等。

三、皇族私产一体保护。

四、皇族免兵役之义务。

（丙）关于满蒙回藏各族等遇之条件：

一、与汉人平等；

二、保护其原有之私产；

三、王公世爵概仍其旧，并得依次传袭；

四、王公中有生计过艰者，应设法拨给官产，作为世业，以资补助；

五、先筹八旗生计，于未筹定之前，八旗官兵俸饷仍旧支放；

六、从前营业居住等限制一律蠲除，各州县听其自由入籍；

七、满蒙回藏原有之宗教，听其信仰自由。

以上条件列于正式公文，照会各国或电达驻荷华使知会海牙万国和平会存案。内阁袁世凯祃二。

《申报》1912 年 2 月 8 日 14001 号第 3 版

2 月 9 日

清帝逊位上谕之大意

清帝逊位谕旨确已拟就，其词句系由满王公等修改而定。兹探得大意，略谓自武汉起义后，朝廷即已俯顺人民之请，颁布十九信条，将一切政权付诸国务大臣，准由国民参预，亲贵不得干涉政事。嗣又颁示召集国会，公决政体，以示朝廷不私君位之心，均经颁行在案。今者，各省绅民以大局危迫已及眉睫，若徐待国会之召集，诚恐延长战祸，大局难支，加以外患侵迫，危状日见。前订十九信条就现在大势以观，尚有未尽适宜之处，其总理大臣之权势尤对内不足统制全国，对外不足综理外交。因时制宜，不得不略为更动，即将总理大臣名目取销，改设大总统，一切政权悉由大总统主持，其大总统即由国民公举。惟皇帝之尊严，除谢去政权外，与前定十九信条无甚差异。询诸王公大臣及各省官绅，意见佥同，自应准如所请，照此办理。但刻下谣言四起，朕辞政之时，若无统一机关以资统率，诚恐不足维持秩序。兹特命袁世凯会同南北官绅，暂行组织临时统一政府，以消乱萌。一俟国民会议正式举定总统，再将临时政府取销，以顺舆情而示大公。凡我军民人等，须知朝廷此举纯为国利民福，维持治安起见，一切事宜悉仍其旧，万毋听信浮言，致滋纷扰。天下幸甚，大局幸甚。

《申报》1912 年 2 月 9 日 14002 号第 3 版

北方组织临时政府之草案

清太后既应允逊位，改建共和政体。既有密旨发交袁世凯，命其预备组织临时政府，并命其先撰拟草案。兹闻袁氏屡次召集国务大臣，已议定草案十条。探得全文大旨如下：

（一）皇帝辞政，为国利民福起见。所有保持安宁，恢复秩序，联合汉满蒙藏回等事，断不可无统一机关，故特委袁世凯暂行组织临时政府，代掌一切政权，以期维系大局，主持外交。俟国会正式举定大总统后，临时政府再行取销。

（二）皇帝辞政后，仍驻跸宫禁，毋庸迁移他处，以维京畿及北方秩序，裨免糜烂。

（三）将来大总统府第即在北京择地另行建筑，或以新建筑之监国府邸为总统府。

（四）自武汉事起，至今三月有余，南北各省经济匮乏，不独国库为然，南京临时政府亦事同一律。皇帝既经辞政，所有通国一切行政即应统筹全局，以图富强。但一切行政费用所需甚巨，其东南已经独立省分能否继续支持，临时再行磋商。至北方各省国库如洗，目前已属难支，将来临时政府成立后，更须力促一切新政之进行，所需政费必较今日为尤巨，应如何应付之处，须预筹妥善办法，以免临时棘手。

（五）皇帝既经俯顺舆情，政权必当统一。南北各省仍当化除成见，扶助中央，酌为筹解经费，顾全大局。倘有贫瘠省分因此次糜烂，实难兼顾，中央亦可暂缓协济，以纾民力。

（六）皇帝辞政后，京中各行政衙门、国务大臣以下之官员，悉仍其旧。但组织临时政府需款浩繁，所有各署官员之津贴自临时政府成立之日起，统计六个月暂弗发给，以纾财力。

（七）政费一项，以军饷为最关重要。所有北方军队之饷项，于此数月期内无论如何均须按月照给，以维秩序而免哗溃。其南方各军队之饷糈，亦须通盘筹划，不得少有缺欠。至南北方军官将校，均仍旧职，不稍更动。

（八）现所组织之临时统一政府，经各国承认，一切外交事宜悉由临时统一政府直接交涉。

（九）所有外债以及新旧赔款之担任，政体既定，即应继续依期偿还。各省无论如何，亦须依旧筹措，按期照解，以昭大信。

（十）皇帝辞政时之谕旨，除刊刻誊黄颁行天下外，更须另颁谕旨于各军队，俾得晓然于朝廷辞政之深意，以免暴动而维治安。

《申报》1912 年 2 月 9 日 14002 号第 3 版

共和新政府之人物表

日来外间喧传新政府之组织，现由南北两方协商，已略有端倪，其人物之位置大概如左：

大统总［总统］：袁世凯　副总统：黎元洪

民政卿：徐世昌　外务卿：陆徵祥

度支卿：熊希龄　陆军卿：段祺瑞

海军卿：程璧光　司法卿：伍廷芳

交通卿：梁士诒　实业卿：张謇

教育卿：汤寿潜　参谋总长：黄兴

（记者按：果如右所志，则可谓不伦不类者矣。）

《申报》1912年2月9日14002号第3版

清廷会议复会议

十五日，清廷又开御前会议，讨论国体。清后主张颇和平，谓凡事由余一人担承，尔王公等反复推求，迁延不定，疑团繁生，将来演必出［必演出］同室操戈、涂炭生灵之惨剧。辞意甚厉，并云此后我自主持，无须集议。庆邸以次乃各唯唯而退。

自本月以来，清廷几无日不会议。近闻满亲贵等均以无权无势，虽屡次会议，亦无济时艰，遂多数请假不列议席。兹将近日托病请假者之姓名纪左：礼王、润贝勒、伦贝子、恭王、喀王、侗将军、〇将军、葵公、寿公、〇贝子、亨公、熠公、肃王、松公、博公。

政体问题确已解决，所有种种梗阻，清太后颇有见解，不为群说所动。众以后意既决，亦均唯唯赞成。惟宣布明谕非得亲贵同意不可，近日屡次召见王公，皆由于此。闻日内各王公签字赞成者已十之八九，其余数人或有已出京者，现已电令回京，约三日可到。俟此数人签字后，当可发表云。

《申报》1912年2月9日14002号第3版

2月10日

磋商优待条件渐有头绪

《北京电信》云，孙总统答复袁世凯之优待皇室条件，内有“清帝尊号仅及一世，不能世袭”一款，此节已经袁世凯承认。

处置清皇族条件亦已全部议定，惟都城建设何处，南北意见不一，尚未解决。袁世凯议以天津作为临时都城，民军则主设南京。袁于此事反对甚力，其争点之一为都城苟设南京，则镇江、吴淞及他处之炮台势必拆毁。盖一千九百零一年和约中曾订明，各国公使馆须与海道自由交通也。

清帝赡养金数目亦未解决。袁世凯本索四百万两，民军政府改为三百万，且以圆数核计。因将来币制将以圆为本位之故，袁世凯则谓此时不妨暂定两数，俟圆位币制既定，可以再改。

尚有一款声明，中华国民此后不得称为清帝之子民；其清廷祭祀及特别费用等款将由国会定之；清帝卫兵应由共和政府选派，饷银亦由政府照给；清帝准其暂住紫禁城或颐和园内。

又《大陆报》云，逊位上谕现定期下星期一日宣布，以便新年举行庆祝，并颂示此日将为以后中国永远停办公事，以作纪念之日。

逊位条件之大纲均已议定，尚有琐末各节亦将于颂谕之前一二日互商妥洽也。

闻逊位上谕颁布后，伍廷芳代表及唐绍怡君均将赴京组织联合政府，并推定袁世凯为总统。现伍代表虽不认将赴北京之说，但大局更变无定，昨夜得确实消息，大约伍代表将于下星期赴京也。

《申报》1912 年 2 月 10 日 14003 号第 3 版

新国都与新内阁

《大陆报》云，临时国会未经召集以前将仍以北京为临时都城，即在北京筹划永远政府之组织，及择定将来都城之位置。

闻此项办法已由新疆、蒙古代表赞成。盖暂时都城仍设旧地，则北方易于维持治安，以待永远政府之成立也。

又据确实消息，北京临时政府成立后，南京政府即将解散。孙总统则以大功已成，将图退隐。惟此间舆论皆谓南京终必为将来建都之地。

今日关系最要之事则为选举内阁人员。闻南北两政府目下已在讨论此节，其人员大概如下：

内阁总理：唐绍怡　参谋总长：黄兴

外务卿：伍廷芳　海军卿：陈璧光

陆军卿：黎元洪　司法卿：王宠惠

度支卿：陈锦涛　民政卿：程德全

交通卿：汤寿潜　教育卿：蔡元培

（按：本报昨日曾据京友访函，载有新内阁人物表。今《大陆报》所载职任名氏略有异同，故复纪之。）

《申报》1912 年 2 月 10 日 14003 号第 3 版

2月11日

清太后承认退政之交旨

旧历十六日，清廷开御前会议后，清太后即有承认退政之意。会议既散，袁内阁奉到清太后懿旨，略谓：迭据岑春煊、袁树勋、驻外国公使汪大燮等以及各路军队代表段祺瑞等联衔，电请朝廷俯顺舆情，承认共和政体等语，足见人心所向一致从同，朝廷决不忍为一家一姓之尊荣而使天下涂炭。着派袁世凯为全权大臣，应将所有开列各条件即与民军详细磋商，俟民军认可之后，朝廷立即降旨颁布天下云云。惟此旨系由清廷交谕内阁，故并未明发云。

《申报》1912年2月11日14004号第3版

关于优待条件之要电

伍廷芳致各省通电。南京孙大总统、武昌黎副总统、各省都督、前敌各军总司令、各路招讨使公鉴：顷接广东陈都督庚电，谓闻此次和议内有清帝仍居北京，不去帝号，王公仍旧袭爵。此耗传来，全粤愤懑等语。案，此次北洋军队赞成共和，清帝退位已将实行，由袁内阁与廷协议清帝退位后之优待条件。因彼此往来电商，尚未决定，故暂未宣布。廷受议和全权总代表之任，而于关系重大之事必先商诸临时政府，乃始决行。至于各处未能一一先行电商，亦必为诸公所体谅。此次所议优待条件，廷所坚持者必清帝宣布赞成共和，然后中华民国于其退位之后予以优待。如此，则中华民国统一南北之基础已立，对于清帝之一身及其祖宗家族，不妨从优看待。清帝虽不去其尊号，而以外国君主之礼相待；王公虽不去其爵，而公权私权一切与国民同等。此于共和国体似无所妨，法兰西为民主国至今日世爵仍存。至于已经去位之清帝，亦不过虚名之爵号，似无须过于争执。廷受任议和，此中之曲折困难想诸公或未能相喻，惟无论如何，必不使共和国体有所妨碍，民国基础有所摇动。祈鉴察为幸。伍廷芳青。

袁世凯覆谭君人凤电：伍代表交谭君人凤，齐电悉。国体问题正在磋商，力求平和解决。其中为难情形，唐伍两君皆所深悉。来电所虑各节，必可消弭。此事但求实际，不系虚称。如以武力迫胁，则恐横生枝节，反多阻碍，大非吾人渴望平和之心。希与同志共鉴此意。凯。

《申报》1912年2月11日14004号第3版

北军请愿共和之良果

北方军队请愿共和电奏呈递后，清廷叠开御前会议及国务大臣会议，讨论对付之法。闻各亲贵及蒙古王公均已一致，明悉此举实为奠安大局保全皇室之至计，故前此持论激烈之各王公今已毫无异议。随于前日会商妥协，电覆各军队，略谓朝廷对于此次事变始终一意，不欲以兵力解决。但改变国体事关重大，非付之国民公决不足以昭慎重而免纷争。目下，南军要求条件已略就范围，若非关于国计民生重要问题，朝廷亦决不忍坚持固执，以小害大。该军队等所请，发于忠君爱国至诚，殊堪嘉纳。着各明白晓谕各该军队，静候朝廷办理云云。

闻各军队接到覆电亦极为满意。日前此事正在会议时，该军队曾续呈两电，催请覆音，而满亲贵之持破坏主义者仍强指为系一二附和革命者所为，并非各军队之全体意见。又有谓姜桂题首先反对者，各军队闻知此项谬说，深恐清廷受其愚蒙，人心为之扰乱，即纷纷电告各当道，证明此举实系各军队全体意见，故清内阁不敢不覆电嘉之云。

《申报》1912 年 2 月 11 日 14004 号第 3 版

2 月 12 日

评论：近事杂评（续）

（一）新都问题。清帝退位，南北统一。临时都城之建设究以何处为适宜，亦今日一大问题。闻两方面迭次磋商，民政府以南京辛苦经营，基础已立，主张舍北而就南。袁世凯以国是变更，恐北方秩序之扰乱，主张舍南而就北。各执一词，坚持不决。而主调停之说者，有谓不如设于上海；有谓不如设于天津；又一说谓不如折中而设于武昌。议论纷纷，亦莫衷一是。然上海与南京，天津与北京，不过百步、五十步之分，无足深论。惟就南北二者比较之，则江左为偏安之局；北京有建瓴之势。若进而言，武昌则南北两京均局于一偏，而鄂乃为天下中心：由京汉以控制朔北，由粤汉以驾驭两粤，西接巴蜀，东连沿江各省，轮轨交通水陆利便，而汉口商业之繁盛尤甲全国。恢恢帝都，无逾于此。故考之历史，证之地理，北京优于南京，而武昌尤优于南北两京。

（一）优待清帝问题。优待清帝及清皇室条件，两方面几费磋商，其中最关紧要者，如不去帝号，民国岁给供养金四百万及王公仍旧袭爵各条。一般激烈派以为，帝号世袭、贵族仍存，留此祸根终贻后患，反对之不遗余力。而当局者则谓，清帝虚号虽存，政权已去；王公虽袭世爵，而公权私权仍与国民同等，实无碍于共和之政体。此中委曲求全之苦衷，当为天下所共谅。虽然清帝不去帝号可也，当及其身而止，世世相承不可也。优待清帝可也，王公世爵仍袭弗替不可也。尚望主持和议者再力争一二。

（一）国会问题。国民会议之发生，本为君主政体、民主政体双方争持，故付之舆论，以待公决，其时去逊位问题尚远也。今清廷已知大势所趋，情愿退让，是君主业经推倒，民主业经确定。而犹待召集者：曰正式选举正副总统也；曰决议一切法案也。惟前日不过君主民主一言而即决，今日则正副总统之得人与否，中华民国宪法之完备与否，均将视国民会议结果之如何以为断，而欲求宪法之完备，须根据我国之历史考察国民之性质，采取欧美之成法，陶冶一炉而又处处以共和为鹄的方可为中华民国立永久之制度，不致兆第二次之革命。其关系之重为何如？故国民会议最后之解决。即四百兆同胞生死祸福之所系。将来定期召集，愿吾国民慎重于代表之选举，而为代表者又人人以国利民福为标准。此则记者之所馨香颂祷也。（完）

《申报》1912 年 2 月 12 日 14005 号第 2 版

袁世凯又乞援于英使

旧历十八日，驻京外交团由英使朱尔典领衔照会袁内阁，催请速向民国政府商定一切条件，务于年内和平解决，颁诏施行，以免中外商民皆受损失。袁世凯接此照会后，复与庆醇等会商一次。随即照覆英使，声言一切条件两方逐日磋商，大致均将就绪，但有一二节目，南京政府尚有未允承认之处。贵公使既有希望和平之意，请即致电，劝勉南军迅即应允，以维大局。

《申报》1912 年 2 月 12 日 14005 号第 3 版

2 月 13 日

专电

清廷逊位诏书今日（廿五）已下诏。内只言辞去一切政权。而不提出“逊位”二字。

南京政府不允皇位继承之条件，清政府已承认，故逊位之诏即下。

逊位诏书须分三次宣布：第一次命袁世凯组织共和政体；第二次批准袁世凯所拟之办法；第三次宣告辞政。

《申报》1912 年 2 月 13 日 14006 号第 2 版

磋商优待条件要电

孙大总统覆谭君人凤电。谭人凤先生鉴：两电悉。未能即覆者，以其详情非电所能尽也。前提条件系委曲以求和平，若虚君之制犹存，则决不能承认。文虽愚昧，亦断不容以十数省流血构成之民国变为共和之谬制。祈共鉴之。孙文。

黎副总统致伍代表电。急。上海外交总长伍秩庸先生鉴：蒸电敬悉。优待清帝条件于共和主义毫无妨碍，敝处极表同情。即令各省反对，亦不过为外交之后劲，非与公为难也。此次议和，我公煞费苦心，不得智者而后知。鄙人深为感佩，惟望早日解决，则大局幸甚。元洪真。

《申报》1912 年 2 月 13 日 14006 号第 3 版

宣布逊位后之手续

清廷逊位条件确已会商就绪，惟临时国会之地点及将来共和国都在南北两问题尚未议定，兹正往返电商。闻袁内阁十六日在迎宾馆与各公使会晤时曾提出将来都会必须仍在北京之理由：一为政治之关系。现在各国都会虽均讲交通，不讲控制，中国则尚未能比论。盖蒙古、北方各省尚未确向共和，一旦都会迁移，断难免以勤王为名思图扰乱。一为财政之关系。北京轮轨交通，一切公私建筑均渐完备。若改在南京，实无此财力。一为外交之关系。近年各国条约商务已均注重北京，一旦变更，各国恐难赞成云。

又闻清内阁以临时政府不久成立，应即暂设临时参事院决议一切政务。所有蒙回藏议员以交通梗塞与道路遥远种种原因，不能不筹商变通办法。兹分内外蒙古、西藏、回部为三大部分。其内蒙古、外蒙古即由辽源州附近征选，暂充代表议员；外蒙古即由年班来京各台吉中征选，暂充代表议员；西藏及回部议员征选办法目下尚在计议中。并闻代表者须得全部许可，然后应召云。

在京外交团对于近日袁世凯连调陆军晋京，颇滋疑虑。日前各公使特函询袁内阁，以现在续增军队，是否国体解决后北京尚有战事云云。袁内阁当即答复，略谓本大臣对于解决国体极为慎重，拟始终以和平从事，决不愿再有战事。现在调集兵队者，实为宣布辞政后维持秩序，保卫治安起见。请勿误会。

驻俄陆公使以政体改革在即，所有外交问题因之不能不改其态度，拟将中俄商约与蒙古各项交涉暂行停止商榷，须俟政体宣示，得列强之正式承认后再行开始商榷。闻已有电致袁内阁矣。

《申报》1912 年 2 月 13 日 14006 号第 3 版

清廷通过优待皇室条件

十九日，清太后又召见各近支王公及各国务大臣咨询优待条件事宜，并决定发表日期。惟是日应召者人数甚少，多无成见。清太后对于此次条件独为满意，醇邸亦无异言，仅某邸则对于皇室经费一层持之甚坚，并谓分文不能短少，又谓其余条件亦应酌为增益。后谓此项条件乃自我提出，此时已无可更动之理，况亦无可更动之处。某乃无言，遂议定再召庆邸诸人妥商一切。二十日，清廷又有会议，其结果则颇一致。虽间有反对者，亦无效也。

十九日，内阁会议国务大臣中除王士珍、唐景崇、达寿诸人因在假期未曾列席，其余各大臣均到。闻其议决事项，即电致南京政府要求答复，并妥商发表后之一切建设问题。

优待皇室条件其全文已刊登前报。兹闻此项条件由清太后再四斟酌，亲笔删加数款。其甲项中之第二、第三、第四、第五、第六、第八款以及乙项中之第一款皆为清太后所增加或删改字句，而第三、第四、第五、第六四款尤为其所注意云。

又闻蒙古各王公对于此次商订之优待皇室条件亦极满意。前日那、贡诸人特为此事邀集在京蒙古王公开会一次，众议佥同，并无一人反对。并闻那彦图曾将此意向袁内阁宣布云。

《申报》1912 年 2 月 13 日 14006 号第 3 版

清谈（东吴）

向例阴历年终必将国内大事撮叙［序］要略，列表而系以论，盖所以资结束也。今者义旗一举，全局翻新，共和事业方在进行，则以前种种应以八月十九日之前为一大结束，而以后种种，正如春草方生，有一日千里之势。我侪惟有祝其锐进而已，结束云乎哉？

《申报》1912 年 2 月 13 日 14006 号第 3 页